Karl Kautsky

Die Vorläufer des neueren Sozialismus

Erster Band - erster Teil: Von Plato bis zu den Wiederläufern

Karl Kautsky

Die Vorläufer des neueren Sozialismus
Erster Band - erster Teil: Von Plato bis zu den Wiederläufern

ISBN/EAN: 9783743496422

Hergestellt in Europa, USA, Kanada, Australien, Japan

Karl Kautsky

Die Vorläufer des neueren Sozialismus

Die

Geschichte des Sozialismus

in

Einzeldarstellungen

von

E. Bernstein, C. Hugo, K. Kautsky, P. Lafargue,
Franz Mehring, G. Plechanow

Erster Band, erster Theil

Stuttgart

Verlag von J. H. W. Dietz

1895

Die

Vorläufer des Neueren Sozialismus

—•—

Erster Band, erster Theil

Von Plato bis zu den Wiedertäufern

I. Abschnitt: Der platonische und der urchristliche Kommunismus.
II. Abschnitt: Die Lohnarbeiter im Mittelalter und im Zeitalter der Reformation.
III. Abschnitt: Der Kommunismus im Mittelalter und im Zeitalter
der Reformation.

Von

Karl Kautsky

Stuttgart
Verlag von J. H. W. Dietz
1895

Vorwort.

Es ist wohl nicht zu viel gesagt oder ein Unrecht gegen Vorgänger auf dem Gebiet der Geschichtschreibung des Sozialismus, wenn wir den Satz aussprechen, daß eine nach wissenschaftlichen Grundsätzen geschriebene umfassende Geschichte des Sozialismus bisher noch nicht existirt. Und wenn wir von Benoit Malon's vorwiegend deskriptiver und pragmatischer Histoire du Socialisme absehen, so müssen wir diesem Satz den zweiten hinzufügen, daß die neuere Zeit nicht einmal den Versuch einer solchen aufzuweisen hat. Diese Thatsache ist um so auffallender, als das Bedürfniß nach einer Geschichte der Entwicklung des sozialistischen Gedankens und der sozialistischen Bewegung offenbar in hohem Grade vorhanden ist. Aber sie scheint uns auf keinem Zufall zu beruhen.

In den vierziger Jahren dieses Jahrhunderts, als Chartismus und Kommunismus in den vorgeschritteneren Ländern den Staatsmännern schon praktisch zu schaffen machten und überall die Theoretiker und das dem öffentlichen Leben folgende Publikum interessirten, entsteht zuerst eine Geschichtschreibung des Sozialismus und entwickelt sich sogar zu einer gewissen Blüthe. Gegner und Anhänger des Sozialismus spüren dessen Vorgeschichte auf, hier ziemlich wahllos Alles, was nach ihm aussieht, zusammenstellend, während dort schon nach einer gewissen Methode und einheitlichen Grundsätzen bestimmte Epochen oder bestimmte Erscheinungen kritisch untersucht werden. Dies die Zeit, wo die Villegardelle und Robert von Mohl, die Reybaud und die Lorenz von Stein, die Sudre und die Karl Grün schrieben. Auch Sargant kann man noch dieser Periode zuzählen.

Die „Internationale" und die Pariser Kommune gaben den Anstoß zu einer zweiten Periode der Geschichtschreibung des Sozialismus: in diese fallen die Werke von Rudolf Meyer und Jäger, Dühring und Laveleye. Sie schließt ab mit dem schon erwähnten Werke Benoit Malon's.

Seitdem ist der Sozialismus immer mehr in den Vordergrund getreten, er hat begonnen, der Angelpunkt der gesammten europäischen Politik zu werden, und sich fast überall auf den gleichen theoretischen Boden gestellt, den des kommunistischen Manifestes. Die Macht und Geschlossenheit, die Klarheit und Zielbewußtheit der vom Sozialismus ergriffenen Massen wächst von Tag zu Tag; alle Klassen der europäischen Gesellschaft werden gedrängt, sich mit dem Sozialismus zu befassen, der für sie alle eine Lebensfrage geworden ist; die Literatur über soziale Fragen vermehrt sich ins Ungeheure - aber die Geschichtschreibung des Sozialismus, statt in gleichem Maße zu wachsen, wird nicht nur relativ, sondern auch absolut immer unfruchtbarer. Eine umfassende, selbständige Darstellung der Entwicklung des Sozialismus ist seit dem Beginn der achtziger Jahre nicht mehr erschienen. Selbst die Zahl der Monographien über einzelne Theile der Geschichte des Sozialismus ist gegenwärtig im Verhältniß zur gesammten soziologischen Literatur äußerst spärlich. Die meisten derselben, wie die von Pöhlmann oder Loserth, sind rein fachwissenschaftliche, akademische Arbeiten.

Die eine Ursache dieser Erscheinung dürfte darin zu suchen sein, daß das Material enorm gewachsen ist, so daß es für den Einzelnen immer schwieriger wird, dasselbe in seiner Gesammtheit zu übersehen und zu beherrschen.

Aber dieser Grund allein erscheint uns nicht ausreichend, das merkwürdige Phänomen zu erklären, daß die Geschichtschreibung des Sozialismus so geringe Anziehungskraft auf unsere Gelehrten ausübt.

In der ersten Epoche dieser Geschichtschreibung wird dieselbe vorwiegend betrieben von mehr oder weniger entschiedenen Gegnern des Sozialismus. In der zweiten Epoche sind die Vertreter dieser Richtung bereits daraus verschwunden. Alle namhafteren Geschichtschreiber des Sozialismus in den siebziger Jahren und dem Anfang der achtziger haben oder suchen mehr oder weniger Berührungspunkte mit dem Sozialismus, nicht blos Dühring und Malon, sondern auch R. Meyer und Laveleye. Die bürgerliche Apologetik hatte schon damals jedes Interesse an der Geschichtschreibung des Sozialismus verloren.

Und das ist nicht schwer zu begreifen.

Der bürgerliche Apologet, der geschworene Anwalt der Grundlagen, auf denen die moderne Gesellschaft aufgebaut ist, kann im Sozialismus unmöglich etwas Anderes sehen, als eine unbegreifliche Verirrung. Für ihn kann die Geschichtschreibung des Sozialismus nicht den Zweck haben, diesen in seiner Entwicklung begreiflich zu machen, sondern nur den Zweck, zu zeigen, daß er unvereinbar sei mit dem Wesen des Menschen und der Gesellschaft. Und so lange die kapitalistische Produktionsweise in der Epoche aufsteigender Entwicklung sich befand, war der Sozialismus thatsächlich unvereinbar mit den Bedürfnissen der Produktionsweise und unmöglich als dauernde Form der Gesellschaft.

Bis in die vierziger Jahre bot daher die Geschichte des Sozialismus eine Reihe von Thatsachen, die von den Apologeten in ihrem Sinne verwerthet werden konnten. Die sozialistischen Ideen erschienen als leere Träume, die Geschichte der Versuche, den Sozialismus praktisch durchzuführen, zeigte anscheinend nichts als eine Reihe von Niederlagen und mißglückten Experimenten.

Das hat sich seitdem geändert. Die Geschichte der sozialistischen Ideen ist heute die Geschichte der „Entwicklung des Sozialismus von der Utopie zur Wissenschaft"; und die Geschichte der sozialistischen Praxis ist, seitdem die Vereinigung von Sozialismus und Arbeiterbewegung sich vollzogen, eine Geschichte stets wachsender Erfolge. Diese Erfolge sind heute ebenso anerkannt wie die wissenschaftliche Grundlage des Sozialismus; ein jeder Versuch, die Vorgänger der heutigen Sozialisten herabzuziehen und zu verkleinern, würde nur dazu dienen, den heutigen Sozialismus in um so hellerem Lichte erscheinen zu lassen, ohne das Geringste zu Gunsten der bestehenden Gesellschaft zu beweisen.

Die Geschichte des Sozialismus bezeugt heute zu deutlich dessen siegreiches Vorwärtsstreben auf allen Gebieten, die er erfaßt, als daß bürgerliche Gelehrte ein großes Verlangen empfinden sollten, sie umfassend zur Darstellung zu bringen. Soweit sie sich überhaupt mit dem Thema befassen, geben sie nur kleine Abschnitte daraus, die meist rein akademischer Natur und ohne jede Beziehung auf den heutigen Sozialismus sind, und welche die allgemeine Richtung der Gesammtentwicklung nicht erkennen lassen.

Es ist höchst bezeichnend, daß jüngst fast gleichzeitig zwei Universitäten, die von Paris und die deutsche von Prag, Vorlesungen über die Geschichte des Sozialismus inhibirt haben, obgleich, wenigstens an der Prager Universität, der Dozent ein Mann von erprobt loyaler Gesinnung war.

In demselben Maße, in dem in der bürgerlichen Wissenschaft das Interesse an der Geschichte des Sozialismus abnimmt, und aus denselben Gründen wächst dies Interesse bei den Sozialisten. Aber trotz dieses Interesses vermögen sie auch die vollkommenste Objektivität ihren Vorgängern gegenüber zu bewahren.

Es kann nicht unsere Aufgabe sein, hier das Verhältniß der modernen Form des Sozialismus zu den früheren Formen desselben auseinanderzusetzen. Auch würde es zu weit führen, hier auf die materialistische Geschichtsauffassung des modernen Sozialismus einzugehen, die eine vollkommen objektive Geschichtschreibung ermöglicht. Das hieße dem Inhalt des vorliegenden Werkes vorgreifen. Es genügt hier, darauf hinzuweisen, daß der moderne Sozialist seinen Vorgängern völlig unbefangen gegenübersteht. Ihr Sozialismus ist nicht der seinige, die Verhältnisse, denen sie entsprossen, sind verschieden von denen, die ihn umgeben. Wie immer also das Urtheil über seine Vorgänger ausfallen mag, es trifft nicht den Sozialismus, für den er eintritt, er ist an diesem Urtheil nicht direkt, nicht als Kämpfer interessirt.

Allerdings, wenn auch unbefangen und uninteressirt, so steht er seinen Vorgängern doch nicht gleichgiltig gegenüber. Eine tiefe Sympathie muß ihn mit Jenen verbinden, die Aehnliches wollten, demselben Ziele zustrebten, wie er. Daß sie sozialistischen Idealen nachstrebten zu einer Zeit, wo die Gesellschaft noch nicht aus sich selbst die Mittel entwickelte, dieselben zu verwirklichen, daß sie Unmögliches anstrebten und scheiterten, muß seine Sympathien für sie sogar verstärken, denn diese Sympathien stehen naturgemäß auf Seite aller Unterdrückten und Unterliegenden. Und wenn er gar noch sehen muß, daß die Unterlegenen nicht blos von den Siegern, sondern auch von einer interessirten Geschichtschreibung bis auf den heutigen Tag beschimpft, verleumdet und besudelt werden, so wird der Zorn und Haß gegen die Verleumder seine Sympathie mit den Verleumdeten nur um so höher aufflammen machen.

Aber so stark diese auch sein und sich äußern mag, sie steht der Erforschung der Wahrheit nicht im Wege; ja gerade die große Sympathie mit seinen Vorgängern ist für den heutigen Sozialisten ein weiterer Grund, sich eifrigst in das Studium derselben zu versenken; und es ist klar, daß es einem Sozialisten leichter möglich wird, als einem bürgerlichen Schriftsteller, das Gefühls- und Gedankenleben der früheren Sozialisten zu erfassen und zu begreifen.

Erkennt man die volle Bedeutung der jüngsten Form des Sozialismus erst, wenn man ihre früheren Formen versteht, so begreift man diese wieder viel besser, wenn man in der Gegenwart inmitten der sozialistischen Bewegung steht. Sehr richtig bemerkt Heine, daß, „indem man die Gegenwart durch die Vergangenheit zu erklären sucht, zu gleicher Zeit offenbar wird, wie diese, die Vergangenheit, erst durch jene, die Gegenwart, ihr eigentlichstes Verständniß findet und jeder Tag ein neues Licht auf sie wirft, wovon unsere bisherigen Handbuchschreiber keine Ahnung hatten."

Angesichts alles dessen darf man wohl sagen, daß, während die bürgerliche Wissenschaft sich immer mehr von der Geschichtschreibung des Sozialismus abwendet, diese Aufgabe immer mehr den Bekennern des modernen Sozialismus zufällt.

Wenn dieser trotzdem eine umfassende selbständige Darstellung der geschichtlichen Entwicklung der sozialistischen Bestrebungen und Ideen nicht früher erzeugt hat, liegt der Grund davon nahe genug. Welche Vortheile immer ihre Stellung den Vertretern des modernen Sozialismus gegenüber den bürgerlichen Gelehrten bei der Abfassung eines derartigen Werkes bieten mag, so bringt diese Stellung doch auch einen ernstlichen Mangel mit sich: den Mangel an Zeit.

„Wie im sechzehnten Jahrhundert, giebt es in unserer bewegten Zeit auf dem Gebiete der öffentlichen Interessen bloße Theoretiker nur noch auf Seite der Reaktion." (Engels.) Dies gilt vor Allem von der Sozialdemokratie. Sie hat kein Mitglied aufzuweisen, das als bloßer Theoretiker gelten könnte. Jeder ihrer Theoretiker ist auch praktischer Kämpfer, der mit Wort und Schrift, mit Rath und That eingreift in die Klassenkämpfe des Proletariats. Wie wenig die beiden Begründer der heutigen sozialistischen Theorie davon eine Ausnahme machen, ist bekannt.

Unter ihren Anhängern, die bestrebt sind, im Sinne der Meister theoretisch weiter zu wirken, sind die Mehrzahl Redakteure, Journalisten, Parlamentarier ꝛc. Gilt es also schon für die bürgerliche Wissenschaft, daß das Gebiet der Geschichte des Sozialismus so umfangreich geworden ist, daß es dem Einzelnen fast unmöglich wird, es in seiner Gesammtheit zu bewältigen, wenn er das nicht zu seiner einzigen Lebensaufgabe macht, so gilt dies noch viel mehr von der Sozialdemokratie. Es ist also nicht zu verwundern, wenn dieselbe bisher auf diesem Gebiete nur einzelne Monographien, keine umfassende Gesammtdarstellung geliefert hat.

Es lag nahe, dem Bedürfniß nach einer solchen abzuhelfen in der Form einer planmäßigen Zusammenfassung von Monographien über alle wichtigen Epochen in der Geschichte des Sozialismus. Die Idee der Gesammtdarstellung eines wissenschaftlichen Gebiets in Form einer Sammlung von Einzeldarstellungen ist nicht neu; sie ist, namentlich auf dem Felde der Geschichte, schon wiederholt mit Glück angewendet worden.

Unleugbar hat diese Form auch ihre Nachtheile. Volle Einheitlichkeit läßt sich nicht erzielen, auch wenn, wie im vorliegenden Falle, alle Mitarbeiter auf dem gleichen Standpunkte stehen. Die Einheitlichkeit der Darstellung ist von vornherein ausgeschlossen; Fäden, die der eine Autor begonnen, werden von dem nächsten nicht weiter fortgesponnen; Wiederholungen auf der einen Seite, Lücken auf der anderen lassen sich nicht vermeiden. Aber nicht einmal völlige Einheitlichkeit des Inhalts ist in allen Fällen erreichbar; denn bei aller Uebereinstimmung des Standpunktes sind doch die Augen der verschiedenen Autoren verschieden; jeder ist eine Individualität für sich, und die volle Einheitlichkeit wird um so weniger erzielbar sein, je mehr die gemeinsame Grundlage nicht eine Schablone ist, sondern eine Methode, die jeder selbständig anwendet, und je komplizierter die Erscheinungen, um die es sich handelt.

Die Herausgeber hoffen, daß diese Nachtheile in vorliegendem Werk auf ein Minimum reduzirt sind, durch eine Gliederung des Stoffes, die Wiederholungen und Lücken soweit als möglich ausschließt und jedem einzelnen Autor ein möglichst in sich geschlossenes Gebiet zuweist.

Der Zweck dieses Werkes ist kein rein akademischer. Die Erschließung der Vergangenheit soll der Gegenwart größere Klarheit bringen. Nur jene Erscheinungsformen des Sozialismus sind in den Kreis der vorliegenden Darstellungen gezogen, die auf die Bildung des modernen Sozialismus von Einfluß gewesen sind. Von einer umfassenden Behandlung des urwüchsigen Kommunismus wurde abgesehen. Eine solche hätte den Umfang dieses Werkes ungebührlich erweitert und seinen Charakter völlig verändert. Die Geschichte des urwüchsigen Kommunismus ist die Geschichte des gesammten Menschengeschlechts von seinen Anfängen bis weit in die historische Zeit hinein.

Wir durften um so eher davon absehen, unser Unternehmen durch eine umfassende Darstellung des urwüchsigen Kommunismus übermäßig zu erweitern, als dieser die Bildung neuerer sozialistischer Ideen nur wenig beeinflußt hat. Es schien genügend, ja übersichtlicher und daher wünschens= werther, den urwüchsigen Kommunismus nur gelegentlich zu berühren, so oft seine Beeinflussung des neueren Sozialismus sichtbar wird.

Aber auch nicht alle Erscheinungsformen des bewußten Sozialismus wurden in den Bereich dieses Werkes gezogen. Formen, denen blos aka= demisches Interesse innewohnt, die aber zur Entwicklung des modernen Sozialismus nichts beigetragen haben, wie z. B. der chinesische Sozialismus, blieben ausgeschlossen.

Die quellenmäßige Darstellung sollte nach dem ursprünglichen Plan der Arbeit auf die Erscheinungen des neueren Sozialismus vom Zeitalter der Reformation, von Münzer und More an, beschränkt sein. Die früheren Erscheinungsformen sollten in einer Einleitung nur kurz berührt werden, soweit dies zum Verständniß des Folgenden nöthig war. Daß diese Ein= leitung unerwartete Dimensionen angenommen hat und trotz größter Knapp= heit ebenso viele Bogen einnimmt, als sie Seiten einnehmen sollte, wird Niemand wundern, der den Stoff kennt.

Dadurch ist eine Zweitheilung des ersten Bandes nothwendig gewor= den. Der zweite Theil desselben wird die Darstellung der Entwicklung des Sozialismus bis zur großen französischen Revolution fortführen und in einem besondern Abschnitt eine Uebersicht der religiösen kommunistischen Kolonien in Amerika geben, trotzdem die meisten derselben unserem Jahr= hundert angehören. Ihr Charakter verweist sie in ein früheres Zeitalter; sie sind viel mehr verwandt mit Sekten des 16. und 17. Jahrhunderts, mit Wiedertäufern, Mennoniten und Quäkern, als mit Robert Owen, Fourier und Cabet, deren Zeitgenossen sie sind, und gehören demgemäß auch noch in den ersten Band.

Das ganze Werk ist auf vier Bände berechnet, die mit Ausnahme des dritten, der Mehring's Geschichte der deutschen Sozialdemokratie ent= halten wird, unter der Redaktion der Unterzeichneten erscheinen. Ob es gelingt, den ungeheuren Stoff in diesen Rahmen zusammenzudrängen, muß die Erfahrung lehren. Auf jeden Fall bleibt die Eintheilung der ersten drei Bände die im Prospekt angezeigte.

Groß ist die Aufgabe, die wir uns gestellt, aber wir geben uns der Hoffnung hin, daß es uns gelingen wird, ein ihrer nicht unwürdiges Resultat zu erzielen. Wir haben uns bemüht, die Unterstützung der an= erkannt zuverlässigen und kompetenten literarischen Vertreter der Inter=

nationalen Sozialdemokratie für unser Unternehmen zu gewinnen, und mit
ihrer Hilfe glauben wir dem zu bewältigenden Stoff gewachsen zu sein.
Die einzige Garantie fruchtbarer Arbeit liegt darin, daß sie von Leuten
verrichtet wird, die ihren Stoff kennen und ihn mit Lust und Liebe be=
handeln. An diese Richtschnur haben wir uns gehalten. Jeder Mitarbeiter
dieses Unternehmens schreibt nur über solche Kapitel der Geschichte, die er
zum Gegenstand spezieller Studien gemacht, die sein besonderes Interesse
in Anspruch genommen. Ein Jeder giebt sein Bestes, und wenn es dem
Buch gelingt, den Lesern ebensoviel Interesse einzuflößen wie seinen Ver=
fassern, so ist sein Erfolg gewiß.

London und Stuttgart,
Februar 1895.

E. Bernstein.
K. Kautsky.

Inhalt.

Von Plato bis zu den Wiedertäufern

Einleitung.

Die moderne, internationale Sozialdemokratie hat geschichtlich zwei Wurzeln. Beide entstammen demselben Boden — der bestehenden Wirthschafts= und Eigen= thumsordnung. Beide haben dasselbe Ziel — die Aufhebung der unsäglichen Leiden, welche unsere Gesellschaft über so viele ihrer Mitglieder, namentlich aber über die Schwächsten unter ihnen, die Besitzlosen, verhängt, durch Aufhebung dieser Wirth= schafts= und Eigenthumsordnung. Aber beide sind völlig verschieden in ihrem Wesen.

Die eine dieser Wurzeln — der kommunistische Utopismus — ent= stammt den höheren Klassen. Die Träger dieses Utopismus gehören zu den geistigen Spitzen der Gesellschaft. Die andere der Wurzeln der Sozialdemokratie — der Gleichheitskommunismus *) — entstammt den untersten Klassen der Gesellschaft, jenen, die bis vor wenigen Jahrzehnten auch geistig zu den tiefst= stehenden zählten. Der Utopismus verdankte sein Entstehen der tiefen Einsicht hochgebildeter Männer, die von den besonderen Interessen der Klasse, der sie entsprossen waren, nicht beherrscht wurden. Der Gleichheitskommunismus ist roh und naiv; nicht soziale Einsicht, nicht uninteressirtes Denken und Fühlen haben ihn geschaffen, sondern bringende materielle Bedürfnisse, der Kampf um Klassen= interessen.

Der bürgerliche, philanthropische, utopische Kommunismus beginnt mit Thomas More. Der Gleichheitskommunismus des modernen kämpfenden Prole= tariats ist noch jünger. Seine ersten Regungen zeigen sich in der englischen Revolution des 17. Jahrhunderts.

Aber beide, der Utopismus wie der Gleichheitskommunismus der kapita= listischen Periode, haben ihre Vorgänger. Das Staatsideal, das Plato aufstellte, ist auf die Utopisten nicht ohne Einfluß geblieben, und die Anfänge des Gleichheits= kommunismus tragen noch die Spuren des religiösen Kommunismus christ= licher Sekten. Freilich ist die Beeinflussung keine sehr tiefgehende gewesen. So wie die kapitalistische Gesellschaft wesentlich verschieden ist von der antiken und der feudalen, so ist der neuere Kommunismus ein ganz anderer als der Plato's

---

*) „Gleichheitskommunismus" nennt Engels „den Kommunismus, der sich ausschließlich oder vorwiegend auf die Gleichheitsforderung stützt." (Marx, Enthüllungen über den Kommunisten= prozeß zu Köln, Zürich 1885, Einleitung von Engels, Seite 5.) Uns scheint dieser Ausdruck die entsprechendste Bezeichnung des urwüchsigen proletarischen Kommunismus überhaupt. In diesem Sinne wird er hier gebraucht.

und der des ursprünglichen oder des mittelalterlichen Christenthums. Jede dieser Arten des Kommunismus wurzelt in ihrer Zeit, entnimmt dieser ihre Kraft und ihre Ziele. Ihre Vorgänger können ihr kaum mehr sein als eine Stütze, an die sie sich lehnt, die ihr Selbstgefühl erhöht und in manchen Punkten das Auffinden von Beweisgründen erleichtert. Sie können sehr bedeutend ihr äußeres Auftreten, jedoch sehr wenig ihr innerstes Wesen beeinflussen.

Zum vollen Verständniß der Ursprünge des modernen Sozialismus ist es indeß unerläßlich, diejenigen seiner Vorgänger in Betracht zu ziehen, die sie in erkennbarer Weise beeinflußt haben — wie eben gesagt, den platonischen und den christlichen Kommunismus.

Aber deren Betrachtung ist für uns noch von einem anderen Gesichtspunkte aus von Bedeutung — und dieser Gesichtspunkt ist der wichtigere. Man kann die besonderen Eigenthümlichkeiten einer Erscheinung nur erkennen, wenn man diese mit anderen, gleichartigen Erscheinungen vergleicht. Eine derartige Vergleichung der verschiedenen Erscheinungsformen des Kommunismus hat schon oft stattgefunden, aber meist, um den entgegengesetzten Zweck zu erreichen; nicht um die besonderen Eigenthümlichkeiten des modernen Sozialismus hervortreten zu lassen, sondern um sie zu verwischen. Da werden die verschiedenen Arten des Kommunismus zusammen in den gleichen Topf geworfen, und was für die eine gilt, soll unterschiedslos für alle gelten. Diese Methode ist nicht nur sehr bequem, denn die allen Arten des Kommunismus gemeinsamen Züge liegen an der Oberfläche, sie ist auch für die Gegner der Sozialdemokratie sehr erwünscht, indem sie ihnen erlaubt, alles Mißliche und Unangenehme, was früheren Kommunisten passirt ist, als die naturnothwendige Folge der Bestrebungen des heutigen Sozialismus hinzustellen.

Um dessen Eigenart zu erkennen, ist es höchst nothwendig, die Eigenart seiner Vorgänger zu erforschen; und auf seine Daseinsberechtigung und seine Aussichten wird ein neues Licht fallen, wenn wir die Bedingungen kennen lernen, unter denen seine Vorgänger erwachsen und vergangen sind. Dies wird unsere vornehmste Aufgabe in den ersten Abschnitten des vorliegenden Bandes bilden. Wir werden dabei genöthigt sein, neben einer Geschichte kommunistischer Ideen und Bestrebungen auch ein gut Stück allgemeiner Entwicklungsgeschichte der Gesellschaft zu geben. Wird der Weg dadurch auch etwas verschlungener und länger, so bietet er dafür auch größere Mannigfaltigkeit und gewährt die Möglichkeit weiterer Ausblicke. Und unser Interesse und unsere Sympathie für die Helden des Geistes und des Schwertes, die in den vergangenen Jahrhunderten um die Vernichtung jeglicher Ausbeutung und Unterdrückung gerungen, kann nur wachsen, wenn wir nicht blos ihre Ideen und ihre Thaten kennen, sondern sie auch aus ihrer Zeit begreifen lernen.

Erster Abschnitt.
Der platonische und der urchristliche Kommunismus.

Erstes Kapitel.
Der Idealstaat Plato's.

I. Plato und seine Zeit.

Nichts irriger, als die weitverbreitete Anschauung, der Kommunismus widerspreche dem Wesen des Menschen, der Menschennatur. Im Gegentheil, an der Wiege der Menschheit stand der Kommunismus, und er ist noch bis zu unserer Zeit die gesellschaftliche Grundlage der meisten Völker des Erdballs gewesen.

Weit entfernt, unvereinbar zu sein mit dem Gesetze des Kampfes ums Dasein, bildete er vielmehr die wichtigste Waffe der Menschheit in diesem Kampfe. Nur durch die innigste Zusammenschließung zu kleineren oder größeren Gemeinschaften konnten die nackten, waffenlosen Menschen der Vorzeit sich in den Wildnissen gegenüber ihren furchtbaren Feinden behaupten. Der primitive Mensch lebte nur in und mit seinem Gemeinwesen, seine Persönlichkeit hatte noch nicht die Nabelschnur zerrissen, die sie damit verband. In Gemeinschaft erwarben die Menschen ihren Lebensunterhalt — gemeinsam jagten sie, gemeinsam fischten sie —, in Gemeinschaft wohnten sie, gemeinsam vertheidigten sie das gemeinsame Haus, den gemeinsamen Grund und Boden.

Aber das änderte sich mit den Fortschritten der Produktion. Sie erzeugten neben dem Gemeineigenthum das Privateigenthum. Ursprünglich umfaßte dies nur einige geringfügige Gegenstände des persönlichen Gebrauchs, die meist ihr Träger auch selbst verfertigt hatte, Schmuck, Waffen und dergl., Gegenstände, die so mit ihrem Urheber und Träger verwachsen schienen, daß man sie ihm oft nach seinem Ableben mit in's Grab gab.

Aber allmälig nahm das Privateigenthum an Umfang und Bedeutung zu, es begann auch auf bedeutendere Produktionsmittel sich zu erstrecken und ergriff schließlich sogar das wichtigste Produktionsmittel, die Grundlage unseres Seins, den Grund und Boden. Die Jagd und die Weidewirthschaft verlangen noch das Gemeineigenthum an Grund und Boden. Ganz anders der Ackerbau. Er wurde bis zur Entwickelung des modernen, landwirthschaftlichen Großbetriebes am besten

1*

— 4 —

betrieben in der Einzelwirthschaft besonderer Familien, und diese Einzelwirthschaft bedarf zu ihrer Entwickelung des Privateigenthums an Grund und Boden. Wo der Ackerbau sich entwickelt und die früheren Produktionsformen verdrängt, da entwickelt sich auch immer stärker das Bedürfniß nach dem Privateigenthum an Grund und Boden.

Die Entwickelung der städtischen Industrie und des Handels bedingt von vornherein das Privateigenthum an den Produktionsmitteln und Produkten.

Aber nicht nur der Bereich des Privateigenthums dehnt sich immer mehr aus, es verliert auch eine seiner Schranken nach der anderen, die immer lästiger werden, je mehr der Handelsverkehr und die das Privateigenthum erheischenden Produktionsweisen sich entwickeln.

Es wurde aus einem rein persönlichen Eigenthum, das nach dem Tode des Besitzers mit ihm vernichtet wurde oder an die Gemeinschaft zurückfiel, ein auf andere Personen vererbliches Eigenthum.

Die ursprüngliche Gleichheit verschwand, das Privateigenthum wurde zu einer gesellschaftlichen Macht, die Gesellschaft spaltete sich in Eigenthümer, die herrschten, und Eigenthumslose, die in Abhängigkeit waren, das Erwerben von Privateigenthum wurde zu einer gesellschaftlichen Nothwendigkeit. Das Aufkommen des Geldes endlich verwandelte die Erwerbslust in einen maßlosen Drang.

Das Bedürfniß nach Gebrauchsgütern ist stets ein beschränktes. So lange der Reichthum nur in Gebrauchsgütern besteht, verlangt man nicht mehr davon, als was zu einem bequemen, angenehmen Leben nöthig ist. Geld dagegen kann man nie genug haben, denn Geld ist die Waare, mit der man alle anderen kaufen kann, eine Waare, die nicht verdirbt, die stets verwendbar ist. Das Aufhäufen von Schätzen, von großen Vermögen weit über das eigene Bedürfniß hinaus, wird nun zu einer Lebensaufgabe der Besitzenden. Der Gegensatz zwischen Reich und Arm kann von nun an ein unermeßlicher werden, und er wird es überall, wo die Bedingungen dazu sich bilden.

Die Verhältnisse der Menschen zueinander und ihr ganzes Denken und Sein verändern sich damit. Die Hingabe für das Gemeinwesen, die Selbstaufopferung, war ehedem die Haupttugend des Menschen gewesen. Sie schwindet nun immer mehr dahin. Jeder ist sich selbst der Nächste. Die Gemeinwesen zerfallen in Klassen, die einander auf das Erbittertste bekämpfen, sie zerfallen in Individuen, von denen jedes nur seinen eigenen Vortheil im Auge hat, von denen jedes dem Gemeinwesen möglichst wenig giebt und möglichst viel nimmt. Immer lockerer werden die Bande, die den Einzelnen an sein Gemeinwesen fesseln und dieses zusammenhalten; es verkommt oder wird die Beute eines Volkes, das, in seiner Entwickelung zurückgeblieben, noch kommunistische Tugend und kommunistische Kraft besitzt.

Das ist die Geschichte aller Nationen und Staaten im Alterthum.

Vielleicht am schnellsten und auffallendsten vollzog sich dieser Entwickelungsgang in Athen. Der Zeitraum vor der Beendigung der Perserkriege bis zur

Unterjochung Griechenlands durch Philipp von Macedonien umfaßt kaum andert=
halb Jahrhunderte (479—338 vor Beginn unserer Zeitrechnung). Am Beginn
desselben finden wir (auch abgesehen von den Sklaven, die ja nicht zum Gemein=
wesen gehörten) wohl schon Klassenunterschiede und Klassengegensätze, bevorrechtete
Aristokraten und rechtlose Volksschichten, Reiche und Arme, aber noch waren diese
Gegensätze nicht so weit gediehen, um das gemeinsame Interesse am Staatswesen
in der freien Bevölkerung zu ersticken. Im letzten Drittel dieses Zeitraums gab
es in Attika neben einer Menge Sklaven fast nur noch Reiche und Bettler.

„In früherer Zeit," rief der damals lebende Redner Demosthenes in einer
seiner Gerichtsreden, „war es anders als jetzt. Damals war Alles, was dem
Staate angehörte, reich und glänzend, unter den einzelnen Bürgern aber zeichnete
sich äußerlich keiner vor dem anderen aus. Noch jetzt kann Jeder von Euch sich
durch eigenen Anblick überzeugen, daß die Wohnungen eines Themistokles, eines
Miltiades und aller übrigen großen Männer der Vorzeit durchaus nicht schöner
und ansehnlicher waren als die ihrer Mitbürger. Dagegen sind die zu ihrer Zeit
errichteten öffentlichen Gebäude und Denkmale so großartig und prachtvoll, daß
sie ewig unübertrefflich bleiben werden; ich meine die Propyläen, die Arsenale,
die Säulengänge, die Hafenbauten des Piräus und andere öffentliche Werke
unserer Stadt. Jetzt aber giebt es Staatsmänner, deren Privatwohnungen viele
öffentliche Gebäude an Pracht überbieten, und welche so große Landgüter zusammen=
gekauft haben, daß die Felder von Euch Allen, die Ihr hier als Richter ver=
sammelt seid, an Ausdehnung denselben nicht gleichkommen.*) Was dagegen jetzt
von Staatswegen gebaut wird, das ist so unbedeutend und ärmlich, daß man
sich schämen muß, davon zu reden."

In ganz Griechenland konnte man diese Erscheinung beobachten, aber am
auffallendsten zeigte sie sich in Athen, denn dieses war durch die Perserkriege der
mächtigste Staat in Griechenland geworden und es hatte die griechische Freiheit
vor dem Perserjoche nur gerettet, um den Griechen sein eigenes Joch aufzulegen.
Fast die ganze Bevölkerung der Inseln und Küsten des ägäischen Meeres (und
noch manche Küstenstadt und Insel außerhalb desselben) wurde ihm unterthan
und zinspflichtig, neben der Sklavenarbeit und den Profiten eines mächtig auf=
blühenden Handels wurden Kriegsbeute und Tribute Unterworfener stete Ein=
kommensquellen der Bevölkerung Athens, Mittel, die Reichen noch reicher zu
machen und die übrigen Freien, die aus den großen Staatseinnahmen Nutzen
zogen, der Arbeit zu entwöhnen, sie in's Lumpenproletariat hinabzudrücken, die
ganze Bevölkerung zu korrumpiren und zu entnerven. Sie wurden aber auch
Mittel, Athen in ganz Griechenland auf's Aeußerste verhaßt zu machen.

Schließlich kam es zu einem Kampf auf Leben und Tod zwischen dem
sich stetig ausbreitenden Athen und den noch nicht von ihm unterworfenen Staaten

*) Die Gerichtshöfe (Dikasterien) in Athen waren Schwurgerichtshöfe; jeder derselben
bestand aus fünfhundert Geschworenen (Heliasten).

des Peloponnes unter der Führung Spartas. Dieser Kampf war aber nicht nur ein Krieg gegen die Oberherrschaft Athens, er war auch ein Krieg zwischen Demokratie und Aristokratie. Athen war der demokratischste Staat Griechenlands, Sparta der aristokratischste. In allen Athen unterworfenen Staaten mußten vornehmlich die Aristokraten die Zeche zahlen; sie wurden in erster Linie geplündert, nicht das Volk. In Athen selbst wälzte das Volk die Staatslasten so viel als möglich auf die Aristokraten und Reichen ab. Athen wurde daher allenthalben von den Aristokraten und Reichen besonders bitter gehaßt; in diesem Staate selbst war die soziale Zersetzung, waren die Gegensätze zwischen Arm und Reich so weit gediehen, daß die Aristokraten und Reichen Athens mit Sparta, mit dem Landesfeinde, liebäugelten und konspirirten. Ein Sieg Spartas erschien ihnen als das beste Mittel, die Herrschaft des Volkes zu stürzen.

Der entscheidende Kampf zwischen Athen und Sparta, der sogenannte peloponnesische Krieg, dauerte fast dreißig Jahre (431—404) und endete mit der völligen Vernichtung der athenischen Macht. Athen wurde auf Attika beschränkt und von Sparta abhängig. An Stelle der Demokratie trat ein Regiment charakterloser Kreaturen Spartas.

Das war eine Situation, die besonders aufforderte, Einkehr zu halten, über die Ursachen des Gedeihens und Verfallens der Staaten nachzudenken. Die Frage nach der besten Staatsverfassung war damals allgemein.

Unter diesen historischen Verhältnissen erwuchs Plato.

Er wurde wenige Jahre nach dem Beginn des peloponnesischen Krieges*) zu Athen geboren als Sohn eines alten aristokratischen Hauses. Er hat auch seine aristokratische Abkunft nie verleugnet und stets eine Abneigung gegen die Demokratie bewahrt. In angenehmen Vermögensumständen, konnte er ganz der Entwickelung seines Geistes leben und fing früh an, sich mit Dichtkunst und Philosophie zu beschäftigen. Seine Bekanntschaft mit Sokrates — wahrscheinlich in seinem 20. Lebensjahr — wurde für ihn entscheidend. Er widmete sich von nun an völlig der Philosophie und wurde des Sokrates bedeutendster Schüler. Aber er erweiterte den Sokratischen Ideenkreis durch selbständige Studien**) und eine Reihe von Reisen,

---

*) Das Jahr seiner Geburt ist ungewiß. Sie fällt in die Zeit zwischen 429 und 427 vor unserer Zeitrechnung.

**) Großen Einfluß übten auf ihn namentlich die Lehren der Pythagoräer und ein tieferes Eingehen in die Mathematik. — Bei dieser Gelegenheit sei uns eine Bemerkung erlaubt. Pythagoras (geboren um 600, gestorben um 510 v. u. Z.) wird häufig als Kommunist und Gründer eines kommunistischen Bundes genannt. „Die Pythagoräer des höheren Grades," sagt Zeller, einer der besten Kenner der griechischen Philosophie, „lebten den späteren Angaben zufolge in vollständiger Gütergemeinschaft, nach einer genau vorgeschriebenen, als göttliche Satzung von ihnen verehrten Lebensordnung, zu der neben durchaus keiner Kleidung namentlich auch die gänzliche Enthaltung von blutigen Opfern und Fleischspeisen, von Bohnen und einigen anderen Nahrungsmitteln gehört haben soll; selbst der Grundsatz der Ehelosigkeit wird ihnen beigelegt." „Aber," fährt Zeller fort, „ältere Zeugen freilich, die mehr Glauben verdienen, wissen nichts von der Gütergemeinschaft," und er kommt zu dem Schlusse: „Was Spätere

die er nach dem Tode seines Freundes und Meisters unternahm, Reisen, die ihn nach Aegypten, Cyrene, Süditalien und Sizilien führten.

Von seinen Reisen zurückgekehrt, trat er in Athen öffentlich als Lehrer auf. Aber noch zweimal unterbrach er seine Lehrthätigkeit, um längere Reisen nach Sizilien auszuführen.

Die Ursache davon ist bezeichnend für den Verfall des politischen Lebens zu Plato's Zeit. Dieser hatte ein System besonderer politischer Grundsätze entwickelt, auf die wir noch zu sprechen kommen werden, aber es fiel ihm nicht ein, auch nur das Geringste zu thun, um seinen Ueberzeugungen und Anschauungen durch Theilnahme am politischen Leben Geltung zu verschaffen.

Damit ist jedoch nicht gesagt, daß seine Ideen über Staat und Gesellschaft nicht praktisch gemeint waren, daß sie bloße Phantasien bleiben sollten.

368 starb der ältere Dionysius, Tyrann (Alleinherrscher) von Syrakus. Sein Sohn, Dionysius der Jüngere, hatte einige philosophische Allüren an den Tag gelegt und galt für einen Reformer, wie das bei Kronprinzen seit jeher der Brauch gewesen zu sein scheint. Dion, Plato's Freund und des Dionysius Schwager, hofften diesen für ihre gemeinsamen Bestrebungen zu gewinnen, und Plato selbst reiste auf diese Aussicht hin nach Syrakus, um durch den Tyrannen zu erreichen, wofür er in der Demokratie keinen Finger rührte: die Verwirklichung seiner politischen Ideale.

Natürlich erlebte er eine arge Enttäuschung. Dionysius hatte es ganz gern, wenn die Philosophen sich an seinen Hof drängten und dessen Glanz vermehrten, aber sie durften ihn nicht bei den Freuden stören, die Wein, Weib und Gesang bereiten konnten. Als ihm die Philosophen unbequem wurden, ließ sie der „Philosoph auf dem Thron" einfach hinauswerfen — verbannen. Als Plato, dadurch nicht gewitzigt, einige Jahre später eine zweite Reise an den Hof von Syrakus unternahm, zog er sich die Feindschaft des Tyrannen in einem solchen Grade zu, daß er froh sein mußte, sein Leben zu retten und mit einem blauen Auge davon zu kommen.

Damit endigte die politische Thätigkeit unseres Philosophen. Seine Lehrthätigkeit setzte er dagegen bis zu seinem Tode fort, der in seinem 81. Jahre eintrat.

---

von ihrer Gütergemeinschaft erzählen, ist ganz sicher fabelhaft." (Zeller, die Philosophie der Griechen, 3. Aufl., Leipzig 1869, I., S. 270—279). Der angebliche pythagoräische Kommunismus ist jedenfalls eine spätere Erfindung, bei der wohl das platonische Vorbild maßgebend gewesen ist. Auf keinen Fall kann man sagen, daß der Kommunismus Plato's Pythagoras entnommen sei.

    · In den geschichtlichen Darstellungen des griechischen Kommunismus findet in der Regel der pythagoräische neben dem platonischen eine Stelle. Es genügt hier wohl, auf den fabelhaften Charakter des ersteren zu verweisen. Vgl. darüber neben Zeller auch R. Pöhlmann, Geschichte des antiken Kommunismus und Sozialismus, München 1893, I., S. 53, und Drumann, Die Arbeiter und Kommunisten in Griechenland und Rom. Königsberg 1860, § 19.

II. Das Buch vom Staat.

Von den Schriften Plato's kommt für uns hier nur eine in Betracht, die erste philosophische, systematische Vertheidigung des Kommunismus, die auf uns gekommen ist: die „Politeia", das Buch vom Staat, dessen Entstehungszeit wahrscheinlich in die Zeit kurz vor seiner ersten Reise an den Hof Dionysius des Jüngeren, um 368 fällt.

Den wesentlichen Inhalt dieses Buches bildet die Untersuchung der Frage: Welches ist die beste Staats- und Gesellschaftsverfassung?

Daß die bestehenden Staats- und Gesellschaftsformen schlecht sind, unterliegt für Plato keinem Zweifel.

Das Privateigenthum, sagt er, der Gegensatz zwischen Reich und Arm, führt zum Untergang der Staaten. „Verhalten sich nicht Tugend und Reichthum so, daß, läge jedes von ihnen auf der Schale einer Waage, Eines absteigen müßte, wenn das Andere aufsteigt? . . . Werden also der Reichthum und die Reichen in einem Staat geehrt, so werden die Tugend und die Guten minder geachtet. . . . Ein solcher Staat ist nothwendig nicht einer sondern zwei: den einen bilden die Armen, den anderen die Reichen, welche Beide zusammenwohnen, Einer dem Anderen Böses sinnend (ἐπιβουλεύοντες)*) . . . Und am Ende sind sie (die herrschenden Reichen) außer Stande, einen Krieg zu führen, weil sie sich entweder der Menge bedienen müssen, vor welcher sie sich dann, wenn sie bewaffnet ist, mehr fürchten als vor den Feinden; oder wenn sie sich ihrer nicht bedienen, so erscheinen sie dann im Gefecht nur als eine geringe Streitmacht, und überdies wollen sie keine Steuern zahlen, weil sie das Geld so sehr lieben."

Die Armen aber, die Proletarier, vergleicht Plato mit Drohnen — ein bezeichnender Vergleich, der uns deutlich den Unterschied zwischen dem antiken und dem modernen Proletariat zeigt. Die freien Besitzlosen waren zumeist Lumpenproletarier. Heute lebt die Gesellschaft von den Proletariern, damals lebten die Proletarier von der Gesellschaft. Sie lebten von der Ausbeutung des Staates und der Reichen, die aus Sklavenarbeit und Erpressungen Unterworfener ihre Einnahmen zogen. Aber, meint Plato weiter, die zweibeinigen Drohnen unterscheiden sich von den geflügelten: nicht alle unter ihnen sind stachellos. „Aus den Stachellosen werden Bettler auf ihr Alter, aus den mit Stacheln bewehrten alles Gaunervolk . . . . Diebe und Beutelschneider und Tempelräuber und Verüber ähnlicher Schandthaten." (VIII. Buch, 6. und 7. Kap.)

Ein Staat, in dem zwei derartige Staaten miteinander in Zwietracht leben, ist dem Untergang geweiht, mögen nun die Reichen herrschen (Oligarchie) oder die Armen (Demokratie).

---

*) Das Wort von den zwei Nationen, die im Staate wohnen, hat, wie man sieht, nicht Disraeli erfunden; es ist um mehr als zwei Jahrtausende älter.

Welche Staatsverfassung schlägt aber Plato an Stelle dieser „schlechten Verfassungen" vor?

Nur der Kommunismus, meint er, kann die Zwietracht bannen.

Aber er ist viel zu sehr Aristokrat, um die Klassenunterschiede aufheben zu wollen. Der Kommunismus soll zum staatserhaltenden, konservativen Element gemacht werden, jedoch nur als Kommunismus der herrschenden Klasse. Wird das Privateigenthum für die herrschende Klasse aufgehoben, dann, sagt er, hört jede Versuchung für diese auf, das arbeitende Volk auszubeuten und zu bedrücken, dann werden die Herrschenden nicht mehr Wölfe sein, sondern treue Wachhunde, die einzig nur ihrer Aufgabe leben, das Volk zu schützen und zu seinem Besten zu führen.

Für die arbeitenden Klassen, die Bauern und Handwerker, besteht im Staate Plato's das Privateigenthum fort, ebenso für die Krämer und Großhändler. Und in der That, die Aufhebung des Privateigenthums für sie widersprach den Bedürfnissen der damaligen Produktionsweise. Denn noch war die Grundlage der Produktion der Kleinbetrieb in Ackerbau und Handwerk. Dieser bedingt aber, wie wir bereits bemerkt haben, mit Naturnothwendigkeit das Privateigenthum an den Produktionsmitteln. Wohl kannte man auch schon größere Betriebe, aber nur mit Sklaven. Die Technik in Ackerbau und Industrie war noch nicht so weit entwickelt, daß sie gesellschaftliche Produktion verlangt hätte. Wo nicht äußerer Zwang die Arbeiter zusammentrieb, wo diese freie Männer waren, da arbeiteten sie jeder für sich. Das Privateigenthum an den Produktionsmitteln für freie Arbeiter abschaffen wollen, wäre zu Plato's Zeit ein Unding gewesen. Sein Sozialismus war demnach ein von dem modernen grundverschiedener.

Die herrschende Klasse im platonischen Idealstaat produzirt nicht. Sie wird erhalten durch die Beiträge der arbeitenden Klassen. Ihr Kommunismus ist nicht ein Kommunismus der Produktionsmittel, sondern der Genußmittel, dies Wort im weitesten Sinne genommen, ein Kommunismus des Konsums.

Die herrschende Klasse, das sind die Wächter des Staates. Sie werden mit besonderer Sorgfalt ausgewählt aus den Besten und Tüchtigsten. Die Kinder der Wächter haben wohl bessere Aussichten, als die anderen Kinder im Staat, dieser Klasse eingereiht zu werden, weil der Apfel nicht weit vom Stamme fällt. Aber wenn einer der Nachkommen der Wächter seinem Posten nicht gewachsen ist, dann soll er ohne Mitleid aus deren Klasse ausgeschlossen werden; umgekehrt sollen sie, wenn unter den Handwerkern und Ackerbauern einer aufwüchse, in dem sich edle Eigenschaften zeigten, „einen solchen in Ehren halten und unter die Herrscher erheben."

Die Aristokratie im platonischen Staat beruht also nicht auf einem Geburtsadel.

Der zur Aufnahme in die Klasse der Wächter bestimmte Nachwuchs wird einer besonderen, sorgfältigen Erziehung unterworfen, die Plato ausführlich beschreibt, auf die hier einzugehen jedoch nicht der Ort ist.

„Außer dieser Erziehung nun," fährt Plato fort*), „möchte wohl ein Vernünftiger sagen, müßten auch ihre Wohnungen und ihre ganze übrige Habe so eingerichtet sein, daß dadurch die Wächter weder davon abgebracht werden, die Besten zu sein, noch auch gereizt, gegen die anderen Bürger zu freveln."

„Sehr wahr," sagte er (Glaukon).

„Sieh also zu," erwiderte ich (Sokrates), „ob sie etwa auf folgende Weise leben und wohnen müssen, wenn sie derartig werden sollen. Vor Allem soll Keiner etwas zu Eigen besitzen, wenn es irgend zu vermeiden ist; keine besondere Wohnung soll er haben, noch eine Vorrathskammer, wohin nicht Jeder könnte, der Lust hat. Das Nothwendige aber, dessen ebenso tapfere wie mäßige Krieger bedürfen, sollen sie der Reihe nach von den anderen Bürgern als Lohn für ihren Schutz in solchen Mengen empfangen, daß sie keinen Mangel haben, daß ihnen aber auch Nichts für das nächste Jahr übrig bleibt. Gemeinsam sollen sie leben und wie im Felde Stehende gemeinsame Mahlzeiten (Syssitien) abhalten. Gold und Silber aber, muß man ihnen sagen, haben sie von den Göttern als Göttliches immer in der Seele, daher bedürfen sie nicht des Goldes und Silbers der Menschen. Es sei ihnen auch garnicht gestattet, den Besitz des göttlichen Goldes durch den des sterblichen zu verunreinigen, da gar Vieles und Unheiliges mit dieser gemeinen Münze vorgefallen ist, indeß das Gold in ihrer Seele lauter sei. Ihnen allein im Staat sei es verboten, mit Gold und Silber sich abzugeben, es zu berühren, es in der Wohnung zu haben oder an der Kleidung oder daraus zu trinken. Besäßen sie selbst eigenes Land und Wohnungen und Gold, so würden sie Haus=wirthe und Landwirthe sein und nicht Wächter, harte Gebieter und nicht Genossen der anderen Bürger; sie würden dann hassend und gehaßt, belauernd und belauert ihr ganzes Leben hinbringen, weit mehr den inneren Feind fürchtend als den äußeren, und dem Verderben entgegen rennen, sie und die ganze Stadt." (III. Buch, 22. Kap.)

Aber Plato verlangt nicht nur die Gemeinschaft der Güter für seine „Wächter." Alles, was Privatinteressen bei ihnen erzeugen, Zank und Zwie=tracht unter ihnen säen könnte, soll ausgeschlossen sein. Daher verlangt er für sie die Aufhebung der Einzelfamilie, die Gemeinschaft der Weiber und Kinder.

Was unsere heutigen Sozialistenfresser als Beweis für die viehische Ver=kommenheit der Sozialdemokraten hinstellen, die Forderung der Aufhebung der Familie und Ehe, das können sie bei jenem Philosophen des Alterthums finden, den heute die offiziellen Hüter von Zucht und Sitte, den namentlich unsere Geist=lichen am meisten erheben, besonders um seiner „fast christlichen" Ethik willen.

„Mit dem ganzen Vorhergegangenen," läßt Plato Sokrates sagen, „hängt meiner Meinung nach folgende Einrichtung zusammen."

---

*) Oder vielmehr Sokrates. Das ganze Werk ist, wie die platonischen Abhandlungen überhaupt, in die Form eines Gesprächs gebracht, in dem meist, so auch hier, Sokrates als der Hauptsprecher auftritt.

„Welche?"

„Daß die Weiber alle den Männern gemein seien, keine aber mit irgend einem besonders zusammenlebe. Und auch die Kinder sollen gemein sein, so daß weder ein Vater sein Kind kenne, noch ein Kind seinen Vater." (V. Buch, 7. Kapitel.)

Damit meint jedoch Plato nicht gänzlich regelloses Geschlechtsverkehr. Aber dieser soll nur von einem Prinzip beherrscht werden: dem der geschlechtlichen Zuchtwahl. Die Frauen dürfen nur vom 20. bis zum 40. Jahre „dem Staate gebären;" die Männer nur vom 30. bis zum 55. Jahre „dem Staate zeugen." Wer vor oder nach diesem Alter Kinder zeugt oder gebärt, macht sich eines Ver= gehens schuldig. Dergleichen Kinder soll man beseitigen durch eine künstliche Fehl= geburt oder durch Aussetzung. Aufgezogen dürfen sie nicht werden. Die innerhalb dieser Altersgrenzen Stehenden sollen aber von den Regenten möglichst so gepaart werden, daß „die Tüchtigsten den Tüchtigsten am meisten beiwohnen und die Un= tauglichsten den Untauglichsten; und die Kinder der ersteren sollen aufgezogen werden, die Kinder der letzteren aber nicht, wenn die Heerde tadellos bleiben soll; und dies Alles (die Regelung der Paarung) muß völlig unbekannt bleiben, außer den Obern selbst, damit die Schaar der Wächter stets möglichst von Zwietracht frei bleibe."

Diejenigen aber, die über das vorgeschriebene Zeugungsalter hinaus sind, mögen sich vermischen nach Herzenslust und Gutdünken innerhalb ihrer Altersschicht.

„Die neugeborenen Kinder nehmen die dazu bestimmten Behörden an sich, die aus Männern oder Frauen oder beiden bestehen, denn die Aemter sind ja Männern und Frauen gleich zugänglich."

„Gut."

„Die Kinder der Tüchtigen nun, denke ich, tragen sie in das Säugehaus zu Wärterinnen, die in einem besonderen Theil der Stadt wohnen, die der Untauglichen aber und ebenso die mißgestaltet Geborenen werden sie, wie es sich gehört, an einem unzugänglichen und unbekannten Orte verbergen."

„Sicher," sagte er, „wenn das Geschlecht der Wächter edel bleiben soll."

„Diese Behörden werden auch für die Ernährung der Säuglinge sorgen, indem sie die Mütter, wenn sie von Milch strotzen, in das Säugehaus führen, wobei sie jedoch möglichst darauf bedacht sind, daß keine ihr Kind erkenne, und indem sie, wenn jene nicht hinreichen, noch andere Säugende herbeischaffen." (V. Buch, 9. Kap.)

Alles das erscheint für unser Empfinden seltsam, ja abstoßend. Nicht so für die Griechen der Zeit Plato's. Wohl herrschte unter ihnen die Einehe, aber diese war, wie sie selbst offen erklärten, nur eine Einrichtung zur Erzielung legitimer Kinder, zur Sicherung des Erbrechtes. Die Ehen wurden nicht im Himmel der Liebenden geschlossen, sondern von den Familienhäuptern verabredet, wobei nicht die Neigungen der Betheiligten, sondern ihre Vermögensverhältnisse in Betracht kamen. Ein junger Mann hatte in der Regel gar keine Gelegenheit, ein Mädchen aus gutem Hause vor seiner Verlobung mit ihr kennen zu lernen.*)

Neben der Sorge um die Vermehrung und Vererbung des Vermögens war bei den Eheschließungen auch die für Erzielung einer kräftigen Nachkommenschaft sehr maßgebend. In Sparta, wo die Vermögensverhältnisse eine geringere Rolle spielten, dagegen die Kriegstüchtigkeit der Spartiaten in erster Linie stand, waren bei den Eheschließungen die Rücksichten der geschlechtlichen Zuchtwahl von großer Bedeutung. So stark wirkten sie, daß unter Umständen ein Gatte seine ehelichen Rechte einem Anderen abtrat, weil dieser kräftiger war, bessere Kinder zu zeugen versprach. Plutarch verglich in der That die spartanische Ehe mit einem Gestüt, in dem es sich nur um die Erzeugung einer möglichst edlen Rasse handle.

Angesichts dessen war die Regelung der Paarung durch die Obrigkeit nach den Regeln der Zuchtwahl für die Zeitgenossen Plato's weder etwas Wider= sinniges noch etwas Widerliches.

Die Aufhebung der Familie, der geschlechtliche Kommunismus, war aber die logische Konsequenz des Kommunismus der Genüsse. In der That, wo alle Genüsse gemeinsam sein sollen, war es höchst inkonsequent, einen so machtvollen, das gesellschaftliche Leben so tief beeinflussenden Genuß wie den geschlechtlichen dem Bereich der Gemeinsamkeit zu entziehen.

Dagegen steht die Weibergemeinschaft, der geschlechtliche Kommunismus, nicht im geringsten logischen Zusammenhang mit der Forderung des Gemein= eigenthums an den Produktionsmitteln, die der moderne Sozialismus erhebt, man müßte denn die Frau zu den Produktionsmitteln rechnen.**)

In einem anderen Punkte berührt sich jedoch das platonische Ideal mit einer Forderung der heutigen Sozialdemokratie. So wie diese, verlangt Plato die Gleichstellung von Mann und Weib, die Zulassung der letzteren zu allen Aemtern

---

*) Man sieht, es ist falsch, wenn man der kapitalistischen Produktionsweise die Schuld giebt, daß die Ehe ein Geldgeschäft geworden sei. Die gesetzlich geschützte Einehe ist es von jeher gewesen. Sie ist ein Kind des Privateigenthums und des Erbrechtes. Die kapitalistische Produktionsweise hat vielmehr Verhältnisse geschaffen, unter denen die individuelle Geschlechtsliebe — das leidenschaftliche Bedürfniß, einer bestimmten Person des anderen Geschlechts anzugehören und keiner anderen, dieser aber für immer — zu einem anerkannten Faktor im gesellschaftlichen Leben werden konnte. Für die Moral der heutigen Gesellschaft ist dadurch eine Ehe, die ein bloßes Geldgeschäft ist, zu einem unsittlichen Verhältniß geworden. Da aber die kapitalistische Produktionsweise die ökonomischen Wurzeln des Ehegeschäfts bestehen läßt, ja verstärkt, bewirkt diese moralische Anschauung nicht, daß die Ehe aufhört, ein Geldgeschäft zu sein, sondern nur, daß man sich bemüht, diesen Charakter zu verbergen, daß die Eheschließenden gezwungen sind, so zu thun, als sei es wirklich die Liebe, die sie zu ihrem Bunde dränge. An Stelle der heid= nischen Offenherzigkeit ist christliche Heuchelei getreten. Natürlich gilt das vornehmlich für die Ehen der Besitzenden.

**) „Der Bourgeois sieht in seiner Frau ein bloßes Produktionsinstrument. Er hört, daß die Produktionsinstrumente gemeinsam ausgebeutet werden sollen und kann sich natürlich nichts Anderes denken, als daß das Loos der Gemeinschaftlichkeit die Weiber gleichfalls treffen soll." (Das kommunistische Manifest.)

(freilich nur innerhalb der Klasse der Wächter). Sogar in den Krieg sollen die Frauen mitziehen. Sie sollen auch dieselbe Erziehung erhalten wie die männlichen Wächter.

„Von allen Beschäftigungen, durch die der Staat besteht, giebt es keine, die dem Weibe als Weib oder dem Manne als Mann zukommt; die natürlichen Anlagen sind in Beiden auf ähnliche Weise vertheilt und die Frau kann ihrer Natur nach ebenso wie der Mann an allen Beschäftigungen theilnehmen; in Allem aber ist das Weib schwächer als der Mann .... Mögen sich also immer die Frauen unserer Wächter entkleiden (um Leibesübungen vorzunehmen, wie die Männer), da sie ja Tugend statt des Gewandes überwerfen werden, und mögen sie Theil nehmen am Kriege und an der Regierung des Staates und mögen Anderes nicht verrichten. Hiervon aber wollen wir das Leichtere den Weibern zutheilen vor den Männern wegen der Schwäche ihres Geschlechts." (V. Buch, 5. und 6. Kap.)

Die Grundlage der gesellschaftlichen und politischen Gleichstellung der Frau mit dem Manne bildet ihre Befreiung von den Arbeiten des Haushaltes. Im platonischen Staat geschieht dieses dadurch, daß diese Arbeiten den arbeitenden Klassen zugewiesen werden. So lange es nicht möglich war, zum mindesten die schwersten dieser Arbeiten von der Maschine besorgen zu lassen, konnte eine Emanzipation der Frau auf anderer Grundlage nicht erreicht werden.

So kühn alle diese Ideen Plato's sind, sie sind nicht aus der Luft gegriffen, sondern haben eine reale Grundlage. Wir haben dies schon bei einer seiner kühnsten Ideen, der Einführung planmäßiger Zuchtwahl in den Geschlechtsverkehr, gesehen. Das Vorbild, das ihn dort leitete, hat seinen ganzen Ideengang beeinflußt. Dieses Vorbild war Sparta, der, wie wir bereits erwähnt haben, aristokratischste Staat Griechenlands, der sich daher stets der besonderen Sympathien der athenischen Aristokratie erfreute. Diese Sympathien waren so stark,*) daß sie mit beigetragen haben zu der Niederwerfung Athens durch Sparta im peloponnesischen Kriege.

Die spartanischen Sympathien, die Plato als Aristokrat hegte, wurden jedenfalls nicht vermindert durch den Einfluß, den die antidemokratischen Tendenzen des Sokrates auf ihn übten.

Von den Schülern des Sokrates haben mehrere der hervorragendsten und bekanntesten sich spartanerfreundlich gezeigt. Xenophon, der Busenfreund des spartanischen Königs Agesilaos, hat in spartanischen Diensten mehrere Feldzüge mitgemacht; er scheute sich sogar nicht, in der Schlacht bei Koronea (394) im Gefolge des spartanischen Feldherrn gegen seine Mitbürger, die Athener, zu fechten. Grund genug, daß er aus seiner Vaterstadt verbannt wurde. Alkibiades hatte es im peloponnesischen Kriege noch besser getrieben. Er ging als athenischer Feldherr zu den Spartanern über, wurde gewissermaßen deren Generalstabschef,

---

*) Sie äußerten sich durch Verschwörungen, Landesverrath, ja durch die meuchlerische Ermordung hervorragender Demokraten und Feldherren.

theilte ihnen alle schwachen Seiten Athens mit und führte so eine Reihe großer Niederlagen für dieses herbei, die thatsächlich den Krieg entschieden, wenn derselbe auch noch lange fortgeschleppt wurde. Und als Athen unterlegen war, wurde es eine Beute der „dreißig Tyrannen," einer Bande aristokratischer Gesinnungslumpen, die das siegreiche Sparta dem athenischen Volk als Regenten aufgedrängt hatte. An der Spitze dieser Bande, die durch ein wüstes Schreckensregiment sich bereicherte und das niedergeworfene Athen vollends ruinirte, stand Kritias, ebenfalls ein Schüler des Sokrates.

Man muß das im Auge behalten, wenn man den Prozeß des Sokrates richtig verstehen will.

Angesichts alles Dessen dürfen wir uns nicht wundern, daß der spartanische Staat die Grundlage war, auf die Plato beim Aufbau seines Idealstaates sich stützte. Es läßt sich das in einer Reihe von Punkten nachweisen, doch ist hier nicht der Ort, diesen Nachweis zu führen.

Damit soll jedoch nicht gesagt sein, daß Plato den spartanischen Staat blos abgeschrieben hat. Dazu war er denn doch zu sehr Philosoph und dazu sah er die Schäden zu genau, an denen dieser Staat zu seiner Zeit schon krankte. Die Macht und der Reichthum, die Sparta durch den peloponnesischen Krieg und nach ihm erlangte, korrumpirten es ebenso schnell, wie Athen durch seine Siege in den Perserkriegen und deren Konsequenzen korrumpirt wurde. Die Reste eines ur= wüchsigen Kommunismus, die sich in Sparta noch erhalten hatten, boten ebenso= wenig Schutz dagegen, als die Ruinen einer Ritterburg Schutz vor der modernen Artillerie gewähren. Sie sanken zu bloßen Formen herab. Ihre größte Wichtigkeit zu Plato's Zeit bestand vielleicht in der Anregung, die sie dem Geist des Forschers und Denkers gaben, kommunistische Zustände für möglich und wünschenswerth zu halten und aus den Gedankenkeimen, die sie boten, das konsequent durchgeführte System eines Kommunismus zu entwickeln, der zu seiner Zeit wenigstens ideell möglich war.

Allerdings nur ideell. Plato war Aristokrat, aber seine aristokratische Ge= sinnung bethätigte sich nur in der Abneigung gegenüber dem niederen Volk, nicht in dem Zutrauen zu seinen Standesgenossen. Er zweifelte an diesen ebenso wie an jenen. Der rohe spartanische Militarismus und die rücksichtslose spartanische Ausbeutungswirthschaft behagten ihm ebensowenig wie die athenische Volksherrschaft.

Darum theilte er in seinem Idealstaate die obere Klasse, die der Wächter, in zwei Unterabtheilungen: die Krieger und die Regenten. Nur die Letzteren sollen den Staat regieren, sie aber sollen Philosophen sein. Die Herrschaft des Kriegsadels war in seinen Augen ebenso verderblich wie die des Volkes, das zu seiner Zeit bereits zum großen Theil aus Lumpenproletariern bestand. Blos die Herrschaft der Philosophen kann eine vernünftige Staatsleitung verbürgen. „Ehe nicht das Geschlecht der Philosophen Herr im Staate wird (ἐγκρατὲς γένηται) wird weder für den Staat noch für die Bürger ein Ende des Unglücks sein, noch wird die Verfassung, die wir ersonnen haben, in Erfüllung gehen." (VI. Buch), 13. Kap. Vgl. V. Buch, 18. Kap.)

Wie aber sollen die Philosophen im Staate zur Herrschaft gelangen? Nicht durch Antheilnahme an den politischen Kämpfen des Volkes, sondern dadurch, daß sie einen Alleinherrscher für sich gewinnen. (VI. Buch, 14. Kap.)*)

Wir wissen bereits, welche Erfahrungen Plato mit seinem Versuch machte, einen Alleinherrscher für seine Ideen zu interessiren.

Sein Schicksal war das Schicksal aller Utopisten nach ihm, das heißt aller derjenigen, die eine Erneuerung von Staat und Gesellschaft anstrebten, ohne in dieser selbst die dazu nöthigen Faktoren zu finden; sie mußten auf einen Akt groß= müthiger Willkür eines politischen oder finanziellen Alleinherrschers hoffen, eines philosophischen Königs oder eines philosophischen Millionärs.

Zu Plato's Zeit gab es in den Staaten, die er kannte, keine Volksschicht mehr, von der er eine Regeneration des Staates hätte erwarten können. Alles war angefault und zerfressen und bereits spukte die Idee einer Alleinherrschaft als letzte Rettung des Staates auch in den Köpfen von Republikanern. Xenophon, der Mitschüler Plato's, schrieb einen Staatsroman, die „Kyropädie," in dem der Segen der Herrschaft eines wohlerzogenen Königs gepriesen wird.

Bald nach Plato fingen die Philosophen an, in der Alleinherrschaft nicht mehr ein Mittel zu sehen, sie zur Herrschaft im Staate zu bringen, sondern nur noch ein Mittel, sie der lästigen Sorge um Staatsangelegenheiten zu entheben. Die Auf= lösung des Staates vollzieht sich auch im allgemeinen Bewußtsein. Es ist nicht mehr das Gemeinwesen, was die Philosophen beschäftigt, sondern das liebe Ich. Nicht nach der besten Staatsverfassung suchen sie mehr, sondern nach der besten Methode für den Einzelnen, auf eigene Faust glückselig zu werden.

Es entwickelt sich allmälig die Atmosphäre, der das Christenthum entspringt.

---

*) Eine verblüffende Entdeckung hat der jüngste Forscher über den platonischen Kom= munismus gemacht, der bereits erwähnte Herr Professor Robert Pöhlmann. Den philo= sophischen Absolutismus, den Plato gefordert, erklärt er für verwirklicht im — deutschen Reich: „Erscheint diese Forderung nicht geradezu wie ein prophetischer Hinweis auf eine wahrhaft staatliche Monarchie, wie sie vor Allem der deutsche Staat verwirklicht hat?" Wer aber sind die Staatsphilosophen, die über den Klasseninteressen der Besitzenden sowohl wie der Besitzlosen stehen? Es sind „unsere heutigen Staats= und Kommunalbeamten, Geistliche, Lehrer, Offiziere u. s. w., in der Mehrzahl Leute, denen ohne oder doch ohne großen Besitz die höchste Bildung zugänglich ist" u. s. w. „Eben dies, die Schaffung einer so gestellten und so gesinnten Gesellschaftsschicht, wie sie der moderne Staat besitzt und der damalige entbehrte, ist von Plato mit genialem Scharfblick als eine Haupt= und Grundfrage aller Politik erkannt worden." (Geschichte des antiken Kommunismus und Sozialismus. I., S. 427 ff.) Die Auffassung, daß die ganze weltgeschichtliche Entwickelung seit dem Mittelalter kein anderes Ziel gehabt habe, als die Alles überstrahlende Herrlichkeit der Hohenzollern'schen Dynastie und ihres Staates zu offenbaren, ist bei einem deutschen Geschichtsprofessor etwas Selbstverständ= liches. Aber zu diesem Zwecke bis ins graue Alterthum zurückzugehen und Plato zum Vor= kämpfer der Herrschaft des preußischen Junker= und Bureaukratenthums zu machen — das hat vor Herrn Pöhlmann doch Niemand gewagt.

Daß ein deutscher Gelehrter mit der feierlichsten Miene von der Welt dem griechischen Philosophen die Pickelhaube aufsetzen kann, ohne von einem Sturm von Hohngelächter begraben zu werden, ist bezeichnend für die heutige deutsche Geschichtswissenschaft und ihr Publikum.

Zweites Kapitel.
Der urchristliche Kommunismus.

I. Die Wurzeln des urchristlichen Kommunismus.

Wir haben bereits gesagt, daß die Entwickelung, die wir im Eingang des vorigen Kapitels geschildert und durch das Beispiel Athens belegt haben, das Schicksal aller Nationen und Staaten im Alterthum gewesen ist.

Auch das weltbeherrschende Rom blieb davon nicht verschont. Es war schon weit in seinem inneren Niedergang fortgeschritten, als es auf der Höhe seiner äußeren Macht anlangte. Sein Reich, welches alle Länder um das Mittelmeer herum umfaßte, bildete ein Gemenge von Staaten, die alle auf derselben Bahn wandelten; die einen, im Osten und Süden des Mittelmeeres gelegen, waren Rom vorausgeeilt, die anderen im Westen und Norden, waren hinter ihm zurückgeblieben; aber sie waren eifrig bestrebt, dieselbe Höhe zu erreichen, wie die Hauptstadt und mit ihr dahin zu gelangen, wo Griechenland und die Länder des Orients bereits standen: bei der völligen sozialen Auflösung.

Wir haben gesehen, wie die athenische Volksfreiheit verfiel und die Republik reif wurde für den Uebergang zur Alleinherrschaft. Ebenso ging es auch in den anderen Demokratien, ebenso auch in Rom. In dieselbe Zeit, in die man die Geburt Christi setzt, fallen die letzten Zuckungen der römischen Republik und die Anfänge des Cäsarismus.

Die Aristokratie und die Demokratie zeigten sich damals in gleicher Weise bankerott. Der Kern des Volkes, die freie Bauernschaft, war im römischen Reich verkümmert, in vielen Gegenden völlig verschwunden, Größe und Ruhm des Staates erwuchsen aus dem Ruin des Bauern. Die ewigen Kriege, durch bäuerliche Milizheere geführt, brachten es dahin, daß die Wirthschaft des Bauern verkam, indeß die Wirthschaft des größeren Grundbesitzers, der mit Sklaven wirthschaftete, nicht litt. Im Gegentheil, gerade die Kriege lieferten ihm ungemein billiges Sklavenmaterial. Kein Wunder, daß die Sklavenwirthschaft rasch überhand nahm und die Wirthschaft des freien Bauern verdrängte. Wie Schnee vor der Sonne schmolz die freie, kräftige Bauernschaft dahin, zum Theil verkrüppelte sie, zum größten Theil aber versank sie ins Proletariat, das heißt ins Lumpenproletariat, denn eine Lohnarbeit, der sie sich hätte zuwenden können, bestand damals nicht in erheblichem Maße. In der Industrie wie in der Landwirthschaft herrschte die Sklavenarbeit. Die besitzlosen Bauern drängten in die Großstädte, wo sie zusammen mit freigelassenen Sklaven die unterste Schicht der Bevölkerung bildeten.

Aber so lange noch die demokratische Republik bestand, bedeutete die Massenarmuth noch nicht das Massenelend. Die Massen besaßen, wenn nichts Anderes, so doch die politische Macht, und sie wußten von dieser sehr wohl zu leben, sie in den mannigfachsten Formen zur Schröpfung der Reichen und der zinspflichtigen unterworfenen Gebiete auszunützen.

Nicht nur Brot und Spiele verschaffte ihnen ihre politische Macht, sondern mitunter auch die Zuwendung von Produktionsmitteln, von Grundeigenthum. Durch die letzten Jahrhunderte der römischen Republik ziehen sich ununterbrochen die Versuche hin, durch Vertheilung von Bauerngütern an Proletarier eine neue Bauernschaft zu gründen. Indessen alle diese Versuche, das Rad der ökonomischen Entwickelung zurückzudrehen, waren vergeblich. Sie scheiterten an der politischen und ökonomischen Uebermacht der Großgrundbesitzer, welche die Durchführung dieser Versuche hinderten, wo sie konnten, und welche, wo es trotzdem gelang, freie Bauern zu schaffen, diese rasch wieder erdrückten und auskauften. Sie scheiterten aber auch an der Verkommenheit des Lumpenproletariats, das vielfach nicht mehr arbeiten wollte und es vorzog, sich in der Großstadt zu amüsiren, statt auf dem Lande das dürftige, arbeits= und sorgenvolle Dasein eines Kleinbauern zu führen. Die Proletarier hinderten oft die Sozialreformen, die zu ihren Gunsten dienen sollten, dadurch, daß sie die ihnen zugewiesenen Güter ohne Weiteres wieder ver= schleuderten; sie hinderten sie aber auch oft dadurch, daß sie ihre politische Macht den reichen Großgrundbesitzern verkauften und sie gegen die Sozialreformer wendeten.

Die großartigsten dieser Versuche einer Sozialreform wurden veranlaßt und geleitet von den beiden Gracchen, Tiberius Sempronius Gracchus (geb. 163, von seinen aristokratischen Gegnern erschlagen 133 v. u. 3.) und dem entschiedeneren und weitergehenden Gajus Sempronius Gracchus, geb. 153, der das Werk seines älteren Bruders fortsetzte, aber so wie dieser der Wuth der Latifundienbesitzer erlag (121). Man hat die beiden Gracchen Kommunisten genannt, das waren sie jedoch in keiner Weise. Was sie anstrebten, war nicht eine Aufhebung des Privat= eigenthums, sondern die Schaffung neuer Eigenthümer, die Wiederherstellung einer kräftigen Bauernschaft, der festesten Grundlage des Privateigenthums.

Sie handelten darin ganz im Sinne der ökonomischen Verhältnisse ihrer Zeit. Wohl verdrängte damals nicht blos der Großgrundbesitz den Kleingrund= besitz, sondern vielfach auch der Großbetrieb den Kleinbetrieb. Aber dies war nicht die Folge der technischen und ökonomischen Ueberlegenheit des ersteren, sondern die Folge der enormen Billigkeit seiner Arbeitskräfte, der Sklaven.

Die ewigen Kriege brachten zahlreiche Kriegsgefangene als Sklaven auf den Markt. Gar mancher Krieg der Römer war blos durch das Bedürfniß der Großgrundbesitzer nach billigen Sklaven hervorgerufen, die reine Sklavenjagd.

Ungeheure Sklavenmassen kamen zusammen; kein Wunder, daß ihre Preise ungemein sanken. Schon in Athen hatte die Sklaverei in Folge ähnlicher Ver= hältnisse sich stark entwickelt. Man zählte dort um das Jahr 300 v. u. 3. neben 21 000 Bürgern 400 000 Sklaven. Von Aeschines wird es als Zeichen seiner be= sonderen Armuth erzählt, daß er blos sieben Sklaven besessen habe. Im römischen Weltreich wurde das Sklavenwesen noch ärger. Der römische Feldherr Lucullus verkaufte (in der zweiten Hälfte des ersten Jahrhunderts vor unserer Zeitrechnung)

Kriegsgefangene, das Stück zu drei Mark (in unserem Gelde gerechnet), als Sklaven!

Jetzt wurde es rentabel, große Sklavenheerden zusammenzukaufen — reiche Römer besaßen tausende von Sklaven — und zusammen an die Arbeit zu setzen. An Stelle kleiner Betriebe errichtete man große Plantagen und, wie man sich ausdrückt, Fabriken. Diese Bezeichnung für die industriellen Großbetriebe der Griechen und Römer ist jedoch ungenau. Denn sie trugen einen ganz anderen Charakter, als die modernen Manufakturen und Fabriken, sie waren nicht, wie diese, den Kleinbetrieben überlegen. Den industriellen Großbetrieb mit Sklaven= arbeit darf man nicht mit Fabriken vergleichen, sondern höchstens, wenn man eine moderne Erscheinung zum Vergleich heranziehen will, mit der Gefängnißarbeit. Niemand wird behaupten wollen, daß diese dem freien Handwerk gegenüber eine höhere Produktionsweise darstellt. Die Sklavenarbeit war, namentlich in der Land= wirthschaft, so roh und unökonomisch als nur möglich*); der einzelne Sklave in diesen Großbetrieben leistete viel weniger, als ein freier Arbeiter in einem Klein= betrieb. Wenn der Sklave im Großbetrieb trotzdem billiger produzirte, so nur deswegen, weil er selbst fast nichts kostete, und wegen der Billigkeit und Massen= haftigkeit des Sklavenmaterials auch nicht geschont und ausreichend genährt und bekleidet zu werden brauchte. Mochten sie verkommen, man fand genug Andere an ihrer Stelle.

Man sieht, die Verdrängung des Kleinbetriebes durch den Großbetrieb im römischen Reich beruhte auf ganz anderen Bedingungen, als die heutige gleichartige Erscheinung. Die Vorbedingungen zu einer höheren Produktionsweise, als der Kleinbetrieb (im Ackerbau und auch im Handwerk) bedeutet, zu einer genossen= schaftlichen Produktion, waren nicht gegeben. Wenn die Gracchen also als Ver= treter der Interessen des Proletariats nichts weniger als Kommunisten waren, so entsprach dies vollständig den ökonomischen Verhältnissen, die sie vorfanden.

Was für die Gracchen gilt, kann auch von Catilina (geb. 108 v. u. Z.) gesagt werden, dem Führer einer Verschwörung gegen das römische Grundbesitzer= regiment, der, nachdem alle anderen Versuche seiner Partei, die politische Macht

---

*) Marx bemerkt in seinem „Kapital" in einer Note über die Sklavenarbeit: „Der Arbeiter soll sich hier (in der Sklaverei), nach dem treffenden Ausdruck der Alten nur als instrumentum vocale (stimm= oder sprachbegabtes Werkzeug) von dem Thier als instru= mentum semivocale (fast sprachbegabtes Werkzeug) und dem todten Arbeitzeug als in= strumentum mutum (stummes Werkzeug) unterscheiden. Er selbst aber läßt Thier und Arbeitszeug fühlen, daß er nicht ihresgleichen, sondern ein Mensch ist. Er verschafft sich das Selbstgefühl seines Unterschiedes von ihnen, indem er sie mißhandelt und con amore ver= wüstet. Es gilt daher als ökonomisches Prinzip in dieser Produktionsweise, nur die rohesten, schwerfälligsten, aber gerade wegen ihrer unbehülflichen Plumpheit schwer zu ruinirenden Arbeits= instrumente anzuwenden." (K. Marx, „Das Kapital", I., 2. Aufl., S. 185.) Man vergleiche damit folgende Ausführung, die wir in Sismondi's „Études sur l'économie politique" (Paris 1837) gefunden haben. Er giebt da einen längeren Auszug aus einem Werke von Ch. Comte über die Sklaverei, und sagt unter Anderem: „Die Sklaven

zu erobern, gescheitert waren, mit seinen Genossen zu gewaltsamer Erhebung ge=
trieben wurde und der Uebermacht seiner Gegner in heldenmüthigem Kampfe erlag
(62 v. u. 3.). Auch ihn hat man zum Kommunisten gestempelt — Mommsen zum
„Anarchisten" — aber ohne jede Berechtigung. Ebensowenig wie bei den Gracchen
handelte es sich bei Catilina um die Aufhebung des Privateigenthums, um die Ein=
führung einer kommunistischen Gesellschaftsordnung. Er strebte die Eroberung der
politischen Macht durch die Besitzlosen an, um diese zu Besitzenden zu machen.

Eine andere Richtung erhielt das Denken der Proletarier und ihrer Freunde,
als das politische Leben abstarb, als die Besitzlosen moralisch und politisch ebenso
verkommen waren wie die Besitzenden, die Demokratie ebenso haltlos wurde wie die
Aristokratie und der Boden geebnet war für das Auftreten eines Alleinherrschers,
eines Kaisers, des Herrn eines Söldnerheeres und der Anfänge einer Bureaukratie.

Mit der politischen Macht versiegte die wichtigste, ja fast die einzige Erwerbs=
quelle des antiken Proletariers. Arm sein hieß jetzt auch elend sein. Die Besitz=
losigkeit der Massen entwickelte in der römischen Gesellschaft grauenhafte Zustände,
die ehedem unbekannt gewesen waren. Der Pauperismus, die Massenarmuth und
das Massenelend wurden nun zur wichtigsten sozialen Frage, einer Frage, die immer
bringender ihre Lösung heischte, denn die gesellschaftliche Entwickelung ging ihren
Gang, die Mittelschichten verfielen immer mehr, die Reichen wurden immer reicher,
die Zahl der Besitzlosen wuchs.

Dies war jedoch nicht die einzige soziale Frage, welche die Gesellschaft
des römischen Weltreiches bewegte. Der Verfall der freien Bauernschaft, der zum
zäsaristischen Absolutismus führte, bildete den Vorläufer des ökonomischen Verfalles
der ganzen Gesellschaft.

Schon ehe die römische Gesellschaft politisch abgedankt hatte, hatte sie mili=
tärisch abgedankt. Mit den Bauern waren die Krieger des Milizheeres ver=
schwunden. An Stelle desselben trat ein Söldnerheer, die kräftigste Stütze des
Despotismus. Aber dieses Heer, unwiderstehlich nach innen, hatte bald Mühe,
den auswärtigen Feind abzuwehren, namentlich die Germanen, die immer kraft=
voller andrängten, indeß das römische Heerwesen zusehends verfiel.

––––––––––

unserer Tage sind unfähig für jede Arbeit, die Intelligenz, Geschmack, Sorgfalt erfordert.
Es ist wahrscheinlich, daß die schönen Arbeiten des römischen Alterthums von Leuten ver=
richtet wurden, die ihre industrielle Geschicklichkeit als Freie erlangt hatten und die erst der
Krieg zu Sklaven gemacht hatte. Denn sobald die Römer einmal alle industriellen Nationen
unterjocht hatten, so daß sie nur noch unter den Barbaren Sklaven machen konnten, verkamen
die Künste und alle Arten der Industrie ungemein rasch und sie selbst verfielen in Barbarei.

„Aber die Sklaverei korrumpirt nicht blos die Versklavten, sondern auch die Freien,
denn sie züchtet jene Verachtung der industriellen Arbeit, welche die Beschäftigung der ärmeren
Freien mit der Industrie immer mehr zurückdrängt. Der Zustand der Proletarier in der
römischen Republik, die von jeder Arbeit zurückgehalten wurden, theils durch die Verachtung
der Arbeit, theils durch die Konkurrenz der Sklaven, ist ein bemerkenswerthes und erschütterndes
Beispiel der Degradation und des Elends, in die die Sklaverei jenen Theil des Volkes stürzt,
der weder zu den Herren noch zu den Knechten zählt." (I., S. 382—393.)

2*

Dies zeitigte sehr wichtige ökonomische Folgen. Die Eroberungskriege wurden seltener; der ewige Krieg, der an den Grenzen tobte, gestaltete sich immer mehr zum reinen Vertheidigungskrieg, der mehr Verluste an Kriegern brachte, als er an Kriegsgefangenen lieferte. Die Zufuhr von Sklaven wurde nach und nach immer spärlicher. Mit dem Aufhören der reichlichen Sklavenzufuhr brach aber die Grundlage des damaligen Großbetriebes, namentlich in der Landwirthschaft, zusammen. Die Sklaverei selbst hörte nicht völlig auf, aber sie wurde immer mehr bloße Luxussklaverei.

Dies bedeutete jedoch nicht die Rückkehr zu einer freien Bauernschaft und einem freien Handwerk. Die Industrie blieb zum größten Theil in den Händen von Sklaven. Die Verringerung der Sklavenzufuhr führte nur selten zum Aufkommen eines freien, kräftigen Handwerks, sondern meist zum Rückgang und Verfall der Industrie. Nicht viel besser ging es in der Landwirthschaft. Die freien Bauern waren von der Sklavenwirthschaft verkrüppelt und erschlagen worden, und wo sie einmal im Römerreich verschwunden waren, da konnte die Bauernwirthschaft sich nicht wieder einwurzeln. Denn wenn auch der Großbetrieb immer unrentabler wurde, der Großgrundbesitz blieb, ja er dehnte sich auch jetzt noch mehr aus, denn den Erpressungen der kaiserlichen Beamten und den Verheerungen, die namentlich unglückliche Kriege über viele Landschaften brachten, konnte er immer noch besser widerstehen als die kleineren Grundbesitzer.

Aber den Großbetrieb konnte er schließlich nicht mehr aufrecht halten. Derselbe wurde immer mehr eingeschränkt, und neben ihm entwickelte sich das System, die großen Güter ganz oder zum Theil zu parzelliren und die kleinen Gütchen gegen bestimmte Lieferungen und Leistungen zu verpachten, an sogenannte Kolonen, die man namentlich in den späteren Jahrhunderten der Kaiserzeit so eng als möglich an die Scholle zu fesseln suchte — die Vorgänger der mittelalterlichen Hörigen.

Die Ursache dieser Fesselung war die rapide Abnahme an Arbeitskräften im Reich. Neben einigen wenigen Reichen und einer verhältnißmäßig geringen Zahl freier, selbständiger Arbeiter in den verkümmerten Resten von bäuerlicher Landwirthschaft und Handwerk bildeten die große Masse der Bevölkerung Lumpenproletarier und Sklaven. Ohne geordnete Familienverhältnisse meist in den elendesten Verhältnissen lebend, waren weder die Einen noch die Anderen im Stande, auch nur einigermaßen einen genügenden Nachwuchs zu erzielen. Die zahlreichen unglücklichen Kriege vermehrten noch das Defizit an Menschen. Die Bevölkerung verminderte sich zusehends. Um Kolonen und Soldaten zu bekommen, mußten die herrschenden Klassen Roms immer mehr Ausländer, Barbaren, in's Reich ziehen, dessen Wehrstand und Nährstand schließlich vornehmlich von diesen eingewanderten Fremdlingen und ihren Nachkommen gebildet wurde.

Aber das genügte nicht, den Abgang an Menschen zu ersetzen, und es waren immer rohere, tiefer stehende Elemente, die man heranziehen mußte.

Die römische Kultur hatte ihre Höhe nur erreichen können durch den Ueberfluß an Arbeitskräften, der ihr zu Gebot gestanden hatte und den sie rücksichtslos hatte

verschwenden dürfen. Mit dem Ueberfluß an Arbeitskräften hörte auch der Ueber=
fluß an Produkten auf, Landwirthschaft und Industrie gingen zurück, wurden immer
roher und barbarischer. Und mit ihnen verkamen Kunst und Wissenschaft.

Dieser gesellschaftliche Niedergang nahm einen langen Zeitraum in Anspruch.
Es dauerte mehrere Jahrhunderte, bis das römische Weltreich von der stolzen
Höhe, die es unter Augustus und seinen ersten Nachfolgern einnahm, zu dem er=
bärmlichen Tiefstand herabgesunken war, den es zu Beginn der Völkerwanderung
erreicht hat. Aber die Richtung dieses Niederganges war bereits im ersten Jahr=
hundert unserer Zeitrechnung gegeben und in manchen Punkten klar erkennbar.
Mit ihm und durch ihn ist jene neue gesellschaftliche Macht erwachsen, die in
dem allgemeinen Verfall rettete, was noch zu retten war, und die schließlich die
Reste der römischen Kultur den Germanen übermittelte, wo sie eine neue, höhere
Kultur anbahnte. Diese Macht war das Christenthum.

II. Das Wesen des urchristlichen Kommunismus.

Wie zur Zeit des Verfalles Griechenlands, mußten auch jetzt in der römischen
Kaiserzeit alle denkenden und mit ihren leidenden Brüdern fühlenden Menschen
sich gedrängt fühlen, nach einem Ausweg aus den furchtbaren Zuständen zu suchen.

Auf die Frage nach diesem Ausweg wurden die verschiedensten Antworten
gegeben. Auch das platonische Ideal wurde wieder neu belebt, aber es konnte
jetzt noch weniger Einfluß üben als zur Zeit seines Ursprungs. Der Neuplatoniker
Plotin (im dritten Jahrhundert unserer Zeitrechnung) gewann zwar die Gunst der
höheren Stände, ja des Kaisers Gallienus und der Kaiserin Salonina in so hohem
Grade, daß er daran denken konnte, mit deren Hülfe eine Stadt nach dem Muster
des platonischen Gemeinwesens zu gründen. Aber dieser Salonkommunismus des
Modephilosophen bildete nur eine der zahlreichen Spielereien, mit denen die Obersten
der Nichtsthuer die Zeit verkürzten. Es wurde nicht einmal ein Versuch zur
Ausführung des Planes gemacht, wenn man nicht die Erfindung eines Namens
für die Kolonie — Platonopolis, Platostadt — als solchen betrachten will.

Die Staatsgewalt begegnete allgemeinem Mißtrauen und allgemeiner Gleich=
gültigkeit, und die Verwesung des Gesellschaftskörpers war eine so hochgradige, daß
man von keinem Sterblichen, und wäre er der mächtigste der Zäsaren gewesen,
erwarten durfte, es könnte ihm gelingen, demselben neues Leben einzuhauchen.
Nur eine übermenschliche Macht, nur ein Wunder konnte dies bewirken.

Wer es nicht für möglich hielt, daß noch Wunder geschähen, versank in
trübsinnigen Pessimismus oder betäubte sich in gedankenlosem Genuß. Unter den
sanguinischen Enthusiasten aber, denen das Eine wie das Andere gleich unmöglich
war, begannen Manche an das Wunder zu glauben. Namentlich war dies der
Fall bei den Enthusiasten der untersten Schichten des Volkes, die den allgemeinen
Niedergang am drückendsten empfanden, und die weder die Mittel besaßen, sich

in Vergnügungen zu berauschen, noch den Katzenjammer fühlten, der auf solchen Rausch gern folgt und der so leicht den Pessimismus erzeugt. Aus ihren Reihen vornehmlich ersproß die Idee, daß ein Erlöser vom Himmel in nächster Zeit kommen werde, um ein herrliches Reich auf Erden zu errichten, in dem es keinen Krieg giebt und keine Armuth, in dem Freude, Friede und Ueberfluß herrschen und unendliche Seligkeit. Dieser Erlöser war der Gesalbte des Herrn — Christus.*)

War man einmal so weit, das Wunder für möglich zu halten, dann waren alle Schranken der Phantasie niedergerissen, und jeder der Gläubigen durfte sich das kommende Reich so überschwänglich als möglich vorstellen. Nicht nur die Gesell= schaft, die ganze Natur sollte sich ändern, alle Schädlichkeiten sollten aus ihr ver= schwinden, alle Genüsse, die sie bietet, maßlos vergrößert, die Menschen erfreuen**).

Die erste christliche Schrift, in der derartige Erwartungen ausgesprochen wurden, bildet die sogenannte „Offenbarung Johannis," die Apokalypse, die wahrscheinlich bald nach Nero's Tode geschrieben wurde, und die verkündigt, es werde baldigst ein furchtbarer Kampf sich entspinnen zwischen dem wiederkehrenden Nero, dem Antichrist, und dem wiederkehrenden Christus, ein Kampf, den die ge= sammte Natur mitkämpft. Christus werde siegreich aus diesem Kampfe hervor= gehen und ein tausendjähriges Reich begründen, in welchem die Frommen mit Christus regieren werden, ohne daß der Tod eine Macht über sie hat. Aber nicht genug damit, wird nach Ablauf dieses Reiches ein neuer Himmel und eine neue Erde erstehen, und auf dieser Erde ein neues Jerusalem, ein Sitz der Seligkeit.

Das tausendjährige Reich — das ist der Zukunftsstaat des Urchristenthums; nach ihm werden alle überschwänglichen Erwartungen des Kommens einer neuen Gesellschaft, die in christlichen Sekten auftauchen, als chiliastische***) bezeichnet.

Anknüpfend an die Apokalypse haben zahlreiche christliche Lehrer in den ersten Jahrhunderten des Christenthums chiliastische Erwartungen geäußert und mitunter, wie Irenäus (im zweiten Jahrhundert) und noch Lactantius (um 320 vor unserer Zeitrechnung), das kommende Paradies auf Erden sehr eingehend und in den glühendsten sinnlichen Farben beschrieben.†) Erst als sich die Verhältnisse für

---

*) christos, griechisch = gesalbt.

**) Corrodi hat in seiner „kritischen Geschichte des Chiliasmus" (Frankfurt 1781) die sonderbaren Blasen, welche diese Phantasien warfen, eingehend beschrieben, ja sogar — kritisirt!

***) Chilias, griechisch, = die Zahl Tausend.

†) Eine große Rolle spielen in dem kommenden christlichen Reich der Wein und die Liebe. Irenäus lehrte: „Es wird die Zeit kommen, da die Weinstöcke wachsen, jeder mit zehntausend Reben, jede Rebe mit zehntausend großen Zweigen, jeder große Zweig mit zehn= tausend kleinen Zweigen, jeder kleine Zweig mit zehntausend Trauben, jede Traube mit zehn= tausend Beeren und jede Beere mit Saft für zwanzig Maß Wein." Hoffentlich wächst der Durst in dem tausendjährigen Reich in demselben Verhältniß. Irenäus stellt aber noch zartere Freuden in Aussicht: „Die jungen Mädchen werden sich in der Gesellschaft der Jünglinge ergötzen; die Greise werden dieselben Vorrechte genießen und ihr Kummer wird sich in Ver= gnügen auflösen." Namentlich letztere Aussicht muß für die jüngeren und ä'teren Greise der römischen fin de siècle-Gesellschaft sehr verlockend gewesen sein.

das Christenthum völlig geändert hatten, als es aufhörte, blos der Glaube der Unglücklichen und Unterdrückten, der Proletarier und Sklaven und ihrer Freunde zu sein, als es auch der Glaube der Mächtigen und Reichen wurde, da gerieth der Chiliasmus allmälig in Mißgunst bei der offiziellen Kirche, denn er hatte immer einen revolutionären Beigeschmack, war immer eine Prophezeiung des kommenden Umsturzes der bestehenden Gesellschaft.

Der heilige Augustinus, der in der zweiten Hälfte des vierten Jahrhunderts und der ersten des fünften (er starb 430) lebte, bekämpfte zuerst entschieden die unbequeme Lehre durch eine Reihe sophistischer Auslegungen der Apokalypse. Von da an gilt der Chiliasmus als „ketzerisch." Die offizielle Kirche versetzte das kommende Reich der Seligkeit in die Wolken.

Die chiliastischen Erwartungen sind eines der hervorragendsten Merkmale des urchristlichen Geisteslebens. Aber so wie derjenige auf dem Holzwege ist, der glaubt, die heutige Sozialdemokratie ziehe ihre Kraft aus dem Versprechen irgend eines „Zukunftsstaates," so würde auch der irren, der annähme, daß das Urchristenthum aus dem Chiliasmus den wesentlichsten Theil seiner Kraft gezogen habe.

Gleich der Sozialdemokratie ist auch das Urchristenthum für die Machthaber seiner Zeit dadurch unüberwindlich geworden, daß es für die Masse der Bevölkerung unentbehrlich wurde. Sein praktisches Wirken, nicht seine frommen Schwärmereien haben ihm zum Siege verholfen.

Dies praktische Wirken wollen wir jetzt betrachten.

Der Pauperismus war, wie wir gesehen, die große soziale Frage der Kaiserzeit. Alle Versuche des Staates, ihm entgegenzuwirken, erwiesen sich als vergebens. Manche Kaiser, und auch Private, suchten ihm durch milde Stiftungen zu steuern. Aber das geschah in höchst unzureichendem Maße; es waren Tropfen auf einen heißen Stein, und die habgierige römische Bureaukratie bildete nicht den besten Verwalter derartiger Einrichtungen.

Die Pessimisten und die Genußmenschen thaten dem Pauperismus gegenüber, was sie auch den anderen Uebeln im Staat und Gesellschaft gegenüber thaten, nämlich nichts. Sie erklärten, es sei sehr traurig, daß derartige Zustände beständen, aber diese seien unabwendbar und Philosophen dürften gegen das Unabwendbare nicht ankämpfen.

Anders die sanguinischen Enthusiasten und die Proletarier, auf denen das Elend lastete. Sie konnten es unmöglich ruhig mit ansehen, sie mußten darnach trachten, ihm ein Ende zu bereiten. Mit den überschwänglichen Träumen von der Glückseligkeit, die der Messias aus den Wolken herabbringen werde, war den Entbehrenden nicht geholfen. Denselben Kreisen, denen der Chiliasmus entstammte, entsprangen auch thatkräftige Versuche, dem bestehenden Elend zu Leibe zu rücken.

Diese Versuche mußten ganz anderer Art sein, als die der Gracchen gewesen waren. Diese hatten an den Staat appellirt; sie wollten, daß das Proletariat die politische Macht erobere und sich dienstbar mache. Jetzt hatte jede politische

Bewegung aufgehört und die Staatsgewalt war in allgemeinen Mißkredit gerathen. Nicht durch den Staat, sondern hinter seinem Rücken, durch besondere, von ihm völlig unabhängige Organisationen wollten die neuen Sozialreformer die Gesellschaft umgestalten.

Noch wichtiger zeigte sich ein anderer Unterschied. Die gracchische Bewegung war eine halb ländliche; sie stützte sich nicht blos auf die städtischen Proletarier, sondern auch auf die verkommenden Bauern. Und sie wollte jene auch zu Bauern machen. Das städtische Proletariat wurzelte eben mit einem Fuße noch in der Bauernschaft.

In der Kaiserzeit waren Stadt und Land bereits völlig getrennt. Die städtische und die ländliche Bevölkerung bildeten zwei Nationen, die einander nicht mehr verstanden. Die christliche Bewegung war in ihren Anfängen eine rein großstädtische — so sehr, daß Landmann und Nichtchrist gleichbedeutende Begriffe wurden.*)

Damit hängt auf's Engste der entscheidende Unterschied zwischen der gracchischen und der christlichen Sozialreform zusammen. Jene wollte die Plantagen- und Weidewirthschaft durch die Bauernwirthschaft verdrängen; wenn sie die bestehende Vertheilung des Eigenthums antastete, so geschah das, um eine Reform der Produktionsweise anzubahnen. Aber eben deßwegen mußte sie nothwendigerweise, wie wir gesehen haben, das Privateigenthum (an den Produktionsmitteln) anerkennen.

Für das Christenthum in seinen Anfängen war die maßgebende Klasse ein großstädtisches Lumpenproletariat, das sich der Arbeit entwöhnt hatte. Das Produziren erschien diesen Elementen als eine ziemlich gleichgültige Sache; ihr Vorbild waren die Lilien auf dem Felde, die nicht säen und nicht spinnen und doch gedeihen. Wenn sie eine andere Vertheilung des Eigenthums anstrebten, so hatten sie nicht die Produktionsmittel im Auge, sondern die Genußmittel. Ein Kommunismus des Konsumirens war aber für die Lumpenproletarier jener Zeit nichts Unerhörtes. Zeitweise öffentliche Speisungen großer Massen Bedürftiger oder Vertheilungen von Lebensmitteln an sie waren in den letzten Zeiten der Republik Regel gewesen und fanden auch in der Kaiserzeit anfänglich noch statt: was lag näher, als diese Speisungen und Vertheilungen in ein System zu bringen, einen regelmäßigen Kommunismus der vorhandenen Genußmittel — theils durch gleichmäßige Vertheilung, theils durch gemeinsame Verwendung derselben — anzustreben?

Es entstanden kommunistische Ideen dieser Art, bald auch kommunistische Gemeinden zu ihrer Durchführung. Die ersten bildeten sich im Orient, der ökonomisch am weitesten vorgeschritten war, namentlich unter den Juden, die auch vor den Christen schon apokalyptische Erwartungen entwickelt hatten, und unter denen wir bereits um

---

*) Das Wort Paganus (lateinisch — Dorfbewohner) gebrauchten die späteren Christen zur Bezeichnung der „Heiden."

das Jahr 100 vor unserer Zeitrechnung einen kommunistischen Geheimbund, den der Essener finden.

„Den Reichthum halten sie für nichts," berichtet von diesen Josephus, „hingegen rühmen sie sehr die Gemeinschaft der Güter, und man findet Keinen unter ihnen, der reicher wäre als der Andere. Sie haben das Gesetz, daß Alle, die in ihren Orden eintreten wollen, ihre Güter zum gemeinsamen Gebrauch dar=reichen müssen, daher man bei ihnen weder Mangel noch Ueberfluß merkt, sondern sie haben Alles gemein wie Brüder. . . . . Sie wohnen nicht in einer Stadt zusammen, sondern haben in allen Städten ihre besonderen Häuser, und wenn Leute, die ihres Ordens sind, anderswoher zu ihnen kommen, theilen sie mit den=selben ihren Besitz, und diese können ihn wie ihr eigenes Gut gebrauchen. Sie kehren ohne Weiteres beieinander ein, auch wenn sie einander nie gesehen haben, und thun, als ob sie ihr Leben lang in vertrautem Verkehr gewesen wären. Wenn sie über Land reisen, nehmen sie nichts mit sich als eine Waffe gegen die Räuber. In jeder Stadt haben sie einen Gastmeister, der den Fremden Kleider und Lebens=mittel austheilt. . . . . Sie treiben keinen Handel miteinander, sondern wenn Jemand Einem, der Mangel hat, etwas giebt, so empfängt er hingegen wieder von ihm, was er bedarf. Und wenn er auch nichts dafür bieten kann, so mag er doch ohne Scheu, von wem er will, begehren, was er braucht."*)

Ganz in ähnlicher Weise waren die ersten Christengemeinden organisirt. Ob und inwieweit hier bewußte Nachahmung vorliegt, ist nicht aufgehellt. Die Aehnlich=keit der Einen mit den Anderen kann von der Aehnlichkeit der Verhältnisse herrühren, denen sie entsprossen sind. Auf jeden Fall überragten die christlichen Gemeinden bald die essenischen in einem wesentlichen Punkte: in ihrer Internationalität, die der Internationalität des großen römischen Weltreiches entsprach. Die Essener hielten zäh am Judenthum fest. Sie sind eine kleine Sekte geblieben, welche kaum jemals mehr als 4000 Mitglieder zählte. Das Christenthum hat das römische Reich erobert.

Anfangs strebten die Christen vielfach nach der Einführung eines völligen Kommunismus. Jesus spricht im Evangelium Matthäi (19, 21) zum reichen Jüngling: „Willst Du vollkommen sein, so gehe hin, verkaufe, was Du hast und gieb es den Armen."**) In der Apostelgeschichte (4, 32, 34) wird die erste Gemeinde zu Jerusalem folgendermaßen beschrieben: „Keiner sagte von seinen Gütern, daß sie seine wären, sondern es war ihnen Alles gemein . . . Es war auch Keiner unter ihnen, der Mangel hatte; denn wie viele ihrer waren, die da Aecker und Häuser hatten, verkauften sie dieselben und brachten das Geld des verkauften Gutes und legten es zu der Apostel Füßen; und man gab einem Jeglichen, was ihm noth war." Ananias und Sapphira, die etwas von ihrem Gelde der Gemeinde vorenthielten, wurden bekanntlich dafür von Gott mit dem Tode bestraft."***)

---

*) Josephus, Geschichte des jüdischen Krieges, II. Buch, 8, 3, 4.
**) Vgl. Marcus 10, 21; Lucas 12, 33; 18, 21.
***) Wichtig ist auch die Stelle Apostelgeschichte 2, 44, 45.

Praktisch lief jedoch diese Art Kommunismus darauf hinaus, daß alle Produktionsmittel in Genußmittel verwandelt und dieselben an die Armen vertheilt werden sollten: das bedeutete, wenn allgemein durchgeführt, das Ende aller Produktion. So wenig die ersten Christen sich als echte Bettlerphilosophen um das Produziren kümmern mochten, eine dauernde größere Gesellschaft konnte auf dieser Grundlage nicht aufgebaut werden.

Der damalige Stand der Produktion verlangte das Privateigenthum an den Produktionsmitteln, und die Christen konnten darüber nicht hinauskommen.*) Sie mußten also darnach trachten, Privateigenthum und Kommunismus miteinander zu vereinigen. Sie konnten es jedoch nicht in der Weise Plato's thun, der den Kommunismus zum Privilegium einer Aristokratie machte und das Privateigenthum für die Volksmasse bestehen ließ. Gerade diese bedurfte jetzt des Kommunismus.

Die Vereinigung von Privateigenthum und Kommunismus geschah in der Weise, daß man einem Jeden sein Eigenthum, namentlich an Produktions= mitteln, ließ und blos den Kommunismus des Genießens und Gebrauchens — namentlich der Lebensmittel — forderte.

Natürlich ergab sich diese Unterscheidung nicht in der Theorie, so scharf unterschied man damals nicht in ökonomischen Dingen. Aber die Praxis lief darauf hinaus, und nur mit Hülfe dieser Unterscheidung ist es möglich, den anscheinenden Widerspruch in der Lehre der Kirche zu begreifen, die in den ersten Jahrhunderten gleichzeitig das Gemeineigenthum verherrlicht und jeden thatsächlichen Angriff auf das Privateigenthum verpönt.

Die Besitzenden sollten ihre Produktionsmittel behalten und ausbeuten, vor Allem ihren Grund und Boden; aber was sie an Konsumtionsmitteln besaßen und erwarben — Nahrungsmittel, Kleider, Wohnungen und Geld, um derlei zu kaufen — das sollte der christlichen Gemeinde zur Verfügung gestellt sein. „Es war also die Gemeinschaft der Güter nur eine Gemeinschaft des Gebrauchs. Ein jeder Christ hatte nach der brüderlichen Verbindung ein Recht zu den Gütern aller Mitglieder der ganzen Gemeinde und konnte im Falle der Noth fordern, daß die begüterten Mitglieder ihm so viel von ihrem Vermögen mittheilten, als zu seiner Nothdurft erforderlich ward. Ein jeder Christ konnte sich der Güter seiner Brüder bedienen, und die Christen, die etwas hatten, konnten ihren dürftigen Brüdern die Benutzung und den Gebrauch derselben nicht versagen. Ein Christ z. B., der kein Haus hatte, konnte von einem anderen Christen, der zwei oder drei Häuser hatte, begehren, daß er ihm eine Wohnung gebe; deswegen blieb dieser doch Herr der Häuser. Wegen der Gemeinschaft des Gebrauchs aber mußte die eine Wohnung dem Anderen zum Gebrauch überlassen werden." **)

*) Die Klöster bildeten eine Ausnahmeerscheinung, die klösterliche Organisation konnte nie zur allgemeinen Form der Gesellschaft werden. Aber auch in den Klöstern war die Gemeinsam= keit des Konsumirens die Hauptsache, das Produziren Nebensache. Wir kommen darauf in einem anderen Zusammenhang zurück.

**) J. L. Vogel, Alterthümer der ersten und ältesten Christen. Hamburg, 1780, S. 47.

Die transportablen Lebensmittel, sowie Geld, wurden zusammengebracht und eigene Gemeindebeamte gewählt, welche die Austheilung dieser Gaben zu leiten hatten.

Der volle Kommunismus des ersten Christenthums war mit der, wenn auch nur theilweisen, Anerkennung des Privateigenthums durchbrochen. Er sollte aber noch eine weitere Abschwächung erfahren.

Der Kommunismus des Konsumirens hängt, wie wir bereits bei der Betrachtung des platonischen Staates gesehen haben, auf's Engste zusammen mit der Aufhebung der Familie und Einzelehe. Man kann dies auf zwei Wegen erreichen: durch Gemeinschaft der Frauen und der Kinder oder durch den Verzicht auf den geschlechtlichen Verkehr, durch das Zölibat. Plato wählte den ersteren Weg, die Essener den letzteren. Sie huldigten der Ehelosigkeit. In seinen radikal-kommunistischen Anfängen suchte das Christenthum ebenfalls der Familie und Ehe zu Leibe zu gehen, meist in der asketischen Form, die der katzenjämmerlichen Stimmung jener Zeit am besten entsprach; es hat aber auch christliche Sekten gegeben, z. B. die Adamiten, eine gnostische Sekte aus dem zweiten Jahrhundert, welche die lebenslustigere Form der Aufhebung von Familie und Ehe lehrten und praktizirten.

Das Evangelium Matthäi läßt Christum sagen (19, 29): „Wer verläßt Häuser oder Brüder oder Schwestern oder Vater oder Mutter oder Kinder oder Äcker um meines Namens willen, der wird hundertfältigen Lohn ernten und das ewige Leben erwerben." Und im Evangelium Lucä ruft Christus aus: „So Jemand zu mir kommt und hasset nicht Vater und Mutter, Weib und Kinder, Brüder und Schwestern, auch dazu sein eigenes Leben, der kann nicht mein Jünger sein."*)

Sämmtlichen urchristlichen Gemeinden ist das Streben eigenthümlich, das Familienleben wenigstens bis zu einem gewissen Grade aufzuheben. Daher finden wir bei ihnen die Einrichtung, daß die täglichen Mahlzeiten gemeinsam waren. (Vgl. Apostelgeschichte 2, 46.) Diese Liebesmahle, Agapen, entsprechen den gemeinsamen Mahlzeiten, Syssitien, der Spartaner und des platonischen Staates.**) Sie waren die natürliche Konsequenz des Kommunismus der Genußmittel.

Indeß, wie schon gesagt, das Christenthum konnte den Kleinbetrieb und das Privateigenthum an Produktionsmitteln nicht überwinden. Damit ist aber nothwendig die Einzelfamilie verbunden, nicht blos als Form des Zusammenlebens von Mann und Weib, von Eltern und Kindern, sondern auch als wirthschaftliche Einheit. Da das Christenthum nicht eine neue Produktionsweise bringen konnte, mußte es auch die überkommene Familienform bestehen lassen, so sehr sie dem Kommunismus des Konsumirens widersprach. Nicht die Art und Weise, wie die

---

*) Vgl. auch Matth. 10, 37, 12, 46 ff. Marc. 3, 31 ff., 10, 29. Luc. 8, 20; 18, 29.
**) Allerdings, wenn wir Daumer glauben dürften (Die Geheimnisse des christlichen Alterthums. Hamburg 1847), so wären diese Mahlzeiten nicht Liebesmahlzeiten gewesen, sondern — Menschenfressereien.

Menschen genießen, sondern wie sie produziren, entscheidet in letzter Linie über den Charakter der Gesellschaft. Wie der volle Kommunismus, war auch die angestrebte Aufhebung der Familie und Ehe unverträglich mit der Ausbreitung des Christenthums in der Gesellschaft. Sie ist stets auf einzelne Sekten und Korporationen beschränkt geblieben. Es gelang ihr nicht, allgemeine Gültigkeit zu erlangen.

III. Der Verfall des urchristlichen Kommunismus.

Ueber den Widerspruch zwischen der Einzelfamilie und dem Kommunismus des Genießens und Gebrauchens konnte nur ein außergewöhnlicher Enthusiasmus hinweghelfen. Dieser war in den ersten Christengemeinden auch vorhanden. Indeß je zahlreicher die Christen wurden, desto geringer im Verhältniß zur Gesammtzahl mußte naturgemäß in ihrer Mitte die Zahl der außergewöhnlich veranlagten Naturen sein. Und in den Durchschnittsmenschen erzeugten die sozialen Verhältnisse des versinkenden Rom alles Andere eher als thatkräftige Hingebung. Keine Klasse war davon ausgenommen.

Daher besiegte auch in den Christengemeinden die Einzelfamilie bald den Kommunismus der Konsummittel. Die häuslichen Mahlzeiten wurden die Regel, die Agapen immer mehr auf festliche Gelegenheiten beschränkt. In dieser Beschränkung erhielten sie sich während der ersten Jahrhunderte des Christenthums, dann verfielen sie vollständig, wurden zu bloßen Speisungen Armer, welche die Reichen zeitweise veranstalteten, ohne daß sie selbst an den Mahlzeiten theilnahmen.

Die Sorge für die Familie trat wieder in den Vordergrund; nur was diese nicht brauchte, gehörte der Gemeinschaft, der Kirche. Der gemeinsame Gebrauch des Besitzes aller Genossen reduzirte sich in die Uebergabe des Ueberflusses der Einzelnen an die Gemeindekasse. Den Ueberschuß des Einkommens über das Nothwendige, den jeder Einzelne erzielte, sollte er der Kirche abgeben. Dies war die Form, welche der christliche Kommunismus bald in der Praxis annahm.

Aber da dieselben sozialen Verhältnisse der Kaiserzeit, welche die Durchführung des Kommunismus unmöglich machten, die Bildung kommunistischer Ideen begünstigten, erhielt sich die kommunistische Ueberlieferung des Urchristenthums lange lebendig; immer wieder erstanden neue kommunistische Sekten, und auch die siegreiche unter den kirchlichen Organisationen, die katholische, blieb in der Theorie noch lange kommunistisch.

Nach wie vor donnerten die Väter der Kirche gegen den Reichthum und die Ungleichheit. „Ihr Elenden," ruft der heilige Basilius im vierten Jahrhundert den Reichen zu, „wie wollt Ihr Euch vor dem ewigen Richter verantworten? . . . . Ihr erwidert mir: Wie habe ich Unrecht, da ich nur für mich behalte, was mir gehört? Ich aber frage Euch, was nennt Ihr Euer Eigenthum? Von wem habt Ihr es erhalten? Ihr handelt wie ein Mann im Theater, der sich beeilt, alle Plätze zu belegen, und die Anderen nun hindern will, einzutreten, indem er zu seinem Gebrauch sich vorbehält, was für Alle da ist. Wodurch werden die Reichen reich, als durch Besitznahme von Dingen, die Allen gehören? Wenn Jeder für sich nicht mehr nähme, als er zu seiner Erhaltung braucht, und den Rest den Anderen ließe, dann gäbe es weder Reiche noch Arme."

Noch im sechsten Jahrhundert schrieb Gregor der Große: „Es genügt nicht, daß man Anderen ihr Eigenthum nicht nimmt, man ist nicht schuldlos, so lange man Güter sich vorbehält, die Gott für Alle geschaffen hat. Wer den Anderen nicht giebt, was er hat, ist ein Todtschläger und Mörder, denn da er für sich behält, was zur Erhaltung der Armen gedient hätte, kann man sagen, daß er tagaus tagein so Viele erschlägt, als von seinem Ueberfluß leben konnten. Wenn wir mit Denen theilen, die in der Noth sind, dann geben wir ihnen nicht etwas, was uns gehört, sondern was ihnen gehört. Es ist nicht ein Werk der Barmherzigkeit, sondern die Zahlung einer Schuld."*)

Eines der merkwürdigsten Zeugnisse für den kommunistischen Charakter des Urchristenthums findet sich aber in den Schriften des heiligen Johannes, mit dem Beinamen Chrysostomus, d. h. Goldmund, wegen seiner feurigen Beredsamkeit so genannt. 347 in Antiochien geboren, stieg er bis zur Würde eines Patriarchen von Konstantinopel auf. Aber die Unerschrockenheit, mit der er die Sittenlosigkeit der Residenz, namentlich des Hofes, brandmarkte, veranlaßte, daß der Kaiser Arkadius ihn verbannte. Er starb im Exil (in Armenien) 407.

In der elften seiner Homilien (Predigten) über die Apostelgeschichte kam dieser kühne Mann auch auf den Kommunismus der ersten Christen zu sprechen. Er zitirt folgenden Satz aus der Apostelgeschichte: „Große Gnade war bei ihnen Allen und es war Keiner unter ihnen, der Mangel hatte." Dies aber, fährt er fort, kam daher, daß „Keiner von seinen Gütern sagte, daß sie seine wären, sondern es war ihnen Alles gemein."

„Die Gnade war unter ihnen, weil Keiner Mangel litt, das heißt, weil sie so eifrig gaben, daß Keiner arm blieb. Denn nicht gaben sie einen Theil und behielten einen anderen für sich; noch auch gaben sie Alles gewissermaßen als ihr Eigenthum. Sie hoben die Ungleichheit auf und lebten in großem Ueberfluß; und sie thaten dies in der preiswürdigsten Weise. Sie wagten es nicht, die Spenden in die Hände der Bedürftigen zu geben, noch auch schenkten sie mit hochmüthiger Herablassung, sondern sie legten sie zu den Füßen der Apostel nieder und machten diese zu Herren und Vertheilern der Gaben. Was man brauchte, wurde dann aus dem Vorrath der Gemeinschaft, nicht aus dem Privateigenthum Einzelner genommen. Dadurch wurde erreicht, daß die Geber sich nicht eitel überhoben.

---

*) Zitirt bei F. Villegardelle, Histoire des idées socialistes avant la révolution française. Paris 1846, p. 71 ff. Villegardelle hat zahlreiche Stellen ähnlichen Inhalts aus den Schriften anderer Kirchenlehrer der ersten Jahrhunderte zusammengestellt. Leider giebt er nicht an, welchen Werken er diese Stellen entnommen hat. Es war uns daher unmöglich, die Zitate zu verifiziren.

„Würden wir heute dasselbe thun, wir lebten viel glücklicher, die Reichen wie die Armen; und die Armen würden nicht mehr Glück dadurch gewinnen als die Reichen . . . denn die Gebenden wurden nicht nur nicht arm, sie machten auch die Armen reich.

„Stellen wir uns die Sache vor: Alle übergeben das, was sie haben, in gemeinsames Eigenthum. Niemand möge sich darüber beunruhigen, weder der Reiche noch der Arme. Wie viel glaubt Ihr, daß Geld zusammenkommen wird? Ich schließe — denn mit Sicherheit kann man es nicht behaupten —, wenn jeder Einzelne all sein Geld hergäbe, seine Aecker, seine Besitzungen, seine Häuser (von den Sklaven will ich nicht sprechen, denn die ersten Christen besaßen wohl keine, da sie sie wahrscheinlich freiließen), dann wird wohl eine Million Pfund Gold zusammenkommen, ja wahrscheinlich zwei= oder dreimal so viel. Denn sagt mir, wie viele Menschen enthält unsere Stadt (Konstantinopel)? Wie viele Christen? Werden es nicht hunderttausend sein? Und wie viele Heiden und Juden! Wie viele Tausende Pfund Gold müssen da zusammenkommen! Und wie viele Arme haben wir? Ich glaube nicht, daß es mehr als fünfzigtausend sind. Wie viel wäre nöthig, sie jeden Tag zu ernähren? Wenn sie an einem gemein= samen Tische speisen, werden die Kosten nicht sehr groß sein können. Was werden wir also mit unserem riesigen Schatz anfangen? Glaubst Du, daß er jemals erschöpft werden könnte? Und wird der Segen Gottes sich nicht tausendmal reich= licher auf uns ergießen? Werden wir nicht aus der Erde einen Himmel machen? Wenn dies sich bei Drei= oder Fünftausenden (den ersten Christen) so glänzend erwiesen hat und Keiner von ihnen Mangel litt, um wie viel mehr muß es bei einer so großen Menge sich bewähren? Wird nicht Jeder der Neuhinzukommenden Etwas hinzufügen?

„Die Zersplitterung der Güter verursacht größeren Aufwand und dadurch die Armuth. Nehmen wir ein Haus mit Mann und Weib und zehn Kindern. Sie betreibt Weberei, er sucht auf dem Markte seinen Unterhalt; werden sie mehr brauchen, wenn sie in einem Hause gemeinsam oder wenn sie getrennt leben? Offenbar, wenn sie getrennt leben. Wenn die zehn Söhne auseinandergehen, brauchen sie zehn Häuser, zehn Tische, zehn Diener und alles Andere in ähn= lichem Maße vervielfacht. Und wie steht's mit der Menge der Sklaven? Läßt man diese nicht zusammen an einem Tische speisen, um an Kosten zu sparen? Die Zersplitterung führt regelmäßig zur Verschwendung, die Zusammenfassung zur Ersparung am Vorhandenen. So lebt man jetzt in den Klöstern und so lebten einst die Gläubigen. Wer starb da vor Hunger? Wer wurde nicht reichlich gesättigt? Und doch fürchten sich die Leute vor diesem Zustand mehr als vor einem Sprung in's unendliche Meer. Möchten wir doch einen Versuch machen und die Sache kühn angreifen! Wie groß wäre der Segen davon! Denn wenn damals, wo die Zahl der Gläubigen so gering war, nur drei= bis fünf= tausend, wenn damals, wo die ganze Welt uns feindlich gegenüberstand, wo nirgends ein Trost winkte, unsere Vorgänger so entschlossen daran gingen, um wie viel mehr Zuversicht sollten wir jetzt haben, wo durch Gottes Gnade überall Gläubige sind! Wer würde dann noch Heide bleiben wollen? Niemand, glaube ich. Alle würden wir an uns ziehen und uns gewogen machen."*)

Chrysostomus schloß seine Ausführungen mit der Aufforderung, seinen Vorschlag zu verwirklichen.

Diese so nüchterne, rein ökonomische, von jeder religiösen Ueberschwänglichkeit freie Predigt ist in jeder Beziehung höchst bemerkenswerth. Sie zeigt uns deutlich den Kommunismus des Urchristenthums, dessen Ueberlieferungen noch lebendig waren; sie läßt aber auch deutlich erkennen, daß er nur ein Kommunismus des Konsumirens, nicht des Produzirens war. Chrysostomus bemüht sich, seine Zuhörer für den Kommunismus zu gewinnen, indem er ihnen vorrechnet, wie viel ökonomischer der gemeinsame Haushalt gegenüber der Zersplitterung in viele Haushaltungen ist. Wer aber alles das produziren soll, was dieser kommunistische Haushalt braucht, davon kein Wort. Auf diesem Gebiet sollte eben Alles bleiben wie es war.

Der Vorschlag des Chrysostomus blieb unausgeführt. Wie weit bereits die Kirche sich von dem kommunistischen Wesen ihres Ursprunges entfernt hatte, sagt er uns ja selbst: „Die Leute fürchten den Kommunismus mehr noch als den Sprung in's weite Meer." Und ebenso deutlich wie Chrysostomus sprachen auch die anderen Kirchenlehrer. Gerade ihre leidenschaftlichen Deklamationen gegen die Reichen, die christlichen Reichen, beweisen, daß in der Kirche seit dem zweiten Jahrhundert nicht blos die Praxis, sondern auch schon der Geist des Kommunismus, das Gefühl der Gleichheit und Brüderlichkeit, dahinschwand.

Es zeigte sich wieder einmal, daß die materiellen Verhältnisse stärker sind als die Ideen und diese von jenen beherrscht werden. Unwiderstehlich wurde die Kirche getrieben, ihre Lehre den durch ihre Ausdehnung veränderten Verhältnissen anzupassen. Da man die kommunistische Ueberlieferung nicht vernichten konnte, suchte man sie wegzudeuten und durch eine Reihe von Spitzfindigkeiten, wie sie der damaligen, mehr klügelnden als forschenden Philosophie nahe lagen, mit der Wirklichkeit zu versöhnen.

Fortan verzichtet das Christenthum darauf, das Problem der Armuth zu lösen, den Unterschied zwischen Reich und Arm aufzuheben. Hatten die ersten Christen noch behauptet, kein Reicher könne des Himmelreiches theilhaftig werden, d. h. in ihre Gemeinschaft aufgenommen werden, der nicht alles Hab und Gut den Armen spende und selbst arm werde, nur die Armen könnten selig werden, so wurden jetzt diese rein materiellen Verhältnisse in geistige Beziehungen umgedeutet.

„Die Kirche," sagt Ratzinger in seiner „Geschichte der kirchlichen Armenpflege" (Freiburg i. B. 1860), bei seiner Charakterisirung des Gedankenganges

---

*) S. P. N. Joanni Chrysostomi opera omnia quae exstant. Paris 1859. (Ausgabe J. P. Migne, Patrologiae cursus completus.) IX, S. 96—98.

der ersten Kirchenlehrer über das Eigenthum, „war blos für die Armen bestimmt, die Reichen waren davon ausgeschlossen. Diese Entäußerung vom Besitz braucht kein völliger Verzicht darauf zu sein, es genügt, wenn er (der Reiche) sich des übermäßigen Genusses am Besitz, der Lust an demselben, kurz, der Hab=sucht, entschlägt . . . Auch der Reiche mußte sein Herz von allem irdischen Besitz trennen; er durfte, sich als Haushalter Gottes betrachtend, nur so besitzen, als besäße er nicht, er sollte nur das Nöthigste zu seinem Unterhalte verwenden, alles Uebrige aber als treuer Verwalter Gottes für die Armen verwenden.“ Aber ebensowenig als der Reiche, darf der Arme nach irdischem Besitz streben; er muß mit seinem Loos zufrieden sein und dankbar die Brosamen hinnehmen, die ihm der Reiche vorwirft. (S. 9, 10.)

Welch' niedlicher Eiertanz! Nicht mehr sich, nur noch sein Herz braucht der Reiche vom irdischen Besitz zu trennen; er soll besitzen, als besäße er nicht! So wußte sich das Christenthum mit seinem kommunistischen Ursprung abzufinden.

Aber auch in dieser seiner abgeschwächten Form hat das Christenthum noch Jahrhunderte lang Bedeutendes in der Bekämpfung des Pauperismus geleistet. Hat es ihn auch nicht beseitigt, so war es doch diejenige Organisation, die bei Weitem am wirksamsten sich erwies, in ihrem Bereich das Elend, das aus der Massenarmuth erwuchs, zu lindern. Und darin liegt vielleicht der wichtigste Hebel seines Erfolges.

Indeß je mächtiger es wurde, desto ohnmächtiger dem sozialen Problem seiner Zeit gegenüber, aus dem es seine Kraft gezogen. Nicht nur, daß das Christenthum sich unfähig erwies, den Klassenunterschieden ein Ende zu machen, die es vorfand, es selbst erzeugte mit der Zunahme seiner Macht und seines Reich=thums einen neuen Klassengegensatz: es bildete sich in der Kirche eine herrschende Klasse, der Klerus, welchem die Masse, das Laienthum,*) botmäßig war.

Ursprünglich herrschte in den christlichen Gemeinden volle Selbstverwaltung. Die Vertrauensmänner an ihrer Spitze, die Bischöfe und Presbyter, wurden von den Gemeindegenossen aus ihren eigenen Kreisen gewählt, waren ihnen Rechenschaft schuldig. Sie zogen keine Vortheile aus ihrem Amt.

Sobald jedoch die einzelnen Gemeinden größer und reicher wurden, wuchsen die Aufgaben, die den Vorstehern zufielen, so sehr, daß sie nicht nebenher, neben einem bürgerlichen Beruf betrieben werden konnten. Es trat eine Arbeitstheilung ein, die Aemter in den christlichen Gemeinden wurden besondere Berufe, die ganze Leute erforderten. Das Kirchengut konnte man nicht mehr ausschließlich der Unter=stützung der Armen zugewendet werden; man mußte auch die Kosten seiner Ver=waltung daraus bestreiten, die Kosten für die Versammlungsgebäude und die Erhaltung der Gemeindebeamten.

Wer aber bildete die Masse der Gemeinde? Lumpenproletarier, und diese sind nie im Stande gewesen, die Macht, welche ihnen eine demokratische Verfassung

---

*) Vom griechischen Laos, das Volk.

verlieh, zu bewahren. Sie konnten es in der Kirche ebensowenig, wie in der Republik. Sie verkauften und verloren sie in jener an den Bischof, wie sie sie in dieser an den Zäsar verloren hatten.

Der Bischof hatte das Vermögen seiner Kirche, d. h. seiner Gemeinde zu verwalten und zu bestimmen, in welcher Art die Einkünfte der Kirche zu ver= wenden seien. Dadurch wurde dem Lumpenproletariat gegenüber eine ungeheuere Macht in seine Hände gelegt, die immer mehr wuchs, je größere Reichthümer die Kirche ansammelte. Die Bischöfe wurden immer unabhängiger von ihren Wählern, diese wurden immer abhängiger von ihnen.

Hand in Hand mit dieser Entwickelung ging eine immer engere Zusammen= schließung der einzelnen Gemeinden, die ursprünglich völlig selbständig gewesen waren, zu einem großen Verein, der Gesammtkirche. Gleiche Anschauungen, gleiche Ziele, gleiche Verfolgungen veranlaßten schon früh einzelne Gemeinden, durch Sendschreiben und Abgeordnete in Verkehr miteinander zu treten; gegen das Ende des zweiten Jahrhunderts war die Verbindung vieler Kirchen in Griechenland und Asien schon so eng, daß die Kirchen einzelner Provinzen festere Vereinigungen bildeten, deren oberste Instanzen Kongresse der Vertrauensmänner waren, Synoden der Bischöfe. Ihnen gegenüber schrumpfte die Selbstverwaltung der einzelnen Ge= meinden sehr zusammen, die Erhebung der Bischöfe über ihre Gemeindegenossen aber wurde dadurch begünstigt.

Schließlich kam es zu einer Zusammenfassung aller christlichen Gemeinden des Reiches in einer einzigen Vereinigung, und im vierten Jahrhundert unserer Zeitrechnung finden wir bereits Reichssynoden (die erste 325 zu Nicäa).

Innerhalb der Synoden selbst aber dominirten jene Bischöfe, welche die reichsten und mächtigsten Gemeinden vertraten. So kam schließlich der Bischof von Rom an die Spitze der abendländischen Christenheit.

Diese ganze Entwickelung ging nicht ohne große Kämpfe vor sich, Kämpfe gegen die Staatsgewalt, die den neuen Staat im Staate nicht aufkommen lassen wollte, Kämpfe zwischen die einzelnen Organisationen und innerhalb der Organi= sationen, Kämpfe zwischen Volk und Klerus, in denen ersteres in der Regel den Kürzeren zog. Schon im dritten Jahrhundert besaß das Volk fast überall nur noch das Bestätigungsrecht der Kirchenbeamten; diese hatten sich zu einer geschlossenen Körperschaft organisirt, die sich selbst ergänzte und die über das Kirchenvermögen nach ihrem Gutdünken verfügte.

Von nun an war die Kirche diejenige Organisation im römischen Reiche, die einem strebsamen Kopfe die beste Karrière bot. Die politische Karrière hatte aufgehört, seitdem das politische Leben erloschen war; der Kriegsdienst war fast völlig an gemiethete Barbaren überlassen worden, Kunst und Wissenschaft fristeten nur noch mühselig ihr Dasein, und die Staatsverwaltung verknöcherte und verfiel immer mehr. Nur in der Kirche herrschte noch Leben und Bewegung; dort konnte man noch am ehesten zu einer gesellschaftlichen Macht emporsteigen. Fast Alles, was die heidnische Welt noch an Thatkraft und Intelligenz aufzuweisen hatte, wandte sich nun dem Christenthum und in diesem der kirchlichen Laufbahn zu; die Kirche, die sich als unbesiegbar erwiesen im Kampfe mit der Staatsgewalt, begann diese selbst sich dienstbar zu machen.

Zu Beginn des vierten Jahrhunderts fand bereits ein schlauer Thron= prätendent, Konstantin, heraus, daß der Sieg demjenigen winke, der den Christen= gott sich günstig stimme, das heißt, der mit dem christlichen Klerus sich auf guten Fuß stelle. Durch ihn wurde das Christenthum zur herrschenden, bald darauf zur einzigen Religion im römischen Reiche.

Von da an ging die Mehrung des Kirchengutes erst recht schnell vor sich. Kaiser und Private wetteiferten miteinander, die Gunst der neuen Macht durch Geschenke zu erkaufen. Andererseits sahen die Kaiser sich immer mehr veranlaßt, der kirchlichen Bureaukratie die Besorgung einer Reihe staatlicher und munizipaler Aufgaben zuzuweisen, zu denen die verkommene staatliche Bureaukratie nicht aus= reichte. Auch dazu mußten sie der Kirche bestimmte Einnahmequellen eröffnen.

Vordem waren die Gaben der Gemeindegenossen an die Kirche rein frei= willige gewesen. Seitdem diese sich des Schutzes der Staatsgewalt erfreute, fing sie an, auf regelmäßige Abgaben zu sinnen. Der Zehnte wurde eingeführt, an= fangs nur durch moralische Mittel eingetrieben, schließlich aber auch durch Zwang.*)

Die Kirche wurde nun enorm reich und gleichzeitig wurde ihr Klerus völlig unabhängig von der Laienschaft. Kein Wunder, daß sie in dem Maße, als ihr Reichthum wuchs, immer mehr aufhörte, ihr Vermögen im Interesse der Armen zu verwalten! Der Klerus verwendete es für sich, Habsucht und Verschwendung rissen in der Kirche ein, namentlich bei den reichen Gemeinden, in Rom, Konstantinopel, Alexandrien u. s. w. Aus einer kommunistischen Anstalt wurde sie die riesenhafteste Ausbeutungsmaschine, welche die Welt gesehen. Bereits im fünften Jahrhundert finden wir die Theilung des kirchlichen Einkommens in vier Theile als stehende Einrichtung der römischen Kirche. Ein Theil gehörte dem Bischof, ein Theil seinem Klerus, ein Theil diente den Kultusbedürfnissen (Bau und Erhaltung der Kirchen und dergl.), und nur ein Theil den Armen. Diese zusammen erhielten nur noch so viel, als der Bischof allein!

Und dabei ist diese Viertheilung höchst wahrscheinlich nicht einmal eingeführt worden, um die Armen zu benachtheiligen, sondern um sie zu schützen, damit die Herren Seelenhirten nicht das ganze Kirchengut für sich allein verpraßten.

Jedoch der kommunistische Ideengehalt des Christenthums ließ sich nicht ersticken, so lange die sozialen Zustände währten, die ihn geboren. So lange das römische Reich dauerte, und bis in die Zeit der Völkerwanderung hinein, galt das Kirchengut als Eigenthum der Armen (patrimonium pauperum), und keinem Kirchenlehrer, keinem Konzil wäre es eingefallen, das leugnen zu wollen. Freilich, die Verwaltungskosten dieses Gutes waren recht hohe geworden, sie fraßen

---

*) Das 2. Konzil von Tours (567) verlangt von den Gläubigen, sie sollten unter Anderem auch von den Leibeigenen den Zehnten geben.

zeitweise das ganze Einkommen auf, aber das ist eine Eigenthümlichkeit der meisten Wohlthätigkeitsinstitute. Deswegen hätte es doch Niemand gewagt, zu behaupten, daß die Verwalter die Eigenthümer des Vermögens seien.

Dieser letzte Schritt, der den kommunistischen Ursprung der Kirche völlig verwischen sollte, konnte erst geschehen, nachdem die einbrechenden Germanen die römische Welt und damit auch die Kirche auf völlig neue gesellschaftliche Grundlagen gestellt hatten.

IV. Das Kirchengut im Mittelalter.

Das Christenthum war nicht im Stande und konnte nicht im Stande sein, eine neue Produktionsweise zu begründen, eine soziale Revolution herbeizuführen. Darum war es auch nicht im Stande, das römische Reich vor dem Untergange zu retten. Wenn dieses trotz aller sozialen Verkommenheit seine Existenz durch Jahrhunderte hindurch zu schleppen vermochte, so verdankte es dies nicht dem Christenthum, sondern den heidnischen Barbaren, den Germanen. Diese wurden, wie wir gesehen, als Söldner und Kolonen die Stützen der sinkenden Gesellschaft.

Aber Söldnerthum und Kolonisation genügten nicht, die andrängenden Germanen zu befriedigen. Diese Einrichtungen zeigten ihnen blos die Schwäche des Reiches und machten sie mit Genüssen bekannt, die nur im Römerreiche zu befriedigen waren; sie verstärkten den Drang nach dem Süden. Schließlich überflutheten die Germanenschaaren das Reich und nahmen davon Besitz, eine Schaar die andere verdrängend und vordrängend, bis allmälig wieder Ruhe in das Chaos kam, die einzelnen Völker seßhaft wurden und neue Staaten sich bildeten, eine neue gesellschaftliche Ordnung sich entwickelte.

Die Germanen standen in der Zeit der Völkerwanderung noch auf der Stufe des urwüchsigen Agrarkommunismus. Die einzelnen Stämme, Gaue und Gemeinden bildeten Genossenschaften, Markgenossenschaften, mit Gemeineigenthum an Grund und Boden. Haus und Hof waren allerdings schon Privateigenthum der einzelnen Familien geworden; das Ackerland wurde unter diese zur Sondernutzung vertheilt, aber das Eigenthumsrecht daran stand der Genossenschaft zu; Weide, Wald und Wasser blieben in der Nutzung der Gemeinschaft.

Die Armuth, die Besitzlosigkeit als Massenerscheinung hörte seit der Völkerwanderung auf. Wohl tritt im Mittelalter nicht selten Massenelend auf, aber es rührt von Mißwachs her oder Kriegsnoth oder Seuchen, nicht aber von Besitzlosigkeit. Und es war stets ein vorübergehendes Elend, kein Elend für Lebenszeit. Wo sich aber Bedürftige fanden, da standen sie nicht verlassen da: die Genossenschaft, zu der sie gehörten, bot ihnen Schutz und Hülfe.

Die Wohlthätigkeit der Kirche hörte auf, ein für den Bestand der Gesellschaft nothwendiger Faktor zu sein. Die kirchliche Organisation selbst erhielt sich in den Stürmen jener Zeit, aber nur dadurch, daß sie sich den neuen Verhältnissen

3*

anpaßte, daß sie ihren Charakter völlig veränderte. Aus einer Wohlthätigkeits=
anstalt wurde sie eine politische Einrichtung. Ihre politischen Funktionen
wurden neben ihrem Reichthum die Hauptquelle ihrer Macht im Mittelalter. Ihren
Reichthum rettete die Kirche in den Stürmen der Völkerwanderung aus der alten
in die neue Gesellschaft. Wie viel sie auch davon verlieren mochte, ebenso viel
oder noch mehr wußte sie neu zu erwerben. Die Kirche wurde in allen christlich=
germanischen Staaten der größte Grundeigenthümer, ein Drittel des Landes gehörte
in der Regel ihr, in manchen Gegenden noch mehr.

Dies reiche Kirchengut hört nun völlig auf, Armengut zu sein. Karl der
Große wollte noch, wie manche andere Einrichtung des Römerreichs, so auch die
Viertheilung des Kirchenvermögens in das Frankenreich übertragen. Aber wie die
meisten anderen seiner „Reformen" blieb auch diese auf dem Papier — oder
Pergament. Wenige Jahre nach Karl's Tode schon erschienen die isidorischen
Dekretalien, eine Sammlung frech erfundener und gefälschter Dokumente, welche
die Ansprüche des Papstthums rechtfertigen sollten und die juristische Grundlage
seiner Politik wurden. In Bezug auf das Kirchenvermögen behaupten diese
Dekretalien, daß unter den Armen, deren Vermögen es bilde, blos die Geistlichen
zu verstehen seien, die das Gelübde der Armuth abgelegt haben. Diese Theorie
wurde allgemein zur Geltung gebracht, von da an wurden die Kirchengüter als
Güter des Klerus betrachtet. Im 12. Jahrhundert fand diese Theorie ihre folge=
richtige Ausbildung durch die Behauptung, alles Kirchenvermögen gehöre dem Papste,
der darüber nach Belieben verfügen könne.*)

Diese Anschauungen entsprachen ganz den thatsächlichen Verhältnissen, der
Herrschaft, welche die Kirche in Staat und Gesellschaft, welche das Papstthum
in der Kirche übte.

Aber wenn das Kirchengut auch aufhörte, Armengut zu sein, so ist damit
doch nicht gesagt, daß im Mittelalter von Seiten der kirchlichen Organisationen
garnichts für die Armen geschehen sei, soweit es Arme damals überhaupt gab.
Wenn auch kein Proletariat in unserem Sinne in den ersten Jahrhunderten des

---

*) Diese Veränderung im Charakter des Kirchengutes hatte eine wichtige Folge. Sie
drängte zur Durchführung des Zölibates, der Ehelosigkeit der Geistlichkeit. Aus ideologischen
Gründen hatten verschiedene Richtungen in der Kirche seit jeher die Ehelosigkeit der Geistlichen
gewünscht, mitunter auch angeordnet, aber es war ihnen nicht gelungen, damit durchzudringen.
Diese Bestrebungen hatten erst Erfolg, als sich ein materielles Interesse damit verknüpfte, die
Sorge um das Kirchengut. So lange dies als Gut der Gemeinden galt, welches die Bischöfe
blos zu verwalten hatten, wurde es in seinem Bestande durch die Familien der Geistlichen
nicht sehr bedroht. Das änderte sich, als das Kirchengut das Gut des Klerus selbst wurde.
Nun suchte jeder Kleriker, der Kinder hatte, diesen vom Kirchengute möglichst viel mitzutheilen.
„Man erlebte täglich, daß die Priestersöhne nicht allein das Erbgut ihrer Väter erhielten, sondern
auch das Kirchengut, dessen Nießbrauch Jene gehabt, als ihr Erbtheil in Anspruch nahmen!"
(Giesebrecht, Gesch. d. deutsch. Kaiserzeit, II., S. 406.) Gar rührend sind die Klagen, die z. B.
Benedikt VIII. auf dem Tessiner Konzil (zwischen 1014 und 1024) darüber anstimmte: „Große
Grundstücke, große Güter, was immer sie können, erwerben die niederträchtigen Väter (die
verheiratheten Geistlichen) ihren niederträchtigen Söhnen aus dem Kirchenschatz — denn etwas

Mittelalters bestand — einige Städte vielleicht ausgenommen —, so gab es doch zeitweise nicht wenige Bedürftige, wie wir schon oben erwähnt, in Zeiten von Miß= wachs Hungernde, in Zeiten von Seuchen Kranke und Wittwen und Waisen, denen eine Familie fehlte, die sie aufnahm, in Kriegszeiten sogar landlose Leute aus der Nachbarschaft oder von fernher, die der einbrechende Feind vertrieben hatte.

Solche Bedürftige zu unterstützen, galt im Mittelalter als die Pflicht eines jeden Besitzenden, vor Allem jedes Grundbesitzers, also auch des größten Grund= besitzers, der Kirche. Diese Pflicht erfüllte sie nicht, weil sie eine besondere Wohlthätigkeitsanstalt gewesen wäre, sondern weil sie zu den Besitzenden gehörte; diese Pflichterfüllung war nicht der Ausfluß eines besonderen christlichen, sondern eines allgemeinen, wenn man will, heidnischen Prinzips, eines Prinzips, welches allen Völkern gemein ist, die auf niederer Kulturstufe stehen: der Gastfreundschaft.

Die Freude am Theilen, am Mittheilen, ist allen Völkern eigen, bei denen der urwüchsige Kommunismus oder mindestens noch dessen Ueberlieferungen herrschen. Und der Fremde ist eben dort eine so seltene, so auffallende Erscheinung, daß man ihm gegenüber unmöglich gleichgültig bleiben kann; je nach seinem Herkommen und Benehmen bekämpft man ihn als Feind, oder ehrt ihn als Gastfreund, als ein geschätztes Mitglied der Familie; man spaltet ihm den Schädel, oder stellt ihm Haus und Hof, Küche und Keller zur Verfügung, mitunter auch das Ehebett.

Die Freude an der Mittheilung des Ueberschusses, den die eigene Wirth= schaft über die Bedürfnisse der Familie hinaus erzeugt, erhält sich, so lange die sogenannte Naturalwirthschaft besteht, so lange nicht für den Markt oder den Kunden, nicht für den Verkauf produzirt wird, sondern für den Selbstgebrauch. Diese Produktionsweise herrschte während des Mittelalters, wenigstens in der Landwirthschaft, und dieser Produktionszweig war damals für das gesellschaftliche Leben weitaus der entscheidende.

Je mehr die Produktion sich entwickelte, desto größer wurde der Ueberschuß, den jedes Landgut erzielte. Namentlich in den Händen der großen Grundherren, der Könige, der hohen Adeligen, der Bischöfe, der Klöster häuften sich enorme

Anderes besitzen sie nicht" ꝛc. (Bei Gieseler, Lehrbuch der Kirchengeschichte, Bonn 1831, I., S. 282. Durch Gieseler wurden wir auf den Zusammenhang zwischen Kirchengut und Zölibat der Geistlichkeit aufmerksam gemacht.) Aber der Verschleuderung des Kirchengutes an die Kinder der Kleriker konnte wirksam erst Einhalt gethan werden, als in der Kirche die Alleinherrschaft des Papstthums fest begründet worden war. Eine der ersten Aufgaben der päpstlichen Gewalt war nun die Bekämpfung der Priesterehe. Leo IX. (1048—1054) begann damit, der energische Gregor VII. (1073—1085) führte das Verbot der Priesterehe am entschiedensten durch. In= dessen dauerte es nördlich der Alpen lange, bis es allgemein anerkannt wurde. In Lüttich finden wir noch um 1220, und in Zürich noch um 1230 verheirathete Geistliche in Amt und Würden. (Gieseler, a. a. O., S. 290.)

Als in der Reformation das Kirchengut verweltlicht, von den Fürsten an sich gerissen wurde und die Geistlichen sich in Beamte des Staates verwandelten, die von ihrem Solde lebten, verschwand natürlich jedes Interesse an der Aufrechterhaltung des Zölibates der Geist= lichkeit. Der protestantische Geistliche kann Kinder haben, so viel er will, er findet kein Kirchen= gut, das er ihnen zuschanzen könnte.

Ueberschüsse von Lebensmitteln an, die sie nicht verkaufen konnten. Sie konnten sie nur — verfüttern. Sie benutzten sie, um zahlreiche Kriegsleute zu halten, Handwerker und Künstler, sowie um die freigebigste Gastfreundschaft zu üben. Es hätte damals für höchst unanständig gegolten, wenn ein Bemittelter einem friedfertigen Familienfremden Speise und Trank und ein Obdach versagt hätte, sobald dieser darum ansprach.

Wenn Bischöfe und Klöster die Hungrigen speisten, die Nackten kleideten und die Obdachlosen beherbergten, thaten sie nichts, was nicht jeder andere Besitzende im Mittelalter auch that. Der Unterschied war höchstens der, daß sie, als die Reichsten, den anderen Besitzenden darin voraus sein konnten.

Aber die Sitte der Gastfreundschaft nimmt rasch ein Ende, sobald die Waarenproduktion beginnt, das Produziren zum Verkauf, sobald ein Markt für die verschiedenen Produkte sich aufthut. Die einzelnen Wirthschaften kommen nun in die Lage, ihre Ueberschüsse gegen Geld umzutauschen, jenen großen Erzeuger von Macht, von dem man nie zu viel haben kann, der nicht verdirbt, der sich aufhäufen läßt. An Stelle der Freude des Mittheilens vom Ueberschuß tritt die Freude am Aufspeichern von Schätzen, die Freigebigkeit wird getödtet durch die Habsucht.

Je mehr die sogenannte Geldwirthschaft die Naturalwirthschaft zurückdrängt, ein Vorgang, der von Italien und Südfrankreich aus seit dem 13. Jahrhundert sich rasch über das übrige Europa verbreitet, desto mehr schränken die Besitzenden ihre Gastfreundschaft und Freigebigkeit ein.

Aber in demselben Maße, in dem die Freigebigkeit schwand, vermehrte sich die Zahl der Armen. Die Entwickelung der Waarenproduktion erzeugte ein Proletariat, das rasch anwuchs und in manchen Gegenden eine bedeutende Ausdehnung erreichte.

Seine beste Zuflucht fand dies in der Freigebigkeit der Klöster.

Große Körperschaften scheinen immer schwerfälliger in ihrer Entwickelung zu sein und sich veränderten Verhältnissen weniger leicht anzupassen, als einzelne Individuen.*) Sicher war dies der Fall mit den Klöstern. Sie hielten am längsten an den alten Naturallieferungen ihrer Hintersassen fest, während rund um sie herum die Leistungen in Geldsteuern verwandelt wurden; sie vermieden es mehr, als ihre Nachbarn, die Bauern ihrer Landantheile zu berauben oder deren Leistungen hinaufzuschrauben, sie bewahrten endlich im Allgemeinen länger als diese ihre alte Gastfreundschaft und Freigebigkeit.

Aber völlig konnten auch die Klöster der neuen Zeit sich nicht verschließen. Auch ihre Insassen wurden von Golddurst ergriffen, ihre Speisungen der Bedürftigen reduzirten sich immer mehr auf „breite Bettelsuppen."

Und selbst wo sie an der alten Liberalität festhielten, erwies sich diese als immer weniger genügend gegenüber den wachsenden Anforderungen der Massenarmuth.

*) Man betrachte z. B. die Zähigkeit, mit der die großen englischen Gewerkschaften an ihrer alten Politik festhalten, während überall sonst die Arbeiterwelt freudig unter die Fahnen des Sozialismus eilt.

Wieder erstand das Problem der Armuth und wieder bildeten sich kommu=
nistische Ideen und Bestrebungen.

Diese nahmen zweierlei Formen an. In den unteren Volksschichten entstand
bereits frühzeitig ein unklarer Gefühlskommunismus, in den Schichten gelehrter
und kühner Menschenfreunde bildete sich später ein klar durchdachter, philosophischer
Kommunismus, der Utopismus.

Rein literarisch betrachtet, erscheint die letztere Richtung als eine Fortsetzung
des platonischen, die erstere als eine Fortsetzung des urchristlichen Kommunismus.

Aber beide Richtungen sind von diesen ihren Vorgängern in wesentlichen
Punkten verschieden. Denn eine neue gesellschaftliche Macht ersteht und bemächtigt
sich der kommunistischen Idee, eine Macht, von der Plato und die ersten Christen
nichts wußten: die Lohnarbeiterschaft als Grundlage einer neuen
Produktionsweise.

Zweiter Abschnitt.

Die Lohnarbeiter im Mittelalter und im Zeitalter der Reformation.

—

Erstes Kapitel.
Die Entstehung eines freien, städtischen Handwerkerstandes.

———

I. Die Hörigkeit.

Als die Germanen in das Römerreich einbrachen, war ihr Ackerbau noch auf einer niederen Stufe. Viehzucht und Jagd standen noch im Vordergrund des Wirthschaftslebens, die Bauern waren noch halb nomadisch. Nun nahmen sie Besitz von einem Theil der Latifundien in den romanischen Ländern, ein freier Bauernstand bildete sich dort wieder. Diese Bauern lernten die höhere römische Produktionsweise kennen, die Viehzucht und noch mehr die Jagd traten zurück gegenüber dem Ackerbau, die Germanen wurden seßhaft.

Und nun schien es, als sollte sich die Entwickelung wiederholen, die im alten Rom vor sich gegangen war. Der bäuerliche Betrieb vertrug sich nicht mit dem Kriegsdienst, zu dem damals jeder freie Mann verpflichtet war, das ewige Kriegen jener Zeit ruinirte die Bauern, die Bauernwirthschaften verkamen.

Aber die Bauernwirthschaft sollte nicht, wie im alten Rom, durch die Sklavenwirthschaft ersetzt werden: Kaum waren die germanischen Stämme christlich, das heißt mit der römischen Produktionsweise einigermaßen vertraut, seßhaft geworden, als von allen Seiten Horden von unstäten, leichtbeweglichen Völkern auf sie eindrangen, Reitervölker und Seevölker, Avaren und Magyaren von Osten, Normannen von Norden, Saracenen von Süden und Osten her. Vom 8. bis ins 11. Jahrhundert wurde die abendländische Christenheit durch ununterbrochene Raubzüge dieser Eindringlinge gepeinigt, oft in ihrem Bestande bedroht. Weit entfernt, Sklaven zu erbeuten, wurde sie selbst ein ergiebiges Objekt für Sklavenjäger und Sklavenhändler. Christensklaven gab es eine Menge unter den „Heiden," dagegen wurden heidnische Sklaven immer seltener und theurer unter den Christen.*)

———

*) Ganz verschwanden sie nicht von den Märkten der Christenheit. Noch aus dem 13. und 14. Jahrhundert werden Beispiele von Sklavenhandel in Italien berichtet. Amadeus VI. von Savoyen kaufte 1307 zu Konstantinopel zwei Sklavinnen. In Genua kostete

Es wurde unmöglich, die Produktion auf die Sklaverei zu begründen, die Produktion durch Sklaven hörte in jener Periode im christlichen Abendlande fast gänzlich auf.*)

Die Großproduktion durch Sklaven wurde in den christlich-germanischen Reichen ebenso unmöglich, wie sie im römischen Kaiserreich unmöglich geworden war; und wie dort das Kolonat an deren Stelle getreten war, so entstand auch jetzt eine ähnliche Einrichtung, mitunter wohl unter direkter Anlehnung an das römische Vorbild.

Die verkommenen Bauern von ihren Stellen zu vertreiben, wäre damals eine große Thorheit gewesen. Nicht an Land fehlte es, sondern an Leuten. Die Reichen und Vornehmen in den christlich-germanischen Staaten, die Bischöfe und Aebte, die Könige und Herzöge mit ihren Gefolgen und Günstlingen, trachteten nicht darnach, an Stelle der Bauernwirthschaften Sklavenwirthschaften zu setzen; sie suchten vielmehr die Noth des Bauern dadurch auszubeuten, daß sie ihn von sich abhängig, zins= und dienstpflichtig machten. Dafür mußten sie aber auch dem Bauern diejenigen Lasten abnehmen, denen er erlag, die eine ordentliche Bauern= wirthschaft unmöglich machten, vor Allem den Kriegsdienst.

Ein Bauer nach dem anderen begab sich unter den Schutz eines der Mächtigen und verpflichtete sich, ihm jahraus jahrein eine bestimmte Anzahl von Produkten seiner Wirthschaft zu liefern und eine bestimmte Zahl von Arbeitstagen zu leisten. Dafür wurde ihm der Kriegsdienst abgenommen, den sein Schutz= und Grundherr an seiner Stelle mit seinen Gefolgen und Knechten leistete.

Eine andere Form, Zinsbauern zu schaffen, war folgende: aus der Römer= zeit hatten sich in den christlich-germanischen Reichen mancherlei Latifundien er= halten, namentlich die der Kirche, die stets ihre Interessen trefflich zu wahren

---

1384 eine tatarische Sklavin, „frei von allen geheimen Krankheiten (magagnis)," 1049 Lire, eine andere 1389 1312 Lire. Die Sklavenhändler bezogen ihre Waare meist aus Kaffa. In den städtischen Gesetzbüchern dieser Zeit findet man noch zahlreiche Bestimmungen über die Sklaven (Jul. Krone, frà Dolcino und die Pataremer. Historische Episode aus den piemon= tesischen Religionskriegen. Leipzig 1844, S. 16).

*) Daß es nicht Gewissensskrupel, durch das Christenthum erzeugt, waren, was der Sklaverei ein Ende machte, sondern nur die Noth, der Mangel an Sklavenmaterial, ersieht man daraus, daß, als die Christenheit soweit erstarkt war, wieder die Offensive gegen die „Ungläubigen" zu ergreifen, gerade die Vorkämpfer der Christenheit die Ersten sind, die sich daran machen, Sklaven zu erbeuten und zu verschachern. Die Kreuzfahrer ebenso wie später die Spanier und Portugiesen in Afrika betrieben Beides auf das Schwunghafteste. Die Bulle Papst Nikolaus V. vom 8. Januar 1454 erklärte es ausdrücklich für erlaubt, „alle Sarazenen, Heiden und andere Feinde Christi in ewige Sklaverei zu bringen," und Clemens V. (1523—1534) dehnte dies „Recht" auch auf alle Ketzer aus (Ludw. Keller, Die Reformation und die älteren Reformparteien. Leipzig 1885, S. 480). Aber die Entwickelung der Produktionsweise hatte damals eine Richtung genommen, welche die Sklavenarbeit für Europa überflüssig machte. Der Sklave blieb ein Luxusartikel; das änderte sich erst, als die europäischen Mächte über= seeische Kolonien eroberten und begründeten; dort fanden sie nicht die Vorbedingungen für die europäische Produktionsweise, dort konnte die Sklavenarbeit mit Vortheil angewandt werden. Von da an spielten Sklavenjagd, Sklavenhandel und Sklavenschinderei wieder eine wichtige Rolle im Erwerbsleben der europäischen Christenheit, und weder die römische noch eine der großen protestantischen Kirchen hat daran Anstoß genommen.

wußte. Neuer Großgrundbesitz wurde durch Schenkungen der Könige geschaffen. Die steten Kriege schufen viel herrenloses Land; die Fortschritte der Landwirthschaft machten auch viel Land verfügbar. Eine bestimmte Bevölkerung bedarf einer viel kleineren Bodenfläche zu ihrer Ernährung, wenn sie vom Ackerbau, als wenn sie von der Viehzucht oder gar der Jagd lebt. Die ungeheueren Forste, die ehedem der Ernährung des Volkes gedient hatten, waren Gemeineigenthum bestimmter Markgenossenschaften. Sie verloren jetzt für diese an Werth und wurden von den Königen in Anspruch genommen, ebenso wie anderes wüstes Land, und an Günstlinge und Vornehme, namentlich an Bischöfe und Klöster geschenkt oder ver= liehen. Der neue Grundherr suchte dann, um seinen Besitz nutzbar zu machen, Bauern als Kolonisten heranzulocken, denen er Bauernstellen verlieh — natürlich mit ge= meiner Weide und gemeinem Wald, ohne die eine bäuerliche Wirthschaft unmöglich gewesen wäre — gegen bestimmte Lieferungen und Leistungen.

Suchte jeder Grundherr so viel neue Bauern als möglich anzulocken, so trachtete er noch mehr darnach, daß ihm seine Bauern nicht abgelockt würden. Alle Mittel, die ihm zu Gebote standen, moralische und unmoralische, rechtliche und widerrechtliche, bot er auf, um sie an die Scholle zu fesseln. Die bis dahin freien Bauern wurden nicht nur zinspflichtig, sie wurden auch hörig.

Aber wie tief auch die Bauern herabgedrückt werden mochten, stets standen sie hoch über dem Sklaven. Der Sklave, ein Fremder im Lande, ein Fremder seinen Mitsklaven gegenüber, ist rechtlos, eine bloße Sache, er hat nicht die mindeste Grundlage, auf der er fußen könnte, um einen dauernden Klassenkampf zur Emanzipation seiner Klasse zu führen. Wir wissen wohl von Sklaven= aufständen, aber derartige vorübergehende Explosionen konnten im besten Falle den Theilnehmern daran die Freiheit verschaffen, auf die Institution der Sklaverei selbst blieben sie ohne Einfluß. Sie waren Versuche, nicht die Sklaverei ab= zuschaffen, sondern ihr zu entfliehen. Die Abschaffung der Sklaverei ist nirgends das Werk eines ausdauernden Klassenkampfes von Sklaven gewesen.

Anders als mit den Sklaven stand es mit den Hörigen des Mittelalters. Sie waren nicht rechtlos, ihre Leistungen und Lieferungen waren bestimmt ab= gegrenzt und jedes Mehr oder Minder konnte ihnen nicht willkürlich auferlegt, mußte ihnen aufgedrungen oder abgefeilscht werden. Und der Hörige stand dem Grundherrn nicht vereinzelt gegenüber. Jeder Bauer, ob hörig oder frei, gehörte einer Markgenossenschaft an, die mit ihm solidarisch war, wie er mit ihr. In dieser Organisation fand er stets einen mächtigen Rückhalt. Auf dieser Grundlage konnte der Bauer dem Grundherrn ganz gehörigen Widerstand leisten, und er hat es oft genug gethan. Das ganze Mittelalter ist eine Zeit von Klassenkämpfen zwischen Grundherren und ihren Bauern, und diese Kämpfe führten schließlich unter günstigen Umständen oft wieder zur Befreiung der Bauern, nicht nur von der Hörigkeit, sondern auch von der Tributpflichtigkeit, zur Beseitigung der Grundherrschaft.

Und besser noch als den Bauern ging es den Handwerkern. Sie haben schließlich überall die Hörigkeit und Grundherrlichkeit abgeschüttelt.

II. Die Anfänge des Handwerks.

Wie wurde die Industrie im Mittelalter ursprünglich betrieben? Jede Wirthschaft erzeugte selbst, was sie brauchte. Jede Bauernwirthschaft — die wir uns nicht als Zwergwirthschaft vorstellen dürfen, sondern als eine Hausgenossen=schaft, eine große Familie, in der mehrere Generationen, ein Vater mit seinen Söhnen und deren Weibern und Kindern, mitunter auch Kindeskindern hauste — produzirte nicht blos ihre landwirthschaftlichen Rohprodukte, sondern verarbeitete diese auch: zu Mehl und Brot, zu Garn und Geweben, zu Geschirren und Werk=zeugen u. s. w. Der Bauer war sein eigener Baumeister und Zimmermann, sein eigener Schreiner und Schmied.

Die Bedürfnisse der Gutsherren waren in der Regel viel weitergehend als die der Bauern; aber auch der Gutsherr mußte Alles, was er brauchte, auf dem eigenen Hof, dem Herrenhof (Fronhof), oder in den von ihm abhängigen Bauern=wirthschaften erzeugen lassen. Ihm standen aber mehr Arbeitskräfte zu Gebot als den Bauern: mit den Lebensmitteln, die ihm die Bauern abgaben, konnte er ein zahlreiches, meist unfreies Gesinde ernähren; daneben konnte er über jeden seiner Bauern während einer gewissen Anzahl von Tagen im Jahr (Frontage) verfügen. Er konnte daher eine gewisse Arbeitstheilung eintreten lassen, die Einen ausschließlich oder vorwiegend mit Bau= oder Zimmermannsarbeit, Andere mit Lederarbeit, Dritte mit dem Schmieden von Waffen u. s. w. beschäftigen.

So bildeten sich auf den Fronhöfen die Anfänge des Handwerks im Mittelalter.

Wo sich Städte aus der Römerzeit erhalten hatten, namentlich in Italien und Südfrankreich, erhielten sich auch Spuren eines städtischen, freien Handwerks. Aber gegenüber dem Handwerk auf den Fronhöfen kommt das fast garnicht in Betracht.

Hatte aber einmal ein Arbeiter eine besondere Geschicklichkeit in einem Hand=werk erlangt, dann war es irrationell, ihn mit anderen Arbeiten zu beschäftigen. Er fing an, wenn der Fronhof nicht seine ganze Arbeitskraft in seinem Handwerk in Anspruch nahm, für Andere zu arbeiten, für benachbarte Bauernwirthschaften oder Fronhöfe, die zu klein waren, um einen solchen Meister halten oder aus=bilden zu können. Natürlich konnte er es nicht thun ohne Erlaubniß seines Grund=herrn und ohne diesen mit einer Abgabe zu entschädigen.

So sehen wir die Anfänge der Kundenarbeit sich entwickeln.

Daneben tritt aber bald noch eine andere Thätigkeit: die für den Markt.

Manche Fronhöfe bildeten besondere Anziehungspunkte für die Bevölkerung der näheren oder weiteren Umgebung. So namentlich die kaiserlichen oder könig=lichen Residenzen (Pfalzen) und die Bischofsitze. Kriegsvolk sammelte sich dort, Gefolge, Beamte, und zeitweise strömte dort noch viel anderes Volk zusammen, zu Festen und Lustbarkeiten, zu Gerichtstagen, zu Kundgebungen aller Art. Was das Land damals an Reichthum produziren konnte, häufte sich namentlich an diesen Orten an. Sie bildeten naturgemäß auch die ersten Anziehungspunkte für die Kaufleute, in Deutschland anfangs meist Ausländer, Italiener und Juden. Dort fanden die Kaufleute am leichtesten Absatz für ihre Waaren, und auch die Handwerker durften dort am ehesten erwarten, ihre Produkte gegen andere eintauschen zu können.

Die Ortschaften, die mit solchen Fronhöfen verbunden waren, wurden zu Märkten. Sie wuchsen an Bevölkerung und Reichthum, wurden dadurch am ehesten in den Stand gesetzt, sich zu befestigen, und am ehesten dazu getrieben, weil sie die Raubgier am meisten anlockten. Durch die Befestigung wurde eine Ortschaft zu einer Stadt.

Waren große Volkszahl und Reichthum Ursachen, einen Ort zu befestigen, so bildete die Befestigung und die Sicherheit, die sie bot, in den damaligen un= sicheren Zeiten wieder einen Grund, der die Bevölkerung und den Reichthum der Stadt vergrößerte.

Auf diese Weise überzog sich Deutschland seit dem achten Jahrhundert, und ebenso früher oder später jedes der anderen Länder der abendländischen Christenheit, mit einem Netz von Städten.

Nur wenige der Städte waren von Anfang an freie Städte. Die meisten waren aus grundherrlichen Dörfern hervorgegangen, ihre Bewohner einem oder mehreren Grundherren unterthan. Aber je mehr die Städte an Reichthum und Volkszahl wuchsen, desto mehr konnten sie des Schutzes des Grundherrn ent= rathen, desto mehr wurden für ihre Bewohner die Abgaben und Leistungen an den Fronhof zu überflüssigen Lasten, und desto mehr wuchs ihre Macht, sich derselben zu entledigen. Immer entschiedener wendeten sich die Stadtbürger gegen die Grundherren, bis es ihnen schließlich überall gelang, die Freiheit zu erobern.

Von dieser Entwickelung blieben die Handwerker natürlich nicht unberührt. Sie bildeten ja einen sehr wesentlichen Bestandtheil der städtischen Bevölkerung, nahmen an den Kämpfen gegen den Grundherrn lebhaften Antheil und hatten Theil an den Erfolgen der Stadt.

Diese bildete nicht nur einen Markt, sondern auch eine Schutzwehr für die Handwerker. Neben den Handwerkern des Fronhofs ließen sich bald auch andere Handwerker in der Stadt nieder, flüchtige Leibeigene oder Hörige von anderen Fronhöfen und Freie, die das Handwerk schon betrieben oder sich ihm zuwandten. Damals herrschte noch kein Ueberfluß an Handwerkern, im Gegentheil: die Stadt war froh, wenn ihre Bevölkerung sich vermehrte, wodurch ihr Wohlstand und ihre Macht wuchs. Sie schützte entlaufene Leibeigene und Hörige. Blieben sie ein Jahr unangefochten in der Stadt, dann waren sie frei. Die Handwerker selbst sahen die neu zuziehenden Berufsgenossen nicht als Konkurrenten an, sondern als Kampfesgenossen, und hießen sie freudig willkommen. Neben den hörigen und leibeigenen Handwerkern wuchs die Zahl der Freien. Jene verbündeten sich mit Diesen, das Ansehen und die Macht der städtischen Handwerker nahmen zu, und die Unfreien unter ihnen wurden immer selbständiger. An Stelle ihrer Hof=

dienste und Naturallieferungen traten Geldabgaben. Sie erhielten die Marktfreiheit, das Recht, frei und ungehindert zu kaufen und zu verkaufen. Schließlich setzte sich überall der Grundsatz durch, daß jeder in einer Stadt Ansässige eo ipso persönlich frei sei.

Ein Handwerk nach dem anderen verschwand auf den Fronhöfen, ein Handwerk nach dem anderen wurde ausschließlich städtisch. Was die Gutsherren ehedem auf den eigenen Höfen hatten erzeugen lassen, mußten sie nun in den Städten als Waaren kaufen.

Und das Handwerk hörte völlig auf, von unfreien Menschen betrieben zu werden. Am Ende dieser Entwickelung finden wir nur noch freie Männer unter den Handwerkern, das Handwerk selbst blühend und hochgeehrt.

Die Zeit dieser Entwickelung ist für jedes besondere Handwerk und jede besondere Lokalität verschieden. Sie beginnt im Allgemeinen mit dem 11. und endet mit dem 14. Jahrhundert.*)

III. Die Zunft.

Der Kampf gegen die städtischen Grundherren war nicht der einzige, den das aufstrebende Handwerkerthum zu führen hatte. Ebenso wichtig wurde der Kampf gegen die städtischen patrizischen Geschlechter.

Wir haben gesehen, wie die Städte ursprünglich nichts waren als ummauerte Dörfer. Die Verfassung des Dorfes war die Markverfassung; diese blieb auch die Verfassung der Stadt. Wie das Gebiet des Dorfes, die Dorfmark, zerfiel das der Stadt, die Stadtmark, in zwei Theile, die getheilte und die ungetheilte Mark (Weide, Wald, Wasser). Alle, die im Dorfe angesessen waren und eine eigene Wirthschaft trieben, hatten Antheil daran; sie bildeten zusammen eine Genossenschaft, die sich selbst verwaltete, nach eigenen Gesetzen lebte. Wo sich Grundherrschaften in den Marken bildeten, erhielten die Grundherren mancherlei Vorrechte, sie bildeten die ständigen Markvorsteher, die Beschlüsse der Märkerversammlung bedurften ihrer Zustimmung. Es war dies sozusagen ein konstitutionelles Regime.

Ursprünglich war in der Regel jeder Neuzuziehende als Markgenosse willkommen. Grund und Boden war ja im Ueberfluß vorhanden, dagegen fehlte es an Menschen, die ihn bebauten. Das änderte sich zuerst in den Städten, deren Bevölkerung rasch anwuchs. Hier schwand bald der Ueberfluß an Grund und

---

*) Die hofhörigen Goldschmiede begannen schon gegen Ende des 11. Jahrhunderts neben dem Dienst für den Fronhof für den Markt zu arbeiten. Und diese Arbeit hatte schon damals ihren knechtischen Charakter so sehr verloren, daß Freie sich ihr widmeten. (Hans Meyer, die Straßburger Goldschmiedezunft von ihrem Entstehen bis 1681. Leipzig 1881, S. 154.) Andererseits war in Bonn noch im 14. Jahrhundert das Recht zu weben ein Amt, es war abhängig vom Fronhof. (Maurer, Geschichte der Städteverfassung in Deutschland. Erlangen 1870, II., S. 323.)

Boden und die altangesessenen Familien fürchteten schließlich, sich zu schädigen, wenn sie die Neuzuziehenden noch an der Mark theilnehmen ließen. Die Mark= genossenschaft verwandelte sich nun in eine geschlossene Gesellschaft, die neue Mit= glieder nicht mehr oder höchstens in Ausnahmefällen aufnahm, wenn ihr daraus besonderer Vortheil erwuchs.

Neben den altangesessenen Geschlechtern bildete sich nun in der Stadtgemeinde eine zweite Schicht von Einwohnern, die der später eingewanderten, welche an der gemeinen Stadtmark gar keinen oder doch nur geringfügigen Antheil besaßen, und welche, weil sie nicht zur Markgenossenschaft gehörten, auch in deren Verwaltung nichts drein zu reden hatten. Das Markregiment war aber gleichbedeutend mit dem Stadtregiment. Die Neubürger waren daher in der Stadt politisch rechtlos. Die Altbürger bildeten eine Aristokratie.

Anfangs waren die Neubürger als Schutzbürger blos geduldet in der Stadt. Aber mit der Zeit wuchsen sie an Zahl und Reichthum. Sehr viele Kaufleute, die meisten Handwerker gehörten zu ihnen. Sie begannen sich zu fühlen und Antheil an der Stadtregierung zu verlangen. Früher oder später, in manchen Städten im 13., in anderen im 14. Jahrhundert, begannen sie den Kampf gegen das Geschlechterregiment, und es gelang ihnen schließlich fast überall, im 14. oder 15. Jahrhundert, dasselbe zu stürzen und Antheil an der Regierung zu erlangen.

Die gemeine Mark wurde den Geschlechtern nicht genommen. Wo sich eine solche noch erhalten hatte, nicht vertheilt worden war, blieben auch die Mark= genossenschaften als geschlossene Genossenschaften innerhalb der Stadtgemeinde be= stehen. Aber die Stadtgemeinde hörte auf, eine Markgemeinde zu sein. Die politische Grundlage der Städte bildete nicht mehr die Markverfassung, sondern, wenigstens in Deutschland, die Zunftverfassung.

Größere Menschenmassen können nicht auf die Dauer kämpfen, ohne sich zu organisiren. Auch die Handwerker mußten sich eine Organisation geben; ein Vorbild dazu fanden sie in den Markgenossenschaften. Bereits hatte man auf reichen Fronhöfen, wo viele Arbeiter beschäftigt waren, die Arbeiter jedes Gewerbes in Genossenschaften unter einem Meister organisirt, allerdings nicht zu Zwecken des Kampfes, sondern der Produktion und Verwaltung. Aber wo es zu Kämpfen der hörigen Arbeiter gegen ihre Grundherren kam, mußten diese Genossenschaften auch kriegerischen Zwecken dienen; sie wurden beibehalten, als die Handwerker ihre Freiheit errungen hatten. Aus dem hörigen Handwerksamt wurde eine freie Innung.

Neben dieser gründeten vielfach die freien Handwerker in den Städten zu ihrem Schutz Organisationen, die von vornherein frei waren und sich selbst ver= walteten. Diese freien Innungen wirkten auf die hörigen zurück, unterstützten sie in ihren Kämpfen. Schließlich wurden beiderlei Genossenschaften identisch und nach Aufhebung der Hörigkeit in den Städten finden wir nur noch freie Innungen oder Zünfte.

In den meisten Städten bildeten sich freie Zünfte schon im 12. oder 13. Jahrhundert. In anderen erst später. Und nicht alle Gewerbe kamen gleichzeitig dazu, sich in Zünften zu organisiren. Die reichsten und diejenigen, welche die meisten Mitglieder zählten, gelangten am ehesten dahin. Die ältesten Zünfte waren neben denen der Kaufleute die der Wollenweber und Gewandschneider. Nach ihnen kamen die der Schuster, Bäcker, Metzger u. f. w. Es kam auch vor, daß einzelne Gewerbe zu schwach vertreten waren, als daß sie eine Zunft für sich hätten bilden können; sie mußten sich dann der Zunft eines anderen Gewerbes anschließen, wollten sie des Schutzes einer Organisation theilhaftig werden. So gehörten z. B. die Bader in Reutlingen zur Metzgerzunft, in Eßlingen zur Kürschnerzunft.

Wer nur konnte in der städtischen Bevölkerung, schloß sich einer Zunft an.*) Aber nicht Alle waren in der glücklichen Lage, dies thun zu können. Zahlreiche Berufe blieben stets übrig, die entweder ihren Mann zu schlecht nährten oder zu verachtet waren, als daß sie zu Zünften sich hätten zusammenschließen oder Zutritt zu schon bestehenden Zünften hätten erlangen können. Auf diese misera contribuens plebs sahen die zünftigen Handwerker ebenso hochmüthig herab, wie die Patrizier auf sie selbst, und es fiel ihnen nicht ein, auch für diese tiefsten Schichten der Bevölkerung einzutreten.

Neben der Altbürgerschaft erwuchs in den zünftigen Handwerkern eine zweite Schicht Privilegirter in der Stadt.

Je mehr aber die Zunft zu einem Privilegium wurde, desto mehr entwickelte sich innerhalb des Handwerks ein neuer Klassengegensatz: der zwischen Meister und Geselle.

Zweites Kapitel.

Die Handwerksgesellen.

I. Die Anfänge des Gesellenwesens.

Die Masse der Lohnarbeiter in den Städten bildeten die Handwerksgesellen. Vergnügt und zufrieden lebten sie da, „ohne jenen dünkelhaften Neid, der mißvergnügt auf im Leben Höherstehende hinblickt," stolz auf ihren Stand, in „blühender Wohlhabenheit," mit einem „gerechten Antheil am Arbeitsertrag." Was hätten sie noch verlangen sollen? Gleich den Meistern standen auch sie unter dem „Schutze der Zunft," die Streitigkeiten zwischen ihnen und den Meistern entschied und „alle ihre Gerechtsame" wahrte; sie gehörten zur Familie des Meisters,

---

*) Sogar die feilen Dirnen bildeten Zünfte, z. B. in Frankfurt, Genf, Paris, wo sie unter dem Schutze der heiligen Magdalena ihr „horizontales Handwerk" trieben. Maurer, a. a. O. II., S. 471.

aßen an seinem Tische, wurden von ihm Kindern gleich geachtet und zu ehrbarem, sittlichem Lebenswandel angehalten, auf daß sie würdig würden der Ehre der Meisterschaft, die als ein „von Gott verliehenes Amt" betrachtet ward, eine Ehre, der der Geselle ebenso mit Ehrfurcht sich nahte, wie der Kleriker der Priesterweihe und der Edle dem Ritterschlag. Noch lebten ja die „Handwerker in brüderlicher Liebe und Treue miteinander in der Zunft," noch arbeitete man „nicht blos um des Gewinnes willen, sondern nach dem Gebote Gottes," noch galten in der Zunft die Grundsätze „der Gleichheit und Brüderlichkeit."

So schildern uns Freunde des Zunftwesens und Schwärmer für das Mittelalter die Lage der Gesellen in der Zeit der Blüthe des zünftigen Handwerks, und aus diesen Schilderungen haben heutzutage gewisse Kreise geschlossen, es bedürfe blos einer Wiederbelebung des Innungswesens, um die Klassengegensätze zwischen Arbeitern und Unternehmern zu beseitigen und die soziale Harmonie herbeizuführen. Die Innungen seien die geeigneten Institutionen, die Interessen nicht blos der Meister, sondern auch der Gesellen zu wahren.

Der jüngste unter den hervorragenden deutschen Historikern, der die Lage der Handwerksgesellen zu Ausgang des Mittelalters so idyllisch geschildert, ist Herr Johannes Janssen, dessen eigene Worte wir oben zum Theil gebrauchten.*) Indessen muß es doch Bedenken erregen, wenn der genannte Historiker als Beweis für den Wohlstand der Gesellen u. A. besonders die Klagen der Obrigkeiten, Meister und bürgerlichen Schriftsteller über den Luxus und Uebermuth der Gesellen anführt, die unerträglich würden. Wenn derlei Klagen beweiskräftig wären, dann könnte man mit leichter Mühe darthun, daß die Lohnarbeiter sich zu jeder Zeit aufs Wohlste befunden haben.

Wenn man den Thatsachen näher tritt, findet man denn auch ganz andere Verhältnisse als jene Idylle, die uns Janssen geschildert hat.**)

---

*) Johannes Janssen, Geschichte des deutschen Volkes seit dem Ausgang des Mittelalters, I., S. 315—342.

**) Wenige neuere historische Werke haben solches Aufsehen erregt, wie das von Janssen, und bis zu einem gewissen Grade ist dies auch ganz berechtigt. Janssen hat der liberalen protestantischen Reformationslegende einen gewaltigen Stoß versetzt und dargethan, daß hinter der religiösen Phrase der Reformation sich sehr materielle Interessen bargen. Darauf hat freilich der wissenschaftliche Sozialismus schon vor Herrn Janssen hingewiesen, und zwar hat er nicht einseitig wie dieser blos auf protestantischer, sondern auch auf katholischer Seite solche Interessen wirksam gefunden; aber dem großen Publikum war es neu, und ebenso überraschte es, wenn gezeigt wurde, daß Männer, die von den heutigen Säulen der Ordnung so hochgehalten werden, wie Luther und seine Genossen, Revolutionäre waren, die revolutionäre Ziele mit revolutionären Mitteln anstrebten. Der Forscher, der die Reformationszeit bereits kennt, wird in dem Werke Janssen's manche Anregung, manchen neuen Aufschluß finden. Insofern ist es verdienstlich. Aber wir würden uns sehr davor hüten, es dem größeren Publikum als eine wahrheitsgetreue Darstellung zu empfehlen. Wir kennen kein modernes historisches Werk, das sich an Unwahrheit mit dem des Herrn Janssen messen könnte. Von den sozialen Verhältnissen zu Beginn der Reformation giebt er zwei Darstellungen: Zuerst zeigt er nur die wirklichen oder eingebildeten guten Seiten dieser Verhältnisse: so

Die erften Nachrichten über die Handwerksgefellen oder „Knechte," wie fie früher genannt wurden, finden wir in Deutfchland im 13. Jahrhundert. Vordem dürfte das Halten von Knechten feitens der Handwerker nur vereinzelt vorgekommen fein, fo daß man keine Veranlaffung fand, fie zu erwähnen.*)

Vor dem 14. Jahrhundert waren die Bedingungen der Bildung eines be= fonderen Knechts= oder Gefellenftandes höchft ungünftig. Die Handwerker waren, wie wir bereits wiffen, zum Theil noch Hörige auf den Höfen der großen Grund= herren, zum Theil Freie, aber nicht Vollbürger. Nur die Grundbefitzer, die Mark= genoffen, befaßen politifche Rechte, die Organifationen der Handwerker hatten kaum rechtliche Exiftenz, fie waren vor Allem Kampfesorganifationen. Jeder zuwandernde oder neu hinzuwachfende Handwerker war da willkommen als Kampfes=

---

glücklich, meint er, fei Deutfchland unter der Herrfchaft des Katholizismus gewefen. Dann werden die fchlechten Seiten der fozialen Zuftände im Anfang des 16. Jahrhunderts hervor= gehoben: fetzt, ruft er, wohin der Unglaube der jüngeren Humaniften das römifche Recht, der Proteftantismus Deutfchland gebracht haben! Dazu kommt noch eine abfonderliche Art von „Darftellung aus den Quellen."

Herr Janffen hebt aus den Quellen nicht das Charakteriftifche heraus, fondern das ihm Paffende; er theilt aus ihnen nicht blos Thatfachen mit, fondern auch, und zwar vor= nehmlich, Urtheile und Wünfche, die er dann frifchweg in Thatfachen umfetzt — wenn fie feinen Zwecken entfprechen. Eine katholifche Zunftordnung empfiehlt den „Zunftgenoffen," in „brüderlicher Liebe und Treue" zufammen zu leben; ein katholifcher Traktätlein erklärt, der Handwerker arbeite nicht um des Gewinnes, fondern um Gottes willen: find das nicht „quellenmäßige Beweife" für die Biederkeit und Treue der Katholiken? Ein katholifcher Pfaffe fchreibt, eine Reformation der Kirche fei nothwendig: ift das nicht ein deutlicher Beweis, daß die Kirche ohne gewaltfame Um= wälzung, ohne Losreißung vom Papftthum hätte reformirt werden können, in einer Weife, daß Deutfchland einig und glücklich geblieben wäre? Was hat dagegen der Proteftantismus ge= bracht? Die proteftantifchen Pfaffen jammern, wie das ihre Art, in ihren Predigten und Schriften darüber, daß die Welt von Tag zu Tag gottlofer werde: geht daraus nicht deutlich hervor, wie fchlecht die Reformation die Menfchen gemacht hat? Es befagen das ja die unverdächtigften — die proteftantifchen „Quellen."

Mögen auch Janffen's Zitate alle richtig fein, durch die Art ihrer Zufammenftellung und Verwendung wird die auf fie aufgebaute Darftellung zur Fälfchung. Sie wird nicht verbeffert durch die Manier, die feit Mommfen unter den deutfchen Hiftorikern Mode geworden, Verhältniffe der Vorzeit mit modernen Namen zu bezeichnen und fo den Lefer förmlich dazu zu drängen, von den hiftorifchen Befonderheiten der alten Zeit abzufehen und fie mit unferem Maß zu meffen. So wie Mommfen bei den alten Römern mit den Worten und Begriffen der modernen kapitaliftifchen Produktionsweife hantirt, fo Janffen im Mittelalter und der Reformationszeit. „Das kirchliche Recht," fagt er an einer Stelle (I., S. 412), „erklärte die Arbeit für allein werthfchaffend," welcher Satz jedoch nur dadurch bewiefen wird, daß Janffen fich über feine Bedeutung völlig im Unklaren zeigt. Ebenfo liebt er es, vom „Recht auf Arbeit" zu fprechen, das die Zünfte garantirten. Wem und wie, das werden wir fehen.

Alles in Allem ift das Werk Janffen's Demjenigen, der nach unbefangener Beleh= rung fucht, nicht zu empfehlen.

*) Bei den Straßburger Wollenwebern ift noch im 13. Jahrhundert von einem Gefellen= recht keine Rede, und auch im 14. Jahrhundert find Meifter und Knechte wenig gefchieden. (G. Schmoller, Die Straßburger Tucher= und Weberzunft, Straßburg 1879, S. 389. Vergl. S. 451.)

genosse, als eine Verstärkung der Zunft. Man hatte nicht nur keine Ursache, ihn von der Zunft auszuschließen, man mußte im Gegentheil Alles aufbieten, ihn zu ihr heranzuziehen. Dies war die Bedeutung des Zunftzwanges, der durchaus kein Monopol begründen sollte.*)

Die Technik des Handwerks war noch äußerst primitiv und erforderte nicht die Kooperation, das Zusammenarbeiten Mehrerer. Jeder Handwerker konnte sich leicht Werkzeuge und andere Produktionsmittel beschaffen. In vielen Gewerben lieferte damals noch der Kunde die Rohstoffe und der Handwerker verarbeitete sie gegen Lohn, meist in dessen Hause. Die meisten Handwerker waren zu arm, Knechte zu halten; kein Handwerker war in der Regel gezwungen, sich als Knecht zu verdingen, da weder technische noch ökonomische oder gesetzliche Verhältnisse ihn hinderten, selbständig zu arbeiten. Woher hätten also die Handwerksknechte kommen sollen?

Anders gestalteten sich die Dinge seit dem 14. Jahrhundert. Es entwickelt sich ein besonderer Gesellenstand mit eigenem Recht, das Lehrlingswesen bekommt bestimmte Formen. Maurer nimmt an (a. a. O., II., 367), diese Neuordnung des Handwerkes sei nach dem Vorbilde der Ritterorden erfolgt; so wie diese Pagen, Knappen und Ritter unterschieden, so das zünftige Handwerk Lehrlinge, Gesellen und Meister. Es haben aber wohl noch andere Verhältnisse darauf bestimmend eingewirkt.

Im 14. Jahrhundert wurde das Handwerk der wichtigste Erwerbszweig in den Städten; es überflügelte an Bedeutung immer mehr nicht blos die Land= wirthschaft, sondern oft selbst den Handel. Die Handwerker wurden immer wohlhabender, die Zünfte immer mächtiger und angesehener, ihr Einfluß auf das Stadtregiment immer bedeutender.

Einzelne Handwerker kamen durch ihre Wohlhabenheit in die Lage, Knechte halten zu können. Die Zünfte hatten die „Klinke der Gesetzgebung" erobert und damit die Möglichkeit, ihren Sonderinteressen den Schutz des Gemeinwesens an= gedeihen zu lassen. Dieselben Verhältnisse, welche diese Entwickelung herbeiführten, schufen aber auch Elemente, aus denen die Handwerksmeister ihre Knechte rekrutiren konnten.

Die Fortschritte des Handwerks und des Handels revolutionirten auch die ländlichen Verhältnisse. Wir werden näher darauf eingehen, wenn wir auf die Ursachen der Bauernkriege zu sprechen kommen. Hier nur so viel, daß diese Um= wälzung nicht nur schließlich zu den Bauernkriegen führte, sondern auch ein fort= gesetztes Strömen von proletarisirten Landbewohnern in die blühenden Städte ver= anlaßte, die Schutz und Freiheit und Wohlleben verhießen.

Wie stark der Zuzug in (verhältnißmäßig) größere Städte von außen, d. h. von Dörfern, Flecken und kleinen Landstädtchen war, zeigen deutlich die Unter=

*) Vergl. G. L. v. Maurer, a. a. O., II., S. 399. Noch 1400 setzten die Straß= burger Weber fest, jeden ohne Weiteres, ohne Lehrlingszeit, in die Zunft aufzunehmen, der nach dem Urtheil der Fünfmannen redlichen Herkommens sei. (Schmoller, a. a. O., S. 402.)

suchungen Bücher's in seinem trefflichen Werke über die Bevölkerung von Frank=
furt a. M. im 14. und 15. Jahrhundert.*)

So betrug der Zuwachs der Frankfurter Bürgerschaft an männlichen Neu=
bürgern christlichen Bekenntnisses ausschließlich der einheimischen Bürgersöhne:

in der Zeit von	Personen	durchschnittl. jährlich
1311—1350	1293	32
1351—1400	1535	31
1401—1450	2506	50
1451—1500	2537	51

Der Zuzug wird also immer stärker, je mehr wir uns dem 16. Jahrhundert nähern.

Auch der Bezirk, aus dem die auswärtigen Neubürger sich rekrutiren, er=
weitert sich immer mehr. Von je 100 Bürgern Frankfurts stammten aus einer
Entfernung:

	bis 2 Meilen	2—10 Meilen	10—20 Meilen	über 20 Meilen
1311—1350	54,8	35,5	6,5	3,2
1351—1400	39,4	42,9	11,1	6,6
1401—1450	22,9	54,4	12,6	10,1
1451—1500	23,2	51,2	11,3	14,3

Nicht der ganze Zuzug von Außen wurde in die Bürgerschaft aufgenommen;
je mehr es proletarisirte Elemente waren, die sich in die Städte drängten, desto
mehr dürften sie die Reihen der unstäten Bevölkerung dort angeschwellt haben.
Diese aber statistisch festzustellen, dazu fehlt uns jeder Anhaltspunkt. Wir müssen
uns damit begnügen, darauf hinzuweisen, daß die Zahl der Armen in den
deutschen Städten zu Ende des 15. und Anfang des 16. Jahrhunderts ganz un=
glaublich hoch angewachsen war. In Hamburg sollen 1451—1538 16—24 Prozent
der Bevölkerung Arme gewesen sein, in Augsburg gab es 1520 angeblich 2000
Nichtshäbige. Woher diese Elemente stammten, darüber haben wir blos Ver=
muthungen; aber die ganze Sachlage weist darauf hin, daß der Zuzug proletarisirter
Elemente vom Lande einen großen Antheil an dieser erstaunlichen Höhe des
städtischen Lumpenproletariats hatte.

Die neu Zuziehenden suchten wohl meist im Handwerk unterzukommen, zum
mindesten ihre Kinder ein solches erlernen zu lassen. Die Handwerksmeister er=
hielten jetzt Knechte und Lehrlinge genug, bald mehr als ihnen lieb war. Denn
natürlich suchten sich die Knechte sobald als möglich selbständig zu machen, Meister
zu werden; die Zahl der Handwerker wuchs rascher als die Nachfrage nach ihren
Produkten. Hatte ehedem die Zunft jeden neuhinzukommenden Handwerksgenossen
als Kraftzuwachs mit offenen Armen aufgenommen, so sah sie jetzt in jedem neuen
Ankömmling einen unwillkommenen Konkurrenten für die ohnehin schon zu zahl=
reichen Genossen. Ihre Macht beruhte jetzt nicht mehr auf den Fäusten, sondern
auf den Geldbeuteln ihrer Mitglieder, und die waren um so straffer gespannt, je
geringer die Konkurrenz innerhalb des Gewerbes. Die Zünfte wurden daher immer

*) Vgl. dazu auch die interessante Besprechung des Buches durch Karl Lamprecht im
„Archiv für soziale Gesetzgebung und Statistik," Tübingen 1888, I., S. 485 ff.

4*

erklusiver, sie benutzten immer mehr ihre politische und ökonomische Macht, um fremden, namentlich ländlichen Elementen den Zutritt zum Handwerk zu er- schweren und innerhalb desselben das Meisterrecht immer mehr zu einem schwer zugänglichen Privilegium zu gestalten. Die dahinzielenden Einrichtungen entstanden nicht erst in der Zeit der „Verknöcherung" des Zunftwesens; ihre Bildung beginnt im 14. Jahrhundert und ist im 16. Jahrhundert im Wesentlichen abgeschlossen. Die folgenden Jahrhunderte haben nichts Erhebliches mehr hinzugethan; sie sind also ein Produkt des Zunftwesens in seiner Blüthe, wie es heute so manchem Innungsschwärmer als Ideal vor Augen schwebt.

II. Lehrling, Geselle, Meister.

Schon bei der Aufnahme des Lehrlings zeigte sich die Erklusivität. Den Anfang machte man mit der Ausschließung der Frauen vom Handwerk. Der Lehrling mußte männlichen Geschlechts sein.

Die Männer hatten keineswegs von Anfang an ein Monopol auf das Handwerk. Aus Deutschland sind uns darüber unzweideutige Dokumente nicht erhalten. Dagegen liegt die Sache klar in Frankreich. Dort waren noch im 13. Jahrhundert die Frauen nicht grundsätzlich vom Handwerk ausgeschlossen. „Unter hundert Handwerken, deren Statuten Boileau's Werk*) enthält, sind nur zwei, in denen die Frauenarbeit schlechthin ausgeschlossen ist, in einem anderen sind nur gewisse Operationen ihr entzogen. In allen dreien waren, aus den vorliegenden Statuten und Beschlüssen selbst erkennbar, in einer vorausgehenden Periode die Frauenarbeit und der Betrieb durch Frauen erlaubt. Dagegen sind in acht Handwerken die Frauen geradezu als berechtigt erwähnt, ihre Befugnisse denen der Männer völlig gleich. Dazu kommen sechs weitere, welche ausschließlich oder sehr überwiegend von Frauen betrieben werden und wie alle anderen Hand- werke drei Abstufungen von Lehrdirne, Arbeiterin und Meisterin nebst allen übrigen charakteristischen Merkzeichen des Handwerks haben und theils von weiblichen, theils von weiblichen und männlichen Vorstehern geleitet und überwacht werden. Die übrigen lassen zwar nicht direkt erkennen, daß sie, außer den Meistersfrauen und Töchtern, auch fremde Frauen zur Arbeit zuließen, aber es kann auch aus ihren Statuten direkt ein Verbot nicht abgeleitet werden."**)

Indessen haben sich auch in Deutschland noch Beispiele aus dem 14. Jahr- hundert erhalten, in denen Frauen entweder eigene Zünfte bildeten, so in Köln die Garnzieherinnen, oder mit Männern zusammen in einer Zunft waren und selbständig ihr Handwerk trieben.

*) Réglements sur les arts et métiers de Paris.
**) Fr. W. Stahl, Das deutsche Handwerk, Gießen 1874, S. 68.

Die Ordnung der Schneider von Frankfurt am Main von 1377 sagt: „Auch welche das Handwerk treiben will, die nicht einen Mann hat, sie soll vorher Bürgerin sein und es mit dem Rath austragen; wann das geschehe, soll sie dem Handwerk 30 Schillinge geben, dem Handwerk zu gemeinem Nutz, und ein Viertel Wein, das sollen die vom Handwerk vertrinken. Wenn dies geschieht, hat sie mit ihren Kindern das Recht zum Handwerk." (Dieselben Anforderungen wurden an die Männer gestellt.) Stahl, a. a. O., S. 80.

Auch andere Handwerke standen an manchen Orten noch im 14. Jahrhundert den Frauen offen, so haben z. B. in Köln die Fleischer, Beutelmacher, die Wappensticker und Gürtler die Frauen mit gleichen Rechten in ihre Zünfte aufgenommen. Im Allgemeinen aber sind die fremden Frauen im 14. Jahrhundert bereits vom Handwerksbetrieb ausgeschlossen. Nur das Recht der Meistersfrauen und -Töchter, im Handwerk mitzuarbeiten, hat sich in den meisten Gewerben bis ins 16. Jahrhundert erhalten. Dann verschwand auch dieses. Die Ausschließung des weiblichen Geschlechts von der Handwerksarbeit wurde von da an zu einer grundsätzlichen und vollständigen.

Aber auch unter den männlichen Lehrlingen begann man eine Auswahl zu machen, und eine Bevölkerungsschicht nach der anderen wurde von dem Recht ausgeschlossen, ihre Söhne dem Handwerk zuzuwenden. Man gelangte schließlich in den verschiedenen Handwerken so weit, daß sie von den Lehrlingen eine Ahnenprobe verlangten. Nur jene Knaben sollten von einem Meister als Lehrlinge aufgenommen werden dürfen, die eine bestimmte Reihe von Ahnen mit ehelicher, freier und ehrlicher Geburt*) nachweisen konnten. Die Forderung der ehelichen Abstammung durch mehrere Generationen schloß einen großen Theil der Proletarier aus. Die der freien Geburt machte Jenen, die von hörigen Bauern abstammten, den Eintritt in jedes zünftige Handwerk unmöglich. Für „unehrlich" endlich galten vornehmlich jene Berufe, in denen die in die Städte strömenden Bauern am ehesten ein Unterkommen fanden, sowie manche unzünftig auf dem Lande betriebenen Handwerke, und endlich jene Berufe, die sich vorzugsweise aus den Deklassirten der städtischen Bevölkerung rekrutirten. Maurer (a. a. O., II., S. 447) zählt als solche „unehrliche" Berufe auf die der Schäfer, Müller, Leineweber,**) dann Gerichts- und Stadtknechte, Feldhüter, Todtengräber, Nachtwächter, Bettelvögte, Gassenkehrer, Bachfeger, Wasenmeister und Henker, sowie Zöllner, Pfeifer und Trompeter, unter Umständen auch Barbiere und Bader.

Die älteste Urkunde, die verordnet, solche Elemente vom Handwerk fern-

---

*) Ja, in manchen Städten wurde sogar der Nachweis ehelicher Zeugung verlangt. Daß diese Forderung die Möglichkeit zu den weitestgehenden Chikanirungen mißliebiger Personen gab, liegt auf der Hand.

**) Die Leineweberei war großentheils eine ländliche Hausindustrie. Im 15. Jahrhundert wanderten Leineweber massenhaft in die Städte. Im Jahre 1488 z. B. wanderten 400 Landweber aus Schwaben in Ulm ein. Kein Wunder, daß man sich dieses Andranges zu erwehren suchte.

— 54 —

zuhalten, dürfte wohl die Rolle des Bremer Schuhmacheramts von 1300 sein. (Freilich nur in Kopien aus dem 17. Jahrhundert erhalten, in denen man vielleicht dessen Bedürfnissen Rechnung getragen hat.) In dieser Urkunde wurde es verboten, die Söhne von Leinewebern oder Lastträgern im Handwerk zu unterrichten.*)

Die Lehrlingszeit wurde möglichst ausgedehnt.

Ursprünglich gab es keine Bestimmungen darüber, überhaupt keinen Lern= zwang. Die ersten uns erhaltenen Statuten, die einen solchen verfügen, datiren aus dem Jahre 1304, wo er in Zürich für Müller, Huter, Gerber eingeführt wurde. Aber erst im 15. Jahrhundert ward er allgemein.

Die Lehrzeit selbst war verschieden. Wir finden eine Lehrzeit von einem Jahre (z. B. bei den Tuchscheerern in Köln im 14. Jahrhundert) und eine von acht Jahren (bei den Goldschmieden daselbst, zur gleichen Zeit). Meist galten drei Jahre. In England wurde die Lehrzeit sehr ausgedehnt, bis zu zwölf Jahren (schließlich wurden sieben Jahre die Regel); dafür fand dort der Lehr= ling nach überstandener Lehrzeit kein gesetzliches Hinderniß mehr vor, Meister zu werden.**)

In Deutschland wurde die Lehrzeit nicht so sehr ausgedehnt. Dafür wurde die Gesellenzeit zwischen der Lehrzeit und der Meisterschaft eingeschoben und möglichst verlängert, namentlich durch die Wanderjahre.

Als Sitte wird das Wandern der Gesellen schon im 14. Jahrhundert erwähnt, doch bestand damals noch nirgends ein Wanderzwang; wohl aber Wanderverbote. Die erste Erwähnung des Wanderzwanges finden wir 1477 bei den Wollenwebern zu Lübeck, die verlangen, ein Meisterssohn müsse Jahr und Tag gewandert haben, ehe er Meister werde. Von den Gesellen ist da noch keine Rede. Im 16. Jahrhundert fängt der Wanderzwang an, häufiger zu werden.***)

Die vorgeschriebene Wanderzeit betrug ein bis sechs Jahre; meist war sie auf drei bis vier Jahre festgesetzt.

Ein weiteres Mittel, eine Ueberfüllung des Handwerks zu vermeiden, war die Beschränkung der Zahl der Lehrlinge und Gesellen, die ein Meister halten durfte. Damit erreichte man übrigens noch einen anderen Zweck. Man hinderte die reichen Meister, reine Kapitalisten zu werden und den kleinen Meistern über= mächtige Konkurrenz zu machen.

Schon im 14. Jahrhundert kommen solche Beschränkungen der Zahl der Lehrlinge und Gesellen vor.

So erließen z. B. 1386 der Bürgermeister und die Zunftmeister des Schneider= gewerbes von Konstanz eine Verordnung, in der geklagt wird, „daß etliche Meister viel Gesinde hätten, was den anderen schade und gefährlich sei. Es wurde daher

*) B. Böhmert, Beiträge zur Geschichte des Zunftwesens, Leipzig 1862, S. 16, 68.
**) Das ist wohl einer der Gründe, warum in England Gesellenorganisationen in dem Sinne, wie sie in Deutschland existirten, nicht zu entdecken sind.
***) In England hat er nie bestanden.

jedem Einzelnen verboten, mehr als fünf Knechte und zwei Lehrjungen zu halten."*)

Im 15. Jahrhundert sind diese Beschränkungen allgemein.**)

Nicht jedem Gesellen war es mehr möglich, selbständig zu werden. Die Arbeit des hörigen Handwerkers im Fronhof war verschwunden, auch die des freien Handwerkers im Hause des Kunden hatte entweder völlig aufgehört oder war im Verschwinden. Die Handwerker verarbeiteten jetzt eigene Rohstoffe in eigenen Werkstätten, sie mußten Häuser besitzen, Vorräthe anschaffen können. Ein tüchtiger Handwerksbetrieb erforderte bereits in manchen Gewerben ein gewisses Vermögen. Wohlhabenheit wurde immer mehr nicht blos Folge, sondern auch Voraussetzung eines selbständigen Handwerksbetriebs. Kein Wunder, daß die Zahl der Knechte immer mehr wuchs, die es nie zur Selbständigkeit brachten, die dazu verurtheilt waren, ihr Leben lang Knechte zu bleiben.

Aber trotz alledem nahm die Zahl der Gesellen, die Meister wurden, immer noch schneller zu, als den bereits selbständig Gewordenen lieb war. Daher wurde der Tendenz der ökonomischen Entwickelung durch gesetzliche Maßnahmen nach=geholfen und die Erlangung der Meisterschaft, die im 13. Jahrhundert noch an keine lästigen Bedingungen geknüpft worden, immer mehr erschwert. Die meisten dieser Bedingungen entstammen dem 15. Jahrhundert.

Ehe der Geselle Meister wurde, sollte er das Bürgerrecht der Stadt er=werben; war ihm das gelungen, dann mußte er oft Jahre lang auf die Er=langung des Meisterrechts warten.

Es heißt z. B. in der Ulmer Weberordnung von 1403: „Wohl mögen die Bürger, die fünf Jahre lang in Ulm haushäblich sitzen, ihre Kinder das Weber=handwerk lernen lassen, und wenn die Lehrjahre zu Ende seien, diesen das Zunft=recht kaufen. Wolle aber ein auswärtiger Weber, er möge vom Lande oder aus anderen Städten sein, das Bürgerrecht empfangen, so soll er doch fünf Jahre lang das Weberhandwerk nicht treiben und ihm auch das Zunftrecht nicht eher verliehen werden. Knappen oder Knechten des Weberhandwerks soll es jedoch nichts helfen, daß sie fünf Jahre hier seien, es soll ihnen vielmehr das Zunftrecht nicht eher verliehen werden als bis sie das Bürgerrecht vorher fünf Jahre lang gehabt haben." (Schanz, a. a. O., S. 8.)

Eine weitere Bedingung war die Herstellung eines Meisterstücks. Natürlich hatten die zünftigen Meister, also die künftigen Konkurrenten, zu entscheiden, ob es gelungen sei. Die Ahnenprobe war womöglich noch peinlicher als beim Lehrling; eine hohe Aufnahmetaxe mußte entrichtet und ein kostbares Meisteressen, ein Bankett, den Zunftbrüdern angerichtet werden.

---

*) G. Schanz, Zur Geschichte der deutschen Gesellenverbände, Leipzig 1877, S. 9.
**) Schmoller, a. a. O., S. 453. Karl Bücher, Die Bevölkerung von Frankfurt a. M. im 14. und 15. Jahrhundert, I., S. 607. Karl Werner, Die urkundliche Geschichte der Iglauer Tuchmacherzunft, Leipzig 1861, S. 17, 29. F. Ruby, Das Iglauer Handwerk urkundlich dargestellt, Brünn 1887, S. 114.

Nicht allzuleicht kam ein Geselle dazu, allen diesen Bedingungen zu genügen. Romantische Schwärmer wollen uns glauben machen, man habe dadurch blos das Interesse der Kunden wahren, ihnen die Gewähr solider und tüchtiger Arbeit geben wollen. Wie wenig das die wirkliche Ursache der erwähnten Beschränkungen war, erhellt nicht blos aus verschiedenen Aeußerungen der Interessenten selbst*), sondern namentlich auch daraus, daß sie für Meistersöhne, oft auch für solche, die Meisterstöchter oder Meisterswittwen heiratheten, entweder ganz aufgehoben oder sehr reduzirt und rein formell waren. Diesen gegenüber hörte merkwürdiger= weise die ängstliche Sorge um „die Wahrung der Standesehre" gar sehr auf. Es trat das nicht etwa erst zur Zeit der „Entartung" des Zunftwesens ein, wie man uns so gern erzählt. Bereits im 14. Jahrhundert wurde in Frankfurt das Handwerk der Fleischer, in Bremen das der Schuhmacher den Meistersöhnen und Meisterstöchtern reservirt (Schanz, a. a. O., S. 14); ja, im 15. Jahrhundert be= gegnen wir bereits Versuchen, die Zünfte zu schließen, die Zahl der Meister von vornherein festzusetzen. In Hamburg bitten 1468 die Fischer den Rath, ihre Zahl von 50 auf 40 herabzusetzen; 1469 wird dort die Zahl der Goldschmiede auf 12 beschränkt, 1463 in Worms die der Weinschröter auf 44. Auch der Erblichkeit des Meisterrechts begegnen wir schon in dieser Zeit.

Die Beschränkungen hatten vor Allem zwei wichtige Folgen: einerseits ver= schärften sie die Wirkungen der zunehmenden Proletarisirung des Landvolkes und trugen wesentlich dazu bei, ein städtisches Proletariat zu schaffen, das außer= halb jeder zünftigen Organisation stand, und andererseits brachten sie in das zünftige Handwerk selbst einen Gegensatz zwischen Meistern und Gesellen hinein. Immer geringer wurde im Verhältniß zur Zahl der Gesellen die der Meister, immer strenger verfolgte man alle Diejenigen, die es versuchten, sich mit Umgehung der Zunft selbständig zu machen, als „Pfuscher," „Bönhasen" ꝛc.; bald wurde auch außerhalb der Stadt, in den Vorstädten, ja selbst in entlegeneren Dörfern, mit= unter auf mehrere Meilen, meist auf eine Meile (die sogenannte „Bannmeile") im Umkreis die Ausübung des Handwerks untersagt,**) was zu den heftigsten Kämpfen zwischen den zünftigen Stadtmeistern und den nicht zünftigen Dorf= und Vorstadthandwerkern Veranlassung gab, Kämpfe, die auch in den Bauernkrieg

---

*) So sagte es die Tuchmacherzunft von Iglau in einer Eingabe an den Rath dieser Stadt (1510) ausdrücklich, sie verlange die Ausdehnung der Lehrzeit auf vier Jahre, „daß Einer so leicht zu dem Handwerk nicht komme." (Karl Werner, a. a. O., S. 30.) Der Erzbischof von Mainz empfahl 1597 den Gerbern und Sattlern verschiedener Städte eine lange Lehrzeit und Wanderschaft, „um beide, Gerber und Sattler, bei gedeihlicher Auf= nahme zu erhalten, auch ihnen durch andere unerfahrene Stümper das Brot nicht vom Munde wegnehmen zu lassen." (Stahl, a. a. O., S. 40, 41.)

**) So wurde z. B. 1500 in Zwickau bestimmt, daß in den Dörfern der Bannmeile kein Leineweber sich niederlassen dürfe, außer in den größeren Dörfern je einer. Aehnliche Beschränkungen bezüglich anderer Dorfhandwerker waren dort schon 1421 und 1492 erlassen worden, nicht ohne Widerstand. E. Herzog, Chronik der Kreisstadt Zwickau, Zwickau 1845, II., S. 154, 162.

hineingespielt haben. Während die ländliche Bevölkerung zahlreich in die Städte strömte und die Zahl Derjenigen immer mehr wuchs, die sich zu Knechts- und Gesellendiensten anboten, wurde es immer schwerer für den Gesellen, das zünftige Meisterrecht zu erlangen, immer schwerer, außerhalb der Zunft selbständig zu werden. Es wuchs damit die Zahl Derjenigen, die sich dazu verurtheilt sahen, ihr Leben lang Handwerksknechte zu bleiben; das Gesellenthum begann an Stelle eines bloßen Uebergangsstadiums aus der Lehrlingsschaft zur Meisterschaft der dauernde Zustand für zahlreiche handwerksmäßige Arbeiter zu werden. Der Geselle fühlte sich bald weniger als künftiger Meister wie als des Meisters Ausgebeuteter, immer mehr geriethen seine Interessen mit denen des Meisters in Konflikt.

III. Die Kämpfe zwischen Gesellen und Meistern.

Die Gegensätze zwischen Meistern und Gesellen wurden zu Ausgang des Mittelalters immer schroffer. So lange der Meister der Hauptarbeiter war, der höchstens zeitweise einen Gehülfen sich beigesellte, hatte er keinen Grund, die Arbeitszeit übermäßig auszudehnen, worunter er selbst ja am meisten gelitten hätte. Der Knecht aß mit ihm aus einer Schüssel; es war doch nicht der Mühe werth, für den Einen besonders zu kochen: ging es dem Meister gut, so auch dem Knecht, beider Interesse war in hohem Grade identisch. Der Geldlohn spielte daneben in den Anfängen der Waarenproduktion nur eine geringe Rolle, nicht selten theilten Meister und Knecht den Erlös aus der Arbeit.

Bei den Straßburger Webern herrschte die Sitte, daß der Knecht mit dem Meister auf den dritten oder den halben Pfennig arbeitete, ein Drittel oder die Hälfte der Entlohnung der gemeinsamen Arbeit erhielt. (Schmoller, a. a. O., S. 416.) Dasselbe finden wir bei den Goldschmieden in Ulm, nach der Ordnung von 1364. (Stahl, a. a. O., S. 332).

Anlässe zu Zwistigkeiten, die nicht rein persönlicher Natur waren, sondern aus dem Klassengegensatz entsprangen, kamen unter solchen Umständen kaum vor.

Alles das änderte sich, sobald die Zahl der Gesellen in einem Betriebe eine größere wurde. Vier oder fünf Gesellen bei der Arbeit zu überwachen, war nicht so einfach, wie einen. Der Meister wurde immer mehr aus einem Vorarbeiter ein Antreiber, der aus den Gesellen so viel Arbeit als möglich herauszupressen suchte. In dem Maße, in dem deren Arbeitslast wuchs, wurde die seine erleichtert. Wurden der Knechte sehr viele beschäftigt, dann genügte ihre Arbeit allein, nicht blos sie selbst zu erhalten, sondern auch dem Meister ein hübsches Einkommen zu gewähren. Mitunter wurde diesem selbst die Arbeit des Antreibens zu lästig; er entledigte sich ihrer durch Einführung des Stücklohnes, der sich vom Ende des 14. Jahrhunderts an entwickelt. Namentlich beim Weberhandwerk läßt sich dessen zunehmende Ausbildung verfolgen.*) Und schon im 15. Jahrhundert fand man es mitunter nöthig, zu verbieten, daß der Meister nicht selbst arbeite.

Je weniger der Meister selbst mit arbeitete, je mehr er darauf angewiesen war, daß seine Knechte Mehrwerth für ihn erarbeiteten, desto größer sein Bemühen nach Verlängerung ihrer Arbeitszeit. An der **täglichen** Arbeitszeit scheint freilich kaum gerüttelt worden zu sein, wohl aber machte sich das Bestreben nach Abschaffung des **blauen Montags** und nach Einführung der Arbeit an den zahlreichen Feiertagen, ja selbst an Sonntagen, immer mehr geltend.

In **Sachsen** erließ Herzog Heinrich 1522, unmittelbar vor dem Ausbruch des Bauernkrieges, ein scharfes Mandat, worin er das Arbeiten an Feiertagen verbot, dafür aber auch erklärte, es sei den Gesellen nicht gestattet, den „freien" oder „guten Montag" zu halten. (C..W. Hering, Geschichte des sächsischen Hochlandes, Leipzig 1828, II., 31.) — Als die Schneidergesellen in Wesel 1503 stritten, konstatirte der Bürgermeister auf der Zunftstube, die Schneidergesellen seien ein gar unruhiges Volk, „aber auch die Meister haben viel Schuld, denn sie wollen nicht, wie der Geselle wohl verlangen kann, dreimal des Tages ordentlich zu essen geben und bürden zu viel Arbeit auf." Er drohte den Meistern mit Strafe, wenn sie auch fernerhin „an Sonn= und Feiertagen Morgens bis zum Amt (Messe) arbeiten ließen und den Lehrjungen „Haarfuchsen" gäben oder sie gar mit Fäusten schlügen." Diese bürgermeisterliche Rede finden wir bei Janssen verzeichnet (a. a. O., I., 337). Zu seiner Zunftidylle paßt sie schlecht.

Hand in Hand mit dem Streben nach Vermehrung der Arbeitslast ging das nach Verschlechterung der Kost und Minderung des Lohnes der Knechte. Galt es, vier bis fünf Gesellen und zwei und mehr Lehrjungen zu verköstigen, da lohnte es schon, für diese eigens zu kochen. Damit war die Möglichkeit gegeben, an ihrer Kost zu „sparen," ohne dem Wohlleben der Meistersfamilie den geringsten Abbruch zu thun. Was Janssen und seinen Gesinnungsgenossen so traulich und gemüthvoll erscheint, die Zugehörigkeit des Gesellen zur Familie des Meisters, wurde zu einem Hebel der Ausbeutung des Ersteren.

Noch mehr als an der Kost suchten natürlich die „sparsamen" Meister am Lohne abzuzwacken. Der Drang nach Lohnherabsetzungen ist unter sonst gleichen Umständen um so größer, je größer die Zahl der beschäftigten Lohnarbeiter. Arbeitet man nur mit **einem,** dann fallen ein paar Pfennige täglich mehr oder weniger nicht in's Gewicht; beutet man hundert aus, dann beträgt die Differenz täglich ebensoviele Mark, im Jahr wächst sie zu Tausenden von Mark an. In kleinerem Maßstabe äußerte sich die Wirkung dieses Verhältnisses bereits im Ausgange des Mittelalters. Freilich, davon war man noch weit entfernt, daß ein Unternehmer in der Industrie Hunderte von Lohnarbeitern beschäftigte. Hielt Einer sechs bis sieben Gesellen, so überstieg er in der Regel gar sehr das normale und erlaubte Maß. Immerhin genügte schon das, den Drang nach Lohnherabsetzungen

---

*) Schanz, Gesellenverbände, S. 109.

viel stärker wirken zu lassen als in der Zeit, wo das Handwerk noch nicht „blühte" und nur wenige Handwerker überhaupt in die Lage kamen, auch nur einen Ge= sellen zu halten.

Auf der anderen Seite aber wuchs das Bestreben der Knechte, den Lohn zu erhöhen, in Deutschland namentlich infolge der Preisrevolution, die eine Folge des raschen Anwachsens der Ergiebigkeit der Silber= und Goldbergwerke im 15. Jahr= hundert und ein Vorläufer der viel gewaltigeren war, welche im Verlaufe des 16. Jahrhunderts durch die Erschließung der Metallschätze Amerikas hervorgerufen werden und das ganze zivilisirte Europa treffen sollte. Neben der Umwälzung in der Produktion der Edelmetalle waren auch die Monopole der Handelsgesell= schaften an der Preissteigerung schuld. Gleichzeitig wuchs aber auch der Luxus, wuchsen die Bedürfnisse in allen Ständen, auch bei den Handwerksmeistern. Kein Wunder, daß die Knechte, die mit diesen lebten und die nicht lange vorher fast ihres Gleichen gewesen waren, ebenfalls darnach trachteten, an dem allgemeinen Aufschwung theilzunehmen.

Gerade in Beziehung auf die Lohnfrage wurden daher im 15. Jahrhundert und im Beginne des 16. Jahrhunderts die Gegensätze zwischen Meistern und Gesellen immer schroffer.

Dies im Verein mit den anderen Gegensätzen, auf die wir schon hingewiesen, führte dazu, daß die Kämpfe zwischen Meistern und Gesellen, die schon im 14. Jahr= hundert beginnen, immer zahlreicher und erbitterter werden, je mehr wir uns dem 16. Jahrhundert nähern.

Unsere Zunftschwärmer und Romantiker setzen gern der kapitalistischen In= dustrie das zünftige Handwerk entgegen als eine Produktionsweise, die das Eldorado der Arbeiter bedeutete und von Klassenhaß nichts wußte. Erst der Kapitalismus oder, wie man in Halbasien sich auszudrücken pflegt, das „Judenthum," habe die „Ethik" aus dem Wirthschaftsleben vertrieben und die Drachensaat des Klassen= hasses gesät. Aber bereits die Innungsmeister und Grundbesitzer des 14. und 15. Jahrhunderts zeigen sich weit entfernt von der gerühmten paradiesischen Un= schuld der vorkapitalistischen Zeit, von den folgenden Jahrhunderten zu schweigen, in denen ja der kapitalistische Sündenfall bereits seine Wirkungen geltend machte. Die „Blüthe" des zünftigen Handwerks beruhte bereits auf der Ausbeutung von Lohnarbeitern und erzeugte die erbittertsten Klassenkämpfe.

Sehr richtig sagt Schanz in seinem vortrefflichen Buch, das der „ethischen" Schönfärberei der „historischen" Schule in Bezug auf das Gesellenwesen einen gewaltigen Stoß versetzt: „An diese Thatsache (die Arbeiterschinderei) sollte man auch denken, wenn man von dem großen Aufschwung der gewerblichen Arbeit und dem allgemeinen Wohlstand der Handwerker im 14. und 15. Jahrhundert spricht wie Schönberg (Zunftwesen, 76); denn es ist doch kaum zu bezweifeln, daß dieser Wohlstand der Meister zum großen Theil nur der unvollständig ge= lohnten Arbeit und dem Schweiße der sorgenvoll in die Zukunft blickenden Gesellen zu verdanken war." (Gesellenverbände, S. 21.)

So mächtig die Zünfte auch waren und so stolz auf ihre Autonomie, ihre Selbständigkeit, sie verschmähten es nicht, zur Unterdrückung der Gesellen die „Staatshülfe" in Anspruch zu nehmen. Im 15. Jahrhundert (in England bereits im 14.) wurden schon zahlreiche Lohntaxen erlassen, von den Obrigkeiten, dem städtischen Rath oder dem Landesherrn, wenn die Stadt einem solchen unterstand. Auch Taxen für ein ganzes Land, sowohl für Handwerker wie für ländliche Arbeiter, finden wir bereits. Nur eine sei hier angeführt, deren Einleitung sehr charakteristisch ist. Sie bildet einen Theil der „Landesordnung," welche die Herzoge Ernst und Albert 1482 für Sachsen erließen. Es heißt da: „Es sind von den Prälaten, Herren, Ritterschaft und Städten viele Klagen eingelangt, wie die Unterthanen in großem Fall, Abnehmen und Verderben ständen, welches aus der schweren Münze, dem unmäßigen Gesinde= und Handwerkslohn und der in allen Ständen überhand genommenen überflüssigen Kost an Essen, Getränken und Kleidung, bei den Städten aber vornehmlich daher komme, daß sie ihrer bürgerlichen Händel, als Mälzen, Brauen und Bierverkaufen, worauf doch der größte Theil ihrer Nahrung stände, durch etliche Prälaten und den Adel, der sich das angenommen,*) auch durch die Handwerker auf den Dörfern beraubt (!) würden, das doch nicht sein sollte, ihnen auch nicht zuständе und vor Alters also nicht Herkommens wäre. Zuvörderst wäre also, nach reiflicher Ueberlegung, zur Bezahlung der Gesinde= und Handwerkslöhne eine Scheidemünze von geringerem Gehalt gefertigt und ausgegeben worden.**) Ferner sollte künftighin Niemand seine Knechte anders denn in inländisch Gewand kleiden; außer Hosen=, Kogeln=, Koller= und Brustlatztuch, das möchte ein Jeder kaufen und geben, wie gut er wolle. So aber ein Herr oder Edelmann seinem Knecht nicht Schuhe oder Kleider, sondern ein genannt Geld gäbe, so möge er einem urbaren Knecht 5 Schock und einem Stallknecht 4 Schock neue Groschen geben." Nun kommt eine Lohntaxe für Landarbeiter, dann heißt es weiter: „Einem Hand= arbeiter mit Kost wöchentlich 9 neue Groschen, ohne Kost 16 Groschen. Denen Werkleuten sollte zu ihrem Mittag= und Abendmale nur vier Essen, an einem Fleischtag eine Suppe, zwei Fleisch und ein Gemüse; auf einen Freitag und andere Tag, da man nicht Fleisch isset, eine Suppe, ein Essen grüne oder dörre Fische, zwei Zugemüse; so man fasten müsse, fünf Essen, eine Suppe, zweierlei Fisch und zwei Zugemüse und hierüber 18 Groschen, den gemeinen Werkleuten aber 14 Groschen wöchentlicher Lohn gegeben werden; so aber dieselben Werkleute bei eigener Kost arbeiteten, so solle man dem Pollirer über 27 Groschen und dem gemeinen Mäurer 2c. die Woche über 23 Groschen nicht geben." ***)

---

*) Der sächsische Adel hatte also damals schon begonnen, sein Einkommen durch eine ländliche Industrie zu erhöhen. Da der Kartoffelfusel noch unbekannt war, warf er sich auf die Bierbrauerei.

**) Dies einfache landesväterliche Verfahren, die Arbeiter bei der Lohnzahlung übers Ohr zu hauen, dürfte den Neid und die Bewunderung manches modernen Bimetallisten erregen.

***) Hunger, Geschichte der Abgaben, S. 22. Vgl. die Lohntaxe für Handwerker des Rathes zu Freiberg (1475), bei Hering, Geschichte des sächsischen Hochlandes, II., S. 17.

Welchem Arbeiter des Jahrhunderts des Dampfes und der Elektrizität wässert nicht der Mund nach dem zwangsmäßig dekretirten „Fasten" des „finstern" ausgehenden Mittelalters! Die obrigkeitlichen Beschränkungen der Löhne und der Kost gehören denn auch zu den Thatsachen, aus denen Janssen und Konsorten triumphirend deduziren, wie glücklich und behaglich die Arbeiter in der vorkapitalistischen Zeit gelebt hätten.

Diese Bestimmungen sind allerdings vernichtend für die liberale Legende von den Segnungen, mit denen die moderne Zivilisation die Proletarier überschüttet. Sie beweisen jedoch keineswegs, daß die Lohnarbeiter zu jener Zeit sich besonders zufrieden gefühlt hätten. Um die Lage einer Klasse zu begreifen, genügt es nicht, sie an sich zu kennen; man muß sie vergleichen mit der Lage der anderen Klassen, mit den allgemeinen Bedürfnissen der Zeit. Heute wird im Allgemeinen ein geringerer Kleiderluxus getrieben, namentlich seitens der Männer, heute wird auch im Allgemeinen weniger gegessen. Uns erscheint ein Mittags- und Abendbrot, wie es in der sächsischen Landesordnung von 1482 vorgeschrieben ist, höchst ausgiebig. Angesichts der kolossalen Mengen, die man damals zu genießen gewohnt war, nimmt es sich dagegen etwas dürftig aus.*)

Aber auch diese vergleichsweise Betrachtung allein ist noch ungenügend. Der Charakter einer Gesellschaft wird weniger bestimmt durch ihren augenblicklichen Zustand als durch die Richtung ihrer Entwickelung. Nicht so sehr das Elend an sich macht unzufrieden, als vielmehr das Elend, in das man hinabgedrückt wird, oder in dem zu verharren man gezwungen ist, indeß Andere daneben zu Wohlleben aufsteigen. Und je rascher die Entwickelung vor sich geht, desto schärfer machen sich ihre Tendenzen fühlbar, desto energischer reagiren dagegen die durch sie verletzten Interessen, desto heftiger sind die gesellschaftlichen Kämpfe. Das Elend war vor der französischen Revolution in Deutschland größer

---

*) Das ganze Mittelalter hielt viel auf gutes und reichliches Essen und Trinken. Nur einige Beispiele aus unzähligen, die uns gerade in die Hand kommen. Gelegentlich der Vermählung von Ottokar Přemysl's II. Nichte Kunigunde mit dem ungarischen Prinzen Bela, die 1246 an der Donau bei Wien stattfand, wurden aus „Oesterreich", Steiermark und Mähren allerlei Vorräthe in unglaublicher Menge herbeigeschafft: Fünf Futterhaufen schoberte man auf, jeder so groß wie die größte Kirche; Mastvieh großer und kleiner Art bedeckte die ganze Donauinsel und die nahe gelegene Haide; Wildpret und Geflügel war eigentlich zahllos vorhanden; an 1000 Muth Weizen zu Brot, und Wein so viel, daß er für die Bevölkerung von zwei Ländern mehrere Tage lang ausgereicht hätte." (F. Palacky, Geschichte von Böhmen, Prag 1866, II., S. 1, 188.) Das gemahnt fast an eine Rabelais'sche Schilderung. 1561 wurden bei der Hochzeit Wilhelm's von Oranien verzehrt: 4000 Scheffel Weizen, 8000 Scheffel Roggen, 13 000 Scheffel Hafer, 3600 Eimer Wein, 1600 Fässer Bier. Bei dem großen Leichenmahl nach dem Tode Albrecht's von Bayern, 1509, gab es nicht weniger als 23 Gänge. Bei einem als besonders bescheiden angezeigten Hochzeitsmahl eines 1569 zum Protestantismus übergetretenen Abtes (bei Helmstädt) verzehrten 110 Personen 2 Ochsen, 3 Schweine, 10 Kälber, 10 Lämmer, 60 Hühner, 120 Karpfen, 10 Hechte, einen Zuber voll Flammfische, eine Vierteltonne Butter, 600 Eier und zwei süße Milchkäse (A. Schlossar, Speise und Trank vergangener Zeiten in Deutschland, Wien 1877, S. 33, 35).

als in Frankreich und doch fand die Umwälzung ihren Ausgangspunkt in dem letzteren Lande, weil die ökonomische Entwickelung dort rascher vor sich ging. Seit 1870 ist Deutschland derjenige europäische Staat, in dem die ökonomische Entwickelung am schnellsten vorwärtsschreitet: dort und nicht in England ist der Hauptsitz der sozialdemokratischen Bewegung; wohl sind in letzterem Lande die sozialen Gegensätze viel größer, aber seit einigen Jahrzehnten ist ihre Zunahme eine verhältnißmäßig langsame. Das Land, in dem die ökonomische Entwickelung heute am schnellsten vor sich geht, sind die Vereinigten Staaten; es ist nicht unmöglich, daß in einem bis zwei Jahrzehnten der Schwerpunkt der sozialistischen Bewegung sich dorthin neigt, obwohl in Amerika die Lage der Arbeiter im Durchschnitt besser ist als anderswo.

Von einer Entwickelung erfahren wir nun bei unseren Kulturhistorikern sehr wenig. Unsere liberalen Historiker beweisen den Arbeitern haarscharf, wie viel Ursache sie haben, glücklich zu sein, da sie sich, Dank der Maschine, den Luxus von Strümpfen und Taschentüchern erlauben können, die ehedem selbst den mächtigsten Monarchen versagt blieben. Die Konservativen bringen uns einige Speisezettel, Lohntaxen und Kleiderordnungen aus dem 15. oder 16. Jahrhundert und sagen: so glücklich waren Bauern und Arbeiter in der guten, alten Zeit, als die Zünfte blühten und die Kirche das gesellschaftliche Leben beherrschte. Ein anderes Bild würde sich herausstellen, wenn die Einen wie die Anderen uns zeigen wollten, in welcher Richtung die Entwickelung heute geht und vor 400 Jahren ging. Sie müßten uns sagen, daß damals wie heute das Bestreben der ausbeutenden Klassen dahin ging, die arbeitenden Klassen immer tiefer ins Elend hinabzudrücken. Wohl gelang es damals wie heute manchen besonders begünstigten Theilen der arbeitenden Klassen vorübergehend, nicht nur das Herabgedrücktwerden zu verhindern, sondern sogar vielfach eine Verbesserung ihrer Lebens- und Arbeitsbedingungen zu erkämpfen; aber wenn auch ihre Lebenshaltung sich hob, so doch längst nicht in dem Grade wie die der ausbeutenden Klassen: der Pfaffen, der höheren Adeligen, Kaufleute und Meister. Ihr Antheil an dem Produkt ihrer Arbeit und an den Errungenschaften der Kultur wurde immer kleiner.

Trotz aller Braten und Sammtröcke der Handwerksgesellen finden wir in ihren Reihen keineswegs jene „blühende Wohlhabenheit" und „Behaglichkeit," jene Abwesenheit von „Neid und Mißgunst gegen Höherstehende," jene vergnügte Zufriedenheit, von der Janssen uns vorschwärmt, sondern das gerade Gegentheil.

IV. Die Gesellenverbände.

Ein Kampf größerer Massen, also auch ein Klassenkampf, kann nicht geführt werden ohne eine Organisation. Auch die Gesellen wurden dazu gedrängt, sich eine solche zu geben.

Sie bedurften deren umsomehr, je blutiger die Klassenkämpfe waren, die sie zu führen hatten.*)

Anfänglich waren die Vereinigungen der Gesellen nur vorübergehender Natur, Verbindungen zu Gelegenheitszwecken. Die erste derartige Gesellenverbindung in Deutschland ist bezeugt aus dem Jahre 1329 zu Breslau, wo die Gürtlerknechte sich vereinigt hatten, ein Jahr lang alle Arbeit einzustellen. (Stahl, a. a. O., Seite 390.)

Aber bald finden wir auch festere Vereinigungen der Gesellen.

Es ist natürlich, daß die Gelegenheiten, welche die Knechte eines Handwerks in einer Stadt zusammenführten, auch den Anstoß zu ihren Vereinigungen boten und deren Charakter beeinflußten. Solche Gelegenheiten des Zusammenkommens bot im Mittelalter die Kirche und die Trinkstube, mitunter auch der Krieg. Manche der weltlichen Gesellschaften sollen daraus entstanden sein, daß die Handwerksmeister sich dem Kriegsdienst entzogen und an ihrer Stelle die Gesellen entsandten, die aus der Zunftkasse besoldet wurden. Die Gesellen behielten dann auch im Frieden ihre kriegerische Organisation gern bei. Ein Beispiel einer derart entstandenen Gesellschaft ist uns nicht bekannt geworden.

Die vorwiegende Form der Gesellenorganisation war die der kirchlichen Brüderschaften, daneben die der Trinkstuben. Die ersteren dienten vorwiegend zu Unterstützungszwecken, die Trinkstuben waren die Herde des Widerstandes gegen Meister und Obrigkeiten, doch waren die Funktionen beider Arten von Vereinigung nicht streng getrennt; auch die kirchlichen Brüderschaften wurden oft zu Widerstandskassen.

Die ersten Brüderschaften der Gesellen finden wir in Deutschland zu Anfang des 15., vielleicht schon zu Ende des 14. Jahrhunderts bei den Webern. Schon 1389 ist von einem Büchsenmeister der Weberknechte in Speier die Rede, was das Bestehen einer Unterstützungskasse voraussetzt. In Ulm hatten die Weberknechte bereits 1402 eine Bruderschaft, die zwei Betten für arme Gesellen im Hospital unterhielt und außerdem eine Begräbnißkasse bildete.

Zur Charakterisirung einer solchen Bruderschaft seien die Artikel einer solchen hier wiedergegeben, deren Genehmigung die Leinenweberknechte von Straßburg 1479 erlangten. Dieselben lauten (in modernes Deutsch übertragen — bei Schmoller, a. a. O., S. 93, findet man sie im Urtext abgedruckt):

---

*) In Danzig wurden noch 1385 streikenden Knechten die Ohren abgeschnitten (Schmoller, a. a. O., S. 453). Von dergleichen Dingen erzählt Janssen nichts. Es hätte auch zu seiner Idylle schlecht gepaßt. Und doch geschah es zu einer Zeit, wo die Zünfte noch gut katholisch und ganz vom Geiste „christlicher Bruderliebe" erfüllt waren.

„Wir Hans Gerbott, der Meister, und die Fünfmannen des Weberhandwerks zu Straßburg thun kund allen Denen, die diesen Brief ansehen oder verlesen hören, daß vor uns gekommen sind die ehrbaren Hans Blesing und Martin Schuster von Wißhorn, zu Zeiten Büchsenmeister (Kassirer) der Leinweberknechte zu Straßburg, daß sie eine Forderung gethan und begehrt, wir sollten ihnen gönnen und bestätigen diese hier geschriebenen Punkte, Stücke und Artikel . . .

„Sie sollen haben ihre Bruderschaft für ewige Zeiten im großen Spital zu Straßburg und nirgend anderswo, und sollen dort nun und in künftigen Zeiten bleiben. Sie sollen alle halbe Jahr zwei Büchsenmeister wählen, das ist zu der Weihnachtfronfasten (Quatember) zwei neue und zu der Pfingstfronfasten zwei andere neue; und wenn diese Büchsenmeister eingesetzt werden, sollen sie schwören, der Büchse unserer lieben Frau (dem Vereinsvermögen) Nutzen zu schaffen, Schaden abzuwenden, so fern sie können oder mögen ohne Gefährdung. Wer zum Büchsen= meister gewählt wird und ablehnt, soll ein halbes Pfund Wachs Strafe zahlen und es soll bei der Wahl bleiben, wie er sich auch sträuben mag, doch vor= behaltlich der Zustimmung der Meisterschaft. Wenn die Büchsenmeister alle 14 Tage herumgehen, den Wochenpfennig zu sammeln, so sollen sie bei der Gelegenheit nichts aus der Büchse verzehren. Wenn ein Geselle der Bruderschaft zwei Pfennig schuldig bleibt und sie nicht giebt, wenn die Büchsenmeister bei ihrem Umgang sie fordern, der zahlt zwei Pfennig Strafe. Man soll auch fernerhin kein Geld mehr aus der Bruderschaftsbüchse leihen, außer wenn Einer krank wird, aber auch dann nur mit Zustimmung der Meister und gegen ein Pfand, das besser ist denn das Geld, das sie wegleihen. Ein jeder Gesell soll an jedem Fronfasten einen Pfennig in die Bruderschaftsbüchse geben und auch einen guten Straßburger Pfennig opfern; wäre es aber, daß ein Gesell um die Zeit nicht in der Stadt sei, so soll er doch seinen Pfennig geben, sobald er in die Stadt kommt." Es folgen nun Bestimmungen über den Kirchgang, geweihte Kerzen und dergl., dann fahren die Statuten fort: „Welcher Gesell fremd herkommt und niemals früher hier gearbeitet hat, der mag wohl acht oder vierzehn Tage unbehelligt arbeiten. Bleibt er aber länger, so soll er zwei Pfennig Stuhlfest (Einlage) geben und darnach mit der Bruderschaft wie recht ist, dienen. Wollen die Gesellen gegen die Meister vor Gericht gehen, so sollen sie die Kosten aus ihrem Säckel bestreiten und nicht aus der Bruderschaftsbüchse." Wieder kommen Bestimmungen über geweihte Kerzen und dann Strafbestimmungen: „Welcher Gesell den Büchsenmeistern die Stuhlfest oder den Wochenpfennig vorenthält, der soll nicht mehr hier arbeiten, er hat es denn bezahlt oder es leiste ein guter Gesell die Zahlung für ihn; geschieht das nicht, dann soll man ihn aufschreiben und alle Fronfast der Gesellenversammlung verkünden."

„Die Büchsenmeister sollen ihre Rechnung vor der Gesellenversammlung ablegen und bei ihrem Eid nicht mehr als einen Schilling aus der Büchse nehmen. Auch sollen die Büchsenmacher bei ihren Eiden den Wochendenar wie das Fron= fastengeld von einem Bruder nehmen wie vom anderen. Man soll auch alle

Fronfaſt die Meſſe allen Brüdern und Schweſtern verkünden und für ſie beten, ſie ſeien todt oder lebendig. Sollte es vorkommen, daß ein Bruder krank werde, was Gott lange abwenden wolle, und in das Spital käme, ſo ſoll man ihm jeden Tag einen Pfennig geben aus der Bruderſchaftsbüchſe. Sollte ein Geſell mit Tode abgehen, was Gott lange abwenden möge, und in eines Meiſters Haus oder anderswo in der Stadt und außerhalb des Spitals enden, ſo ſollen die Büchſenmeiſter allen Geſellen gebieten, ihn zu Grabe zu beſtatten, bei zwei Pfennig Strafe.

„Die ledigen Leinweberknechte ſollen hinfort alle in der Bruderſchaft dienen."

Die Bruderſchaft war alſo im Weſentlichen eine obligatoriſche Kranken= und Begräbnißkaſſe.

Den Zünften und den ſtädtiſchen Obrigkeiten waren die Brüderſchaften ein Dorn im Auge. Man konnte ſie nicht gut unterdrücken, ihres kirchlichen Charakters wegen; auch wurden ſie immer unentbehrlicher, je mehr die Zahl der Geſellen wuchs und deren Kranken= und Begräbnißverſicherung an Bedeutung gewann. Die Uebertragung dieſer Verſicherung auf die Zünfte hätte dieſelben ſchwer be= laſtet. Der Kampf gegen die Brüderſchaften nahm daher meiſt die Form an, daß man ſie auf das bloße Unterſtützungsweſen zu beſchränken und der Kontrole der Zunft und der Obrigkeit zu unterwerfen ſuchte.

Neben den Brüderſchaften entwickelten ſich die Trinkſtuben. Jede Zunft hatte ihre Trinkſtube. „Dieſe Trinkſtuben heckten die Kämpfe zwiſchen Zünften und Patriziern aus; ſie waren der Hort des demokratiſchen Treibens." (Stahl.) Die Geſellen tranken urſprünglich mit den Meiſtern zuſammen. Aber je mehr die Gegenſätze auf beiden Seiten ſich zuſpitzten, auch der Hochmuth auf Seite der Meiſter den Geſellen gegenüber zunahm, deſto mehr iſolirten ſich die Geſellen, halb freiwillig, halb getrieben und bildeten eigene Trinkſtuben. Und die Rolle, welche die Trinkſtuben der Zünfte in den Kämpfen gegen die Patrizier ſpielten, dieſelbe Rolle begannen nun die Trinkſtuben der Geſellen gegenüber den Zünften zu ſpielen. Kein Wunder, daß ſich um die Trinkſtuben in den Städten zur Zeit des ausgehenden Mittelalters die erbittertſten Kämpfe entſpannen. Die ſtädtiſchen Obrigkeiten ſuchten ſie gänzlich zu unterdrücken. Mitunter, wo noch ein Gegenſatz zwiſchen den Zünften und dem Stadtregiment, dem Rath beſtand, wo in dieſen noch die Patrizier maßgebend waren, wurden die Trinkſtuben auch der Handwerks= meiſter verboten, mitunter nicht die aller Handwerker, ſondern blos derjenigen, die es nicht zu einer zünftigen Organiſation gebracht hatten. Ueberall aber finden wir im 14. und 15. Jahrhundert die Trinkſtuben der Geſellen verpönt. Immer und immer kehren dieſe Verbote wieder.

Die bereits öfters erwähnten Werke Schmoller's und Bücher's bringen reichliche Belege für den Feldzug gegen die Trinkſtuben in Straßburg wie Frankfurt und auch anderwärts. „Wie man in Mainz, Worms, Speier und Frankfurt 1421 den Verſuch machte, alle Trinkſtuben der Knechte zu verbieten und dieſe ſchwören ließ, nur zu kirchlichen Zwecken zuſammenzukommen, wie man in Konſtanz

1390 und 1423 jede genossenschaftliche Verbindung der Knechte verpönte, so geschah es allerwärts. Und den Höhepunkt dieser ganzen Bewegung sehen wir in der Straßburger Knechteordnung von 1465. Durch Verhandlung verschiedener Städte zu Stande gekommen und nicht blos in Straßburg, sondern auch in mitvertragenden Städten veröffentlicht, sollte sie ein für allemal den Unruhen ein Ende machen.*)

Diese „Knechteordnung," ein „Sozialistengesetz" unserer Vorväter vor vier=hundert Jahren, verdient in ihren wesentlichsten Bestimmungen wiedergegeben zu werden. Sie lautet:

„Dies ist der Städtebote, sowohl der oberländischen wie der niederländischen, Meinung, so auf den Montag nach dem Sonntag Jubilate zu Straßburg von der Handwerksknechte und andern dienenden Knechte wegen beieinander gewesen sind, und hat man sich dahin vertragen, daß das gehalten werden soll, wie hienach geschrieben steht:

„Des ersten sollen hinfort nimmermehr Handwerksmeister oder Knechte sich zusammen verbinden, vereinen oder verheften, keine Bündnisse machen, kein Gebot oder Verbot untereinander halten ohne den Urlaub und die Erlaubniß der Meister und des Rathes einer jeglichen Stadt, in der sie dann sitzen.

„Und dann sollen hinfort alle dienenden Knechte, sie mögen Rittern, Knechten oder Bürgern dienen, so in den Städten ansässig sind, über die man zu gebieten hat, und auch alle Handwerksknechte, so in den Städten dienen, geloben und schwören, den Bürgermeistern und dem Rath derselben Stadt gehorsam zu sein, ihrem Gericht sich zu unterwerfen, nirgends anderswo Recht suchen zu wollen.

„Es sollen auch die Handwerksknechte hinfort den Meistern ihres Hand=werks keine Knechte mehr verbieten und keinerlei Sache noch. keinen Knecht mehr vertrinken," das heißt, das Striken, das Inverruferklären oder „Schelten" von Meistern und das Aechten von „Blacklegs," wie man heute sagt, ist verboten. Derselbe Paragraph verlangt weiter, der Knecht solle seine Streitigkeiten mit Meistern oder anderen Knechten vor der Meisterschaft seiner Stadt austragen und sich deren Urtheil fügen, es sei denn, die Sache gehöre vor den Rath. Jeder Meister, der einen Knecht aufnimmt, soll ihn binnen acht Tagen dem Zunftvorsteher anzeigen und dieser ihm den Eid abnehmen lassen, sich stets dem Meistergericht zu fügen. Dann wird der Name des neuen Knechtes in ein besonderes Buch eingeschrieben. Der Meister, der die vorgeschriebene Anzeige binnen acht Tagen unterläßt, zahlt für jeden Tag Versäumniß fünf Schillinge. Recht nette Anfänge einer polizeilichen Ueberwachung der Gesellen!

Der folgende Paragraph bestimmt, Handwerksknechte und andere dienende Knechte sollten keine Messer tragen, außer wenn sie über Land gehen.

„Und welcher Knecht sich wider diese vorgeschriebenen Stücke, Punkte und Artikel setzt und ihnen nicht nachleben will, den sollen alle anderen Meister in

---

*) Schmoller, a. a. O., S. 525. Ueber die Kämpfe gegen die Gesellenschaften Nürn=bergs handelt eingehend Dr. Schoenlank's Schrift „Soziale Kämpfe vor dreihundert Jahren," Leipzig 1894.

diesem Kreise nicht aufnehmen zum Knecht noch ihn in Haus oder Hof aufnehmen, wenn das verkündet worden, und welcher Meister sich dagegen vergeht, zahlt vier Gulden Strafe." Von den Geldstrafen fällt die Hälfte dem Rath, die andere Hälfte der Zunft zu.

Keine der verbündeten Städte darf diese Ordnung ohne Zustimmung der anderen ändern.

Es sollen alle Dienstknechte und die nicht Bürger zu Straßburg sind, „Nachts in unserer Stadt nicht auf Schleichwegen gehen." Von Ostern bis Michaeli dürfen sie nicht nach 10 Uhr, von Michaeli bis Ostern nicht nach 9 Uhr Abends auf der Straße sein, außer im Dienste der Herrschaft oder Meisterschaft. Der Uebertreter wird mit 30 Schillingen Geldstrafe oder vier Wochen im „Thurm" bei Wasser und Brot gebüßt.

Alle Dienstknechte sollen nach den oben angegebenen Zeiten auch nicht in Wirthshäusern oder Gärten zusammenkommen. Die dafür angedrohte Strafe ist die gleiche wie oben.

Wirthe sollen ihre Häuser nicht verhängen, Knechte nicht aufnehmen nach der erwähnten Zeit, bei fünf Pfund Geldstrafe. „Doch geht dies Herren, Ritter= knechte, Kaufleute und Pilger nicht an, die ehrliche und redliche Leute sind.

„Und welcher Knecht so frevelhaft wäre, daß er das hier Vorgeschriebene nicht thun wollte, der soll nimmermehr zu Straßburg dienen ohne Erlaubniß der Meister und des Rathes."

Außerdem enthielt die Knechteordnung noch folgende vier Punkte: „1. Es sollen auch alle Handwerksknechte und andere dienende Knechte hinfort keine Trinkstube oder gedingte Häuser oder Gärten, auch keine Gesellschaft mehr haben, in der sie zusammengehen, es sei, zu Ehren und sonst in keinem Weg bedrohlich. 2. Sie mögen auch auf jeden zweiten Sonntag nach jeglichen Fronfasten ein Gebot haben von ihrer Kerzen wegen, doch sollen sie solches Gebot nicht haben, sie hätten denn das vor einem Zunftmeister (Zunftvorsteher) verkündet; der soll dann einen oder zwei die da Meister sind des Handwerks, in dem diese Knechte dienen, dazu ordnen und schicken, dabei zu sein. 3. Es sollen auch die Handwerksknechte ihre Leichenbegängnisse auf Feiertage und nicht auf Werktage verlegen. 4. Es sollen auch nicht über drei Dienstknechte noch Handwerksknechte gleiche Kugelhüte, Röcke, Hosen noch andere Abzeichen straflos tragen."

Die Trinkstuben und andere Vereinigungen der Gesellen wurden da also entschieden verboten. Blos ihre kirchlichen Vereinigungen (wohl nicht blos „ihrer Kerzen wegen," sondern auch zu Unterstützungszwecken) blieben erlaubt, wurden aber der Kontrole der Meister unterstellt.

Die letztgenannten vier Bestimmungen finden sich jedoch in der Knechte= ordnung von 1473 nicht mehr, die sonst mit der von 1465 übereinstimmt. Es ist die Redaktion von 1473, erhalten im Tucherbuche von 1551, die wir oben abgedruckt (in modernes Deutsch übertragen nach dem bei Schmoller mitgetheilten Original, a. a. O., S. 208 ff.). Also bereits binnen acht Jahren mußten die

5*

drakonischsten Bestimmungen dieses „Sozialistengesetzes" wieder aufgehoben werden, und auch die anderen erwiesen sich als unwirksam.

Und so ging es überall. Kurz nach 1400 verbot der Rath zu Frankfurt Taglöhnern und Dienstknechten, Trinkstuben zu halten. Wer ihnen trotz des Verbotes ein Haus oder eine Stube als Trinkstube herleihe, solle mit der hohen Strafe von täglich einem Gulden belegt werden. In einer Abschrift dieses strengen Verbotes sind elf seitdem erlaubte Stuben eingetragen, darunter die der Gartenknechte und der Sachsenhäuser Knechte.*)

In der That, die Verbote stellten sich als unwirksam heraus; überall finden wir im 15. Jahrhundert die Gesellen im Vordringen, eine der gegen sie aufgerichteten Schranken fällt nach der anderen; sie erringen sich Anerkennung ihrer Verbindungen, der Beitritt zu denselben wird obligatorisch, sie werden eine Macht. Am Schlusse des Jahrhunderts nahmen die Gesellen wohl eine Achtung gebietende Stellung ein und ihre Organisationen leisteten Ansehnliches. Man erhält jedoch von dem Charakter des Zunftwesens im ausgehenden Mittelalter eine ganz andere Auffassung, wenn man zusieht, wie diese Errungenschaften erkämpft wurden, als wenn man dieselben als Zustand betrachtet, der aus dem „Geiste" des Mittelalters herausgewachsen und ihm für seine ganze Dauer eigenthümlich ist. Das thun aber die meisten Kulturhistoriker; was am Ende eines Zeitraumes als Ergebniß langer und erbitterter Kämpfe sich herausstellt, schildern sie als den Zustand während dieses ganzen Zeitraumes.

Daß alle Versuche scheiterten, die Organisationen der Gesellen zu unterdrücken, lag vor Allem an der Unentbehrlichkeit der letzteren, an ihrer wachsenden Bedeutung in der städtischen Produktionsweise. Nicht nur wurde die handwerksmäßige Industrie in den meisten Städten die Hauptnahrung, sondern in der Industrie selbst wurden die Gesellen an Zahl und Bedeutung den Meistern gegenüber eine Achtung gebietende Macht. Das Gedeihen der Stadt wurde immer abhängiger von den Lohnarbeitern des Handwerks. Stellten diese irgendwo die Arbeit ein, zogen sie weg, dann drohte dem betreffenden Handwerk der Verfall, der betreffenden Stadt schwere Schädigung. Dazu kam, daß die Verhältnisse das stramme Zusammenhalten der Gesellen sehr begünstigten. Noch waren die Städte nicht groß. Die Bevölkerung Frankfurts 1440 berechnet Bücher auf 8000 Köpfe, die Nürnbergs betrug 1449 20 000.**) Die Zahl der Knechte dürfte kaum zehn Prozent der Gesammtbevölkerung erreicht haben.***)

Bei so kleinen Zahlen war es natürlich, daß die Knechte eines Handwerks innerhalb einer Stadt sich gegenseitig persönlich kannten. Ihr Verkehr wurde noch erleichtert dadurch, daß die Angehörigen des gleichen Handwerks es liebten, alle zusammen in einer Straße zu wohnen, die oft nach dem Gewerbe den Namen erhielt und ihn mitunter bis heute bewahrt hat. Auch war im 15. und 16. Jahr-

*) Bücher, a. a. O., S. 135. Vgl. S. 603, b. Verbot von 1421, und S. 609.
**) Bücher, a. a. O., S. 196, 34.
***) Lamprecht, a. a. O., S. 497.

hundert noch nicht die anmuthige Gewohnheit aufgekommen, die Arbeiter in den Werkstätten zuchthausmäßig durch vergitterte und weiß verstrichene Fenster von der Außenwelt abzuschließen. Man arbeitete gern, so oft das Klima es erlaubte, auf der Straße vor dem Hause oder wenigstens bei offenen Thüren und Fenstern. Da bedurfte es keiner Presse, keiner Versammlungen, um sich über zu thuende Schritte zu verständigen. Und wehe Dem, der nicht solidarisch mit den Anderen vorgegangen wäre! Er wäre seines Lebens nicht wieder froh geworden. Der einzelne Arbeiter war ja nicht blos in der Arbeit, sondern auch in geselliger Beziehung ganz auf seine Mitarbeiter angewiesen.

Das Wandern der Gesellen aber machte sie beweglich gegenüber den schwerfälligen Meistern und führte zu einer innigen Verbindung der so stramm solidarischen Gesellenschaften der einzelnen Städte untereinander. Da gabs bei einem Strike keinen Zuzug von Außen! Schmoller jammert darüber: „Für die sittliche (!) und geschäftliche Haltung der Gesellenverbände konnte aber die Thatsache, daß die Majorität nicht ortsansässig war, nur ungünstig wirken; sie steigerte den Leichtsinn, die Unverantwortlichkeit, den Uebermuth, das Machtgefühl gegenüber den Meistern. Diese waren an den Ort gefesselt; sie konnten sich, selbst wo die Verbindung der Hauptladen vorhanden war, doch immer nur schwer und langsam mit ihren Kollegen aus anderen Städten verständigen. Die Gesellen hatten jederzeit Verbindungen und Nachrichten überallhin; sie fühlten sich nicht als Bürger der Stadt, in der sie arbeiteten; jahrelang in Bewegung, kam es ihnen nie darauf an, den Ranzen zu schnüren und den Wanderstab zu ergreifen. Mit Pfeifen und Trompeten zogen sie bei Streitigkeiten leichtlich in Massen aus, legten sich in einer benachbarten Stadt auf die faule Haut und verlangten, wenn man mit ihnen Frieden schließen wollte, regelmäßig die Bezahlung ihrer Zeche an diesem Ort. Durch ihre bessere Verbindung und den viel stärkeren Korporationsgeist hielten sie jeden Zuzug ab und blieben so häufig Sieger im Kampf.“ *)

Zu alledem kam noch, daß Weib und Kind sie selten beschwerten. Verheirathete Gesellen waren Ausnahmen, kamen in manchen Gewerben garnicht vor. Sie gehörten ja zur „Familie“ des Meisters, und diese meinten, sie besser ihrer „väterlichen“ Zucht unterwerfen und von Trinkstuben fernhalten, sie besser überwachen und durch (verhältnißmäßig) schmale Kost und Truck aller Art ausbeuten zu können, wenn man sie im Hause hielt, ihnen das Heirathen versagte. Ein verheiratheter Geselle unterlag auch zu sehr dem Drang, sich selbständig zu machen, wenn nicht auf gesetzlichem Weg, als zünftiger Meister, so auf ungesetzlichem, als irgend ein vorstädtischer oder dörflicher „Pfuscher“ oder „Störer.“

Aber gerade durch ihren ledigen Stand erlangten die Gesellen eine ganz außerordentliche Widerstandskraft; viel mehr als das Wandern dürfte die Ehelosigkeit die von Schmoller in seiner eben zitirten Darstellung geschilderten Eigen-

---

*) G. Schmoller, Das brandenburgisch-preußische Innungswesen (Forschungen zur brandenburgischen und preußischen Geschichte, 1. Bd., S. 79).

schaften und Vortheile der Gesellen, ihren Trotz, ihre Sorglosigkeit, ihr Selbst=
bewußtsein begünstigt haben.

Um wie viel schwerer wird dem Proletarier der Kampf heute! Bei jedem
Strike, bei jeder Wahl, überall, wo er mit seiner Persönlichkeit für seine Sache
einstehen soll, haben Weib und Kind die Konsequenzen seines Handelns mitzu=
tragen. In kleinen Städten, wo die Arbeiter sich leicht auch ohne Presse und
Versammlungen verständigen können, sind es die Rücksichten auf die Familie, die
den Arbeiter dem Unternehmer botmäßig machen. In großen Städten wieder
kennen die Arbeiter einander nicht; um sich zu verständigen, bedürfen sie der Presse,
großer Versammlungen und Vereine; die Verständigung von Mund zu Mund genügt
nicht mehr, jenen Zusammenhalt, jene Einmüthigkeit zu schaffen, die dem zentrali=
sirten übermächtigen Kapital gegenüber noch in ganz anderer Weise nothwendig ist,
als gegenüber den kleinen Handwerksmeistern: kein Wunder, daß die ökonomischen
Kämpfe der Arbeiter heute immer mehr politische Kämpfe werden, daß die
Freiheit für sie Brot bedeutet, daß, wer ihnen ihre politischen Rechte nimmt, ihnen
ihr Brot nimmt, daß die Verhältnisse allüberall sie zwingen, den Kampf um höheren
Lohn und kürzere Arbeitszeit zu erweitern zu einem Kampf um politische Macht.

Bei den Handwerksgesellen des ausgehenden Mittelalters bis weit in die
neuere Zeit hinein finden wir dagegen keine ihnen eigenthümlichen politischen Ten=
denzen. Sie gingen völlig auf in ihren gewerblichen Organisationen, durch die
sie ja Erfolge errangen und eine Position sich schufen, wie es heute selbst bei dem
Besitz weitgehender politischer Rechte nur wenigen Arbeiterorganisationen unter aus=
nahmsweise günstigen Umständen, und dann nur vorübergehend, gelungen ist.
Selbstverständlich waren nicht in allen Gewerben die Gesellen gleich begünstigt.
Es gab schwächere und stärkere, einflußlose und mächtige Organisationen. Zahl=
reiche Proletarierschichten, solche, die leicht ersetzbar waren, brachten es zu gar
keiner Organisation, waren der Willkür der Ausbeuter preisgegeben. An ihnen
offenbarte sich weder jener „korporative Geist“ noch die „Idee der Nächstenliebe,“
die angeblich im Mittelalter allenthalben grassirten.

Es kam sogar vor, daß Arbeiter, die es im 13. oder 14. Jahrhundert zu
einer Organisation gebracht hatten, diese wieder verfallen sehen mußten; es waren
das ungelernte Arbeiter, Tagelöhner, deren Organisationen von dem Andrang nicht=
zünftiger Konkurrenten vom Land hinweggeschwemmt wurden. Der Rückgang der
Landwirthschaft in den Städten mag dazu mit beigetragen haben. Aber auch
nichtlandwirthschaftliche Tagelöhner hatten ein solches Schicksal. So sind z. B.
die Oppernechte (Bauhandlanger), die Weinknechte und Sackträger in Frankfurt
gegen Ende des 14. Jahrhunderts (1387) noch zünftig. Aber neben ihnen finden
wir schon einige nichtzünftige Tagelöhner, so 16 Weinknechte, 4 Sackträger, 10 Säger
und 6 Stangenträger. 1440 sind die Oppernechte als Zunft nicht mehr vorhanden,
die Zunft der Weinknechte fristet noch ein kümmerliches Dasein bis in's 15. Jahr=
hundert, die der Sackträger bis in die erste Hälfte des 16. Jahrhunderts, aber
die nichtzünftigen Elemente kommen neben ihnen immer mehr zur Geltung.

Diese städtischen Proletarier, die es entweder nie zu einer Organisation brachten oder derselben verlustig gingen, sanken immer tiefer, oft absolut, stets relativ im Vergleich zu den organisirten Gesellen. Immer größer wurde die Kluft zwischen beiden Elementen.

V. Die städtische Arbeiteraristokratie.

Je größer die Erfolge der organisirten Handwerksknechte waren, desto mehr fühlten sie sich als eine privilegirte Klasse, als Aristokraten, die ebenso verächtlich auf die unter ihnen stehenden Proletarier als „unehrliche Leute" herabblickten wie ihre Meister selbst. Ein Geselle, der „unehrliche Leute" in die Trinkstube mit= nahm, wurde bestraft. Wer unter solchen zu verstehen war, haben wir oben gezeigt. Bald sträubte sich der Dünkel der organisirten Arbeiter dagegen, mit den anderen Proletariern den gleichen Namen zu tragen. In der zweiten Hälfte des 15. Jahrhunderts finden wir überall, daß sie den Namen „Knecht" mit Ent= rüstung zurückweisen und den Namen „Geselle" in Anspruch nehmen. Man sieht darin gern ein Erwachen des „demokratischen Geistes," einen Versuch, sich den Meistern sozial gleich oder wenigstens ähnlich zu stellen. Wir können diese Auf= fassung nicht theilen. Gerade, so lange die Lohnarbeiter Knechte geheißen hatten, waren sie den Meistern sozial viel näher gestanden, denn als „Gesellen." Jetzt waren sie allerdings über Bauern und Proletarier emporgestiegen, aber nicht so schnell wie die Meister, die ihre Ausbeuter und Herren geworden waren. Im 14. Jahrhundert noch hatten die Knechte zusammen mit den Meistern in denselben Trinkstuben getrunken. Im 15. Jahrhundert hielten es die Meister bereits unter ihrer Würde, mit Knechten an einem Tisch zu sitzen. Dieselben wurden aus den Trinkstuben der Meister verwiesen und hatten lange Kämpfe um eigene Trink= stuben zu führen. Und da soll ihnen die Idee gekommen sein, sich den Meistern mehr ebenbürtig zu fühlen als früher!

Nein, sie schämten sich, mit den anderen Knechten, die nicht nur nicht den allgemeinen Aufschwung mitmachten, sondern vielfach tiefer sanken, in einen Topf geworfen zu werden. Heute finden wir mitunter in Gewerben, in denen die Arbeiter durch ihre gewerkschaftliche Organisation besondere Vortheile errungen haben — meist qualifizirte Arbeiter, denen bisher weder die Maschine noch die Frauenarbeit erhebliche Konkurrenz macht —, da finden wir einen ähnlichen Dünkel wie den, der bewirkte, daß die Gesellen den Knechtenamen verwarfen. Es ist noch nicht lange her, daß gar viele unserer Schriftsetzer zum Beispiel sich beleidigt fühlten, wenn man sie für „Arbeiter" erklärte. Sie waren „Künstler."

Je mehr die Berufsgenossenschaften der Gesellen in verschiedenen Gewerben leisteten, desto mehr verengte sich der Horizont der darin organisirten Arbeiter. Ihre Genossenschaft als die stärkste und mächtigste von allen zu sehen, nicht blos gegenüber den Meistern, sondern auch gegenüber den Gesellen anderer Berufe,

wurde jetzt ihr einziges Streben. Ihre Organisation entwickelt nicht Klassen=
bewußtsein, sondern engherzigen Kastengeist voll Eifersüchtelei und kleinlicher Eitelkeit.

Anfangs wurden in die Gesellenvereinigungen eines Gewerbes auch Arbeiter
anderer Gewerbe, ja Angehörige anderer Stände aufgenommen, die mit den
Gesellen sympathisirten. Das hörte später auf. In die Brüderschaft der Schlosser=
gesellen in Frankfurt wurden z. B. aufgenommen:

Von 1402—1471 1096 Mitglieder, darunter 27 Nichtgesellen
„ 1472—1524 1794   „   „   6   „
„ 1402—1471 35 Gesellen, die nicht Metallarbeiter waren
„ 1472—1496 6   „   „   „   „   „

Von 1496 an wurde überhaupt kein Geselle mehr aufgenommen, der nicht
Metallarbeiter war.*)

Diese Zahlen könnte man vielleicht auch dadurch erklären, daß neben der
Schlosserbrüderschaft andere Vereinigungen sich bildeten, so daß fremde Gesellen
es nicht mehr nothwendig hatten, in der Organisation der Schlosser eine Stütze
zu suchen. Welchen Grad aber die Eifersüchteleien der verschiedenen Gesellschaften
untereinander erreichten, dafür zeugen deren unzählige Streitigkeiten. Bald gab
es kaum ein empfindlicheres Ding, als die „Standesehre" der Gesellen; sie war
fast so zart und gebrechlich wie heute die eines Offiziers oder Korpsstudenten.
Nicht hochgradiges Ehrgefühl, sondern hochgradiger Dünkel war der Grund dieser
Feinfühligkeit.

Bekannt ist jener Fehdebrief der Leipziger Schusterknechte, den sie 1471 zur
Wahrung der beleidigten Standesehre der dortigen Universität zusandten. Ebenso
selbstbewußt waren die Bäcker und Buben des Markgrafen Jakob v. Baden, die
1470 den Reichsstädten Eßlingen und Reutlingen einen Fehdebrief sandten. 1477
sagte gar der Koch des Herrn v. Eppenstein zu Münzenberg mit seinen Küchen=
gehülfen dem Grafen zu Solms die Fehde an.**) Kämpfe von Arbeitern untereinander
finden wir dagegen schon im 14. Jahrhundert. So in Straßburg 1350 die Kämpfe
der Weberknechte mit den Wollschlägerknechten, 1360 der ersteren mit den Lein=
weberknechten. Am hartnäckigsten aber zeigten sich wohl die Bäckergesellen von
Colmar, die 1495 einen Strike anfingen, weil der Rath anderen Gesellschaften,
die ebenso kostbare Kerzen angeschafft hatten wie sie, erlaubte, gleich ihnen am
Fronleichnamstage neben dem heiligen Sakrament einherzugehen. Zehn Jahre
lang strikten sie, bis sie den Sieg über die Stadt und ihre Mitgesellen errangen.
Aehnlicher Fälle giebt es eine Unzahl.

Angesichts einer solchen Bornirtheit konnten die Gegensätze zwischen Meistern
und Gesellen und die daraus resultirenden Kämpfe, so zahlreich, so heftig sie
auch waren, dennoch eine einheitliche Arbeiterbewegung nicht erzeugen und ebenso=
wenig Tendenzen zur Umgestaltung der Gesellschaft. Gerade in den kräftigsten
und erfolgreichsten Arbeiterorganisationen entwickelte sich nicht nur nicht das Be=

---

*) Bücher, a. a. O., S. 619.
**) E. W. Hering, Geschichte des sächsischen Hochlandes, S. 176.

wußtsein ihrer Solidarität mit den anderen Arbeitern, das Klassenbewußtsein, sondern vielmehr geradezu ein Gegensatz einerseits zu den anderen mit aufstrebenden Organisationen, deren Erfolge man mit neidischem Blick betrachtete, andererseits zu der anwachsenden Masse des Proletariats, dem es nicht gelang, eine Organisation zu bilden und das immer tiefer in Noth und Elend versank. Erst die kapitalistische Industrie hat die Organisationen der Gesellen zersetzt, diese selbst sozial begraben und auf eine Stufe mit den anderen Proletariern gebracht. Erst die kapitalistische Produktionsweise hat so die Vorbedingungen eines einheitlichen Klassenbewußtseins der gesammten Arbeiterklasse geschaffen. Ruft sie auch hier und da neue Arbeiteraristokratien hervor, so doch nicht auf allzulange Zeit. Ihre Tendenz geht nach Nivellirung der gesammten Arbeiterschaft. Eine der größten Umwälzungen, an der sie jetzt arbeitet, geht dahin, auch die Aristokratie der Kopfarbeiter zu vernichten, diese den Handarbeitern sozial gleichzustellen, eine Nivellirung so unerhörter und gewaltiger Natur, daß sie gar manchem weisen Manne heute noch als absurde Utopie erscheint, obwohl sie unter seinen Augen bereits begonnen hat.

Die handwerksmäßige Produktion des Mittelalters wirkte nicht so revolutionär. Die organisirten Gesellen waren ein unruhiges, trotziges Völkchen, geübt in den Waffen, eifersüchtig auf ihr gutes Recht und ihre Standesehre. Viel leichter als die modernen Arbeiter waren sie geneigt, sich selbst ihr Recht zu verschaffen durch Niederlegung der Arbeit, durch Unruhen, wenn es sein mußte, durch Waffengewalt. Ihr Gebahren war viel „radikaler" als das des heutigen Proletariats. Die Mehrzahl unserer Anarchisten erscheint gar fromm im Vergleich zu den verwegenen, losen Gesellen des ausgehenden Mittelalters. Aber das betrifft nur ihr äußerliches Gebahren. Ihre Tendenzen waren höchst zahmer Natur. Der „blaue Montag" war wohl die radikalste ihrer Forderungen. Was sollten sie auch die Umwälzung einer Gesellschaft anstreben, in der sie zu den Privilegirten gehörten, an deren Vortheilen sie theilnahmen, wenn auch nicht in dem Maße, wie die Meister oder gar die Kaufleute und Fürsten? Wohl wurde ihr Antheil an diesen Vortheilen verhältnißmäßig immer geringer, wohl erregten sie erbitterte Kämpfe um Vermehrung ihres Antheils, aber nie stellten sie dabei die Gesellschaft in Frage, in der sie lebten. Wohl mochten sie in revolutionären Zeiten mit anderen, weiter gehenden revolutionären Elementen zusammengehen. Auch die Zunftmeister thaten dergleichen, wo sie mit der „Ehrbarkeit," den städtischen Markgenossen und Kaufleuten im Streit lagen. Aber die Einen wie die Anderen waren gleich unzuverlässig und ermangelten jeder Ausdauer. Der erste Widerstand, die erste Niederlage genügten, daß sie die Erhebung im Stich ließen, deren Ziele ihnen von vornherein nicht sehr am Herzen gelegen hatten und die sie blos ausnutzen wollten, ihre augenblicklichen Sonderinteressen zu fördern. Es war dieses mit eine der Ursachen, warum die revolutionäre Erhebung von 1525 so rasch zusammenbrach.

Das Ziel einer neuen Gesellschaft, ein soziales Ideal, haben die Gesellschaften des ausgehenden Mittelalters sich nicht gestellt.

Drittes Kapitel.
Kapital und Arbeit im Bergbau.

I. Markgenossenschaft und Bergrecht.

Im Alterthum waren die Bergarbeiter, so weit wir sehen können, ausschließlich unfrei gewesen — Sklaven oder Strafgefangene. Im Mittelalter waren sie freie Männer. Ursprünglich waren sie auch Markgenossen.

Wir haben bereits darauf hingewiesen, daß das Gebiet jeder Markgenossenschaft in zwei Theile zerfiel, die getheilte und die ungetheilte Mark.

Jede Familie in der Markgenossenschaft erhielt im Dorfe ein Stück Land, auf dem ihr Hof stand (Wohnhaus, Wirthschaftsgebäude und Garten), als Sondereigen. Außerdem wurde das Ackerland, die Feldmark aus der gemeinen Mark ausgeschieden und nach bestimmten Regeln an die Familien vertheilt.

Weide, Wald, Wasser und Weg blieben Gemeinbesitz und bildeten die ungetheilte Feldmark; aber deren Gebiet wurde mit der Zeit eingeschränkt, theils durch die Vermehrung der Bevölkerung, die zur Anlegung neuer Dörfer und zur Aussonderung neuer Feldmarken für dieselben aus der gemeinen Mark führte, theils durch die Zurückdrängung der Jagd und Viehzucht durch den Ackerbau, was zur Erweiterung der vertheilten Feldmark auf Kosten der ungetheilten Mark führte.

Wie der Antheil jedes Genossen an der vertheilten Feldmark ursprünglich gleich groß war, so auch sein Antheil an der Nutzung der gemeinen Mark. Die Art dieser Nutzung aber wurde von der Gesammtheit bestimmt. Sie regelte die Benutzung der Viehweide, den Bezug von Laubstreu, Bau- und Brennholz aus den Forsten, endlich auch die Steingewinnung. Jeder Markgenosse hatte das Recht, innerhalb der gemeinen Mark unter gewissen von der Genossenschaft festgesetzten Bedingungen Steine in den Steinbrüchen zu brechen und zu verwenden.

In den meisten Markgenossenschaften blieb die Steingewinnung eine untergeordnete Thätigkeit, die nur in Ausnahmefällen betrieben wurde. Ganz anders in Gegenden, wo Adern von Salz, Eisen, Kupfer oder gar Silber oder Gold zu Tage lagen und findig wurden, oder, was vielleicht noch häufiger vorkam, wo die eingedrungenen Germanen einen ehedem von Kelten oder Römern begonnenen Bergbau wieder in Angriff nahmen. Dort mußte die Arbeit des Grabens nach den Mineralschätzen und des Brechens und Förderns der kostbaren Erze bald in den Vordergrund treten. Die erwähnten Mineralien wurden überall benöthigt und gesucht, aber nur an wenigen Stellen gefunden. Frühzeitig begannen daher die Gemeinwesen, die solche Bergwerksbezirke besaßen, ihre Mineralschätze über ihren eigenen Bedarf hinaus auszubeuten, um den Ueberschuß an die Nachbargemeinden im Tausch für Produkte derselben abzugeben. Die fraglichen Mineralien gehörten also zu den ersten Objekten der Waarenproduktion und des Waarenhandels.

Die Bergwerksbezirke waren meist im Gebirge gelegen, wo der Ackerbau von vorneherein eine geringe Rolle spielte. Je mehr der Bergwerksbetrieb sich entwickelte, desto mehr trat jener hinter diesen zurück. Man bedurfte nicht mehr so viel Ackerlandes wie früher, da man gegen die Produkte der Bergarbeit Lebensmittel eintauschen konnte. Man entzog aber auch dem Ackerbau — und ebenso der Viehzucht — immer mehr Hände, da die Markgenossen immer mehr sich dem Bergbau zuwandten, wenn sich dieser lukrativ gestaltete. Die Produktion für den Selbstgebrauch findet ihre natürliche Grenze im eigenen Bedürfniß. Die Waarenproduktion findet ihre Grenze im Bedürfniß des Marktes, und der war für die Produkte des Bergbaues praktisch unbegrenzt, da die wenigen Stellen, an denen Salz und Metalle gefunden und gewonnen wurden, nicht im Stande waren, über den Bedarf des Marktes hinaus zu produziren, der ein ausgedehnterer war, als man glauben sollte. Von Hand zu Hand, von Dorf zu Dorf gingen die werthvollen Materialien ungeheure Strecken weit. Namentlich die Metalle waren, sobald sie zu Waffen, Werkzeugen oder Schmuck verarbeitet worden, verhältnißmäßig leicht zu transportiren.*) Was heute blos für die edlen Metalle, ja vielfach nur noch für das Gold gilt, daß es Waaren sind, die Jeder nimmt, nach denen Jeder verlangt, von denen man nie zu viel haben kann, das galt in den Anfängen der Waarenproduktion auch für Eisen, Kupfer, mitunter selbst Salz. Der Trieb, sie zu produziren, war daher maßlos. Kein Wunder, daß der Bergbau überall, wo der Reichthum des Bodens an nutzbaren Mineralien ihn begünstigte, die vornehmste Thätigkeit wurde. Der Ackerbau, der noch lange blos zur Befriedigung des eigenen Bedürfnisses, nicht zur Waarenproduktion betrieben wurde, trat hinter ihn zurück.

Ursprünglich waren Gruben nur im Gebiet der gemeinen Mark angelegt worden. Aber wie nun, wenn der Bergbau sich ausdehnte und man in der vertheilten Feldmark werthvolle Mineralien fand? Die Feldmark war blos zu Zwecken des Feldbaues vertheilt worden; wurde ein Ackerloos diesem Zweck entzogen, nicht regelrecht bebaut, so fiel die Verfügung darüber wieder der Markgenossenschaft zu.

---

*) Schon in der Steinzeit finden wir einen ausgedehnten Handel von Horde zu Horde mit Waffen und Schmuck oder Materialien, die zu deren Herstellung dienten. In Skandinavien, Deutschland, der Schweiz, Frankreich, England und Italien finden sich Steinäxte aus dem sich trefflich eignenden Nephrit, einem Gestein, das sich bis jetzt in Europa nicht finden lassen, das also wahrscheinlich aus Asien importirt wurde, wo es in größeren Mengen vorkommt. In Frankreich, halbwegs zwischen Tours und Poitiers, findet sich massenhaft guter Feuerstein von honigartiger Farbe und gleichmäßigem Kern. Bei Pressigny-le-Grand entdeckte Dr. Leveillé die Reste eines Werkplatzes, von dem aus ein weites Gebiet mit Werkzeugen aus diesem Feuerstein versorgt wurde. Durch ganz Frankreich und Belgien, auch in der Schweiz, findet man Feuersteinwerkzeuge aus dieser Gegend, die durch ihre eigenthümliche Farbe leicht kenntlich sind. In Amerika findet man in den Grabhügeln der Ureinwohner des Mississippithales nebeneinanderliegend Kupfer vom Oberen-See, Glimmer aus den Alleghanies, Muscheln vom mexikanischen Golf und Obsidian aus Mexiko. (Lubbock, Die vorhistorische Zeit, Jena 1874, I., S. 74, 77, 187.)

Dies trat ein, sobald man anfing, in dem Loos nach Erzen zu graben. Da aber der Bergbau überall, wo er sich entwickelte, vornehmer wurde als der Ackerbau, genügte es bald, einen Mineralreichthum in der vertheilten Feldmark gefunden zu haben, um die betreffenden Aecker und Wiesen wieder der gemeinen Mark zufallen zu lassen. Ja, um das Finden der Mineralschätze mit aller Macht zu fördern, verwandelte schließlich schon die Wahrscheinlichkeit, daß ein Feld Erze enthalte, dasselbe zu einem Bestandtheil der gemeinen Mark, bis endlich das Verlangen nach den werthvollen Mineralien auch das Sondereigen des Hofes aufhob. Jeder Markgenosse erhielt das Recht, überall in der Mark, wo immer es sein mochte, nach erzführenden Adern zu suchen und zu schürfen; wurde Jemand dadurch geschädigt, so mochte er Entschädigung dafür fordern, wehren durfte er es nicht. „Denn das Bergrecht ist stark vnd noch König, noch Hertzog, noch Graffen en kan dagegen, wenn sie schon wellen graben in den koelgarten vnd vort bis vnder eines menschen schlaftammer," heißt es in einem alten Buch der Abtei Steinfeld.*)

Im Allgemeinen zeigte die Entwickelung der Markverfassung die Tendenz, die Rechte und das Gebiet des Sondereigens auf Kosten der gemeinen Mark umsomehr auszudehnen, je mehr der Ackerbau gegenüber Viehzucht und Jagd an Bedeutung gewann. In Bergwerksbezirken dagegen, wo der Ackerbau durch den Bergbau an Bedeutung verlor, sehen wir eine entgegengesetzte Tendenz. Das Bergrecht schränkt die Rechte des Sondereigens ein und stellt es in gewissen Punkten der gemeinen Mark wieder gleich.

Die Grubenplätze fielen aber in das Bereich der gemeinen Mark nur, um sogleich wieder aus ihr ausgeschieden zu werden. Die ersten Bergwerke waren höchst primitiver Natur, bloße Tagbaue, einfache Gruben, aus denen man die Erze hervorholte. Einer oder einige Wenige genügten, eine solche Grube zu bearbeiten. Sie gemeinsam zu nutzen, wie etwa die gemeine Weide, ging nicht an. Wie die einzelnen Loose in den verschiedenen Feldfluren mußten auch die verschiedenen Grubenplätze einzelnen Markgenossen zur Benutzung überwiesen werden. Da aber die verschiedenen Gruben verschiedenen Ertrag abwarfen und die Zahl der Gruben nicht, gleich der der Ackerloose, eine beliebig vermehrbare war, geschah, um die Interessen der Gesammtheit zu wahren, die Ueberweisung nur gegen Abtretung eines bestimmten Antheiles des Ertrages an die Genossenschaft. Und ebenso wie die Bebauung der getheilten Feldflur unterstand auch die der Gruben der Ueberwachung und Leitung der Genossenschaft, und sowie ein nichtbebautes Ackerloos an diese zurückfiel, so auch eine verlassene Grube. Sobald der Nutznießer einer Grube aufhörte, sie weiter zu bebauen, verlor er jedes Anrecht an sie.

Das erste Recht aber, mit einer Erzstätte belehnt zu werden, hatte naturgemäß Derjenige, der sie gefunden hatte, nicht etwa Derjenige, dem der betreffende

*) H. Achenbach, Das gemeine deutsche Bergrecht in Verbindung mit dem preußischen Bergrecht ꝛc. dargestellt, Bonn 1871, I., S. 71.

Platz bis dahin gehört, falls er schon in Sondereigen übergegangen war. Dies Vorrecht des Finders hat sich bis in unsere Tage erhalten.

Bei weniger werthvollen Mineralien ist der Bergbau lange auf einer primitiven Stufe geblieben, bei Eisenstein= oder Kohlengruben z. B. mitunter bis in die Gegenwart. Der Bergbau auf edle Metalle hob sich jedoch frühzeitig auf eine hohe Stufe der Technik, wie wir noch sehen werden. Immer umfangreicher wurden die Bergwerke, immer komplizirter und gefährlicher. Es wurde immer unmöglicher, daß jeder belehnte Genosse, jeder „Gewerke," den Bau auf eigene Faust betrieb, wie es ihm am besten paßte. Die verschiedenen Gruben wurden immer abhängiger voneinander, bildeten immer mehr ein einheitliches Ganzes. So ängstlich auch die verschiedenen Gewerken darüber wachten, daß ihre Gruben oder „Zechen" getrennt blieben, daß Jedem der Antheil an seinem Gebiet gewahrt werde, der Betrieb wurde immer mehr durch die technische Nothwendigkeit ein gemeinsamer. Der markgenossenschaftliche Beamte, der anfänglich den Grubenbau blos zu überwachen gehabt, der Bergmeister, wurde der Leiter des gesammten Betriebes, den er planmäßig organisirte.

Bergwerke, in denen es so weit kam, waren aber auch so reich, daß ihre Erträge die Gewerken und Markgenossen, welcher Begriff sich in den betreffenden Distrikten anfangs wohl in der Regel deckte, der Bergwerksarbeit immer mehr enthoben, die schließlich gänzlich ihren Knechten oder Knappen zufiel. Die Gewerken wurden nach und nach zu Kapitalisten.

Die Zahl der Knechte nahm in reichen Bergwerken immer mehr zu. Dazu kamen die Arbeiter in den Hütten, in denen die Metalle aus den Erzen gewonnen wurden. Neben diesen wanderten auch immer mehr Handwerker in den Bergwerks= distrikt ein, um das Bergzeug herzustellen, die gewonnenen Metalle zu verarbeiten oder den wachsenden Bedürfnissen der Bevölkerung zu dienen. Auch die Kaufleute fanden reichen Erwerb daselbst durch den Vertrieb der gewonnenen Bodenschätze, ihre Zahl wuchs daher rasch an. So bildete sich um das Bergwerk eine Stadt, eine „Bergstadt," in der die Markgenossen, die „Berg= und Hüttenherrn" nur noch eine Minorität bildeten, eine Aristokratie, zusammen mit den Kaufleuten, die wohl zum Theil aus ihnen sich retrutirten.

So eigenthümlich diese Berggenossenschaften sich auch gestaltet hatten, so blieben sie doch unverkennbar Markgenossenschaften. Feldbau und Viehzucht verloren freilich für sie an Bedeutung. Nächst dem Bergwerk war aber der Wald für sie von höchster Wichtigkeit, denn er lieferte das Brennmaterial für die Hütten, die Erze zu schmelzen und die Metalle zu gewinnen. Wo sich die alte, markgenossenschaftliche Verfassung der Gewerken noch erhalten hatte, treten diese daher auf als Waldgenossenschaft.

Wie sich so die Verfassung einer alten Berggemeinde gestaltete, zeigt uns anschaulich die Darstellung, die Gierke von dem „großen Berggemeinwesen des Harzes mit dem Mittelpunkt Goslar" giebt: *)

---

*) Otto Gierke, Das deutsche Genossenschaftsrecht, Berlin 1868, I., S. 443.

„In der Stadtverfassung war die Genossenschaft der Berg= und Hüttenherren (Bergleute und Waldwerken, montani und silvani) eine zwischen Kaufleuten und Gilden (Münzern, Krämern und Handwerkern) stehende bürgerliche Körperschaft, und nahm als solche am Stadtregiment theil, entsandte Deputirte zur Aufzeichnung der Statuten und mußte bei jeder Rechtsveränderung vom Rathe befragt werden; auch genoß sie nach dem Stadtrecht die Befreiung von der Pfändung und das Recht erweiterter Selbsthülfe gegen ihre Diener. In Bezug auf den Harzforst waren die Waldwerken zugleich eine Markgemeinde, welche auf drei echten Forstdingen zusammenkam und neben Bergbau= und Schmelzhüttenbetrieb, Holznutzung, Jagd und Fischerei ausübte. Für das gesammte Berg= und Hüttenwesen aber bildete die Gesammtheit aller Bergleute und Waldwerken eine selbständige autonome Ge= nossenschaft, vorbehaltlich einer ursprünglich dem Reichsvogt, später der Stadt Goslar und in Specie dem Rathsausschuß der Sechsmänner zustehenden obersten Aufsicht und höchsten Gerichtsbarkeit. Die Gewerken selbst dirigirten daher unter dem von ihnen gewählten Bergrichter oder Bergmeister den Bergbau, sie setzten sich auf ihrer allgemeinen Versammlung zu Goslar, wenn auch unter dem Einfluß des Rathes, die Bergordnung, den Bergfrieden und das Bergrecht; sie sprachen als Schöffen Recht im Gericht des Bergmeisters, das für Schuldsachen und eigentliche Bergsachen die erste Instanz war, von einem montanus aber in allen Sachen zuerst angegangen werden mußte."

Die Selbständigkeit und Reinheit der Markverfassung hat sich bei den Berg= werkgemeinden indeß kaum irgendwo lange erhalten. Das Aufkommen der großen Grundherrschaften brachte sie ebenso in Bedrängniß wie die der Bauern.

Die reichen Bergwerksgenossenschaften hatten freilich ganz andere Mittel, sich ihrer Dränger zu erwehren, als die armen Bauerngemeinden; wir haben auch kein Beispiel davon gefunden, daß die Bergleute im Mittelalter irgendwo der Hörigkeit oder gar Leibeigenschaft verfallen wären. Aber gerade der Reichthum der Berg= werke lockte die Herren an, sie sich zinspflichtig zu machen. Gleich der Jagd erklärten diese Herren den Bergbau für ihr Vorrecht: in manchen linksrheinischen Weisthümern wird der Bergbau ausdrücklich dem Wildfang gleichgestellt und „dem gnädigen Herrn" der „Wildfang auf der Erde und in der Erde" vorbehalten. Der größte Grundherr im Lande war aber der König; ihm gelang es von vorne= herein, eine Reihe von Bergwerken an sich zu reißen; bald machte er Anspruch auch auf die Bergwerke, welche Adelige, Klöster oder Bischöfe an sich gerissen hatten. Die Könige, resp. Kaiser in Deutschland, erklärten schließlich, Niemand dürfe den Bergbau betreiben, der nicht von ihnen belehnt sei. Der Bergbau, zunächst auf Gold, Silber und Salz, wurde für ein Regal erklärt.

Anfangs gelang es auch den Kaisern, ihre Ansprüche, wenigstens zum Theil, geltend zu machen. Achenbach giebt uns in seinem oben genannten Buch mehrere Beispiele davon. So brachte z. B. Friedrich I. im 12. Jahrhundert mehrere Bischöfe dahin, daß sie ihre Bergwerke als Lehen von ihm annahmen. Aber schon im nächsten Jahrhundert begann der Rückgang der kaiserlichen Macht, indeß die der großen Grundherren sich zur landesfürstlichen Gewalt entwickelte. Das Bergregal fiel nun den Landesfürsten zu, und diese wurden bald stark genug gegenüber den kleineren Grundherren und den einzelnen Gemeinden und Genossenschaften, um dies Regal auch vollständig zur Durchführung zu bringen.

Schon Karl IV. hatte sich gezwungen gesehen, das Bergregal der Kurfürsten in seiner goldenen Bulle anzuerkennen. Karl V. endlich garantirte in seiner Wahlkapitulation 1519 den Reichsständen allgemein ihre Regalien.

Die markgenossenschaftliche Verfassung war damals im Bergbau bereits allgemein aufgelöst, wenigstens soweit größere Bergwerke in Betracht kommen. Nicht nur waren an Stelle der frei gewählten, genossenschaftlichen Beamten landesherrliche Beamte getreten, die unabhängig von den Markgenossen und Gewerken den Betrieb des Bergwerkes leiteten, Recht sprachen und darüber entschieden, wer mit einer Grube zu belehnen sei, wer nicht; auch die Exklusivität der Markverfassung hatte in Bezug auf die Bergwerke ein Ende gefunden. Der Bergwerksbetrieb war mit deren Beschränkungen immer unverträglicher geworden. Er bedurfte immer größerer Arbeitermassen, die man von weither anziehen mußte, da in den öden Gebirgsgegenden, in denen die Bergwerke meist angelegt wurden, nur eine spärliche Bevölkerung sich fand; je kostspieliger und ausgedehnter aber die Bergwerke wurden, desto mehr bedurften sie auch des Zuflusses großer Kapitalien; daher das Bestreben, das Bergwerkseigenthum den großen Kaufleuten der Städte zugänglich zu machen. Daß diese Kaufherren in der Regel mit den Fürsten auf bestem Fuße standen, denen sie so oft durch Darlehen aus der Verlegenheit zu helfen hatten, mag auch dazu beigetragen haben, daß die Landesherren ihre Macht dahin geltend machten, das Privilegium der Markgenossen auf Ausbeutung der Bergwerke zu brechen. Die Bergwerke wurden aus den Marken ausgeschieden, die Berge, auf denen sie lagen, wurden für „frei" erklärt. Auf den freien Bergen war der Bergbau Jedermann gestattet — vorbehaltlich der Genehmigung des Landesherrn. Nachdem so die Schranken des Eindringens fremder Elemente beseitigt worden, strömte bald, namentlich in den Silber- und Goldbergwerken, ein buntes Gewimmel von Kaufleuten, Wucherern, Abenteurern, Arbeitern, Bettlern zusammen, sein Glück zu erringen. Dadurch erst wurde der rasche Aufschwung der großen Bergwerke ermöglicht.

Jeder Zusammenhang des Bergwerks mit der Mark wurde aufgelöst. Kein Wunder, daß dann die römischen Juristen, die von der Markverfassung ohnehin nichts verstanden, mit dem aus ihr entsprungenen deutschen Bergrecht nichts anzufangen wußten. Erst G. L. v. Maurer's epochemachende Forschungen über die Markverfassung haben, wie zu manch' anderem sozialen Gebilde, so auch zum deutschen Bergrecht den Schlüssel geboten.

II. Der kapitalistische Großbetrieb im Bergbau.

Für einen römischen Juristen bot ein deutsches Bergwerk im Anfang des 16. Jahrhunderts einen sonderbaren Anblick.

Der Ausbeuter einer Grube hatte an derselben kein volles Eigenthums-, sondern blos ein Nutzungsrecht. Dasselbe wurde von einem Beamten des Fürsten, dem Bergmeister, verliehen. Der Belehnte, der Muther, bildete nun eine Gewerkschaft mit vier, später mehr Antheilen oder Kuxen*) (aus dem tschechischen Kus, der Theil). Eine bestimmte Anzahl dieser Kuxe fiel dem Fürsten zu. Die Kuxe waren verkäuflich. Der Besitzer eines oder mehrerer Kuxe war ein „Gewerke." Die Bergwerke wurden also von Aktiengesellschaften betrieben. Ein Kux gab aber kein Anrecht an das Bergwerk, sondern nur an den Reinertrag desselben. Dieser wurde unter die Kuxbesitzer vertheilt. Ebenso wurden auch die Kosten des Bergwerks unter diese repartirt. Ueberstiegen die Kosten eine Zeit lang den Ertrag und war ein Gewerke nicht im Stande, die ihm auferlegte Zubuße zu leisten, so verlor er seinen Kux, den die Mitgewerken einem Anderen übertragen durften. Wurde eine Grube überhaupt nicht mehr abgebaut, dann verlor die Gewerkschaft jedes Anrecht an sie, und dem Fürsten stand es frei, sie weiter zu verleihen.

Aber nicht genug an diesen, den Eigenthumsbegriffen des römischen Rechts hohnsprechenden Bestimmungen. Der Betrieb des Bergwerks wurde von den Beamten des Fürsten geleitet, der die Rechte der Markgenossenschaft usurpirt hatte, und die Gewerken hatten äußerst wenig dreinzureden.

Die Bergordnung des Herzogs und Kurfürsten August von Sachsen (gedruckt 1574) nennt im dritten Artikel folgende vom Fürsten eingesetzte Bergbeamte: zwei Bergräthe, die alle halbe Jahr mit einem Hauptmann, Oberbergmeister und Bergwerksverwalter die Bergwerke besuchen sollen. „Außerdem haben wir in jeder Bergstadt nach derselben Gelegenheit und Größe des Bergwerkes einen Bergmeister und eine ziemliche Anzahl Geschworene, bergverständige Männer, Zehender, Austheiler, Gegenschreiber, Bergschreiber, Hüttenverwalter, Hüttenreuter, Rezeß- und Hüttenschreiber, Silberbrenner und Markscheider gesetzt und verordnet."

Die Gewerken ernennen (Artikel 42) die Steiger und Schichtmeister, aber nur mit Willen und Zulassung des Hauptmannes, Oberbergmeisters, Bergwerksverwalters und Bergmeisters jedes Ortes. Laut Artikel 44 haben diese Beamten das Recht, die Steiger und Schichtmeister zu entlassen. Der Schichtmeister nimmt

---

*) Bei diesen Idealantheilen am Bergwerk spielt die Zahl 4 eine große Rolle. Nach der Kuttenberger Bergordnung scheint es unzweifelhaft, daß das Bergbaurecht ursprünglich in 4 Idealantheile getheilt wurde, wenn mehrere an dessen Ausbeutung sich betheiligten. Später machte man 8, 16, 32, endlich $4 \times 32 = 128$ Kuxe daraus, welche Zahl dann zur Regel wurde. Zum ersten Mal finden wir sie angedeutet in einer Urkunde von 1327; aber zu Freiberg ist die Ausbeute erst von 1698 an nach 128 Kuxen vertheilt worden. (Vgl. Achenbach, a. a. D., S. 291.)

die Arbeiter auf und entläßt sie, aber nur mit Einwilligung des Bergmeisters und zweier Geschworenen.

Agricola, dessen Buch wir die letztere Mittheilung entnehmen,*) theilt uns auch des Näheren die Funktionen der einzelnen Beamten mit.

Dem Berghauptmann hat Jeder zu gehorchen, er ist der oberste Richter. Ihm zunächst steht der Bergmeister. Mittwochs spricht dieser mit den Geschworenen Recht. An den anderen Tagen besichtigt er die Gruben und zeigt an, was darin zu thun sei. Am Sonnabend haben ihm die Steiger Rechnung abzulegen.

Der Bergschreiber schreibt „Zettel für Die, so Gruben begehren," und fertigt jedes Vierteljahr die Rechnungen über Einnahmen und Ausgaben der Gruben für die Gewerken an, über die er Buch führt. Der Zehender nimmt den Geldertrag der Grubenausbeute ein und zahlt davon den Steigern das nöthige Geld zum Betrieb der Grube. Den Reinertrag händigt der Austheiler an die Gewerken aus. Ist statt dessen ein Defizit vorhanden, so schreibt der Bergschreiber den Betrag der entfallenden Zubuße auf Zettel, die, nachdem der Bergmeister und zwei Berggeschworene sie anerkannt, an die Thür der betreffenden Gewerken (oder ihrer Vertreter) geschlagen werden.

Der Steiger verwaltet die Gruben und zahlt die Löhne, deren Höhe er mit den Geschworenen zusammen festsetzt. „Zu Zeiten verdingen sie (die Geschworenen) mit den Steigern den Berghäuern etliche Lachter eines Ganges zu hauen, um einen großen oder kleinen Lohn, nachdem das Gestein fest oder lind ist." (S. 71.) Stoßen die Arbeiter auf unerwartet festes Gestein, so wird ihr Lohn entsprechend erhöht, oder erniedrigt, wenn das Gestein sich lockerer zeigt, als erwartet worden.

Der Schichtmeister endlich leitet und beaufsichtigt die Arbeit in der Grube.

Die Gewerken hatten, wie man sieht, abgesehen vom kommerziellen Theil, der aber bei Silbergruben, deren Ertrag in die Münze ging, auch nicht allzubedeutend war, kaum irgend etwas Anderes beim Bergwerksbetrieb zu thun, als Geld zu zahlen, wenn's schlecht ging, und Geld einzustecken, wenn's gut ging. Freilich meint Agricola (S. 31), die Gewerken sollten auf dem Berg wohnen, um ihre Arbeiter überwachen zu können. Nicht auf den Steiger sollten sie sich verlassen. „Das Auge des Herrn mästet die Pferde." Die Mahnung des Agricola ist aber für uns nur ein Beweis, daß die Gewerken zu seiner Zeit es bereits liebten, fern von der Stätte zu wohnen, an der ihr Reichthum produzirt wurde;

---

*) Wir haben die deutsche, trefflich illustrirte Ausgabe benutzt: „Vom Bergwergk XII Bücher, darin alle Empter, Instrument, Gezeuge vnd alles zu disem handel gehörig, mitt schönen Figuren vorbildet vnd klärlich beschrieben findt, erstlich in Lateinischer sprach durch den Hochgelerten vnd Weittberümpten Herrn Georgium Agricolam, Doctorn vnd Bürgermeistern der Churfürstlichen statt Kempnitz, jetzund aber verteutscht durch den Achtparen vnd Hochgelerten Herrn Philippum Bechium, Philosophen, Artzet vnd der Loblichen Vniuersität zu Basel Professoren," Basel 1557, S. 73.

sie waren für den Produktionsprozeß überflüssig geworden, dessen Leitung die landesfürstliche Bureaukratie in die Hand genommen hatte.

In demselben Maße, in dem die Persönlichkeit der Gewerken für den Betrieb überflüssiger wurde, wuchsen die Ansprüche an ihr Kapital. Ein Bergwerk erfolgreich und mit Glück auszubeuten, wurde bald ein Privilegium großer Kapitalisten, der großen Kaufleute und Bankiers in den Städten.

Die bergmännische Technik entwickelte sich zu Ende des Mittelalters und im Beginn der Neuzeit in auffallender Weise, namentlich in Deutschland, welches damals das „Peru Europas" war, das silber- und goldreichste Land unseres Erdtheils.

Die Mühen und Gefahren des Bergbaues wachsen rasch, wenn man in die Tiefe bringt. Der Bergbau nach den meisten Materialien, z. B. Eisen und Steinkohlen, ist daher, wie schon bemerkt, lange Zeit sehr primitiv geblieben.*) Ueber gewisse Grenzen konnte man mit einfachen Werkzeugen nicht hinaus; die Förderung der Gesteinsmassen wurde zu mühsam; die Luftzufuhr zu den Gruben begann zu versagen und dadurch wurde ein weiteres Vordringen unmöglich, unterirdische Gewässer ersäuften die Gruben. Die Gier nach den edlen Metallen wußte indeß alle diese Hindernisse zu besiegen, sie zwängte den Forschungsgeist der Praktiker wie der Gelehrten in ihren Dienst, setzte der in ihren Anfängen begriffenen wissenschaftlichen Technik immer neue, immer größere Aufgaben, trieb sie von einer Erfindung zur anderen, auf daß sie die Kräfte der Natur unterjochten, immer wirksamere Werkzeuge ersännen, immer großartigere Bauten ermöglichten.

So finden wir im 16. Jahrhundert bereits das Bergwesen Deutschlands auf einer erstaunlichen Höhe der Technik.

Wer sich damit vertraut machen will, findet dazu einen vortrefflichen Führer in dem schon erwähnten Buch des Chemnitzers Georg Agricola.

Für unseren jetzigen Zweck entspricht jedoch besser die Wiedergabe des weniger detaillirten und fachmännischen, aber lebendigeren, übersichtlicheren und kürzeren

---

*) Der Braunkohlenbergbau unter dem Erzgebirge war bis in die Mitte unseres Jahrhunderts zu wenig rentabel, um den Großbetrieb zu ermöglichen. Nur kleine Bergwerke, oft nur Tagbaue existirten dort, in denen der Gewerke selbst mit Weib und Kind Kohle förderte; die Grubenarbeit fand in der Regel nur im Winter statt, wenn die landwirthschaftliche Arbeit ruhte. Die Gewerken waren meist Bauern. (Vgl. Braf, Studien über nordböhmische Arbeiterverhältnisse, Prag 1881, S. 4.) — Der Griffelschiefer im Meininger Oberland wird heute noch in der primitivsten Weise gewonnen. „... Ueberall besteht der Betrieb in der Anlage zahlreicher Löcher auf Punkten, wo möglichst nahe an der Oberfläche der beste und am leichtesten zu bearbeitende Griffelstein gewonnen werden kann. Dort geht man diesen bestqualifizirten Gesteinspfeilern nach, lagert den Schutt möglichst nahe an dem Gewinnungsort, und läßt die Arbeit wieder liegen, sobald entweder der Griffelstein durch irgend eine der zahlreichen Störungen des Lagers verworfen ist, oder das Loch wegen sehr unvollkommener oder gänzlich fehlender Wasserführung ersäuft." Der Betrieb erfolgt durch kleine Pachtgesellschaften von Griffelarbeitern, die in den Brüchen ihr Rohmaterial selbst fördern. (E. Sax, Die Hausindustrie in Thüringen, Jena 1882, I., S. 70.) In ähnlicher Weise haben wir uns wohl ursprünglich jeden Bergwerksbetrieb vorzustellen.

Bildes, das der Joachimsthaler Pastor Matthesius in seiner „Sarepta" von den technischen Vorkehrungen entwirft, die der Betrieb eines Silberbergwerts zu seiner Zeit erforderte.*)

Die Wissenschaft war bereits in den Dienst des Bergbaues genommen worden. Theoretisch gebildete Ingenieure hatten die Bergwerke einzurichten und zu leiten. Diese Arbeit überstieg schon bei Weitem die Kräfte des einfachen, ungebildeten Bergknappen.

Den Kompaß freilich mußten auch diese anzuwenden verstehen. „Das sind schöne Instrument und Dankens und Preisens werth. Denn sie weisen nicht allein den Wanderleuten auf Erden und den Schiffleuten auf der offenbaren See, sondern auch Euch Bergleuten, so Ihr mitten in der Erde seid und auf welche Stunde (nach welcher Himmelsgegend) die Gänge streichen und wo Ihr zufahren sollt." Man sieht daraus, welch ein komplizirter, weitverzweigter Bau damals schon ein Bergwerk war, wenn der Bergmann, um sich zurechtzufinden, des Kompasses bedurfte. Namentlich diente dieser aber den Ingenieuren bei ihren trigonometrischen Messungen, um die Grenzen der einzelnen Gruben zu bestimmen (Markscheiden), Ventilations= schächte zu führen und dergleichen. „Sonderlich aber dienet er zur edlen Kunst des Markscheidens, der man beim Bergwerk nicht gerathen kann, will man anders den Gewerken (Grubenherren) nicht zu Schaden bauen oder bald zum Durch= schlagen kommen, Wasser benehmen, Wetter (Luft) bringen und jeden bei seiner Gerechtigkeit schützen und handhaben ... Es müssen die Layen, so von Euclid und der gründlichen Geometrie unterrichtet sein, viel Instrument und Schnüre und Messens haben neben ihrem Pfeffer und Lölhölzel und was dergleichen alter Instrument, Maßstäbe und Schnüre mehr sein. Aber der Triangel und acht auf die Proportion haben, das ist in diesem Fall Meister, wer sich darein schicken kann." (S. 143.)

Wir sehen da bereits eine Eigenthümlichkeit der kapitalistischen Großindustrie sich entwickeln, die Scheidung der Arbeiter in zwei Klassen: auf der einen Seite ungebildete Handarbeiter, an deren physische Kraft, und auf der anderen Seite gebildete Kopfarbeiter, an deren geistiges Können die höchsten Ansprüche gestellt werden.

Eine „Ueberproduktion an Intelligenz" gab es jedoch im Anfang des 16. Jahr= hunderts noch nicht, wenigstens nicht auf technischem Gebiet, eher auf theologischem. Die Ingenieure liefen noch nicht so zahlreich herum, wie heutzutage, und waren daher hoch geschätzt. So ruft auch Matthesius, man solle „der Künstler Mühe und Arbeit preisen und solche Wunderleute, die mit Wahrheit umgehen, vor einem anderen Bergmann, der nur einen alten Schacht fassen und auszimmern kann, halten lernen. Wie etwan Fürsten und Herrn solche künstliche Leut, die Gott und die Natur andern vorgezogen, auch wissen nach ihrem Werth zu halten. Kaiser Maximilian hat seine Künstler gar wohl gehalten; denn da derjenige, so das Wert

---

*) Johann Matthesius, „Bergpostilla oder Sarepta ... Sampt der Joachims= thalischen kurtzen Chroniken biß auffs 1578 Jar," Nürnberg 1578. Das Buch ist eine Sammlung von Predigten, die von 1553—1562 gehalten worden.

zu Innsbruck gesetzt und die Wasserkunst (Pumpwerk) auf dem Kuttenberg an=
gegeben und einen großen See mit einem Instrument wie mit einem Heber und
Kloster gar trocken abgezogen hat, und von Etlichen schlecht gehalten ward und
klaghaftig bei dem Herrn Kaiser vor kam, sagte der fromme Kaiser: „Die Leute
wissen nicht mit Künstlern umzugehen.“

„Weil aber Gottlob diese und andere freie Künste zu dieser Zeit neben
dem Evangelio wieder in die Schulen kommen und viele gute Leute wissen, wozu sie
dienen und wie man der Quadrangel und Triangel zur Abmessung der Erden
brauchen könne, sollen Bergherrn und Bergstädt keinen Köpfen, die hiezu natürt
und geneigt und Lust und Lieb zu der Mathematiken und den Künsten haben,
behilflich und förderlich sein, daß sie solch markscheiden aus dem rechten Grunde
ergreifen und auf nützliche und beständige Instrumente trachten, damit man immer
von Tag zu Tag das Wasser und Berg (Gestein) mit leichter Unkost heben könne.“

Die Wissenschaft ward also beim Bergbau schon im Anfang des 16. Jahr=
hunderts der Produktion nutzbar gemacht; das Herkommen, der Brauch der Väter,
der beim Handwerk eine solche Rolle spielt, ist verbannt, an seine Stelle tritt
methodische, wissenschaftliche Forschung als ein revolutionärer Faktor; ihr Zweck
ist die beständige Umwälzung der Produktion, die Erfindung immer besserer In=
strumente, das heißt solcher, die geringere Unkosten erfordern, die mehr Arbeit
ersparen. Das Alles sind der modernen, kapitalistischen Großindustrie eigen=
thümliche Züge.

Wie weit unter diesen Umständen das Maschinenwesen damals im Bergbau
gediehen, sieht man aus der folgenden Schilderung des Matthesius (S. 145 ff.):
„Bergarbeit ist eine Roßarbeit, und mancher hebt an schweren Berg= und Wasser=
haspeln, daß er nicht allein Blut auswirft, sondern zeucht oft auch den Hals gar
daran ab, da er mutternackt einen ganzen Tag stehen und das Wasser halten
und seine gesetzte Schicht auffahren muß. Nun ist das auch eine Gnade und Gabe
Gottes, daß Gott Euch den sauren Nasenschweiß, so von der Sünde wegen mensch=
lichem Geschlecht aufgeseilet, dennoch mit nützlichen Instrumenten und Künsten
lindert und spannt ein Roß an der Leute statt und läßt durch Wasser, Wind und
Feuer Wasser und Berg aus den Tiefsten mit schönen Künsten heben und treiben,
damit die Unkost auch geringert und die verborgenen Schätze desto eher ersunken
und offenbar werden.

„Diese Wohlthat, daß Vieh und Element fröhnen und auch ihre Schicht
fahren und viele künstlichen Köpfe dem Bergwerk mit ihrer Erfindung nützlich
dienen, ist bei Gott dankens= und bei der Welt rühmens= und vergeltenswerth.
An einem schweren Haspel einen ganzen Tag stehen und viel Umschlag um einen
Pfennig thun müssen und oft vom Haspel gerückt und vom Haspelhorn geschlagen
zu werden, ist eine saure Nahrung. Deßgleichen, da ihrer zween eine Schicht
viel Schock Wasser, da ein Zuber fast einen Eimer hält, herausziehn, kost auch
viel Leibs und zeucht Einem wieder das Mark aus Armen und Beinen heraus.
Nun hat Gott Künstler geben, die ehrliche Vortheil und Hülf erdacht, daß man

Schwengräber, Haspelwinden, Schwengstangen an die Haspel gemacht, damit es etwas leichter und mit einem Vortheil zugehe. Item, daß man runde Scheiben und Räder anrichtet mit ihren Scheibenspillen, Kammrädern, Fürgelegen oder Getrieben und Leisten, damit nicht allein die Arme und Seiten, sondern Füße und der ganze Leib auch Berg und Wasser heraustreten und heben, das ist auch dankens= werth. So ist der Göpel auch eine schöne Kunst, da man mit Rossen Berg und Wasser zu Tag austreibt und in einer Schicht mehr herausfördern kann, als an zwanzig Haspeln. Also auch die Roßkunst mit der Premscheibe.*) So geht es auch leichter und mit künstlichem Vortheil zu, so Ihr Wellen und Stempel in die Gruben hängen solltet, daß Ihr Eure Brustwinden, Kloben und Windstangen habt. Die Gebirger oder Oberländer sollen auch ihre Bulgen (Utres, Schläuche bei Agricola) und ledernen Säcke haben, darin sie Erz von den hohen Alpen im Winter vor die Hütten führen, und ihre Hunde, die solche Säcke (leer) wieder in das Gebirge hinautrecken (ziehen).

„Ein geraumer und verwahrter Stollen mit seinem Gerinn und Dreckwerk zugerichtet, ist freilich die schönste Kunst auf dem Bergwerk, denn solcher, der nimmt Wasser und bös Wetter (schlechte Luft) und bringt gut Wetter und giebt leichte Förderung mit Truhen und Hunden; derfür Bergleute unserm Gott auch danken und ihre Steuer, vierten Pfennig und neuntes, willig, schleunig und treulich reichen und dargeben sollen. Wo man aber Stollen nicht anbringen kann, da haben Wasserkünste ihren Preis, wenn man Wasser mit Kannen hebt an der Scheibe oder mit einem Rad, welches die Leute treten, oder da man mit Wasser und Wind das Wasser über sich bringt. Wo Wasser in Gründen fließen, kann man durch ein Zeug das Wasser über sich treiben und also auf Schlösser und Höhen bringen, wie solche Wasserkünste an vielen Orten angerichtet sind. Da aber die Wasser unter der Erden sollen über sich bracht werden, muß man vom Tage Wasser in die Gruben führen, wie eine solche Wasserkunst in Pithii Bergwerk gedacht wird, da dieser reiche Fundgrübner in der Wasserradstuben vor Leid gestorben ist. Nun haben Künstler hierin viel schöne und werkliche Zeuge erfunden, sonderlich mit Röhrstangen und Pumpenberg, da man mit Leuten, Wasser und Wind die ver= schroten Wasser auf den Stollen oder zu Tage aushebt.**)

„Ihr Bergleute sollt auch in Euren Bergreigen rühmen den guten Mann, der jetzt Berg und Wasser mit dem Wind auf der Platten anrichtet zu heben, wie man jetzt auch, doch am Tag, Wasser mit Feuer heben soll . . .***)

„Zum Beschluß, weil ich eben von Kunststücken rede, soll ich auch als ein

---

*) Scheibe zum Bremsen. Vgl. Agricola.

**) Die „Pumpenberg" heißen bei Agricola lateinisch Fibulae, Bolzen (?). Dieser beschreibt im 6. Buch seines Werkes drei Arten von Gezeugen, die mit Eimern das Wasser schöpfen, sieben Arten Pumpen, und sechs Arten „Gezeuge, die mit Stangen Wasser schöpfen", wie Paternosterwerke und dergleichen, also nicht weniger als 16 Arten von Wasserhebmaschinen.

***) Sollte hier eine seitdem wieder in Vergessenheit gerathene Art Dampfmaschine gemeint sein?

Bergprediger Gott danken für die schöne Kunst, daß man gut Wetter durch Wind=
fang, Lutten (bei Agricola Lotten, lateinisch canalis longus, lange Röhre), Ge=
bläse und Fächer in einen Stollen führen oder treiben kann und das böse Wetter
herausziehn oder bringen. Es ist ja werklich, daß man auf einem Stollen in der
Fürst (Spitze) aus Brettern eine Lotten schlägt, verlutirt oder verklebt oder verstreicht
sie mit Lehm oder Letten, damit das gute Wetter oder frische Luft in den Berg ziehn
und das bös Wetter unterm Dreckwerk wieder herausschleichen könne, und sonderlich
wo man mit einem Blasbalg das böse Wetter hebet, da folgt bald ein gutes an die
statt, weil die Natur nicht leiden kann, daß ein Ort leer, ledig und ohne Luft sei.

„Auf dem Kuttenberg soll man das böse Wetter in großen Lutten, wie die
Feueressen sind, zu Tag ausführen, wenn man zumal vorm Ort gesetzt*) hat, und
dagegen bis in fünfhundert Lachter**) und weiter gut Wetter in die Schächte
bringen, wie man bei uns in Joachimsthal auch neulicher Zeit solche Zeug an=
gerichtet, da man gut Wetter in Röhren durch Gebläse viele hundert Lachter bringt,
da man etwan zwei Stollen mit großer Unkost über einander hat treiben müssen.“

Matthesius spricht hier blos vom Bergbau. Aus dem Werke Agricola's
kann man ersehen, welche große Anlagen damals der Verarbeitung der Erze
dienten, die Stampfmühlen, Schmelzöfen, Apparate zum Scheiden der Metalle und
der Verarbeitung der „harten Säfte,“ wie Salz, Glas u. s. w. Das Mitgetheilte
dürfte genügen, zu zeigen, daß die Arbeit des Bergbaues, wenigstens auf edle
Metalle, im 16. Jahrhundert längst den handwerksmäßigen Charakter verloren
hatte. Sie bestand nicht mehr aus einer Summe einfacher Handgriffe, die der
Bergmann im Laufe der Lehrzeit erlernte, um an deren Schlusse den ganzen
Betrieb zu verstehen. Dieser war über das Verständniß des einfachen Arbeiters
hinausgewachsen; ein Bergwerk war zu einem großen, komplizirten Organismus
geworden, der ausgedehnte und kunstreiche, höchst kostspielige Anlagen bedingte,
dessen Getriebe nur wissenschaftlich gebildete Techniker, „Künstler,“ zu übersehen
und zu leiten, und nur stärkere als menschliche Kräfte im Gang zu halten ver=
mochten, ein Organismus, den zu besitzen und zu erhalten ein Kapital erforderte.

Ein Proletarier hatte unter diesen Umständen keine Aussicht, je eine Grube in
einem solchen Bergwerk als eigener Herr abzubauen. Auch kleinere Kapitalisten waren
einzeln nicht im Stande, die Kosten einer ordentlichen Bergwerksanlage aufzubringen.

Freilich, es konnten sich mehrere zusammenthun und eine Gesellschaft, Ge=
werkschaft bilden, was auch oft geschah.***) Aber der Erfolg war nicht immer günstig.

*) Es ist hier das Feuersetzen gemeint. Man entzündete ein Feuer vor dem Gestein,
das dadurch mürbe gemacht wurde und zerbröckelte. Ohne gute Ventilation ging das natür=
lich nicht.

**) Ein Lachter ist ungefähr gleich zwei Meter. Also über einen Kilometer tief
drang man damals schon in die Erde ein.

***) Die Antheile (Kuxe) waren nicht immer für kleine Leute erschwingbar. In manchen
Zechen Joachimsthals wurde ein Kux um tausend Joachimsthaler verkauft, damals eine
bedeutende Summe. (Matthesius, S. 18.)

Die Geologie befand sich damals noch in ihren Anfängen, der Bergbau war daher noch weit mehr ein Hazardspiel, als er es heute noch vielfach ist. Der Ertrag der Gruben wechselte in ganz unglaublichen Proportionen. Zu Zeiten wurden nicht blos einzelne Gruben, sondern auch ganze, große Bergwerke verlassen, um später wieder mit Glück aufgenommen zu werden.

Im 10. Jahrhundert wurden die Silberbergwerke im Harz (zu Goslar) in Betrieb gebracht. In den ersten hundert Jahren war ihr Ertrag ein ungemein reicher. Dann hören wir nur wenig von ihnen, bis wir erfahren, daß ihr Betrieb 1205 wieder aufgenommen wurde, nachdem er längere Zeit eingestellt gewesen.

Im 12. Jahrhundert begann die Ausbeutung der sächsischen Silberbergwerke, im 13. Jahrhundert die der böhmischen. Wenzel II. von Böhmen behauptete 1295 in seiner Bergordnung, die Gold= und Silbergruben seien allenthalben erschöpft, nur Böhmen ströme von Gold und Silber über. Die Goslarer Bergwerke gingen im Laufe des 14. Jahrhunderts abermals ein und wurden erst 1419 wieder in Gang gebracht, um das Jahrhundert über in Anbau zu bleiben.

Die Meißener Bergwerke blieben ständiger im Betrieb. Aber wie wechselte ihr Ertrag!

Der Ertrag der Marienberger Gruben betrug 1520 258 fl.; 1521 772 fl.; 1522 1806 fl.; 1523 1161 fl.; 1529 2562 fl.; 1530 6572 fl.; nun stieg das Erträgniß rasch, erreichte seinen Höhepunkt 1540 mit 270 384 fl. und sank dann wieder bis 1552 auf 22 749 fl.

In Schneeberg wurde in den aktiven Zechen als Ausbeute (Ueberschuß über die Betriebskosten) vertheilt:

Jahr	Mark Feinsilber	Jahr	Mark Feinsilber
1511	6 192	1519	6 779
1512	59 340	1520	10 787
1513	17 673	1521	774
1514	8 127	1522	6 321
1515	14 214	1523	1 935
1516	21 156	1524	253
1517	25 324	1525	2 515
1518	9 675		

Die vertheilte Ausbeute in den aktiven Zechen schwankte also zwischen 59 000 und 250 Mark. Wie viel in den passiven daraufzuzahlen war, wissen wir nicht. Jedenfalls gab es in vielen Zechen Jahre mit großem Defizit, wo es hieß, entweder eine große Zubuße leisten oder den Betrieb (oder die Theil= nahme daran) einstellen und damit sein in der Zeche investirtes Kapital ganz verlieren.

Ein großer Kapitalist, der es aushielt, machte im Durchschnitt der Jahre wohl einen hübschen Profit. Der kleine Kapitalist wurde leicht zum Bettler. Hatte er aber Glück, erwies sich sein Unternehmen gewinnreich, dann gab es Mittel genug, ihm dasselbe zu verleiden, dank dem Einfluß, den die großen Finanzleute auf die Fürsten und deren Beamte ausübten.

Agricola erzählt uns, Viele hielten den Bergbau für unmoralisch wegen folgender Praktiken, die abzuleugnen ihm nicht gelingt: „Wenn sich etwa eine Hoffnung eines Metalls aus der Erde zu hauen erzeigt, so kommt entweder ein Fürst oder Obrigkeit und stößt die Gewerken derselbigen Grube von ihrer Besitzung;*) oder kommt ein spitzfindiger eigensinniger Nachbar und facht mit den alten Gewerken einen Rechtshandel an, damit er sie zum mindesten eines Theils der Grube beraube. Oder der Berghauptmann legt den Gewerken schwere Zubuße auf, damit sie von ihren Theilen kommen, wo sie die nicht erlegen wollen oder können und er sie (die Grube), wider alle Billigkeit verloren, an sich raffe und gebrauche. Oder versprost zuletzt der Steiger den Gang; dann, etliche Jahre hernach, so die Gewerken vermeinen, die Gruben seien nun ganz erschöpft, verlassen, er alsbald das Erz, so verlassen, haue und mit Gewalt an sich bringe. Ueberdem ist der ganze Haufe der Bergleute (von den Lohnarbeitern ist da nicht die Rede) von verlogenen, trugsamen und losen Buben zusammengelesen . . . . Entweder lobt er die Gäng fälschlich und mit gedichtem Lob, damit er die Guggis (Kux) zweimal theurer möge verkaufen, denn sie werth sind, oder herwiderumb schilt er sie, daß er dieselbigen möge wohlfeil erkaufen." (1. Buch.)

Kein Wunder, daß der Bergbau ebenso verrufen war, wie heute die Börse — aber auch ebenso anziehend für die Kapitalisten. Wie diese war auch jener ein Mittel, die kleinen Geldbesitzer, die gern rasch reich werden wollten, zu expropriiren zu Gunsten der großen Kapitalisten, denen gegenüber natürlich solche Praktiken, wie die erwähnten, nicht gewagt wurden, wie den Fuggern, die die Schwazer Goldbergwerke gepachtet hatten,**) oder den Zwickauer Kaufleuten Römer, welches Brüderpaar den Löwenantheil aus den Schneeberger Silbergruben einheimste und dadurch seinen Reichthum enorm vermehrte.

„Wer Bergwerk bauen will," sagt Matthesius (6. Predigt), „der muß Geld oder arbeitsame Hände haben, denn gar Reiche oder gar Arme sollen sich ins Feld legen, schürfen 2c."

Mit anderen Worten, beim Bergbau konnten nur noch ihr Fortkommen finden große Kapitalisten und Proletarier.

---

*) Artikel 1 der Bergordnung August's von Sachsen von 1574 verspricht den Gewerken, daß ihre Theile nicht wieder konfiszirt werden sollen, wie so oft geschehen. Ein nettes offizielles Geständniß.

**) „Die Augsburger Fugger bezogen allein aus den ihnen in Versatz gegebenen Bergwerken zu Schwaz in Tyrol alljährlich 200 000 fl.; die Gesellschaft der Augsburger Höchstetter erbeutete in diesen Bergwerken zwischen 1511 bis 1517 nicht weniger als 149 770 Mark Brandsilber und 52 915 Zentner Kupfer." (J. Janssen, Geschichte des deutschen Volkes, II., S. 390.)

III. Die Bergarbeiter.

In demselben Maße, in dem die alten bergbauenden Markgenossen zu kapitalistischen Gewerken wurden, wurden die Knechte oder Knappen, mit denen die Markgenossen ehedem den Bergbau betrieben hatten, zu Lohnproletariern. Sie arbeiteten nicht mehr mit den Herren zusammen und lebten nicht mehr mit ihnen, in ihrem Haushalt, ihrer Familie, Freud' und Leid mit ihnen theilend. Das alte patriarchalische Verhältniß hatte aufgehört. Oft kannten die Häuer kaum die Person des Kapitalisten, für den sie schanzten, etwa eines reichen Kaufmanns in einer fernen Stadt, der von der Bergarbeit keine Ahnung hatte.

Wohl war dort, wo der Bergbaubezirk aus der gemeinen Mark ausgeschieden und für „frei" erklärt worden, damit für Jedermann, auch den Armen, theoretisch die Möglichkeit gegeben, ein Gewerke zu werden. Aber war dies unter den im vorhergehenden Kapitel beschriebenen Umständen schon für einen weniger besitzenden Bürger riskirt, so für einen Besitzlosen thatsächlich unmöglich. Höchstens bot sich hier und da einem Steiger die Aussicht, so hoch emporzuklimmen.

Mit den heutigen Verhältnissen verglichen, war die Lage der Bergknappen zu Anfang des 16. Jahrhunderts allerdings keine ungünstige. Die tägliche Arbeitszeit, die Schichtendauer, betrug nach Agricola (4. Buch) in der Regel 7 Stunden. Die erste Schicht begann um 4 Uhr Morgens und dauerte bis 11 Uhr; die zweite dauerte von 12 bis 7 Uhr. Eine Nachtschicht (von 8 Uhr Abends bis 3 Uhr Morgens) wurde nur in Fällen dringender Noth gestattet. Kein Bergarbeiter darf zwei Schichten nacheinander thun, weil er sonst bei der Arbeit einschläft, „so er ob großer und harter Arbeit ist müd worden."

Nicht blos an Sonn= und Feiertagen, sondern auch an Sonnabenden wurde gefeiert. Den letzteren Tag sollten die Berghäuer benutzen, ihre Lebensbedürfnisse für die Woche einzukaufen. Die wöchentliche Arbeitszeit betrug also 35 Stunden — sie war noch kürzer, wenn ein Feiertag in die Woche fiel; und an denen war damals kein Mangel. Mitunter gab es aber noch kürzere Schichten, so in Kuttenberg und am Harz sechsstündige.*)

Ueber die Löhne der Bergarbeiter haben wir in den uns zugänglichen Quellen nähere Angaben nicht gefunden. Wenn wir indeß bedenken, daß die allgemeine Lage der Arbeiter zu Anfang des 16. Jahrhunderts in Bezug auf materielles Wohlleben eine günstigere war als heutzutage, und die Bergarbeiter eine hervorragende Stellung in der Arbeiterbevölkerung einnahmen, dann dürfen wir wohl voraussetzen, daß ihre Löhne relativ gute gewesen sind.

Aber bereits zeigte die Lage der Bergarbeiter wie der Lohnarbeiter überhaupt eine Tendenz zum Niedergang. Wir haben oben gesehen, daß beim Bergbau

---

*) Vgl. den sehr instruktiven Artikel von H. Achenbach, „Die deutschen Bergleute der Vergangenheit," in der „Zeitschrift für Bergrecht," herausgegeben von Brassert und Achenbach, Bonn, XII. Jahrgang, 1871, S. 110.

im 16. Jahrhundert bereits die Trennung von Kopfarbeit und Handarbeit eingetreten war. Das verringerte das Ansehen und das Einkommen Derjenigen, denen die letztere nun einseitig zufiel. Sie wurden leichter ersetzbar, sie hatten weniger zu lernen, die Herstellungskosten ihrer Arbeitskraft waren verhältnißmäßig geringer. Die Arbeits= theilung ging immer weiter und drückte die Lage der Bergarbeiter immer mehr herab.

Ein echter Bergmann sollte gar Vielerlei verstehen, aber selten versteht mehr einer die ganze Kunst, klagt Agricola (1. Buch): „Gar Wenige wird Einer finden, die des Bergwerks vollkommenlichen Verstand haben. Denn Einer hat gewöhnlich allein zu schürfen die Erfahrung, der Andere zu waschen, ein Anderer aber verläßt sich auf die Kunst, zu schmelzen, ein Anderer verbirgt die Kunst des Markscheidens, ein Anderer macht künstliche Gebäu, so ist auch ein Anderer des Bergrechts wohl erfahren."

Bei den verschiedenen Maschinen gab es eine Reihe von Hantierungen, die ein jeder kräftige Mann ohne lange Anlernung verrichten konnte. Bei der Ver= arbeitung der Erze wurde vielfach bereits Frauenarbeit, sogar Kinderarbeit ver= wendet, namentlich beim Klauben und Waschen der Erze, wie wir aus dem achten Buch des Agricola ersehen.

Es wuchs die Zahl der Beschäftigungen bei der Bergarbeit, die Jeder leicht und schnell ohne Vorbereitung erlernte, die einem Jeden mit gesunden Gliedern zugänglich waren.

Was die Ausscheidung der Bergwerke aus der gemeinen Mark juristisch anbahnte, wurde durch die technische Entwickelung der Verwirklichung entgegen= geführt, die Zulassung Aller zur Bergarbeit.

An Leuten, die von dieser Zulassung Gebrauch machten, fehlte es nicht, an bankerotten, zu Grunde gerichteten Bauern und an städtischen Proletariern, die ebenso gern, soweit sie nicht Vagabunden oder Landsknechte wurden, in die Gold= und Silberbergwerke Sachsens, Böhmens, Salzburgs und Tirols zogen, wie bankerotte und expropriirte Existenzen seit 1849 nach Kalifornien. Die meisten Bergleute, meint Agricola, verstehen vom Bergwerk nichts. „Denn gemeiniglich laufen diese auf's Bergwerk, die da viel schuldig seind und nicht zu bezahlen haben; oder Kaufleute, die aufgestanden sind; oder vom Pflug der Arbeit halber, die zu verlassen, gelaufen."

Luther's Vater, ein Bergmann im Mansfeldischen Bergwerk, war auch ein zu Grunde gegangener Bauer.

Wo ein Silberbergwerk in Betrieb kam, strömte rasch eine große Anzahl von Menschen zusammen. So entstand 1471, als auf dem Schneeberg in Sachsen reiche Silberadern fündig wurden, dort wie durch einen Zauber eine ganze Stadt. Als 1516 das Bergwerk zu Joachimsthal zur Ausbeute gelangte, sollen mehr als 8000 Bergleute dort zusammengeströmt sein.

An verfügbaren Arbeitskräften fehlte es also nicht. Kein Wunder, daß die Löhne sanken oder wenigstens, trotz der raschen Preissteigerung im Anfang des 16. Jahrhunderts, nicht stiegen.

Die Gewerken und die landesfürstlichen Beamten halfen dieser Tendenz nach, wo sie nur konnten. Sie drückten nicht nur den Geldlohn nach Möglichkeit, sondern sie zwackten von diesem noch den Hauern durch die verschiedensten betrügerischen Kniffe ein gut Theil ab. So z. B. durch Auszahlung in schlechter Münze oder durch das Trucksystem.

So heißt es aus Schneeberg aus dem Ende des 15. Jahrhunderts: „Als die Schneeberger Silberausbeute sich dergestalt vermehrte, daß das Metall nicht alles vermünzt werden konnte, fingen die Gewerken an, das ausgeschmolzene rohe Silber auswärts zu verführen und um geringhaltigere Münzsorten zu verkaufen, mit welchen sie dann die Bergleute bezahlten oder vielmehr betrogen."*)

Die bereits öfters zitirte Bergordnung Augusts von Sachsen von 1574 hält es für nothwendig, in einem eigenen Artikel (47) zu verordnen, daß die Arbeiter in guter Münze gelohnt werden sollen. Artikel 43 verbietet es den Steigern und Schichtmeistern, Arbeiter in Kost zu nehmen.

Gegen das Trucksystem wurden überhaupt zahllose Verordnungen erlassen, ein Zeichen, wie sehr es im Schwange war. Meist wurde freilich nur das Aufnöthigen von Waaren verboten. So in der Tiroler Bergordnung (Erfindung) von 1510: „Daß kein Arbeiter genöthigt oder gedrungen werden soll, Pfenwerth (Waare) zur Bezahlung seines Liedlohns zu nehmen, sondern solches soll in eines jeden freien Willen stehen, und ob ein Arbeiter die Pfenwerth nicht nehmen und um seinen Liedlohn klagen wollt, so sollst Du als unser Bergrichter ihm förderlich, wie Bergwerksrecht ist, nach Laut der Erfindung, Klag gestatten und Recht ergehen lassen."

Diese Verordnungen scheinen jedoch in der Regel auf dem Papier geblieben zu sein. Vergessen wir nicht, daß die landesfürstlichen Beamten auf die Lohnhöhe und die Behandlung der Bergleute entscheidenden Einfluß nahmen, daß es also zu Lohndrückereien und Abzwackereien garnicht ohne ihre Zustimmung hätte kommen können.

Die Arbeiter betrachteten denn auch die Fürsten und ihre Beamten als ebenso große Feinde, wie die Gewerken selbst. Mit den kleinen Gewerken hatten sie sogar viele Berührungspunkte, die sie vereinigten. Das Ideal eines Bergarbeiters bestand wohl darin, selbst einmal ein solcher Gewerke zu werden. Wir haben aber gesehen, wie die Fürsten, ihre Beamten und die großen Kapitalisten die kleinen Gewerken ausbeuteten und übervortheilten, ihnen den Zutritt zu reichen Gruben erschwerten, oft unmöglich machten. Damit schmälerten sie auch die ohnehin geringen Aussichten der Bergarbeiter, je einmal aus dem Proletariat sich zu erheben. Die kleinen Gewerken und die Arbeiter hatten dieselben Gegner in ähnlicher Weise, wie heute die Handwerker und die Proletarier. Dies führte dazu, daß sie sich mitunter vereinigt gegen ihre gemeinsamen Gegner, die Fürsten und die großen Kapitalisten, erhoben. Namentlich in den Alpenbergwerken finden wir diese Verbindung häufig.

*) E. Herzog, Chronik der Kreisstadt Zwickau, I., S. 201.

Am engsten war diese Verbindung zwischen Arbeitern und Gewerken in Berg=
werken, in denen der Kleinbetrieb sich erhalten hatte, z. B. Eisensteinbergwerken.
Der Gewerke arbeitete da selbst mit, beschäftigte vielfach gar keine Lohnarbeiter,
sondern nur Familienmitglieder in seiner Grube. Aber auch in solchen Bergwerken
entwickelte sich oft ein Gegensatz zwischen Arbeitern und Kapitalisten. Wenn z. B.
in den Eisensteingruben der Kleinbetrieb sich erhielt, so wurden doch die Eisen=
hütten zu großen Anlagen mit kapitalistischen Zügen, und die Eisensteingruben
geriethen bald in völlige Abhängigkeit von den Hütten, so daß die angeblich
selbständigen Eigenlehner, die die Gruben bearbeiteten, ebenso die Lohnsklaven der
Hüttenherren wurden, wie etwa heute die „selbständigen" Griffelmacher des
Meininger Oberlandes die ihrer Verleger.

Die schärfsten Gegensätze zwischen Bergarbeitern und Gewerken bestanden
in den Gold= und Silbergruben. Diese unterlagen auch am meisten dem Druck
der landesfürstlichen Bureaukratie. Indessen waren gerade in solchen Bergwerken
auch die Arbeiter am widerstandsfähigsten.

Die Bergleute waren die einzigen Arbeiter, die schon frühzeitig in Massen
zusammenarbeiteten — in dieser Beziehung wie in mancher anderen den Arbeitern
der modernen Großindustrie vergleichbar. Schon im Mittelalter wurde die Zahl
der Arbeiter in einem großen Bergwerk nach Tausenden berechnet, namentlich in
Silberbergwerken, so am Harz, in Freiberg, in Iglau und Kuttenberg,*) später
auch im Mansfeldischen**) u. s. w.

Zum Unterschied von den modernen Arbeitern waren aber diese Bergarbeiter
wehrhaft. Noch 1530 wurde Karl V. zu Schwaz (Tirol) von 5600 wohl=
bewaffneten Bergleuten empfangen, die vor seinen Augen ein Treffen ausführten.

Von den Mansfeldischen Bergleuten, die in dem thüringischen Aufstand eine
besondere Rolle spielten, erzählt uns Spangenberg, es sei über sie 1519 Musterung
gehalten worden: „Graf Gebhart zu Mansfeld hat dazumal in Abwesenheit seines
Bruders, Grafen Albrechts, so bei Herzog Heinrichen in Braunschweig gewesen,
von sein und desselben und zugleich seiner Vettern wegen den Bergleuten anzeigen
und befehlen lassen, daß ein Jeglicher mit seiner besten Wehr, wann man sie
fordern würde, geschickt und bereit sein sollte. Dazu sie sich freudig und willig
erboten, und hat sie der Bergvogt zu Eisleben, Bastian Metzelwitz, den 21. Sep=
tember auf die Breite über Wimmelburg zur Musterung beschieden und allda Heer=
schauung mit ihnen gehalten und sie nicht übel gerüstet gefunden."***)

---

*) Achenbach, Die deutschen Bergleute der Vergangenheit.

**) „Die Bergleute im Mansfeldischen Bergwerk", sagt Vieringen, „kriegen meist alle
14 Tage ihre richtige Zahlung in dem Bergamt in Eisleben, da vor Zeiten alle Lohntage in
die 18—20 000 Thalern denen Bergleuten, Köhlern, Bergbedienten ꝛc. ausgetheilet worden."
Johann Alberti Vieringens S. S. Theol. Cultor. und Mannßfeldischen Landes=Kindes
Historische Beschreibung des sehr alten und löblichen Mannßfeldischen Bergwerks, Leipzig und
Eißleben 1743, S. 8.

***) Cyriacus Spangenberg, Sächsische Chronica, Frankfurt a. M. 1535.

In diesen wehrhaften Arbeiterbataillonen herrschte ein trotziger, kühner Geist, und sie waren bereit, sich jedem Unrecht, das ihnen widerfuhr, mit Gewalt zu widersetzen. Je schroffer der Gegensatz zwischen ihnen und den Kapitalisten und Fürsten wurde, die das Bergwesen beherrschten, desto häufiger wurden ihre Erhebungen.*) In den Chroniken jener Zeit wurden gerade in den letzten Jahrzehnten und Jahren vor dem Ausbruch des Bauernkriegs ungemein zahlreiche Aufstände der Bergarbeiter gemeldet, ein Zeichen, wie gespannt die Situation war.

Als Beispiel sei der Lohnkämpfe in den sächsischen Bergwerken zu dieser Zeit gedacht.

1478 schrieben die Herzoge Ernst und Albrecht von Sachsen an den Rath von Freiberg: „Liebe Getreue. An uns ist gelangt, wie die Arbeiter auf dem Schneeberg und allenthalben in unsern Landen und Fürstenthum, da Bergwerk erbaut wird, mehr Lohn fordern, denn ihnen gewöhnlich bisher geben worden ist. So ihnen selbiges gestattet, zugelassen und verduldet würde, möcht Uns und den Unsern merklicher Schade zukünftiglich daraus erstehn und erwachsen. Solchem zuvorzukommen, haben wir in Willen und sind gemeint, mit den Bergverständigen unseres Fürstenthums daraus zu bereden, auf daß eine gemeine Satzung, was einem jeglichen Arbeiter nach seinem Verdienst und Arbeit zu geben sei, vorgenommen und gesetzt werden. Darum begehren wir von Euch, Ihr wollet auf Dienstag nach dem Sonntag Oculi bei uns zu Dresden sein, zwei oder drei Bergverständige, die sich auf der Arbeiter Dienst und Lohn verstehen, mit Euch bringen und kommen lassen. Auf den Tag haben wir auch andere mehr von unsern Bergverständigen, aus solcher Ordnung und Satzung zu handeln, vor uns beschieden . . . . . Geben zu Dresden, am Montag nach Reminiscere. Anno Domini 1478.“**)

Arbeiter wurden zu den Verhandlungen also nicht beigezogen. Welchen Erfolg diese hatten, wissen wir nicht. Auf keinen Fall dauerte der Friede lange. Bereits aus dem Jahre 1496 heißt es: „So schlugen sie (die Bergleute) 1496, weil man ihnen einen Groschen an ihrem Hauerlohne abrechnen wollte, Richter und Schöppen zu Schneeberg in die Flucht, während ein Theil vom Berg weg, theils nach Schlettau und auf die Lüßnitz, theils nach der Geyer zog, und es mußte der damalige Hauptmann von der Planitz mit Zuziehung des Landvolkes den Schneeberg völlig einnehmen. Doch kehrte ein Theil bereits nach vier Tagen

---

*) Neben den eigentlichen Bergarbeitern scheinen namentlich die Bergschmiede ein trotziges Völkchen gewesen zu sein. Vor Alters waren in der Nähe wichtiger Bergbaupunkte Bergschmiede angesiedelt, welche die bergmännischen Werkzeuge (Gezähe) und eisernen Grubengeräthschaften anzufertigen hatten. Bereits die (um das Jahr 1300 erlassene) Kuttenberger Bergordnung (I. c. 16) handelt ausführlich von den Bergschmieden, bezeichnet sie als die Hauptunruhestifter auf den Bergwerken und empfiehlt den Schmiedemeistern die sorgfältige Auswahl solcher Gesellen, „die sich weder an Versammlungen oder Verschwörungen oder staatsgefährlichen Bestrebungen (contra nostram rempublicam aliquibus machinationibus) betheiligen.“ (Achenbach, Das deutsche Bergrecht, I., S. 204.)

**) Abgedruckt bei Klotzsch, Ursprung der Bergwerke in Sachsen, S. 87.

zu seiner Pflicht zurück. Gleichwohl wiederholte sich diese Widersetzlichkeit bereits nach zwei Jahren, so daß sie 1498 den Haspelern und den Jungen geboten, wenn sie nicht in Stücke zerhauen sein wollten, ihnen nachzufolgen, und sich entschlossen, den Zwickauern und Planischen, welche man gegen sie aufgeboten hatte, entgegen zu ziehen, doch endlich durch gütliches Zureden beruhigt wurden."*)

Im Jahre 1496 empörten sich auch die Kuttenberger Bergleute wegen Lohndifferenzen, zogen gewaffnet aus und schlugen unter Aufpflanzung von Fahnen ihr Lager auf einem benachbarten Berge auf. Indessen mußten sie schließlich nachgeben.

Aus Joachimsthal haben wir Nachrichten über Bergarbeiterbewegungen kurz vor dem Ausbruch des „Bauernlärms."

1516 kam das Bergwerk in Aufschwung. In seiner „Chronica der freyen Bergstadt im Joachimsthal von 16 Jar an bis auff das 78. Jar," berichtet Matthesius von einem Aufstand schon aus dem Jahre nach Eröffnung des Bergwerks. 1517 war „das erste Aufstehn der Bergleute, da sie ins Buchholz gezogen am Tage Margarethe."

Aus dem Jahre 1522 wird berichtet „das andere Aufstehn, da man auf den Türkner gezogen."

Und schon wieder 1524: „das Aufstehn der Bergleute, Sabbato nach Cantate, welches durch Graf Alexander von Leißnick vertragen wird."

Indessen entsprang aus allen diesen Kämpfen bei den Bergarbeitern ebensowenig als bei den Handwerksgesellen eine in ihren Zielen revolutionäre Bewegung.

Ist auch der Bergbau im 15. und 16. Jahrhundert technisch und ökonomisch viel mehr entwickelt gewesen, als irgend ein anderer Produktionszweig jener Zeit, war er auch der kapitalistischen Großindustrie am nächsten gekommen, so sind doch nicht seine Arbeiter die Leiter und Vorkämpfer des Proletariats geworden.

Die Ursache davon suchen wir in dem Charakter des Bergbaues. Er isolirte seine Arbeiter in unwegsamen Gebirgsthälern,**) fern vom Weltverkehr, fern von den Anregungen der Handelsmittelpunkte. Er sonderte sie ab von ihren Berufsgenossen in anderen Gegenden, er sonderte sie ab von den übrigen ausgebeuteten und unterdrückten Volksschichten, er verengte ihren Horizont oder hinderte wenigstens seine Erweiterung, und beschränkte ihr Interesse auf die kleinlichsten lokalen und beruflichen Angelegenheiten.

Wohl waren sie ausgebeutet und unzufrieden, wohl scheuten sie sich nicht, ihr Recht mit den Waffen in der Hand zu behaupten, wohl zeigten sie sich bereit, sich einer revolutionären Bewegung anzuschließen, ja, ihr voranzugehen, aber nur dann, wenn ihre beschränkten Augenblicksinteressen gerade mit dem Interesse der Gesammtbewegung zusammenfielen. Sie ließen diese und deren Führer unbedenklich

---

*) Benseler, Geschichte Freibergs und seines Bergbaues, Freiberg 1843, II., S. 389. Vgl. Herzog, Chronik von Zwickau, II., S. 158.

**) Manche der alten Goldbergwerke in den Tauern befanden sich in der Gletscherregion.

im Stich), sobald man ihren besonderen Augenblicksinteressen genügte, sobald man sie in Bezug auf Lohn= und Arbeitsverhältnisse befriedigt hatte.

Dank ihrer Abgeschlossenheit haben die Bergarbeiter den zünftigen Partikularismus fast noch schärfer entwickelt, als die städtischen Handwerksgesellen, sie haben ihn am längsten bewahrt, bis in unsere Zeit.

Viertes Kapitel.
Kapital und Arbeit in der Weberei.

Noch weniger als Handwerksgesellen und Bergarbeiter waren natürlich die unorganisirten Proletariermassen im Stande, eine wirklich revolutionäre Politik zu entwickeln und zäh und konsequent zu verfolgen. Sie fühlten sich nicht als neue, aufstrebende Klasse, sondern als Zersetzungsprodukte herabkommender Klassen. Mit diesen verbanden sie ihre Sympathien, vor Allem mit den Bauern, in deren Gefolge wir sie häufig finden. Sie blieben unfähig, sich eigene Ziele zu stellen, zu schwach, ein Ziel auf eigene Faust zu verfolgen, zusammenhanglos, mißhandelt, eingeschüchtert wie sie waren. Wohl beseelte sie eine tiefe Unzufriedenheit mit dem Bestehenden, aber wir können darauf blos schließen aus der Bereitwilligkeit, mit welcher sie sich jeder revolutionären Erhebung anschlossen. Sie waren stets bereit, gemeinsame Sache mit den Bauern zu machen, denen sie so nahe standen, sobald diese sich empörten; auch an einer kommunistischen Bewegung nahmen sie Theil, wenn diese gerade irgendwo obenauf gelangte. Aber die Initiative zu einer solchen, überhaupt nur die Idee einer gesellschaftlichen Umgestaltung, konnte von ihnen noch nicht ausgehen.

Weder die Bergarbeiter, noch die Handwerksgesellen, noch die unorganisirten städtischen Proletarier waren berufen, die Träger der Anfänge der kommunistischen Arbeiterbewegung zu sein. Nur eine Arbeiterschicht gab es, welche die Verhältnisse nicht nur für kommunistische Tendenzen empfänglich machten, sondern der sie gleichzeitig die nöthige geistige Anregung gaben, aus diesen Tendenzen ein neues Gesellschaftsideal herauszuarbeiten, der sie aber auch die nöthige Energie verliehen, an diesem Ideal festzuhalten in Zeiten, in denen seine Erreichung völlig aussichtslos erschien. Diese Arbeiter waren die der Textilindustrie, namentlich die Wollenweber.

Natürlich ist das Gesagte cum grano salis zu verstehen. Wenn man heute behauptet, und zwar mit Recht, daß das industrielle Proletariat der Träger der sozialdemokratischen Bewegung sei, so ist damit nicht gemeint, daß nicht auch Mitglieder anderer Klassen, Kleinbürger, Literaten, Fabrikanten ꝛc. an ihr theilnehmen und oft sehr energisch theilnehmen können. Manche derselben können sogar in den Vordergrund der Bewegung treten. Es ist damit aber auch nicht gemeint, daß jeder industrielle Proletarier Sozialdemokrat sei.

Mit einer ähnlichen Einschränkung ist auch der Satz aufzufassen, daß die Arbeiter der Textilindustrie die Träger der Anfänge der kommunistischen Arbeiterbewegung waren. Wir werden noch andere Elemente in ihr thätig sehen; auch wäre es absurd, behaupten zu wollen, jeder Weber sei Kommunist gewesen. Aber soweit wir diese Bewegung zurückverfolgen können und soweit wir zuverlässige Nachrichten über sie haben, finden wir stets Weber in hervorragendem Maße in ihr thätig, an ihr betheiligt, was doch kaum Zufall sein dürfte.

Unseres Erachtens erklärt sich diese Erscheinung ohne große Schwierigkeit, wenn man die Anfänge der Wolleninbustrie betrachtet.

Von den anderen Textilindustrien, der Leinen=, Baumwoll= und Seiden= industrie, sehen wir hier ab, weil sie an internationaler Bedeutung im Mittel= alter sich mit der Wolleninbustrie nicht messen können. Wo die Leinen= und Barchentweberei zu Exportindustrien wurden, wie in Ulm und Augsburg, zeigten sie im Wesentlichen dieselben kapitalistischen Eigenthümlichkeiten wie die Wollen= inbustrie. Ebenso die italienische Seidenindustrie.*)

„Unter allen Gewerben Deutschlands nimmt die Wollenmanufaktur von jeher den ersten Rang ein. Durch sie wurde im Mittelalter die Kraft und Blüthe des deutschen Bürgerthums bedingt. Auf der Einfuhr der ihr nöthigen Rohstoffe und der Ausfuhr ihrer Fabrikate ruhte die Seemacht der Hansa und der ehe= malige deutsche Welthandel. Dem durch sie verbreiteten Wohlstand verdankt das deutsche Reich in den letzten Jahrhunderten des Mittelalters zum Theil seine Macht und seine Weltstellung . . . . Die Entwickelungsgeschichte der deutschen Wollen= industrie umfaßt deshalb mehr als die Entwickelung eines vereinzelten Zweiges des Gewerbefleißes; sie ist zugleich eine Geschichte der wirthschaftlichen Kultur Deutschlands. Ja, es spiegelt sich in ihr der Gang unseres nationalen Lebens ab."

Mit diesen Worten beginnt eine Abhandlung Hildebrand's „Zur Geschichte der deutschen Wolleninbustrie."**) Mit einer gewissen Einschränkung ist das da Gesagte kaum übertrieben; der Einschränkung nämlich, daß Deutschlands Stellung im Welthandel nicht allein durch seine Wolleninbustrie, sondern auch durch seinen Bergbau bedingt wurde, der zeitweise, zumal im Beginn des 16. Jahrhunderts, das wirthschaftliche Leben Deutschlands noch stärker beeinflußte als die Wollen= inbustrie.

Thatsache ist, daß diese die erste Exportindustrie Deutschlands, ja der Länder der abendländischen Christenheit überhaupt, bildete.

Neben Leder und Fellen biente im Mittelalter Leinewand zur Bekleidung. Wollstoffe waren ein Luxus, den anfangs nur die Vornehmsten sich erlauben konnten. Die Leinweberei war urwüchsige Familienindustrie. Die Frauen in der Familie und im Fronhof stellten die für den Selbstgebrauch nöthige Lein= wand her. Die Wollenverarbeitung mußte dagegen, sobald sie sich nur einiger=

---

*) Vgl. über diese Romolo Graf Broglio d'Ajano, Die Venetianische Seiden= inbustrie und ihre Organisation bis zum Ausgang des Mittelalters, Stuttgart 1893.

**) In Hildebrand's Jahrbüchern, Jena 1866, VI. Bb., S. 186 ff.

maßen entwickelt hatte, aufhören, Familienindustrie zu sein, denn sie erfordert größere Anlagen, Färbehäuser, Walkmühlen, Scheergaden u. s. w. Diese zu errichten, waren nur größere Organisationen im Stande, Klöster, städtische Gemeinden oder Zünfte.

Die ersten männlichen Weber finden wir in den Klöstern. Diese waren es wohl auch, die zur Verbreitung der Wollenweberei in Deutschland am meisten beitrugen, wie denn die Klöster in den Anfängen des Mittelalters überhaupt die Träger des technischen Fortschritts in Industrie und Landwirthschaft gewesen sind. Nichts ist falscher als die „aufgeklärte" Anschauung, die Mönche hätten ihre Herrschaft durch Beten und Evangelienabschreiben errungen.

Im Kloster zu Konstanz werden schon im 9. Jahrhundert Walker und Schneider erwähnt. Die Mönche lehrten die Umwohner des Bodensees Wolle weben und sich in Wollentuche kleiden.*) Im 11. Jahrhundert wird die Weberei in den Statuten und Regeln der Klöster noch nicht besonders hervorgehoben. Aber im 12. Jahrhundert hat sie für die Klöster schon eine solche Bedeutung erlangt, daß in den Klosterregeln dieses Jahrhunderts der Wollhandel, die Behandlung der Wollvorräthe und das Weben selbst als regelmäßige Beschäftigungen der Klosterbrüder hervortreten, „so vor Allem in den Beschlüssen und Regeln des Zisterzienserordens, die dem 12. Jahrhundert angehören." (Schmoller, Die Straßburger Tucher- und Weberzunft, S. 301.) Die Zisterzienser machten in der That die Tuchfabrikation zu ihrer Spezialität. „Im Beginn des 12. Jahrhunderts in den westlichen Grenzlanden des deutschen Reichs, den Sitzen ausgebreiteter und berühmter Tuchindustrie gegründet, dehnt sich dieser Orden rasch nach Osten aus. Wir finden in Zisterzienserklöstern in Brabant, in Thüringen (in Altenzelle), in Schlesien die Tuchmacherei für den Verkauf, und da sie auch Laien zu Lehrlingen und Gesellen nahmen, kann es nicht gefehlt haben, daß manche Vortheile der Brabanter Weber auch in dem inneren Deutschland bekannt wurden."**)

Außer in den Klöstern entwickelte sich aber rasch auch in den Städten die handwerksmäßige Wollenweberei, zuerst in den Niederlanden, wo sie schon im 10. Jahrhundert aufzublühen begonnen hatte.

Die neue Industrie war eine Luxusindustrie. Wollene Stoffe blieben lange nur den vornehmeren und reicheren Bevölkerungsklassen zugänglich; als im 15. Jahrhundert auch bei Handwerkern und Bauern eine Nachfrage nach Wollstoffen entstand, galt dies als Zeichen des großen Luxus, der in den unteren Ständen sich breit mache.

---

*) C. G. Kehlen, Geschichte der Handwerke und Gewerbe, Leipzig 1856, S. 97.
**) Zur Geschichte der deutschen Wollenindustrie, S. 216. — Daß sich die Kirche auch sonst befliß, nützliche weltliche Kenntnisse zu verbreiten, zeigt uns die Anfrage, die der heilige Bonifazius an den ebenso heiligen Vater in Rom richtete, wie der Speck am zuträglichsten zu genießen sei. Der Papst, Zacharias mit Namen, antwortete, er finde in den Kirchenvätern nichts über diese für das Wohl der sündigen Menschheit so wichtige Frage. Seiner Ansicht nach solle man den Speck nur genießen, wenn er tüchtig durchgeräuchert oder gebraten sei. Wolle man ihn aber roh genießen, dann möge dies erst nach Ostern geschehen. (Vgl. A. Schlossar, Speise und Trank vergangener Zeiten in Deutschland, S. 9.)

Feine Tuche waren hochbezahlte Luxusartikel. Als solche lohnten sie weiten Transport, konnten also Gegenstand des Exports werden. Der Markt dafür war ganz Europa. Kein Wunder, daß, wo die nöthigen Vorbedingungen zusammentrafen, wo besonders guter Rohstoff in Massen sich vorfand und gleichzeitig die Technik die nöthige Höhe erreichte, die Tuchindustrie sich leicht zur Exportindustrie entwickelte.

Zuerst war dies der Fall in Flandern. Flandrische Tücher waren schon im 13. Jahrhundert in ganz Europa berühmt.*)

In vielen Städten blieb die Wollenindustrie ein Handwerk, das nur für den lokalen Markt arbeitete, wie die anderen Handwerke in der Regel auch. Aber auch dort gerieth sie in Abhängigkeit vom Weltmarkt, denn der innere Markt wurde ihr streitig gemacht durch die auswärtige Konkurrenz, und wurde dadurch ein Stückchen Weltmarkt. Dieser wurde daher für die Wollenindustrie auch dort maßgebend, wo es ihr nicht gelang, ihren lokalen Charakter abzustreifen und zur Exportindustrie zu werden. Damit geriethen die Tuchproduzenten jener Gegenden aber in Gegensatz zu den Kaufleuten, die Tücher importirten und ihnen so Konkurrenz machten. Es war dies nicht die herkömmliche Feindschaft der Masse der Bevölkerung als Konsumenten gegen die Kaufleute, sondern ein ganz besonderer Gegensatz zwischen Produzenten und Händlern. Während die Masse der Bevölkerung den Kaufleuten um so feindlicher gesinnt ward, je höher diese ihre Preise ansetzten, wuchs der Ingrimm der Wollenarbeiter umsomehr, je billiger die Kaufleute ihre Waaren, die fremden Tücher, auf den Markt brachten.

Es entwickelte sich aber noch ein anderer Gegensatz der Wollenarbeiter gegen die Kaufleute: neben dem zwischen zwei Konkurrenten entstand der Gegensatz des Ausgebeuteten zu dem Ausbeuter. Wo die Wollenindustrie Exportindustrie wurde,

---

*) In Flandern entwickelte sich frühzeitig die Wollenweberei. Den flämischen Webern stand aber nicht nur die Wolle zu Gebote, die das eigene Land in großer Menge produzirte, sondern auch die englische Wolle, die beste damals bekannte Wolle. England selbst entwickelte erst spät seine Wollenindustrie. — Hier eine Bemerkung, die nicht zum obigen Thema gehört, uns aber nicht unwichtig erscheint. Hildebrand weist in seiner bereits genannten Abhandlung darauf hin, daß sich die Wollenmanufaktur (später, in der kapitalistischen Zeit) namentlich in jenen Ländern entwickelt hat, die zur Schafzucht geeignet sind, so Norddeutschland, Sachsen, England. Der Weinbau dagegen scheint die Schafzucht und damit die Wollenmanufaktur in ihrer Entwickelung gehindert zu haben, so in Südwestdeutschland (a. a. O., S. 232, 233). Vielleicht könnte man noch weiter gehen und sagen: Die Schafzucht begünstigt den landwirthschaftlichen Großbetrieb in der Form der Weidewirthschaft. In den Ländern, welche die Schafzucht lohnten, entwickelte sich daher mit dem Aufblühen der kapitalistischen Wollenindustrie auch zuerst die Möglichkeit eines kapitalistischen Großbetriebes in der Landwirthschaft; in diesen Ländern hatten die Grundherren am meisten Anlaß, die Kleinbauern zu expropriiren, große landwirthschaftliche Betriebe zu bilden. Der Weinbau dagegen begünstigte den Kleinbetrieb. Wo er gedieh, war es profitabler für die Grundherren, ihre Bauern durch Steigerung der feudalen Lasten auszubeuten, als ihre eigenen Betriebe durch Legung von Bauern zu vergrößern. In den weinbautreibenden Gegenden, Süddeutschland, verschiedene Theile Frankreichs u. s. w., erhält sich daher das Kleinbauernthum. Die verschiedenen Formen des Grundbesitzes in den genannten Ländern erklären sich also aus den verschiedenen Produktionsformen, die sich dort entwickelten.

warb ein Kapital nothwendig, sie zu betreiben. Man verkaufte ja nicht mehr direkt an den Käufer. Die Waare mußte weite Reisen machen, mitunter von Markt zu Markt wandern, ehe sie losgeschlagen wurde; in der Zwischenzeit hatte sie manche Gefahr zu bestehen. Es dauerte lange, bis der Erlös für die Waare heimkam. Wo die Wollenindustrie Exportindustrie wurde, mußte man aber auch bald anfangen, den Rohstoff, die Wolle, von weiter her zu beziehen. Die nächste Umgebung reichte nicht aus, den steigenden Bedarf an Wolle zu befriedigen. Und je mehr die Industrie sich entwickelte, je mehr die Konkurrenz wuchs, je größer die Ansprüche an die Feinheit und Güte des Tuches wuchsen, desto sorgfältiger wurde man in der Auswahl des Rohstoffes. Nur wenige Gegenden erzeugten genügend gute Wolle. Die beste kam, wie schon bemerkt, aus England. Die Roh= stoffe wurden immer theurer, je fernerher sie bezogen wurden, und immer größere Vorräthe von ihnen mußte man anlegen. Das im Rohstoff anzulegende Kapital wuchs, und dessen Umschlag verlangsamte sich in demselben Maße, in dem der Export sich ausdehnte. Entweder mußte also der Tuchproduzent selbst ein Kapitalist werden oder er wurde abhängig vom Kaufmann, der ihm die nöthigen Vorschüsse machte. In beiden Richtungen ist die Entwickelung vor sich gegangen. Der Wollen= arbeiter wurde entweder zum Hausindustriellen im modernen Sinne herabgedrückt, zu einem Hausarbeiter mit einem Gesellen oder ohne einen solchen, der das Roh= material vom Kaufmann erhielt und an diesen sein Arbeitsprodukt wieder gegen entsprechende Löhnung ablieferte, oder der Tuchproduzent wurde Kapitalist, der eine größere Anzahl Gesellen beschäftigte und nicht nur die Produktion, sondern auch den Handel in die Hand nahm. Nicht immer war es der Webermeister, dem es gelang, sich zu dieser Stellung emporzuschwingen; oft ein anderer Hand= werker, der an der Herstellung des Tuches mitwirkte. Die Wolle hatte die verschiedensten Prozesse durchzumachen, ehe das Tuch fertig war, Prozesse, die sich immer mehr verselbständigten und verschiedenen Handwerken zufielen. In Straß= burg z. B. trennten sich im 14. Jahrhundert zuerst die Wollschläger von den Webern; sie hatten die Wolle zu reinigen, herzurichten und zu verspinnen. Das Garn kam dann zum Weber. Vom Webstuhl gelangte das Tuch in die Walke; auch die Walkerei wurde im 14. Jahrhundert ein eigenes Gewerbe. Ebenso das Handwerk der Tuchscheerer, die das Tuch nach der Walke zu bearbeiten hatten. Am spätesten löste sich die Wollenfärberei von der Weberei los. Erst in der zweiten Hälfte des 15. Jahrhunderts beginnt die Färberei als selbständiges Gewerbe aufzutreten und bis ins 16. Jahrhundert hinein färbten viele Tuchmacher ihre Tücher selbst.

Jedes dieser Gewerbe war technisch von den anderen abhängig, jedes suchte die anderen auch in ökonomische Abhängigkeit von sich zu bringen. Namentlich zwischen den Wollschlägern und Webern entspann sich ein lebhaftes Ringen. Hie und da, z. B. in Schlesien, gelang es den Webern, die Wollschläger von sich ab= hängig zu machen, meistens aber waren es diese, die die Weber zu ihren Knechten machten. Aus den Wollschlägern entwickelte sich eine Aristokratie von Woll= händlern, die die Wolle bei ärmeren Meistern des eigenen Gewerbes oder durch

Knechte im Hause herrichten und verspinnen ließen, um sie dann auch durch Knechte oder durch selbständige Hausindustrielle verweben zu lassen. Bereits zeigen sich Anfänge des Manufaktursystems, am ersten ausgebildet in den Klöstern, die alle zur Herstellung des Tuches nothwendigen Theilarbeiten in einem Hause vereinigten. Aber auch im Handwerk finden wir seit dem 15. Jahrhundert hie und da, daß die Tucher neben Wollschlägerknechten auch Weberknechte in ihren Häusern arbeiten ließen; wir finden ferner eine weitgehende Arbeitstheilung in der Weberei in der Weise, daß jeder Wollenweber eine Spezialität webte; die Wollenweberei zerfiel in fünf bis sechs Unterabtheilungen; eine andere Arbeitstheilung trat in der Wollschlägerei ein, deren verschiedene aufeinander folgende Verrichtungen verschiedenen Arbeitern zugewiesen wurden, infolgedessen Aufhören des zünftigen Wollschlägergewerbes, Zutheilung der verschiedenen Verrichtungen desselben an unzünftige, zum Theil auch ungelernte Lohnarbeiter, an Landleute, Frauen und Kinder. Dem kapitalistischen Charakter der Tuchindustrie entspricht es auch, daß sie den Stücklohn frühzeitig entwickelte.*)

Die Weberknechte durften sich oft auch verheirathen, ungleich den meisten anderen Handwerksgesellen, aber gleich den modernen Proletariern. Der Weberknecht gehörte in diesem Fall nicht mehr zur Familie des Meisters.

Die Wollenindustrie ist auch diejenige städtische Industrie, in der der technische Fortschritt am raschesten vor sich ging. Wir haben schon darauf hingewiesen, daß sie frühzeitig einen verhältnißmäßig großen technischen Apparat erforderte. Dieser Apparat gestaltete sich um so umfangreicher, je mehr die Arbeitstheilung sich entwickelte, die durch die Produktion für den Export, die Massenproduktion, sehr gefördert wurde.

Zunächst mußte die rohe Wolle gereinigt werden. Dazu war eine Wollküche erforderlich. Dort wurde sie durch die Wollschläger gereinigt und gelockert. Hierauf mußte sie zum Verspinnen in gleichmäßige Flocken vertheilt werden. Das geschah meist durch ein selbständiges Handwerk, die Wollkämmer, oder durch Frauen. Mitunter verrichtete man es in eigenen Häusern, den Kämmhäusern.

Vom Wollkämmer kam die Wolle zum Spinner. Das Spinnen wurde entweder durch eine eigene Zunft besorgt, oder durch das Gesinde der Weber, oder durch Außerzünftige, namentlich Frauen. Das Spinnrad war im 16. Jahrhundert bereits völlig eingebürgert.

Vom Spinner kam das Garn zum Weber, der es auf dem Webstuhl verarbeitete, von diesem zum Walker in die Walkmühle. Diese waren im Mittelalter allgemein. Waren die Tücher aus der Walkmühle gekommen, dann wurden sie auf Rahmen gespannt, um getrocknet zu werden. Dazu waren eigene

---

*) Es kam auch stellenweise schon dahin, daß der Stücklohn schädlich wirkte und daher wieder abgeschafft wurde, so in Ulm 1492 durch einen Rathsbeschluß, „weil die Eilfertigkeit der Güte Eintrag thue.“ Das schöne System der Strafabzüge, wodurch der moderne Kapitalist die bestmögliche Qualität bei schleunigster Arbeit erzwingt, war im finsteren Mittelalter nur wenig entwickelt.

Pläße erforderlich. Hierauf nahmen die Karder die Tuche in Arbeit, die mit den Karbenbürsten die Fäden auflockerten, worauf die Tuchscheerer die aufgelockerten Fäden abschnitten. Dazu bedurften sie eigener Vorrichtungen, der Scheergaden. Dann kamen die Tuche in den Bleichgarten zur Bleiche oder ins Färbehaus, mitunter auch schon zum Tuchdrucker (im Steuerregister von Augsburg wird 1490 ein solcher verzeichnet).

Endlich finden wir noch Manghäuser für die Tücher erwähnt; es scheint also, daß diese auch geglättet und gepreßt wurden, wie heute die Leinwand.*)

Ein Theil dieser Apparate war so umfangreich und kostspielig, daß sie der Einzelne garnicht erwerben konnte. Sie waren Besitzthum entweder der Städte oder der Zünfte. Ein kapitalistisches Eigenthum einzelner Unternehmer an den Werkzeugen ihrer Arbeiter entwickelte sich damals noch nicht. Aber bereits begann infolge der fortschreitenden Arbeitstheilung sich der Erfindungsgeist gerade auf dem Gebiete der Wollenindustrie zu regen; die Einführung der erwähnten Apparate bedeutete eine Reihe technischer Revolutionen und den Anstoß zu weiteren technischen Revolutionen, zu ununterbrochenen Verbesserungen und Vervollkommnungen. Das Spinnrad z. B. trat zu Ende des 15. Jahrhunderts auf, zunächst als Handrad. 1530 erfand Jürgens von Wattenmül im Braunschweigischen das Tretspinnrad. Die Walkerei wurde ursprünglich blos mit den Füßen betrieben. Die Erfindung der mit Wasser getriebenen Walkmühlen (vielleicht im 12. Jahrhundert) machte der Fußwalkerei allmälig den Garaus. Die letzten Fußwalker finden wir im 14. Jahrhundert.

Durch jeden dieser Fortschritte wurden Arbeitskräfte überflüssig gemacht. Diese Seite des modernen Industrialismus trat nirgends so früh auf wie bei den Arbeitern der Wollenindustrie.

So nahe dem großindustriellen, kapitalistischen Wesen wie der Bergbau gelangte freilich die Wollenindustrie vor der Reformation nicht. Sie blieb darin hinter diesem zurück. Aber während er in Wildnissen vor sich ging, während die Bergarbeiter isolirt blieben, fern von den Wohnungen anderer Menschen, ohne Zusammenhang mit deren Kämpfen und Bestrebungen, nahm die Wollenindustrie ihren kapitalistischen Charakter am meisten in Städten an, durch die der Weltverkehr fluthete, die den Anregungen der vorgeschrittensten Länder Europas ausgesetzt waren, Italiens, der Niederlande, Frankreichs, Deutschlands. In diesen Städten war die Wollenindustrie dasjenige Gewerbe, das den kapitalistischen Charakter am frühesten und schärfsten entwickelte, wie auch zu Ende des vorigen Jahrhunderts in England die Textilindustrie die industrielle Revolution eröffnen sollte. Die Meister strebten darnach, zu Kaufleuten, zu Kapitalisten zu werden, die ihren Gesellen mehr als die Meister irgend eines städtischen Handwerks als Ausbeuter gegenüberstanden und durch eine tiefere Kluft von ihnen

---

*) B. Hildebrand, Zur Geschichte der deutschen Wollenindustrie. Hildebrand's Jahrbücher, 1866, VII., S. 90—98.

getrennt waren. Wo ihnen das nicht gelang, da wurden sie selbst zu Lohnsklaven der Kaufleute herabgedrückt, zu Hausindustriellen, die ihren Gesellen näher standen als die Meister eines anderen Handwerks, sich mit diesen solidarisch fühlten gegenüber ihren Ausbeutern. Den Gesellen aber wurde der unzünftige Proletarier als Arbeitsgenosse, als sozial Gleichstehender, immer näher gebracht.

Und während so für die Wollenarbeiter die zünftige Borniertheit immer gegenstandsloser wurde, erweiterte sich ihr Horizont durch die Bedeutung, die der Weltmarkt für sie gewann. Was für die anderen Bürger blos ein Sonntagsvergnügen war:

> „Ein Gespräch von Krieg und Kriegsgeschrei,
> Wenn hinten, weit, in der Türkei,
> Die Völker aufeinander schlagen,“

das war für die an der Wollenindustrie Betheiligten die ernsteste Sache von der Welt. Die Zufuhr ihrer Rohstoffe, der Absatz ihrer Waaren hing davon ab, ob etwa England im Krieg mit Frankreich sei, und wie sich Flandern dabei verhalte, wie die Hansa mit Dänemark stehe, ob die Straße nach Nowgorod offen sei, ob der Kaiser Frieden mit Venedig mache ꝛc. Wer für den Welthandel arbeitet, für den hört die Kirchthurmpolitik auf, aber auch die Sorglosigkeit, die Sicherheit des Handwerkers, der blos für Gevattern und Bekannte arbeitet. Zu den städtischen Kämpfen, an denen die Wollenarbeiter theilnahmen, in denen sie oft die erste Rolle spielten, zu den Zunftkämpfen, welche durch die oben angedeuteten sozialen und technischen Veränderungen entfesselt worden, gesellten sich noch die Rückwirkungen auswärtiger Veränderungen und Handelskrisen, um das Gewerbe nie zur Ruhe kommen zu lassen, es in beständiger Umwälzung zu erhalten. Die Wollenindustrie war das revolutionärste städtische Gewerbe des ausgehenden Mittelalters, und revolutionär waren auch ihre Arbeiter. Für sie bedeutete die Gesellschaft nichts Festes, Unwandelbares; sie konnten am leichtesten auf die Idee kommen, sie zu ändern. Sie empfanden am schroffsten die Ausbeutung, hatten die meisten Gründe zur Feindschaft gegen die Reichen.

Die Wollenindustrie war aber auch unter allen Handwerken das kraftvollste. Jede Stadt bildete damals ein Gemeinwesen für sich, in den wohlhabenden Städten aber, denjenigen, die für den Weltmarkt der abendländischen Industrie arbeiteten — und der erstreckte sich von England bis Nowgorod und Konstantinopel —, war die Wollenindustrie das ökonomisch bedeutendste Gewerbe. Von ihr, d. h. von ihren Arbeitern, hing das Gedeihen der Stadt ab.

Aber nicht blos an ökonomischer Bedeutung, auch an Zahl bildeten die Wollenarbeiter, vornehmlich die Weber, in den Städten, in denen die Wollenindustrie blühte, eine Macht, die uns gering erscheinen mag, die aber in den kleinen Städten jener Zeit ganz gewaltig war. Es waren, relativ betrachtet, ungeheuere Menschenmassen, welche diese Industrie damals in ihren Hauptsitzen konzentrirte.

In Breslau marschirten die Weber schon 1333 mit 900 wohlbewaffneten Männern auf. In Köln wurden nach einem einzigen niedergeschlagenen Aufstande der Weber 1800 derselben verbannt. Besonders zahlreich waren sie in den Niederlanden. 1350 zählte man in Löwen 4000 Webstühle, ebenso viele in Ypern, 3200 in Mecheln. 1326 wurden 3000 Weber auf einmal aus Gent vertrieben, weil sie zu einem Aufstand gegen die flandrischen Grafen geneigt waren. In der zweiten Hälfte des 14. Jahrhunderts standen dort 18 000 mit Tuchmacherei beschäftigte Männer in Waffen. In Brügge lebten zur Zeit der Blüthe des Handwerks 50 000 Menschen von der Verarbeitung von Wolle.*)

Aus dieser Zusammendrängung in einzelnen Ortschaften erwuchs den Webern eine gewaltige revolutionäre Kraft. Kein Wunder, daß die Chronik des Abtes Trudo von ihnen sagt, sie seien stolzer und frecher als alle anderen Gewerke.

Faßt man alle diese Umstände zusammen, dann begreift man es, daß gerade die Wollenindustrie zum Herd der sozialrevolutionären Bestrebungen der Reformationszeit wurde, daß die Weber bei jedem Kampf gegen die bestehenden städtischen und staatlichen Gewalten im Vordertreffen kämpften und daß sie leicht einer Richtung zugänglich wurden, die der ganzen herrschenden Gesellschaftsordnung den Krieg erklärte, daß bei den kommunistischen Bewegungen des ausgehenden Mittelalters und der Reformationszeit, soweit diese überhaupt etwas von einem proletarischen Klassencharakter an sich haben, in der Regel die Weber damit in Verbindung stehen. „Nicht umsonst," sagt Schmoller, „hat die Sprache, den Begriff des Webers und Verschwörers identifizirend, bis auf den heutigen Tag vom Zettel des Webstuhls das Bild genommen, wie man heimlich und langsam politische Unruhen anzettelt."**)

„In den Augen mancher Zeitgenossen," sagt Hildebrand, „haben die Tuch= macherzünfte eine Stellung eingenommen, ähnlich derjenigen, welche man von einzelnen Seiten im Jahre 1848 der bevorzugten (!) Klasse „der Arbeiter" zu geben suchte."***)

---

*) Hildebrand, a. a. O., S. 83. Vgl. auch Dr. H. Grothe, Bilder und Studien zur Geschichte vom Spinnen, Weben, Nähen, Berlin 1875, S. 215 ff.

**) Schmoller, a. a. O., S. 465.

***) A. a. O., S. 115.

Dritter Abschnitt.

Der Kommunismus im Mittelalter und im Zeitalter der Reformation.

Erstes Kapitel.

Der klösterliche Kommunismus.

Italien und Südfrankreich waren jene Länder des christlich=germanischen Kulturkreises, in denen die Zivilisation des römischen Weltreichs am tiefsten ge= wurzelt hatte. Die Ueberlieferungen dieser Zivilisation wurden dort durch die Völkerwanderung am wenigsten zerstört und unterbrochen, und auch der Verkehr mit den verhältnißmäßig hochzivilisirten Ländern des Orients, mit Aegypten, Syrien, Kleinasien, Konstantinopel, erhielt sich dort am lebendigsten. Das städtische Wesen hörte in Italien und Südfrankreich auch während der finstersten Zeiten der Barbarei, die auf die Völkerwanderung folgten, nicht völlig auf; die Städte gelangten dort am ehesten wieder zu Reichthum und Macht, und die sozialen Gegensätze, welche die Waarenproduktion erzeugt, kamen im Mittelalter in jenen Ländern zuerst zur Geltung. Oder vielmehr, sie wurden aus dem Alterthum in das Mittelalter herübergenommen.

Auch das Proletariat hat dort nie ganz aufgehört. Es wurde in den Städten Italiens und Südfrankreichs zuerst wieder ein sozialer Faktor, und so ist es ganz natürlich, daß in ihrem Schooße die ersten kommunistischen Bestrebungen des Mittelalters entstanden.

Aber so wie das italienische und südfranzösische Städtewesen jener Zeit eine große Verwandtschaft mit dem römischen aufwies, und wie dort die Tradi= tionen der Römerzeit am lebendigsten blieben, so hat auch der proletarische Kommunismus, der daselbst erwuchs, an den Formen festgehalten, die ihm aus der Zeit des ersterbenden Römerreichs überliefert worden. Die proletarische Opposition gegen die bürgerliche Gesellschaft nimmt anfangs einen ganz mönchischen Charakter an, und sie ist in Italien und Südfrankreich nie darüber hinaus= gekommen — die neueste Zeit natürlich ausgenommen.

Um aber das Mönchswesen zu charakterisiren, müssen wir noch einmal einen Blick auf die ersten Jahrhunderte des Christenthums werfen. Wir haben gesehen, daß die Bestrebungen des Urchristenthums, den Kommunismus zu verwirklichen, an den Verhältnissen der damaligen Gesellschaft scheiterten. Aber wir haben auch gesehen, wie dieselben Verhältnisse, die es damals noch ausschlossen, daß der Kommunismus der allgemeine Zustand der Gesellschaft werde, immer wieder neue Proletarier und damit auch immer wieder von Neuem das Bedürfniß nach kommunistischen Einrichtungen erzeugten.

Je weitere Verbreitung das Christenthum gewann, desto offenbarer verzichtete es darauf, den Kommunismus allgemein durchzuführen. In demselben Maße aber wuchs das Bestreben, einzelne kommunistische Korporationen innerhalb des Christenthums zu begründen.

Ihr Vorbild fanden diese in der einzigen kommunistischen Organisation, von der sich damals noch wenigstens Reste erhalten hatten: der Familie oder, besser gesagt, der Hausgenossenschaft. Im Alterthum, und auch noch in der Kaiserzeit, bildete jeder Wirthschaftsbetrieb eine für sich abgeschlossene Einheit, die alles Wesentliche selbst erzeugte, was sie brauchte, und nur die Ueberschüsse als Waaren verkaufte. Ursprünglich waren diese Betriebe ausschließlich Hausgenossenschaften gewesen, größere Familien von etwa 40—50 Köpfen (vgl. S. 43), welche in vollständigem Kommunismus lebten, die Produktions= und die Konsumtionsmittel gemeinsam besaßen und benutzten. Vor der Sklavenwirthschaft verschwanden diese Hausgenossenschaften, an ihre Stelle traten Wirthschaftsbetriebe, in denen die Produktions= und Konsumtionsmittel Privateigenthum eines Einzelnen waren, dem auch die Arbeiter gehörten — die Sklaven. Aber immerhin war die Hausgenossenschaft in den ersten Jahrhunderten des Christenthums noch lebendig genug, um als Vorbild zu gesellschaftlichen Neuschöpfungen dienen zu können.

Diese Neuschöpfungen waren die Klöster, künstliche Hausgenossenschaften, deren Bindemittel, neben den gemeinsamen Interessen, nicht die Bande des Blutes, sondern bestimmte, ausgeklügelte Regeln und Gelübde bildeten.

Dieselben Bevölkerungsschichten, aus denen sich die ersten Christen rekrutirten, lieferten auch die meisten Mitglieder der neuen Hausgenossenschaften, die meisten Mönche und Nonnen. Auf der einen Seite waren es reiche Leute, denen vor ihrem Reichthum und vor der Gesellschaft, in die er sie brachte, ekelte. Auf der anderen Seite waren es — und diese bildeten die Mehrzahl — arme Teufel, die im Kloster eine Zuflucht fanden, welche ihnen die „weltliche", d. h. bürgerliche, Gesellschaft versagte. „Nun aber," klagte der heilige Augustinus, „weihen sich dem Dienste Gottes (servitutis dei) meistens Sklaven oder Freigelassene, oder Leute, die um deßwillen von ihren Herren freigelassen worden sind oder freigelassen werden sollen, oder Bauern oder Handwerker oder sonstige Plebejer."*)

Eine Familie kann ihren Lebensunterhalt auf die verschiedenste Weise finden: durch Arbeit, durch Betteln, durch Ausbeutung. So fanden auch die Klöster auf

---

*) De opere Monachorum, c. 22. Bei J. C. L. Gieseler, Lehrbuch der Kirchengeschichte, 3. Aufl. I., S. 545.

die verschiedenste Weise ihren Erwerb. In den einen herrschten die Neigungen der Lumpenproletarier vor, die ihre Mitglieder waren; sie verlegten sich vornehmlich aufs Betteln. Andere hatten das Glück, reiche Mitglieder oder Patrone zu finden, die ihnen Geld und Gut und Sklaven oder Kolonen schenkten, von deren Ausbeutung die frommen Männer leben konnten. Die weitaus meisten Klöster aber waren Vereine armer Leute, die sich zusammenthaten, um sich besser durchschlagen zu können. Diese sahen sich, wenigstens in ihren Anfängen, auf die Handarbeit ihrer Mitglieder angewiesen.

Die ersten Klöster, von denen wir wissen, im vierten Jahrhundert, schrieben die Handarbeit vor; die bedeutendsten Klostergründer der damaligen Zeit forderten sie, so Antonius, Pachomius, Basilius im vierten Jahrhundert, so Benedikt von Nursia, der Begründer des Benediktinerordens, zu Anfang des sechsten Jahrhunderts.

Ursprünglich konnte jedes Mitglied aus seiner Hausgenossenschaft nach Belieben austreten; dieselbe trennte ihre Mitglieder auch nicht durch eine besondere Tracht von der übrigen Bevölkerung.

Nach ihrem Charakter und ihrem Zweck kann man die Klöster auf dieser Stufe sehr wohl mit den Produktivgenossenschaften der Proletarier unserer Zeit vergleichen. Die einen wie die anderen waren Versuche, die „soziale Frage" ihrer Zeit für einen beschränkten Kreis durch die eigenen Kräfte der Betheiligten zu lösen.

Aber bei aller Verwandtschaft weisen beide Organisationen auch bedeutende Verschiedenheiten auf, entsprechend den Verschiedenheiten zwischen der heutigen und der römischen Gesellschaft.

Die kapitalistische Produktionsweise hat fast die gesammte Produktion in Waarenproduktion verwandelt. Demnach müssen auch die Produktivgenossenschaften der Arbeiter Waaren erzeugen. Sie produziren Gebrauchsgegenstände nicht für den eigenen Bedarf, sondern für den Markt, sie haben mit all dem Risiko und allen den demoralisirenden Einflüssen zu kämpfen, die das System der freien Konkurrenz und der Krisen mit sich bringt.

Vor der kapitalistischen Produktionsweise blieb die Produktion überwiegend auf die Erzeugung von Gebrauchsgegenständen für den eigenen Bedarf gerichtet. Wie jeder Bauernhof, jedes Latifundium, jeder Fronhof Alles oder mindestens fast Alles erzeugte, was er selbst brauchte, und nur den Ueberschuß als Waare auf den Markt brachte, so war es auch bei den Klöstern der Fall. Der Ueberschuß, der sie mit dem Markte, der Welt verband, bildete meist eine große Versuchung, der der Sündenfall folgte. Der Ueberschuß sollte den Armen gehören, aber es war profitabler, ihn zu verkaufen und für sich zu verwenden.

Im späteren Mittelalter, als die städtische Industrie sich entwickelte, konnte die klösterliche Produktion für den Markt den Handwerkern arge Konkurrenz bereiten (vgl. S. 97). Aber die Produktion für den Selbstgebrauch blieb stets die Hauptsache. Sie hat in den Klöstern länger den Einflüssen des auftauchenden Kapitalismus widerstanden, als anderswo; bei ihnen hat sich die Naturalwirthschaft am längsten erhalten. Dieses Wirthschaftssystem hat ihnen einen Konservalismus, aber auch eine Zähigkeit und Widerstandsfähigkeit verliehen, die wir bei den heutigen Produktivgenossenschaften vergeblich suchen.

Der zweite große Unterschied ist der, daß die Produktivgenossenschaften unserer Zeit nur auf dem Gemeineigenthum an Produktionsmitteln beruhen, nicht auf dem an Konsumtionsmitteln. In den Klöstern dagegen war das gemeinsame Leben, der gemeinsame Haushalt, die Hauptsache, und das Gemeineigenthum an den Produktionsmitteln eine Nebensache, die man mit in Kauf nehmen mußte, wenn man den kommunistischen Haushalt zu einer dauernden Einrichtung machen wollte. Denn die Erfahrung hatte gezeigt, daß der gemeinsame Haushalt im Widerspruch stehe zu dem Privateigenthum der Einzelnen an ihren Produktions= mitteln, und daß er sich nie lange halte, wo dieses Privateigenthum fortbestehe.

Und noch ein Unterschied besteht zwischen den heutigen Produktivgenossen= schaften und den Klöstern. Jene heben die Einzelfamilie nicht auf. Das Gemein= eigenthum an den Produktionsmitteln ist mit dieser Einrichtung sehr wohl ver= träglich, nicht aber das Gemeineigenthum an den Konsumtionsmitteln. Außer der Hausgenossenschaft durfte also der Mönch oder die Nonne keine andere Familie kennen. Aber die Klöster mußten noch weiter gehen. Die urwüchsige Haus= genossenschaft schließt die Einzelehe der einzelnen Genossen nicht aus. Aber diese Genossenschaft beruhte auf Banden des Blutes, die durch tausendjährige Gewöhnung geheiligt waren, nicht auf jüngst erfundenen künstlichen Konstruktionen, und sie existirte in einer Gesellschaft, in der das Privateigenthum und das Erbrecht einzelner Individuen wenigstens für die wichtigsten Produktionsmittel noch nicht bestand. Die Klöster dagegen entstanden zu einer Zeit, in der dies Eigenthums= und Erbrecht vollständig entwickelt war. Und so weit sie sich auch in Einöden flüchten mochten, um außerhalb der bürgerlichen Welt zu leben, sie blieben dennoch in deren Bereich. Die Einführung der Einzelehe in das Kloster hätte naturnothwendig dessen Kommu= nismus gesprengt, wie ihre Anerkennung bereits den Kommunismus der christlichen Kirche getödtet hatte.

Den Klöstern blieb nichts übrig, als das Abschwören der Ehe, wollten sie ihren Kommunismus und damit sich selbst erhalten. Der liberale Aufklärit sieht in der Ehelosigkeit der Mönche und Nonnen das Ergebniß völligen Idiotismus. Aber der Geschichtschreiber thut gut daran, wenn ihm irgend eine historische Massen= erscheinung unbegreiflich erscheint, den Grund dafür in seinem Mangel an Einsicht in die wirklichen Zusammenhänge zu suchen und diesen nachzuforschen, und nicht die Dummheit der Massen dafür verantwortlich zu machen, was freilich bequemer und für den Schreiber auch erhebender ist. Die Ehelosigkeit der Klosterleute beweist nicht, daß die Klostergründer Idioten waren, sondern daß die ökonomischen Verhältnisse unter Umständen stärker werden können, als die Gesetze der Natur.

Uebrigens besagt die Ehelosigkeit nicht nothwendig Keuschheit. Sie kann, wie wir schon einmal erwähnt haben, auch durchgeführt werden bei außerehelichem Geschlechtsverkehr. Plato suchte diesen Ausweg. Aber in der römischen Gesellschaft war die Ehe denn doch zu fest begründet, als daß den Klöstern dieser Ausweg offen gestanden hätte. Sie bequemten sich um so eher zur Forderung der Keuschheit, als die allgemeine Trübseligkeit der Zeit die Neigung zur Askese sehr begünstigte.

Daß unsere Annahme, die Ehelosigkeit in den Klöstern entspringe ihrem Kommunismus der Genußmittel, keine bloße Spekulation ist, dafür spricht die Thatsache, daß wir beide Erscheinungen bisher stets vereinigt finden konnten. Im Alterthum zeigen uns dies Plato und die Essener. Wir können aber noch einen weiteren Vergleich ziehen mit den Kolonien in den Vereinigten Staaten, die in den letzten Jahrzehnten des vorigen und in den ersten unseres Jahrhunderts einen primitiven Kommunismus durchführen wollten — wohl zu unterscheiden von jenen Kolonien, welche die Ideen neuerer Utopisten realisiren sollten, von Utopisten, die bereits von der Erkenntniß der kapitalistischen Produktionsweise ausgingen und die daher den Kommunismus der Produktionsmittel zur Grundlage ihrer Versuche machten, wie R. Owen, Fourier und Cabet.*)

Unter den verschiedenen religiös=kommunistischen Gemeinden in den Vereinigten Staaten, die Charles Nordhoff in seinem Werk über die kommunistischen Gesellschaften dieses Landes beschreibt,**) ist keine einzige, die nicht der Ehe feindlich gesinnt wäre, trotzdem sie auf den verschiedensten Wegen und unter den verschiedensten Umständen ohne Zusammenhang miteinander entstanden sind. Diese Uebereinstimmung ist demnach kein Zufall.

Zwei dieser Sekten erlauben zwar die Ehe, die Amanagemeinde (gegründet 1844) und die Separatisten (bestehend seit 1817); aber auch sie erklären den ehelosen Stand für einen höheren und verdienstlicheren. Die Separatisten von Zoar verboten anfangs die Ehe. Seit 1830 ist sie bei ihnen erlaubt. Aber der neunte der zwölf Artikel, welche ihre Grundsätze enthalten, sagt: „Wir halten jeden Verkehr der Geschlechter untereinander, der nicht zur Fortpflanzung der Gattung nothwendig ist, für sündig und dem Gebot Gottes zuwiderlaufend. Völlige Keuschheit ist verdienstvoller als die Ehe." (A. a. O., S. 104.)

Die anderen Sekten verbieten die Ehe direkt. Die Rappisten erlaubten sie anfangs, von 1803 an, kamen aber 1807 zur Ansicht, die Ehelosigkeit sei nothwendig. 1832 trennten sich 250 Rappisten, die des Zölibats müde waren, von der Hauptgemeinde und gründeten eine eigene Gemeinde. Diese ging bald unter, das Vermögen wurde unter die einzelnen Familien vertheilt.

Die Shakers, die älteste der amerikanischen Kommunistensekten, die ins vorige Jahrhundert zurückreicht, rechnen zu ihren fünf Hauptgrundsätzen als ersten den Kommunismus und als zweiten das Zölibat.

---

*) Die Rückständigkeit jenes gegenüber diesem Kommunismus zeigt sich schon in seinem religiösen Charakter. Für die kommunistischen Gemeinden, die wir hier im Auge haben, ist die Religion nicht Privatsache. Sie stehen noch auf jener Stufe, auf der soziale Grundsätze in ein religiöses Gewand gehüllt werden, die Zugehörigkeit zur Gemeinde bedingt daher für sie auch die Zugehörigkeit zu bestimmten religiösen Dogmen.

**) The communistic societies of the United States, from personal visit and observation. London 1875.

Nur eine dieser Sekten hat es gewagt, die Ehelosigkeit, die auch sie ver=
langt, nicht durch das Zölibat erreichen zu wollen, sondern durch den platonischen
Ausweg, der dem modernen Fühlen und Denken allerdings noch mehr widerstrebt
als die lebenslängliche Keuschheit. Es sind das die Perfektionisten von Oneida
und Wallingford, die sich 1848 zusammenthaten. Sie glaubten, Christus habe
nicht blos die Gemeinschaft der Güter, sondern auch die der Personen gelehrt.
Niemand hat das Recht, einer anderen Person gegen ihren Willen beizuwohnen,
aber sie halten die „ausschließliche und abgöttische Anhänglichkeit" zweier Personen
aneinander für den Beweis sündiger Selbstsucht, und wo eine solche aufzukommen
scheint, wird sie durch „Kritiken" und andere Maßregeln erstickt. Wie im plato=
nischen Staat, wird auch bei den Perfektionisten die Erzeugung der Kinder von
Gesellschaftswegen geregelt und soll nach „wissenschaftlichen Grundsätzen" betrieben
werden. (A. a. O., S. 276.)

Bemerkenswerth ist, daß gerade die Perfektionisten unter den primitiv=
kommunistischen Sekten ökonomisch und intellektuell am höchsten stehen. Sie sind
die Einzigen, die eine ordentliche Buchführung aufzuweisen haben und künstlerisches
und literarisches Interesse an den Tag legen.

Wir dürfen also wohl sagen, daß die Ehelosigkeit in den Klöstern nicht
das Produkt einer unverständigen Laune oder gar eines selbstquälerischen Wahn=
sinns war, sondern in den materiellen Verhältnissen wurzelte, unter denen die=
selben entstanden.

Noch etwas Anderes zeigt uns ein Blick auf die kommunistischen Kolonien
Amerikas: der Kommunismus erzeugt einen außerordentlichen Fleiß,
eine außerordentliche Arbeitsfreudigkeit. Nichts lächerlicher als die Be=
fürchtung, in einem kommunistischen Gemeinwesen würde nicht gearbeitet werden.
Durch die Erfahrung ist sie längst widerlegt worden.

Das schon zitirte Buch von Nordhoff bringt unter Anderem auch dafür eine
Reihe von Belegen. „Ich habe oft gefragt," erzählt er, „was thut Ihr mit den
Faullenzern? Aber in einer Kommunistengemeinde giebt es keine Müßig=
gänger. Ich nehme daher an, daß die Menschen nicht von Natur aus faul sind.
Selbst die ‚Winter=Shakers,' jene unstäten Gesellen, die beim Herannahen der
kälteren Jahreszeit bei den Shakers und anderen Gemeinden Unterkunft suchen,
indem sie vorgeben, sie möchten gern Mitglieder werden, die zu Beginn des Winters
kommen, wie ein Shaker=Aeltester mir sagte, ‚mit leerem Magen und leerem
Ranzen und fortgehen, Beides wohlgefüllt, sobald die Rosen zu blühen beginnen' —
selbst diese verkommenen Individuen verfallen dem Einfluß der Planmäßigkeit und
der Ordnung und thun ihren Antheil an der Arbeit ohne Widerstreben, bis die
warme Frühlingssonne sie wieder in die Freiheit lockt." (A. a. O., S. 395.)

Wir dürfen daher wohl annehmen, daß die Forderung der Handarbeit,
welche die Klostergründer aufstellten, ernst gemeint war und daß auch die Berichte
über den Fleiß der Mönche nicht ganz auf Schönrednerei zu reduziren sind, wenn
wir auch wohl wissen, daß im Erfinden und Uebertreiben die kirchliche Rhetorik

jede andere Art der Rhetorik, selbst die advokatische, seit jeher in Schatten ge=
stellt hat.*)

Und noch Eines zeigen uns die primitiven kommunistischen Kolonien Nord=
amerikas: die große ökonomische Ueberlegenheit dieser Gesellschaftsform gegenüber
der bäuerlichen und kleinbürgerlichen, innerhalb deren sie erstanden.

Es würde zu weit führen, auf die Gründe dieser Erscheinung einzugehen.**)
Genug, sie steht fest und wird am besten bewiesen durch die rasche Zunahme des
Wohlstandes, welche diese Gemeinden aufweisen.

Noch mehr mußte sich diese Ueberlegenheit geltend machen in dem sinkenden
Römerreich, das keinen blühenden Bauernstand und kein blühendes Kleinbürger=
thum besaß, wie die Vereinigten Staaten in der ersten Hälfte dieses Jahrhunderts.
Die Bauernschaft war ruinirt, die Latifundienwirthschaft mit Sklaven folgte ihr
nach, an deren Stelle wieder ein kümmerliches Zwergpächterthum trat, das Kolonat.
Diesem gegenüber erwiesen sich die klösterlichen Produktivgenossenschaften ökonomisch
sehr überlegen. Kein Wunder, daß sich das Klosterwesen in der christlichen Welt
rasch verbreitete und daß es zum Träger der Reste der römischen Technik, der
römischen Kultur überhaupt wurde.

Ebensowenig werden wir uns darüber wundern, wenn nach der Völker=
wanderung den germanischen Fürsten und Grundherren die Klöster als die ge=
eignetsten Einrichtungen erschienen, um eine höhere Produktionsweise in ihren

---

*) Eine übermäßige Arbeitsbürde haben sich die Mönche freilich nicht aufgelegt, ebenso=
wenig, wie andere freie Arbeiter vor dem Aufkommen der kapitalistischen Produktion. In
den Benediktinerklöstern betrug der Normalarbeitstag nach der Regel des heiligen Benedikt
von Nursia sieben Stunden. (Ratzinger, Geschichte der kirchlichen Armenpflege, S. 100.)
Wir empfehlen diesen Normalarbeitstag der Beachtung der frommen Christenheit.

**) Nordhoff hat sie in seinem schon mehrfach erwähnten Werk eingehender dargelegt.
Man darf, wie schon erwähnt, diese kommunistischen Kolonien einfacher Bauern und Hand=
werker, welche sich durch den Kommunismus ökonomisch über das Niveau des Kleinbauern=
thums und Kleinbürgerthums erhoben, nicht verwechseln mit den kommunistischen Kolonien,
die, von gebildeten Städtern, und zwar zum großen Theil von Angehörigen der liberalen
Berufe, begründet, eine Gesellschaftsform schaffen sollten, die nicht blos über der bäuerlichen
und kleinbürgerlichen steht, sondern sogar über der kapitalistischen in ihrer entwickeltsten Form.
Diese Experimente scheiterten meist schon in ihrem Beginne, denn der Städter ist, wenn allein
auf seine Arbeit angewiesen, ein schlechter Pionier der Kultur auf dem Lande, namentlich in
einer Wildniß. Aber auch wenn das Experiment anscheinend gelang, mußte es seinen Zweck
verfehlen, denn eine einzelne kommunistische, sich selbst genügende Gemeinde muß, auch wenn
noch so vollkommen organisirt, stets ökonomisch viel tiefer stehen als eine kapitalistische Gesell=
schaft, die den inneren Markt einer ganzen Nation und daneben noch ein Stück des Weltmarktes
beherrscht. Eine kommunistische Kolonie kann sich in der heutigen Gesellschaft nur dann er=
halten, wenn ihre Mitglieder verbauern und auf alle Kulturerrungenschaften der kapitalistischen
Gesellschaft Verzicht leisten. Man kann darnach ermessen, welchen Werth etwa Hertzka's afrika=
nische Experimente besitzen. Wenn sie wider Erwarten gelingen sollten, (im Moment, wo diese
Zeilen in Druck gehen, trifft die Nachricht von ihrem Scheitern ein) wäre das Ergebniß die
Gründung nicht einer neuen höheren Gesellschaft, sondern einiger Bauerndörfer, die in jeder
Beziehung außerhalb des Bereichs der Zivilisation stehen.

Gebieten heimisch zu machen, und daß sie die Gründung von Klöstern ebenso begünstigten, ja oft veranlaßten, wie etwa im vorigen Jahrhundert die europäischen Herrscher die kapitalistischen Manufakturen unterstützten. Während südlich der Alpen der Hauptzweck der Klöster darin bestand, Zufluchtsstätten für Proletarier und mißhandelte Bauern zu sein, wurde nördlich der Alpen ihre Hauptaufgabe die Förderung der Landwirthschaft, der Industrie, des Verkehrs.

Aber gerade seine ökonomische Ueberlegenheit über die anderen Wirthschafts=betriebe seiner Zeit mußte jedes Kloster, sofern es nur in jenen wüsten Zuständen überhaupt sich erhielt, früher oder später zu Reichthum und Macht bringen, wenn es nicht schon von vornherein durch irgend einen vornehmen Protektor damit aus=gestattet worden war. Macht und Reichthum bedeuten aber die Verfügung über die Arbeit Anderer. Die Mönche und Nonnen hörten nun auf, auf ihre eigene Arbeit angewiesen zu sein, es trat für sie die Möglichkeit ein, von der Arbeit Anderer zu leben, und sie machten natürlich von dieser Möglichkeit Gebrauch. Aus Produktivgenossenschaften wurden die Klöster Ausbeutergenossenschaften.

Das ist das schließliche Schicksal jedes gelungenen Versuchs, den Kommunis=mus für eine kleine Korporation innerhalb einer Gesellschaft des Privateigenthums und der Ausbeutung durchzuführen. Das gilt für den Kommunismus der Produktions=mittel ebenso wie für den der Genußmittel oder beide vereint. Für ersteren liefert die Geschichte der Produktivgenossenschaften, für letzteren die der primitiv=kommu=nistischen Kolonien Amerikas zahlreiche Beweise.

Die einen wie die anderen ziehen es in der Regel vor, wenn sie gedeihen und ihre Produktion erweitern, Lohnarbeiter aufzunehmen, statt gleichberechtigte Mitglieder, mit denen die früheren Mitglieder theilen müßten.

Die Befreiung von der Handarbeit bedeutet nicht nothwendigerweise das Aufgeben jeglicher Arbeit. Sie ermöglicht die Beschäftigung mit geistiger Arbeit, und auch in dieser Beziehung sind die Klöster wichtig geworden.

Anfangs freilich bedeuteten sie nichts für die Kunst und Wissenschaft. Produktivgenossenschaften von gewesenen Bauern, Handwerkern, Sklaven, Lumpen=proletariern, womöglich außerhalb der Städte in abgelegenen Gegenden errichtet, wo die bürgerliche Gesellschaft und der Staat sie nicht belästigen konnten, waren nicht die geeignetsten Stätten für den Betrieb von Kunst und Wissenschaft; diese blieben im Römerreich, auch unter der Herrschaft des Christenthums, in den Städten konzentrirt.

Aber mit dem Aufhören der Sklaverei, die so große Ueberschüsse an Pro=dukten geliefert hatte, hörten nach und nach nicht blos der Luxus, sondern auch Wissenschaft, Kunst, Handwerk, die Zivilisation überhaupt auf. Die Landwirthschaft sank immer mehr zu primitiver Pachtwirthschaft roher Kolonen herab, die nur geringe Erträge lieferte; stellenweise ging sie völlig zu Grunde. Dem Ruin der Landwirthschaft folgte der der Städte, die an Bevölkerungszahl, an Umfang und Wohlstand immer mehr abnahmen. Die Völkerwanderung ruinirte sie völlig oder drückte sie zur Bedeutungslosigkeit herab.

Jetzt wurden die Klöster, die inzwischen wohlhabend geworden waren, die besten, ja fast die einzigen Zufluchtsstätten von Wissenschaft und Kunst. Im vierten Jahrhundert beginnt das Klosterleben sich zu entwickeln, aber erst vom sechsten an rückt der Schwerpunkt des geistigen Lebens allmälig in die Klöster, wo er bis zum erneuten Aufblühen der Städte bleibt.

Indeß die Zahl Derjenigen, die sich in ein Kloster begaben, um dort die ihnen gebotene Muße zur Ausübung von Künsten oder Wissenschaften zu benutzen, bildete stets nur eine Minorität der Klosterbewohner. Die weitaus Meisten benutzten das Wohlleben und die Muße, die ihnen die Ausbeutung verschaffte, zu gröberen Genüssen. Die Faulheit, Geilheit und Versoffenheit der Mönche ist ja sprüchwörtlich geworden.

Hand in Hand damit ging eine andere Entwickelung. Sobald eine der klösterlichen Produktivgenossenschaften gedieh und wohlhabend wurde, erhob sie sich über die Masse der übrigen Bevölkerung. Diese bevorzugte Stellung konnte sie nur erhalten, wenn sie sich von der großen Menge abschloß, die herandrängte, um an dieser ökonomischen Besserstellung Antheil zu nehmen. So wie ehedem die Markgenossenschaften und Zünfte, und so wie in unserem Jahrhundert so manche gedeihende kommunistische Kolonie oder Produktivgenossenschaft wurden auch die Klöster exklusiv, sobald sie wohlhabend wurden. Die armen Teufel, die sich zur Mitgliedschaft meldeten, wurden möglichst ferngehalten. Dagegen nahm man gern Leute auf, die durch ihre Stellung oder ihr Vermögen dem Kloster Vortheile versprachen. Wenn die Klöster mit zunehmendem Reichthum aufhörten, Produktivgenossenschaften zu sein und Ausbeutergenossenschaften wurden, so hörten sie auch auf, Zufluchtsstätten für die Armen und Gedrückten zu bilden. Sie wurden Versorgungsanstalten für jüngere Söhne und sitzengebliebene Töchter des Adels.

Aber das Bedürfniß nach Produktivgenossenschaften auf der einen Seite, nach Zufluchtsstätten für die Armen und Gedrückten auf der anderen Seite erhielt sich während des ganzen Mittelalters auf das Lebhafteste, und das Kloster bot damals die einzige Form, diesem Bedürfniß zu genügen. Und so ziehen sich durch dieses ganze Zeitalter neben ununterbrochenen Klagen über den Verfall der mönchischen Zucht und Sitte ebenso ununterbrochene Versuche, durch Reformirungen schon bestehender Orden oder einzelner Klöster oder durch Gründung neuer dem Uebel abzuhelfen.

Die Methoden der Reform waren mannigfaltiger Art. Die einfachste und für den Reformator profitabelste war die, dem Kloster alles überflüssige Vermögen zu konfisziren.*) Aber nicht immer gelang die Reformation, denn die streitbaren Mönche jener Zeit wehrten sich oft gewaltig ihrer Haut. Mancher

---

*) Besonders zeichnete sich in dieser Weise der deutsche Kaiser Heinrich II. (1002—24) aus. (Vergl. Lamprecht, Deutsche Geschichte, II., S. 280 ff., und Giesebrecht, Deutsche Kaiserzeit, II., S. 84 ff.) Dieser große Konfiskator von Klostergütern wurde heilig gesprochen. Eine Aufmunterung für fromme Katholiken.

reformluftige Abt ift von ihnen erfchlagen, mitunter auch durch Meuchelmord aus dem Wege geräumt worden.

Und wo die Reformation gelang, fruchtete fie nicht viel. Nach kurzer Zeit finden wir die alten Zuftände wieder.

So wars auch mit den Neugründungen von Mönchsorden. Immer erfinderifcher wurden die Ordensgründer in der Ausarbeitung ihrer Klofterregeln — Mufterftatuten würde man heute fagen —, um alle Weltlichkeit aus den Klöftern zu bannen. Künftlich follten die weltlichen Begierden ausgetrieben werden durch Selbftpeinigungen aller Art. Immer ftrenger wurde die Askefe, immer fchroffer die Abschließung von der Außenwelt. Aber da man nicht an die Wurzel des Uebels ging, und nicht gehen konnte, blos den Symptomen entgegenarbeitete, fo blieben alle die Quälereien wirkungslos und, glücklicherweife, meift undurchgeführt.

Am meiften häuften fich die Ordensgründungen im 12. und 13. Jahrhundert. Damals waren die Städte Italiens und Südfrankreichs in rafchem Aufblühen begriffen. Diefe ökonomifche Blüthe bedeutete aber zugleich Wachsthum des Proletariats, eines arbeitenden, jedoch auch und namentlich eines Lumpenproletariats. Dies wurde in manchen Städten ftark genug, um foziale Bewegungen hervorzurufen. Sie äußerten fich vor Allem darin, daß fie den Hang zum Mönchswefen verftärkten und diefem wieder mehr einen proletarifchen Charakter verliehen, als es vom fechften bis zum elften Jahrhundert gehabt hatte. Nicht immer zeigen fich diefe mönchifchen Tendenzen der herrfchenden Kirche gewogen. Oft alliiren fie fich mit den kirchenfeindlichen, ketzerifchen Tendenzen, die um diefe Zeit in Italien und Südfrankreich auftreten.

Aber oft gelang es auch dem Papftthum, diefe mönchifchen proletarifchen Tendenzen fich dienftbar zu machen. Befonders wichtig wurden dadurch die Bettelorden der Dominikaner und Franziskaner. Das Lateranifche Konzil (1215) hatte die Stiftung neuer Orden verboten, damit der maßlofen „Gründerei" Einhalt gethan werde. Aber kaum war dies Verbot erlaffen, fo wurde es vom Papft umgeftoßen zu Gunften der eben genannten beiden Orden, die damals gegründet wurden.

Befonders bezeichnend find die Anfänge der Franziskaner. Ihr Stifter, der heilige Franz v. Affifi, wurde als der Sohn eines reichen Kaufmannes 1182 geboren und verlebte eine luftige Jugend, worauf ihn während des üblichen Katzenjammers Ekel vor dem Reichthum und der Drang, den Dürftigen zu helfen, erfaßte. Er verkaufte feine Habe, vertheilte den Erlös unter die Armen und befchloß, fein Leben ihrem Dienfte zu weihen. Nachdem er fich gleichgefinnte Genoffen zugefellt, organifirte er fie in einem Orden, den Innocenz III. 1215 mündlich und Honorius III. 1223 fchriftlich genehmigte.

Der heilige Franz glaubte, es würde ihm gelingen, den Orden davor zu fchützen, daß er eine Ausbeutergefellschaft werde, wie feine Vorgänger waren. Er dachte dies dadurch zu erreichen, daß er das Gebot beftändiger Eigenthumslofigkeit, welches bisher blos für das einzelne Kloftermitglied, aber nicht für die Gefammtheit, nicht für den Orden gegolten hatte, auf diesen ausdehnte. Der Orden der Franziskaner durfte nichts erwerben, er sollte auch keine Erwerbsarbeit treiben, sondern nur dem Dienste der Armen und Kranken leben und zufrieden sein mit den milden Gaben, die man ihm reichte.

Aber gerade weil dieser Orden sich in der Bekämpfung des Elends so nützlich erwies, dann aber auch, weil er durch seine werkthätige Hülfe das Vertrauen der ärmeren Klassen gewann, sie vor revolutionären Gelüsten bewahrte und der Kirche geneigt erhielt, flossen ihm bald nur zu viele milde Gaben zu. Noch zu Lebzeiten des heiligen Franz erstand in seinem Orden die Neigung nach Beseitigung der Regel, die ihm den Erwerb von Gütern verbot. „Der große Stifter des Bettelordens ruhte schon in einem von Gold und Marmor funkelnden Dom." (Gregorovius, Geschichte der Stadt Rom, V., S. 114.) Nicht ganz 20 Jahre nach seinem Tode (der 1226 eintrat) waren diese Bestrebungen so erstarkt, daß Innocenz IV. 1245 die Regel umänderte und bestimmte, daß die Franziskaner Güter, wenn schon nicht als Eigenthum, so doch als Besitz erwerben und genießen dürften. Das Eigenthumsrecht an ihrem Besitzthum gebührte dem Papst.

Von da an verfiel der Franziskanerorden (und ebenso ging es den Dominikanern) rasch dem gleichen Schicksal, das seine Vorgänger gehabt. Er wurde eine Ausbeutergesellschaft.*)

Aber diese Milderung hatte noch eine andere Folge. Ein Theil der Franziskaner nahm seine Aufgabe als Vertreter der Interessen der Armuth ernst. Dazu gehörten namentlich die Tertiarier. Der heilige Franz hatte eine demokratische Einrichtung getroffen. Neben dem Mönchsorden als erstem und einem weiblichen Orden als zweitem**) ließ er einen dritten sich bilden, die Tertiarier, die an den Aufgaben des Ordens mitwirkten, ohne der Ehe und ihrer bürgerlichen Beschäftigung zu entsagen. Diese Tertiarier waren meistens Handwerker oder andere Leute aus dem Volke, ihre Vereine kann man wohl als Arbeitervereine bezeichnen.

---

*) Der Kanonikus Johann Ruysbroek, ein Niederländer, geboren 1293, sagte bereits nach eigener Anschauung von den Mönchen überhaupt und den Bettelmönchen im Besonderen: „Bei ihnen herrschen im Allgemeinen drei Fehler: Trägheit, Fresserei und Schwelgerei. Die alten Väter waren arm, die Gründer der Bettelorden ließen sich an Gott genügen und verachteten zeitliche Güter und Ehren. Jetzt streben fast alle Klöster nach Reichthümern. Man findet unzählige Bettelmönche, aber wenige, welche die Statuten ihres Ordens beobachten; sie wollen Arme heißen, aber sie saugen alles Land, was auf sieben Meilen um ihr Kloster herumliegt, aus und leben im Ueberfluß; ja unter ihnen selbst giebt es wieder Abstufungen, wie sie hier garnicht vorkommen sollten: Einige haben vier, fünf Röcke, Andere kaum einen; die Einen schmausen in dem Refektorium mit dem Prior, Guardian und Lector an einem besonderen Platz, die Anderen müssen sich mit Gemüse, Hering und Bier begnügen; diese werden dann neidisch, umsomehr, da sie meinen, alle Güter sollen gemein sein" u. s. w. (Bei Ullmann, Reformatoren vor der Reformation, vornehmlich in Deutschland und den Niederlanden, Hamburg 1842, II., S. 57, 58.)

**) Derselbe wurde von einer schwärmerischen Freundin und Verehrerin des heiligen Franz, der achtzehnjährigen Clara Sciffi gegründet; daher der Orden der Clarissinnen genannt.

Sie waren es, die am entschiedensten der Verwandlung des Ordens in eine Aus=
beutergesellschaft widerstrebten. Zwischen beiden Parteien kam es zu heftigen
Kämpfen, die Jahrzehnte lang währten. Je mehr die Ausbeuterrichtung vom
päpstlichen Stuhle begünstigt wurde, desto entschiedener wendeten sich die Anhänger
der strengeren Richtung (Spiritualen oder Fraticelli genannt) gegen Papst und
Kirche selbst, desto mehr suchten sie Anschluß an kirchenfeindliche Organisationen.
Als der Papst Johann XXII. endlich die Inquisition gegen sie, namentlich in
Südfrankreich (1317 in Narbonne, Beziers) aufbot, um sie zur Raison zu bringen,
entschied das nur ihren völligen Bruch mit der Kirche. Sie wurden seitdem zu
den ketzerischen kommunistischen Sekten, den Begharden, gezählt, unter denen wir
die Vorgänger der Wiedertäufer zu suchen haben.

Man sieht, die strengen Franziskaner bildeten ein Mittelglied zwischen dem
mönchischen Kommunismus, der im Mittelalter eine der Grundlagen der Gesell=
schaft war, und dem proletarischen Kommunismus jener Zeit, der die bestehende
Gesellschaft umzustürzen trachtete.

Um diese Zeit trat auch schon ein Theoretiker des Kommunismus auf,
allerdings nur des mönchischen: der Abt Joachim von Fiore in Kalabrien,
geboren um 1145 im Dorfe Cälium in der Nähe von Cosenza. Nach einer
Wallfahrt in das heilige Land kehrte er nach Kalabrien zurück, wurde Mönch, später,
um 1178, Abt des Zisterzienserklosters Corace. Er gründete hierauf ein eigenes
Kloster in Fiore und starb 1201 oder 1202.

Ergriffen von den sozialen Mißständen seiner Zeit, namentlich der furcht=
baren Ausbeutungswirthschaft und Korruption, die in der Kirche herrschte, suchte
er nach einer Rettung aus diesem Unwesen und glaubte sie zu finden in der Ver=
allgemeinerung des Kommunismus — natürlich in jener Form, die der damaligen
Zeit entsprach, der klösterlichen. Er sah eine Revolution und eine neue Gesell=
schaft kommen: das tausendjährige Reich, von dem die Apokalypse spricht.

Er unterscheidet drei Zeitalter: „Zuerst war die Zeit, in der die Menschen
dem Fleische dienten; diese begann mit Adam und endete mit Christus. Dann
kam die Zeit, in der sie beiden dienen, sowohl dem Fleisch wie dem Geist; sie
dauert bis heute. Ein anderes Zeitalter aber ist es, in dem man nur noch dem
Geiste lebt, dessen Beginn in die Tage des heiligen Benedikt fällt." Dieser
dritte Gesellschaftszustand ist der mönchische Zustand (status monachorum).
Das Klosterwesen wird die ganze Menschheit umfassen. „Es ist nothwendig,
daß wir zur wahren Nachahmung des Lebens der Apostel gelangen, indem man
nicht nach dem Besitz irdischer Güter strebt, sondern sie eher dahin giebt" 2c.
Zur vollen Verwirklichung sollte der dritte Gesellschaftszustand kommen in der
22. Generation seit dem heiligen Benedikt, also in nächster Zeit. Die römische
Kirche werde in schweren Strafgerichten untergehen und aus ihren Resten eine
neue Gesellschaft erstehen, der Orden der Gerechten, der das Privateigenthum
aufgibt. Ein Zeitalter der vollen Freiheit und vollen Erkentniß bricht damit an.

Joachim's Lehren machten großen Eindruck. Namentlich in der strengeren

8*

Richtung des Franziskanerordens, den Fraticellen, die sich für den „Orden der Gerechten" hielten, welcher berufen sei, die Gesellschaft zu verjüngen, und durch sie fanden diese Lehren weite Verbreitung. Sie haben den italienischen Münzer, Dolcino, beeinflußt; sie sind auch Münzer selbst nicht fremd geblieben.*)

So tief war der Eindruck der Joachimschen Prophezeiungen nicht blos in Italien, sondern auch in Deutschland, und sie entsprachen einem so lebhaften Bedürfniß der Massen, daß, als die Thatsachen die Prophezeiung Lügen straften, das Volk lieber jene umdichtete, als daß es den Glauben an diese fahren ließ. Joachim hatte prophezeit, die soziale Umwälzung werde um 1260 zu Ende sein. Gerade als es diesem Zeitpunkt zuging, tobte ein heftiger Kampf zwischen dem Papstthum und dem Kaiser Friedrich II. Die Anhänger Joachim's erwarteten, dem Kaiser werde es gelingen, den Papst niederzuwerfen und mit dessen Sturz die neue Gesellschaft zu inauguriren. Aber es kam anders.

„Der Tod Friedrich's (1250) stand mit des Joachim von Fiore Prophe= zeiung in Widerspruch; denn darnach sollte er nicht aus der Welt gehen, ohne sein Werk vollendet zu haben. So entstand zuerst in diesen Kreisen die Meinung, Friedrich II. könne nicht todt sein, er halte sich nur verborgen, um bereinst wieder= zukehren und sein unvollendet gelassenes Werk wieder aufzunehmen und zu Ende zu führen. . . . So entstand jener eigenthümliche Vorstellungskreis, in dem sich die deutsche Kaisersage bewegt, und der erst infolge des Mißverständnisses späterer Zeit auf Kaiser Friedrich I. (Barbarossa) und die von seiner Wiederkehr zu erwartende Erneuerung der Herrlichkeit des Reiches gedeutet worden ist."**)

Unter dieser „Herrlichkeit des Reiches" verstand das Volk, wie man sieht, die kommunistische Revolution.

---

*) Luther warf Münzer vor, dieser habe seine „hochmüthigen Gedanken" aus des Abtes Joachim Auslegung des Jeremias. Münzer selbst schrieb über sein Verhältniß zu Joachim am 2. Dezember 1523 an Zeyß: „Ihr sollt auch wissen, daß die Schriftgelehrten diese Lehre dem Abt Joachim zuschreiben und heißen sie ein ewiges Evangelium mit großem Spott. Ich habe ihn allein über Jeremiam gelesen. Aber meine Lehre ist hoch droben, ich nehme sie von ihm nicht an, sondern von Ausreden Gottes, wie ich dann zur Zeit mit aller Schrift Biblien beweisen will." Dieser Brief findet sich als Anhang zur Schrift: Von dem getichten glawbn auff nechst Protestation außgangen Tome Müntzers Selwarters zu Alstet, 1524.

**) H. Prutz, Staatengeschichte des Abendlandes im Mittelalter, Berlin 1885, I., S. 657.

Zweites Kapitel.

Der ketzerische Kommunismus. Sein allgemeiner Charakter.

I. Das Papstthum,
der Mittelpunkt der Angriffe des ketzerischen Kommunismus.

Das Beispiel des Franziskanerordens zeigt uns, wie nahe für manche Formen des klösterlichen Kommunismus die Gegnerschaft gegen das Papstthum lag. In der That bedeuteten viele der mönchischen Reformationen und Neugründungen vom 11. Jahrhundert an einen Vorwurf für die päpstliche Gewalt, und dieser Vorwurf nahm oft eine recht drastische Gestalt an.

Es war fast nothwendig, daß alle Diejenigen, denen das Interesse der Besitzlosen am Herzen lag, sich gegen die päpstliche Kirche wandten. Denn diese stand unter den besitzenden Klassen des Mittelalters in erster Linie, sie besaß die größten Reichthümer und beherrschte das ganze gesellschaftliche Leben nicht nur geistig, sondern auch ökonomisch.

Man könnte ihre Herrschaft vielleicht vergleichen mit der der hohen Finanz in unserem Jahrhundert, der Börse, oder, wenn man für einen Moment den Gedankengang und die Ausdrucksweise des Antisemitismus annehmen will, des Judenthums. So wie die Antisemiten heute die ganze Gesellschaft für verjudet erklären, so war sie im Mittelalter verpäpstelt. Das Papstthum beherrschte das geistige Leben, wie heute etwa die Presse von der Börse beherrscht wird; und wie diese über die Schicksale von Ministerien, ja von Königen entschieden, Reiche gegründet und zerstört hat, so auch das Papstthum.

Aber die Herrschaft des Papstthums war ebensowenig unbestritten, als die der hohen Finanz heute ist. Beide haben vielmehr auch die Eigenthümlichkeit gemein, daß sie alle anderen Klassen der Gesellschaft sich zu Feinden machen, nicht nur die Ausgebeuteten, sondern auch die Ausbeuter, die so viel von ihrem Raube an den obersten aller Ausbeuter abzugeben haben und die voll Gier nach dessen Schätzen blicken. Nichts irriger als die Ansicht, der Gehorsam, den man im Allgemeinen in der zweiten Hälfte des Mittelalters dem Papstthum entgegenbrachte, sei entweder ein freudiger oder ein stumpfsinniger gewesen. Er war meist ein zähneknirschender Gehorsam, der sich aufbäumte, wo er nur konnte. Die größere Hälfte des Mittelalters ist ausgefüllt mit ununterbrochenen Kämpfen der verschiedensten Klassen und Landstriche gegen die päpstliche Gewalt. Aber so lange nicht die Grundlagen für eine neue Gesellschafts- und Staatsordnung gegeben waren, konnte das Papstthum ebensowenig überwunden werden, als man bisher in unserem Jahrhundert die hohe Finanz überwinden konnte, und jeder dieser Kämpfe, ja jede soziale Katastrophe überhaupt, jeder Krieg, jede Seuche, jede Hungersnoth, jede Rebellion diente nur dazu, damals wie heute, den Reichthum und die Macht des Ausbeuters der Ausbeuter zu erweitern und zu befestigen.

Diese Situation war für die Propagirung kommunistischer Ideen ziemlich günstig. Allerdings um so ungünstiger für die Entwickelung eines besonderen Klassenkampfes der Besitzlosen. Die Verhältnisse lagen, wenn wir zur Erläuterung den Vergleich mit der hohen Finanz fortsetzen wollen, ähnlich wie unter dem Bürgerkönigthum in Frankreich (1830—48). Dank ihrer finanziellen Macht, einem elenden Wahlgesetz und der politischen Rückständigkeit der arbeitenden Klassen herrschte damals die hohe Finanz durch Parlament und König so gut wie unumschränkt in Frankreich. Gegen sie erhob sich die Opposition nicht blos der Bauern und der Lohnarbeiter, sondern auch der industriellen Kapitalisten und des Kleinbürgerthums. Der Kampf gegen den gemeinsamen Feind vereinigte sie und verwischte die Klassengegensätze unter ihnen in ziemlichem Grade. Das bewirkte, daß das Proletariat schwer zu einem besonderen Klassenbewußtsein gelangte, daß es in seiner großen Mehrheit unter der politischen Führung des Kleinbürgerthums, ja der Bourgeoisie blieb; es bewirkte aber auch, daß diese ihr Mißtrauen gegen das Proletariat einschläferte. Sie war geneigt, zu vergessen, daß die Besitzlosigkeit die Grundlage ihres Besitzes sei, sie empfand Mitleid mit den Leiden der Armen und Ausgestoßenen, sie ermunterte Bestrebungen zur Beseitigung der Armuth, und Viele aus ihren Reihen kokettirten sogar mit dem Sozialismus; die gelesensten französischen Belletristen jener Zeit waren Sozialisten, wir erinnern nur an Eugen Sue und die George Sand.

Da kam die Revolution von 1848. Das Königthum der hohen Finanz wurde gestürzt, diese ihrer politischen Privilegien beraubt. Die politische Macht fiel dem Volk zu, das heißt den industriellen Kapitalisten, den Kleinbürgern, Kleinbauern und Arbeitern. Kaum war der gemeinsame Feind gestürzt, da wurden ihnen ihre besonderen Klasseninteressen und Klassengegensätze mehr oder weniger deutlich, auf jeden Fall aber wirksam zum Bewußtsein gebracht. Am klarsten und schärfsten aber entwickelte sich der Gegensatz zwischen Bourgeoisie und Proletariat. Die Revolution hatte dessen Macht gezeigt, sie hatte aber auch bewiesen, daß der Sozialismus nicht der Traum einiger schwärmerischen Literaten sei, daß er in der revolutionärsten Klasse Wurzel gefaßt, daß er aufgehört habe, ein Spielzeug zu sein, und drohe, eine tödtliche Waffe zu werden.

Von da an wandte sich die Bourgeoisie mit vollster Energie nicht nur gegen jede selbständige Regung der Arbeiterklasse, sondern auch gegen Alles, was nach Sozialismus aussah — und ihre geängstigte Phantasie zeigte ihr Manches als Sozialismus, was nichts war als höchst zahme Philanthropie. Der Sozialismus wurde in der Gesellschaft der Bourgeois geboykottet, die bürgerlichen Sozialisten mußten sich entscheiden: blieben sie dem Sozialismus treu, dann waren sie ausgeschlossen aus der bürgerlichen Gesellschaft, ihr Name sollte nie wieder genannt werden. Wollten sie das vermeiden, dann mußten sie ihrem Sozialismus bis auf den letzten Rest, und zwar für immer, entsagen. Von da an war der Sozialismus politisch und literarisch todt, bis die aufstrebende Arbeiterklasse stark genug geworden war, durch eigene Kraft der Gesellschaft Beachtung für ihn und sich aufzuzwingen.

Aehnlich, aber natürlich viel länger ausgedehnt, war die Entwickelung im Mittelalter, wobei die Reformation die Rolle des Jahres 1848 spielt. Wir können diese Entwickelung in Deutschland im 15. und zu Anfang des 16. Jahrhunderts deutlich verfolgen.

Von einem Klassenbewußtsein konnte natürlich bei den proletarischen Bewegungen des ausgehenden Mittelalters noch weit weniger die Rede sein, als bei denen der ersten Hälfte unseres Jahrhunderts. Auf der einen Seite finden wir selbst bei den Lumpenproletariern das Streben, sich zünftig einzuschachteln und besondere Privilegien für sich zu erbeuten,*) auf der anderen Seite finden wir bei den Kommunisten aus der Arbeiterklasse, namentlich den Webern, ein Absehen von allen Klassenunterschieden. Sie arbeiten für die gesammte Menschheit. Die proletarischen Bewegungen, die über die gewöhnlichen Zunftstreitigkeiten hinausgehen, laufen noch völlig zusammen mit den revolutionären Bewegungen der anderen ausgebeuteten Klassen, der Bauern und der kleinen Handwerker.

Dagegen wurde das Erwachen kommunistischer Tendenzen in der ganzen Gesellschaft damals in mancher Beziehung noch mehr begünstigt, als während der ersten Hälfte unseres Jahrhunderts.

II. Der Gegensatz von Arm und Reich im Mittelalter.

Die Unterschiede zwischen Armen und Reichen waren im Mittelalter und auch noch in der Reformationszeit lange nicht so groß, wie in der entwickelten kapitalistischen Gesellschaft, aber sie traten offener für Jedermann zu Tage und äußerten sich provozirender. Die größten gesellschaftlichen Unterschiede findet man heute in den Großstädten, in Millionenstädten, wo die Quartiere der Armuth oft weit abliegen von denen der Reichen. In der Zeit, von der wir jetzt sprechen, war die lokale Sonderung der einzelnen Stände, ja der einzelnen Berufszweige in den Städten schärfer durchgeführt als heutzutage, aber die Städte waren klein — 10 bis 20000 Einwohner machten schon eine große Stadt —, und man saß dicht aufeinander. Dazu aber kam noch der Umstand, daß das Leben ehedem viel mehr in der Oeffentlichkeit sich abspielte, sowohl die Arbeit wie die Geselligkeit, daß die Freuden und Leiden jeder Klasse kein Geheimniß für die anderen blieben. Das politische Leben und die Feste spielten sich meist auf öffentlichen Plätzen ab, auf Märkten und

---

*) „Sehr merkwürdig ist die Ansiedelung der für unehrlich gehaltenen Schinder, Todtengräber und Abtrittsfeger und der gewerbsmäßigen Bettler auf dem Kohlenberg, einer kleinen Anhöhe in Basel. Die Kohlenberger bildeten daselbst, getrennt von allen übrigen Einwohnern, eine zunftartige Genossenschaft mit einem eigenen Gericht, welches das Kohlenberger Gericht genannt worden ist. Das Gericht bestand aus sieben Sackträgern, welche man die ‚Freiheiten‘ oder ‚Freiheitsknaben,‘ ‚die da ohne Hosen und ohne Messer gehen,‘ genannt hat." (Maurer, Städteverfassung, II., S. 472.)

Kirchhöfen oder in Kirchen und offenen Hallen. Gekauft und verkauft wurde auf den Märkten, aber auch die Handwerke wurden, wenn nur irgend möglich, auf den Straßen oder mindestens bei offenen Thüren betrieben.

Vor Allem aber ist ein Umstand wichtig geworden. Heute ist die Haupt= aufgabe, die sich der Kapitalist stellt, die Akkumulation, die Anhäufung von Kapital. Ein moderner Kapitalist kann nie genug Kapital besitzen. Am liebsten möchte er sein ganzes Einkommen dazu verwenden, sein Kapital zu vermehren, um bestehende Betriebe erweitern, neue erwerben, Konkurrenten zu Grunde richten zu können u. s. w. Und wenn er tausend Millionen besitzt, so wird er, um sie zu sichern und zu hindern, daß ein Konkurrent ihn überflügele, nach der zweiten Milliarde streben. Nie verwendet der moderne Kapitalist sein ganzes Einkommen zum persönlichen Konsum — er wäre denn ein Narr oder ein Taugenichts, oder sein Einkommen reichte absolut nicht aus. Und auch der reichste Millionär kann ohne Minderung seines Ansehens einen ganz einfachen Lebenswandel führen. Soweit er sich aber einen Luxus gestattet, entfaltet er ihn in der Regel unter Ausschluß der Oeffent= lichkeit, in Ballsälen, chambres separées, Jagdschlössern, Spielzimmern u. s. w. Auf der Straße erscheint der Millionär nicht anders als die Masse seiner Mitbürger.

Ganz anders lagen die Dinge unter dem System der Naturalwirthschaft und dem der einfachen Waarenproduktion. Der Reiche und Mächtige konnte damals sein Einkommen, mochte es in Naturalien oder in Geld bestehen, nicht in Aktien oder Staatspapieren anlegen. Er konnte seine Einkünfte nur verwenden zum Konsum oder — soweit sie in Geld bestanden — zur Anlegung eines Schatzes werth= voller und unverderblicher Waaren, edler Metalle und edler Steine. Je mehr die Ausbeutung durch weltliche und geistliche Fürsten und Herren, durch Patrizier und Kaufleute wuchs, je größer deren Einkommen wurden, desto größer der Luxus, den sie trieben. Selbst konnten sie ja ihren Ueberfluß bei Weitem nicht verzehren. Sie verwendeten ihn, um Knechte und Mägde zu halten, edle Pferde und Hunde zu erwerben, sich und ihr Gefolge in glänzende Stoffe zu kleiden, herrliche Paläste aufzuführen und diese aufs Prächtigste auszustatten. Der Trieb nach Schatzbildung trug dazu bei, den Luxus zu steigern. Die trotzigen Machthaber des Mittel= alters vergruben nicht, wie der furchtsame Hindu, ihre Schätze im Boden, auch hielten sie's nicht für nothwendig, sie den Blicken von Dieben und Steuerbeamten zu entziehen, wie unsere Kapitalisten. Ihr Reichthum war ein Zeichen und eine Wurzel ihrer Macht: stolz und prahlend trugen sie ihn zur Schau; ihr Gewand, ihr Geschirr, ihre Häuser glänzten von Gold und Silber, von edlen Steinen und Perlen. Es war das ein goldenes Zeitalter, auch für die Kunst.

Aber ebenso wie der ganze Reichthum wurde auch das ganze Elend damals offen zur Schau getragen. Noch stand das Proletariat in seinen Anfängen; es war bereits massenhaft genug, um tiefer denkende und feiner fühlende Menschen anzuspornen, auf Mittel und Wege zu sinnen, wie die Noth aus der Welt geschafft werden könne, aber noch nicht massenhaft genug, um als Gefahr für Staat und

Gesellschaft zu gelten. So fand die Denkweise fruchtbaren Boden, die das Christen=
thum zur Zeit seiner Entstehung aufgenommen hatte, als das Lumpenproletariat
sein vornehmster Träger war, jene Denkweise, die in der Armuth nicht ein Ver=
brechen sah, sondern einen Gott besonders wohlgefälligen Zustand, der Berück=
sichtigung erheischte. War doch der Arme nach der Lehre des Evangeliums ein
Repräsentant Christi, denn „was Ihr gethan habt Einem unter diesen meinen
geringsten Brüdern, das habt Ihr mir gethan." (Matth. 25,40.) In der Praxis
kam das Proletariat damit freilich nicht weit; der Vertreter Christi wurde mit=
unter recht unchristlich behandelt. Aber man blieb doch entfernt von allen jenen
feinen Erfindungen der modernen Polizei, die versuchen, den gesellschaftlichen Kehricht,
wie jeden anderen auch, den Wohlhabenden aus dem Wege zu räumen, nicht, um
die Armuth zu beseitigen, sondern nur, um sie zu verstecken. Im Mittelalter wurden
die Armen nicht in Armenhäuser, Arbeitshäuser, Zuchthäuser und sonstige Häuser
gesperrt, das Betteln war ein gutes Recht, und jeder Gottesdienst, namentlich jeder
festliche, versammelte den höchsten Prunk und die größte Armuth in demselben
Raume, in der Kirche.

Damals wie heute konnte man auf die Gesellschaft das platonische Wort
von den zwei Nationen anwenden. Aber die zwei Nationen der Armen und Reichen
waren im ausgehenden Mittelalter wenigstens noch zwei einander benachbarte
Nationen, die einander verstanden und kannten. Heute sind die beiden Nationen
einander völlig fremd geworden. Wenn sich in der Nation der Bourgeois das
Verlangen regt, etwas über die Nation der Proletarier zu erfahren, dann bedarf
es dazu einer eigenen Expedition, ebenso, als wenn es sich um die Erforschung
des Innern von Afrika handelte. Aber Letzteres erscheint dem Bourgeois wichtiger
als Ersteres; eine Erforschung Afrikas verspricht neue Absatzmärkte, verspricht
Profit; eine Erforschung der proletarischen Zustände dagegen bedeutet die Erhebung
der furchtbarsten Anklagen gegen die bestehenden gesellschaftlichen Zustände; Niemand
kann dadurch gefördert werden als die Sozialdemokratie. Kein Wunder, daß die
europäischen Regierungen hundertmal mehr für die Erforschung Afrikas ausgeben,
als für die unserer sozialen Zustände — wenn sie für letztere überhaupt etwas
ausgeben — und daß gar mancher „Gebildete" über die Zustände im dunklen Welt=
theil besser Bescheid weiß, als über die in den Proletarhvierteln der Stadt, in der
er wohnt. Erst in allerneuester Zeit fängt es an, in dieser Hinsicht etwas besser
zu werden, dank der zunehmenden Macht des Proletariats. Seitdem man es fürchtet,
beginnt man es zu studiren.

Im Mittelalter brauchten die Besitzenden das Proletariat nicht zu fürchten,
sie brauchten es aber auch nicht zu studiren, um seine Lage zu erkennen. Allüberall
begegnete dem Beschauer das unverhüllte Elend, und zwar im krassesten Gegensatz
zum übermüthigsten und überschwänglichsten Luxus. Kein Wunder, daß dieser Gegen=
satz nicht nur die unteren Klassen empörte, sondern auch bessere Naturen in den
höheren Klassen gegen die Ungleichheit aufbrachte und Bestrebungen nach Her=
stellung der Gleichheit begünstigte.

III. Der Einfluß der christlichen Ueberlieferung.

Die Einwirkung der Ueberlieferung der Ideen, welche in früheren Gesell=
schaftszuständen entstanden sind, auf spätere Zustände, ist ein nicht zu unter=
schätzender Faktor in der gesellschaftlichen Entwickelung. Oft wirkt sie störend und
hemmend, indem sie den Menschen das Erkennen der neuen gesellschaftlichen Ten=
denzen und ihrer Bedürfnisse erschwert. Im Ausgange des Mittelalters bewirkte
sie vielfach das Gegentheil.

Nach den Stürmen der Völkerwanderung und nach der Barbarei, die ihr
folgte, begannen seit den Kreuzzügen die Völker der abendländischen Christenheit
wieder eine Kulturstufe zu erklimmen, die trotz ihrer Eigenartigkeit in Vielem der
Höhe der attischen und römischen Gesellschaft kurz vor ihrem Verfall und beim
Beginn desselben entsprach. Die Literatur, der Gedankenschatz, den diese Gesellschaft
hinterlassen, entsprach den Bedürfnissen der aufstrebenden Klassen des ausgehenden
Mittelalters aufs Beste. Die Wiedererweckung der antiken Literatur und Wissen=
schaft förderte das Selbstbewußtsein und die Selbsterkenntniß der aufstrebenden
Klassen ungemein und wurde dadurch eine gewaltige Triebfeder der gesellschaft=
lichen Entwickelung. Die Tradition, die sonst konservativ wirkt, ward unter diesen
Umständen ein revolutionärer Faktor.

Jede Klasse nahm sich aus den überlieferten Gedankenschätzen natürlich das,
was ihr am besten zusagte, was ihr am meisten entsprach. Das Bürgerthum und
die Fürsten nahmen das römische Recht in ihren Dienst, welches den Bedürfnissen
der einfachen Waarenproduktion, des Handels und der absoluten monarchischen
Staatsgewalt so trefflich angepaßt war. Sie erfreuten sich an der heidnischen
Literatur der Antike, einer Literatur der Lebenslust, mitunter sogar der Ueppigkeit.

Dem Proletariat und den mit ihm Sympathisirenden konnte weder das
römische Recht noch die klassische Literatur behagen. Was sie suchten, fanden sie
in einem anderen Erzeugniß der römischen Gesellschaft, im Evangelium. Der
Kommunismus des Urchristenthums entsprach völlig ihren Bedürfnissen. Noch
waren die Grundlagen einer höheren kommunistischen Produktion nicht gegeben,
noch konnte der Kommunismus nichts Anderes sein, als eine Art Ausgleichungs=
kommunismus, als ein Theilen, ein Zutheilen des Ueberflusses der Reichen an die
Armen, die des Nothwendigen entbehrten.

Die kommunistischen Lehren der Evangelien und der Apostelgeschichte haben
die kommunistischen Tendenzen des Mittelalters nicht geschaffen; aber sie haben
ihre Entstehung und Verbreitung ebenso begünstigt, wie das römische Recht die
Entwickelung des Absolutismus und der Bourgeoisie begünstigt hat.

Die Grundlage der kommunistischen Tendenzen blieb also eine christliche,
eine religiöse; trotzdem kamen sie unfehlbar in Konflikt mit der herrschenden Kirche,
der Reichsten unter den Reichen, die schon längst die Forderung des allgemeinen
Kommunismus für eine teuflische Irrlehre erklärt und den kommunistischen Inhalt

der urchriftlichen Schriften durch allerlei Sophiftereien zu verdrehen und zu ver= dunkeln gesucht hatte.

Führte indeß das Beftreben, die Gesellschaft kommunistisch zu organiſiren, nothwendigerweise zur Keßerei, zum Konflikt mit der päpftlichen Kirche, so förderte andererseits die Keßerei, das heißt der Kampf gegen diese Kirche, das Aufkommen kommunistischer Ideen.

Noch war die Zeit nicht gekommen, in der man daran denken konnte, sich ohne Kirche überhaupt zu behelfen. Wohl entstand im Ausgang des Mittelalters in den Städten eine Kultur, die jener Kultur, welche die Kirche repräsentirte, weit überlegen war. Die neuaufstrebenden Klassen — das Fürstenthum mit seinen Höflingen, die Kaufleute, die römischen Juristen, die Literaten, waren denn auch nichts weniger als chriftlich geſinnt — und zwar um so weniger, je näher zu ſie Rom wohnten. Die Hauptstadt der Chriftenheit ſelbst war der Hauptſiß des Unglaubens. Aber zu einer neuen Organiſation der Staatsverwaltung, zu einer weltlichen Bureau= kratie, die an Stelle der kirchlichen Organiſationen hätte treten können, waren erſt kümmerliche Anſäße vorhanden. Die Kirche als Herrschaftsorganiſation blieb für die herrschenden, also gerade die ungläubigen Klaſſen, noch unentbehrlich. Nicht die Kirche zu zerftören, sondern ſie zu erobern und durch ſie die Geſellſchaft zu beherrschen und ihren Intereſſen gemäß zu geftalten, das war ebenso ſehr die Aufgabe der revolutionären Klaſſen beim Ausgang des Mittelalters, wie es heut= zutage Aufgabe des Proletariats ift, den Staat zu erobern und ihn sich dienſtbar zu machen.

Je ungläubiger die oberen Klaſſen wurden, desto beſorgter zeigten ſie ſich für das Seelenheil der unteren Klaſſen, desto ängstlicher ſahen ſie darauf, daß dieſen ja jede Bildung vorenthalten werde, die ihren Blick über den Bereich der chriftlichen Lehren erhoben hätte. Und ſie brauchten sich dabei nicht allzu ſehr zu bemühen, denn die ſoziale Lage der Bauern, Handwerker und Proletarier war ja eine solche, die ihnen von vornherein das Erlangen einer höheren Bildung un= möglich machte. Sie blieben also im Bannkreise der chriftlichen Anſchauungen.

Die päpftliche Kirche gewann dadurch herzlich wenig. Denn es verhinderte nicht, daß große Volksbewegungen gegen die ausbeutende Kirche sich entwickelten; es bewirkte blos, daß dieſe Bewegungen zur Begründung ihrer Beſtrebungen sich vorwiegend auf religiöſe Argumente beriefen.

Die literarischen Erzeugniſſe des Urchriftenthums boten allen Denen, die die Kirchengüter — aus welchen Gründen immer — konfisziren wollten, ein reiches Arſenal von Waffen; ging doch aus diesen Schriften deutlich hervor, daß Jeſus und ſeine Jünger arm geweſen waren, und daß ſie von ihren Nachfolgern freiwillige Armuth verlangt hatten; daß die etwaigen Güter der Kirche nicht der Geistlichkeit, sondern der Gemeinde gehört hatten.

Die Rückkehr zum Urchriftenthum, zum Evangelium, die Wiederherstellung des „reinen Wortes Gottes," das die päpftliche Kirche gefälscht und in ſein Gegen= theil verdreht hatte, das wurde das Beftreben aller dem Papftthum feindlichen

Klassen und Parteien. Freilich deutete jede dieser Parteien je nach den Interessen, die sie vertrat, das „reine Wort Gottes" anders. Einig waren sie blos darin, daß es die Besitzlosigkeit der kirchlichen Hierarchie fordere. Ob es aber auch die demokratische Organisation der Kirchengemeinde verlange oder gar auch die Gütergemeinschaft, darüber gingen die verschiedenen dem Papstthum opponirenden — „protestantischen" — Richtungen weit auseinander. Aber da im Urchristenthum thatsächlich diese demokratische Organisation und diese Gütergemeinschaft bestanden hatten, so mußte ein Verehrer des Urchristenthums schon sehr am Gegentheil interessirt sein, um aus dem „reinen Wort Gottes" etwas Anderes herauszulesen. Jedes ehrliche Mitglied der besitzenden Klassen, das an einer ketzerischen Bewegung theilnahm und im Stande war, sich geistig über die Interessen und Vorurtheile seiner Klasse zu erheben, konnte daher verhältnißmäßig leicht für den demokratischen Kommunismus gewonnen werden, namentlich so lange, als den besitzenden, dem Papstthum feindlichen Klassen dieses als ein übermächtiger Feind, der Kommunismus dagegen als die harmlose Spielerei einiger überspannten Ideologen erschien, so lange es nothwendig war, alle oppositionellen Kräfte gegen das Papstthum in einer Phalanx zu vereinigen. Der ketzerische Kommunismus zeigte sich anfangs blos der päpstlichen Ausbeutung gefährlich. Darum erwarb er sich leicht die Duldung der besitzenden Klassen, wo diese ketzerisch gesinnt waren, darum war es möglich, daß der Ruf der Rückkehr zum Urchristenthum nicht blos in den Kreisen der ärmeren Bevölkerung, sondern auch bei nicht wenigen Mitgliedern der besitzenden Klassen kommunistische Tendenzen aufkommen ließ.

Betrachtet man alle diese Umstände, dann erscheint es begreiflich, daß die kommunistischen Ideen zur Zeit der ketzerischen Bewegungen, die auf den Sturz des Papstthums abzielten, eine Kraft und eine Ausdehnung erlangen konnten, der die Kraft, die Ausdehnung und das Selbstbewußtsein des Proletariats damals keineswegs entsprachen.

Deshalb mußten aber auch die ketzerischen, kommunistischen Bewegungen in der Regel rasch zusammenbrechen, anscheinend ohne Spuren zu hinterlassen, sobald sie, statt mit den Bewegungen der besitzenden Klassen sich einzig gegen das Papstthum zu richten, einen Versuch machten, die ganze Gesellschaft der Besitzenden anzugreifen.

Alle diese Umstände: mangelndes Klassenbewußtsein bei den Besitzlosen, verhältnißmäßig großes Interesse Besitzender — Kaufleute, Ritter, namentlich aber Geistlicher — für kommunistische Bestrebungen, starke literarische Beeinflussung durch kommunistische Tendenzen einer früheren Periode — des Urchristenthums — alles das mußte bewirken, daß in der ganzen Zeit vom Aufleben kommunistischer Ideen im 12. und 13. Jahrhundert bis in die Zeit der Reformation, ins 16. Jahrhundert hinein, die religiöse Hülle, in der die kommunistische Bewegung auftrat, ihren Klassencharakter noch stärker verdeckte, als dies bei den Volksbewegungen der damaligen Zeit im Allgemeinen der Fall war.

Aber doch ist es das Proletariat gewesen, welches damals schon den kommunistischen Bewegungen seinen Stempel aufgedrückt hat. Und so wie das mittel alterliche Proletariat verschieden ist von dem der verfallenden römischen Gesellschaft, aber auch verschieden von dem modernen, so ist auch der Kommunismus, dessen Träger es war, verschieden von dem urchristlichen ebenso wie von dem des 19. Jahrhunderts. Er bildet ein Uebergangsstadium zwischen beiden.

Er ist ebenso wie der urchristliche und aus denselben Ursachen wie dieser ein Kommunismus der Konsummittel, nicht der Produktionsmittel, und unterscheidet sich dadurch wesentlich von dem modernen; das brauchen wir wohl nach dem bisher Ausgeführten nicht weiter zu erklären.

Der Kommunismus des Mittelalters und der Reformationszeit ist aber auch ebenso wie der des Urchristenthums ein asketischer und ein mystischer, ein Kommunismus der Entsagung und ein Kommunismus, der auf das Eingreifen geheimnißvoller, übermenschlicher Mächte rechnet. Auch dadurch steht er im Gegensatz zum Kommunismus des neunzehnten Jahrhunderts.

IV. Die Mystik.

Betrachten wir zunächst den letzteren Punkt, den Mystizismus.

Eine der Wurzeln desselben haben wir schon berührt: Die Unwissenheit der großen Volksmassen. Je mehr Waarenproduktion und Waarenhandel sich entwickelten, desto mehr wuchsen die gesellschaftlichen Mächte den Menschen über den Kopf, desto undurchsichtiger und geheimnißvoller wurden die gesellschaftlichen Zusammenhänge und desto furchtbarer die gesellschaftlichen Uebel, welche über die Menschen hereinbrachen. Rathlos und hülflos standen ihnen diese gegenüber, am rathlosesten und hülflosesten die unteren, die ausgebeuteten Volksklassen.

Die herrschenden und aufstrebenden Klassen, namentlich die Kaufleute und Fürsten, fanden sich in den neuen Verhältnissen zurecht mit Hülfe der antiken Staatsweisheit und des römischen Rechts, deren Wiedererweckung sie förderten. Den unteren Klassen waren diese Wissenschaften schwer zugänglich — schwerer zugänglich, als die Wissenschaft heutzutage für das Volk ist, denn diese hatte damals ihre eigenen, von der Volkssprache verschiedenen Sprachen: das Lateinische und Griechische.

Das war jedoch nicht der entscheidende Grund dafür, warum die Wissenschaft in die niederen Volksklassen nicht eindrang. Der entscheidende Grund war der, daß diese sich ablehnend zu ihr verhielten, weil sie im Gegensatz stand zu ihren Bedürfnissen.

Die Entwickelung der Wissenschaft ist ebenso wenig wie die der Kunst unabhängig von der Entwickelung der Gesellschaft. Daß die Wissenschaft gedeihe, dazu gehören nicht blos bestimmte Vorbedingungen, welche die wissenschaftliche Forschung erst ermöglichen, es gehören dazu auch bestimmte Bedürfnisse, welche zu wissenschaftlicher Forschung antreiben. Nicht für jede Gesellschaft und jede Gesellschaftsklasse besteht das Bedürfniß nach tieferer Erforschung der wirk= lichen Zusammenhänge in Natur und Gesellschaft, auch wenn die nöthigen Vor= bedingungen gegeben sind. Eine Klasse oder eine Gesellschaft, die im Niedergang begriffen ist, wird sich stets dagegen sträuben, die Wirklichkeit zu erkennen; sie wird ihre Intelligenz nicht dazu benutzen, das, was ist, klar zu stellen, sondern dazu, Argumente zu entdecken, mittelst deren sie sich selbst beruhigen, trösten und — betrügen kann, ganz abgesehen von der Nothwendigkeit, ihre Gegner über ihre Kraft und Lebensfähigkeit zu täuschen.

Der Fortschritt der Wissenschaft kann stets nur gefördert werden durch auf= strebende Gesellschaftsschichten und Gesellschaften. Wem die Zukunft in Wirklich= keit gehört, der hat alles Interesse daran, die Wirklichkeit zu erforschen und jede Täuschung darüber aufzuheben.

Als die antike Gesellschaft verkam, ging es auch mit ihrer Wissenschaft bergab. Die Menschen flüchteten sich immer mehr aus dem Reiche der Wirklichkeit, deren Jämmerlichkeit sie bedrückte, in das Gebiet des Außerwirklichen, des Phan= tastischen, des Mystischen, welches sie ihren Bedürfnissen gemäß gestalten konnten. Wo sie an sich selbst verzweifelten, da sollte die Kraft übernatürlicher Wesen helfen. Der Chiliasmus gedieh auf diesem Boden, der Wunderglaube und die Mystik.

Die Germanen, welche das römische Weltreich zum großen Theil beerbten, übernahmen auch die Lehren des Christenthums, welche aus dieser Atmosphäre erwachsen waren, aber sie gaben ihnen einen anderen Inhalt. Die kühnen und lebenslustigen Barbaren hatten kein Verständniß für jene finstere und zerknirschte Abwendung von der Wirklichkeit, jenes angstvolle Grübeln und Suchen im eigenen Innern, welches die Mystiker des Urchristenthums auszeichnet. Sie waren nicht im Stande, das Christenthum wissenschaftlich zu überwinden, aber sie faßten es so naiv=sinnlich auf, daß der Mystizismus aufhörte, eine lebendige Macht zu sein. Gleich manchen literarischen Resten des Heidenthums fristete er eine karge Existenz in einigen Klöstern.

Da kamen Waarenproduktion und Waarenhandel in der christlich=germanischen Welt auf und revolutionirten sie, und nun bildete sich wieder, und zwar zunächst in den Städten, in den Sitzen der aufstrebenden Kultur, der Boden für ein Wiederaufleben der apokalyptischen Ideen und des Mystizismus überhaupt. Er entsprach den Bedürfnissen derselben Schichten, denen der urchristliche Kommunis= mus entsprach. Mit dem einen entwickelte sich auch der andere.

Nicht den Armen und Gedrückten gehörte damals die Zukunft, sondern den Reichen und Mächtigen, den Fürsten und den Kapitalisten. Diese hatten alle Ursache, die Wissenschaft zu fördern, welche um so mehr für die Machthaber sprach, je besser sie die Wirklichkeit erfaßte. Auch wo sie nicht deren Magd war, wo sie frei sich entwickeln konnte, förderte sie Fürsten= und Kapitalistenmacht.

Die Zeit, wo die Zukunft, die absehbare Zukunft, dem Kommunismus, dem Proletariat gehörte, war noch lange nicht gekommen. Je besser die Armen und Gedrückten die Wirklichkeit erkannten, desto trostloser mußte sie ihnen erscheinen.

Nur ein Wunder konnte die „großen Hansen," ihre Bedrücker und Ausbeuter, in ihrer Gesammtheit niederwerfen und den darbenden Massen Wohlstand und Freiheit bringen. Aber sie verlangten darnach mit allen Fasern ihres Herzens, sie mußten daran glauben, sollten sie nicht verzweifeln. Sie fingen an, die neuauflebende Wissenschaft, die ihren Peinigern diente, ebenso sehr zu hassen, wie den überkommenen Kirchenglauben; sie fingen an, sich von der Wirklichkeit abzuwenden, die so jammervoll und trostlos war, und grübelnd sich in ihr Inneres zu versenken, um daraus Trost und Zuversicht zu schöpfen. Den Argumenten der Wissenschaft und der Wirklichkeit setzten sie die Stimme ihres Innern entgegen, „Gottes Stimme," die „Offenbarung," die „innere Erleuchtung," das heißt in Wirklichkeit die Stimme ihres Sehnens und Bedürfens, die um so lauter tönte und um so siegreicher sich geltend machte, je mehr der Grübelnde sich absonderte von der Gesellschaft, alles Störende von sich fernhielt und seine Phantasie durch die verschiedensten Mittel der Ekstase, namentlich durch Hungern und Beten, erhitzte. So kamen diese Schwärmer zum Glauben an das Wunder, der schließlich so felsenfest in ihnen wurde, daß sie ihn auch Anderen mitzutheilen wußten, die gleiches Bedürfen und Verlangen dazu geneigt machte.

Ein charakteristisches Beispiel dieser Denkart bieten uns die Schriften Münzer's. Wir wollen einige hier zitiren, vor Allem seine Auslegung des zweiten Kapitels Daniel's, welches vom Traumbild des Königs Nebukadnezar handelt — dem Standbild von Eisen und Gold mit thönernen Füßen, die ein Stein zerschmettert — einem für revolutionäre Deutungen höchst fruchtbaren Traum.*)

Münzer führt da aus: Christus ist „zum lautern phantastischen Götzen gemacht," „er ist worden zum Fußhader der ganzen Welt;" darum werden wir von Heiden und Türken verspottet; das Leiden Christi ist nur noch ein Jahrmarkt. Darum müssen wir aus diesem Unflath erstehen, Gottes Schüler werden, von ihm gelehrt und mit der Kraft ausgestattet zur Rache wider die Feinde Gottes. Die Furcht Gottes ist uns hoch von Nöthen, ohne Furcht der Kreatur. Man kann nicht zwei Herren dienen. Die Schriftgelehrten freilich behaupten, Gott offenbare sich heute nicht mehr seinen lieben Freunden durch Gesichte und mündliches Wort, man müsse sich an die Schrift halten. Sie verspotten die Warnungen Derer, die mit der Offenbarung Gottes umgehen, wie die Juden Jeremias verspotteten, der die babylonische Gefangenschaft prophezeite.

Nun kommt Münzer auf den Traum Nebukadnezar's zu sprechen. Seine Zeichenbeuter konnten ihn nicht auslegen. „Es waren gottlose Heuchler und Schmeichler, die da redeten, was die Herren gerne hören, gleich wie itzt zu unserer Zeit die Schriftgelehrten thun, die da gerne geile Bißlen essen zu Hofe." Diese Gelehrten werden verführt durch die Ansicht, sie könnten ohne die Ankunft des heiligen Geistes das Gute vom Bösen sondern. Aber das Wort kommt ins Herz von Gott herab. „Darum trägt St. Paul hervor den Mosen und Esaiam

---

*) Auslegung des andern unterschyds Danielis u. s. w., Alstedt 1524.

(Röm. 10) und redet da vom innerlichen Wort, zu hören in dem Abgrund der Seelen durch die Offenbarung Gottes. Und welcher Mensch dieses nicht gewahr und empfindlich worden ist durch das lebendige Gezeugniß Gottes (Röm. 8), der weiß von Gott nichts gründliches zu sagen, wenn er gleich hunderttausend Biblien hätt gefressen.

„Soll nun der Mensch des Worts gewahr werden und daß er fein empfindlich sei, so muß ihm Gott nehmen seine fleischliche Lust, und wenn die Bewegung von Gott kommt ins Herz, daß er töbten will alle Wolluft des Fleisches, daß er ihm da stattgebe, daß er seine Wirkung bekommen mag. Denn ein thierischer Mensch vernimmt nicht, was Gott in der Seele redet (1. Corinth. 2), sondern er muß durch den heiligen Geist geweiset werden auf die ernstliche Betrachtung des lautern reinen Verstands des Gesetzes (Psalm 18), sonst ist er blind im Herzen und dichtet sich einen hölzernen Christus und verführet sich selber. . . . Also auch zur Offenbarung Gottes muß sich der Mensch von aller Kurzweil absondern und einen ernstlichen Muth zur Wahrheit tragen (2. Corinth. 6), und muß durch Uebung solcher Wahrheit die unbetrüglichen Gesichte von den falschen erkennen."

Ein Auserwählter, der da wissen will, welch ein Gesicht oder Traum von Gott, welches von der Natur oder vom Teufel sei, der muß mit seinem Gemüth und Herzen, auch mit seinem natürlichen Verstand „abgeschieden sein von allem zeitlichen Trost seines Fleisches." Hat er alle Disteln und Dornen, das ist die Wollüste, aus seinem Herzen entfernt, so daß nun gutes Gewächse darin ersprießt, „dann wird der Mensch erst gewahr, daß er Gottes und des heiligen Geistes Wohnung sei in der Länge seiner Tage."

In einer anderen Schrift schildert Münzer drastisch den Gegensatz zwischen einem aufrichtigen Christen, der in Zweifeln und Bekümmernissen unter den größten seelischen Schmerzen nach der Offenbarung sucht, und dem selbstzufriedenen Schriftgelehrten, der religiöse Gleichgültigkeit predigt und aller Seelenkämpfe spottet.

Früher oder später, sagt Münzer, macht der Drang nach dem rechten Glauben in einem „anfangenden Christen" sich Luft und dieser seufzt: „Ach, ich elender Mensch, was treibt mich in meinem Herzen? Mein Gewissen verzehrt all mein Saft und Kraft und Alles, was ich bin. Ei, was soll ich doch nun machen? Ich bin irre worden an Gott und der Kreatur ohne allen Trost. Da peinigt mich Gott mit meinem Gewissen, mit Unglauben, Verzweiflung und mit seiner Lästerung. Von auswendig werde ich überfallen mit Krankheit, Armuth, Jammer und aller Noth von bösen Leuten u. s. w., und doch bedrängt es mich inwendig mehr denn äußerlich. Ach, wie gerne wollt' ich doch recht glauben, wenn ich nur wüßte, welches der rechte Weg wäre."

In dieser Noth wendet sich der Zweifelnde an die Gelehrten um Rath. „Da sagen dann die Gelehrten, welchen es mächtig über die Maßen sauer wird, ehe sie das Maul aufthun, denn ein Wort kostet bei ihnen viel rother Pfennig: ‚Ei, lieber Mann, willst Du nicht glauben, so fahre zum Teufel.‘ ‚Ach, allergelehrtester

Doktor, ich wollte gerne glauben, aber der Unglaube verdruckt alle meine Begier; was soll ich mit ihm in der Welt thun?' Da spricht aber der Gelehrte: ‚Ja, lieber Geselle, Du mußt Dich um solche hohe Dinge nicht bekümmern; glaube Du nur einfältig und schlag' die Gedanken von Dir. Es ist eitel Phantasie. Gehe zu den Leuten und sei fröhlich, so vergißt Du der Sorge.' Sieh', lieber Bruder, solcher Trost hat regiert in der Kirchen und kein anderer. Derselbige Trost hat allen christlichen Ernst zum Gräuel gemacht ... Der heilige Petrus sagt Dir, wer die Mastsäue sind; das sind alle untreuen, falschen Gelehrten, sie seien von welcher Sekte sie wollen; die fressen und saufen und treiben alle ihre Lust in Wohlleben und greinen mit scharfen Zähnen, wie Hunde, wenn man ihnen ein Wort widerspricht." *)

Die Gelehrten und die weltliche Lust kommen bei Münzer gleich schlecht weg.

Die neue, kommende Gesellschaft stellte sich Münzer in chiliastischer Weise höchst überschwänglich als das Paradies auf Erden vor. „Ja," rief er, „es muß uns Allen in der Ankunft des Glaubens widerfahren und gehalten werden, daß wir fleischlichen, irdischen Menschen sollen Götter werden, durch die Menschwerdung Christi, und also mit ihm Gottes Schüler sein, von ihm selbst gelehrt werden und vergottet sein. Jawohl, vielmehr in ihn ganz und gar verwandelt, auf daß sich das irdische Leben schwenke in den Himmel." **)

Dies ein Pröbchen apokalyptischer Mystik; damit vertrug sich allerdings sehr gut ein derber Realismus. Erfüllte Gott Münzer's Offenbarungsdrang nicht, dann äußerte sich dieser sehr despektirlich, wenn wir Melanchthon glauben dürfen, der schaudernd erzählt: „Ja, er sagt öffentlich, das erschrecklich ist zu hören, er wolt in Gott scheißen, wenn er nicht mit ihm redet, wie mit Abraham und andern Patriarchen." ***)

Der überschwängliche Mystizismus, der Hand in Hand geht mit der Askese, ist dem modernen Proletariat fremd. Heute sieht Jeder, der für die Zeichen der Zeit nicht blind ist, daß dem Proletariat die Zukunft gehört, daß alle anderen Klassen ihm gegenüber an sozialer Bedeutung und mithin auch an politischer Macht, an Intelligenz und moralischer Kraft im Niedergang begriffen sind. Heute ist es die Wirklichkeit, die den Sieg des Proletariats verheißt, um so lauter verheißt, je tiefer sie erforscht wird und je klarer die Tendenzen der heutigen gesellschaftlichen Entwickelung zu Tage treten. Die Wissenschaft, die sich die rücksichtslose Erforschung der Wahrheit zur Aufgabe macht, sie liegt heute nur im Interesse des Proletariats, diese Klasse ist es allein, die ein Interesse an der Erforschung der Wahrheit hat.

Wohl blüht der Mystizismus, das Bedürfniß nach überirdischen Mächten,

---

*) Protestation oder empietung Tome Münzers von Stolberg am Hartz, Alstedt 1524.
**) Außgetrückte emplößung des falschen Glaubens der ungetrewen Welt, Mülhausen 1524.
***) Philipp Melanchthon, Historie Thomae Münzer's, abgedruckt in „des theuren Mannes Gottes, Dr. Martin Luther" sämmtlichen Schriften und Werken, Leipzig 1729, XIX., S. 295.

heute wieder auf: aber nicht mehr im Proletariat, nicht mehr bei den Kommunisten — die sind zu Wirklichkeitsphilosophen geworden, zu Materialisten —, sondern in den besitzenden Klassen, welche fühlen, daß ihre Stunde kommt.

Jedoch fehlt diesen der Glaube und jene Hingebung an eine große Sache, die den kommunistischen Mystikern des Mittelalters die Kraft verlieh, die härtesten Verfolgungen zu überwinden und freudig dem Tod entgegenzugehen. Der bürgerliche Mystizismus und Aberglaube unserer Tage erzeugt nicht mehr Helden und Märtyrer; er ist ebenso wenig mehr im Stande, rücksichtslos zu sein, wie die bürgerliche Wissenschaft. Er borgt gern von dieser ein Mäntelchen, um salonfähig zu erscheinen, und beugt sich vor den Launen der Vornehmen.

V. Die Askese.

Neben dem Mystizismus ist als unterscheidendes Merkmal der Kommunisten des ausgehenden Mittelalters und der Reformationszeit im Gegensatz zu den heutigen noch hervorzuheben ihr asketischer Charakter.

Im Mittelalter, ebenso wie zur Zeit des verfallenden Römerthums, war die Produktion noch nicht so weit entwickelt, daß es möglich gewesen wäre, Allen die Mittel eines verfeinerten Lebensgenusses zu gewähren. Wer die Gleichheit Aller verlangte, der mußte nicht blos in der Ueppigkeit, sondern auch in den Künsten und Wissenschaften, die ja thatsächlich vielfach nur als Dienerinnen der Ueppigkeit auftraten, ein Uebel sehen. Aber die Kommunisten gingen meist noch weiter. Angesichts des ungeheueren Elends erschienen ihnen nicht blos der Uebermuth und die Frivolität, sondern leicht überhaupt jede Freude, jeder Genuß, auch der harmloseste, als eine Sünde. Beispiele davon haben uns schon die oben zitirten Stellen aus den Münzer'schen Schriften gebracht. Sie könnten leicht vervielfältigt werden. Melanchthon war über diese Anschauung sehr entrüstet. „Und lehrte," berichtet er in der schon erwähnten „Historie Thomae Münzer's," „daß man also zu rechter und christlicher Frömmigkeit kommen müsse. Anfänglich müßt man ablassen von öffentlichen Lastern, als Ehebruch, Todtschlag, Gotteslästerung u. dergl. Dabei müßt man den Leib kasteien und martern mit fasten, schlechter Kleidung, wenig reden, sauer sehen, den Bart nicht abschneiden. Dergleichen kindische Zucht nennete er Tödtung des Fleisches und Kreuz, davon im Evangelio geschrieben ist. Darauf drungen alle seine Predigten ernstlich." Durch diesen finsteren Puritanismus kamen die Kommunisten in Gegensatz nicht nur zu den herrschenden, sondern oft auch zu den arbeitenden Klassen ihrer Zeit, die noch voll urwüchsiger Lebenslust und Frohmüthigkeit waren. Vielfach waren die Kommunisten bei Bauern und Handwerkern als Mucker verhaßt. Erst als die Reformation in ihrer Entwickelung zur Niederdrückung und Mißhandlung dieser Klassen führte, und das Aufkommen des fürstlichen Absolutismus jeden Widerstand hoffnungslos erscheinen ließ, als ferner die kapitalistische Produktions-

weise ihren Einzug hielt und das Sparen — die „Entsagung" — zur Haupt=
tugend der kleinen Ausbeuter machte, weil es dasjenige Mittel war, welches
ihnen am ehesten versprach, sie in die Reihen der großen Ausbeuter avanciren
zu lassen: erst von da an begann der puritanische Geist in der Bauernschaft und
dem Kleinbürgerthum Wurzel zu fassen.

Aber dieselbe kapitalistische Produktionsweise, die den Bauern und Klein=
bürgern den Puritanismus eingeimpft hat, treibt ihn dem Proletarier aus: sie
flößt ihm Hoffnungslosigkeit und Hoffnungsfreudigkeit gleichzeitig ein. Sie läßt
ihm alle Versuche hoffnungslos erscheinen, seine Lage durch individuelle Anstrengung
erheblich zu bessern; sie raubt ihm als Einzelnen jede Aussicht auf eine bessere
Zukunft und läßt es ihm thöricht erscheinen, der Zukunft die Gegenwart zu
opfern. Carpe diem — nütze den Tag, versäume keine Gelegenheit des
Genusses, die sich dir bietet, wird sein Motto; seine Lage macht ihn sorglos —
freilich nicht sorgenlos — und leichtsinnig, in den Augen des puritanischen
Philisters die zwei größten Todsünden.

Aber gleichzeitig erzeugt die kapitalistische Produktionsweise auch Hoffnungs=
freudigkeit im Proletarier: läßt sie ihm seine individuelle Zukunft immer hoffnungs=
loser erscheinen, so zeigt sie ihm die Zukunft seiner Klasse in immer glänzenderem
Lichte. Von Tag zu Tag wächst die Hoffnungsfreudigkeit und Siegesgewißheit
des Proletariats: es sieht den Tag immer näher heranrücken, der es zum Herrn
aller der Schätze macht, die es erzeugt. Und welcher Schätze!

Was die heutigen Proletarier empört, ist nicht so sehr der Luxus der
Reichen; wir haben schon darauf hingewiesen, daß dieser heute weniger provozirend
auftritt, als vor einem halben Jahrtausend. Was sie empört, ist die Thatsache,
daß sie Mangel leiden müssen inmitten und infolge des Ueberflusses an allem
Nothwendigen. Sie wissen, daß angesichts der ungeheueren Produktivkräfte, welche
die moderne Produktionsweise hervorgebracht hat, die Zeit gekommen ist, wo man
Ueberfluß für Alle schaffen kann.

Erzeugt die kapitalistische Produktionsweise in demjenigen Proletarier, der
nur sein individuelles Schicksal im Auge hat, Sorglosigkeit und Leichtsinn, so
erzeugt sie höhere Formen des Frohsinns und der Lebensfreudigkeit in Jenen,
die am Kampfe ihrer Klasse theilnehmen, die für die Gesammtheit ihrer Klasse
und mit ihr fühlen und denken.

Die Proletarier des Mittelalters dachten und empfanden anders — soweit
sie überhaupt zu selbständigem Denken und Empfinden gelangten. Aber so sehr
ihr Puritanismus sich mit der Askese des Christenthums, namentlich seiner ersten
Jahrhunderte, berühren mochte, so war er doch von dieser in wesentlichen Punkten
verschieden.

Der Charakter der Askese des Christenthums in seinen Anfängen wurde
am meisten bestimmt durch das Lumpenproletariat. Dessen hervorstechendste Eigen=
thümlichkeiten — wer moralisiren will, mag sie Laster nennen — sind aber
Faulheit, Schmutz und Stumpfsinn. Die christliche Askese war im Grunde

nichts, als ein System raffinirter Methoden, diese lumpenproletarischen Eigen=
thümlichkeiten auf den Gipfel der Vollkommenheit zu bringen. Sie begegnet sich
darin mit der indischen (brahmanischen und buddhistischen) Askese, die sich unter
ähnlichen gesellschaftlichen Verhältnissen entwickelte.

Jahre, ja Jahrzehnte lang kauerten die frommen Männer und Frauen
auf einem Fleck, ohne sich zu rühren, in stumpfsinniger Gleichgültigkeit gegen jede
äußere Einwirkung, gegen Hitze und Frost, Regen und Dürre, ohne sich je zu
waschen, ohne Haare und Nägel zu schneiden, ohne das Ungeziefer zu belästigen,
das üppig auf ihnen gedieh. Manche dieser heiligen Büßer — heilig waren sie
alle mehr oder weniger — waren sogar zu faul zum Essen und mußten von
frommen Seelen künstlich gefüttert werden.

Die Proletarier des Mittelalters waren zum großen Theil bereits Arbeiter;
sie durften sich den Luxus einer derartigen Entsagung nicht erlauben; sie lebten
nicht von der Mildthätigkeit, das heißt der Ausbeutung Anderer, wie die Ana=
choreten, sondern von ihrer eigenen Arbeit; sie mußten sich rühren, sich um die
Welt kümmern, wollten sie nicht verhungern. Weder Stumpfsinn noch Faulheit
waren mit ihrer Existenz verträglich; und sie waren noch zu wenig herabgewürdigt,
sie standen noch einem gedeihenden, wohlhabenden Bauern= und Handwerkerthum
zu nahe, als daß sie sich mit dem Schmutz hätten befreunden können. Am
allerwenigsten war dies der Fall bei Denjenigen unter ihnen, die so hoch standen,
daß sie fähig waren, kommunistische Ideen aufzunehmen. Alle Berichterstatter
sind einstimmig darin, daß gerade die Mitglieder der kommunistischen Sekten des
Mittelalters und der Reformation sich durch Fleiß, Ehrbarkeit und Sauberkeit
vor ihrer Umgebung hervorgethan haben. Dieser Eigenschaften wegen wurden
sie stellenweise als Arbeiter sogar willkommen geheißen.

Einen guten Beleg dafür bieten uns die Wiedertäufer in Mähren, wo es
ihnen gelungen war, sich an verschiedenen Punkten festzusetzen und als friedliche
Sekte einige Kolonien zu gründen, die so kommunistisch waren, als es die Um=
gebung, in der sie lebten, erlaubte. Ueber sie schreibt Gindely, der keineswegs
mit ihnen sympathisirt:

„Mitten unter den verschiedenen Parteien gab es sporadisch in Böhmen,
in großen Massen aber und in zahlreichen Gemeinden in Mähren Wiedertäufer.
Sie waren vor 1530 in Mähren eingewandert und hatten sich da schnell in
mehr als 70 Gemeinden ausgebreitet. Die Staatsgewalt verfolgte sie bald mehr,
bald weniger eifrig, aber sie erhielten sich, dank dem Schutz einiger adeligen
Geschlechter, die ihre guten Gründe dazu hatten.

„Solchergestalt traf Maximilian in Mähren die Wiedertäufer, die so oft
und so vergeblich proskribirt worden waren. Der Gewohnheit seines Vaters
gemäß, machte er 1567 dem Landtag die Proposition zur Vertreibung derselben
binnen kurzer Frist. Was aber nie früher von Seite des Adels geschehen war,
traf jetzt ein. Der Herren= und Ritterstand — der Stand der Prälaten und die
Städte betheiligten sich nicht an dieser Bitte — befürwortete beim Kaiser die

Belaſſung der Wiedertäufer in ihren Wohnorten. Die Bitte wurde nicht etwa mit der Vorſtellung unterſtützt, daß dieſelben noch nicht überwieſene Ketzer ſeien oder daß man ſich mit ihrer Bekehrung befaſſen werde, nein, die Bitte fußte auf dem nur zu wahren Grunde, daß die Wiedertäufer ſehr nutzbringende Unterthanen ſeien, die man ohne großen materiellen Nachtheil noch weniger wie die Juden entfernen dürfe; Katholiken, Ultraquiſten wie (böh= miſche) Brüder beugten ſich vor der Wichtigkeit dieſes von ihnen ſelbſt aufgeſtellten Argumentes. Und in der That waren die Wiedertäufer überall äußerſt emſige, ſparſame, mäßige, übrigens aber weitaus die geſchickteſten Arbeiter in Mähren."*)

Etwas Derartiges kann von den apokalyptiſchen Schwärmern und Asketen der Anfänge des Chriſtenthums nicht behauptet werden.

VI. Die Internationalität und der revolutionäre Geiſt.

In einem weſentlichen Punkte ſtimmen alle drei hier betrachteten Arten des Kommunismus, der urchriſtliche, der mittelalterliche und der moderne, überein: in ihrer Internationalität, die ſie ſcharf ſcheidet vom platoniſchen, der ein lokaler war. Der letztere war für einzelne Stadtgemeinden mit ihrem Gebiet berechnet. Vom Chriſtenthum an wirkt dagegen jeder Kommuniſt für die geſammte Menſch= heit, oder wenigſtens für den geſammten internationalen Kulturkreis, in dem er lebt. Die lokale Beſchränktheit des platoniſchen Kommunismus entſpricht den Eigenthümlichkeiten der bäuerlichen und handwerksmäßigen Produktion. Die bäuerliche Produktion macht die Menſchen ſeßhaft, feſſelt ſie an die Scholle und nimmt alle ihre Arbeitskräfte völlig in Anſpruch. Das Herumſchweifen der ehedem nomadiſchen Stämme hört auf, der Geſichtskreis der ländlichen Be= völkerung verengert ſich, die Kirchthumspolitik, die Beſchränkung auf die Mark= genoſſenſchaft und Gemeinde wird zur Eigenthümlichkeit des Bauern.

Nicht beſſer ſteht es mit dem ſtädtiſchen Kleinbürger des Mittelalters. Auch er iſt meiſt Landwirth neben ſeinem ſtädtiſchen Beruf; aber ſelbſt wo er ausſchließ= lich letzterem lebt, iſt er an die Scholle gefeſſelt, durch ſeine Abhängigkeit von einem beſtimmten lokalen Kundenkreis, in der Regel auch als Hausbeſitzer.

Die Kapitaliſten und die Proletarier überwinden dieſe lokale Beſchränktheit. Der Kaufmann lebt nicht von ſeinen lokalen Kunden allein, ſondern und vor= nehmlich von dem Verkehr der Heimath mit der Fremde. Je inniger und leichter dieſer Verkehr, deſto beſſer gedeiht er. Daher iſt der Kaufmann international, oder beſſer geſagt, interlokal. Wo er einen Profit machen kann, dort iſt er zu Hauſe.

Aus anderen Gründen ſtammt der interlokale Sinn des Proletariers. Dieſer beſitzt nichts, was ihn an die Scholle feſſelt; ſeine Heimath bietet ihm nichts, was

---

*) A. Gindely, Geſchichte der böhmiſchen Brüder, Prag 1857, II., S. 19 ff.

er nicht anderswo auch fände, Ausbeutung und Unterdrückung. Die geringste Aus=
sicht, anderswo sein Loos zu verbessern, genügt, ihn dorthin wandern zu lassen.

Aber der Interlokalismus des Kaufmanns ist ein ganz anderer als der des
Proletariers. Der Verkehr des ersteren mit der Fremde und seine Stellung auf dem
auswärtigen Markt hängen wesentlich ab von der Macht des Staates — sei es
eine antike Stadt oder eine moderne Nation —, dem er angehört. Er bedarf zu
seinem Gedeihen einer kräftigen Staatsgewalt, namentlich einer starken Kriegs=
macht. Er ist daher stets Patriot, mag er im Ausland oder im Inland weilen
— in ersterem meist noch mehr als in letzterem —; seit dem Mittelalter finden
wir ihn überall, wo die Verhältnisse dem Absolutismus und der Bildung nationaler
Staaten günstig sind, auf der Seite der Fürsten und des Chauvinismus.

Anders der Proletarier. Die Staatsgewalt bildet den mächtigsten Schutz
Derjenigen, die ihn ausbeuten und mißhandeln. Und das Proletariat hatte seit
dem Untergang der römischen Republik bis in die ersten Jahrzehnte unseres Jahr=
hunderts keine Aussicht, den Staat zu erobern und sich dienstbar zu machen oder
ihn mindestens zu seinen Gunsten zu beeinflussen. Der Staat war der größte
Feind des Proletariers, kein Wunder, daß dieser leicht dazu kam, die Konsequenzen
daraus zu ziehen. Nicht blos Gleichgültigkeit, sondern geradezu Abneigung gegen
den Staat, gegen die Betheiligung an der Politik und an der Landesvertheidigung
sind eine Eigenthümlichkeit aller kommunistischen Sekten vom Urchristenthum an
bis in unser Jahrhundert gewesen. Der Anarchismus ist noch ein Nachklang davon.
Nur gelegentlich wurde diese Abneigung überwunden, in Revolutionszeiten, wenn
es schien, als breche die alte Staatsgewalt zusammen, so daß das Proletariat
im Stande sei, sich ihrer zu bemächtigen. Um so entschiedener wurde dann in
der Zeit der Reaktion die Abkehr von aller Politik betont. So nach dem Fall
Tabors von den böhmischen Brüdern, nach dem Bauernkrieg von den Wieder=
täufern, nach der Niederschlagung der Münster'schen Erhebung von den Mennoniten,
wie wir noch sehen werden.

Stets aber und unter allen Umständen haben die Kommunisten seit den
Zeiten des Urchristenthums die Pflichten der internationalen resp. interlokalen
Solidarität betont.

Der Kaufmann tritt im Ausland als Konkurrent auf, als Gegner der Ein=
heimischen. Er baut nicht auf deren Gutwilligkeit, sondern auf seine Macht, bezw.
die Macht seines Staates, der ihn schützt.

Der Proletarier erscheint in der Fremde als Kämpfer gegen die gleiche
Ausbeutung und Unterdrückung, die er zu Hause fand. Nicht auf die Unter=
stützung seines Staates kann er dabei rechnen, sondern nur auf die der Proletarier
der Gegend, in die er gezogen, mit denen er den gleichen Kampf kämpft.

Allerdings, wo der Proletarier sich mehr als Verkäufer seiner Arbeitskraft,
denn als Kämpfer fühlt, da sieht er im fremden Mitproletarier leichter den Kon=
kurrenten als den Kampfgenossen und da wird die Disposition zu internationaler
Solidarität leicht überwunden.

Aber dies gilt nicht für die Kommunisten. Diese sind in erster Linie Kämpfer gegen Ausbeutung und Unterdrückung und allenthalben finden sie dieselben Gegner, leiden sie unter derselben Verfolgung. Das schweißt sie fest zusammen. Seit den Tagen des Urchristenthums ist es den Beobachtern der Kommunisten stets als eine besondere Eigenthümlichkeit erschienen, daß sie alle zusammen nur eine große Familie bildeten, daß der fremde Genosse ebenso als Bruder galt wie der einheimische, daß er überall zu Hause war, wo er Genossen fand. Dank dieser Eigenthümlichkeit und der Besitzlosigkeit der Kommunisten — der Besitzende, der sich ihnen anschloß, mußte ja sein Vermögen unter die Armen vertheilen —, war es ihren Vorkämpfern, ihren Agitatoren leicht, von Ort zu Ort zu reisen. Beständig waren diese auf Reisen, und sie entfalteten eine Beweglichkeit und durchmaßen Strecken, die uns auch heute, im Zeitalter der Eisenbahnen, respektabel erscheinen. So standen zum Beispiel die böhmischen Waldenser in stetem Verkehr mit denen Südfrankreichs.

Dadurch sind sie von der größten Bedeutung für die gesammten revolutionären Bewegungen der unteren Klassen ihrer Zeit geworden. Das größte Hemmniß bei diesen Bewegungen bildete die lokale Beschränktheit der Bauern und Kleinbürger, welche sie in ungeheueren Nachtheil setzte ihren gut organisirten Widersachern gegenüber. Wo es gelang, diese Beschränktheit zu überwinden und die revolutionären Erhebungen einzelner Lokalitäten in Zusammenhang miteinander zu bringen, da geschah es wesentlich durch das Wirken der kommunistischen Wanderprediger. Der anfängliche Erfolg der bäuerlichen Erhebung von 1381 in England und der der Taboritischen Bewegung in Böhmen ist zum großen Theil ihrem zusammenfassenden Einfluß zu danken. Während des großen deutschen Bauernkrieges von 1525 waren sie in ähnlicher Weise thätig, unter ihnen besonders Thomas Münzer, aber der deutsche Partikularismus war zu stark, als daß sie ihn hätten überwinden können. Diese Erhebung ist großentheils an ihrer Zersplitterung gescheitert.

Hier sind wir bei einer weiteren wichtigen Eigenthümlichkeit des ketzerischen Kommunismus angelangt, der letzten, die wir in diesem Zusammenhang behandeln wollen, einer Eigenthümlichkeit, die ihn vom urchristlichen Kommunismus unterscheidet, dagegen mit dem modernen verwandt macht: seinem revolutionären Geist.

Der Lumpenproletarier ist feig und demüthig. Nicht etwa, daß er den Reichen nicht haßte. Dieser Haß ist bei ihm zum Mindesten ebenso stark entwickelt, wie bei dem arbeitenden Proletarier. Auch in den Evangelien finden sich Spuren davon. Wir erinnern nur an das Gleichniß vom armen Lazarus.*)

---

*) „Es war aber ein reicher Mann, der kleidete sich mit Purpur und köstlicher Leinwand und lebte alle Tage herrlich und in Freuden. Es war aber ein Armer, mit Namen Lazarus, der lag vor seiner Thür voller Schwären und begehrte sich zu sättigen von den Brosamen, die von des Reichen Tische fielen; doch kamen die Hunde und leckten ihm seine

Von den moralischen Qualitäten des Reichen und des Armen ist in dem Gleichniß nicht im Mindesten die Rede. Lazarus kommt in Abraham's Schooß, nicht weil er ein guter Mensch war, sondern weil es ihm schlecht ging. Vom Reichen wird auch nichts Böses gesagt — sein Reichthum genügt, ihn zu ewigen Höllenqualen zu verdammen, die Abraham nicht im Mindesten lindern kann, anscheinend auch nicht will. Wenn das nicht Haß gegen den Reichen als Reichen, unverhüllten Klassenhaß bedeutet, dann giebt es überhaupt keinen Klassenhaß.

Aber das Gleichniß vom armen Lazarus zeigt uns auch, in welcher Weise der Klassenhaß des Lumpenproletariers sich äußert: im Träumen. Er ersinnt die scheußlichsten Qualen für den Reichen und schwelgt bei deren Anblick — aber nur in Gedanken. Er haßt den Reichen, aber er weiß, wie überflüssig in der Gesellschaft er selbst ist, daß er nur von der Gnade des Reichen lebt, und so kriecht er feige und demüthig vor diesem um so mehr, je mehr er ihn haßt. Am auffallendsten mußte sich das in der römischen Kaiserzeit zeigen, in einer Gesellschaft, in der alle republikanischen Bürgertugenden verloren gegangen waren, in der keine Klasse mehr an sich selbst glaubte, Feigheit und Unterwürfigkeit überall verbreitet waren. Kein Wunder, daß diese Eigenschaften auch in dem Christenthum jener Zeit Eingang fanden und daß die damaligen christlichen Schriften die deutlichsten Spuren davon tragen.

Für das absolute Fürstenthum, dessen Anfänge zu Ende des Mittelalters auftreten, waren daher, trotz seines Materialismus, die Schriften des Neuen Testamentes ebenso willkommene Werkzeuge, wie das römische Recht, das derselben Zeit entstammte. Diese Religion, sagten sie, die muß dem Volke erhalten werden.

Das Volk dagegen, die ausgebeuteten Klassen, Bauern, Kleinbürger, Proletarier, dachte anders. Dieses Volk war ein anderes als das der verkommenden römischen Gesellschaft. Wehrhaft und bäurisch trotzig, hatte es kein Verständniß für eine Lehre, die dem Menschen vorschrieb, er solle, wenn er einen Backenstreich erhalten, auch noch die andere Wange hinhalten; die die Selbsthülfe verpönte, „denn die Rache ist mein, spricht der Herr," und „wer das Schwert zieht, wird durch das Schwert umkommen," die das stille Leiden und Dulden für Christenpflicht erklärte. Sobald das Volk überhaupt dazu kam, die Bibel selbst kennen

---

Schwären. Es begab sich aber, daß der Arme starb und ward getragen von den Engeln in Abraham's Schooß. Der Reiche aber starb auch und ward begraben.

„Als er nun in der Hölle und in der Qual war, hob er seine Augen auf und sah Abraham von ferne und Lazarum in seinem Schooße, rief und sprach: Vater Abraham, erbarme Dich meiner und sende Lazarum, daß er das Aeußerste seines Fingers ins Wasser tauche und kühle meine Zunge, denn ich leide Pein in dieser Flamme.

„Abraham aber sprach: Gedenke Sohn, daß Du Dein Gutes empfangen hast in Deinem Leben, und Lazarus dagegen hat Böses empfangen; nun aber wird er getröstet und Du wirst gepeinigt. Und über das Alles ist zwischen uns und Euch eine große Kluft befestigt, daß die da wollten von hinnen hinab fahren zu Euch, können nicht, und auch nicht von dannen herüber fahren." (Lucas 16, 19—26.)

zu lernen — die katholische Geistlichkeit wußte wohl, warum sie die Bekanntschaft mit derselben zu ihrem Privileg machen wollte — entnahm es dem Neuen Testament nicht die Lehren der Demuth und Entsagung, sondern nur den Haß gegen die Reichen. Das beliebteste Stück des Neuen Testaments wurde bei den ketzerischen unteren Volksklassen die Apokalypse, jene revolutionären und blutrünstigen Phantasien eines Urchristen, in denen er frohlockend den Untergang der bestehenden Gesell= schaft unter Gräueln weissagt, denen gegenüber Alles harmlos erscheint, was der radikalste Anarchismus bisher an Thaten und Drohungen aufzuweisen hat. Außer der Apokalypse kultivirten aber die ketzerischen unteren Volksklassen mit Vorliebe das Alte Testament, das noch voll ist von Spuren bäuerlicher Demokratie und nicht nur Haß, sondern auch thatkräftige und schonungslose Bekämpfung der Tyrannen, der Reichen und Mächtigen lehrt.*)

Die Anhänger der kommunistischen Sekten blieben davon nicht unberührt. Freilich waren sie zu schwach, ihre Existenz beruhte zu sehr auf der Duldung der Reichen und Mächtigen, als daß sie in Friedenszeiten den Gedanken hätten aufkommen lassen können, daß sie durch Gewalt die bestehende Gesellschaft um= stürzen könnten, um die kommunistische an deren Stelle zu setzen. Wenn auch nicht kriechend und unterwürfig, wie die Lumpenproletarier des verkommenden Rom, waren doch die Kommunisten bis zur Reformationszeit im Allgemeinen friedliebend, und ihre Friedensliebe und Duldsamkeit wird von den Berichterstattern übereinstimmend ebenso sehr als ihre Eigenthümlichkeit bezeichnet, wie ihr Fleiß und ihre Sauberkeit.

Wenn aber revolutionäre Zeiten kamen, wenn Bauern und Handwerker rings um sie sich erhoben, dann erfaßte revolutionärer Enthusiasmus auch die Kommunisten; dann erschien ihnen — oder wenigstens einem Theil von ihnen, denn oft spalteten sie sich über dieser Frage — die Zeit gekommen, wo Gott groß wird in den Kleinen und kein Wunder unmöglich erscheint. Dann werfen sie sich in die revolutionäre Bewegung, um sie dem Kommunismus dienstbar zu machen; und da es für sie, wenn sie einmal drin sind, keinen Kompromiß mit den bestehenden Gewalten geben kann, da es für sie eine Besserung innerhalb der bestehenden Gesellschaft nicht giebt, gewinnen sie bald die Oberhand über die schwankenden und zaudernden Elemente, werden leicht zu Führern der Bewegung — so die Taboriten unter den Hussiten, so Münzer und sein Anhang unter den Rebellen des Thüringischen Bauernkriegs —, geben dieser Bewegung selbst einen kommunistischen Anstrich, verleihen dem Kommunismus den Anschein einer Kraft,

---

*) Auf den Gegensatz zwischen dem alten, vielfach bauernfreundlichen und dem neuen, fürstenfreundlichen Testament hat schon Luther hingewiesen während des Bauernkrieges in seiner Schrift „wider die räuberischen und mörderischen Bauern": „Es hilft auch die Bauern nicht, daß sie fürgeben, Gen. 1 und 2 sein alle Dinge frei und gemein geschaffen und daß wir alle gleich getauft sind. Denn im neuen Testament hält und gilt Moses nicht; sondern da stehet unser Meister Jesus Christus und wirft uns mit Leib und Gut unter den Kaiser und das weltliche Recht" u. s. w.

die er in Wirklichkeit noch nicht besitzt, und veranlassen gerade dadurch die Vereinigung aller Besitzenden gegen ihn, so daß diese, rasend von angstvoller Wuth,
ihn völlig zerschmettern.

Dieser revolutionäre Geist der kommunistischen Bewegungen der unteren
Volksklassen seit dem Ausgang des Mittelalters ist dasjenige Merkmal, welches
sie am schärfsten, trotz vieler sonstigen Aehnlichkeiten, vom Kommunismus des
Urchristenthums trennt und welches am deutlichsten ihre Verwandtschaft mit den
modernen proletarisch=kommunistischen Bewegungen bezeugt.

Der urchristliche Kommunismus war unpolitisch und thatlos. Dagegen hat
der proletarische Kommunismus vom Mittelalter an naturnothwendig das Bestreben, unter günstigen Umständen ein politischer und rebellischer zu werden. Wie
die heutige Sozialdemokratie, setzt auch er sich dann als Ziel die Diktatur
des Proletariats als den wirksamsten Hebel zur Herbeiführung der
kommunistischen Gesellschaft.

Drittes Kapitel.
Der ketzerische Kommunismus in Italien und Südfrankreich.

I. Arnold von Brescia.

Wir haben bereits im Anfang dieses Abschnittes darauf hingewiesen, daß
das städtische Wesen des Mittelalters sich zuerst in Italien und Südfrankreich
entwickelte, daß wir dort die ersten Regungen des mittelalterlichen Kommunismus
finden. Aber auch die ersten Regungen der Ketzerei, die ersten reformatorischen
Bewegungen treten dort auf.

Deutsche Gelehrte haben die abgeschmackte Behauptung aufgestellt, nur die
germanischen Völker besäßen jene Innigkeit, jene wahre Religiosität, die noth=
wendig gewesen sei, um den Drang nach einer Reformirung der Kirche zu erzeugen. Aber wir finden in Italien Reformationsbewegungen lange, ehe man in
Deutschland daran dachte.

Zuerst machten sie sich geltend in Rom selbst, der Hauptstadt der Christenheit.
Rom war im Mittelalter das „Herz Europas," ähnlich, aber in noch weit höherem
Grade, als es Paris in der Zeit von der großen Revolution bis zum Krieg von
1870/71 gewesen ist. Nicht nur alle kirchlichen Angelegenheiten — und die
erfüllten im Mittelalter das ganze Leben — wurden von Rom aus geleitet und
in letzter Instanz entschieden, Rom war auch ein Sitz der Künste und Wissenschaften, der oberste Richter in allen, auch weltlichen Streitigkeiten und — last
but not least — der Sitz der raffinirtesten Lüste und Vergnügungen. Nach Rom
pilgerte, wer sich bedrückt fühlte und sein Recht daheim nicht finden konnte; wer
höherer Weisheit, feineren künstlerischen Empfindens theilhaftig werden wollte;

wer sich daheim langweilte und überflüssiges Geld hatte. Sie Alle fanden sich in Rom zusammen, und wie verschieden ihre Beweggründe sein mochten und wie verschieden die Resultate, die sie erreichten, in Einem stimmten ihre Schicksale über= ein: sie wurden Alle ihr Geld los — und oft auch das Geld Anderer.

Wie heute, war Rom bereits im Mittelalter, und damals noch mehr als jetzt, eine Fremdenstadt, die von den Fremden lebte, durch sie groß wurde. Die Hebung des Fremdenverkehrs in Rom war eine der wichtigsten Aufgaben, die sich die Päpste stellten.

Die Weltausstellungen als ein Mittel, die Fremden anzuziehen, waren im Mittelalter noch nicht erfunden. Die Päpste erfanden ein anderes, nicht weniger wirksames Mittel: den Jubiläumsablaß oder das heilige Jahr. Wer in einem gewissen Jahr eine Wallfahrt nach Rom unternahm, wurde eines vollständigen Ablasses theilhaftig. Das wirkte. So wie die Leute 1889 zu Tausenden nach Paris zogen, unter dem Vorwand, etwas lernen zu wollen, und thatsächlich, um sich zu amüsiren, so zogen sie in den heiligen Jahren nach Rom, wo sie alle damals bekannten Sünden und Laster auskosten und obendrein sündloser, als sie gekommen waren, nach Hause zurückkehren konnten. Der erste Jubiläumsablaß wurde vom Papst Bonifaz VIII. für das Jahr 1300 proklamirt. Die Berechnung der Zahl der Fremden, die damals nach Rom strömten, „konnte weder leicht noch genau sein und ist wahrscheinlich von der gewandten Geistlichkeit, welche die An= steckung des Beispiels wohl kannte, übertrieben worden; indessen versichert ein einsichtsvoller Geschichtschreiber, welcher der Feier beiwohnte, daß Rom nie mit weniger als zweihunderttausend Fremden angefüllt gewesen sei, und ein anderer Zeuge hat die Gesammtzuströmung des Jahres auf zwei Millionen angeschlagen. Eine geringe Gabe von jedem Einzelnen mußte einen königlichen Schatz aufhäufen, und zwei Priester standen Tag und Nacht mit Rechen in den Händen, um, ohne zu zählen, die Haufen Goldes und Silbers, die auf den Altar des heiligen Paulus geschüttet wurden, einzustreichen. Es war zum Glück eine Zeit des Friedens und Ueberflusses, und wenn es auch Mangel an Fütterung gab, und die Herbergen und Wohnungen außerordentlich theuer waren, hatte doch die Politik des Bonifacius und die gewinnsüchtige Gastfreiheit der Römer für einen unerschöpflichen Vorrath an Brot und Wein, an Fleisch und Fischen gesorgt." (Gibbon, Geschichte des Verfalls und Untergang des römischen Weltreichs, deutsch von Sporschil, Leipzig 1837, S. 2573.)

Ursprünglich hätte nur jedes hundertste Jahr ein „heiliges" sein sollen, aber das Geschäft ging zu famos, als daß nicht die Päpste und die Römer das Verlangen gehabt hätten, es öfters zu wiederholen. Der Zwischenraum von einem Jubiläumsablaß verkürzte sich immer mehr, auf 50, 33, endlich 25 Jahre.

Dies nur ein Beispiel der Mittel, durch die Fremde und deren Geld an= gelockt wurden. Aber schon lange vor der Erfindung des Jubiläumsablasses war die ewige Stadt im Mittelalter aus ihrer Erniedrigung wieder emporgestiegen, und früher als eine andere Stadt des Mittelalters gelangte sie zu Macht und

Bedeutung. Was von den anderen Städten galt, galt aber auch für Rom: mit seinem Wohlstand und seiner Macht wuchs auch das Selbstbewußtsein und der Unabhängigkeitsgeist seiner Bewohner. Und gleich den anderen Städtern suchten auch die Römer sich frei zu machen von ihren Herren, einmal vom Papst, einmal vom Kaiser, mitunter gleichzeitig von Beiden. Nicht nur als Herz Europas glich das Rom des Mittelalters dem Paris aus der Zeit von 1789 bis 1871, es war auch wie dieses die Hauptstadt der Revolutionen.

„Wer kennt nicht," rief im 12. Jahrhundert der heilige Bernhard von Clairvaux, dem vor dem rebellischen Volke schauderte, „die Frechheit und Un= fügsamkeit der Römer, eines Volkes, das Ruhe nicht kennt, im Aufruhr auf= gewachsen ist, das, wild und unbezähmbar, den Gehorsam verachtet, außer es ist zu schwach zum Widerstande? Wenn sie zu dienen versprechen, streben sie zu herrschen; wenn sie Treue schwören, warten sie auf die Gelegenheit zur Empörung, und doch machen sie ihrem Mißvergnügen durch lautes Geschrei Luft, wenn man ihnen seine Thüren und seinen Rath verschließt. Geschickt zu Unheil, haben sie nie die Kunst erlernt, Gutes zu wirken. Der Erde und dem Himmel verhaßt, ruchlos gegen Gott, aufrührerisch unter sich selbst, eifersüchtig gegen ihre Nachbarn, werden sie von Niemandem geliebt, und während sie Furcht einzuflößen wünschen, leben sie in niedriger und immerwährender Bangigkeit. Sie wollen sich nicht unterwerfen und verstehen doch nicht zu herrschen, sind treulos gegen ihre Oberen, unverträglich unter ihres Gleichen, undankbar gegen ihre Wohlthäter und gleich unverschämt in ihren Forderungen wie in ihren Weigerungen."[*)]

Man glaubt einen unserer Bourgeois über die Pariser von 1871 schimpfen zu hören!

In derselben Zeit, in der die Macht der Päpste über die Christenheit auf ihrem Gipfel stand, wurden diese selbst machtlos in Rom. „Jene Päpste, welche mit ihren Anathemen die Fürsten und Völker schreckten, welche die Herrschaft über die abendländische Kirche im Vollgefühl einer schrankenlosen Gewalt übten, haben selten in Rom einen umfriedeten Sitz gehabt; nirgends hat ihre Macht weniger gegolten, als in ihrer eigenen Stadt und ihrem eigenen Sprengel. Wie Flüchtlinge sind sie meist in der Welt umhergezogen, von den Verwünschungen ihres Volkes verfolgt."[**)]

Das auffallendste und bekannteste, aber nichts weniger als einzige Beispiel der Machtlosigkeit der Herren der Welt den Bewohnern ihrer Stadt gegenüber ist das Gregor VII., der den deutschen Kaiser Heinrich IV. zwang, in Kanossa Buße zu thun, der aber mit den Römern nicht fertig werden konnte. Er verließ Rom, weil er sich dort nicht sicher fühlte und starb in freiwilliger Verbannung zu Salerno.

Erst im 15. Jahrhundert, das überall durch das Vorbringen der absoluten

---

*) Zitirt bei Gibbon, a. a. O., S. 2551. „Diese schwarze Schilderung ist sicher nicht mit dem Pinsel christlicher Liebe gefärbt," meint Gibbon.

**) Giesebrecht, Deutsche Kaiserzeit, III., S. 550.

Fürstenmacht ausgezeichnet ist, gelang es den Päpsten, ihrer rebellischen Unter=
thanen Herr zu werden. Eugen IV. war der letzte Papst (bis auf Pius IX.,
1848), der vor einem Aufstand der Römer flüchten mußte (1433).

Für eine so unbändige und so unkirchliche Bevölkerung lag der Wunsch
nahe, die Geistlichkeit zur evangelischen Armuth zurückzuführen, das heißt sich
die Reichthümer anzueignen, welche die Kirche erbeutet hatte und welche in Rom
aufgehäuft lagen. Aber ebenso leicht begreiflich ist es, daß einige Jahre der
Papstlosigkeit genügten, um ihnen zu zeigen, wo die dauernde Quelle ihrer
Existenz zu finden sei.

Kein Wunder, daß Rom es war, wo es zu dem ersten ernsthaften Versuch
einer Kirchenreformation kam — schon in der Mitte des 12. Jahrhunderts —,
der sich an den Namen des Arnold von Brescia knüpft. Dieser, ein Schüler
Abälard's, trat auf das Entschiedenste gegen den weltlichen Besitz des Klerus
auf und berief sich auf das Urchristenthum, wie auch alle späteren Reformatoren.
Er war jedoch keineswegs Kommunist. Nicht unter das Volk sollten die Kirchen=
güter vertheilt werden, sondern den weltlichen Machthabern zufallen.

Aus Frankreich, wo er in Paris Abälard gehört hatte, seiner „Ketzereien"
wegen vertrieben, war er in die Schweiz geflüchtet. 1145 wandte er sich nach
Rom und fand dort den Schutz der eben damals rebellischen Demokratie, in deren
Dienste er trat.

Indeß brach diese Bewegung nach kaum zehnjähriger Dauer wieder zu=
sammen. Die Römer erkannten bald, daß sie dem Papstthum nicht allzu unsanft
mitspielen dürften, sollten sie nicht das Huhn schlachten, das ihnen die goldenen
Eier legte. Die Größe und der Reichthum Roms beruhten ja nicht auf seiner
Industrie oder seinem Handel, sondern auf der Ausbeutung der Christenheit
durch das Papstthum. Die Römer des Mittelalters lebten gleich denen der
antiken Republik von der Ausbeutung der Welt. Blos die Methoden waren
andere geworden. 1154 machten die Römer ihren Frieden mit dem Papst und
wiesen Arnold von Brescia aus. Der vielgerühmte Friedrich I. Barbarossa, in
dessen Hände er gerieth, lieferte ihn den päpstlichen Schergen aus, die ihn als
notorischen Ketzer ohne Weiteres verbrannten.

— — — — —

II. Die Waldenser.

Tiefere Wurzeln schlug die Ketzerei in den Städten Norditaliens, namentlich
aber im südlichen Frankreich. Dort entfalteten sich zuerst während des Mittel=
alters im Abendland Handel und städtische Industrie,*) es bildete sich zuerst ein
Bürgerthum, es entwickelte sich zuerst nicht blos das Handwerk für den Lokal=

---

*) Von Süditalien sehen wir hier ab, da dasselbe im Mittelalter thatsächlich mehr zum
Orient als zum europäischen Abendland gehörte. Seine Kultur war mehr byzantinisch und
sarazenisch als christlich=germanisch.

bedarf, sondern bald auch der Anfang von Massenindustrien, von Exportindustrien und damit die Keime eines kapitalistisch ausgebeuteten Proletariats.

Der Reichthum dieser Städte reizte frühzeitig die Habsucht der Päpste. Aber gerade dieser Reichthum verlieh ihnen auch bald die Macht, nach Selbständigkeit zu streben, sehr oft auch sie zu erringen, und das Joch des Papstthums abzuwerfen.

In den norditalienischen Städten gab es jedoch eine Reihe von Umständen, welche sie dem Papstthum günstig stimmten. Nach den Reichthümern der italienischen Städte waren nicht blos die Päpste lüstern, sondern auch deren Konkurrenten in der Ausbeutung Italiens, die deutschen Kaiser. Je weniger für diese in dem ökonomisch rückständigen Deutschland zu holen war, desto mehr suchten sie aus den reichen italienischen Städten für sich herauszuschinden. Und wie ohnmächtig sie auch in Deutschland sein mochten, für ihre Raubzüge nach Italien, die soge= nannten Römerzüge, welche unsere nationale Geschichtschreibung mit allem Zauber des Idealismus verklärt hat, der ihr so reichlich zu Gebote steht, für diese Züge konnten sie in der Regel auf ein zahlreiches Gefolge rechnen.

Die norditalienischen Städte hatten also mit zwei Ausbeutern zu thun, die sich gegenseitig bekämpften. So lange diese Städte nicht stark genug waren, ihre Selbständigkeit beiden Theilen gegenüber behaupten zu können, sahen sie sich gezwungen, mit dem einen Ausbeuter ein Bündniß einzugehen, um sich den anderen vom Halse zu halten.

Die große Frage war die, welcher Ausbeuter gefährlicher sei, der waffen= arme aber nahe Papst, der in jeder Stadt durch die von ihm abhängige Geist= lichkeit einen starken Rückhalt hatte, oder der waffengewaltige aber meist ferne Kaiser. Je nach den Umständen wechselte jede Stadt mit ihren Sympathien für den Einen oder den Anderen, verbündete sich heute mit dem Kaiser, um morgen über ihn oder seine Freunde herzufallen und umgekehrt. Aber auch innerhalb jeder Stadt gab es eine kaiserliche, seit dem 13. Jahrhundert die ghibellinische genannt, und eine päpstliche, guelfische Partei. Die Klassen= und Parteigegensätze in den Städten reduzirten sich anscheinend alle auf den Gegensatz zwischen kaiserlich und päpstlich; denn wenn eine Klasse oder Partei vom Kaiser gewonnen wurde oder bei ihm Schutz suchte, konnte man sicher sein, daß die ihr feindliche Partei zum Papstthum neigen werde.

Schon das allein bewirkte, daß in den norditalienischen Städten die Sym= pathien für das Papstthum oft sehr stark wurden, nie ganz ausstarben. Dazu kam ein zweites Moment. Die Pilgerstraße nach Rom führte über Norditalien. Aber auch die Pilger nach Jerusalem in der Zeit der Kreuzzüge wählten mit Vorliebe den Weg über Norditalien. Die einen wie die anderen dieser Pilger= züge haben nicht wenig dazu beigetragen, die ökonomische Entwickelung der nord= italienischen Städte zu fördern. Aber die einen wie die anderen beruhten auf der Beherrschung der gesammten Christenheit durch das Papstthum. Und bald entstand in den Städten Norditaliens noch ein weiteres Interesse an der Aus=

beutung Europas durch das Papstthum. In jenen Städten bildeten sich die Anfänge des Wechsel= und Bankwesens. Die norditalienischen Kaufleute wurden auch die ersten Bankiers der Päpste. Ihnen strömten alle die Summen zu, welche die Päpste erpreßten, sie verwalteten sie für die Päpste und — im eigenen Interesse. Sie wurden in ihren Händen mächtige Kapitalien, Wucherkapitalien und Kaufmannskapitalien; sie verliehen sie an Könige und Städte, an Herren und Klöster, sie handelten und spekulirten damit.

So wurde die päpstliche Ausbeutung eine der Grundlagen der wirthschaft= lichen Blüthe Norditaliens.

Ebenso wie die Römer hatten also auch die Städte Norditaliens ein Interesse an der Herrschaftsstellung des Papstes; gleich den Römern zeigten sie sich oft rebellisch gegen das Papstthum, da sie es vorgezogen hätten, es auszubeuten, statt von ihm ausgebeutet zu werden; aber wie die Römer hüteten auch sie sich, die Rebellion so weit zu treiben, daß die päpstliche Ausbeutungsmaschinerie zerstört wurde, von der sie selbst Vortheil zogen.

Wie in Rom finden wir daher auch in Norditalien frühzeitig Reformations= bewegungen, ketzerische Kämpfe gegen die päpstliche Gewalt, aber nirgends eine durchgreifende Reformation. Die geistige Unabhängigkeit von den Lehren der katholischen Kirche ward dort bald erreicht — lange vor der deutschen Refor= mation — aber die ökonomischen Vorbedingungen einer Lossagung vom Papstthum fehlten.

Die erste ernsthafte Empörung nicht blos gegen einzelne Bedrückungen, sondern gegen die ganze päpstliche Herrschaft finden wir daher nicht in Nord= italien, sondern in Südfrankreich, das ökonomisch ebenso hoch entwickelt wie jenes war, aber kein Interesse an der Machtstellung des Papstthums hatte.

„In dem schönen Lande zwischen den Alpen und Pyrenäen," sagt Schlosser über „Südfrankreich vor dem Albigenserkriege," „hatten sich viele Reste der römischen und besonders der griechischen Kultur erhalten, welche seit der Gründung von Marseille durch das ganze Alterthum hindurch geblüht hatte. Dort ent= wickelten sich zuerst im Mittelalter die Wissenschaften, die schönen und nützlichen Künste, sowie die Einrichtungen des bürgerlichen Lebens auf eine eigenthümliche Weise, dort kam die romanische, die lateinische, die spanische Dichtkunst mit der arabischen in Berührung und es ging daraus eine Mischung eigener Art hervor. Es ist bekannt, daß die sogenannte frohe Kunst und die Gerichtshöfe der Damen über Liebe, Gesang, Edelmuth und Gewandtheit in jenem Lande ihren eigent= lichen Sitz hatten, daß die Poesie dort ebenso wie zu Homer's Zeit in Griechen= land von Festen und Mahlen unzertrennlich war, daß die Sänger der Tapfer= keit und der Liebe dort sich bildeten und ihre Muster suchten, daß endlich Dante und Petrarca aus diesen Quellen tranken, ehe sie sich über die mittlere Höhe ihrer Nation emporschwangen. Von den Wissenschaften war es besonders die Heilkunst, welche im südlichen Frankreich, und zwar, wenn man Salerno ausnimmt, nur hier blühte. Außerdem hatten die Juden dort eine große Anzahl gelehrter

Anstalten errichtet. . . . Die Städte von Südfrankreich erfreuten sich schon früh einer Freiheit und Selbständigkeit, die man in anderen Ländern Europas noch nicht kannte. Selbst in Toulouse, dem Sitz eines mächtigen Grafen, leitete ein unabhängiger Magistrat und ein freier Bürgerausschuß die Verwaltung, und in Moissac mußte der Landesherr sogar die Rechte der Stadt feierlich beschwören, ehe er daran denken konnte, die Huldigung anzunehmen. Unter diesen Umständen kann es uns nicht wundern, daß in Südfrankreich sich zuerst ein allgemeiner Widerwille gegen die Entartung des Christenthums kundgab, daß dort Reformen im Kultus, sowie Uebersetzungen der Evangelien in die Landessprache ein herrschendes Bedürfniß wurden und daß daraus ein furchtbarer Krieg mit der Kirche entstand, welcher zuletzt nicht nur die Freiheit jener Gegend vernichtete, das blühendste Land von Europa auf eine lange Zeit in eine Wüste verwandelte und die Herrschaft des französischen Königs bis an das Mittelländische Meer ausdehnte, sondern auch die Einführung der Inquisition im Abendlande veranlaßte."*)

Bereits zu Beginn des 12. Jahrhunderts war die Ketzerei in Südfrankreich so bedeutend, daß der Papst Calixtus II. im Jahre 1119 es für nöthig fand, auf einem Konzil zu Toulouse Maßregeln dagegen zu treffen. Aber die Ketzerei wuchs im Verlauf des ganzen Jahrhunderts immer mehr und wurzelte sich immer tiefer ein.

Wie an jeder großen Reformationsbewegung, betheiligten sich auch an dieser die verschiedensten Klassen mit den verschiedensten Interessen und Zielen, die nur Eines verband: der Haß gegen die römische Ausbeutung. Aber sie alle suchten ihre verschiedenen Ziele auf dem gleichen Wege zu erreichen, denn der Rückkehr zum Urchristenthum. Freilich verstand jede der ketzerischen Richtungen etwas Anderes darunter, aber so lange es galt, zusammen zu halten gegen den gemeinsamen Feind, wurde natürlich das Gemeinsame hervorgehoben, nicht das Trennende, das den Kämpfenden oft garnicht zum Bewußtsein kam. Rechnet man dazu, daß die Bezeichnungen der einzelnen Richtungen keineswegs feststehende, sondern nach Zeit und Ort wechselnde waren, sowie endlich, daß die historische Berichterstattung damals unvollkommener war als je — und sie ist bisher fast immer unvollkommen gewesen, da sie sich stets mehr mit den Illusionen und den Argumenten der jeweilig kämpfenden Parteien beschäftigt hat, als mit den thatsächlichen Verhältnissen, denen sie entsprangen, und den thatsächlichen Bestrebungen, die sie verfolgten — erwägen wir das Alles, dann werden wir uns nicht wundern, daß die Ansichten über die Bestrebungen der südfranzösischen Ketzer weit auseinander gehen. Während die Einen behaupten, diese — die Katharer,**) wie

*) Weltgeschichte, Frankfurt a. M. 1847, VII., S. 251, 252.
**) Die Abstammung des Wortes ist zweifelhaft. Vielleicht wurde es dem Griechischen entnommen. Katharos ist griechisch = Rein, die Katharer wären also die Reinen, etwa wie die Puritaner. Aber freilich ist schwer anzunehmen, daß im 12. Jahrhundert in Südfrankreich schon das Griechische so verbreitet gewesen sei. Am schlauesten sind jene Erklärer, die das Wort von dem deutschen „Katze" oder „Kater" ableiten. Zwei „gelehrte" Jesuiten,

sie genannt wurden (daher der Name Ketzer) — hätten alle ohne Unterschied Kommunismus und Weibergemeinschaft gepredigt, gehen Andere wieder zum entgegengesetzten Extrem über und erklären, daß kommunistische Tendenzen unter ihnen überhaupt nicht zu finden seien. Die erstere Anschauung ist entschieden falsch, aber auch die letztere erscheint uns nicht begründet. Namentlich bei den Waldensern sind deutliche Spuren von Kommunismus nachweisbar.

Die Begründung dieser Sekte wird meist auf Peter Waldus zurückgeführt. Manche nehmen an, sie habe schon vor Waldus bestanden.*) Die chronologische Frage ist für uns von keiner großen Wichtigkeit. Sicher ist, daß Waldus ein reicher Kaufmann in Lyon war, der sich seines Reichthums angesichts der großen Armuth um ihn herum schämte, so daß er sein Hab und Gut an die Armen vertheilte (um 1170) und Gefährten um sich sammelte, die, gleich ihm in freiwilliger Armuth lebend, ganz sich dem Dienste der Armen und Elenden weihten. Hat er die Sekte, die seinen Namen trägt, nicht begründet, dann hat er wenigstens zu ihrer Organisation und Verbreitung ungemein viel beigetragen und sie zuerst an die Oeffentlichkeit gebracht. Die Mitglieder dieser Sekte, die man die Humiliaten (die Niederen) oder die Armen von Lyon (Povres de Lyon) nannte, waren vorwiegend Handwerker, namentlich Weber.**)

In ihren Anfängen zeigte die Sekte nicht die Absicht, sich von der Kirche zu trennen. Als der Erzbischof von Lyon ihnen das Predigen verbot, suchten sie beim Papst Alexander III. um die Erlaubniß dazu nach. Aber ihre Lehre erwies sich als zu gefährlich, als daß das Papstthum sie hätte dulden können, um so mehr, da sie es verweigerten, sich in seine Dienste zu stellen, wie es später die Franziskaner und Dominikaner thaten, und daher sprach Lucius III. 1184 den Bann über sie aus. Von da an war ihre Verbindung mit der päpstlichen Kirche für immer gelöst.

Ihr Kommunismus hat ursprünglich einen ganz mönchischen Charakter. Sie verlangen den Kommunismus, aber nicht Jedermann ist es gegeben, sich zu dem heiligen Stande der Gütergemeinschaft emporzuschwingen, die auch bei ihnen mit

---

Jakob Grether und Gotfr. Henschen, meinten, man habe die Irrgläubigen Kater genannt, weil sie ihre Versammlungen bei Nacht, wie diese, abhielten. Ein anderer Gelehrter meinte, sie hätten ihren Namen davon, weil sie den Teufel in Gestalt einer Katze anbeteten, der sie den Hinteren küßten. („Catari dicuntur a Cato, quia osculantur posteriora cati, in cujus specie, ut dicunt, apparet eis Lucifer.“ Alanus, Lib. I. contra Waldenses, p. 4.) Bei Mosheim, Versuch einer unparteiischen und gründlichen Ketzergeschichte, Helmstädt 1746, S. 363 ff.

*) Vgl. darüber F. Bender, Geschichte der Waldeser, Ulm 1850.

**) Ein römischer Inquisitor, „Pseudo-Reiner“ (seine Schrift wurde ursprünglich dem Inquisitor Reinerius Sachoni, der 1259 starb, zugeschrieben, doch ist dessen Autorschaft zweifelhaft geworden), hat um das Jahr 1250 eine Schilderung der Waldenser gegeben in der Schrift „De Catharis et Leonistis“; um sie verächtlich zu machen, betont er, daß ihre Lehrer Handwerker seien, Schuster und Weber. Weber werden häufig als Mitglieder der Sekte genannt. Vgl. L. Keller, Die Reformation und die älteren Reformparteien, S. 18, 33, 120.

der Abneigung gegen die Ehe verbunden ist. Für die „Vollkommenen" (perfecti) ist der Kommunismus und wahrscheinlich auch die Ehelosigkeit geboten, letztere zum mindesten gewünscht, die Ehe scheel angesehen; den „Schülern" (discipuli) sind dagegen Ehe und weltliche Besitzthümer erlaubt. Dafür haben diese die Pflicht, die Vollkommenen zu erhalten, die sich um die Eitelkeiten dieser Welt nicht zu kümmern haben. Diese Art Kommunismus erinnert auf der einen Seite lebhaft an den platonischen, auf der anderen Seite aber auch an den der Bettelmönche. Mit dem platonischen Kommunismus haben sie auch die Gleichstellung der Frau mit den Männern gemein; es war eine ihrer häretischen Ansichten, welche der Papst verdammte, daß die Frauen ebenso gut predigen dürften wie die Männer. Männer und Frauen zogen gemeinsam herum und predigten, und fromme Seelen nahmen Anstoß daran, daß unter diesen Umständen die Ehelosigkeit nicht gleich= bedeutend sei mit ewiger Keuschheit.*)

Bemerkenswerth ist außerdem bei ihnen die Verwerfung des Kriegsdienstes und des Schwörens, sowie ihr Eifer für eine gute Volksbildung. „Alle ohne Ausnahme," sagt der schon zitirte Pseudo=Reiner, „Männer und Frauen, Große und Kleine lehren und lernen ununterbrochen. Der Arbeiter, der bei Tag arbeitet, lehrt oder lernt bei Nacht; weil sie so viel studiren, beten sie wenig. Sie lehren und unterrichten ohne Bücher. . . . Wer sieben Tage gelernt hat, sucht einen Schüler, den er seinerseits belehren könnte."**)

Hätten die Waldenser Frieden mit dem Papstthum gemacht, und wären sie ein privilegirter Orden geworden, dann hätte sich ihr aristokratischer Kommunismus ebenso wie der eines jeden Mönchsordens zu einer Quelle der Ausbeutung ent= wickelt. Da sie aber eine verfolgte Sekte blieben, konnte sich das aristokratische, ausbeuterische Element dieses Kommunismus nicht recht entwickeln. Es war unvereinbar mit den demokratischen Tendenzen der unteren Volksklassen, aus denen er seine Kraft zog. Früher oder später mußte es bei den Waldensern dahinkommen, daß ihr Kommunismus entweder ein demokratischer wurde oder gänzlich verschwand. Je nach den Zeitumständen und wohl auch nach den Klassen, welche zu den Trägern der Lehre wurden, ist das Eine oder Andere eingetreten. Wo der Einfluß der Bauern und Bürger überwog, wurden die Waldenser eine bürgerlich=protestantische Sekte; wo die proletarischen Elemente dominirten, da wurden die Waldenser zu kommunistischen „Schwarmgeistern."

Sie blieben nicht auf Südfrankreich beschränkt. Wir finden Waldenser= gemeinden in den verschiedensten Gegenden Norditaliens und Frankreichs, schließ= lich auch in Deutschland und Böhmen. Alle diese Gemeinden standen in engem

---

*) „Hoc quoque probrosum in eis videbatur, quod viri et mulieres simul ambulabant in via, et plerumque simul manebant in una domo et de eis diceretur quod quandoque simul in lectulis accubabant." (Chron. Ursperg. ad ann. 1212. Zitirt bei Gieseler, Kirchengeschichte, 2. Bd., 2. Abth., S. 325.)

**) Zitirt bei A. Muston, Histoire des Vaudois, Paris 1834, S. 189, vgl. S. 449. Der letzte Satz des Zitates deutet darauf hin, daß sie eine eigene Lehrmethode erfunden hatten.

Verkehr miteinander, denn den Geistlichen der Waldenser (den sogenannten Barben) war ununterbrochenes Reisen zur Pflicht gemacht. Jene enge interlokale Verbindung der mittelalterlichen Kommunisten, auf die wir im vorigen Kapitel schon hingewiesen, finden wir bereits bei den Waldensern entwickelt. „Wie die Apostel zogen die alten waldensischen Geistlichen fast beständig umher, besuchten die entfernten Gemeinden und Amtsbrüder (die Wohnungen der Glaubensbrüder erkannten sie an gewissen Zeichen, welche an den Thüren und Dächern angebracht waren). Oft erstreckten sich diese Reisen selbst in entferntere Länder, wie nach Deutschland und nach Böhmen.... Die Waldenser in Böhmen unterhielten mit ihren Glaubensgenossen in Frankreich und Piemont einen fortwährenden innigen Verkehr, der auf brüderlicher Gemeinschaft des Glaubens beruhte. Sie unterstützten sich mit Geld; besonders von den Thälern Piemonts kamen Prediger zu den Brüdern nach Böhmen und diese schickten ihre Jünglinge in die Thäler, damit sie dort im heiligen Amt unterrichtet wurden."*)

Als die südfranzösische Ketzerei so stark wurde, daß sie die Herrschaft des Papstthums bedrohte, rief dieses das nordfranzösische Raubritterthum und anderes Raubgesindel zu Hülfe, organisirte es zu sogenannten Kreuzzügen und hetzte es auf die reichen ketzerischen Städte und Landschaften, die nun aufs Grausamste verwüstet und geplündert wurden. Jahrzehnte lang dauerte der Widerstand Südfrankreichs. Die Albigenserkriege, genannt nach der Stadt Albi, einer der Hauptstädte der Ketzer, währten von 1208 bis in die dreißiger Jahre des Jahrhunderts. Den Profit aus der schließlichen Niederwerfung der „Rebellen" zog nicht das Papstthum, sondern die französische Krone, die sich des erschöpften Landes bemächtigte und damit den Grund zu ihrer Größe legte.**) Das französische Königthum sollte den Päpsten aber bald unangenehmer werden, als die albigensische Ketzerei, denn es erstarkte so, daß es die Päpste zu seinen Werkzeugen und Gefangenen machte.

Aber wie wenig auch die Päpste durch die Albigenserkriege gewinnen mochten, so raubten diese doch der Ketzerei des beginnenden 13. Jahrhunderts ihre sichere Operationsbasis. Auch die Waldenser mußten davon getroffen werden. In den großen Städten konnten sie sich nur noch als Geheimbündler hier und da behaupten. Der Schwerpunkt der Bewegung wurde in abgelegene Alpenthäler verlegt, wo sie naturgemäß verbauerte. Die Sekte erhielt dort einen rein kleinbäuerlich-demokratischen Charakter und hat sich in dieser Form bis heute in einigen Thälern Savoyens und Piemonts erhalten.

---

*) Bender, Geschichte der Waldenser, S. 46, 116.

**) Die Provence fiel 1245 an Karl v. Anjou, die Grafschaft Toulouse annektirte 1249 der „heilige" Ludwig. Dante läßt in seinem „Fegefeuer", 20. Gesang, Hugo Capet, den Gründer des französischen Königsgeschlechts der Capetinger, sagen:

„So lang die große provençal'sche Mitgift
Noch meinem Blute nicht die Scham genommen,
Galt es zwar wenig, doch es that nichts Böses.
Da nun begann es seine Räubereien
Mit Lügen und Gewalt" ꝛc.

III. Die Apostelbrüder.

Mit der Ketzerei im Allgemeinen war auch der ketzerische Kommunismus niedergeworfen worden. Es schien, als sollten die proletarisch=kommunistischen Neigungen sich nur noch in mönchisch=papstfreundlicher Form bethätigen können. Aber wir haben oben bei der Besprechung des Franziskanerordens gesehen, daß der Kommunismus der Bettelorden Elemente barg und großzog, die leicht dazu kamen, gegen die reiche und ausbeutende Kirche zu rebelliren. Das Mißtrauen des Papstthums und dessen Verfolgungen trieben proletarierfreundliche Elemente unter den Schwärmern gar leicht zur Alternative: Verzicht auf jegliches Wirken oder Empörung. Waren die Umstände günstig, konnte letztere bedeutende Dimen= sionen annehmen.

Auf diese Weise entstand in Norditalien eine sehr starke ketzerische kom= munistische Sekte, die der Apostelbrüder oder Patarener.

Der Name der Pataria für eine Bewegung niederer Volksklassen war damals in Italien sehr häufig. Bereits im 11. Jahrhundert finden wir in Mailand, in Brescia, Cremona und Piacenza Patarien. Der Name stammt von dem Dialekt= wort pates, alte Leinwand, Lumpen. Patari waren Lumpensammler. Noch im vorigen Jahrhundert gab es in Mailand eine pataria oder contrada dé patari, ein Quartier der Lumpensammler.

Die wichtigste unter jenen früheren patarenischen Bewegungen war die zu Mailand, die 1058 begann. Sie ging von den unteren Volksklassen aus und richtete sich gegen den reichen Klerus und den städtischen Adel. Neben der Frühzeitigkeit dieser städtisch=demokratischen Bewegung ist an ihr bemerkenswerth, daß sie die Unterstützung des Papstthums sucht und findet. Der Klerus von Mailand, der an Reichthum mit der römischen Kirche wetteifern konnte, wollte deren Oberhoheit nicht anerkennen. Er war also der gemeinsame Feind der Mailänder Demokratie und des Papstthums. Beide erreichten ihr Ziel. Der Mailänder Klerus mußte sich Rom unterwerfen und an Stelle des adelig=klerikalen Regiments trat ein bürgerliches.

Die Geschichtschreiber nennen die Bewegung der Mailänder Pataria gern eine proletarische. Man kann aber unmöglich annehmen, daß das Proletariat Mailands um die Mitte des 11. Jahrhunderts schon so stark gewesen sei, um eine so hervorragende Rolle zu spielen. Die Bewegung der Patarener war jeden= falls eine bürgerliche Bewegung, gegen das Geschlechterregiment gerichtet.

Im 12. Jahrhundert nannte man die Waldenser, mitunter auch andere Ketzer, in Italien Patarener. Im 13. Jahrhundert ging der Name auf die Apostelbrüder über.

Der Gründer dieser Sekte war Gerardo Segarelli aus Alzano, einem Dorf bei Parma. Er meldete sich zur Aufnahme in den Franziskanerorden, wurde aber abgewiesen. Nun vertheilte er sein Eigenthum unter die Armen und gründete auf eigene Faust eine Sekte, um 1260. Bald hatte er großen Anhang, namentlich in der Lombardei, unter dem niederen Volke gefunden. „Sie hießen sich alle untereinander, nach der Weise der ersten Christen, Schwestern und Brüder. Sie lebten in einer strengen Armuth und durften weder eigene Häuser, noch Vorrath auf den anderen Morgen, noch etwas, das zur Bequemlichkeit und Gemächlichkeit gehörte, haben. Wenn der Hunger sich bei ihnen regte, sprachen sie den Ersten um Speise an, ohne etwas Gewisses zu begehren, und aßen ohne Unterschied das, was man ihnen reichen wollte. Die Begüterten, die zu ihnen traten, mußten dem Besitz ihrer Güter entsagen und dieselben dem gemeinschaftlichen Gebrauch der Brüderschaft überlassen."*) Die Ehe war ihnen verboten. „Die Brüder, die in die Welt gingen, die Buße zu predigen, hatten Macht, eine Schwester mit sich herumzuführen, wie die Apostel. Allein nicht zum Weibe, sondern nur zur Gehülfin. Sie nannten ihre Freundinnen, von denen sie sich begleiten ließen, blos ihre Schwestern in Christo und leugneten beständig, daß sie in einer ehelichen oder unreinen Gemeinschaft mit ihnen lebten, obgleich sie dieselben mit sich zu Bette nahmen."**)

Mosheim nimmt an, allerdings auf bloße Wahrscheinlichkeiten, nicht auf bestimmte Nachrichten gestützt, daß dies Verbot der Ehe und des Güterbesitzes blos für die Apostel, für die „Agitatoren," nicht für die Brüder der Gemeinden gegolten habe. Dies würde sie den Waldensern sehr nahe bringen. Gewiß ist es, daß sie den Kommunismus für eine unerläßliche Vorbedingung der Vollkommenheit erklärten.

Die neuen Apostel traten anfangs sehr behutsam auf. Sie hüteten sich, öffentlich der Kirche den Krieg zu erklären. In geheimen Zusammenkünften, die bei Nacht stattfanden, lehrten sie die neue Heilsbotschaft. Nach allen Ländern wurden Apostel gesandt, nach Spanien, Frankreich, Deutschland. Dort wurden sie so zahlreich, daß 1287 eine geistliche Versammlung zu Würzburg, die in Gegenwart des Kaisers Rudolf gehalten wurde, ein besonderes Gesetz wider sie erließ, welches Jedermann verbot, sie aufzunehmen, ihnen Speise und Trank zu reichen.

Aber früher schon war man in Italien auf die kommunistischen Schwärmer

---

*) Mosheim, Ketzergeschichte, S. 224. Mosheim hat die Apostelbrüder gewissermaßen für die Geschichte neu entdeckt und in drei Büchern seiner „Ketzergeschichte" ausführlich und liebevoll behandelt. „Vielleicht mißgönnet mir Niemand den kleinen Ruhm," sagt er, „daß ich diese sonderbare Bande (hier nicht in verächtlichem Sinne, sondern gleich „Sekte" gebraucht), so zu reden, von den Todten erweckt und an das Licht gezogen habe." S. 196.

**) Mosheim, a. a. O., 226. Vgl. S. 321 ff. Aehnliches wird, wie wir bereits wissen, von den Waldensern erzählt und auch von frommen Seelen während der ersten Jahrhunderte des Christenthums: „Eine feige Flucht verschmähend, kämpften die Jungfrauen des heißen Himmelsstriches von Afrika im engsten Gesicht mit dem Feinde. Sie gestatteten Priestern und Diakonen, ihr Bett zu theilen, und inmitten der Flammen rühmten sie sich ihrer unbefleckten Reinheit. Aber die beleidigte Natur rächte zuweilen ihre Rechte, und diese neue Art von Märtyrerthum diente nur zur Einführung eines neuen Aergernisses in die Kirche." (Gibbon, Verfall und Untergang des römischen Weltreichs, S. 381.)

aufmerksam geworden. Im Jahre 1280 hatte der Bischof von Parma Nach=
richten über sie erhalten, die ihn bewogen, Segarelli zu verhaften. Der Papst
Honorius IV. ließ eine Untersuchung anstellen, die den Apostelorden als nicht allzu=
gefährlich erscheinen ließ, als einen bloßen Konkurrenten der beiden privilegirten
Bettelorden, der Franziskaner und Dominikaner. 1286 wurde der Apostelorden
vom Papst verboten, Segarelli aber freigelassen, gleichzeitig freilich auch aus
Parma ausgewiesen.

Wie manche andere Ausweisung, diente auch diese dazu, das Uebel zu ver=
mehren, das sie bekämpfen sollte. Segarelli schwärmte jetzt in ganz Norditalien
umher und verbreitete seine Lehre. Die Apostelbrüder unterwarfen sich nicht dem
Papstthum, der Bund löste sich nicht auf. Die Verfolgungen, die jetzt energischer
wurden, gossen Oel in die Flammen und machten den Bruch der Apostelbrüder
mit der Kirche unheilbar.

Segarelli wurde 1294 wieder ergriffen und nach den Einen 1296, nach
Anderen um 1300 verbrannt. Aber damit war die Bewegung nicht getödtet.
An die Stelle Segarelli's trat ein weit kühnerer, entschlossener Agitator, ein
Mann der That, Dolcino. Dieser wurde in der zweiten Hälfte des 13. Jahr=
hunderts in Prato bei Vercelli geboren. Sein Vater, der Priester Julius, wahr=
scheinlich aus der edlen Familie der Tornielli von Novara, war ein Eremit,
aber kein Einsiedler, denn er siedelte zusammen mit der Mutter Dolcino's und
lebte mit ihr in ehelicher Gemeinschaft. Er schämte sich auch nicht seines Sohnes,
gab ihm eine gute Erziehung und ließ ihn in Vercelli zum geistlichen Stande
vorbereiten. Ein unbesonnener Schritt, die Entwendung einiger Geldstücke aus
dem Besitze seines Lehrers, veranlaßte den jungen Mann, obwohl die Sache keine
Folgen hatte, zu fliehen. Er begab sich nach Trient, wo er in ein Franziskaner=
kloster als Novize eintrat.

Wie lange er dort blieb, ist unbekannt, wie denn die Chronologie seiner
Schicksale überhaupt eine höchst unsichere ist. Gewiß ist, daß er noch während
seines Aufenthaltes im Kloster die Lehre der Apostelbrüder kennen lernte, die ja
viele Aehnlichkeit mit der der Fraticellen, der rebellischen Franziskaner, aufwies,
und in den Klöstern derselben zahlreiche Anhänger gefunden hatte. Er erfaßte
sie mit der ganzen Begeisterung seiner glühenden Seele und wurde bald einer
ihrer vornehmsten Vertreter. Sein Anschluß an die Sekte fällt wahrscheinlich
in das Jahr 1291.

Sein Aufenthalt im Kloster wurde ihm immer unerträglicher. Er trat
aus, ehe er noch Profeß abgelegt. Bald darauf lernte er Margherita von Trent
kennen, die in einem Kloster der heiligen Katharina war. Alle Berichterstatter
preisen die kraftvolle Schönheit Margherita's wie Dolcino's, eine Schönheit, die
sich bei Beiden mit hohem Verstand, mit selbstlosem Enthusiasmus, mit Kühn=
heit und Entschlossenheit paarte. Kein Wunder, daß Beide sich auf das Leb=
hafteste voneinander angezogen fühlten. Um Margherita näher sein zu können,
trat Dolcino als Knecht in ihr Kloster ein, gewann sie für seine Ideen und

bestimmte sie schließlich, mit ihm zu entfliehen. Bis zu ihrem Tode haben sie von da an gemeinsam für ihre Sache gekämpft, wie ihre Gegner behaupten, ehelich, wenn auch nicht gesetzlich verbunden, wie Dolcino selbst erklärte, stets nur als Bruder und Schwester miteinander verkehrend. Letzteres entspräche aller= dings mehr der Lehre der Apostelbrüder, Ersteres dagegen mehr der menſch= lichen Natur.

Das Paar entfloh nach der Lombardei, wo Dolcino bald an die erste Stelle nach Segarelli trat und nach deſſen Tode an die Spitze der Bewegung gelangte. Aber die Verfolgung wurde bald so stark, daß er sich in Italien nicht behaupten konnte. Von einer Stadt zur anderen gehetzt, suchte er endlich eine Zuflucht in Dalmatien, von wo er mehrere Briefe an die in Italien zurück= gebliebenen Brüder richtete, welche sie gleich Flugſchriften verbreiteten.

Neben den Lehren Segarelli's beeinflußten ihn besonders die des Abtes Joachim von Fiore, den wir schon erwähnt haben (S. 115). Aber wenn dieser drei Gesellschaftszustände unterschied und als den dritten, den höchſten, den des all= gemeinen Mönchsthums betrachtete, so ging Dolcino darüber hinaus. Zu Beginn des 14. Jahrhunderts hatte man bereits genug Erfahrungen mit den Bettel= orden gemacht, um nicht zu wissen, daß diese nicht das Mittel seien, die Güter= gemeinschaft zu verwirklichen. Dolcino pries die Verdienste der Heiligen Franciscus und Dominicus um die Sache der Armen, indem sie ihren Anhängern die Liebe zur Armuth und Niedrigkeit, die Verachtung des Geldes und der Macht einzu= flößen suchten, aber er wies auch darauf hin, daß ihr Streben sich auf die Dauer als eitel erwiesen habe. Franziskaner und Dominikaner hätten Häuser gebaut und in diesen das Erbettelte aufgehäuft. Sie seien dadurch von der Verderbniß der ganzen Kirche ergriffen worden. Wolle man diese reinigen, müſſe man die ganze Mönchsverfassung aufheben und die Art und Weise der ersten Apostelgemeinden wieder allgemein einführen.

Aber wer sollte das durchsetzen? Die Kommunisten allein? Bei aller mystischen Schwärmerei und Wunderglänbigkeit mußten sie sich doch gestehen, daß ihre Kräfte dazu nicht ausreichten.

Gleich den Jüngern des Abtes Joachim hoffte auch Dolcino anfangs auf einen Messias aus königlichem Stande. Hatten diese auf den Hohenstaufen, den zweiten Friedrich gerechnet, so rechnete Dolcino auf einen anderen Friedrich, den Sohn des Königs Peter III. von Aragonien. Dieser werde den päpstlichen Thron erobern, den Papst und seine Kardinäle, die Bischöfe, Priester, Mönche und Nonnen tödten. Nur die werden am Leben bleiben, die sich der Apostelgemeinde zugesellen, nur sie werden der Herrlichkeiten theilhaftig werden, welche die Welt dann erwarten.

Dolcino berief sich auf die jüdischen Propheten und die Apokalypse. Aber er war kein so hirnloser Fanatiker, sich auf diese Argumente allein zu verlassen. Er beobachtete scharf den Lauf der Welt.

Das Südfrankreich benachbarte Königreich Aragonien gehörte gleich diesem und aus ähnlichen Ursachen zu den Ländern, die gegen das Papſtthum rebellirten.

Im Albigenserkrieg stand Aragonien auf der Seite der Ketzer. Peter II. von Aragonien suchte anfangs zu vermitteln, schließlich aber unterstützte er offen die Albigenser mit den Waffen, zog mit ihnen gegen die Kreuzfahrer und fand im Kampf gegen diese den Tod (1213 in der Schlacht bei Muret). Auch Peter's Sohn, Jakob I., sandte den Albigensern Hülfstruppen. Dessen Sohn, Peter III., gerieth ebenfalls in Streit mit dem Papstthum, das zum Werkzeug Frankreichs geworden war. Nach der sizilianischen Vesper, die zur Vertreibung der Franzosen aus Sizilien führte, eroberte Peter Sizilien. Der Papst Martin erklärte den König Peter seines Reiches verlustig und verlieh es dem Bruder des Königs von Frankreich, Karl von Valois. Doch Peter widerstand dem Papst und Frankreich.

Auf Peter folgte 1285 in Sizilien dessen zweiter Sohn Jakob II., und als diesem der Thron Aragoniens infolge des Todes seines ältesten Bruders Alphons III. zufiel, fiel Sizilien seinem jüngeren Bruder Friedrich II. zu (1294).

Gleichzeitig mit Friedrich gelangte aber auch einer der niederträchtigsten, habgierigsten und energischsten Päpste auf den Thron, Bonifacius VIII. Und nun entspann sich zwischen Beiden ein wüthender Kampf, der fast ein Jahrzehnt lang währte. Dolcino's Hoffnung auf Friedrich war also keineswegs ein phantastischer Traum. Sie war in den Traditionen des aragonesischen Königshauses wie in der augenblicklichen Lage des Beherrschers von Sizilien sehr wohl begründet. Sein Irrthum war nur der, daß er die großen Worte, die in diesem Streit fielen, für baare Münze nahm und glaubte, der Kampf um Augenblicksinteressen sei ein prinzipieller Kampf, der Kampf um die Beute ein Kampf gegen die Ausbeutung. Dies ist indeß eine Illusion, die Dolcino mit vielen, oft sehr aufgeklärten Denkern nach ihm getheilt hat.

In seinem ersten Brief, der 1300 geschrieben wurde, prophezeite Dolcino den Sieg Friedrich's über Bonifacius VIII. für das Jahr 1303. Bonifacius starb wirklich in diesem Jahre, aber nicht von Friedrich getödtet, sondern infolge eines Konfliktes mit der großen römischen Adelsfamilie der Colonnas und mit Philipp IV. von Frankreich, der mit Bonifaz an Habgier, Tücke und Energie wetteiferte.*)

――――――

*) Das Ende Bonifacius VIII. ist ein drastisches Beispiel davon, um wie viel weniger sicher die Päpste in Rom im frommen Mittelalter waren als im materialistischen 19. Jahrhundert. Philipp sandte Wilhelm Nogaret mit großen Summen nach Italien. Dieser verschwor sich mit den Colonnas. In Anagni überfielen sie Bonifacius und nahmen ihn gefangen unter den Rufen: „Nieder mit dem Papst!" Unbändiger Zorn befiel diesen, und die harte Behandlung, die er zu erdulden hatte, steigerte den Zorn zur Raserei. Ein Aufstand befreite Bonifacius, aber um vor den Colonnas sicher zu sein, mußte er sich den Orsinis ausliefern, die ihn auch gefangen hielten. Darüber fiel er in Tobsucht, die seinem Leben ein Ende machte. Mit Recht sagte Voltaire: „In der Weise hat man in Italien fast alle Päpste behandelt, die zu mächtig werden wollten: sie vertheilen Königreiche und werden im eigenen Reiche verfolgt." (Essay sur l'histoire générale, ch. LXI.)

Die Verehrer des Papstthums im 19. Jahrhundert haben gar keine Ursache, mittelalterliche Zustände zurückzuwünschen, und die Pfaffenfresser von heutzutage haben keine Ursache, mit ihrer Kühnheit besonders wichtig zu thun.

Die Folge davon war aber nicht der Sturz des Papstthums, sondern nur die Wahl eines versöhnlichen Papstes, Benedikt XI., der seinen Frieden mit Philipp machte.

Als nun der erwartete Umschwung ausblieb, erließ Dolcino zwei weitere Briefe, von denen der zweite verloren gegangen ist. In dem vorhergehenden erklärte er (Dezember 1303): Im Jahre 1303 sei, wie er prophezeit, die „Verwüstung über den König von Mittag," Bonifacius, ergangen. In dem neuen Jahre wird der neue Papst nebst seinen Karbinälen von Friedrich II. erschlagen werden, das Jahr 1305 wird das Todesjahr der niederen Geistlichkeit sein.

Diese Prophezeiung sollte noch weniger in Erfüllung gehen als die erste. Vielmehr schloß 1304 Benedikt XI., nachdem er sich mit Frankreich ausgesöhnt, auch mit dem König von Sizilien Frieden. Dieser konnte also als Alliirter Dolcino's nicht mehr in Betracht kommen.

Bald nach diesem Brief — oder vielleicht schon vor ihm — finden wir Dolcino in Italien.*) Er hatte sein sicheres Versteck verlassen und war an der Spitze einer bewaffneten Schaar in Piemont eingebrochen, um den offenen Kampf gegen Kirche, Staat und Gesellschaft zu beginnen — der erste Versuch einer bewaffneten kommunistischen Erhebung im Abendlande.

Die Hoffnung auf Friedrich erwies sich als trügerisch. Aber ein anderer Helfer von ganz anderer revolutionärer Gewalt als ein Monarch, der sich mit dem Papst zankt, erstand den kommunistischen Schwärmern in dem Bauernvolk. Ihm ist es zu danken, daß die Insurrektion sich bis 1307 behaupten konnte. Die Erhebung für eine Wiedergeburt der Gesellschaft im Sinne des Urchristenthums wurde zu einem Bauernkrieg.

IV. Die ökonomischen Wurzeln der Bauernkriege.

Bauernkriege sind in den letzten Jahrhunderten des Mittelalters nichts Seltenes. Ueberall war Zündstoff genug aufgehäuft, und es bedurfte blos eines Funkens, ihn zu entzünden.

Um das verständlich zu machen, müssen wir einen Blick auf die Veränderung

---

*) Mosheim giebt an, Dolcino habe zu Beginn des Jahres 1304 Dalmatien verlassen, nach Abfassung seines Briefes; Krone, Dolcino's Biograph (Frá Dolcino ꝛc., S. 39), setzt den Einbruch in Piemont in das Ende des Jahres 1303. Daß Dolcino freiwillig seine Insurrektion in den Beginn des Winters verlegt hätte, wo er mit einem Winterfeldzug hätte beginnen müssen — der piemontesische Winter ist oft sehr streng —, erscheint uns nicht sehr wahrscheinlich. Doch mögen äußere Umstände ihn dazu gedrängt haben. Der Zeitpunkt des Losschlagens einer Verschwörung liegt nicht immer im Belieben der Verschworenen. Die Gefahr des Bekanntwerdens seines Planes oder das Drängen seiner Kameraden, denen er in Aussicht gestellt hatte, daß es 1303 losgehen werde, können ihn gezwungen haben, in einem nicht ganz geeigneten Zeitpunkt zu beginnen.

Die ganze Chronologie der mit Dolcino in Verbindung stehenden Ereignisse ist furchtbar verworren.

werfen, welche die Entwickelung des Städtewesens in der Lage der Bauernschaft hervorgebracht hat.

Das Aufkommen der Städte schuf einen Markt nicht blos für Produkte der Industrie, sondern auch für solche der Landwirthschaft. Die Städtebürger — Kaufleute und Handwerker — waren immer weniger im Stande, je mehr die Stadt wuchs, selbst alle die Lebensmittel und Rohstoffe zu produziren, deren sie bedurften. Sie kauften den kleinen und großen Landwirthen der Umgebung den Ueberschuß ab, den diese über den eigenen Bedarf hinaus produzirten, wofür sie ihnen selbstprodozirte oder importirte Industrieprodukte verkauften oder — Geld gaben. Die Bauern bekamen Geld in die Hand. Die natürliche Folge davon war das Streben nach Umwandelung ihrer Naturalabgaben und Fronden in Geldzinse. Die Grundherren selbst mußten diese Veränderung oft wünschen, denn sie fingen jetzt auch an Geld zu brauchen. Aber das Streben der Bauern mußte oft in gleicher Richtung gehen, denn diese Umwandelung machte sie zu freien Männern, die frei über ihr Hab und Gut verfügen konnten.

Man sollte meinen, daß dies Streben der beiden Klassen in einer und derselben Richtung eitel Harmonie und Zufriedenheit erzeugt hätte. Nichts weniger als das. Wir haben schon darauf hingewiesen, daß unter dem System der Naturalleistungen der Drang nach Erhöhung derselben kein großer war: er wurde beschränkt durch die leiblichen Bedürfnisse des Herrn und seines Gefolges. Die Gier nach Geld dagegen ist maßlos, denn zu viel Geld kann man nie haben. Wir finden daher von nun an ein viel stärkeres Drängen der Gutsherren nach Erhöhung der Lasten der Bauern. Gleichzeitig wächst aber auch der Gegendruck. Ihren Ueberschuß an Naturalien abzugeben, kostete den Bauern kein allzuschweres Opfer, so lange sie ihn nicht verkaufen konnten. Aber als sich ein Markt dafür fand, bedeutete das Abgeben des Ueberschusses oder des Erlöses daraus an den Herrn einen Verzicht auf Genüsse, die bald zu Bedürfnissen wurden.

Zu diesem Gegensatz gesellte sich noch ein anderer. Vor der Entwickelung der Städte hatte der Bauer keine Freistatt gehabt, in die er sich hätte vor einem Unterdrücker flüchten können. Die Stadt bot ihm nun einen Zufluchtsort, und gar Mancher nützte die Gelegenheit. Andere, wohlhabende Bauern, wußten finanzielle Verlegenheiten ihrer Herren zu benutzen, um ihre Lasten völlig abzulösen. So minderte sich die Zahl der Frondenden gar sehr, und der Wirthschaftsbetrieb des Fronhofs litt oft darunter. Zu derselben Zeit also, in der bei den Bauern unter dem Einfluß des Städtewesens das Bestreben wuchs, die bestehenden Lasten abzuwerfen oder abzulösen, wuchs bei den Grundherren das Bestreben, sie womöglich noch enger an den Hof zu fesseln und ihre Fronden zu vermehren.

Und dazu kam noch ein dritter Gegensatz. Dadurch, daß die Produkte der Landwirthschaft einen Werth bekamen, erhielt auch der Boden, dem sie entstammten, einen Werth. Und nicht nur der bereits in Anbau genommene Boden. Als die Städte zu Macht und Ansehen gelangten, da waren die Zeiten vorbei, wo die Bevölkerung so dünn gesäet gewesen, daß der Grund und Boden als unerschöpflich galt, daß Jedem, der Land roden wollte, mochte es ein Bauer sein oder ein mächtiger Grundherr mit seinen Kolonen oder eine Assoziation von Mönchen — daß Jedem gern so viel Land als er brauchte, von der Markgenossenschaft oder dem Landesherrn zugewiesen wurde. War man auch noch lange nicht so weit, daß sämmtlicher bebaubarer Boden bereits in Anbau genommen worden wäre, so war doch die Bevölkerung schon so dicht, daß der Grund und Boden nicht mehr unerschöpflich erschien. Der Besitz von Grund und Boden begann ein Privilegium zu werden, und zwar ein so kostbares, daß bald die heftigsten Kämpfe darum entbrannten. Auf der einen Seite schlossen sich die Markgenossenschaften ab und erklärten ihren gesammten Grund und Boden als — gemeinsames — Privateigenthum der Familien, welche damals die Genossenschaft bildeten. Nach dem Vorgang der Stadt beginnt nun auch auf dem Lande sich eine Schicht minderberechtigter Gemeindemitglieder neben der Markgenossenschaft zu bilden.

Auf der anderen Seite aber suchten die Grundherren, deren Macht ja in der Mark überwiegend war, das Eigenthum an derselben an sich zu reißen und es in ihr Privateigenthum zu verwandeln, indem sie den Markgenossen gnädigst einige Nutznießungsrechte gestatteten.

Je mehr die ökonomische Entwickelung vorwärts schritt, desto schärfer wurden alle diese Gegensätze, desto größer die Erbitterung zwischen Grundherrn und Bauern, desto leichter kam es zu Zusammenstößen zwischen Beiden, die meist nur lokaler Natur waren, aber unter Umständen sich gleichzeitig über ganze Provinzen, ganze Länder ausdehnten, zu förmlichen Kriegen — Bauernkriegen — wurden.

Das Kriegsglück in diesen Kämpfen war ein wechselndes. Im Allgemeinen aber kann man sagen, daß im 13. und 14. Jahrhundert — in Italien früher — die Lage der Bauern trotz vereinzelter Niederlagen in steter Besserung begriffen ist.*)

Die Gründe dafür sind zum Theil schon aus dem Gesagten zu entnehmen. Die Städte boten den Bauern einen Rückhalt, den diese wohl ausnutzten. Juristische Knechtung und selbst physischer Zwang nützten nicht viel, wenn die Stadt den flüchtigen Bauern Schutz und Schirm bot. Um sich ihre Arbeitskräfte zu erhalten, mußte der Grundherr sich dazu verstehen, sie besser zu behandeln, ihnen ihr Dasein erträglicher zu machen.

---

*) Es ist dies ein deutlicher Beweis dafür, daß die Lage einer ausgebeuteten Klasse sich bessern und doch ihr Gegensatz zu der ausbeutenden Klasse sich verschärfen kann. Nichts lächerlicher als die Versuche der Apologeten — auf deutsch Schönfärber — der heutigen bürgerlichen Nationalökonomie, den Arbeitern darzulegen, daß ihre Lage sich gebessert habe, daß also die ganze sozialistische Arbeiterbewegung ganz unberechtigt sei und blos auf einem Mißverständniß beruhe. Selbst wenn alle ihre Darlegungen der „aufsteigenden Klassenbewegung des Proletariats" wahr wären, so würden sie nichts beweisen. Die Herren könnten jetzt doch schon wissen, was vor einem halben Jahrhundert Marx und Engels gefunden hatten, daß die sozialdemokratische (kommunistische) Bewegung nicht ein Produkt des Elends ist, sondern des Klassengegensatzes, des Klassenkampfes. Und daß die Klassenkämpfe abnehmen, daß die Klassengegensätze sich mildern, dürfte auch der rosigst färbende Wolf oder Brentano nicht behaupten wollen.

Dazu gesellte sich oft eine finanzielle Bedrängniß des Grundherrn. Im 12. Jahrhundert war die Christenheit stark genug geworden, nicht nur der Feinde sich zu erwehren, die sie bedrohten, sondern zur Offensive gegen Diejenigen unter ihnen überzugehen, deren Reichthum und hohe Kultur die Raubgier der christlichen Krieger= und Priesterkasten erregten: der Orientalen. Die Kreuzzüge begannen unter lebhaftester Theilnahme abenteuer= und beutelustiger Feudalherren aus allen Ländern. Aber die Kreuzzüge hatten einige Aehnlichkeit mit der heutigen Kolonial= politik: mit großen Illusionen begonnen, endeten sie kläglich, ihre Resultate standen in keinem Verhältniß zu den Opfern, die sie kosteten. In einem Punkte unter= schieden sie sich jedoch sehr vortheilhaft von der heutigen Kolonialpolitik. Dank der Entwickelung der „Staatsidee,“ ist es heute der Staat, welcher die Opfer dieser Politik zu tragen hat, das heißt die Steuerzahler, die Masse der Bevölkerung. Den Profit davon haben einige Abenteurer und Kaufleute.

Das war im „finsteren“ Mittelalter anders. Eine Staatsgewalt in unserem Sinne gab es nicht. Die Herren, die nach dem Orient zogen, um reich zu werden, thaten dies nicht auf Staatskosten, sondern auf eigene Kosten; und wenn die Expedition scheiterte, trugen sie das Risiko, nicht der Staat. Die Kreuzzüge haben viele Städte bereichert, namentlich in Italien, worauf wir schon hingewiesen, aber einen großen Theil des europäischen Adels ruinirt. Den Rest des Adels aber infizirten sie mit Bedürfnissen nach den Erzeugnissen einer höheren Kultur, die in Europa nur um schweres Geld zu haben waren. Kein Wunder, daß das Geldbedürfniß des Adels rasch wuchs. Führte das zu dem Bestreben, den Bauer stärker auszupressen, so führte es oft auch dazu, daß der Grundherr in Schulden versank und, um zu Geld zu kommen, gern darauf einging, daß der Bauer seine Lasten mit einer Geldsumme ablöste. Der große Adel litt verhältnißmäßig wenig unter diesen Verhältnissen, der kleine verkam in jener Zeit rasch und büßte seine Selbständigkeit so gut wie völlig ein.

Endlich ist noch ein Umstand zu bemerken. Während die Bevölkerung wuchs, führte die Schließung der Markgenossenschaften ebenso wie deren Annexion durch die Grundherren dazu, die Neuansiedelung von Bauern sehr zu erschweren. Der Ueberschuß der Bevölkerung wurde dadurch gedrängt, außerhalb der Landwirthschaft sein Unterkommen zu suchen, namentlich im städtischen Handwerk oder im Kriegs= dienst. Neben den finanziell ruinirten niederen Adeligen widmet sich immer mehr auch die kraftvolle ländliche Jugend, deren Dienste zu Hause nicht benöthigt werden, dem Söldnerthum und zieht Herren zu, die sie gut bezahlen und ihr reiche Beute in Aussicht stellen, den wohlhabenden Städten, den Fürsten oder auch einzelnen glücklichen Heerführern, die anfangen, aus dem Kriegsdienst ein Geschäft zu machen und sich mit ihren Banden zu verdingen.*)

---

*) In Italien finden wir Söldnerarmeen schon im 13. Jahrhundert. Nach Sismondi waren die Exilirten und Verbannten, welche die damaligen städtischen Parteikämpfe massenhaft lieferten, wahrscheinlich die ersten Söldner. (Simonde de Sismondi, Histoire des répu- bliques italiennes du moyen âge, Paris 1826, III., S. 260.)

Neben dem Heer der feudalen Kriegerkaste, dem Heer der Berittenen, dem Ritterheer, bildet sich jetzt ein Heer geworbener Bauern — das Fußvolk kommt wieder zu militärischer Bedeutung.

Aber diese angeworbenen Bauern sind in der Regel noch keine Proletarier, sondern Bauernsöhne, die nach vollendetem Kriegsdienst, wenn sie genügend Geld und Gut erbeutet, heimziehen, um an den Arbeiten der Familie theilzunehmen oder einen eigenen Herd zu gründen. Und mit sich bringen sie Wehr und Waffen und die Wehrhaftigkeit des gedienten Kriegers. Die Gefährlichkeit der genuesischen und englischen Bogen, der schweizerischen Spieße, der böhmischen Morgensterne und Dreschflegel haben die Ritter des 14. und 15. Jahrhunderts oft genug zu kosten bekommen.*) Sie hat sicher zur Hebung der Lage der Bauernschaft in jener Zeit mit beigetragen.

In Italien entwickelte sich zuerst, wie wir wissen, das Städtewesen im Mittelalter. Dort bildeten sich auch zuerst die Gegensätze zwischen Grundherren und Bauern, die wir eben auseinandergesetzt.

Aber in Italien bildete sich auch eine eigenthümliche Erscheinung, die geeignet war, diese Gegensätze besonders zu verschärfen: der Absentismus.

Im Alterthum hatten die Großgrundbesitzer Italiens (ebenso wie die Griechenlands) vorwiegend in den Städten gelebt. Die italienischen Städte des Mittelalters, deren Verbindung mit den antiken Ueberlieferungen ja nie aufgehört hatte, neigten von vornherein dazu, den Landadel in ihre Mauern aufzunehmen. Als sie so mächtig wurden, daß sie das flache Land beherrschten, zwangen sie ihn, seine ländliche Residenz mit einer städtischen zu vertauschen. Manche Stadt zwang die Adeligen, die sie sich botmäßig machte, sogar dazu, irgend ein städtisches Gewerbe zu ergreifen. Die Politik, die den Adel in Italien in die Städte trieb, entsprang wohl den gleichen Beweggründen, aus denen die französischen Könige des 17. und 18. Jahrhunderts die Adeligen ihres Landes drängten, ihre Schlösser zu verlassen und ihr Leben an dem fürstlichen Hof zu verbringen. Die Selbständigkeit des Adels wurde gebrochen und gleichzeitig trug er zum Glanz und Ansehen — hier des Hofes, dort der Stadt — bei. Aber für die italienische Landbevölkerung wurden dadurch vielfach ähnliche Zustände hervorgerufen, wie sie in Frankreich vor der Revolution herrschten.

Wo Ausbeuter und Ausgebeutete zusammenleben, wird die Ausbeutung in der Regel unter sonst gleichen Umständen nicht so scheußliche Formen annehmen als dort, wo beide räumlich voneinander getrennt sind. Das Zusammenleben erzeugt nicht nur eine gewisse gemüthliche Gemeinschaft, sondern auch eine Interessengemeinschaft, die manchen Gegensatz überbrückt. Dem Grundherrn, der auf dem Lande bei seinen Bauern lebt, ist es nicht gleichgültig, in welchem Zustande seine Umgebung sich befindet, ob sie seine Sinne erfreut oder beleidigt, ob sie eine

---

*) Ueber die Taktik der Schweizer in jenen Jahrhunderten vergl. K. Bürkli, Der wahre Winkelried, Zürich 1886.

Stätte von Fiebern ist, die auch ihn und seine Familie bedrohen, oder eine Stätte blühender Gesundheit.

Der Grundherr, der in der Stadt lebt, hat weder Interesse noch Verständ=niß für seine Bauern; für ihn kommt bei seinem Besitz nur Eines in Betracht, dessen Reinerträgniß. Mag sein Land unbewohnbar und eine Wüste werden, das ist ihm gleich, wenn es nur nicht aufhört, ebensoviel Reinertrag zu liefern wie früher. Die römische Campagna ist der beredteste Zeuge dafür, was bei einer derartigen Wirthschaft schließlich herauskommt.

Noch im 15. Jahrhundert war die Campagna wohl angebaut, mit zahl=reichen Dörfern besetzt. Heute ist sie eine sumpfige Einöde, in der nur Büffel gedeihen und — die Malaria.

Zu dem Absentismus kam im mittelalterlichen Italien noch, daß das städtische Leben den Adel bald mit kapitalistischem Fühlen und Denken infizirte. Kein Wunder, daß der Landbau in Italien früher als anderswo ein kapitalistisches Unternehmen wurde. Wo es den Bauern nicht gelang, den völlig freien Besitz ihres Gutes zu erkämpfen, und das kam nur selten vor, da wurden sie Pächter oder Tagelöhner ohne jedes Anrecht auf den Boden, den sie bebauten.

V. Die Erhebung Dolcino's.

Als Dolcino in Italien einbrach, hatte die Entwickelung der eben ge=schilderten Zustände schon begonnen, die geschilderten Gegensätze waren schon vorhanden. Da ist es leicht begreiflich, daß er zahlreichen Zulauf fand, als er das Banner der Empörung entfaltete.

Wir wissen nicht, ob Dolcino und seine Genossen von vornherein die Ab=sicht hatten, in den Bauern ihre Stütze zu suchen, oder ob sie ohne bestimmte Absicht durch die Verhältnisse dazu getrieben wurden. Auf jeden Fall, ob ihnen bewußt oder nicht, drängte sie die Logik der Thatsachen dazu, sobald sie sich einmal entschlossen hatten, den Weg der mönchischen Propaganda zu verlassen und den der bewaffneten Empörung zu betreten. Auf die kommunistischen Schwärmer allein konnte man damals noch nicht den Versuch einer gewaltsamen Revolution begründen. Neben ihnen waren die Bauern die unzufriedenste, rebellischeste Bevölkerungsschicht.

Aber die Apostelbrüder verloren, sobald sie sich auf die Bauern stützten, jeden Halt unter ihren Füßen. Es liegt eine ungeheure Tragik in ihrem Schicksal: durch die Zeitumstände, jenes Fatum, wurden sie zu einem Schritte gedrängt, der, indem er die einzige Möglichkeit eines militärischen Gelingens bot, zugleich jeden möglichen Erfolg von vornherein zur Unfruchtbarkeit verurtheilte und das schließliche Scheitern unvermeidlich machte.

Das klingt für den ersten Moment mystisch. Aber einige Worte genügen, die Sache klar zu machen.

Die Apostelbrüder waren Kommunisten und wollten über den beschränkten Kreis einiger Gemeinden hinaus wirken. Sie träumten von der Eroberung Roms und von der Umgestaltung der ganzen Gesellschaft nach ihren Idealen. Die Bauern waren keine Kommunisten, zum Mindesten nicht im Sinne der Apostelbrüder. In gewissem Sinne hielten sie allerdings am Gemeineigenthum fest, an dem für Weiden und Wälder; aber der Kommunismus der Genußmittel, die gänzliche Hingabe von Hab und Gut an die Gemeinschaft, lockte sie nicht. Und während die Kommunisten nicht Halt machen konnten, ehe sie die ganze Gesellschaft umgewälzt, waren die Bauern schon mit einigen kleinen Konzessionen der Grundherren — Verzicht auf manche Lasten, Herausgabe mancher umstrittenen Landstriche — zufrieden zu stellen.

Noch wichtiger aber wurde es, daß der Gesichtskreis der Bauern auf die engsten Kirchthurmsinteressen beschränkt war. Dies ist bei allen Bauernaufständen der damaligen Zeit zu Tage getreten, soweit nicht der interlokale Zusammenhang der Kommunisten stark genug war, diese Kirchthurmspolitik zu überwinden, und hat so viele ihrer Niederlagen verschuldet. Jeder Gau erhob sich für sich allein und machte für sich allein Frieden, ohne sich um die anderen zu kümmern. So wurden sie in ihrer Vereinzelung von der zentralisirten Macht ihrer Gegner leicht niedergeworfen.

Die Geschichte der Empörung Dolcino's ist nicht ganz klar; aber wenn man von dem Rechte des Analogieschlusses Gebrauch macht, wenn man sie mit ähnlichen Erhebungen vergleicht, wird manches anscheinend Unbegreifliche begreiflich.

Zuerst zeigte sich Dolcino in den Alpen Piemonts. Von dort drang er in die Ebene vor und überrumpelte das Fort Gattinara bei Vercelli. Neben den Bundesbrüdern sowie Abenteurern und entlassenen Söldnern waren es namentlich die Bauern, die ihm in Massen zuströmten. Bald hatte er 5000 Kämpfer um sich, damals schon eine stattliche Armee; nicht blos Männer, sondern auch Frauen, die unter Margherita's Führung wie Löwinnen kämpften.*)

Die Ausbeuter der Gegend vergaßen ihre Zwistigkeiten; die Bischöfe von Vercelli und Novara sowie die dortigen Adeligen und Städte rüsteten ein Heer gegen die Empörer aus; aber der Feldzug endete mit völliger Niederlage der Armee der Ausbeuter, die kaum hinter den Mauern der Städte sicher waren.

Nun schwoll Dolcino's Macht noch gewaltiger an — aber Dolcino, dieser so energische, glänzende Feldherr, nützt nicht den Moment, wo seine Gegner nicht mehr wagen, ihm im offenen Feld entgegenzutreten, um weiter zu marschiren und die Empörung allgemein zu machen, sondern er bleibt in dem Thal der Sesia, in dem die Empörung begonnen, und begnügt sich, Klöster, Landsitze und Städtchen zu plündern und zu zerstören.

---

*) „Die Schwestern oder Weiber waren weder ungeeigneter noch ungeschickter zu diesen Heldenthaten als die Männer. Sie steckten sich in Männerkleider, ließen sich in der Reihe der Soldaten mit anführen und fochten ebenso muthig und verzweifelt wie die Männer." Mosheim, a. a. O., S. 283.

Diese Erscheinung ist damals nichts Ungewöhnliches, sie kehrt in allen Bauernkriegen wieder. Die Bauern des Valsesia hatten nicht das mindeste Interesse daran, die Rebellion in andere Gebiete zu tragen. Und sie, sowie die Bauern der umliegenden Gebiete waren leicht zu beruhigen, sobald man ihnen einige kleine Konzessionen machte. Das dürfte aber wohl geschehen sein, denn das Ausbeuterthum der Gegend war schon durch seine militärische Niederlage so erschreckt, daß es Dolcino zu ködern suchte, indem es ihm nicht blos völlige Amnestie, sondern auch die Stellung eines Condottiere (Befehlshaber der Sold= truppen) von Vercelli bot, welches Angebot jedoch verächtlich zurückgewiesen wurde.

Die Bauern dürften demnach jene Konzessionen erlangt haben, welche sie durch ihre Erhebung hatten erringen wollen. Das ist nicht bezeugt, aber nur unter dieser Annahme wird es erklärlich, daß Dolcino unthätig bleibt und die Bauern anfangen, sich von ihm abzuwenden, indeß seine Feinde sich sammeln.

Die kommunistische Erhebung blieb eine lokale; aber ihre Gegner wußten wohl, daß sie mehr als lokale Bedeutung habe. Die große internationale Macht der damaligen Zeit, das Papstthum, griff ein und organisirte einen Kreuzzug gegen die Rebellen.

Und nun war deren Schicksal besiegelt. Da sie sich in der Ebene nicht mehr halten konnten, zogen sie sich ins Gebirge zurück, von wo aus sie einen Guerillakrieg mit den Kreuzzüglern unterhielten. Dolcino's glänzendes Feldherrn= talent und das Heldenthum seiner Genossen leistete Bewunderungswürdiges in diesem Kampfe.*) Mehrmals gelang es den Bedrängten noch, ihre Gegner in offener Feldschlacht zu schlagen, öfter fügten sie ihnen großen Schaden durch Hinterhalte und Ueberrumpelungen zu. Aber trotzdem schloß sich der eiserne Ring der Bedränger immer fester um die kommunistischen Schwärmer, die gleichzeitig immer mehr jeden Halt unter dem Landvolk verloren, das anfing, sie zu hassen, wegen der Verwüstungen und Leiden, die der Krieg über das Land verhängte.

Trotzdem wußten die Patarener (wie die Apostelbrüder auch genannt wurden) die Entscheidung bis in das Jahr 1307 hinauszuschieben, und da erlagen sie nur der Noth und den Entbehrungen. Das Kreuzheer verzichtete darauf, sie mit den Waffen zu besiegen und beschränkte sich darauf, sie auszuhungern (im Winter 1306—1307).

„Zu diesem Zwecke mußten zuerst alle Bürger und Einwohner in den Städten und Orten, die dem Berge am nächsten lagen (auf dem die Patarener sich verschanzt hatten, nach den Einen Monte Zebello, nach den Anderen Monte Rubello genannt), ihre Wohnungen räumen, damit die Ketzer weder Gefangene noch Lebensmittel aus denselben weiter nehmen konnten. Darauf ließ der Bischof (Raineri von Vercelli, der Leiter der Kriegsoperationen) durch Diejenigen, die in großer Menge von allen Seiten herzuliefen, ihm beizustehen, fünf Schanzen

---

*) Nur ein Beispiel: Einmal wollten 200 Bürger von Trivero eine plündernde Schaar der Dolcinisten angreifen, wurden aber von 30 Weibern derselben in die Flucht geschlagen. Krone, a. a. O., S. 80.

oder Festungen an denjenigen Orten aufbauen, durch welche die Apostel am ersten und leichtesten brechen konnten. Alle diese Festungen wurden mit starken Besatzungen versehen. Alles, was noch sonst an Pässen und Wegen und kleinen Zugängen konnte erfragt und ausgespürt werden, das war so genau bewacht und verwahrt, daß kein Loch unverstopft blieb, wodurch Gewehr, Proviant oder sonst etwas auf den Berg konnte gebracht werden."*)

Auf diese Weise kam man endlich dazu, die Kraft der Empörer zu brechen.

Daß nur Hunger und Entbehrungen jeder Art dem Kreuzheer den Sieg ermöglichten, deutet auch Dante in seiner göttlichen Komödie an. Er verlegte seinen Besuch in der Hölle in das Jahr 1300, konnte also in seinem Gedichte nicht von der Erhebung der Patarener als einer vergangenen reden. In einem der tiefsten Abgründe der Hölle, in dem Diejenigen büßen, die auf Erden Unruhen und Spaltungen hervorgerufen, begegnet der Dichter dem Mohamed, der ihm zuruft:

> „So sag' dem Fra Dolcino denn, Du, der wohl
> Die Sonne bald auf's Neu' erblickst, daß, will er
> Mir nicht in Kurzem folgen, er sich also
> Mit Nahrungsmitteln rüste, daß die Schneenoth
> Den Novaresern nicht den Sieg verleihe,
> Der außerdem nicht leicht wär' zu erringen."
>
> (XXVIII., 55—60. Uebers. v. Phllalethes.)

Die Schneenoth war es in der That, die den Belagerern, den „Novaresern," den Sieg verlieh, „der außerdem nicht leicht war zu erringen." Frost und Hunger rieben die Belagerten auf, so hoch stieg die Noth, daß sie sich von dem Fleisch der den Entbehrungen und Seuchen Erlegenen nährten. „Die Apostel wurden zuletzt so ausgezehrt, daß sie mehr halb verwesten Leichen als lebendigen Menschen ähnlich sahen." (Mosheim.)

Ihre Sache war verloren, aber ihr Widerstand dauerte fort. Und so groß war die Furcht vor diesen kühnen Streitern, daß die belagernde Soldateska, trotz ihrer Uebermacht, erst dann den Muth zum Sturm auf die belagerte Stellung fand, als einige Ueberläufer verriethen, daß die Eingeschlossenen vor Schwäche unfähig geworden seien, ihre Waffen zu gebrauchen.

Am 23. März 1307 erfolgte der Sturm. „Ein Schlachten war's und keine Schlacht zu nennen." Die Belagerten verweigerten es, Pardon zu nehmen, sie rafften ihre letzten Kräfte zu einem Kampfe der Verzweiflung zusammen, aber die Meisten von ihnen waren so schwach, daß sie nicht einmal mehr stehen konnten, und so bildete ihr Widerstand nur einen Vorwand für ein furchtbares Blutbad. Von den 1900, die bis zum Schluß ausgehalten hatten, wurden fast Alle niedergemetzelt, Wenige entkamen und nur Einige wurden gefangen genommen, darunter Dolcino und Margherita, deren Schonung der Bischof ausdrücklich befohlen hatte, da ihm der schnelle Tod auf dem Schlachtfeld zu geringe Strafe für sie zu sein schien.

---

*) Mosheim, a. a. O., S. 287.

Der Jubel aller päpstlich Gesinnten über das endliche Ausstampfen des gefährlichen Feuerbrandes war groß. Aeußerlich war die Erhebung eine rein lokale gewesen, aber das Papstthum begriff ihre internationale Bedeutung besser als die Bauern des Valsesia. Der Bischof Raineri sandte sogleich nach der Erstürmung der patarenischen Feste einige seiner Kriegsobersten mit der Freuden= botschaft an den Papst Klemens V., und diesem schien sie so wichtig, daß er von Poitiers aus, wo er damals residirte, die empfangenen Nachrichten schleunigst niederschreiben und dem König von Frankreich, Philipp dem Schönen, wahrscheinlich auch anderen Fürsten, übermitteln ließ.

Ein Triumph blieb jedoch der siegreichen Kirche versagt. Was ihr so oft gelungen, hier versuchte sie es vergebens, die Ketzer durch Folterqualen zum Widerruf ihrer Irrlehren zu bewegen. „Standhaft trotzten Dolcino und Margherita den Martern, die der grausame Richter über sie verhängte; kein Laut des Schmerzes entfuhr dem gläubigen Weibe, kein Wort der Klage noch des Unwillens ihrem starkherzigen Leidensgenossen. Nicht das Schinden und Lockern von Theilen ihrer Körper, nicht das Zerquetschen und Stacheln mittelst Torturpiken und Zangen konnten den gepreßten Lippen Widerruf oder Flehen abnöthigen."*)

Sie wurden zur gewöhnlichen Strafe der Ketzer, zum Flammentod verurtheilt. Dolcino's Hinrichtung fand am 2. Juni 1307 zu Vercelli statt. Margherita war verurtheilt, der Exekution zuzusehen. Auch in diesem entsetzlichen Moment blieb das heldenmüthige Weib standhaft. „Noch einmal, aber ebenso vergeblich, wurden Beide zum Widerruf ermahnt, worauf, des Unglücklichen Seelenqual zu steigern, die Knechte Margherita ergriffen und an ihr auf einem Gerüst, dem Lohfeuer des Scheiterhaufens von Dolcino gegenüber, während der Agonie desselben jeden Spott und Torturmechanismus übten."

Margherita wurde später in Biella verbrannt. So eingeschüchtert das niedere Volk durch die blutige Ausrottung der Patarener war, die qualvolle Hinrichtung dieser ebenso kühnen wie selbstlosen Vorkämpferin seiner Interessen erweckte doch seinen lauten Protest. Es erhob sich und war „nur mit Waffen= gewalt von der Zerstörung des Gerichtes abzubringen, nicht ohne daß seinem menschlichen Zorn zur Sühne ein Frecher aus edlem Geschlecht, der die Aermste zu höhnen und ihr einen Backenstreich zu geben gewagt, beinahe von der Rächer= hand der Popolanen in Stücke zerrissen worden wäre."

So endete die erste kommunistische Erhebung in der mittelalterlichen Gesell= schaft. Sie war von vornherein dazu verurtheilt gewesen, zu scheitern. Der Strom der gesellschaftlichen Entwickelung ging damals in einer ganz anderen Richtung.

Aber sie ist nicht ruhmlos gescheitert. So sehr auch die Sieger -- die Einzigen, deren Nachrichten über die Bewegung auf uns gekommen sind sich bestrebt haben, die Besiegten durch Fälschungen und Verleumdungen in den Koth

---

*) Krone, Frà Dolcino, S. 91. Derselben Stelle sind die folgenden Zitate ent= nommen.

zu zerren, es war ihnen unmöglich, die Erinnerung an deren hingebendes Heldenthum gänzlich auszulöschen. Es schimmerte selbst durch ihre trüben Darstellungen durch und zwang die neueren Geschichtschreiber jener Bewegung zu Anerkennung, ja zur Bewunderung, trotzdem sie mit Bedauern konstatiren mußten, man könne „nicht in Abrede bringen, daß Kommunismus, und auch der von Weibern, in Dolcino's Plane gelegen" gewesen sei. (Krone.)

In Volksliedern und Legenden lebte die Erinnerung an die Rebellion der Patarener und Bauern gegen kirchliche und adelige Ausbeutung, namentlich in den Thälern Piemonts, aber auch sonst in Italien, noch lange fort. Noch im Jahre 1372 erließ Gregor XI. eine Bulle gegen die Verehrung, mit der man in Sizilien die Asche und die Gebeine von Fraticellen und Dolcinianern verehrte, als wären es Reliquien. Die Sekte selbst erlosch nicht völlig. In Südfrankreich behielt sie zahlreiche Anhänger, so daß im Jahre 1368 eine Kirchenversammlung zu Latour ein eigenes Gesetz wider sie erließ und befahl, daß man sie allenthalben, wo man sie finde, greifen und den Bischöfen zur Züchtigung und Strafe überliefern solle.

Aber zu Bedeutung kam die Sekte nicht mehr. In Italien waren die Zeiten vorbei, wo eine ketzerische Bewegung hätte gedeihen können. Die Interessen der herrschenden Klassen waren vom 14. Jahrhundert an bereits zu sehr mit der Erhaltung des Papstthums verknüpft, und die Staatsgewalt der herrschenden Klassen war damals in Italien schon zu sehr entwickelt, wobei bereits die Keime des absoluten Polizeistaates sich zeigten, als daß noch eine kommunistische, ketzerische Bewegung der untersten schwächsten Volksklassen hätte größere Bedeutung gewinnen können.

Außerhalb Italiens aber verschmolzen die Reste der Apostelbrüder bald mit ähnlichen, ihnen naheliegenden Sekten, namentlich den Waldensern und den Begharden.

Viertes Kapitel.

Die Begharden.

I. Die Anfänge der Begharden.

Dasjenige Land nördlich der Alpen, welches im Mittelalter zuerst Waarenproduktion und Waarenhandel und damit die daraus entspringenden sozialen Probleme entwickelte, waren die Niederlande, oder, genauer gesprochen, Flandern und Brabant. Die verschiedensten Handelsstraßen kreuzten sich dort. Nach den flandrischen Häfen zogen vom Süden her die Franzosen, namentlich aber die Italiener mit den Produkten des eigenen Landes und des Orients; sie kamen theils den Rhein herab über Köln, später aber zum großen Theil auch zur See.

11*

Zu ihnen gesellten sich bald auch Spanier und Portugiesen. Vom Westen kamen die Engländer, vom Norden die Kaufleute der mächtigen deutschen Hansestädte, welche den Handel zwischen dem Osten und Westen des nördlichen Europa von Nowgorod bis London vermittelten und welche die flandrischen Häfen, vor allen Brügge (das im Mittelalter noch am Meere lag), zu ihren Hauptstapelplätzen machten.

Hand in Hand damit ging die Entwickelung der Industrie. Die niederländischen Haiden und Dünen begünstigten die Entwickelung der Schafzucht und damit der Wollenindustrie. Der Aufschwung des Handelsverkehrs reizte dazu, die Produktion über die Bedürfnisse des lokalen Marktes hinaus auszudehnen, der Handel brachte aber auch einen auserlesenen Rohstoff, die englische Wolle, die beste damals bekannte. Das Zusammentreffen aller dieser Umstände bewirkte, wie wir schon in einem früheren Kapitel bemerkt (S. 98), daß bereits frühzeitig (im 13. Jahrhundert) in Flandern sich ein bedeutender Tuchexport entwickelte, das heißt aber nichts Anderes, als daß dort schon frühzeitig die Weber vom Kapital abhängig waren, daß ihre Industrie eine kapitalistische wurde.

Es ist also kein Zufall, wenn sich nördlich der Alpen zuerst in den Niederlanden eine kommunistische Sekte von Bedeutung bildete, die der Begharden.

Ihr Ursprung ist dunkel, ebenso die Bedeutung ihres Namens.*)

Schon im 11. Jahrhundert sollen sich in den Niederlanden Gesellschaften frommer Frauen nachweisen lassen, die den Namen Beguinen oder Begutten führten. Doch wissen wir über deren Tendenzen nichts Näheres. Zum Theil sollen die Beguinengesellschaften durch die Kreuzzüge hervorgerufen worden sein, welche die männliche Bevölkerung dezimirten und einen starken Frauenüberschuß schufen. Für Viele wurde das Eingehen einer Ehe unmöglich, es bildete sich eine „Frauenfrage," die „Frauenheime" der Beguinen sollten den Ehelosen eine Zuflucht gewähren. Vor den Klöstern hatten diese Organisationen den Vortheil voraus, daß sie freie Vereinigungen waren, aus denen man nach Belieben austreten konnte.

Aehnlich organisirt waren Gesellschaften von Männern, die sich seit dem Ende des 12. oder Anfang des 13. Jahrhunderts in den Niederlanden bildeten.

Es waren Brüderschaften unverheiratheter Handwerker, meist Weber,**) die sich in eigenen Häusern zu gemeinsamem, kommunistischem Haushalt zusammen-

---

*) Am plausibelsten erscheint uns die Annahme Mosheim's, der das Wort vom altsächsischen beg, betteln, ableitet; die Begharden waren also arme Teufel, Bettelbrüder. (Mosheim, Ketzergeschichte, S. 378.) Man nannte sie auch Lollharden, vom Lollen, Singen, Murmeln. Lollharden hießen Leichensänger. Beide Namen sind Spitznamen, die ihnen das Volk beilegte. Die Begharden selbst nannten sich einfach „Brüder."

**) Neben den Webern werden namentlich Bauleute als eifrige Mitglieder der begharbisch-waldensischen Bewegung in Deutschland genannt. Ludwig Keller hat in seinem Buch: „Die Reformation und die älteren Reformparteien" (Leipzig 1885) durch eine Reihe von Indizienbeweisen nachzuweisen versucht, daß den Gilden der freien Maurer der Hauptantheil an dieser Bewegung

thaten, von ihrer Handarbeit lebten und daneben Liebeswerken, namentlich der Unterstützung Armer und Kranker, oblagen. Für die Mitglieder war, wie bei jeder derartigen Gesellschaft, Ehelosigkeit vorgeschrieben.

Einen guten Einblick in das Wesen des Beghardenthums bietet uns die Beschreibung, die ein gewisser Damhouder im 13. Jahrhundert von den Anfängen des Beghardenhauses in Brügge giebt: „Vor dreißig Jahren," erzählt er, „waren hier dreizehn Weber, unverheirathete Männer, Laien, die eifrigst nach einem Leben der Frömmigkeit und Brüderlichkeit trachteten. Vom Abt Eckhuten mietheten sie ein Grundstück mit einem großen, bequemen Gebäude nahe bei der Stadt= mauer, für einen jährlichen Zins von sechs Pfund Groschen (libris grossorum) und einer gewissen Menge Wachs und Pfeffer. Bald begannen sie dort ihr Weberhandwerk zu betreiben und in gemeinsamen Haushalt zu leben, den sie aus dem Ertrag der gemeinsamen Arbeit bestritten (ex communibus laboribus simul convivere coeperunt). Sie standen unter keinen strengen Regeln, noch waren sie durch irgend ein Gelübde gebunden, nur trugen sie Alle die gleiche Tracht von brauner Farbe und bildeten in christlicher Freiheit und Brüderlichkeit eine fromme Gesellschaft."*) Sie führten den Namen der „Weberbrüder." Erst 1450 gaben die Begharden von Brügge die Weberei auf und schlossen sich den Franziskanern an, um sich vor Verfolgungen zu schützen.

Wie in Brügge waren die Beghardenhäuser auch anderswo eingerichtet. Innerhalb eines jeden herrschte das Gemeineigenthum so weit, als das Wohl der Gesellschaft es verlangte. Außerdem durfte aber jedes Mitglied auch ein gewisses Privateigenthum besitzen, das er entweder erarbeitet oder geerbt oder zum Geschenk erhalten hatte. Bei Lebzeiten durfte er frei darüber verfügen. Nach seinem Tode fiel es an die Gesellschaft.

Eine solche kommunistische Gesellschaft war ökonomisch den einzelnen Hand= werkern weit überlegen. Nicht nur, daß der Kommunismus, wie wir schon ge= sehen haben, nichts weniger als den Müßiggang förderte, der große Haushalt war auch ökonomischer als die zersplitterten kleinen Haushaltungen der einzelnen Handwerker. Dazu kam noch die Ehe= und Familienlosigkeit der Begharden. Kein Wunder, daß diese Arbeitergenossenschaften den zünftigen Webermeistern arge Konkurrenz machen konnten und bei ihnen nicht beliebt waren. Mosheim berichtet, daß in Gent und anderen Orten die städtischen Behörden sich öfters

---

zukomme. Wäre ihm der Nachweis gelungen, so hätte er damit eine höchst wichtige Ent= deckung gemacht. Aber direkte Belege für seine Hypothesen bringt er nicht vor, und seine Indizienbeweise sind keineswegs zwingend. Das Buch ist uns leider erst kurz vor der Druck= legung vorliegender Schrift zu Händen gekommen, es war uns daher nicht mehr möglich, in den Gegenstand tiefer einzudringen. Aber er ist wichtig genug, daß man ihm weiter nach= forscht. Einstweilen können wir nichts thun als die Keller'sche Hypothese registriren, ohne ein Urtheil über sie zu fällen.

*) Zitirt bei J. L. v. Mosheim, De Beghardis et Beguinabus commentarius. Leipzig 1790, S. 177.

genöthigt sahen, auf das Andrängen der Weberzünfte hin den „Fleiß der Begharden zu hemmen" und durch Vergleiche zwischen diesen und den Zünften den Frieden im Gemeinwesen wiederherzustellen.*)

Bei der Masse der Besitzlosen aber wurden die Begharden sehr beliebt, denn der Ueberschuß, den ihre Arbeit über die verhältnißmäßig geringen Unter=haltungskosten abwarf, diente zur Unterstützung von Armen und Kranken und zur Uebung einer ausgedehnten Gastfreundschaft. Noch Bonifacius IX. rühmte es in einer Bulle an ihnen, daß sie „arme und unglückliche Personen in ihre Hospize aufnehmen und nach Vermögen auch andere Werke der Liebe üben."**)

Aehnliche kommunistische Genossenschaften bildeten die „Brüder des gemein=samen Lebens," die ebenfalls in den Niederlanden, jedoch erst zu Ende des 14. Jahrhunderts entstanden, gegründet von Gerhard Groot von Deventer. Diese Stiftung ging nicht von Handwerkern aus, sondern von Mitgliedern der höheren Klassen, die dem bedürftigen Volke helfen wollten. Ihr Charakter war auch von dem der Begharden ganz verschieden. Waren diese vorzugsweise Weber, so erwarben die Brüder des gemeinsamen Lebens ihren Lebensunterhalt namentlich durch das Abschreiben von Büchern. Und während die Begharden ihre Ueber=schüsse dazu verwendeten, der materiellen Noth der Armen abzuhelfen, faßten die Brüder des gemeinsamen Lebens vorzugsweise die geistige Noth derselben in die Augen und wandten sich der Bildung des Volkes zu. Sie förderten diese theils durch Vertheilung von Schriften, an denen es vor der Erfindung der Buchdruckerkunst sehr mangelte, namentlich aber durch Einrichtung von Schulen. Auf diesem Gebiete haben sie Bedeutendes geleistet. „Selbst auf die ganze Einwohnerschaft einer Stadt wirkte mitunter ein Bruderhaus zur all=gemeinen Erhöhung des Kulturstandes. In Amersford z. B. wurde auf diese Weise um die Mitte des 16. Jahrhunderts die Kenntniß des Lateinischen so gewöhnlich, daß die geringsten Handwerksleute lateinisch verstanden und sprachen; die gebildeteren Kaufleute wußten griechisch, die Mädchen sangen lateinische Lieder, und überall auf den Straßen hörte man zierliches Latein."***)

Diese Schilderung mag übertrieben sein, immerhin zeigt sie die Richtung an, in der die Thätigkeit der Brüder sich bewegte.

Ihre Organisation war eine kommunistische. Die Brüderschaft „war eine innig verbundene aber freie Genossenschaft. . . . Der Eintritt in die Korporation war nicht durch ein für das ganze Leben bindendes Gelübde bezeichnet, und in der Mitte der Brüder galten nicht strenge, bis ins Einzelnste gehende Vorschriften wie im Mönchthum. . . . Die gewöhnliche Einrichtung eines Bruderhauses war diese. Es lebten ungefähr zwanzig Brüder in einem Hause beisammen und hatten gemeinsame Kasse und Speisung. . . . Der Aufnahme in die Brüderschaft . . . ging ein Probejahr voran, während dessen die Novizen eine sehr strenge

*) A. a. O., S. 182.
**) Mosheim, a. a. O., S. 653.
***) Ullmann, Reformatoren vor der Reformation, II., S. 111.

Behandlung erfuhren. . . . Daß der Aufzunehmende sein Erbtheil zum gemeinen Gebrauch gebe, wurde von ihm erwartet." Florentius (ein Freund und Schüler Gerhard's) sagt in seinen Sprüchen: „Wehe dem, der in Gemeinschaft lebend, suchet was sein ist oder sagt, irgend etwas sei sein." . . . Die Thätigkeit der Brüder war unter einzelne Personen wohl vertheilt. Die verschiedenen Handwerke, die für das Ganze nöthig waren, wurden von besonderen Personen betrieben. Unter den Gesetzen für die Bruderhäuser zu Wesel finden sich auch Bestimmungen für den Bruder Kleidermacher, Barbier, Bäcker, Koch, Gärtner, Kellermeister, ebenso wie für die Brüder Lehrer und Schreiber, den Bruder Buchbinder, Bibliothekar und Vorleser. . . . Trotz dieser Vertheilung fand aber auch eine gewisse Ausgleichung statt. Die geistlichen und gelehrten Brüder unterzogen sich, soweit es anging, jeder Handarbeit (der Besorgung der Küche hatten sich Alle der Reihe nach zu unterziehen), und die dienenden nahmen fast an Allem Theil, was den Klerikern zukam, so daß das Ganze immer einer in gegenseitiger Handreichung zusammenwirkenden Familie zu vergleichen war. Ein Haupteinigungspunkt war das Bücherabschreiben. . . . Für das Schreiben waren täglich gewisse Stunden bestimmt, namentlich einige Stunden, wo zum Besten der Armen geschrieben wurde."*)

Zum Ausgangspunkt einer kommunistischen, oppositionellen Bewegung sind jedoch die Brüder des gemeinsamen Lebens nie geworden — vielleicht infolge ihres Zusammenhanges mit den besitzenden und gebildeten Klassen. Sie sind stets gut päpstlich geblieben. Die Stürme der Reformation im 16. Jahrhundert machten ihrer stillen Wirksamkeit ein Ende.

Anders die Begharden. Anfangs freilich waren auch sie höchst harmloser Natur, die den Beifall manchen Papstes errangen. Sie richteten sich nicht im Geringsten gegen die bestehende Gesellschaft und deren Autoritäten. Aber allmälig entwickelten sich in ihrer Mitte revolutionäre Elemente.

Sie bildeten keine privilegirte Klasse, wie die Mönchsorden, sie forderten und erhielten kein Privilegium von der päpstlichen Gewalt und blieben unabhängig von dieser, waren durch keinerlei Interesse mit ihr verbunden. Sie erhoben sich nie über die Besitzlosen, mit denen sie in engster Berührung blieben, da sie ja keine bestimmten Regeln hatten und keine lebenslänglichen Gelübde kannten. Jedes Mitglied konnte aus der Gesellschaft nach Belieben austreten und heirathen, ohne in Gegensatz zu ihr zu treten.

Am ähnlichsten sind die Begharden darin den Tertiariern der Franziskaner, mit denen sie sich zeitweise an manchen Orten auch wirklich verschmolzen haben.

Aber waren die vom Papst anerkannten und privilegirten Franziskaner wenigstens zum Theil in Konflikt mit diesem gekommen, so war das um so unvermeidlicher bei den völlig unabhängigen Begharden, deren proletarische Tendenzen von vornherein im Gegensatz zum Reichthum und zum Ausbeutungs-

---

*) Ullmann, a. a. O., II., S. 97—102.

charakter der bestehenden Kirche standen. So fromm und demüthig sie auch auf=
traten, dem Papstthum erschien jede derartige Bewegung gefährlich, sobald sie
größere Ausdehnung erlangte, und das war bei den Begharden seit dem 13. Jahr=
hundert der Fall. Mit unglaublicher Schnelligkeit verbreitete sich damals ihr
Anhang durch ganz Deutschland, Frankreich und England. Viel dürfte dazu
beigetragen haben, daß in demselben Jahrhundert die verschiedensten Städte sich
bemühten, flämische Weber zu gewinnen, um ihre Wollenindustrie zu heben. Bis
nach Wien, nach Thüringen, nach Brandenburg, der Lausitz im Osten, nach England
im Westen drangen sie vor.

Indessen braucht man die Bedeutung dieser Wanderungen nicht allzu hoch
anzuschlagen. Aehnliche Zustände erzeugen von selbst Aehnliches. Die Leine=
und Baumwollenweber entwickelten dort, wo ihr Industriezweig zur Exportindustrie
wurde, den begharbischen sehr verwandte Tendenzen.*)

Die rasche Ausbreitung des Begharbenthums mußte sein Selbstgefühl ent=
wickeln. Sie begünstigte aber auch die Bildung verschiedener Richtungen in seinem
Schooße, da dieselbe Lehre, derselbe Ideengang nun in die mannigfaltigsten Ver=
hältnisse versetzt wurde, denen er sich in der verschiedensten Weise anzupassen hatte.
Blieben ein Theil der Begharben demüthige Betbrüder, die für die eitle Außen=
welt gänzlich abstarben, so begannen in einem anderen Theil kühnere Gedanken
sich zu regen. Der Wunsch wurde wach, den Ungerechtigkeiten der bestehenden
Gesellschaft nicht dadurch entgegenzuwirken, daß man sie floh, sondern dadurch,
daß man in sie eindrang und dazu trieb, die Ungerechtigkeiten abzuschaffen. Aus
den Begharbenhäusern gingen zahlreiche Agitatoren hervor, „Apostel," die gleich
den „Barben" der Waldenser von Ort zu Ort zogen, das Evangelium des Ur=
christenthums verkündend und Gemeinden gründend. Neben den offenen Begharben=
häusern begann ein Netz von Geheimbünden mit radikaleren Tendenzen Deutschland
(wozu die Niederlande noch gehörten) zu überziehen, keine Verschwörungsgesell=
schaften zur Vorbereitung gewaltsamen Losschlagens, sondern Propagandagesell=
schaften, aber auch als solche bei den bestehenden Autoritäten, namentlich der
päpstlichen Kirche, mißliebig und daher gerne aufgespürt und verfolgt.

Das Konzil zu Beziéres klagte sie schon 1299 an, daß sie chiliastische
Hoffnungen auf den nahenden Untergang der Welt, das heißt der bestehenden
Gesellschaft, im Volk erweckten, und am Rhein wurden um dieselbe Zeit Beg=
harden als Ketzer verbrannt.

Die Verfolgung hatte jedoch nur theilweisen Erfolg. Die gemäßigtere und
furchtsamere Fraktion der Begharben wurde allerdings eingeschüchtert, und die
Begharbenhäuser dieser Richtung suchten sich dadurch zu schützen, daß sie sich an
einen der bestehenden mächtigen Mönchsorden anlehnten, oder sich demselben direkt

---

*) Die Ordnung der Ulmer Webergesellen vom Jahre 1404 erinnert „in ihrer streng
religiösen, fast ascetischen Richtung an die Brüderschaft der Begharden in den Niederlanden,
welche zumeist Wollenweber waren." (Hildebrand, Zur Geschichte der deutschen Wollen=
industrie, Hildebrand's Jahrbücher 1866, S. 110.)

anschlossen. Namentlich die Franziskaner, die ja mit dem muckerischen Theil der Begharden manche Verwandtschaft hatten, profitirten dabei und erwarben eine Reihe von Begharbenhäusern.*)

Neue Begharbenhäuser wurden nach dem 13. Jahrhundert nur noch selten gegründet.

Aber der energischere Theil der Begharden wurde durch die Verfolgungen zu noch größerer Heimlichkeit und entschiedenerer Opposition gedrängt. Dieser Prozeß wurde gefördert durch französische und italienische Emigranten, die seit den Albigenserkriegen gern nach Deutschland zogen, wo die Staatsgewalt keine solche Macht hatte und kein solches Interesse an der Aufrechterhaltung des Papst=thums besaß, wie in Frankreich oder den italienischen Staaten, wo es daher leichter war, Schutz und Schirm in einer Stadt oder auf den Gütern irgend eines Grundherrn zu finden, dem die neuen Arbeiter oft sehr willkommen waren.

Aus Südfrankreich und Italien kamen Waldenser und Apostelbrüder. Aus dem nördlichen Frankreich kamen die Brüder und Schwestern des freien Geistes.

Von Flandern hatte sich die Tuchmacherei als Exportgewerbe rasch nach den Nachbarländern verbreitet, mit denen es regen Handelsverkehr unterhielt, so nach dem Niederrhein, so nach Nordfrankreich, namentlich der Champagne, wo sie im 13. Jahrhundert blühte. Im 14. Jahrhundert ging sie stark zurück, namentlich infolge der französisch=englischen Kriege, die die Handelswege sperrten und ihr den Rohstoff abschnitten.

Entsprechend dieser frühen Entwickelung der Wollenindustrie finden wir dort auch frühzeitig Weberbrüderschaften mit kommunistischen (oder wenigstens urchrist=lichen, was aber bei Proletariern auf dasselbe hinausläuft) Tendenzen, die Apostoliker (nicht zu verwechseln mit den italienischen Apostelbrüdern), die sich zur Aufgabe stellten, die Lebensweise der Apostel wieder herzustellen. „Sie waren schon berühmt im 12. Jahrhundert zu des heiligen Bernhard Zeiten, der sie in zweien seiner Reden über das Hohe Lied Salomonis scharf widerlegt hat. . . . Die Apostoliker hielten sich in Frankreich vornehmlich auf. . . . Die Apostoliker arbeiteten und erwarben ihr Brot durch die Werke ihrer Hände. Es waren Handwerksleute, sonderlich Weber, wie man aus dem heiligen Bernhard sehen kann, der ihnen, so heftig er sie auch straft, doch den Ruhm läßt, daß sie fleißig wären."**)

Indeß bot Nordfrankreich im 12. Jahrhundert für derartige Sekten doch noch keinen solchen Boden wie Südfrankreich oder Flandern. Die Apostoliker haben nie die Bedeutung erlangt wie die Waldenser und Begharden. Wichtiger wurden die Brüder und Schwestern des freien Geistes, die dem 13. Jahr=hundert entstammten.

---

*) In Antwerpen ging z. B. das dortige Begharbenhaus bereits 1290 an die Fran=ziskaner über. Im 15. Jahrhundert wurde es in ein vollständiges Männerkloster verwandelt.

**) Mosheim, Ketzergeschichte, S. 380.

Gegründet wurde die Sekte durch Amalrich von Bena (geboren in Bena in der Diözese Chartres in Frankreich), der um 1200 Magister der Theologie in Paris war. Wegen seiner Lehren angeklagt, wurde er nach Rom vor den Papst Innocenz III. zitirt (1204), der ihn zum Widerruf zwang. Damit glaubte man auch die gefährlichen Lehren selbst unschädlich gemacht zu haben. Aber nach dem Tode Amalrich's (1206) entdeckte man, daß er einen großen Anhang hinterlassen habe. Der bedeutendste seiner Schüler war David von Dinant (bei Namur in Belgien). 1209 verdammte eine Synode zu Paris die Lehren Amalrich's, und eine eifrige Verfolgung der Amalrikaner begann.

Unter den kommunistischen Sekten jener Zeit bildeten sie die kühnste und radikalste. Sie proklamirten nicht nur die Gemeinschaft der Güter, sondern auch die der Weiber; sie verwarfen jede Ungleichheit, daher auch alle Obrigkeit. Sie erklärten endlich, daß Gott Alles und überall sei,*) also auch im Menschen, daß, was der Mensch wolle, Gott wolle, daß daher jede Gebundenheit des Menschen verwerflich und ein Jeder berechtigt, ja verpflichtet sei, seinen Trieben zu gehorchen. Entkleidet man diese pantheistische Lehre ihrer mystischen Umhüllung, so stellt sie sich als eine Art von kommunistischem Anarchismus dar, eine Lehre, die für mißhandelte und niedergetretene Proletarier große Anziehungskraft haben mußte.

Sie fand auch rasch weite Verbreitung von Paris über das östliche Frankreich nach Deutschland. Ein großer Theil der Begharden nahm diese Lehre an. Zu Ende des 13. Jahrhunderts war diese unter den Begharden am Rhein schon so verbreitet, daß die Begriffe „Brüder und Schwestern vom freien Geist" und Begharden dort fast identisch wurden.

Der Begriff des Begharden wurde nach und nach ein immer weiterer. Je mehr diejenige Richtung des Beghardenthums an Ausdehnung gewann, die den Kampf gegen das Papstthum in den Vordergrund stellte, desto mehr Berührungspunkte mußte dieselbe mit der bürgerlichen und bäuerlichen demokratischen Opposition gewinnen, die ebenfalls gegen die bestehenden Zustände sich richtete und ebenfalls im Papstthum den größten und gefährlichsten Gegner sah. Die beiden Richtungen konnten um so leichter ineinander verschwimmen, da sie sich auf die gleichen Argumente stützten, die dem Urchristenthum entnommen waren, und da weder der mystische Nebel, in den die Lehren jener Sekten versenkt waren, noch die absichtliche Verhüllung, welche ihnen die Agitatoren gaben, um sich vor Verfolgungen zu sichern,**) dazu angethan war, prinzipielle Klarheit zu fördern. So

---

*) „Es läßt sich dies nicht stärker ausdrücken, als es die um 1339 im Bisthum Konstanz eingezogenen Begharden thaten, welche nach Johann von Winterthur lehrten: Die Macht der Güte Gottes offenbare sich ebensowohl in einer Laus als in einem Menschen." (Ullmann, Reformatoren, II., S. 20.)

**) „Eine schwere Schule der ‚Heimlichkeit' hatte bei den ‚Aposteln' allmälig eine förmliche Geschicklichkeit in der Verhüllung ihrer Ziele zuwege gebracht. Schon im 13. Jahrhundert ist ein Hauptvorwurf des David von Augsburg gegen die ‚Häretiker,' daß sie mit der größten ‚Schlauheit' sich in ihren Worten zu wenden wüßten, und von einem Apostel

wurde im 14. Jahrhundert in Deutschland der Name Beghard zur Bezeichnung für Ketzer überhaupt. In England, wo die Begharden Lollharden hießen, ging es mit dem letzteren Namen ebenso.

Wenn wir daher hören, daß es in der ersten Hälfte des 14. Jahrhunderts in Deutschland, später in England von Begharden oder Lollharden wimmelte, so dürfen wir nicht annehmen, daß die kommunistische Bewegung so stark war, als die Ausdehnung dieser Sekten erwarten läßt. Immerhin kann sie nicht unbedeutend gewesen sein.

II. Ludwig der Bayer und der Papst.

Eine gute Zeit für das Beghardenthum, wie für die ketzerischen Bestrebungen überhaupt, brach in Deutschland heran, als der Konflikt zwischen dem Kaiser Ludwig IV. dem Bayer (1314—47) und dem Papstthum sich entwickelte. Auf diesen müssen wir etwas näher eingehen.

Nationalliberale Geschichtschreiber lieben es, namentlich in populären Schriften, jeden Konflikt zwischen Kaiser und Papst von denselben Gesichtspunkten aus als einen „Kulturkampf" zu betrachten — einen Kampf zwischen der höheren Kultur des deutschen Kaiserthums und der finsteren Barbarei des Papstthums —, einerlei, wann immer dieser Kampf spielt, ob im 10. oder im 19. Jahrhundert.

In Wirklichkeit haben nicht einmal die mittelalterlichen Kämpfe zwischen Kaiser und Papstthum immer denselben Charakter gehabt. Von den Ottonen bis zu den Hohenstaufen drehte sich der Kampf im Wesentlichen um die Frage, wer der Beherrscher und Ausbeuter der Herrschaftsorganisation, Kirche genannt, und wer der Beherrscher und Ausbeuter Oberitaliens sein solle. Der letztere Streit endete damit, daß die Städte Oberitaliens sich freimachten von jeder Bevormundung und selbständige Staaten gründeten. Der erstere Streit endete, wie mancher andere auch, mit dem Sieg der höheren Kultur — des italienischen Papstthums — über die Barbarei, das deutsche Kaiserthum. Die Gier des letzteren nach den Schätzen Italiens hatte nur dazu geführt, daß es seine Kräfte zersplitterte und daß, als das Papstthum über das Kaiserthum triumphirte, auch das deutsche Territorialfürstenthum seinen Triumph feiern konnte. Die Entwickelung der Waarenproduktion und des Waarenhandels förderte überall das Aufkommen

---

der Waldenser aus dem 14. Jahrhundert sagt eine alte Quelle wörtlich: ‚Er war ungemein scharfsinnig und verstand es, mit Worten seine Irrlehren zu färben und zu verschleiern'. . . Die Symbolik spielt bei den ‚Mystikern' eine ganz hervorragende Rolle. Ansichten, Rathschläge, Lehrsätze, welche sie aus Furcht vor den Ketzergerichten nicht mit ihren wirklichen Namen nennen durften, bezeichnen sie mit einer Art von Zeichensprache, welche meist nur den ‚Brüdern' selbst bekannt war. Schnaase weist mit Recht darauf hin, daß sie absichtlich ihren Rathschlägen eine allegorische Einkleidung gegeben zu haben scheinen." (L. Keller, Die Reformation, S. 184, 219.)

des fürstlichen Absolutismus; aber in Deutschland führte sie nicht zur Stärkung der Zentralgewalt, die vielmehr seit dem Untergang der Hohenstaufen zusehends verfiel, sondern zum Aufkommen der Reichsfürsten, die immer mehr zu souveränen Herren wurden, welche im deutschen Kaiser nur eine Art Bundespräsidenten anerkannten.

Anders im benachbarten Frankreich. Dort stieg vom 13. Jahrhundert an die Macht des Königthums, namentlich seitdem die Dynastie in den Besitz des reichen südlichen Frankreich gelangt war (vergl. S. 147). Gerade um dieselbe Zeit, als der Jahrhunderte lange Kampf zwischen dem deutschen Kaiserthum und dem Papstthum mit dem Siege des letzteren endete, wurden die Könige Frankreichs so mächtig, daß ihnen gelang, was die deutschen Kaiser vergeblich erstrebt: die Päpste zu ihren Werkzeugen, die Kirche sich dienstbar zu machen. Bonifaz VIII., dessen Bekanntschaft wir in der Geschichte Dolcino's gemacht haben, ging an dem Versuch zu Grunde, sich der Botmäßigkeit Philipp IV. von Frankreich zu entwinden (1303). Um jedem päpstlichen Selbständigkeitsgelüste ein Ende zu machen, zwang Philipp den zweiten Nachfolger Bonifaz', den 1305 erwählten Clemens V., einen Franzosen, Rom zu verlassen und im südlichen Frankreich seinen Wohnsitz aufzuschlagen, wo dieser nach längerem Umherziehen sich endlich in Avignon niederließ (1308). Dieses sollte nun für zwei Menschenalter die Residenz der Päpste bleiben.

Die päpstliche Gewalt war nun vollends von Frankreich abhängig geworden. Schon bei seiner Wahl hatte Clemens Philipp IV. eine Reihe wichtiger Versprechungen machen müssen — und dieser sorgte dafür, daß sie ausgeführt wurden. Sogleich nach seiner Krönung überließ Clemens dem König den Zehnten von allen geistlichen Gütern in Frankreich. Am wichtigsten aber wurde die Aufhebung des ungemein reichen Ordens der Tempelherren, die in Südfrankreich ihren Hauptsitz hatten und nach deren Schätzen Philipp schon lange lüstern war.*) Clemens

---

*) Ebensowenig wie andere Orden gaben sich die Tempelherren blos mit frommen Uebungen ab, sondern verstanden sich sehr gut auf das Geschäft. „Unbestritten war den Tempelherren," sagt Prutz, „der Ruhm kriegerischer Tapferkeit, laut aber auch der Tadel ihrer selbstsüchtigen Politik, welche den Vortheil des Ordens alle Zeit dem der gesammten Christenheit voranstellte. Man wies dafür namentlich hin auf des Ordens vielfache bedenkliche Beziehungen zu den Ungläubigen; selbst auf Kosten christlicher Großen und Fürsten suchte er seinen Besitz zu mehren; frühzeitig zieh man ihn der Geldgier. Auch verfügte er über kolossale finanzielle Mittel und war schließlich eine Art finanzieller Großmacht. Zur Zeit der Katastrophe wurde sein Besitz an liegenden Gütern auf 25—62 Millionen Francs veranschlagt, während er aus Renten, Zehnten, Zinsen u. s. w. nicht unter zwei Millionen jährlich zog, eine Summe, die nach dem heutigen Geldwerth etwa das Fünfundzwanzigfache repräsentiren würde. Dieser mehr als königliche Reichthum stimmte freilich schlecht zu der statutenmäßigen Armuth der ‚armen Brüder vom Tempel,' zumal er nur in einem kleinen Theil zu dem Ordensberuf entsprechenden Zwecken und zum Besten des heiligen Landes verwendet wurde. Der Orden trieb zudem nicht blos Rhederei, sondern machte auch große kaufmännische Geschäfte. Auf seinen Galeeren führte er jährlich Tausende von Pilgern nach und von Palästina, und das Privileg zollfreier Einfuhr abendländischer Artikel zu eigenem

mochte sich drehen und wenden wie er wollte, es nützte ihm nichts. Er mußte in den sauren Apfel beißen und den Orden nach einem skandalösen Scheinprozeß wegen seiner Irreligiosität und Sittenlosigkeit verdammen und aufheben. Was anderswo die Fürsten nur durch Lossagung vom Papstthum erreichen konnten: die Einziehung reicher Kirchengüter, das besorgte für Frankreich der Papst selbst. Kein Wunder, daß die französischen Könige gut katholisch und päpstlich blieben und die Ketzerei eifrig verfolgten.

Auch in der äußeren Politik mußten die Päpste den französischen Königen zu Willen sein, die in ständigem Zwist mit England waren und auf Deutschlands Kosten ihr Land zu vergrößern suchten. Sie drängten daher die Päpste zu Konflikten mit den englischen Königen und den deutschen Kaisern.

Es bedurfte jedoch nicht allzugroßen Drängens dazu. Seitdem die Päpste unter französischer Oberhoheit waren, gingen sie der besten Einnahmen aus Frankreich verlustig. Aber dank ihrer Abwesenheit von Rom wurden auch die Einnahmen aus dem Kirchenstaat immer unsicherer, blieben oft gänzlich aus. Gleichzeitig stiegen am päpstlichen Hofe, wie an jedem anderen Hofe jener Zeit, mit der Entwickelung von Handel und Industrie der Luxus, das Bedürfniß und das Verlangen nach Geld. Je weniger in Frankreich und Italien — und bald auch Spanien — zu holen war, desto mehr mußte aus den nordischen Ländern herausgeschunden werden. In Avignon haben die Päpste jenes System fiskalischer Ausbeutungen der deutschen Kirche ersonnen, welches schließlich zum Abfall Deutschlands von Rom, zur Reformation, führen sollte.*) Deutschland, dessen Zentralgewalt

---

Bedarf ermöglichte ihm gewinnbringende Spekulationen im großen Stil. Als Hauptvermittler des Verkehrs zwischen Ost und West erlangte er hervorragende Bedeutung für den gesammten Geldverkehr; auf seinen sicheren und schnellsegelnden Schiffen sandten die Päpste das für das heilige Land bestimmte Geld dorthin, ließen es im Ordensschatz verwahren und durch die Ordensbeamten verwalten. Auch für andere finanzielle Operationen hat der Orden den Vermittler gemacht. Sein Haupthaus in Paris, der Tempel, wurde geradezu zu einer internationalen Börse, auf die räumlich weit voneinander getrennte Geschäftsleute sich bei ihren Abmachungen bezogen; selbst Fürsten thaten dies: die französischen Könige hatten dort ihren Schatz deponirt, ließen dort Zahlungen leisten und in Empfang nehmen. Rein aus Nächstenliebe aber, ohne Gewinn für sich selbst, machte der Orden solche Geschäfte natürlich nicht. Eine Militärmacht und ein Großgrundbesitzer, mit dem Niemand konkurriren konnte, wurde der Tempelherrenorden auf diesem Wege schließlich auch noch eine finanzielle Großmacht. Könige warben um seine Gunst und wurden seine Schuldner; gerade Philipp IV. hat diese Bedeutung des Ordens zu erfahren gehabt." (H. Prutz, Staatengeschichte des Abendlandes im Mittelalter, Berlin 1887, II., S. 49, 50.) Der Tempel der christlichsten aller christlichgermanischen Ritter eine Handelsbörse! Diese Wirklichkeit ist für die Antisemiten noch schmerzhafter, als die Lessing'sche Fiktion des Tempelherrn, der sich mit dem Juden Nathan befreundet.

*) Das oben zitirte Werk von Hans Prutz enthält auch eine anschauliche Schilderung der päpstlichen Finanzmethoden: „Frühzeitig waren die finanziellen Künste der päpstlichen Kurie zu hoher Entwickelung gediehen und das Tax- und Sportelwesen entsprechend der vielfachen Abstufung des geistlichen Amtes und der unendlichen Mannigfaltigkeit der Geschäfte zu einem wohldurchdachten System ausgebildet worden, welches sich keine Gelegenheit entgehen ließ, auf irgend einen Rechtstitel hin Gewinn zu machen. War darüber schon früher

so schwach war, durften die Päpste im 14. Jahrhundert Alles bieten. Immer höher stiegen die Anforderungen, welche sie unter den verschiedensten Titeln an die Bischöfe und Klöster Deutschlands stellten, immer frecher daneben die Methoden direkter Ausbeutung, z. B. durch den Ablaßhandel, und Erpressung, namentlich durch Exkommunikation.

„Durch die fortwährenden päpstlichen Forderungen," sagt ein guter Katholik, „durch die kostspieligen Romreisen, durch die ewigen Kriege waren die meisten deutschen Stifte tief in Schulden gerathen (im 14. und 15. Jahrhundert) und mußten den italienischen Bankiers die enormsten Wucherzinsen zahlen. Diese Bankiers in Siena, Rom, Florenz benützten die päpstliche Autorität, um die deutsche Kirche auszusaugen. Wollte ein Bischof nicht pünktlich zahlen, so wußten sie päpstliche Befehle auszuwirken, durch welche die Bischöfe durch Androhung von Exkommunikation und Absetzung zur Zahlung der Wucherzinsen gezwungen wurden." (Ratzinger, Geschichte der kirchlichen Armenpflege, S. 304 ff.)

Aber das genügte den Päpsten nicht. Johann XXII., seit 1316 Nach=folger Clemens V., erklärte, daß nach dem Tode eines Kaisers dessen Gewalt auf den Papst übergehe, daß dieser, der Sklave Frankreichs, der Oberherr Deutsch=lands sei. Das konnte sich ein Kaiser, wenn er überhaupt Kaiser sein wollte, doch nicht bieten lassen. Ungern, mit Widerstreben und ohne Entschiedenheit

geklagt worden, so hatten sich die Uebelstände ins Ungemessene gesteigert, seit dem Papstthum die Einnahmen fehlten, die es früher aus der Stadt Rom und dem Kirchenstaate gezogen hatte, während das Zuströmen ihr Glück suchender Abenteurer zu der Avignoner Kurie und die Lockerheit des in der lustigen Provence geführten Lebens den Bedarf an baaren Mitteln bedeutend gesteigert hatte. Unter dem Zusammenwirken dieser Umstände war die kuriale Finanzkunst zu einer geradezu raffinirten Vollkommenheit ausgebildet worden, um, was an Einnahmen auf der einen Seite verloren gegangen war, auf der anderen doppelt und dreifach zu ersetzen. Vornehmlich waren es die reich dotirten kirchlichen Würden, an denen die Kurie sich schadlos hielt, nicht allein die Spitzen derselben, als vielmehr das Heer der Unter= und Hülfsbeamten, die Notare, Kanzlisten, Schreiber u. s. w., durch deren habgierige Hände die auf die Besetzung eines hohen Kirchenamts bezüglichen Schriftstücke gingen, ehe sie an den dazu Berufenen oder seinen Beauftragten gelangten. Zum Abt, zum Bischof, zum Erzbischof aufzusteigen, legte dem Beförderten zunächst große pekuniäre Opfer auf, ganz abgesehen von Dem, was er, um so weit zu kommen, an verschiedenen einflußreichen Stellen an Handsalbe hatte reichen müssen. Natürlich suchten diese Leute nachher sich für die gebrachten Opfer schadlos zu halten, indem sie den ihnen untergeordneten Instanzen gegenüber ein ähnliches Taxen= und Sportelsystem durchführten, wie man eben gegen sie in Anwendung gebracht hatte. In dieser Weise wurde dann weiter abwärts fortgefahren, und die Tiefergestellten mußten aus ihren beschränkten Mitteln den Oberen den gemachten Aufwand nicht blos er=setzen, sondern sie auch durch Gewährung entsprechenden Gewinnes schadlos halten. Eine hervorragende Rolle in dem Etat der Kurie spielten die Konfirmationsgebühren, d. h. die Abgaben, welche die neu in das Amt gekommenen kirchlichen Würdenträger für die päpst=lichen Bestätigungen entrichten mußten. Schon zu Ende des 13. Jahrhunderts hatten die=selben für das Bisthum Brixen 4000 Goldgulden betragen, ungerechnet 200 Goldgulden Trinkgelder an die päpstlichen Beamten. Nachmals waren die Taxen beträchtlich gesteigert: für die Erzbisthümer von Mainz, Trier und Salzburg war eine Konfirmationsgebühr von je 10000 Goldgulden zu entrichten, für Rouen gar 12000; das Bisthum Langres war mit

nahm Ludwig den Kampf auf. Das war ein ganz anderer Konflikt, als jener, den noch die Hohenstaufen mit den Päpsten ausgefochten hatten. Nicht mehr um Italiens Beherrschung und Ausbeutung handelte es sich, sondern um die Deutschlands. Nicht mehr darum, wer der Herr der Kirche sein solle, sondern ob der geistliche Herr der Kirche auch Herr über die weltlichen Gewalten sei. Das Papstthum hatte Deutschland gegenüber die Offensive ergriffen, und zu einer Zeit, wo überall die monarchische Gewalt sich mächtig regte und anfing, die Kirche sich dienstbar zu machen, kämpfte das deutsche Kaiserthum um seine Selbständigkeit gegenüber dem Papst.

Dieser Kampf ging parallel mit einem anderen. Die Reichsfürsten begannen, sich zu souveränen Herren zu entwickeln, sie suchten die kaiserliche Gewalt zu schwächen. Dagegen sahen jene Elemente, die von dem aufstrebenden Fürstenthum bedroht wurden, vor Allem die freien Städte, in der kaiserlichen Macht ihren besten Bundesgenossen. Sie waren auch die kräftigsten und zuverlässigsten Verbündeten des Kaisers im Kampfe gegen das Papstthum. Der höhere Adel dagegen neigte zumeist auf die Seite des Papstes. Mitunter war freilich des Letzteren Anmaßung so groß, daß selbst die Fürsten sich dagegen auflehnen mußten. Aber in der Regel betrachteten sie doch den Kaiser als ihren nächsten Gegner und standen dem Papste bei in seinem Bestreben, dessen Macht zu schwächen und herabzudrücken.

9000, Cambrai mit 6000, Toulouse und Sevilla mit je 5000 Goldgulden geschätzt, und selbst für ein so armes Bisthum wie Minden mußten 500 Goldstücke gezahlt werden. In ähnlicher Weise stuften sich die Konfirmationsgebühren für die verschiedenen Abteien nach ihren Vermögen ab. Seitdem nun Johann XXII. die glückliche Idee gehabt hatte, alle geistlichen Würden, die durch Beförderung des bisherigen Inhabers zu einer höheren erledigt wurden, den päpstlichen Reservationen zuzuzählen, so daß ihre Wiederbesetzung durch den Papst direkt erfolgte, und damit die Möglichkeit gewonnen war, jederzeit eine Art von Avancement durch eine ganze Reihe von Stellen eintreten zu lassen, wurden diese Konfirmationsgebühren eine der reichsten und sichersten Einnahmequellen der Kurie. In Verbindung damit stand das kolossale Anwachsen des Ertrages aus den Annaten, d. h. den ersten Jahreseinnahmen, welche jeder neue Bischof der Kurie zu überlassen hatte. Ferner gehören hierher die „fructus medii temporis“: so lange eine kirchliche Pfründe unvergeben war, fielen ihre Einnahmen ebenfalls der Kurie zu, die also auch hier durch Verzögerung der Neubesetzung ihre Einnahmen erheblich vermehren konnte. Das Spolienrecht, nach welchem beim Tode eines Bischofs seine bewegliche Habe der Kurie zufiel, wurde konsequent geübt. Besonders rentabel war das mit den Commenden betriebene Geschäft, d. h. die Gewährung der Anwartschaft auf eine Pfründe an zum Empfang derselben zur Zeit noch nicht berechtigte Unmündige, sowie die Ertheilung von Expektanzen, d. h. die Zusage künftiger Nachfolge in ein dermalen noch besetztes Amt. Dazu kamen die Einnahmen aus den Unionen und Inkorporationen, d. h. der Erlaubniß zur Vereinigung mehrerer Pfründen in einer Hand, und endlich der schwunghafte Handel, der nach einer bis in die untergeordnetsten Kleinigkeiten ausgegebenen Taxe mit den Indulgenzen (Ablässen) und Dispensen der verschiedensten Art getrieben wurde.

„Durch dieses Finanzsystem erhob die Kurie von den reich ausgestatteten großen Würdenträgern ungeheure Summen, welche von diesen mit Gewinn auf die Tieferstehenden abgewälzt wurden, bis sie schließlich auf dem wehrlosen kleinen Mann liegen blieben.“ (A. a. O., II., S. 330 ff.)

Der Papst gebrauchte seine schärfsten Waffen gegen den Kaiser; er verdammte und erkommunizirte ihn. Aber die Städte lachten darüber. „Um diese Zeit," erzählt ein Chronist jener Tage, „war der Klerus in großer Verachtung bei den Laien und man hielt die Juden höher als ihn." L. Keller beschreibt in seinem bereits mehrfach erwähnten Buche über die älteren Reformparteien (S. 114) sehr anschaulich das Verhalten der Städte gegenüber dem Papst: „Die Stadt Straßburg war in diesem Kampfe insofern vorangegangen, als sie die Priester, welche gemäß dem päpstlichen Befehle den Gottesdienst eingestellt hatten, zwang, die Stadt zu räumen. Die Stadt Zürich hatte schon seit 1331 keine päpstlichen Kleriker mehr geduldet. In Konstanz forderte der Magistrat von seinen Geistlichen, daß sie ihre Funktionen wieder aufnehmen sollten und gab ihnen eine Frist zur Ueberlegung. Als diese abgelaufen war (6. Januar 1339), mußten Alle, welche nicht fungiren wollten, die Stadt verlassen. Zu Reutlingen ließ der Rath öffentlich ausrufen, daß Niemand bei einer Strafe von fünfzehn Pfund einen Priester aufnehmen dürfe, der dem Papste Gehorsam leiste. In Regensburg zwang die Obrigkeit ihre Priester durch Hunger zur Abhaltung des Gottesdienstes. In Nürnberg, wo die städtischen Oligarchen eine Zeit lang mit dem römischen Klerus gemeinsame Sache gemacht hatten, kam es hierüber mit den Zünften zum offenen Kampfe, der mit der Niederlage der Geschlechter und der Priester endigte. Kaum war dieser Sieg erfochten, da schloß sich Nürnberg der Partei des gebannten Kaisers an. Ueberhaupt kann man beobachten, daß alle deutschen Städte, welche nicht von dem Patriziat regiert wurden, unbedingte Gegner Roms und treue Anhänger Ludwig's gewesen sind."

Unter diesen Umständen gedieh natürlich die begharbische Ketzerei gewaltig. Ganz Deutschland erscholl vom Kampfgeschrei gegen den Papst, und den bürgerlich und kaiserlich Gesinnten war Jeder willkommen, der mit einstimmte.

„Die Beförderung der Schismatiker zu den höchsten Ehrenstellen durch Kaiser Ludwig," sagt ein Chronist der Franziskaner, den Mosheim anführt, „und die Straflosigkeit ihrer Verbrechen vermehrte die Frechheit und den Trotz Anderer aus allen Orden, die bei der geringsten wirklichen oder angeblichen Veranlassung vom Papst abfielen und zum großen Schaden der katholischen Sache die Sekte der „Brüder" (eben die Begharden) vermehrten, welche sich unverschämt aus ihren Schlupfwinkeln hervorwagten und die Handlungen des Petrus Corbarius (den Ludwig zum Gegenpapst unter dem Namen Nikolaus V. gemacht hatte) und Ludwig's billigten."*)

Auch ausländische Ketzer, die nach Deutschland flüchteten, fanden Schutz bei Ludwig. 1324 bezeichnete Johann XXII. den Kaiser in einer Bulle als Beschützer und Beförderer von Leuten, die der Ketzerei überwiesen worden, namentlich lombardischer Ketzer, worunter wohl Waldenser oder Apostelbrüder zu verstehen sind.

---

*) Mosheim, De Beghardis, S. 320.

Aber Kaiser Ludwig nahm sogar die kommunistische Idee in seine Dienste, allerdings nicht in der beghardischen, sondern in der ungefährlicheren franziskanischen Form. Wir haben bereits früher (S. 114) auf den Kampf hingewiesen, der innerhalb des Franziskanerordens über die Frage entstanden war, ob er Eigenthum erwerben dürfe oder nicht. Seitdem der Papst Innocenz IV. (1245) sich auf Seite der eigenthumslüsternen Fraktion der Franziskaner gestellt hatte, nahm die strengere Richtung eine immer feindlichere Haltung gegen das Papstthum ein. Der Konflikt zwischen den strengeren Franziskanern, den Spiritualen oder Fraticellen, wurde akut, als Johann XXII., der Gegner Ludwig's, 1322 deren Lehre, daß Christus und seine Apostel kein Eigenthum besessen hätten, für ketzerisch erklärte, nachdem er schon 1317 die Inquisition gegen sie aufgeboten hatte. 1328 setzte Johann sogar den Ordensgeneral Michael von Casena ab, der sich auf die Seite der strengeren Richtung stellte. Diese trat entschieden auf Ludwig's Seite, die strengen Franziskaner wurden seine eifrigsten und unerschrockensten Agitatoren. Aus ihren Reihen entnahm Ludwig seinen Gegenpapst, den schon erwähnten Nikolaus V., den er 1328 von den Römern wählen ließ, freilich nur, um ihn bald wieder im Stiche zu lassen. Nikolaus unterwarf sich schon 1330 dem Avignoner Papst und schwor reuig allen seinen „Irrthümern" ab.

Dieses Loos der kaiserlichen Kreatur deutete bereits an, welches Ende der Konflikt zwischen Papst und Kaiser nehmen werde. Der Letztere unterlag.

III. Die katholische Reaktion unter Karl IV.

Der Papst Clemens VI., der zweite Nachfolger Johann XXII., fand einen Kandidaten für die deutsche Kaiserkrone, der dem Papstthum und Frankreich unbedingt ergeben war, Karl, den Sohn des Königs Johann von Böhmen.

Die Schwäche des deutschen Kaiserthums bewirkte nicht blos, daß die Reichsfürsten anfingen, zu souveränen Herren zu werden, sie bewirkte auch, daß Reichsgebiete, die an den Grenzen lagen, selbständig wurden, so die Schweiz, so die Niederlande. Auch Böhmen löste sich immer mehr vom Reiche ab. In ihrem Gegensatz zur Reichsgewalt suchten die böhmischen Könige eine Stütze in Frankreich. Der Luxemburger Johann von Böhmen war mit Karl IV. von Frankreich verschwägert, der seine Schwester geheirathet hatte. Johann's Sohn, Wenzel, wurde am französischen Hofe erzogen, wo er, da der Name Wenzel daselbst nicht gefiel, bei der Firmung den Namen Karl annahm, den er behielt. Erziehung und dynastische Interessen machten ihn zu einem vollkommen verläßlichen Bundesgenossen Frankreichs und des Papstes. Sobald Karl sich bereit zeigte, die Kaiserkrone anzunehmen, erklärte Clemens den regierenden Ludwig für abgesetzt und forderte die Deutschen auf, sich einen neuen Kaiser zu wählen. Dank der kirchlichen Unterstützung und seinen gefüllten Geldsäcken fand Karl vier Kurfürsten, die ihn wählten (1346). Sein Sieg wurde ihm leichter, als er dachte, denn ehe es zu einem ernstlichen Kampfe zwischen den beiden Kaisern hatte kommen können, starb Ludwig der Bayer.

Karl war kein Gefühlspolitiker. Er hatte die neuere Staatskunst in Frankreich und Italien gründlich gelernt. Er wußte daher auch sehr wohl, daß die Tage der kaiserlichen Herrlichkeit für immer dahin seien und daß die Wurzeln seiner Macht in seinem Stammlande, nicht in der Kaiserkrone lägen. Seine Hauptsorge war Böhmen. Aus der Kaiserkrone suchte er so viel Profit als nur möglich herauszuschlagen, jedoch hütete er sich, um ihretwillen einen Kampf zu wagen, etwas zu opfern. Der Rest des kaiserlichen Ansehens aber erschien ihm fest zusammenhängend mit dem Ansehen der päpstlichen Kirche; Kaiser und Papst waren darauf angewiesen, Hand in Hand miteinander zu gehen, was Karl allerdings durch seine persönlichen Neigungen und Beziehungen sehr erleichtert wurde.

So wurde Karl der „Pfaffenkaiser," wie die Italiener ihn nannten, der eifrige Vertreter aller Ansprüche des Papstthums, die nur irgendwie mit seiner Machtstellung vereinbar waren. Am meisten litt darunter natürlich die demokratische und damit auch die kommunistische Ketzerei. Unter Ludwig hatten die Verfolgungen der Begharden in Deutschland fast ganz aufgehört oder waren doch unwirksam geworden. Jetzt brach eine Periode blutiger Verfolgungen über sie herein.

Schon aus dem Jahre 1348 werden Verfolgungen von Ketzern erwähnt. Aber mit voller Macht wüthete die Reaktion erst im letzten Drittel des Jahrhunderts, als der Aufschwung der Ketzerei in England, von der wir gleich reden werden, die römische Kirche zu besonderer Wuth anstachelte. Ein Dekret Karl's gegen die Begharden folgte dem anderen, am furchtbarsten wohl das am 10. Juni 1369 in Lucca erlassene, welches den Inquisitoren besondere Vollmachten verlieh.

Schon im Jahre 1367 hatte der Papst Urban V. zwei Inquisitoren nach Deutschland gesandt, aber bald wurde ihnen die Arbeit zu viel. Der nächste Papst, Gregor IX., sandte weitere fünf zu ihrer Unterstützung (1372). Allenthalben loderten nun die Scheiterhaufen, zu Hunderten wurden die Ketzer verbrannt.

Am 30. Januar 1394 endlich erließ Papst Bonifacius IX. ein Edikt, in dem er alle bisherigen Bestimmungen der Päpste zur Ausrottung der Ketzer, unter Bezugnahme auf die Erlasse Kaiser Karl IV., zusammenfaßt. Er berief sich auf ein Gutachten der deutschen Inquisitoren über die Ketzer Deutschlands, die das Volk Begharden, Lollharden und Schwestrionen nenne, die sich selbst mit dem Namen „Arme" und „Brüder" bezeichnen. Er jammerte, daß diese Ketzerei seit mehr als hundert Jahren bestehe, ohne daß es gelungen sei, ihrer Herr zu werden, trotzdem man mit den Scheiterhaufen nicht gespart habe. Nun gelte es, der Ketzerei den Garaus zu machen.

1395 berichtete denn auch der Inquisitor Petrus Pilichdorf triumphirend, es sei gelungen, der Ketzerei Herr zu werden.*) Aber 1399 sah sich Bonifazius schon wieder genöthigt, die Zahl der Inquisitoren um sechs zu vermehren.

---

*) L. Keller, Die Reformation, S. 240.

Die Sekte fand ununterbrochen neue Nahrung in den Verhältnissen, die ihr immer wieder neue Anhänger zuführten. Aber immerhin wurde sie durch die blutige Verfolgung zu völliger Unbedeutenheit herabgedrückt.

Das öffentliche, selbständige Begharrdenthum verschwand gänzlich. Wir haben gesehen, daß schon die erste Verfolgung im 13. Jahrhundert zu der An= näherung eines großen Theils der gemäßigten Begharden an die Bettelorden führte. Jetzt wurde dieser Prozeß vollendet. Die selbständigen Begharrdenhäuser hörten völlig auf. Sie verwandelten sich in Klöster, die theils in den Besitz von Bettelmönchen übergingen, namentlich von Franziskanern, theils den alten Namen beibehielten, aber thatsächlich sich auf den Boden des Mönchsthums stellten. Papst Nikolaus V. nahm diese Convente schließlich 1453 offiziell in den Schooß der Kirche auf und verlieh ihnen die Rechte der Tertiarier.

Die geheimen Gemeinden konnten weder völlig vernichtet noch auch zur Unterwerfung gebracht werden. Aber all ihr Heldenmuth und ihre ganze Hin= gebung war für mehr als ein Jahrhundert lang nicht im Stande, mehr zu erzielen, als daß sie eine endlose Reihe von Märtyrern lieferten.

Wie jede Art ketzerischer Opposition, so konnte auch die kommunistische — und sie vor allen als die weitaus schwächste — in Deutschland erst dann wieder ihr Haupt erheben, als es daselbst zu einem neuen großen Konflikt der weltlichen Machthaber mit dem Papstthum kam, als ein erheblicher Theil der deutschen Fürsten stark genug geworden war, es auf einen Kampf mit Kirche und Kaiser zugleich ankommen lassen zu können.

Nach Ludwig IV. Tode fand die Ketzerei bis zur großen deutschen Re= formation nur noch zwei Freistätten in Europa: zuerst England und dann — eine sonderbare Wendung — Böhmen, jenes Land, von dessen Herrscher die katholische Reaktion in Deutschland ausgegangen war.

Fünftes Kapitel.

Die Lollharden in England.

I. Die Wicliffsche Bewegung.

Nächst dem deutschen Reich war England jener Staat, auf den die aus= beutungslustigen Päpste von Avignon vornehmlich ihr Auge richteten.

Es hatte eine Zeit gegeben, wo kein Land dem heiligen Vater ergebener und seiner Ausbeutung willenloser ausgesetzt war als England. Zu Beginn des 13. Jahrhunderts war das englische Königthum in völlige Abhängigkeit vom Papstthum gerathen. Johann ohne Land mußte sogar 1213 seine Krone als Lehn des heiligen Petrus hinnehmen und sich zur Zahlung eines jährlichen Lehn= zinses von 1000 Pfund Silber an den Papst verpflichten. Von da an war die

Ausbeutung Englands immer mehr gestiegen. Noch zur Zeit Edward III. (14. Jahr=
hundert) klagte das Parlament, daß die dem Papst jährlich gezahlten Abgaben
fünfmal so groß seien als die dem König bezahlten.*)

Aber damals erhob sich bereits, wie in anderen Staaten, die staatliche
Zentralgewalt mächtig genug, um nicht nur den Kampf gegen das Papstthum
erfolgreich führen, sondern auch schon die Eroberung der kirchlichen Herrschafts=
und Ausbeutungsorganisation zu eigenen Zwecken in Betracht ziehen zu können.

Wir sagen „staatliche Zentralgewalt," nicht Monarchie, denn neben dem
Königthum erhoben sich damals überall in den feudalen Staaten ständische Ver=
tretungen, Reichsstände, die es mehr oder weniger beschränkten. Das Macht=
verhältniß zwischen den Ständen und dem Königthum schwankte sehr, je nach den
Oertlichkeiten und Zeiten. Wir finden Reichsstände, die völlige Jasagemaschinen
sind, und Könige, die willenlose Werkzeuge der Reichsstände darstellen. Aber
wie immer das Verhältniß der beiden Theile der Zentralgewalt zueinander sein
mochte, überall begann damals die Zentralgewalt stärker zu werden als die
einzelnen Bestandtheile des Reiches — nur in Deutschland nicht.

Im 14. Jahrhundert waren König und Parlament in England stark genug
geworden, der päpstlichen Anmaßung entgegenzutreten. Diese äußerte sich aber
gerade damals immer ausschweifender. Ein Konflikt zwischen Kirche und Staat
wurde unvermeidlich.

Den Gegensatz zwischen den beiden Mächten verschärfte noch der mehr als
hundertjährige Krieg zwischen Frankreich und England (1339—1456).

Der Vorwand zu diesem Krieg war eine Frage dynastischer Erbfolge. Aber
seine Ursachen lagen tiefer und machten den Krieg zu einem nationalen, das heißt
zu einem solchen, an dem die Interessen der entscheidenden Klassen der Nation
stark betheiligt waren.

Im ganzen Gebiet des christlich=germanischen Adels sehen wir dessen Raub=
sucht im Laufe des 13. und 14. Jahrhunderts wachsen. Mit dem Aufschwung
der Waarenproduktion und des Waarenhandels stiegen seine Bedürfnisse, denen
seine und seiner Bauern Naturalwirthschaft immer weniger genügte. Immer mehr
wurde daher der Adel dahin gedrängt, seine besonderen Kenntnisse zur Verbesserung
seiner Finanzen zu verwerthen. Aber diese Kenntnisse lagen nur auf dem Gebiete
des Raubens, und er konnte sie nur in der Weise gewinnbringend anwenden, daß
er auf eigene Faust oder im Solde Anderer dem Stärkeren zu seinem Recht,
das heißt zu Beute zu verhelfen suchte.

In Deutschland, wo keine starke Zentralgewalt da war, welche die Raublust
des Ritterthums in einem auswärtigen Kriege beschäftigt hätte, führte das Auf=
hören der Kreuzzüge und Römerzüge — die ja im Grunde auch nur Raubzüge
gewesen waren — dazu, daß die Ritter sich gegen die Bürger und Bauern

---

*) W. Cunningham, The growth of English Industry and Commerce,
Cambridge 1890, I., S. 253.

des eigenen Landes wendeten und, wenn das nicht genügte, einander aufzufressen trachteten, wie hungrige Wölfe. Zwischen dem Bürgerthum und dem Adel entspann sich die erbittertste Gegnerschaft.

Anders lag die Sache in England. Die Zentralgewalt war dort stark genug, einen Krieg mit dem französischen Nachbar wagen zu können. Im Gegensatz zu Frankreich begegneten sich aber die Interessen des Bürgerthums mit denen des Adels. Beide hatten in England damals — und auch später — viel mehr gemeinsame Interessen als in Deutschland.

Das eine gemeinsame Interesse war das an dem Handel mit den Niederlanden. Deren so mächtig aufblühende Wollenindustrie bezog, wie wir wissen, ihr Rohmaterial vornehmlich von England. An dem Gedeihen dieser Industrie waren die Grundbesitzer Englands, soweit sie Schafe züchteten, ebensosehr interessirt, wie die Kaufleute, welche den Handel vermittelten, und der König, der aus dem Ausfuhrzoll auf Wolle seine beste Einnahme zog.*)

Das Gedeihen der niederländischen Städte wurde aber von Frankreich bedroht. Ihr Reichthum lockte ebenso das Königthum wie die Ritterschaft dieses Landes. Hatte diese im 13. Jahrhundert unter dem Vorwand des Glaubenskampfes sich auf das reiche Languedoc gestürzt, so suchte sie im 14. in Flandern nach Beute. Nicht im deutschen Reich, sondern in England fanden die gefährdeten Städte einen kräftigen Bundesgenossen.

Aber das war nicht der einzige Gegensatz zwischen Frankreich und England. Die englische Ritterschaft war nicht minder raubsüchtig als die französische. Gelüstete es diese nach den Schätzen der Niederlande, so jene nach den Schätzen Frankreichs, das ökonomisch England sehr voraus war. Das barbarischere Land suchte damals stets das ökonomisch höher entwickelte, reichere zu plündern: Es plünderten gleichzeitig die Franzosen die Niederländer, die Engländer die Franzosen, und die Schotten die Engländer. Und wie die Niederländer sich mit den Engländern verbanden, so die Schotten mit den Franzosen. Aber die Engländer trugen in diesen Kämpfen meist den Sieg davon und mit dem Sieg unermeßliche Beute.

Ein englischer Annalist erzählt, daß nach der Schlacht von Crech die eroberten Nordprovinzen Frankreichs so ausgeplündert wurden, daß der erworbene Reichthum das Leben und die Sitten der Engländer völlig veränderte.

Das Ritterthum gewann viel; aber es hat das Rauben stets besser verstanden als das Bewahren. Das Bürgerthum wußte ihm seine Schätze wieder abzulocken; diese dienten zur Befruchtung von Industrie und Handel.

Die Lasten des Krieges fielen hauptsächlich auf die Bauernschaft. Aber

---

*) Bereits 1279 erklärten die Barone in einer Petition an Edward I., daß der Ertrag der Wolle die Hälfte ihres Jahreseinkommens vom Land bedeute. Die älteste englische Ausfuhrstatistik stammt aus dem Jahre 1354. Der Gesammtwerth des Exports betrug 213 338 £, darunter der Werth der Wolle 196 062 £. Der Gesammtbetrag der Ausfuhrzölle machte 81 896 £. Diese wurden fast ganz von der Wolle getragen. Die anderen ausgeführten Produkte ergaben blos 220 £. (G. Craik, The History of British Commerce, London 1844, I., S. 144, 148.)

selbst dieser brachte er manche Vortheile. Die Bauern hatten ebenso wie die Grundherren ein Interesse am ungestörten Wollhandel mit den Niederlanden. Der Krieg brachte für den Ueberschuß an Söhnen, den die bäuerliche Familie lieferte, Sold und reiche Beute; vor Allem aber hatte der Krieg das Gute an sich, daß er das Ritterthum hinderte, Gewaltthätigkeiten im eigenen Lande zu verüben, wie sie das deutsche und noch mehr, nach seinen Niederlagen gegen den äußeren Feind, das französische Ritterthum verübte.

Kein Wunder, daß der Krieg gegen Frankreich für England eine nationale Angelegenheit wurde, an der die ganze Nation aufs Lebhafteste interessirt war.

Man begreift jetzt, wie schroff sich gerade in England während des 14. Jahrhunderts der Gegensatz zum Papstthum gestalten mußte: Der Papst, der war das Werkzeug oder der Bundesgenosse des Landesfeindes; den Papst unterstützen, war Landesverrath; ihn bekämpfen, der höchste Patriotismus.

Diese Stimmung führte nicht nur dazu, daß das Parlament die Geldabgaben, welche England an den Papst zu entrichten hatte, möglichst beschnitt — unter Anderem wurde 1366 der Lehnzins von 1000 Pfund abgeschafft, der seit den Zeiten des Königs Johann gezahlt worden —, sie war auch ein fruchtbarer Boden für den Gedanken der völligen Abschüttelung der päpstlichen Obergewalt. Die Ketzerei, die in Frankreich und Italien niedergeschlagen worden, die in Deutschland seit der Thronbesteigung Karl IV. geächtet war, sie gedieh in der zweiten Hälfte des 14. Jahrhunderts fröhlich jenseits des Kanals.

Zuerst in England ist die Opposition gegen das Papstthum zur nationalen Angelegenheit eines mächtigen Reiches geworden, zu einer Angelegenheit, an der Bürger und Bauern, Königthum und Adel, hoher wie niederer, sowie ein großer Theil des Klerus betheiligt waren. Und so ist denn auch England jener Staat geworden, in dem die Ideen der Reformation zuerst einen prägnanten, man kann sagen wissenschaftlichen Ausdruck gefunden haben.

Der hervorragendste geistige Vertreter dieser papstfeindlichen Richtung war John Wiclif, ein Gelehrter, zuerst Pfarrer, dann Professor der Universität Oxford. So scharf und entschieden Wiclif auftrat, so hütete er sich doch, die Grenzen zu überschreiten, welche die Interessen der herrschenden Klassen ihm zogen. Vom Urchristenthum ausgehend, verherrlichte er die Armuth Christi und stellte ihr den Reichthum, den Prunk und den Uebermuth seiner Nachfolger entgegen, von denen er die gleiche Armuth, das gleiche Theilen ihrer Güter verlangte, das Christus von dem reichen Jünger gefordert hatte. Aber unter diesen Nachfolgern Christi verstand er nicht die gesammte Christenheit, sondern blos die Mitglieder des Klerus. Nur deren Expropriation erschien ihm nothwendig, und seine Lehre entsprach da ganz den Interessen der großen Grundherren und des Königs, denen bei der „Theilung" die Kirchengüter zugefallen wären. Die Wiclif'sche Ketzerei lief einfach darauf hinaus, die Ausbeutungs- und Herrschaftsmittel der Kirche aus den Händen des ausländischen, dem Lande feindlichen Papstes in die Hände des Königs und der Aristokratie des eigenen Landes zu bringen.

Wiclif fand denn auch den Schutz der Spitzen des hohen Adels, worunter die beiden hervorragendsten Männer Englands, Johann, Herzog von Lancaster und Percy, Graf von Northumberland. Johann von Lancaster war ein jüngerer Sohn des Königs Eduard III. und Oheim von dessen Enkel und Nachfolger, Richard II., der bei seinem Regierungsantritt (1377) erst 11 Jahre alt war und von seinem mächtigen Oheim aufs Stärkste beeinflußt wurde.

II. Die Lollhardie.

Die ketzerische Bewegung blieb auf die herrschenden Klassen nicht beschränkt. Der Kampf gegen das Papstthum brachte alle sozialen Gegensätze jener Zeit an die Oberfläche; in dem nationalen Kampf gegen den gemeinsamen Feind, den französischen Papst, verfochten die verschiedenen Klassen auch ihre besonderen Interessen, die früher oder später miteinander in Konflikt kommen mußten. Mit Behagen weisen katholische Schriftsteller auf die Erscheinung hin, daß in jeder Reformationsbewegung unter den Kirchen=Reformern früher oder später innere Spaltungen und erbitterte Kämpfe ausbrachen; sie erscheint ihnen als Beweis dafür, daß die Reformation ein Werk des Teufels war. Daß der heilige Geist wenig damit zu thun hatte, glauben wir auch.

Unter diesen Umständen gedieh das Begharbenthum, oder wie die Engländer gewöhnlich sagten, das Lollharbenthum.

Wir haben gesehen, wie das Aufblühen der niederländischen Wollenindustrie in den Städten der verschiedensten Länder Europas das Verlangen nach der Ent= wickelung dieser Industrie wachrief und veranlaßte, daß flämische Weber bis in die entferntesten Gegenden gezogen wurden.

Am nächsten lag es, die flämische Industrie in dem Lande einzubürgern, welches, den Niederlanden benachbart, mit ihnen den lebhaftesten Handelsverkehr unterhielt und ihnen den feinen Rohstoff lieferte, auf dem die Ueberlegenheit der Weber von Flandern und Brabant vornehmlich beruhte.

Bereits unter Heinrich III. werden Versuche gemacht, von Staatswegen die Wollenindustrie zu fördern. 1261 wurde ein Gesetz erlassen, welches die Ausfuhr von Wolle und das Tragen von Tüchern, die im Ausland erzeugt worden waren, verbot. Aber dies Verbot mußte bald wieder aufgehoben werden, ebenso seine Wiederholung von 1271. Denn am freien Wollexport waren, wie wir gesehen haben, gerade die entscheidenden Mächte Englands am lebhaftesten interessirt, Grund= herren und Kaufleute. König Eduard III. schlug eine andere Politik ein. Er lud durch einen Erlaß von 1331 Weber, Färber und Walker aus Flandern ein, nach England zu übersiedeln. Viele folgten dem Rufe. Wenige Jahre später kamen Andere aus Brabant und Seeland.*)

---

*) Geo. L. Craik, The History of British Commerce, I., S. 128, 148.

So finden wir in der zweiten Hälfte des 14. Jahrhunderts eine starke Wollenindustrie in England, namentlich in der Grafschaft Norfolk, mit der Hauptstadt Norwich. Es ist nun bemerkenswerth, daß diese Stadt der Hauptsitz der Lollharbie wurde.

Mit den flämischen Webern dürfte auch das flämische Beghardenthum seinen Einzug gehalten haben. Diese Annahme liegt um so näher, als es gerade die Aermsten unter den Webern waren, die zur Auswanderung verlockt wurden, also dieselben Elemente, die in den Niederlanden die meisten Begharden lieferten.

Fuller in seiner Kirchengeschichte beschreibt sehr anschaulich die Schliche, wodurch die niederländischen Weber nach England gelockt wurden: „Unverdächtige Emissäre wurden von unserem König in jenes Land geschickt, die sich in das Vertrauen solcher Niederländer einschlichen, die vollkommen Meister in ihrem Gewerbe, nicht aber Meister über sich selbst waren, sondern Lohnarbeiter oder Lehrlinge. Sie jammerten über die Sklaverei dieser armen Knechte, welche von ihren Meistern mehr heidnisch als christlich behandelt wurden; ja, mehr wie Pferde als wie Menschen. Früh auf und spät zu Bett und den ganzen Tag über harte Arbeit und magere Kost — ein paar Häringe und harter Käse — und alles das, um die Kerle (churls), ihre Meister, zu bereichern, ohne selbst den geringsten Vortheil davon zu haben. Wie glücklich würden sie sein, wenn sie nach England kämen und ihr Gewerbe (mystery) mit sich brächten, welches ihnen überall herzlichen Willkomm sicherte. Da sollten sie Rindfleisch und Hammelfleisch nach Belieben essen können, bis sie platzten ... Glücklich der Grundbesitzer (yeomen), in dessen Haus einer dieser Niederländer einkehren würde, die Gewerbfleiß und Reichthum mit sich brächten. Als Fremder betrete er das Haus, um es als Bräutigam oder Schwiegersohn wieder zu verlassen" u. s. w.*)

Daß die Sendlinge des Königs bei den flämischen Proletariern Erfolg hatten, ist kein Wunder. Aber ebensowenig darf man sich wundern, daß diese Proletarier, deren Erwartungen natürlich schmählich enttäuscht wurden, um so inniger an die beghardischen Ideale sich anklammerten, die sie aus ihrer Heimath mitgebracht. Vielleicht waren sie es, welche die kommunistische Agitation in England ins Leben riefen; jedenfalls bildeten sie ihren festesten Stützpunkt. Norfolk, das Zentrum der Wollenindustrie, wurde auch das Zentrum des Lollharbenthums. Diese Grafschaft dürfte, wie Rogers sagt, mehr Märtyrer der Lollharben geliefert haben, als das gesammte übrige England.**)

Von dort aus durchzogen die Agitatoren der Lollharben, die „armen Brüder" oder „armen Priester" genannt, das Land und predigten überall das Evangelium der urchristlichen Freiheit, Gleichheit und Brüderlichkeit. Ihre Agitation wurde sehr erleichtert durch die Leichtigkeit des Reisens im England

*) Fuller, Church History, III., S. 9, bei Cunningham, The growth of English Industry, I., S. 284.
**) Thorold Rogers, Six centuries of Work and Wages, London 1886, S. 130, 166.

jener Zeit. Noch herrschte allgemeine Gastfreundschaft, namentlich in den zahl=
reichen Klöstern; der Wanderer konnte gewiß sein, Unterkunft und Nahrung zu
erhalten, und die Sicherheit auf den Straßen war groß.*)

Gewissermaßen das Motto der Lollharden wurde der Volksvers:

> „Als Adam pflügt' und Eva spann,
> Wo war wohl da der Edelmann?"

Ihr vornehmster Vertreter war John Ball, wahrscheinlich ein Franzis=
kaner der strengeren Observanz, die wir schon mehrfach als Freunde und Bundes=
genossen der Begharden kennen gelernt haben. Sie scheinen im Allgemeinen ein
starkes Element der lollhardischen Bewegung gebildet zu haben. Walsingham,
ein Mönch von St. Albans, der im 14. Jahrhundert lebte und jene Zeit be=
schrieben hat, zeigt sich sehr erbittert gegen die Bettelmönche, die gleichzeitig das
Volk aufwiegelten und den herrschenden Klassen schmeichelten, um die einen wie
die anderen auszubeuten.

Er untersuchte, was wohl die Ursachen der sozialen Unruhen gewesen sein könnten,
und kommt zu folgendem Schluß: „Es scheint mir, als seien die üblen Zeiten den
Sünden aller Bewohner des Landes zuzuschreiben, eingeschlossen die Bettelorden.
Diese haben ihr Gelübde vergessen und sind nicht eingedenk der Zwecke geblieben,
zu denen sie gestiftet worden. Denn ihre Gründer, hochheilige Männer, wollten,
daß sie arm und frei von jedem weltlichen Besitz seien, damit sie stets die Wahrheit
sagen könnten, ohne für ein Besitzthum zu fürchten. Aber voll Neid gegen die
Besitzenden, billigen sie alle Verbrechen der Herrschenden, fördern gleichzeitig die
Irrthümer des gemeinen Volkes und preisen die Sünden der Einen wie der
Anderen. Sie, die dem Besitz entsagt und ewige Armuth geschworen haben,
erklären das Gute für schlecht und das Schlechte für gut, um Güter zu erwerben
und Geld zusammenzuscharren, verführen die Fürsten durch Schmeicheleien, das
Volk durch Lügen, und verlocken Beide auf Abwege."**)

Da den Fürsten und dem Volke gleichzeitig zu schmeicheln etwas schwer ist,
dürfen wir wohl annehmen, daß Walsingham hier beide Richtungen der Bettel=
mönche im Auge hat, die eigenthumslüsterne, die den Vornehmen schmeichelt, und
die eigenthumsfeindliche, die das Volk „aufhetzt."

Thatsächlich waren die Bettelmönche, namentlich die Franziskaner, bei den
ausgebeuteten Klassen sehr beliebt. Bei der Insurrektion von 1381, auf die
wir gleich zu sprechen kommen werden, wurden manche Paläste zerstört, dagegen

---

*) Erst seit der Reformation des 16. Jahrhunderts und den ökonomischen Aenderungen,
die ihr folgten, der Aufhebung der Klöster, der Vertreibung der Bauern von ihren Sitzen,
der Schaffung eines Massenproletariats, das zahllose Landstreicher und Straßenräuber lieferte,
wurde das Reisen über Land ein mühsames, kostspieliges und gefahrvolles Unternehmen und
blieb es bis ins 18. Jahrhundert. (Vgl. Thorold Rogers, A History of Agriculture
and Prices in England, Oxford 1866, I., S. 95 ff.)

**) Thomas Walsingham, Historia Anglicana. Herausgegeben von Riley,
London 1863. II., S. 13.

die Klöster der Bettelmönche geschont. Einer der Führer der Insurgenten, Jack Straw, erklärte, die Bettelmönche seien die einzigen Kleriker, die geschont werden sollten.*)

Aus der Reihe dieser Mönche scheint John Ball hervorgegangen zu sein. Froissart, ein Zeitgenosse Ball's, nennt ihn einen „verrückten Priester aus Kent."**) Vorwiegend jedoch predigte er in Essex und Norfolk. Seine Agitation begann um das Jahr 1356 und erregte bald die Aufmerksamkeit der geistlichen und weltlichen Autoritäten. Der Erzbischof von Canterbury ebensowohl wie der Bischof von Norwich exkommunizirten ihn, Eduard III. ließ ihn verhaften (wahrscheinlich 1366). Freigelassen, begann er von Neuem seine Predigten. Da er seit seiner Exkommunizirung die Kirchen nicht mehr benutzen konnte, predigte er auf Plätzen und Kirchhöfen. Froissart hat uns (an oben angegebenen Orte) eine seiner Reden überliefert, für deren Echtheit wir uns allerdings nicht verbürgen können. Sie lautet: „Liebe Leute, in England wird's nicht besser werden, ehe nicht Alles Gemeineigenthum wird und es weder Hörige noch Edelleute giebt; ehe wir nicht Alle gleich sind und die Herren nicht mehr wie wir. Wie haben sie uns behandelt? Warum halten sie uns in Knechtschaft? Wir stammen Alle von den gleichen Eltern ab, von Adam und Eva. Wodurch können die Herren beweisen, daß sie besser sind als wir? Vielleicht dadurch, daß wir erwerben und erarbeiten, was sie verzehren? Sie tragen Sammet, Seide und Pelzwerk, wir sind gekleidet in elende Leinwand. Sie haben Wein, Gewürze und Kuchen, wir haben Kleie und trinken nur Wasser. Ihr Theil ist Nichtsthun auf herrlichen Schlössern, der unsere ist Mühe und Arbeit, Regen und Wind auf dem Feld, und doch ist es unsere Arbeit, aus der sie ihren Prunk ziehen. Man nennt uns Knechte und schlägt uns, wenn wir ihnen nicht ohne Zaudern zu jedem Dienst zu Gebote stehen, und wir haben keinen König, der wünschte, uns zu hören oder uns zu unserem Rechte zu verhelfen. Aber unser König ist jung; gehen wir zu ihm, stellen wir ihm unsere Knechtschaft vor und zeigen wir ihm, daß sie ein Ende nehmen muß, sonst würden wir uns selbst ein Heilmittel verschaffen. Wenn wir vereint zu ihm gehen, werden uns Alle folgen, die Knechte heißen und in Knechtschaft gehalten werden, um die Freiheit zu erlangen. Wenn der König uns sieht, wird er uns gutwillig etwas gewähren oder wir werden uns in anderer Weise helfen." „So sprach Ball," fügt der Höfling Froissart hinzu. „Der Erzbischof ließ ihn für ein paar Monate einsperren. Es wäre besser gewesen, er hätte ihn getödtet."

Dies probate Mittel hätte kaum viel geholfen, denn Ball war nur einer unter vielen Agitatoren, die in gleichem Sinne wirkten, deren Namen uns jedoch nicht erhalten sind.

---

*) Vergl. Lechler, J. Wiclif und die Vorgeschichte der Reformation (wir benutzten die englische Uebersetzung von P. Lorimer, London 1878), II., S. 228, und Walsingham, a. a. O., II., S. 9.

**) Histoire et chronique memorable de Messire Jehan Froissart, Paris 1578 (Ausgabe von Denis Sauvage de Fontmailles en Brie), II., S. 122.

Einen mächtigen Anstoß erhielt die lollhardische Bewegung durch das Auf=
treten Wiclif's (um 1360). Wiclif selbst war nichts weniger als ein Kommunist;
er stützte sich vorwiegend auf den hohen Adel, der den niederen Volksklassen
feindlich gegenüberstand. Aber seine Kriegserklärung gegen die höchste der damaligen
Autoritäten konnte nicht erfolgen, ohne die gesammte Volksmasse in Erregung
zu versetzen und neuen Ideen leichter zugänglich zu machen. Und eine Zeit lang
mochte man das Mitthun der niederen Klassen bei dem Kampf gegen Rom nicht
ungern sehen.

Aber bald sollte sich der neue Bundesgenosse nicht blos als unbequem,
sondern sogar als höchst gefährlich erweisen, denn die Bewegung der Lollharden
bekam eine ganz gewaltige Kraft dadurch, daß sie mit einer Rebellion der damals
streitbarsten und stärksten der arbeitenden Klassen, der Bauernschaft, zusammen=
floß, ähnlich, wie wir es schon im Falle Dolcino's gesehen haben und im Falle
der Hussiten und des großen deutschen Bauernkrieges kennen lernen werden.

III. Der Bauernkrieg von 1381.

Wir haben schon oben bei der Darstellung der Rebellion Dolcino's (S. 155 ff.)
darauf hingewiesen, daß vom 13. bis zum 15. Jahrhundert die Lage der Bauern
im Allgemeinen in Hebung begriffen war. In Frankreich wurde diese Tendenz
durch den Krieg in ihr Gegentheil verkehrt. Er gab die unglücklichen Bauern
jenes Landes den Plünderungen der englischen Raubschaaren preis. Gleichzeitig
aber wurde die französische Ritterschaft durch ihre Niederlagen einzig auf die
Auspressung der eigenen Bauernschaft und der schwächeren Städte angewiesen.
Das Elend der Bauern erreichte eine furchtbare Höhe und führte schließlich in
der Landschaft Isle de France (der weiteren Umgebung von Paris, nordöstlich
bis an die jetzige belgische Grenze) zu einem Ausbruch der Verzweiflung, der
sogenannten Jacquerie*) (Mai 1358). Der Erhebung der Ausgehungerten
gegenüber verschwand plötzlich der nationale Gegensatz zwischen Engländern und
Franzosen, wie fast 200 Jahre später im deutschen Bauernkrieg der religiöse zwischen
Katholiken und Lutheranern. Mit den vereinten Kräften der Ritterschaft beider
Nationen wurde die Erhebung leicht in einem furchtbaren Blutbad erstickt. Die
Entscheidung fiel in der Stadt Meaux, die damals den Engländern gehörte, und
deren Einwohner eine Schaar Bauern, 9000 Mann stark, eingelassen hatten.
Sechzig (!) Ritter eilten herbei, stürzten sich auf die waffenlosen Bauern und
metzelten sie wie Schafe nieder. So lange mordeten sie, bis sie dessen überdrüssig
wurden (et en occirent tant qu'ils en estoient tous ennyez). Mehr als
sieben Tausend erschlugen sie damals. Dann zündeten sie die Stadt Meaux
an und verbrannten sie mit allen ihren Bewohnern, weil diese zu den „Jacquiers"

---

*) Jacques, Jakob, war der Spitzname des französischen Bauern.

hielten. Von da an war die Erhebung gebrochen; die Bauern, die sich empört hatten, wurden allerorten unbarmherzig getödtet.

So erzählt uns Froissart mit Behagen, kaum nachdem er sich maßlos darüber entrüstet hat, daß die Bauern auch einigen Adeligen nicht zum Besten mitgespielt hatten.*)

Das Ende war noch größere Knechtung des französischen Landvolkes.

In ähnlicher Weise stellt man in der Regel die Erhebung der englischen Bauern dar, die zwei Jahrzehnte später stattfand. Aber wir glauben, es ist überzeugend nachgewiesen,**) daß der Charakter des englischen Bauernkrieges ein ganz anderer war.

In England wurde die allgemeine Tendenz der Zeit auf Hebung der Lage des Bauern durch den Krieg nicht verkehrt, sondern verstärkt. Die Leibeigenschaft begann zu verschwinden, die persönlichen Dienste, welche die Leibeigenen hatten leisten müssen, wurden durch Geldzinse ersetzt. Damit trat für die großen Grund=herren die Nothwendigkeit ein, an Stelle der Arbeit der Leibeigenen andere Arbeit zu setzen, die von Lohnarbeitern. Aber im 14. Jahrhundert konnte man noch nicht von einem erheblichen ländlichen Proletariat sprechen. „Die Lohnarbeiter der Agrikultur bestanden theils aus Bauern, die ihre Mußezeit durch Arbeit bei den großen Grundeigenthümern verwertheten, theils aus einer selbständigen, relativ und absolut wenig zahlreichen Klasse eigentlicher Lohnarbeiter. Auch Letztere waren faktisch selbstwirthschaftende Bauern, indem sie außer ihrem Lohn Ackerland zum Belauf von vier und mehr Acres nebst Cottages angewiesen erhielten. Sie genossen zudem mit den eigentlichen Bauern die Nutznießung des Gemeindelandes, worauf ihr Vieh weidete und das ihnen zugleich die Mittel der Feuerung, Holz, Torf u. s. w. bot."***) Dieser Zustand hatte für den Grundherrn (oder den Pächter seiner Wirth=schaft) die unangenehme Folge, daß er sehr hohe Löhne zahlen mußte, was seine Grundrente nicht wenig beeinträchtigte. Ein großer Theil des niederen Adels wurde dadurch finanziell ruinirt.

Das wurde für die Grundherren noch schlimmer nach der großen Pest, die 1348 über ganz Europa hereinbrach, daselbst mit mannigfachen Zwischenräumen zwei Jahrzehnte lang wüthete und die im gesammten Welttheil nicht weniger als 25 Millionen Menschen das Leben gekostet haben soll. In Frankreich steigerte diese Pest das Elend des Landvolkes, in England wurde sie ein Mittel, seine Hebung zu beschleunigen.

Wohl hatte die Pest die wohlthätige Eigenschaft, welche derlei Epidemien auch in den neuesten Zeiten gezeigt haben, vorwiegend in den ärmeren Klassen zu wüthen und die reicheren zu verschonen,†) aber leider war die Zivilisation

---

*) Froissart, a. a. O., I., S. 190 ff.
**) Von Thorold Rogers in den schon erwähnten Werken.
***) K. Marx, Das Kapital, I., 2. Aufl., S. 745 ff.
†) „Es wird berichtet, daß in England die Wucht der Seuche auf die Armen fiel und die höheren Klassen weniger davon betroffen wurden." (Thorold Rogers, History of Agriculture rc., I., S. 295.) „Fast unglaublich scheinen die Angaben über die Verheerungen,

damals noch nicht so weit vorgeschritten, daß zahllose Arbeitskräfte unbeschäftigt auf den Straßen herumgelegen wären. Verschonten die Seuchen das Leben der Reichen, so trafen sie doch ihren Lebensnerv, ihren Geldbeutel. Nach der Pest gingen die Löhne kolossal in die Höhe und erzeugten einen Zustand, der unerträglich war — nämlich für die Grundbesitzer. Bereits 1349 erschien daher ein Erlaß des Königs Eduard III., in dem jeder Ackerbauarbeiter (labourer) und Knecht (servant) verpflichtet wurde, zu arbeiten, wenn man ihm Arbeit bot, und zwar zu bestimmten Löhnen und während einer bestimmten Arbeitszeit. Der Bezahler höherer Löhne war ebenso straffällig wie der Empfänger.

Dieses Grundbesitzerschutzgesetz, das Maximallöhne und Minimalarbeitstag einführte, blieb jedoch unwirksam, ebenso seine Nachfolger aus den Jahren 1350 und 1360, denn es vermochte nicht die Anzahl Proletarier zu schaffen, die benöthigt waren, um den Preis der Arbeitskraft den Bedürfnissen der Grundherren entsprechend zu gestalten.

Der Krieg mit Frankreich, der so viele Arbeitskräfte zu Söldnern machte, trug nicht dazu bei, die Arbeiterfrage für die Grundherren zu mildern. Aber andererseits bildete der „Nothstand" der Grundherren geradezu einen Ansporn für sie, das Defizit in ihrer Kasse durch gutbezahlten Kriegsdienst und immer wieder erneute Plünderungen in Frankreich zu decken. Dieser Nothstand war wohl eine der Hauptursachen, daß der Krieg gegen Frankreich kein Ende nehmen wollte, und daß, als endlich in gewaltiger Anstrengung die Engländer aus Frankreich vertrieben worden waren durch jene bekannte Erhebung, die an den Namen der Jungfrau von Orleans anknüpft, daß dann der englische Adel in endlosem Morden und Plündern sich selbst zerfleischte, im dreißigjährigen Bürgerkrieg der weißen und der rothen Rose.

Andererseits mußte der „Nothstand" unter den Grundherren die Ideen der Wiclifitischen Reformation, das heißt im Grunde die Forderung, die Kirchengüter sollten zu ihren Gunsten konfiszirt werden, höchst populär machen.

Zugleich aber versuchten sie auch, die „Arbeiterfrage," die sie durch die Gesetzgebung nicht lösen konnten, auf einem anderen Wege zu lösen, auf dem der offenen Gewalt. Sie begannen, die alten Leibeigenschaftsverhältnisse wieder herzustellen, an Stelle der Lohnarbeit die Zwangsarbeit der Bauern zu setzen.

Die Erbitterung wuchs auf beiden Seiten immer mehr. Diese Stimmung der Bauern bildete einen fruchtbaren Boden für die Predigten der lollhardischen Agitatoren. Wohl hatten die Bauern ganz andere Interessen wie die besitzlosen Klassen der Städte, aber ihre Gegner waren dieselben und ihr nächstes Ziel das gleiche: die Niederwerfung der Uebergriffe der Reichen und ihrer Staatsmänner.

---

die diese Pest anrichtete; z. B. in Venedig sollen an 100 000, in Lübeck an 90 000, in Straßburg 16 000 Menschen daran gestorben sein; Wien zählte an einem Tage über 900 Todte; an vielen Orten, sagt man, sind neun Zehntel der Bevölkerung hinweggerafft worden. Doch traf dieses Loos meistens nur die ärmeren Klassen, und es ist z. B. kein regierender Fürst bekannt, der daran gestorben wäre." (Fr. Palacky, Geschichte von Böhmen, II., 2., S. 303.)

Daß die Einen unter den Reichen vornehmlich die Grundherren, die Anderen vornehmlich die Kaufleute im Auge hatten, verschlug nichts.

Durch das Zusammengehen der Bauern mit den unteren Klassen der Städte verlor die lollhardische Bewegung allerdings an Bestimmtheit; sie hörte auf, eine rein kommunistische Bewegung zu sein und wurde eine demokratische Oppositions= bewegung, welche gar mannigfaltige Richtungen in sich barg. Aber sie gewann ungemein an Kraft.

Die Bauern begannen sich zu organisiren, um den Grundherren Widerstand zu leisten. Es wird berichtet, daß sie Vereinigungen bildeten und Gelder zusammen= schossen, um die Mittel zur Vertheidigung ihrer Interessen zu gewinnen. Die Organisatoren, meint Th. Rogers, der sehr viel zur Aufklärung jener Bewegung beigetragen hat und dem wir bei der Abfassung vorliegender Darstellung sehr viel verdanken, seien vornehmlich die „armen Priester" der Lollharden gewesen, die Zusammenhang und Einheitlichkeit in die Bewegung brachten.

Zu Beginn der Regierung Richard II. spitzte sich der Gegensatz zwischen Bauern und Grundherren aufs Aeußerste zu. In den letzten Jahren Eduard III. war das Kriegsglück von den Engländern gewichen. 1374 mußten sie sich zu einem Waffenstillstand verstehen, der ihnen nur einige „Brückenköpfe" in Frank= reich ließ: Calais, Bordeaux, Bayonne. Als Richard zur Regierung kam, war er erst elf Jahre alt. Unter einem solchen König konnte man keinen großen Krieg führen. Andererseits war Frankreich zu erschöpft, um die günstige Lage auszunützen. Wohl wurde der Waffenstillstand gebrochen, aber es kam nur zu unbedeutenden Reibereien. Die englischen Adeligen waren nun völlig auf die Einnahmequellen angewiesen, die ihnen ihre Güter boten, sie konnten ihre ganze Kraft auf das Ausschinden ihrer Bauern verwenden.

Wuchs die Gewaltthätigkeit der Herren, so mußte das Aufhören des Krieges, das so viele Söldner dem Pflug zurückgab und die Zahl der kriegsgeübten Bauern vermehrte, auch den Trotz der Bauern vermehren. Kein Wunder, daß es bald zu einem blutigen Zusammenstoß zwischen den feindlichen Klassen kam.

Die Bauern wurden gezwungen, sich zu erheben, denn die herrschenden Gewalten begannen gegen die demokratische Bewegung einzuschreiten und die loll= hardischen Agitatoren aufs Schärfste zu verfolgen, darunter natürlich auch John Ball, der auf Befehl des Erzbischofs von Canterbury in das Gefängniß zu Maid= stone geworfen wurde. Bei seiner Verhaftung soll er erklärt haben, bald würden ihn 20 000 Freunde befreien. Die Prophezeiung traf ein.

Nach der gewöhnlichen Darstellung war die Veranlassung zur bäuerlichen Erhebung eine rein zufällige: Ein Steuerbeamter entehrte die Tochter Wat Tyler's (d. h. Walter's des Ziegelbrenners oder Ziegeldeckers) und darauf hin erhob sich dieser zur Rache, erschlug den Beamten und forderte das Volk auf, Gewalt mit Gewalt zu vertreiben.

Aber thatsächlich brach die Bewegung an verschiedenen Punkten gleichzeitig aus, am 10. Juni 1381. Am wichtigsten wurde die Erhebung in Norfolt,

dem Sitz der Weberei, und in Kent, wo die Leibeigenschaft schon völlig auf=
gehört hatte. Die kentische Erhebung wurde geführt von Wat Tyler, der in
der Armee gegen Frankreich gekämpft hatte und im Kriege wohl erfahren war,
und einem Geistlichen, Jack Straw. Die Insurgenten marschirten auf London,
befreiten unterwegs John Ball aus seinem Gefängniß und lagerten auf Blackheath,
der dunklen Haide, vor London. Sie entboten den König vor sich. Dieser kam
die Themse herab auf einem Schiff, wagte aber nicht zu landen und kehrte un=
verrichteter Sache wieder heim. Nun brachen die Bauern in London ein (am
12. Juni), dessen Thore ihnen durch ihre Genossen in der Stadt offen gehalten
wurden. Die niederen Klassen der Hauptstadt vereinigten sich mit ihnen, und
die Insurgenten nahmen Rache an den Palästen ihrer Unterdrücker, da sie dieser
selbst nicht habhaft werden konnten. So verbrannten sie auch den Palast des
Herzogs von Lancaster, den sie vor Allen haßten. Aber sie plünderten nicht,
„und wenn sie Jemand bei einem Diebstahl ertappten, den enthaupteten sie, wie
Leute, welche nichts mehr hassen als Diebe."*)

Der junge, erst fünfzehnjährige König mit seinen Räthen, einigen Adeligen
und dem Erzbischof von Canterbury hatte sich nach dem Tower geflüchtet. Ver=
gebens rieth ihm der Londoner Lordmayor Walworth, einen Ausfall auf die
Rebellen zu machen. Die reichen Londoner Bürger würden sich mit seinen Truppen
vereinigen. Der Earl von Salisbury wies darauf hin, daß Alles verloren wäre,
wenn der König im Felde gegen die Insurgenten eine Niederlage erlitte, und diese
Meinung überwog, obwohl dem König 8000 wohlbewaffnete Männer zur Ver=
fügung standen. Die Furcht vor den Bauern hatte die erfahrenen Kriegsmänner
gelähmt. Die Empörung blieb militärisch unbesiegt, der König entschloß sich, zu
unterhandeln. Das ist ein anderes Bild, als das, welches uns die Jacquerie
in Frankreich gewährt!

Richard hatte alle Ursache, nachgiebig zu sein, denn die Insurgenten erstürmten
den Tower (am 14. Juni) und tödteten den Erzbischof — denselben, der John
Ball eingekerkert hatte —, sowie andere ihrer Verfolger, deren sie gerade habhaft
wurden.

Der König hatte den Tower kurz vor dessen Erstürmung verlassen und sich
nach Mile=End begeben, um mit den Rebellen zu unterhandeln. Sie erklärten,
sie wollten freie Bauern sein für immer und ihre Freiheit sollte schriftlich an=
erkannt werden. Ferner forderten sie die Aufhebung der Jagd= und Fischerei=
privilegien des Adels und ähnliche Konzessionen. Der König bewilligte Alles,
was sie verlangten, und erklärte sich bereit, sofort die nöthigen Dokumente aus=
stellen zu lassen. Dreißig Schreiber wurden damit betraut.

Damit hatten die Bauern erreicht, was sie wollten. Die Masse derselben
ging nach Hause. Zum Theil dürfte Mangel an Proviant daran schuld gewesen
sein, daß sie auseinanderliefen. Sie hatten nur geringe Vorräthe mit; nach

---

*) Walsingham, Historia Anglicana, I., S. 456.

Froissart mußte schon, ehe sie London erobert hatten, auf Blackheath ein Viertel der Bauern wegen Mangels an Provision fasten. Aber eine größere Schaar unter Wat Tyler, Jack Straw und John Ball blieb zurück, um die Ausstellung der Dokumente zu überwachen, vielleicht auch, um weitere Konzessionen zu erlangen.

Am nächsten Tag kam es zu neuen Unterhandlungen. Die Insurgenten trafen in Smithfield den König mit seinen Reisigen. Richard ließ Wat Tyler zu einer Unterredung mit ihm zwischen beiden Heeren einladen, und dieser ging darauf ein.

Während Beide sich besprachen, näherte sich ihnen ein Ritter, und als Wat Tyler dagegen protestirte, befahl Richard, ihn zu verhaften. Eine Schaar Soldaten stürzte auf ihn zu, an ihrer Spitze der uns schon bekannte Lordmayor Walworth, und von zahlreichen Schwertern durchbohrt, sank der Verrathene zu Boden. Richard aber, trotz seiner Jugend in der Heimtücke und Verstellung, die man damals Staatskunst nannte, wohlerfahren, ritt auf die überraschten Insurgenten zu und klagte Wat Tyler an, er sei ein Verräther gewesen, der ihn habe morden wollen, er selbst, der König, wolle ihr Führer sein. Mit diesen Redensarten hielt er sie so lange hin, bis die Bürger Londons gewaffnet erschienen waren. Aber auch jetzt wagten Richard und seine Leute keinen offenen Kampf. Man begnügte sich damit, sie von London abzuschneiden und in dieser Stadt die „Ordnung" wieder herzustellen. Den Bauern wurden Freilassungsbriefe eingehändigt und sie zerstreuten sich mit denselben.*)

Schlimmer war die Erhebung in Norfolk ausgegangen. Die Bauern hatten, unter Führung eines gewissen John Littlestreet, Norwich am 11. Juni eingenommen, aber der Bischof von Norwich, Henry Spenser, sammelte rasch Kriegsvolk um sich, griff die Insurgenten an und zerstreute sie in einer Schlacht, in der er viele mit eigener Hand erschlug. Die Gefangenen ließ er sofort hinrichten, darunter John Littlestreet. Dabei machte sich jedoch der fromme Erzbischof ein Vergnügen daraus, ihnen selbst die letzten Tröstungen der Religion zukommen zu lassen.

Die kleineren Erhebungen verliefen größtentheils im Sande. Nachdem die Bauern beruhigt waren, begann Richard zu erwägen, wie er ihnen sein „Königswort" brechen könne, das er ihnen nur gegeben in der Absicht, sie zu betrügen. Das war damals so in der Mode.

Die moderne Diplomatie stand noch in den Bengeljahren, und Lüge, Verrath und Meuchelmord wurden damals ungenirter betrieben als später, wo man aus Rücksicht auf die Volkskritik es für nothwendig befunden hat, der diplomatischen

---

*) Wir haben uns in dieser Darstellung vornehmlich an Walsingham gehalten. Froissart behandelt den Aufstand zu höfisch-tendenziös. Er schrieb, als Franzose, vom Hörensagen, wie er selbst sagt, „damit alle Herren und guten Leute, die das Gute anstreben, sich ein Beispiel daran nehmen, wie man die Schlechten und Rebellen züchtigt (corriger)." A. a. O., II., S. 124. Vergl. über die Insurrektion auch C. E. Maurice, Lives of English Popular Leaders in the Middle Ages, London 1875, II., Tyler, Ball, Oldcastle.

Gaunerpraxis ein moralisches Mäntelchen umzuhängen. Man liebt es, ein Königs=
wort als ein besonders unverbrüchliches hinzustellen. Aber vom 14. bis ins
17. Jahrhundert — und auch noch später — galt das Worthalten und die
Ehrlichkeit überhaupt für eine Schwäche, deren sich ein großer Fürst nicht schuldig
machen dürfe.

Sobald der König ein Heer von 40000 Mann um sich gesammelt hatte
— „ein Heer, wie es vordem England nie gesehen hatte" (Walsingham) —,
warf er die Maske ab und setzte Gerichte ein, die Rebellen zu bestrafen. Die
Männer von Essex sandten Boten, ihn an seine Versprechungen zu erinnern.
Aber seitdem er ein großes Heer um sich wußte, war dem königlichen Buben so
der Kamm geschwollen, daß er ihnen erwiderte: „Knechte seid Ihr gewesen und
Knechte seid Ihr. Ihr sollt in Leibeigenschaft bleiben — nicht in der, in welcher
Ihr bisher gelebt, sondern in einer unendlich schlimmern. Denn so lange wir
leben und mit Gottes Gnade dies Reich regieren, werden wir unsere Vernunft,
unsere Kraft und unser Vermögen dazu anwenden, Euch so zu mißhandeln, daß
Eure Sklaverei ein warnendes Beispiel für die Nachkommenschaft sein wird."*)

Diese Provokation erreichte ihren Zweck. Die Bauern von Essex erhoben
sich nochmals in Waffen, aber auf die eigenen Kräfte angewiesen — denn die
anderen Grafschaften blieben ruhig —, erlagen sie dem Heere des Königs.

Anscheinend hatte die Sache der „Ordnung" gesiegt. Aber die englischen
Staatsmänner konnten sichs nicht verhehlen, daß sie des Hauptaufstandes nicht
Herr geworden waren in offenem Kampf, und daß sie das Aergste nur abgewendet
hatten durch Lüge, Meuchelmord und Ueberfall. So war die Erhebung trotz
ihres anscheinend schließlichen Mißerfolges keineswegs vergeblich gewesen. Die
Herren hüteten sich, ihren Sieg so auszunützen, daß sie eine zweite Erhebung
der gesammten Bauernschaft provozirten. Die Befreiung der englischen Bauern
von der Leibeigenschaft nahm ihren Fortgang und war zu Ende des Jahrhunderts
so gut wie vollendet.

Aber mit den Bauern hatten sich in London und Norwich auch die niederen
Volksklassen erhoben; diese waren wehrloser als die Bauern, gegen sie richtete
sich vornehmlich die Rache des Siegers. Wenn wir hören, daß nach der Beendigung
des Aufstandes ein furchtbares Blutgericht über dessen Führer gehalten wurde
und 1500 derselben den Tod erlitten, darunter auch John Ball und Jack Straw,
so dürfen wir annehmen, daß dies weniger die Bauern als ihre städtischen Ver=
bündeten getroffen hat. In den Parlamentsakten sind noch die Namen von
289 Rebellenführern erhalten, die abgeurtheilt wurden. Davon waren 151 aus
London und 138, also nicht einmal die Hälfte, aus den anderen Städten und
vom Lande.

Der unglückliche Ausgang des Aufstandes hemmte kaum vorübergehend die
Sache der Emanzipation der Bauernschaft. Dagegen bedeutete er einen fast ver=

---

*) Maurice, a. a. O., S. 189, 190.

nichtenden Schlag für die lollhardische Bewegung, ja für die ganze Opposition gegen das Papstthum.

In der That, mit einer so rebellischen Bevölkerung im Rücken, erschien es dem König und dem Adel denn doch zu gefährlich, selbst in eine revolutionäre Bewegung einzutreten, sich vom Papst loszusagen und die Kirchengüter zu kon= fisziren. Man kam um so leichter zu einem Kompromiß mit dem Papstthum, als dieses eben damals aufhörte, ein ausschließliches Werkzeug französischer Politik zu sein. 1378 hatte die große Kirchenspaltung begonnen, von der wir noch sprechen werden. Die Welt hatte zwei Päpste bekommen, einen französischen und einen antifranzösischen, römischen, den Deutschland und England unterstützten.

Wäre wirklich die Reformationsbewegung eine Folge der sittlichen Ent= rüstung über die Verkommenheit des Papstthums gewesen, wie die ideologischen Geschichtschreiber des Protestantismus uns glauben machen wollen, dann hätte die wiclifitische Bewegung gerade zur Zeit der Kirchenspaltung den größten Auf= schwung nehmen müssen, denn damals war das Papstthum moralisch am tiefsten gesunken. Aber die Geschichte wird durch die Interessen und die Kämpfe der Klassen bestimmt, und von 1381 an sprachen die Interessen der herrschenden Klassen Eng= lands gegen die Bestrebungen Wiclif's. Wohl standen er und seine Gönner nicht im geringsten Zusammenhang mit der Insurrektion; im Gegentheil, sein Protektor Johann von Lancaster war, wie wir gesehen haben, der unter den Insurgenten bestgehaßte Mann. Aber immerhin, seine Lehre zeigte sich revolutionärer, als den Interessen der herrschenden Klassen Englands zuträglich war. Bereits 1382 verdammte eine Synode zu London vierundzwanzig seiner Sätze als ketzerisch. Das Parlament befahl im gleichen Jahr durch ein besonderes Gesetz den weltlichen Gerichten, die geistlichen zu unterstützen. Es nützte Wiclif nichts, daß er 1382 eine Schrift herausgab, „De blasphemia," in der er den Bauernaufstand mißbilligte. Selbst sein bisheriger Gönner, der Herzog von Lancaster, wandte sich nun gegen ihn. Wiclif wurde seines Lehramts an der Universität Oxford und seiner Würden ent= setzt und mußte sich auf seine Pfarre in Lutterworth zurückziehen, wo er schon 1384 starb.

Schlimmer gings den Lollharden. Seit dem Bauernaufstand, in dem die Wirksamkeit der lollhardischen Agitatoren sich so mächtig gezeigt hatte, galt jeder Lollhard, den man aufspüren konnte, von vornherein für einen Hochverräther, der dem Feuertod überantwortet wurde. Eine gleiche Aera der Verfolgungen, wie seit Karl IV. in Deutschland, brach jetzt über die Lollharden in England herein. Es gelang nicht, ihrer Herr zu werden. Aber es gelang auch der Lollhardie nicht wieder, die Bedeutung zu erlangen, die sie von 1360—81 gehabt. Wie in Deutsch= land war sie nun auch in England nur noch im Stande, eine unendliche Reihe von Märtyrern zu liefern.

Die Erhebung von 1381 mußte auch auf das Ausland zurückwirken und überall die Verfolgung der Begharden und Waldenser neu beleben. Zu Ende des Jahrhunderts gab es keinen Zufluchtsort für sie, der sicher gewesen wäre.

Da, inmitten der höchsten Trübsal, sollte plötzlich eine Zeit des Triumphes für
die Verfolgten und Niedergetretenen hereinbrechen, die ihnen herrlich bewies, wie
„groß Gott in den Kleinen" werden kann. Ein Heldenzeitalter, vergleichbar jener
Epoche der großen französischen Revolution, die mit dem Jahre 1793 anhebt,
begann für die kommunistischen Bestrebungen in Böhmen mit den Hussiten=
kriegen.

<hr>

Sechstes Kapitel.

Die Taboriten.

<hr>

I. Die große Kirchenspaltung.

Das Aufkommen der Wiclifitischen Bewegung war für das Papstthum eine
ernstliche Warnung. Fuhr es fort, ein Werkzeug Frankreichs zu sein, dann ge=
fährdete es seine Stellung in ganz Europa. Die Päpste fingen daher an, sich
aus Avignon, aus der französischen Gefangenschaft hinwegzuziehen nach Rom,
wo sie dem französischen Einflusse mehr entrückt waren.

Die Wiclifitische Bewegung zeigte aber auch den Päpsten, wie gefährdet ihre
Stellung als Kirchenfürsten war. Sie wies sie darauf hin, eine sichere Stütze
in der weltlichen Herrschaft zu suchen. Je mehr in England, in Frankreich und
in Spanien (Kastilien und Aragonien) die Kirche der Beherrschung und Aus=
beutung durch die Päpste entzogen und der durch die Fürsten unterworfen wurde,
desto wichtiger wurde neben der Beherrschung der Welt für die Päpste die Be=
herrschung ihres weltlichen Staates, des Kirchenstaates. Auch das machte ihre
Anwesenheit in Rom dringend nöthig.

Hatten die Päpste alle Ursache, sich nach Rom zu sehnen, so fingen auch die
Italiener an, sich nach den Päpsten zu sehnen. Die „Babylonische Gefangenschaft,"
wie sie sich ausdrückten, der Päpste in Avignon, hatte ihnen deutlich bewiesen,
wie wichtig die Anwesenheit der Päpste in Italien für dieses Land sei, welchen
Schaden es durch ihre Abwesenheit erleide. Namentlich Rom war stark zurück=
gegangen.

Das leidenschaftliche Verlangen nach der Rückkehr der Päpste hat seinen
großartigsten Ausdruck gefunden in Petrarca. Mit glühenden Farben schilderte
er in seinen Gedichten und Briefen, wie seit der Verlegung des heiligen Stuhles
die Paläste der Päpste und die Altäre der Heiligen in Rom in Armuth und
Schmutz versunken seien, wie die ewige Stadt verkomme, gleich einer Frau, die
ihr Gatte im Stiche gelassen, wie aber die Wolke, die über den sieben Hügeln
schwebe, durch die Anwesenheit des rechtmäßigen Herrschers zerstreut würde.
Ewiger Ruhm des Papstes, das Glück Roms und der Friede Italiens wären
die Folge, wenn ein Papst es wagte, sich der französischen Gefangenschaft zu

entziehen. In Avignon dagegen müsse das Papstthum naturnothwendig in Ueppig= keit und Laster ersticken und dem Haß und der Verachtung der ganzen Welt an= heimfallen.*) Niemand hat das Papstthum schärfer gegeißelt als Petrarca, aber er wollte es damit nicht schwächen oder gar verderben, sondern nach Italien locken. Seiner Ansicht nach rührte die Verworfenheit der päpstlichen Kurie nicht daher, daß sie die Welt aufs Schamloseste ausbeutete, sondern daher, daß sie die Früchte der Ausbeutung in Avignon verzehrte, statt in Rom. Das Klima von Avignon zerstörte die moralische Gesundheit des Papstthums. Nach Rom zurückgekehrt, mußte es sofort gesunden.

Außer den ökonomischen Gründen, welche die Italiener damals an das Papstthum fesselten (wir haben diese Gründe bereits oben kennen gelernt), waren auch politische in gleichem Sinne thätig.

Das Erwachen des nationalen Bewußtseins hängt auf das Engste mit der Entwickelung der Waarenproduktion zusammen. Ist sie auf jene Höhe gediehen, auf der sie anfängt kapitalistisch zu werden, dann erfordern ihre Interessen, und vor Allem die Interessen der Kapitalisten, einen nationalen, möglichst zentralisirten Staat, der den Kapitalisten den inneren, nationalen Markt sichert und ihnen genügend Platz und Bewegungsfreiheit auf dem Weltmarkt erobert. Mit voller Klarheit ist das erst im 17. Jahrhundert zu Tage getreten, aber die Anfänge des modernen nationalen Bewußtseins reichen bis ins 14. Jahrhundert zurück, wo es allerdings nur dann auftrat, wenn besondere Umstände es erweckten, wo es noch lange nicht die Stärke eines selbstverständlichen Instinktes erlangt hatte.

In Italien, das so hoch entwickelt war, äußerte sich das nationale Be= wußtsein zuerst. Im 14. Jahrhundert bedurfte dies Land auf das Dringendste

---

*) Petrarca kannte das Lasterleben des päpstlichen Hofes sehr genau, denn er hatte sich 15 Jahre (zwischen 1326 und 1353) in Avignon aufgehalten. Seinen Haß gegen die Stadt bezeugt unter Anderem folgendes seiner Sonette, das Avignon gewidmet ist:

„Des Himmels Blitz fall' auf dein Haupt voll Trug!
Du, sonst vom Quell genährt und Eichelfrucht,
Die jetzt von And'rer Armuth Reichthum sucht,
Durch so viel Missethaten reich genug.

Verräthernest, zu brüten jeden Fluch,
Mit dessen Gift die Welt von heut' verflucht,
Voll Saufen, Fressen, voll von schnöder Zucht
Und jeder Wollust höchstem Schandversuch.

Durch deine Hallen rast der Hexenreigen
Von Alt und Jung; Beelzebub tanzt vornen
Mit Blasebalg, mit Spiegeln und mit Flammen.

Jetzt willst du nur in üpp'ger Pracht dich zeigen,
Sonst nackt und barfuß gingst du unter Dornen;
Zum Himmel stinkst du, mag dich Gott verdammen."

Uebersetzt von L. Geiger, Renaissance und Humanismus in Italien und Deutschland, Berlin 1882, S. 40.

einer Einigung, einer Zusammenfassung seiner Kräfte unter einer Regierung, sollten die ewigen Kriege der kleinen Städtlein untereinander aufhören, sollten Ruhe und Ordnung, die Grundlagen bürgerlichen Wohlstandes, herrschen, sollte das Land nicht eine Beute der Fremden werden, die es denn auch thatsächlich geworden und bis in unser Jahrhundert geblieben ist.

Die einzige Macht aber, die im Stande schien, Italien seine Einheit zu geben und die Obermacht über die verschiedenen Souveräne zu erlangen, war das Papstthum. Um so bringender wurde für jeden weiterschauenden italienischen Patrioten die Rückkehr des Papstes aus Avignon.

Zu alledem gesellte sich nun noch der Niedergang Frankreichs im Krieg mit England, der seine Gegnerschaft immer weniger furchtbar erscheinen ließ.

So begann man seit dem Auftauchen der Wiclifitischen Bewegung in den päpstlichen Kreisen die Rückkehr nach Rom ernstlich zu erwägen. Den ersten Versuch, von Avignon zu fliehen, machte Urban V. Trotz der Proteste Karl V. von Frankreich und der Kardinäle, die zumeist französische Kreaturen waren, schiffte er sich im Mai 1367 in Marseille ein und ging über Genua nach Rom, wo er mit Jubel empfangen wurde. Aber schon 1370 bekamen die französischen Kardinäle wieder die Oberhand, die sich in Avignon besser amüsirten (Gibbon behauptet, es sei ihnen hauptsächlich um den Burgunderwein zu thun gewesen, den sie in Italien nicht bekamen), und er kehrte nach Avignon zurück.

Den zweiten Versuch machte Gregor XI. 1376. Er blieb in Rom bis zu seinem Tode (1378). Das Volk von Rom fürchtete, daß nun die französischen Kardinäle abermals einen Franzosenfreund zum Papst wählen würden. Es erhob sich in Waffen, umringte das Konklave und zwang unter dem Ruf: „Tod oder ein italienischer Papst!" die Kardinäle, einen Italiener zu wählen, Urban VI. Aber sobald sie konnten, entfernten sich die französischen Kardinäle aus Rom, erklärten die Wahl für erpreßt und ungültig und wählten einen neuen Papst, Clemens VII.

Dies die Entstehung der großen Kirchenspaltung, deren Gründe wir so ausführlich behandelt haben, weil sie wichtig ist für die Geschichte des Papstthums, damit aber auch für die der ketzerischen Sekten.

Zwei Päpste auf einmal waren nichts Unerhörtes. Aber neu war es, daß beide Päpste nun einen nationalen Charakter annahmen. Der eine Papst wurde unterstützt von Frankreich und Spanien, der andere, der italienische, von Deutschland und England. Später tauchte neben diesen beiden noch ein dritter auf, den fast nur die Spanier anerkannten. Der Zerfall der katholischen Christenheit in Nationalkirchen fand also in jener Kirchenspaltung schon ein Vorspiel. Nicht um Dogmen, auch nicht um rein persönliche Bestrebungen handelte es sich hier, sondern um nationale, um politische Gegensätze.

Ein wüthender Kampf der feindlichen Päpste untereinander folgte, in dem keiner derselben oder ihrer Nachfolger die Oberhand gewann. Die ganze Kirche ging aus den Fugen, damit drohte aber auch die Gesellschaft aus den Fugen zu gehen, die gerade damals durch die schärfsten Gegensätze bedroht war, wie die Jacquerie in Frankreich und die Erhebung der Bauern in England gezeigt hatten. Es galt also, dem Unfug ein Ende zu machen, die Kirche neu zu organisiren, oder, wie man sagte, sie „an Haupt und Gliedern zu reformiren." Da das Papsttum völlig unfähig dazu geworden war, mußten andere Mächte das besorgen. Eine Reihe internationaler Kongresse wurde abgehalten, sogenannte Kirchenversammlungen, auf denen aber die Delegirten der weltlichen Fürsten ebensoviel zu sagen hatten, wie die Delegirten der verschiedenen kirchlichen Organisationen.*)

Das Papsttum, welches aus diesen Konzilen hervorging, stand tief unter dem, welches einst die Hohenstaufen besiegt hatte. Die Päpste waren von da an freilich weniger dem Einfluß einer einzelnen Nation ausgesetzt, als die von Avignon, aber es war auch ihr Einfluß auf jede einzelne Nation geringer geworden. Nationalkirchen hatten sich gebildet, die den Landesfürsten unterstanden. Mit diesen mußte der Papst hinfort Herrschaft und Ausbeutung theilen, wenn er sie nicht ganz verlieren wollte; sein Antheil daran war ein begrenzter und genau bestimmt durch besondere Staatsverträge (Konkordate oder pragmatische Sanktionen).

Dies war der Fall in Frankreich, in England, in Spanien. In Italien war die römische Kirche von vornherein die Nationalkirche.

Nur das deutsche Reich kam im Zeitalter der Konzilien zu keiner Nationalkirche. Seine Zerklüftung war zu groß, als daß es die Beherrschung und Ausbeutung der Kirche Deutschlands durch den Papst hätte regeln und einengen können. Deutschland wurde von da an vollends das Hauptobjekt für die päpstliche Herrschsucht und Habsucht und sollte es noch für ein Jahrhundert bleiben.

Ein Glied des deutschen Reiches machte davon jedoch eine Ausnahme: das Königreich Böhmen.

II. Die sozialen Verhältnisse Böhmens vor den Hussitenkriegen.

Außer England hat vielleicht kein anderes Land im 14. Jahrhundert eine so rasche ökonomische Entwickelung aufzuweisen wie Böhmen. In England wurde diese namentlich gefördert durch den Wollhandel und die glücklichen Raubzüge nach Frankreich; in Böhmen durch dessen Silberbergwerke, unter denen vor allen das Kuttenberger hervorragte, das 1237 erschlossen wurde und von da an bis ins 15. Jahrhundert das bei weitem reichste Silberbergwerk Europas sein sollte.

*) Auf dem Konzil zu Konstanz wurde 1417 der Papst Martin V., der an Stelle der verschiedenen anderen Päpste trat und mit dessen Wahl die Kirchenspaltung endete, nicht blos von den Kardinälen gewählt, sondern von einem Kollegium, in dem neben 23 Kardinälen 30 Delegirte der fünf Nationen der Christenheit, Italiener, Deutsche, Franzosen, Spanier und Engländer, saßen.

Zu Beginn des 14. Jahrhunderts betrug der Jahresertrag ungefähr 100 000 Mark Silber (1 Mark = ½ Pfund). Auch Goldwäschereien gab es in Böhmen in verschiedenen Flüssen, so der Moldau und der Luznic, dem Flusse, an dem Tabor liegt.*) Auf diesen Bergwerken beruhte in erster Linie die rasche Machtentwickelung Böhmens in jener Zeit, auf ihr der Glanz der Regierung Ottokar II. (1253—78) und Karl I. (als deutscher Kaiser Karl IV., 1346—78). Wenn dieser auf den Kaiserthron gelangte, so verdankte er es neben der päpstlichen Unterstützung hauptsächlich den Kuttenberger Silbergruben, die ihm die nöthigen Mittel zum Kauf der Kurstimmen lieferten. Auf demselben, damals nichts weniger als ungewöhnlichen Wege kam die Wahl seines Sohnes Wenzel zu Stande.**)

Dank den Erträgnissen Kuttenbergs gediehen Handel und Industrie, Künste und Wissenschaften in Böhmen, namentlich in Prag, das damals zum „goldenen Prag" wurde, das sich mit glänzenden Bauten bedeckte und wo die erste Universität innerhalb des deutschen Reichsgebietes erstand (1348). Aber auch die Kirche ging nicht leer aus. Sie hat bekanntlich einen guten Magen und auch eine feine Nase. Sie weiß, wo etwas zu holen ist, und sie weiß auch, wie sie es holen soll. Klöster und Kirchen wurden in Böhmen besonders reich, namentlich unter Kaiser Karl IV., den wir ja schon als „Pfaffenkaiser" kennen gelernt haben.

Die Erzbischöfe von Prag „besaßen 17 große Herrschaften in Böhmen, außerdem die Herrschaft Kojetein in Mähren, Lühe in Bayern und kleinere Güter in Menge. Ihr Hofstaat wetteiferte oft mit dem königlichen an Glanz und ein Heer von Vasallen stand ihnen zu Diensten stets bereit." Das Domkapitel von St. Veit umfaßte allein 300 Kleriker, „und mehr als hundert Dörfer waren entweder ganz oder zum Theil ihnen zu Benefizien angewiesen. Der Dompropst war für sich allein im Besitz der ganzen Herrschaft Wollin und von etwa 12 kleineren Gütern" u. s. w. (Palacky, Geschichte von Böhmen, III., 2., S. 41.)

---

*) Aeneas Sylvius Piccolomini de Ortu et Historia Bohemorum, Opera omnia, Basel 1551, S. 109.

**) Nach Aeneas Sylvius hätte Karl damals jedem Kurfürsten 100 000 Gulden zugesagt. Diese Angabe wird bestritten. Sicher ist es, daß die Kurfürsten von Köln und Trier jeder mindestens 40 000 Gulden erhielten. Die Quittung des Letzteren vom 12. Juli 1376 ist erhalten. Die Leute waren damals noch nicht so vorsichtig wie die Hüter des Welfenfonds. Was uns jene Zeit so barbarisch erscheinen läßt, ist überhaupt der Umstand, daß sie die Laster der Zivilisation so offen übte. Die herrschenden Klassen besaßen noch zu viel Selbstbewußtsein, als daß das Heucheln bei ihnen hätte in die Mode kommen können. Oeffentlich wurden nicht nur Kurstimmen, sondern auch kirchliche Würden verkauft; der Gegner oder Konkurrent wurde auf offenem Markte niedergeschlagen, nicht etwa durch friedliche und gesetzliche Finanzspekulationen zum Ruin und Selbstmord getrieben, und die geistlichen und weltlichen Herren lebten offen mit ihren Konkubinen (Alice Parrers, die Geliebte Edward III. von England, nahm sogar an den Verhandlungen der Obergerichte Theil; besuchte ein Landesherr eine seiner „guten und getreuen Städte," dann wurden ihm die Prostituirten der Stadt entgegengeschickt, ihn feierlich zu empfangen und zu erfreuen. Das war bei unseren „biedern Altvordern" so der Brauch.

Aeneas Sylvius, der nachmalige Papst Pius II., der sich auf Kirchenreichthum wohl verstand, schreibt in seiner „Geschichte der Böhmen": „Ich glaube, zu unserer Zeit gab es in ganz Europa kein Land, in dem so viele, so großartige, so reich geschmückte Gotteshäuser zu finden waren wie in Böhmen. Himmelanstrebend waren die Kirchen ... Die hohen Altäre belastet mit Gold und Silber, das die Reliquien der Heiligen einschloß, die Priestergewänder mit Perlen gestickt, die ganze Ausschmückung reich, das Geräthe aufs kostbarste ... Und nicht nur in Städten und Märkten konnte man derlei bewundern, sondern selbst auf Dörfern."

Je reicher aber die Kirche Böhmens, desto größer ihre Ausbeutung durch den Papst.

Neben der Kirche und dem König mit seinen Höflingen zogen die Gewerken von Kuttenberg die größten Gewinne aus dem Lande; im 14. Jahrhundert nicht mehr einfache Bergarbeiter, sondern Prager und Kuttenberger Kaufleute, Kapitalisten, welche die Knappen für sich arbeiten ließen, und welche durch den Bergsegen zu Reichthum und Ansehen gelangten.

Die Entwickelung der Waarenproduktion und des Waarenhandels mußte natürlich in Böhmen dieselben Erscheinungen hervorrufen wie anderswo; neben dem großen Gegensatz zwischen der päpstlichen Kirche und der Masse der Bevölkerung erstanden die Gegensätze zwischen Händlern und Konsumenten, zwischen Meistern und Gesellen, zwischen Kapitalisten und Hausindustriellen. Der Gegensatz zwischen Grundherren und Hintersassen mußte sich immer mehr verschärfen. Dazu steht nicht im Widerspruch die Thatsache, daß auch in Böhmen die allgemeine Tendenz jener Zeit auf Erhebung der Bauern aus der Leibeigenschaft und deren Ersetzung durch bloße Zinspflichtigkeit zu finden ist, eine Erscheinung, deren Gründe und Charakter wir bereits mehrfach auseinandergesetzt haben (vgl. namentlich S. 153 ff.). Um die Wende des 14. zum 15. Jahrhunderts hatte die Leibeigenschaft in Böhmen thatsächlich aufgehört. Aber wie in England fehlte es auch in Böhmen nicht an Versuchen der Grundherren, die Leibeigenschaft wieder einzuführen, und deren Drängen dahin wurde eine mächtige Quelle sozialer Unzufriedenheit.*)

Am größten aber dürfte die Unzufriedenheit unter den Mitgliedern des niederen Adels gewesen sein, die, selbst nicht viel mehr als höhere Bauern, nur geringe Einnahmequellen und nicht die Macht der großen Barone besaßen, um aus ihren Bauern etwas Erhebliches herauszupressen, die aber mit dem Erstehen des Waarenhandels und der Waarenproduktion ihre altbäuerliche Bedürfnißlosigkeit rasch verloren und an dem Vorbilde der reichen Kaufleute und Barone ihre Ideen von „standesgemäßem Leben" bildeten. Diese Klasse verkam rasch zu Ende des 14. Jahrhunderts. Die königliche Gewalt war bereits zu stark, als daß sich ein Raubritterthum hätte entwickeln können, obwohl es mitunter an recht weitgehenden Versuchen nicht fehlte. Die Zugehörigkeit Böhmens zum deutschen Reiche

---

*) Palacky, a. a. O., II., 1., S. 34 ff., II., 2., S. 30, III., 2., S. 38.

hinderte einen profitablen nationalen Krieg, und so war das böhmische Ritterthum zur Deckung seiner Defizite fast ausschließlich auf den Söldnerdienst angewiesen.

Auch die böhmische Bauernschaft, wie die der meisten anderen Länder damals, lieferte zahlreiche Söldner.

Die Entwickelung des Silberbergbaues war nicht nur ein mächtiges Mittel, die Waarenproduktion und den Waarenhandel und damit das Aufkommen der eben erwähnten Gegensätze zu fördern, sie mußte auch eine Folge haben, welche diese Gegensätze besonders verschärfte: eine Preisrevolution.

Der Preis einer Waare ist die Menge Edelmetall — Gold oder Silber —, gegen die man sie austauschen kann. Diese Menge wird unter sonst gleichen Verhältnissen um so größer sein, je geringer der Werth des Edelmetalls, je weniger Arbeit dessen Produzirung kostet. Die Auffindung und Ausbeutung der reichen Silbergruben Böhmens muß daher für dieses Land ebenso eine Preisrevolution, ein Steigen aller Waarenpreise hervorgerufen haben, wie dies zu Ende des 15. Jahrhunderts durch den Bergsegen von Sachsen und Tyrol für Deutschland, wie dies von der Mitte des 16. Jahrhunderts an durch die Entdeckung und Ausbeutung der Gold= und Silberschätze Amerikas für ganz Europa bewirkt wurde. Es ist uns nicht gelungen, Zeugnisse dafür in der böhmischen Geschichte aufzufinden, aber wir können nicht daran zweifeln, daß Böhmen im 14. Jahrhundert eine Preisrevolution durchzumachen hatte, wenn anders der Satz, daß unter gleichen Verhältnissen gleiche Ursachen gleiche Wirkungen erzeugen, seine Richtigkeit hat.

Die verschiedenen Klassen mußten auf verschiedene Weise dadurch berührt werden; die einen wurden geschädigt, die anderen gefördert; die einen wurden davon nur gestreift, andere aufs Tiefste erschüttert. Aber in jedem gesellschaft= lichen Verhältniß, das durch eine Geldzahlung vermittelt wurde, mußte der soziale Gegensatz, den es enthielt, durch die Preissteigerung verschärft werden. Am meisten mußten jene Klassen darunter leiden, die auf Geldeinkommen angewiesen waren, ohne die Kraft zu besitzen, eine entsprechende Erhöhung derselben zu er= zwingen: in den Städten die niederen Schichten der lohnarbeitenden Bevölkerung, auf dem Lande der kleine Adel.

Ueber allen diesen sozialen Gegensätzen stand aber ein großer Gegensatz: der nationale, und wie in England floß er auch in Böhmen zusammen mit dem kirchlichen.

Im 13. Jahrhundert stand Böhmen ökonomisch noch sehr weit zurück. Seine westlichen deutschen Nachbarn waren ihm in der gesellschaftlichen Entwickelung weit vorausgeeilt. Der glänzende Aufschwung, den Industrie und Handel, Kunst und Wissenschaft seit der Entwickelung der Kuttenberger Gruben in Böhmen nahmen, wurde nur dadurch möglich, daß die böhmischen Fürsten deutsche Einwanderer heranzogen. Gerade die beiden Lieblingsmonarchen der böhmischen Patrioten, Ottokar II. und Karl I. (bezw. IV.), haben in dieser Beziehung am meisten ge= leistet, deutsche Bauern, deutsche Handwerker und Kaufleute, deutsche Künstler und Gelehrte zur Einwanderung veranlaßt.

Vor Allem Kuttenberg war eine rein deutsche Stadt — ebenso andere Bergstädte, z. B. Deutschbrod und Iglau.*) Daneben aber wurden zahlreiche andere Städte von Deutschen entweder neu gegründet oder so stark besetzt, daß überall der Rath in ihre Hände gerieth, um so mehr, als sie die wohlhabenden Schichten, Kaufleute und vornehmere Handwerke, repräsentirten. Die geringeren Handwerker und die Masse der Tagelöhner und des sonstigen niederen Volks in den Städten waren eingeborene Tschechen.**)

Auch die Prager Universität befand sich in den Händen der Deutschen. Nach dem Muster der Pariser Universität eingerichtet, zerfiel sie in vier Nationen. Die Universität bildete eine sich selbst verwaltende Genossenschaft und jede der Nationen hatte bei ihrer Verwaltung eine Stimme. Aber während in Paris die Franzosen thatsächlich drei Stimmen besaßen, denn die vier Nationen waren die Französische, die Picardische, die Normännische und die Englische, besaßen in Prag die Böhmen nur eine Stimme; die Universität zerfiel in die böhmische, bayrische, sächsische und polnische Nation, welch letztere auch meistens aus Deutschen (Schlesiern rc.) bestand. Das war aber nicht ohne Bedeutung. Eine Universität war in jenen Zeiten eine wissenschaftliche und politische Macht ersten Ranges, von gleicher Bedeutung, wie heute Presse und Hochschulen zusammengenommen.***) Auch äußerlich war sie eine mächtige Organisation. Die Universitätsgebäude mit den Wohnungen der Professoren und Schüler bildeten in Prag wie in Paris einen eigenen Stadttheil, der wahrscheinlich sogar eine besondere Ummauerung besaß,†) und die Zahl der Studirenden belief sich noch zu Beginn des 15. Jahrhunderts auf viele Tausende.

Nach gleichzeitigen, wahrscheinlich übertriebenen Angaben befanden sich 1408 in Prag 200 Doktoren und Magister, 500 Baccalare und 36 000 Studenten. Als 1409 die deutschen Studenten Prag verließen, da wanderten, wie Aeneas Sylvius in seiner „Geschichte der Böhmen" berichtet, an einem Tage 2000 aus. 3000 folgten einige Tage später und gründeten die Universität Leipzig.

---

*) Seitdem das alte Bergwerk in Iglau durch Deutsche neu gehoben und das von Kuttenberg entdeckt worden war, „nahmen," wie ein alter Chronist erzählt, „in Böhmen die Deutschen zu. Durch sie erlangte der König (Ottokar II.) ungeheure Schätze aus den Gold- und Silbergruben — ganze Thürme voll Gold und Silber soll er gesammelt haben." (Bei Palacky, a. a. O., II., 1., S. 158.)

**) Palacky nennt uns die vornehmsten Bürgerfamilien Prags; sie waren, wie ihre Namen verrathen, fast lauter Deutsche: Stuck, Wolflin, Wolfram, Tausendmark, zu den Hähnen, vom Stein, Pirkner, Tafelrung, Kornbühl, Oertel u. s. w. A. a. O., II., 2., S. 24.

***) Konst. Höfler, der Geschichtschreiber der Päpste von Avignon, meinte einmal, die Universität von Paris sei zeitweise mächtiger gewesen als der König von Frankreich. Auf dieser ihrer Macht beruhte es, daß sie gelegentlich mit Papst und König in Konflikte kommen und diese glücklich ausfechten konnte, und nicht auf einem mittelalterlichen Prinzip der „Freiheit der Wissenschaft," wie Lassalle meint. (Die Wissenschaft und die Arbeiter, Lassalle's Reden und Schriften, Ausgabe von Bernstein, II., S. 65 ff.) Eine der wichtigsten Aufgaben der mittelalterlichen Universitäten war die Ketzerriecherei.

†) Maurer, Städteverfassung, II., S. 37.

Als sicher kann man annehmen, daß die Gesammtzahl der Studirenden an der Universität damals nicht unter 10 000 betrug.*)

Mit der Universität waren aber auch zahlreiche Stiftungen verbunden, Schenkungen an Gütern und Gebäuden zur Nutznießung der Professoren und ärmerer Studenten — staatliche Gehalte und Stipendien gab es damals nicht: und all der Reichthum, alle die Macht der Universität war in den Händen der Deutschen. Bitter klagten die tschechischen Magister, daß sie als Landschulmeister hungern müßten, indeß ihre deutschen Kollegen alle fetten Posten an der Universität einnähmen; und wenn die Interessen der tschechischen Nation mit denen der deutschen kollidirten, stand die Universität stets auf Seite der letzteren.

Und zu dem Allen kam noch, daß auch die Kirche ein Ausbeutungsinstitut zu Gunsten der Deutschen geworden war. Die ärmlichen Pfarrstellen freilich überließ man den Tschechen. Aber die Klöster waren vornehmlich in den Händen der Deutschen und ebenso die höheren Stellen der Weltgeistlichkeit. Die Prager Domherren zum Beispiel, von denen wir oben gesprochen, waren meist Deutsche. Der Prager Erzbischof, unter dem die Hussitische Rebellion losbrach, Konrad von Vechta, war „ein fanatischer Deutscher aus dem finstersten Winkel des Münster= landes." (Schlosser.)

So traf die Masse der Nation — die niederen Klassen der Städte, der niedere Klerus, die ganze Landbevölkerung, Bauern, Ritter und Herren — überall auf den Deutschen als Ausbeuter oder als Konkurrenten in der Ausbeutung. Der Kampf gegen die kirchliche Ausbeutung auf der einen Seite, das Verlangen nach den Kirchengütern auf der anderen Seite floß zusammen mit dem Kampf gegen die deutsche Ausbeutung, mit dem Verlangen nach den Reichthümern der Deutschen.

Auch in Böhmen erstand daher im 14. Jahrhundert ein nationales Em= pfinden. Aber in seinen Anfängen nimmt dies Empfinden in jedem Lande, je nach den besonderen Verhältnissen, die es hervorrufen, die verschiedensten Formen an; in Italien und Deutschland entsprang es vor Allem dem Sehnen nach staat= licher Einigung der Nation, es führte bei den Patrioten in jenem Lande zum Kultus des Papstthums, in diesem zur Schwärmerei für ein starkes Kaiserthum; in Frankreich und England war das nationale Empfinden vornehmlich Haß gegen die feindliche Nation; in Böhmen dagegen trat es auf als eine besondere Art des Klassenhasses.

Seinen brastischten Ausdruck hat dieser vielleicht in einer Druckschrift erhalten, die wohl erst nach dem Hussitenkrieg erschien (1437), die aber den Geist, der in der Hussitischen Bewegung waltete, treu anzeigt, „Kratké sebráni Kronik českých k wýstraze wěrnich Čechůw," „Kurze Zusammenfassung der

---

*) Manche Autoren geben geradezu unglaubliche Zahlen an. So berichtet Falken= stein in seiner „Historie von Erffurth," S. 290 (zitirt bei Ullmann, Reformatoren rc., I., S. 246): „Da zogen 40 000 Studenten (von Prag) weg und kamen auf einmal 20 000 in Leibzügen (Leipzig) an."

böhmischen Chroniken zur Warnung treuer Böhmen." „Die Böhmen," heißt es da, „sollten sehr auf ihrer Hut sein und mit allem Eifer vorsorgen, daß sie nicht unter die Herrschaft der Deutschen kämen; denn wie die böhmischen Chroniken darthun, ist jene Nation die furchtbarste Gegnerin der Böhmen und Slaven." Dies wird nun mit Berufung auf die tschechischen Chroniken weiter ausgeführt. Auch Kaiser Karl IV. hat „wohl Böhmen gehoben, die Stadt Prag erweitert und die Wissenschaft und Anderes dort verbreitet, aber auch überall im Lande die Deutschen begünstigt. Wer waren in allen königlichen Städten Böhmens die Bürgermeister und Rathsherren? Deutsche. Wer die Richter? Deutsche. Wo predigte man den Deutschen? In den Hauptkirchen. Wo den Böhmen? Auf den Kirch-höfen und in Häusern. Und dies ist ein sicherer Beweis, daß er mit Deutschen, von denen er selbst abstammte, Böhmen besetzen und die Böhmen allmälig aus-rotten wollte, so wie man unter ihm anfing, die Klagen auf den Rathhäusern nicht in böhmischer, sondern in deutscher Sprache anhören zu wollen" u. s. w.*)

In welcher Weise dieser nationale Gegensatz mit dem kirchlichen zusammen-floß, ist nach dem Gesagten einleuchtend. Die Deutschen besaßen die beste An-wartschaft auf die fetten Posten im Weltklerus, in den Klöstern, auf der Uni-versität, damals einer wesentlich theologischen Anstalt. Hatten die Tschechen alle Ursache, der Ausbeutung durch die Kirche einen Damm entgegenzusetzen und nach den Gütern der Kirche zu begehren, so hatten die Deutschen alle Ursache, der-artigen Bestrebungen entgegenzutreten. Die Bestrebungen nach einer Kirchen-reformation, die im 14. Jahrhundert überall auftauchten, mußten bei den Tschechen einen fruchtbaren Boden finden; um so entschiedener mußten sie von den Deutsch-böhmen zurückgewiesen werden.

Das ist die Atmosphäre, in der jene dem Papst und den Deutschen feind-liche Bewegung erwuchs, die nach dem Namen ihres vornehmsten literarischen Vertreters, Johannes Huß, die Hussitische genannt worden ist.

———

III. Beginn der Hussitischen Bewegung.

Die wichtigsten ihrer Argumentationen und Forderungen hat die Hussitische Bewegung in ihren Anfängen der Wiclifitischen entlehnt. Sobald die Lehren des englischen Reformators nach Böhmen gelangten, wurden sie mit Eifer ergriffen und verbreitet. Huß lehnte sich eng an Wiclif an. Es ist jedoch sehr über-trieben, wenn man behauptet, die Wiclifitische Lehre habe die Hussitische Bewegung erzeugt. Sie hat dieser höchst verwendbare Argumente geliefert, hat die For-mulirung der Forderungen, welche letztere aufstellte, beeinflußt, aber Grund, Kraft und Ziel der Bewegung wurzelten tief in den Verhältnissen; sie war keine importirte, sondern eine ganz ursprüngliche. Sie fand Ausdruck schon unter Karl IV., in

---

*) Bei Palacky, a. a. O., III., 3., S. 292, 293.

Milič von Kremsier und Mathias von Janow, ehe noch die Wiclifitischen Schriften nach Böhmen gekommen waren, was erst in den letzten Lebensjahren des Pfarrers von Lutterworth (um 1380) der Fall war.

Karl IV. Sohn Wenzel (als böhmischer König der vierte seines Namens, regierte 1378—1419), suchte so viel als möglich zwischen den Gegensätzen zu vermitteln. Da ihm die deutsche Krone sehr gleichgültig, ja wegen ihrer Macht= losigkeit fast widerlich war, brauchte er nicht ein Pfaffenkaiser zu sein wie sein Vater. Er suchte die Kirche seiner Botmäßigkeit zu unterwerfen, und darin be= rührte er sich mit den Bestrebungen der tschechischen Patrioten und Kirchenreformer. Aber er mußte auch erkennen, daß auf den Deutschen die ökonomische Blüthe Böhmens und damit zum großen Theil seine eigene Macht beruhte. Er be= günstigte die tschechischen Bestrebungen, aber er wünschte nicht, daß die Deutschen dadurch geschädigt würden. Dieser widerspruchsvollen Situation ist zum großen Theil das Schwankende der Wenzel'schen Regierung zuzuschreiben, die heute die Tschechen und die Reformfreunde begünstigte, z. B. in der Frage der Universität, um sie morgen wieder zurückzudrängen, was ihm freilich nicht immer gelang.

Das Deutschthum nahm unter ihm an Macht und Ansehen stetig ab, aber seiner schwankenden und widerspruchsvollen, oft launenhaften Politik gelang es doch, fast bis zu seinem Lebensende ein gewaltsames Aufeinanderplatzen der Gegen= sätze zu hindern.

Zur gewaltsamen Explosion kam es erst, als auswärtige Mächte in die böhmischen Verhältnisse eingriffen, die an Stelle der Kompromisse und der Schaukel= politik die der starken Hand bevorzugten und durch den Versuch, den Brand mit einem kräftigen Fußtritt auszutreten, das ganze Haus in hellen Flammen aufgehen ließen.

Der vornehmste literarische Repräsentant der antipäpstlichen und antideutschen Bewegung, Johannes Huß, seit 1398 Professor an der Prager Universität, später, seit 1402, Pfarrer an der Bethlehemskapelle, erfreute sich der Gunst Wenzel's, der ihn zum Beichtvater der Königin Sophie machte. Die Universität, in den Händen der Deutschen, wandte sich zuerst gegen Huß und Wiclif, dessen Lehren Huß verbreitete. Sie bezeichnete 45 Wiclifitische Sätze als Ketzerei. Der Universitätsstreit wurde immer mehr zu einem nationalen, in dem die Tschechen und Reformfreunde majorisirt wurden. Schließlich griff Wenzel ein, 1409, und gab der böhmischen Nation an der Universität drei Stimmen, den übrigen zu= sammen nur eine. Daraufhin wanderte die Mehrheit der deutschen Professoren und Studenten aus. Die Universität jedoch erklärte sich nun für Huß und machte ihn zu ihrem Rektor.

Aber jetzt bekam es dieser mit dem Erzbischof von Prag, ja schließlich mit dem Papst selbst zu thun. Der Kampf wurde immer heftiger, die Kluft zwischen Huß und der Kirche immer größer. Besonders akut wurde der Konflikt, als der Papst Johann XXIII. 1411 wieder einmal einen Ablaßhandel veranstaltete, da er Geld brauchte. 1412 wurde der Ablaß auch in Prag feilgeboten. Auf das Heftigste wendete sich Huß dagegen und gegen den ausbeutenden Papst, den er als den Antichrist denunzirte. Es kam zu gewaltsamen Zusammenstößen in Prag zwischen den hussitischen Tschechen, welche die päpstlichen Bullen verbrannten und die Geistlichkeit bedrohten, und den katholischen Deutschen.

Schon damals schien es, als sollten die schroffen Gegensätze in offenem Kampfe sich messen. Indessen wußte Wenzel mit brutaler Neutralität noch einmal den Frieden zu bewahren. Er wies Huß aus Prag aus (Dezember 1412), bald darauf aber bereitete er vier päpstlich gesinnten Theologen das gleiche Schicksal. Und gleichzeitig brach er die Vorherrschaft der Deutschen in Prag, indem er bestimmte (21. Oktober 1413), daß künftig die Hälfte der Rathsherren aus Tschechen zu bestehen habe.

Im Jahre 1414 trat in Konstanz die große Kirchenversammlung zusammen, von der wir schon gesprochen haben. Ihre Aufgabe war, die päpstliche Kirche neu zu einigen und zu organisiren. Dazu gehörte nicht blos die Beseitigung der bestehenden drei Päpste und die Einsetzung eines neuen, sondern auch die Unterdrückung der böhmischen Ketzerei. Sigismund, Wenzel's Bruder, seit 1410 deutscher König (Wenzel war schon 1400 von den deutschen Kurfürsten abgesetzt worden) und voraussichtlicher Erbe Wenzel's in Böhmen, hatte an der Unterdrückung des Hussitismus besonderes Interesse, denn dieser drohte mit dem Abfall Böhmens nicht blos von der Kirche, sondern auch vom Reich.

Huß wurde vor das Konzil geladen. Voller Zuversicht trat er die Reise nach Konstanz an (Oktober 1414). Er vertraute nicht auf den Geleitsbrief, den König Sigismund ihm ausstellte, sondern vor Allem auf seine gute Sache. Wie so viele Ideologen vor ihm und nach ihm sah er nur Meinungsverschiedenheiten und Mißverständnisse, wo tiefe unüberbrückbare Gegensätze vorhanden waren. Waren die Mißverständnisse aufgehellt, die irrigen Meinungen widerlegt, dann mußte die siegreiche Kraft seiner Ideen sich offenbaren. Aber es gelang ihm nicht, die frommen Väter zu überzeugen, weder von der Nothwendigkeit der apostolischen Armuth für die Nachfolger Christi, noch auch davon, daß eine geistliche oder weltliche Behörde, und sei es ein Papst oder ein König, aufhöre, rechtmäßig zu sein, wenn sie sich einer Todsünde schuldig mache.

Dieser demokratische Grundsatz verschnupfte auch Sigismund gewaltig.

Daß die Böhmen sich mit Macht für Huß erhoben, vor Allem der Abel, bezeugte nur die Gefährlichkeit des Mannes, für den sie eintraten und war für das Konzil ein Grund mehr, ihn unschädlich zu machen. Nachdem es vergeblich versucht hatte, Huß durch lange Kerkerhaft und Drohungen zum Widerruf zu bewegen, verdammte es am 6. Juli 1415 ihn und seine Lehren und übergab ihn dem weltlichen Richter. Sigismund war charakterlos genug, sein Wort zu brechen und Huß, trotz des gegebenen freien Geleits, dem Flammentode zu übergeben.

Damit waren die Böhmen vor die Alternative gestellt: Rebellion oder Unterwerfung. Sie wählten erstere.

Schon während des Prozesses gegen Huß waren einige entschiedenere seiner Anhänger daran gegangen, sich offen von der Kirche loszusagen. Sie nahmen die Forderung, die schon Mathias von Janow gestellt hatte, wieder auf, man solle das heilige Abendmahl dem Volke unter beiderlei Gestalten ertheilen. In der katholischen Kirche war es Gebrauch geworden, den Laien beim Abendmahl nicht Brot und Wein, sondern blos Brot darzureichen. Der Gebrauch des Kelches wurde den Priestern vorbehalten. Es entsprach ganz einer Lehre, welche die Privilegien der Priesterschaft aufheben wollte, daß sie sich auch gegen das äußere Zeichen dieser privilegirten Stellung aussprach. Der Kelch, der Laienkelch, wurde von da an das Symbol der Hussiten. Nach der herkömmlichen populären Geschichts= darstellung hätte es sich in dem riesenhaften Ringen der Hussitenkriege im Wesent= lichen um nichts Anderes gehandelt als um die Frage, ob das Abendmahl unter beiderlei Gestalten zu genießen sei oder nicht, und die „aufgeklärten Köpfe" unter= lassen nicht, in diesem Zusammenhange mit Genugthuung darauf hinzuweisen, wie beschränkt doch die Leute zu jener Zeit gewesen seien und wie helle dagegen die Freidenker unserer Zeit.

Aber diese Darstellung der hussitischen Bewegungen ist ungefähr ebenso weise und begründet, als es eine geschichtliche Darstellung in einem der späteren Jahrhunderte über die Revolutionskämpfe unserer Zeit wäre, in welcher ausgeführt würde, die Menschen seien im 19. Jahrhundert noch so unwissend gewesen, ge= wissen Farben eine abergläubische Bedeutung beizulegen, so daß die blutigsten Kämpfe darüber entstanden seien, ob die Farben Frankreichs weiß oder blauweiß= roth oder roth sein sollten, die Ungarns schwarzgelb oder rothweißgrün, daß in Deutschland eine Zeit lang jeder Träger eines schwarzrothgoldenen Bandes zu schweren Kerkerstrafen verurtheilt worden sei u. s. w.

Was die verschiedenen Flaggen heutzutage für die verschiedenen Nationen und Parteien, das war der Kelch für die Hussiten: ihr Feldzeichen, um das sie sich schaarten, das sie bis zum Aeußersten vertheidigten, aber nicht ihr Kampfobjekt.

Und nicht anders steht es mit den verschiedenen Formen des Abendmahls, die in der Reformation des 16. Jahrhunderts zu Tage getreten sind.

Die Lossagung vom katholischen Kirchenverband, deren Symbol die An= nahme des Laienkelchs war, wurde nach der Hinrichtung von Johannes Huß all= gemein. Das Eis war gebrochen, und bald zog man auch die praktischen Konse= quenzen der Lossagung, jene Konsequenzen, denen im Grunde der ganze Konflikt galt. In Prag begannen sich zeitweise die Massen des niederen Volkes zu er= heben, nicht immer zu bloßen Demonstrationen, mitunter auch zur Verjagung von Weltgeistlichen und Mönchen, zur Plünderung von Kirchen und Klöstern. Am besten aber nützten die Adeligen die Gelegenheit aus. Nicht umsonst waren sie die eifrigsten Bekenner der hussitischen Lehre geworden. Um Hussens Tod zu rächen, sandten sie nun — natürlich aus purem Glaubenseifer — Bischöfen und Klöstern ihre Fehdebriefe und fingen an, sich die Kirchengüter anzueignen, wo sie nur konnten.

Wenzel stand dem Sturm machtlos gegenüber. Vergebens suchten ihn der Papst und Sigismund zu energischem Vorgehen gegen die Rebellen anzustacheln.

Wenzel hielt es für das Klügste, zu thun, als merke er nichts. Schließlich kam es so weit, daß Sigismund seinen Bruder mit Krieg bedrohte, wenn dieser gegen den Hussitischen Unfug nicht einschreite. Diese Drohung wirkte. Wenzel wandte sich gegen die Hussiten und versuchte die vertriebenen Geistlichen wieder zurück= zuführen. Darüber kam es in Prag zu einem Aufruhr, in dem die niederen Volksmassen, geführt von Johann Žižka (spr. Schischka, das Sch weich), die Stadt eroberten (30. Juli 1419).

Als Wenzel, der sich vor dem drohenden Sturme auf seine Burg Wenzel= stein geflüchtet hatte, die Nachricht davon erhielt, gerieth er in grenzenlose Wuth. Diese soll die Veranlassung des Schlagflusses gewesen sein, der ihn damals traf und an dem er wenige Tage später starb.

Böhmen war ohne König der Hussitischen Ketzerei preisgegeben.

IV. Die Parteien innerhalb der Hussitischen Bewegung.

So lange die Ketzerei in Böhmen eine unterdrückte Lehre gewesen, waren nur ihre nationalen und kirchlichen Seiten zum Vorschein gekommen; der nationale und kirchliche Gegner war für die verschiedenen Klassen der Masse der Bevölkerung derselbe gewesen; die gemeinsame Feindschaft hatte sie vereinigt.

Nun war der gemeinsame Feind im Lande zurückgedrängt, „das reine Wort Gottes" war siegreich, und da zeigte sich, daß dieses Wort, obwohl es für Alle gleich lautete, doch von den verschiedenen Klassen, ihren verschiedenen Interessen gemäß, gar verschieden und sehr gegensätzlich aufgefaßt wurde.

Im Allgemeinen bildeten sich zwei große Richtungen im Hussitismus. Jede derselben fand ihren Mittelpunkt in einer Stadt, und ebenso auch die spärlichen Reste des Katholizismus in Böhmen. Diese drei Städte waren Prag, Tabor und Kuttenberg.

Die deutschen Gewerken und Bergleute von Kuttenberg, damals nächst Prag der größten und mächtigsten Stadt Böhmens, hatten alle Ursache, katholisch zu bleiben. Niemand hatte bei einem Siege der Hussiten mehr zu verlieren als sie. Dementsprechend äußerte sich damals der Katholizismus nirgends so fanatisch wie unter ihnen. Jeden Hussiten, der in ihre Gewalt gerieth, ließen sie hinrichten, und sie bekamen ihrer genug. Die Böhmen behaupteten sogar, die Kuttenberger hätten ein Fanggeld auf Hussiten ausgesetzt, ein Schock Prager Groschen für einen gewöhnlichen Ketzer und fünf Schock für einen ketzerischen Priester.

Außer Kuttenberg gab es noch einige wenige Städte, in denen es den Deutschen gelang, sich zu behaupten, die daher der katholischen Sache treu blieben. Die meisten dieser Städte fielen im Verlauf der Hussitenkriege in die Hände der Hussiten und wurden von diesen tschechisirt, ebenso auch Kuttenberg selbst. Nachdem dies für die katholische Sache endgültig verloren gegangen war (1422), ging der Schwerpunkt der katholischen Partei auf Pilsen über.

Neben diesen paar Städten blieb noch ein kleiner Theil des Adels dem alten Glauben treu, theils, weil er an einem königlichen Hofe bessere Geschäfte zu machen hoffte, theils aus Abneigung vor der demokratischen Richtung, die sich im Hussitismus entwickelte.

Die Mehrzahl der Adeligen hielt aber fest zu der hussitischen Sache; die Kirchengüter, die sie verschluckt, zwangen sie dazu. Ihr Ideal, namentlich das des hohen Adels, war eine aristokratische Republik mit einem Schattenkönig an der Spitze. Da Sigismund dazu nicht zu gebrauchen war, suchten sie einen Ersatzmann in Polen und Litthauen. Doch hatte kein angesehener Fürst Lust, sich in das Wespennest zu setzen.

Auf Seite der aristokratischen Partei standen meist auch die Prager. Wohl hatten dort in einer Reihe von Aufständen die niederen Volksklassen das Heft in die Hände bekommen, nachdem sie die deutschen Geistlichen und Patrizier vertrieben hatten. Neben den Rath trat jetzt die Versammlung der großen Gemeinde, in der Jeder das Stimmrecht hatte, der in der Stadt einen selbständigen Nahrungszweig betrieb. Die Rathsherren wurden wahrscheinlich von ihr gewählt.

Aber bald bildete sich ein neues, höheres Bürgerthum in Prag. Diese mächtige Stadt hatte natürlich die Gelegenheit benutzt, ebenso wie die Adeligen, Kirchengut an sich zu reißen. Der Raub war so bedeutend, daß er längere Zeit ein großes Zankobjekt zwischen den beiden Gemeinden bildete, aus denen Prag bestand, der Alt- und Neustadt. Dergleichen konfiszirtes Gut, das verkauft, vertheilt, verschleudert wurde, dazu die Beute aus den Kirchen und Klöstern, wurde für spekulative Köpfe jedenfalls eine gute Grundlage, sich aus der Masse emporzuschwingen. Nach der Eroberung Kuttenbergs fiel dessen Ausbeutung den Pragern zu, deren Haupteinnahmequelle es wurde. Auch das mußte das Aufkommen schlauer Spekulanten begünstigen. So bildete sich ein neues, tschechisches Patriziat, das bald wieder mit dem Adel sympathisirte und die Herrschaft der „großen Gemeinde" ungern ertrug.

Aber auch unter den Handwerkern und selbst in den niedersten Volksklassen Prags mußten bald aristokratische Sympathien erstehen. Denn diese Stadt war Luxusstadt. Ihre Industrie und ihr Handel gediehen, weil der Hof und die hohen Herren dort verpraßten, was sie dem ganzen Lande ausgesaugt. So wie die Römer sich immer wieder nach einem Papste sehnten, auch wenn sie ihn selbst vertrieben hatten, so begannen die Prager ein Königthum und einen ausbeutenden Adel für höchst nothwendige Erfordernisse der Gesellschaft zu halten. Die demokratischen Elemente in der Gemeinde wurden immer schwächer, die aristokratischen stärker. Aufstände, Intriguen, auswärtiges Eingreifen verstärkten einmal das eine, einmal das andere dieser Elemente, aber Prag war stets als Freundin der Demokraten eine unzuverlässige Freundin, als deren Feindin eine sehr entschiedene Feindin, und in den letzten Hussitenkriegen war es ausschließlich letzteres.

Die Prager und der hussitische Adel — vornehmlich der hohe — bildeten zusammen die „gemäßigte Partei" — wahrscheinlich so genannt, weil sie am maßlosesten Kirchengut konfiszirt hatten —, die Partei der Calixtiner oder Ultraquisten.*)

Ihnen trat eine andere Richtung entgegen, die man ihrer Zusammensetzung und ihren allgemeinen Tendenzen nach wohl als eine demokratische bezeichnen kann.

Ihre zahlreichsten Anhänger fand sie unter den Bauern. Die Bauernschaft war bei Weitem die größte Volksklasse im Lande.

Die Hussitische Revolution brachte den Gegensatz zwischen ihr und den Grundherren zum hellen Ausbruch. Den Adeligen nützte das konfiszirte Kirchenland nichts ohne die Kirchenleute, die ihnen zinsten und frohnten. Diese aber hatten sich nicht gegen die Kirche erhoben, um den einen Herrn mit einem anderen, noch strengeren, zu vertauschen. Freie Bauern, freie Eigenthümer wollten sie sein. Und wie sie, auch die Anderen. Die Revolution von oben mußte auch die von unten wachrufen. Alle Schranken waren weggerissen, die bisher noch einigermaßen den gewaltsamen Zusammenstoß der feindlichen Klassen gehindert hatten; das Herkommen war über den Haufen geworfen, das Ausbeuter und Ausgebeutete festen Regeln unterworfen, das Königthum beseitigt, das Barone und Bauern einigermaßen gebändigt hatte. Die Bauern fühlten es, wenn es ihnen jetzt nicht gelang, ein Regiment des Adels unmöglich zu machen, seine Macht völlig zu brechen, dann verfielen sie seiner unbeschränkten Herrschaft. Sie hatten jetzt nur die Wahl zwischen völliger Freiheit und völliger Leibeigenschaft.

Mit den Bauern zusammen gingen die Kleinbürger und Proletarier, zum Theil in Prag, wie wir gesehen, namentlich aber in jenen Kleinstädten, in denen es ihnen gelang, mit der deutschen „Ehrbarkeit," dem höheren Bürgerthum, aufzuräumen. Jede dieser Städte stand hinter Prag weit an Macht zurück. Sie waren nicht wie die Hauptstadt im Stande, sich vereinzelt der Uebermacht der Barone zu erwehren, deren Ausbeutungsgier keine Grenzen kannte. So wie die Ohnmacht des Königthums in Deutschland die Städte schon früher gezwungen hatte, sich in Bündnissen zu vereinigen, um sich des räuberischen Adels zu erwehren, so thaten es jetzt die böhmischen Kleinstädte — mit Ausnahme der wenigen, die katholisch blieben.

Der niedere Adel, der ökonomisch eine Mittelstellung zwischen den Bauern und dem höheren Adel einnahm, ähnlich wie heute das Kleinbürgerthum zwischen der Kapitalistenklasse und dem Proletariat steht, benahm sich ebenso schwankend und unzuverlässig, wie heute die Masse des Kleinbürgerthums. Die niederen Adeligen, kaum mehr als größere freie Bauern, hatten auf jeder Seite etwas zu verlieren, etwas zu gewinnen. Die Befreiung der Bauern drohte ihnen mit weiterer Schmälerung ihrer Einkommen aus Zinsen und Frohnden; aber die Niederschlagung des hohen Adels befreite sie von gefährlichen Konkurrenten und Gegnern,

---

*) Calixtiner, vom lateinischen Calix, der Kelch; Ultraquisten, weil sie das Abendmahl unter beiderlei Gestalten, lateinisch sub utraque specie, einnahmen.

bie sie immer mehr herabbrückten; eine Plünderung des hohen Adels mußte den Rittern ebenso erwünscht sein wie den Bauern. Ein Theil des niederen Adels schloß sich der aristokratischen Partei an, ein Theil der demokratischen, der größte Theil schwankte hin und her und neigte sich dorthin, wo im Moment Sieg und Beute lockte.

Unter den Rittern, die der demokratischen Partei unverbrüchlich treu blieben, ragt vor Allem hervor der schon genannte Žižka von Trocnow, der als Söldner gegen die Polen, die Türken und, im englischen Dienst, gegen die Franzosen gekämpft hatte. Er stellte seine Kriegserfahrungen den Demokraten zur Verfügung und wurde ihr bekanntester und gefürchtetster Führer. Aber so fest er auch zu ihnen hielt, er stand zu ihnen als Soldat, weil sie eine Armee bildeten, die ihres Gleichen nicht hatte — wir kommen gleich darauf zu sprechen —, nicht als Politiker. Als Politiker nahm er eine Mittelstellung zwischen ihnen und den Calixtinern ein, wie viele andere Ritter und ein großer Theil des Prager Kleinbürgerthums.

Nach seinem Tode trennten sich seine besonderen Anhänger von den Demokraten und bildeten eine eigene Mittelpartei, die der „Waisen" — so nannten sie sich, weil sie ihren Vater Žižka verloren hatten.

Die Demokraten dagegen hießen die Taboriten, nach ihrem politischen und militärischen Mittelpunkt, der kommunistischen Stadt Tabor. Die Kommunisten wurden die Vorkämpfer der demokratischen Bewegung.

- - -

V. Die Kommunisten in Tabor.

Wie anderswo mußten sich auch in Böhmen mit der Entwickelung der Waarenproduktion und des Waarenhandels kommunistische Ideen bilden. Die Ausbreitung der Wollenweberei im 14. Jahrhundert, die in den böhmischen Landen zuerst in Prag, Iglau und Pilsen auftritt, dürfte die Bildung und Verbreitung dieser Ideen besonders gefördert haben.*)

Auch Einwirkungen von außen im Sinne dieser Ideen fehlten nicht. Begharden fanden sich in Böhmen ein (dort Picarden genannt). Die Einwanderung deutscher Handwerker, welche die böhmischen Könige begünstigten, wird nicht ohne Einfluß auf das Eindringen des Begharbenthums gewesen sein.

Waldenser sollen schon zur Zeit der ersten Verfolgungen aus Südfrankreich nach Böhmen geflohen sein und dort eine Zufluchtsstätte gefunden haben, wo sie sich verborgen hielten und ihre Lehre verbreiteten.**)

---

*) Schon 1337 finden wir in Prag Tuchknappen, die selbständig ganze Tuche verfertigen. Es müssen also schon größere Unternehmer bestanden haben, die Gesellen als Hausindustrielle beschäftigten. (Hildebrand, Zur Geschichte der deutschen Wollenindustrie, a. a. O., S. 104.)

**) F. Bender, Geschichte der Waldenser, S. 46 ff.

14*

Als der Gegensatz zwischen Böhmen und der päpstlichen Kirche sich ent=
wickelte und Gegner der letzteren in Böhmen nicht nur geduldet, sondern sogar
begünstigt wurden, da erhob natürlich auch die kommunistische Ketzerei ihr Haupt
und die verfolgten Kommunisten aus den umliegenden Ländern suchten in Böhmen
ihr Heil. Der Kommunismus konnte sich um so leichter entwickeln, als er in
den Argumentationen, ja vielfach auch in den Forderungen äußerlich sich mit den
anderen ketzerischen Richtungen begegnete: sie alle wollten die Rückkehr zum Ur=
christenthum, die Wiederherstellung der reinen Lehre; über die Auslegung derselben
fing man erst später zu streiten an.

Die Kriegserklärung von Kirche und Reich an Böhmen durch die Verbrennung
von Johannes Huß führte zum Umsturz der herkömmlichen Eigenthums= und Gesell=
schaftsordnung durch Konfiskation und Plünderung der Kirchengüter. Das war
die richtige Zeit für die kommunistischen Sekten. Offen erhoben sie nun ihr Haupt.
Geheim und unerkannt hatten diese Sekten bis dahin ihr Dasein gefristet und
nur von Zeit zu Zeit hatte der Verrath eines Genossen der Welt von ihrer Existenz
Kunde gegeben.*) Aber welche verhältnißmäßig große Ausbehnung sie gewonnen
hatten, zeigte sich jetzt, als sie offen auftreten konnten.

In Prag freilich waren die Kommunisten zu schwach oder ihre Gegner zu
stark, als daß jene sich hätten frei entfalten können. Anders dagegen in den
kleineren Städten.

Das tausendjährige Reich Christi sei nun gekommen, verkündeten die kom=
munistischen Prediger; Prag werde wie Sodom von Himmelsflammen verzehrt
werden, aber in einer Reihe anderer Städte würden die Gerechten Schutz und
Heil finden. Christus werde in seiner Herrlichkeit niedersteigen und ein Reich
gründen, in dem es weder Herren noch Knechte, weder Sünde noch Noth, auch
keine anderen Gesetze als die des freien Geistes geben werde. Die dann Ueber=
lebenden, in den Stand paradiesischer Unschuld zurückversetzt, würden keine körper=
lichen Leiden und Bedürfnisse mehr kennen, auch der Kirchensakramente zu ihrer
Heiligung nicht bedürfen.**)

In verschiedenen Städten kam es zur Konstituirung kommunistischer Or=
ganisationen. Ueber kommunistische Gründungen auf dem Lande haben wir keine
Mittheilungen gefunden. Alles weist darauf hin, daß es nur in den Städten
zu einer Verwirklichung der kommunistischen Ideen gekommen ist. Unter diesen

---

*) Aus den Thälern Piemonts, wo Waldensergemeinden sich noch behaupteten, kamen
gegen Ende des 14. Jahrhunderts (Bender, Geschichte der Waldenser, S. 47, dem wir die
Mittheilung entnehmen, giebt kein näheres Datum an, aber es war wohl noch unter Karl IV.)
zwei Prediger nach Böhmen zu den Waldensern dieses Landes. Die beiden Italiener erwiesen
sich als Verräther, sie entdeckten der katholischen Geistlichkeit die Orte, wo die Waldenser sich
zu versammeln pflegten und veranlaßten dadurch eine schwere Verfolgung ihrer Genossen.

**) Palacky, a. a. O., III. 2., S. 81. Die Hauptquelle, aus der Palacky seine Mit=
theilungen über den taboritischen Kommunismus schöpfte, ist J. Pribram's leider nur im
Manuskript vorhandene Streitschrift gegen die Taboritenpriester: „Proti knĕzim Táborským"
vom Jahre 1429.

Städten werden namentlich genannt Pisek, Wodnian und Tabor. In letzterer Stadt gelangten die Kommunisten zur ausschließlichen Herrschaft.

Tabor wurde damals gegründet in der Nähe des Städtchens Austi an der Luznic, die, wie wir wissen, wegen ihrer Goldwäschereien berühmt war. Der Goldreichthum mag wohl auf die Entwickelung des Handels und der Industrie und der damit verbundenen Gegensätze in Austi besonders eingewirkt haben; sicher ist, daß die kommunistischen Agitatoren dort seit 1415 Schutz und Schirm fanden, wie es heißt, hauptsächlich durch den reichen Tuchmacher und Tuchhändler Pytel — was auf eine starke Weberbevölkerung schließen läßt. Auch die späteren Bewohner Tabors waren vornehmlich Weber, wie Aeneas Sylvius in einem Brief mittheilt, auf den wir noch zu sprechen kommen. 1419 während des kurzen Reaktionsversuches unter Wenzel wurden diese Agitatoren aus Austi vertrieben, wo es eine starke katholische Partei gab. Sie ließen sich in der Nähe auf einem breiten Hügel an der Luznic nieder, der eine Halbinsel mit steilem Abfall bildete, die nur durch eine schmale Landzunge mit dem festen Land zusammenhing. Diesen schwer einnehmbaren Platz erkoren sie zu ihrer Festung und nannten ihn den Berg Tabor in der Sprache des alten Testamentes, die sie gleich den späteren Wiedertäufern und Puritanern mit Vorliebe gebrauchten.

Von allen Seiten strömten die Kommunisten dahin, um dort ungestört ihre Versammlungen abzuhalten. An der einen derselben, vom 22. Juli 1419, sollen 42 000 Personen aus ganz Böhmen und Mähren theilgenommen haben. Das bezeugt eine erhebliche Verbreitung kommunistischer Ideen.

„Der ganze Vorgang wurde, selbst von den Gegnern, als ein großes, Geist und Herz erhebendes, religiös-idyllisches Volksfest geschildert; es ging in schönster Ruhe und Ordnung vor sich. Den von allen Seiten prozessionsweise mit Fahnen unter Vorantragung des heiligen Sakramentes heranrückenden Pilger-schaaren gingen die am Ort Anwesenden ebenso feierlich entgegen, empfingen sie jubelnd und wiesen ihnen ihre Plätze auf dem Berge an. Jeder, der kam, war ‚Bruder‘ und ‚Schwester‘; Standesunterschiede wurden nicht berücksichtigt. Die Geistlichen theilten die Arbeit untereinander: die Einen predigten an bestimmten Orten, Männern und Frauen abgesondert; die Anderen hörten Beichte; die Dritten kommunizirten unter beiden Gestalten. Das währte so bis Mittag. Dann ging man an das gemeinschaftliche Verzehren der von den Gästen mitgebrachten und unter sie vertheilten Lebensmittel; dem Mangel der Einen half der Ueberfluß der Anderen ab; den Unterschied des Mein und Dein kannten die Brüder und Schwestern des Berges Tabor nicht. Da die Gemüther der ganzen Versammlung von religiöser Bewegung ergriffen waren, so wurde strenge Zucht und Sitte in keiner Weise verletzt; an Musik, Tanz und Spiel durfte man nicht denken. Der Rest des Tages verging unter Gesprächen und Reden, womit man sich zu Eintracht, Liebe und fester Anhänglichkeit an die Sache des ‚geheiligten‘ Kelches wechselseitig aufmunterte. An Klagen und Beschuldigungen der Gegen-partei, an überspanntem Eifern, an Plänen, wie man ‚dem Worte Gottes‘ im

Lande wieder Freiheit verschaffen sollte, konnte es unter solchen Umständen nicht fehlen. Die Versammlung ging endlich ruhig auseinander, nachdem selbst die Eigenthümer der Felder, welche an diesem Tage gelitten hatten, durch eine Kollekte reichlich entschädigt worden waren."*)

Acht Tage nach dieser Versammlung kam es zum Prager Aufruhr, der der katholischen Reaktion ein Ende machte, König Wenzel den Tod brachte und den Hussitenkrieg einleitete. Nun blieb man bei bloßen Demonstrationen, bei kommunistischen Picknicks, nicht stehen. Man organisirte kommunistische Gemeinden.

Die Grundsätze der Taboriten sind übersichtlich zusammengefaßt in einer Schrift, welche die Prager Universität aufgesetzt hat. Der Gegensatz zwischen Pragern und Taboriten sollte nach der damaligen Mode durch eine Disputation beseitigt werden (10. Dezember 1420). Zu diesem Behufe hatten die Professoren der Prager Universität ein Verzeichniß von nicht weniger als 76 Punkten aufgesetzt, in denen nach ihrer Meinung die taboritischen Lehren ketzerisch oder mindestens irrig waren. Die Mehrzahl dieser Punkte war natürlich, dem Geschmacke der Herren Professoren und den Denkformen jener Zeit entsprechend, theologischer Natur. Aber zwei Punkte enthalten auch den Vorwurf des Republikanismus und Kommunismus. Es lehrten die Taboriten:

„In dieser Zeit wird auf Erden kein König oder Herrscher, noch ein Unterthan sein, und alle Abgaben und Steuern werden aufhören, Keiner wird den Anderen zu etwas zwingen, denn Alle werden gleiche Brüder und Schwestern sein.

„Wie in der Stadt Tabor kein Mein und Dein, sondern Alles gemein= schaftlich ist, so soll immer Alles Allen gemeinschaftlich sein und Keiner ein Sondereigenthum haben, und wer ein solches hat, begeht eine Todsünde."

Daraus zogen sie die Konsequenz, daß es sich nicht mehr gezieme, einen König zu haben, noch einen sich zu wählen, sondern daß nun Gott selbst König über die Menschen sein wolle und die Regierung dem Volke solle anheimgegeben werden; daß alle Herren, Edle und Ritter wie Unkraut niedergemacht und vertilgt werden sollten, daß nun Abgaben, Steuern und Zahlungen aufzuhören hätten, daß alle Fürsten= und Landes= und Stadt= und Bauernrechte, als Erfindungen der Menschen und nicht Gottes, aufgehoben seien u. s. w.

Die rein kirchlichen Punkte betreffen unter anderen die Aufforderung, alle Kirchen niederzureißen, das Verbot, Gott in einer Kirche zu verehren, das Verbot, Heiligenbilder zu machen oder zu verehren, die Verwerfung des Glaubens an ein Fegefeuer u. s. w. Auch gegen die Gelehrsamkeit (oder wenn man will, die Wissenschaft) wendeten sich die Taboriten: „Nichts soll von Christen geglaubt oder gehalten werden, was nicht ausdrücklich in der Bibel gesagt und geschrieben steht, und außer der Bibel soll keine Schrift heiliger Doktoren oder welcher Magister (Professoren) und Weltweisen immer gelesen oder gelehrt oder verkündet werden, denn es sind Menschen, die da irren könnten; wer daher den sieben Künsten

---

*) Palacky, a. a. O., III., 1., S. 417 ff.

obliegt oder die Magisterschaft in ihnen annimmt, oder sich einen Magister der=
selben nennen läßt, der ahmt die Heiden nach, ist ein eitler Mensch und begeht
eine Todsünde." Diese Lehre wird die Herren Professoren besonders geschmerzt
haben. Die Gegnerschaft der christlichen Kommunisten gegen die Wissenschaft,
ebenso wie ihren Asketismus haben wir oben in einem anderen Zusammenhang
behandelt und erklärt. (S. 125 ff.)

Verwirklicht wurde der Kommunismus natürlich in den Formen, die das
Urchristenthum geliefert hatte und die dem damaligen Stande der Produktion noch
gut entsprachen.

Jede Gemeinde hatte ihre gemeinschaftliche Kasse, „Kufe" (Kadë) genannt,
in die Jeder gab, was er sein Eigen nannte. Drei solcher Kassen werden genannt,
eine in Tabor, eine in Pisek, eine in Wodnian. Die Brüder und Schwestern ver=
kauften all ihr Hab und Gut und legten es zu den Füßen der Kufenverwalter nieder.

Der schon erwähnte Pribram schreibt in seiner antitaboritischen Schrift
von 1429: „Und einen anderen Schachertrug erfanden sie (die Taboritenpriester),
indem sie dem zu ihnen auf die Berge herbeigelaufenen Volke in der Stadt
Pisek befahlen und bestimmten, daß alle Brüder Alles insgesammt zusammen=
bringen sollten, worauf sie eine oder zwei Kufen aufstellten, die ihnen die Ge=
meinde beinahe ganz anfüllte. Beamter bei dieser Kasse war der ehrlose Mathias
Lauda von Pisek, und er und andere Besorger dieser Kufe sammt den Priestern
kamen bei der Kufe nicht zu Schaden. In diesem garstigen Vorgang zeigt sich,
wie schmählich sie das Volk seines Besitzes und Verdienstes beraubten und sich
selbst dabei bereicherten und mästeten."*)

Palacky selbst muß zugeben, daß dieser Vorwurf eine elende Verleumdung war.

Man sieht, die großen Ausbeuter und deren Vertheidiger, zu denen auch
der biedere Pribram gehörte, verstanden es schon vor einem halben Jahrtausend,
gerade so gut wie heute, über die Vorkämpfer der Ausgebeuteten die Lüge zu
verbreiten, sie „mästeten sich von Arbeitergroschen," und sie, die Ausbeuter, die
wirklich Gemästeten, wußten sich damals wie heute über nichts mehr zu entrüsten,
als über das Mästen mit Arbeitergroschen.

Indeß, wie ehrliche und selbstlose Leute auch die Kassenverwalter sein
mochten, diese Art Kommunismus war auf die Dauer nicht durchführbar. Er
konnte sich bei den Taboriten noch weniger behaupten, als bei den ersten Christen,
da jene nicht, wie der Kern dieser, Bettler waren, sondern Arbeiter, die nicht
von Almosen der Reichen, sondern von der eigenen Arbeit lebten. Das Arbeiten
wurde aber damals, auf der Stufe des Handwerks und der kleinbäuerlichen Land=
wirthschaft, unmöglich, wenn Jeder seine Produktionsmittel verkaufte und das
Geld in die gemeinsame Kasse legte, damit Konsumtionsmittel für Alle daraus
gekauft würden. Wir glauben nicht, daß dieses Vorgehen unter den kommunistischen
Taboriten jemals allgemein war. Sicher wurde es bald aufgegeben. Praktisch

*) Bei Palacky, a. a. O., III., 2., S. 297.

gestaltete sich der Kommunismus so wie bei den ersten Christen: jede Familie arbeitete für sich und lieferte blos den Ueberschuß, den sie erzielte, an die gemeinsame Kasse ab.

Das geschah jedoch nicht ohne heftigen Protest der eifrigeren und entschiedeneren Kommunisten. Das bloße Gemeineigenthum an Konsumtionsmitteln ließ sich allerdings unter den damaligen Verhältnissen in anderer Form dauernd nicht verwirklichen. Darum verlangten die extremeren Kommunisten die Einführung des vollen Kommunismus und die Aufhebung der Familie. Diese ist in zwei Formen möglich: durch das Zölibat oder durch Aufhebung der festen Einzelehe, durch die sogenannte Weibergemeinschaft. Die strengen Kommunisten unter den Taboriten wählten um so mehr die letztere Form, als ihre entschiedene Gegnerschaft gegen die katholische Kirche und das Mönchsthum auch zu einer Verwerfung des Priesterzölibats führte.

Diese Konsequenz des Kommunismus jener Stufe ist uns nichts Neues; wir haben sie im Urchristenthum schon gefunden, bei der Darstellung des Mönchswesens haben wir sie eingehender behandelt und gezeigt, daß die Weibergemeinschaft ebenso wenig wie das Zölibat der Mönche und Nonnen eine „Verirrung" des menschlichen Geistes, vielmehr die nothwendige Folge bestimmter, gegebener gesellschaftlicher Verhältnisse ist.

Ihren klarsten und entschiedensten Ausdruck fanden die Bestrebungen der strengeren Kommunisten in der Sekte der Brüder und Schwestern des freien Geistes, die wir schon kennen gelernt haben. Sie hatten auch in Böhmen Eingang gefunden, und wenn dort von Picarden (Begharden) gesprochen wurde, verstand man fast ausschließlich sie darunter. Nach dem Bauern Niklas, der der Hauptverkündiger ihrer Lehre wurde, nannte man die Hussitische Abart der Brüder und Schwestern des freien Geistes auch Nikolaiten, aber am bekanntesten wurden sie unter dem Namen der Adamiten; denn den adamitischen Zustand — den Naturzustand hätte man im vorigen Jahrhundert gesagt — betrachteten sie als den sündlosen Unschuld. In ihren Versammlungslokalen, Paradiese genannt, sollen sie nackt zusammengekommen sein. Ob diese Nachricht nicht auf bloßem Klatsch oder gar böswilliger Verleumdung beruht, können wir nicht entscheiden.

Die Adamiten bewohnten eine Insel im Flusse Lužnic, erzählt uns Aeneas Sylvius. Sie gingen nackt. Leider vergißt er zu sagen, ob stets oder nur bei besonderen Gelegenheiten. „Sie lebten in Weibergemeinschaft (connubia eis promiscua fuere), es war jedoch verboten, ohne Gestattung ihres Vorstehers Adam ein Weib zu erkennen. Aber wenn Einer von Begierde ergriffen gegen eine Andere entbrannte, dann nahm er sie bei der Hand und ging zum Vorsteher, dem er sagte: ‚Für sie ist mein Geist in Liebe erglüht.' Darauf erwiderte ihm der Vorsteher: ‚Gehet, wachset und vermehret Euch und erfüllet die Erde.'"*)

Diese Ehelosigkeit widersprach zu sehr den sittlichen Anschauungen ihrer

---

*) Aeneas Sylvius, De ortu et historia Bohemorum. Opera omnia, S. 109.

Zeit, in der die Einzelehe und Einzelfamilie, eine von Alters her überkommene und im Volksbewußtsein tief eingewurzelte Einrichtung, auch durch die Bedürfnisse der bestehenden Produktionsweise und der bestehenden Gesellschaft aufs Gebieterischste gefordert wurde. Die Ausschließung der Ehe war wohl eine logische Konsequenz des damaligen Kommunismus, aber gerade sie bewies auch, daß dieser selbst noch keinen Halt in der Gesellschaft hatte, welche der Einzelehe bedurfte; gerade sie bewies, daß der Kommunismus jener Zeit verurtheilt war, auf kleine Korporationen und Gemeinden beschränkt zu bleiben. Die Masse der Taboriten wendete sich auf das Entschiedenste gegen die Bestrebungen des strengeren Kommunismus.

Schon im Frühjahr 1421 kam es zum offenen Konflikt zwischen beiden Richtungen. Der Priester Martinek Hauska, einer der Hauptvertreter der weitergehenden Schwärmerei,*) war am 29. Januar von einem Ritter gefangen genommen, aber auf die Fürsprache vieler Freunde wieder freigelassen worden. Um so eifriger predigte er seine Lehre, und sein Anhang wurde so bedrohlich, daß der Taboritenbischof Niklas sich nach Prag um Hülfe wandte. Auch dort hatte die kommunistische Ketzerei Boden gefunden. Der Rath befahl sofort ein strenges Vorgehen dagegen, und es wurden auch zwei Prager Bürger ihretwegen nach der angenehmen Sitte jener Zeit zum Tode verurtheilt und verbrannt. In Tabor kam es gleichzeitig (im März) zum Bruch zwischen beiden Richtungen; die strengeren Kommunisten, die in der Minderzahl waren, wurden vertrieben und zogen, 300 Personen stark, in die Wälder am Flusse Luznic.

Der Priester Martinek ließ sich breit schlagen und widerrief seine „Ketzereien." Seine Genossen aber blieben fest. Gegen sie wandte sich Žižka, der ja im Herzen zu den Pragern neigte, und dem die „Picardische Ketzerei," die schon den Taboriten verhaßt war, vollends ein Gräuel sein mußte. Er überfiel sie in den Wäldern und nahm eine Anzahl von ihnen gefangen. Als sie jeden Widerruf verweigerten, wurden sie, fünfzig an der Zahl, auf Žižka's Befehl verbrannt. Lachend gingen sie in den Tod.

Martinek, der sich unter den Taboriten nicht mehr wohl fühlte, beschloß, sich nach Mähren zu begeben. Er wurde aber unterwegs mit seinem Begleiter, Prokop, dem Einäugigen, in Chrudim gefangen genommen und dem Erzbischof Konrad in Raudnitz übergeben. Žižka verlangte von den Pragern, sie sollten die beiden gefährlichen Leute nach Prag kommen lassen und dort zum warnenden Beispiel lebendig verbrennen. Aber die Prager Rathsherren fürchteten sich vor dem niederen Volk, unter dem die Richtung Martinek's stark vertreten war. Sie sandten einen Scharfrichter nach Raudnitz, der die beiden Gefangenen so lange folterte, bis sie die Namen einiger Genossen in Prag verriethen. Darauf wurden sie in Fässer gesteckt und verbrannt (21. August 1421).

Aber noch war die Picardische Ketzerei nicht völlig unterdrückt. Auf einer

---

*) Unter Anderem suchte er die Agapen, die gemeinsamen Liebesmahle, nach der Art der ersten Kirche wieder einzuführen. (Palacky. a. a. O., IV., 1., S. 471.)

Insel des Flusses Nezarka, der in die Lužnic fließt, hatte sich eine Schaar Adamiten festgesetzt. Žižka sandte 400 Bewaffnete gegen sie ab, mit dem Auftrag, sie gänzlich zu vertilgen. Die Ueberfallenen wehrten sich verzweifelt und erschlugen eine Menge ihrer Feinde. Aber sie erlagen schließlich der Uebermacht. Wen das Schwert verschont hatte, tödtete das Feuer (21. Oktober 1421).

Damit war die strengere Richtung des Kommunismus völlig niedergeschlagen. Die Streitkräfte, mit denen sie überwunden wurde, bezeugen, daß sie keine allzu starke Verbreitung gewonnen hatte. In der That, nur wenige besonders kühne — oder auch besonders einseitig im Kommunismus befangene Menschen konnten damals die Schranken ihrer Zeit so weit übersteigen. Sie sind interessant für die Geschichte des kommunistischen Gedankens; eine historische Bedeutung haben sie jedoch nicht erlangt.

Die Adamiten waren überwunden und zur Ohnmacht verurtheilt, aber es war Žižka, der sie mit besonderem Hasse verfolgte, nicht gelungen, sie völlig auszurotten. Reste der Sekte fristeten ein kümmerliches Dasein unter den Taboriten. In den letzten Jahrzehnten des 15. Jahrhunderts tauchen sie wieder auf und versuchen, sich mit böhmischen Brüdern zu verschmelzen, von denen wir noch handeln werden.

Nach der Niederschlagung der Adamiten ist kein Versuch mehr bemerkbar, die strengere Form des Kommunismus durchzuführen. Die mildere Form — allerdings Kommunismus mehr der Absicht als der Wirklichkeit nach — erhielt sich dagegen fast ein Menschenalter lang in Tabor.

Wozu aber verwendete man die Einkünfte der gemeinschaftlichen Kasse oder, besser gesagt, des gemeinschaftlichen Vorrathshauses? denn die Beiträge an die Gemeinschaft bestanden vorzüglich in Naturalien.

In den ersten Christengemeinden hatte der Ueberfluß der Einen dazu gedient, der Armuth der Anderen abzuhelfen. Dazu war in Tabor keine Veranlassung. Dort bestand, wenn auch nicht vollständige, so doch nahezu vollständige Gleichheit der Lebensbedingungen für alle Mitglieder der Gemeinde. Diese war um so leichter herzustellen, als die Beute, zunächst aus den Kirchengütern, dann aber auch aus den Gütern feindlicher Herren und Städte hinreichte, Jedem eine wohlständige Wirthschaft einzurichten.*)

Für Armenpflege brauchten die Taboriten nichts auszugeben. Wohl aber mußten sie für ihre Priester sorgen. Sie hatten keine priesterliche Aristokratie, die ihre eigenen Güter besessen hätte. Jeder Laie konnte Priester werden; diese wurden von der Gemeinde gewählt, sie wählten wieder ihre Bischöfe. Oekonomisch blieben sie von der Gemeinde abhängig, die sie erhielt. Ihre Funktionen entsprachen, wie die der mittelalterlichen Geistlichkeit überhaupt, im Ganzen und

---

*) Sogar aus dem aristokratischen Prag sind Mittheilungen darüber erhalten, daß die große Gemeinde, also die Volksversammlung, Häuser, Weingärten und Anderes von Gegnern konfiszirte und Anhängern der guten Sache verlieh. Der „ehrbare" Rath nahm sie diesen freilich öfters wieder weg. (Vgl. Palacky, a. a. O., III., 2., S. 281.)

Großen denen der heutigen Staats= und Gemeindebeamten und Lehrer; sie richteten,
verwalteten Gemeindeämter und vermittelten den Zusammenhang der Gemeinden
untereinander, sowie ihre Beziehungen zur Außenwelt. Eine ihrer Hauptaufgaben
war der Unterricht, den sie den Kindern ertheilten. Auf eine allgemeine gute
Volksbildung legten die Taboriten großen Werth. Es war dies eine Erscheinung,
welche bei ihnen besonders auffiel und die in keiner anderen Nation damals ge=
funden wurde. Höchstens die „Brüder des gemeinsamen Lebens" könnte man
mit ihnen vergleichen. Aber deren mönchisch=katholische Tendenzen gaben ihrer
Wirksamkeit einen ganz anderen Charakter. Natürlich muß man die taboritische
Bildung mit dem Maß ihrer Zeit messen. Sie war vorwiegend theologisch.

Aeneas Sylvius sagt einmal: „Die italienischen Priester mögen sich
schämen; es ist sicher, daß Keiner von ihnen auch nur einmal das Neue Testament
gelesen hat. Bei den Taboriten dagegen findest Du kaum ein Weiblein, das
nicht im Alten und im Neuen Testament wohl Bescheid wüßte." Und an einer
anderen Stelle bemerkt er: „Jenes tückische Geschlecht von Menschen hat nur ein
Gutes, es liebt die Bildung (literas)."

Diese Sorge um die Volksbildung scheint im Widerspruch zu stehen zu der
Abneigung der Taboriten gegen die Wissenschaft, die außer durch die früher schon
erwähnten Thatsachen dadurch bezeugt wird, daß sie die studirten Leute, die sich
ihnen anschlossen, veranlaßten, ein Handwerk zu ergreifen. Aber dieser Wider=
spruch ist nur ein scheinbarer. Was die Taboriten haßten, war die vom niederen
Volk losgelöste, ihm feindlich gegenüberstehende Gelehrsamkeit, die ein Werkzeug
der Ausbeuter, ein Privilegium der oberen Klassen geworden war, und die bei
dem damaligen Standpunkte der Produktion unverträglich war mit allgemeiner
Gleichheit. Die kleinbäuerliche und handwerksmäßige Produktion nimmt zu aus=
schließlich die Kräfte und die Zeit ihrer Arbeiter in Anspruch, als daß es diesen
möglich wäre, höhere Gelehrsamkeit zu erwerben, ohne aus ihrer Klasse heraus=
zutreten. Dagegen aber war es gerade ein Gebot der Gleichheit, jenes Maß
von Bildung, welches Allen zugänglich gemacht werden konnte, auch Allen zu=
gänglich zu machen.

Der Haß der Taboriten gegen die Gelehrsamkeit entsprang der ökonomischen
Rückständigkeit ihrer Zeit. Ihr Bildungseifer entsprang ihrem Kommunismus.
Es ist wohl kein Zufall, daß der Vater der modernen Schulpädagogik, der viel=
gefeierte Comenius, ein Bischof der böhmischen Brüder war, der Nachfolger
der Taboriten.

Noch wichtiger als das Schulwesen wurde aber für die Taboriten das
Kriegswesen. Diese kleine Gemeinschaft, die so kühn der ganzen bestehenden
Gesellschaft den Krieg erklärte, konnte sich nur behaupten, so lange sie im Felde
unbesiegt blieb. Und für sie gab es keinen Frieden, nicht einmal einen Waffen=
stillstand. Ihr Gemeinwesen war zu unvereinbar mit den Interessen der herr=
schenden Mächte. Aber auch einen entscheidenden Sieg konnten sie nicht erfechten.
Sie konnten ihre Feinde besiegen aber nicht überwinden, denn diese wurzelten in

den bestehenden Produktionsverhältnissen. Der taboritische Kommunismus war ein diesen Verhältnissen künstlich aufgepfropftes Gewächs, er konnte nie zur allgemeinen Form der Gesellschaft seiner Zeit werden.

Ewiger Krieg war das Schicksal der Taboriten, war ihr Ruhm, aber auch ihr Verhängniß.

Auf den Krieg spitzte sich die ganze Organisation der Taboriten zu. Sie theilten sich in zwei Arten von Gemeinden, Feld= (Kriegs=) gemeinden und Hausgemeinden. Diese blieben zu Hause und arbeiteten für sich und für die Feldgemeinden. Letztere hatten sich ausschließlich mit dem Kriegswesen zu beschäftigen. Stets standen sie unter Waffen. Mit Weib und Kind rückten sie dem Feinde entgegen, gleich den alten Germanen, mit denen sie auch an barbarischer Wildheit und barbarischem Ungestüm wetteiferten. Die verschiedenen Gemeinden wechselten wahrscheinlich miteinander ab, die aus dem Feld Zurückkehrenden setzten sich zum Handwerk, die bisherigen Handwerker traten an ihre Stelle, — wahrscheinlich, denn hier wie in anderen Fragen über die Taboriten sind wir leider auf Konjekturen angewiesen. So gut wir über die Kriegsthaten der Taboriten unterrichtet sind, so wenig ist über ihre inneren Einrichtungen erhalten geblieben.

Die Einrichtung dieser Feldgemeinden ist kriegsgeschichtlich von der größten Bedeutung geworden. Man führt in der Regel den Ursprung der stehenden Heere im ausgehenden Mittelalter auf Karl VII. von Frankreich zurück, der um die Mitte des 15. Jahrhunderts eine beständige Militärmacht von fünfzehn Söldnerkompagnien schuf. Aber thatsächlich bildeten die taboritischen Feldgemeinden das erste stehende Heer, und sie hatten noch den Vorzug vor der französischen Einrichtung, daß sie auf der allgemeinen Wehrpflicht, nicht auf der Anwerbung von (in Frankreich noch) dazu meist landesfremden, schweizerischen und deutschen) Söldnern beruhte.

Aus dieser Einrichtung ging die große militärische Ueberlegenheit der Taboriten über ihre Gegner hervor.

Disziplin und Manövrirfähigkeit gingen den Heeren jener Zeit völlig ab. Wo sollten diese Eigenschaften auch herkommen in jenen zuchtlosen Haufen von Vasallen und Söldnern, die heute zusammengerufen wurden und morgen wieder auseinander liefen, wenn der Sold ausblieb oder sonst etwas ihr Mißvergnügen erregte?

Das taboritische Heer war das erste seit dem Untergang des alten römischen Reiches, welches einen Organismus bildete, nicht einen bloßen Haufen, der den Feind anrannte. Es war in verschiedene Glieder mit verschiedenen Bewaffnungen getheilt, die alle in künstlichen Manövern, in Schwenkungen und Wendungen während der Schlacht wohlgeübt waren, die alle von einem Zentrum aus planmäßig bewegt wurden und in ihren Bewegungen systematisch ineinander griffen. Sie waren auch die Ersten, welche die Artillerie in der Feldschlacht zweckmäßig zu verwenden wußten, und endlich die Ersten, welche die Kunst des Marschirens ausbildeten. Ihre Eilmärsche allein haben ihnen manchen Sieg über die schwerfälligen Heere ihrer Gegner verschafft.

Ju allen diesen Punkten erweisen sie sich als die Schöpfer des neueren Heerwesens gegenüber dem mittelalterlichen.

Man kann vielleicht sagen, daß, wie auf anderen Gebieten so auch auf dem militärischen, jeder große Fortschritt durch eine soziale Revolution bewirkt wurde, und daß die größten Feldherren der letzten 500 Jahre die waren, welche sich dieser Fortschritte zu bemächtigen und am besten zu bedienen verstanden: Žižka, Cromwell, Napoleon.

Ihre militärische Tüchtigkeit erhöhten die Taboriten noch durch ihre Begeisterung und ihren Todesmuth: für sie gab es keinen Kompromiß, kein Innehalten auf der betretenen Bahn. Für sie gab es keine Wahl als Siegen oder Sterben. So wurden sie die gefürchtetsten Krieger Europas, so haben sie durch ihren kriegerischen Terrorismus die Hussitische Revolution gerettet, ähnlich wie 1793 die Sansculotten durch ihren Terrorismus die bürgerliche Revolution von 1789 retteten.

VI. Der Untergang Tabors.

Nach dem Tode Wenzel's hatten die Calixtiner — der Hussitische Adel und die Prager — sich in Verhandlungen mit Sigismund eingelassen. Es war ihnen doch nicht recht geheuer bei dem Gedanken, daß sie gegen Kaiser und Papst, im Grunde gegen ganz Europa, den Kampf aufnehmen sollten. Sie waren zu einem Kompromiß um so geneigter gewesen, als das Taboritenthum zu einer bedrohlichen Stärke anwuchs. Hätte sichs nur um den Laienkelch gehandelt, so wäre es wohl zu einem Kompromiß gekommen. Aber es handelte sich um mehr, um Geld und Gut der Kirche, und darüber konnte man sich nicht einigen. Die Kirche und ihr Knecht Sigismund zeigten sich auf der einen Seite ebenso unversöhnlich, wie auf der anderen die Taboriten. Es kam zu einem Kampf auf Tod und Leben, in dem die Calixtiner, die Kirchenräuber, nothgedrungen, aber nur mit halbem Herzen, mit den Taboriten zusammen kämpften.

Es ist hier nicht der Ort, eine Geschichte der Hussitenkriege zu geben. Wir können nicht eingehender erzählen, wie, nachdem der Papst Martin V. in der Bulle „Omnium plasmatoris domini" am 1. März 1420 die gesammte Christenheit zum Kreuzzug gegen die Hussiten aufgerufen, ein beutelustiges Kreuzheer nach dem anderen sich bildete, um die Ketzerei niederzuschlagen; wie in jedem der fünf Kreuzzüge von 1420 bis 1431 das Heer der Kreuzfahrer elend geschlagen wurde, wie der Ruf der Unbesiegbarkeit der taboritischen Schaaren immer weiter um sich griff, so daß schließlich, wie im vierten Kreuzzug bei Mies (1427) und im fünften bei Tauß (1431) ganze große Heere bereits auf die bloße Nachricht vom Nahen der Hussiten von panischem Schrecken ergriffen auseinanderstoben, ohne den Feind auch nur gesehen zu haben. Wir können auch nicht die inneren Kämpfe zwischen Calixtinern und Taboriten verfolgen, die zwischen den Kriegen der Hussiten gegen die Kreuzheere ausgefochten wurden.

Nach dem großen Tag bei Tauß schien es keinen Feind mehr zu geben, der den Taboriten widerstehen konnte. Kein Heer wagte es mehr, von außen gegen sie zu ziehen. Im Innern war die Macht ihrer Gegner, des Adels und einiger Städte, mehr und mehr im Schwinden. Die Fortdauer des taboritischen Terrorismus bedrohte sie mit völligem Untergang.

Aber es zeigte sich damals, wie wenig militärische Siege vermögen, wenn die Ziele der Sieger im Widerspruch stehen zu den Zielen der ökonomischen Entwickelung. Einer entscheidenden militärischen Niederlage der Taboriten wäre natürlich ihre Ausrottung gefolgt. Aber auch ihre Siege entwickelten Elemente, die zu ihrem Untergange führten. Aus ihrem höchsten Triumph folgte unmittelbar ihr Fall.

Je siegreicher die Taboriten waren, desto unerträglicher gestaltete sich selbstverständlich die Lage ihrer Gegner in Böhmen, der Calixtiner — von den Katholiken garnicht zu reden. Der Adel war zur Bedeutungslosigkeit herabgedrückt und hätte längst schon gern seinen Frieden mit der Kirche gemacht, wenn er, der Räuber des Kirchenguts, nicht deren Habsucht und Rachsucht gefürchtet hätte. Nach dem Siege von Tauß zeigte er sich besonders entgegenkommend.

Inzwischen waren aber auch Papst und Kaiser sammt ihrem Anhang an kirchlichen und weltlichen Fürsten gerade durch die großen Hussitischen Siege mürbe geworden. Die Intriguen und Verhandlungen zwischen ihnen und den Calixtinern hatten nie völlig aufgehört, nach dem Sieg bei Tauß wurden sie eifriger betrieben als je, und schließlich kam man zu einer Einigung, nachdem die päpstliche Kirche, in Gestalt von Gesandten des Basler Konzils, sogar eingewilligt hatte, den Besitz von Kirchengütern nicht als Kirchenraub zu betrachten (1433). Statt zu nehmen, gab sogar die Kirche den Böhmen. Sie schickte Agenten mit reichen Geldmitteln dahin, welche den neuen Bundesgenossen, den Calixtinern, es ermöglichen sollten, Kraft gegenüber den Taboriten zu gewinnen. Der Adel, der „schon seit einigen Jahren vom Schauplatz gleichsam verschwunden war" (Palacky), fing jetzt, wo er den Kaiser und namentlich die Kirche und deren Reichthümer hinter sich fühlte, wieder an, Kourage zu kriegen, Zusammenkünfte zu halten und sich zu organisiren, um die verlorene Macht mit Hülfe der Prager und der kirchlichen (aber dabei sehr weltlichen) Mittel des Katholizismus wieder zu erobern.

Die Situation wird gut geschildert in des Aeneas Sylvius' böhmischer Geschichte, wobei nur zu bemerken ist, daß die Rolle, die dieser Prokop zuschreibt, der nach Žiźka's Tod der bedeutendste der Taboritenführer war, ganz ungerechtfertigt ist; Prokop hat nie die unumschränkte Gewalt besessen, die Aeneas Sylvius ihm zuschreibt. Richtiger würde es sein, überall, wo im Folgenden von der Schreckensherrschaft Prokop's die Rede ist, darunter die Schreckensherrschaft der Taboriten zu verstehen. Aeneas erzählt: „Die böhmischen Barone kamen oft zusammen, erkannten ihren Irrthum und fühlten ihre Noth, daß sie die Herrschaft ihres Königs verworfen hatten und das schwere Joch Prokop's tragen mußten. Sie erwogen unter sich, wie er allein Herr sei, mit dem Lande nach seiner Willkür

schalte und walte, Zölle erhebe, Gaben und Steuern auflege, Volk zum Kriege
werbe, Truppen führe, wohin er wolle, raube und morde, keinen Widerstand gegen
sich und seine Befehle dulde und Hohe wie Niedrige als seine Sklaven und
Knechte behandle. Sie erwogen auch dies, daß es kein unglücklicheres Volk unter
dem Himmel gebe, als die Böhmen, die unaufhörlich im Felde seien, Sommer
und Winter in Zelten wohnen, auf harter Erde liegen und sich jederzeit mit den
Waffen beschäftigen müßten, indem sie theils durch einheimische, theils durch aus=
wärtige Kriege aufgerieben würden und immerwährend entweder kämpften oder
mit Angst Kämpfe gewärtigten. Sie fügten hinzu, es sei einmal Zeit, daß sie
das Joch des grausamen Tyrannen abschüttelten und, nachdem sie andere Völker
überwältigt, nicht selbst einem Manne, Prokop, zu dienen gezwungen würden.
Sie beschlossen, die Herren, Ritter und Städte zu einem allgemeinen Landtage
zu berufen, auf welchem über eine zweckmäßige Verwaltung des ganzen König=
reichs berathen werden sollte. Als sie auf dem Landtag sich versammelten, stellte
ihnen Herr Meinhard vor, wie jenes Königreich glücklich sei, wo das Volk weder
dem Müßiggange nachhänge, noch durch Krieg aufgerieben werde; wie aber
die Böhmen bisher keine Ruhe gehabt, und wie ihr Königreich, von unaufhörlichen
Kriegen verwüstet, bald zu Grunde gehen müsse, wenn nicht bei Zeiten fürgesorgt
werde; das unbebaute Feld liege brach, Vieh und Menschen stürben an einzelnen
Orten vor Hunger dahin" u. f. w. u. f. w., welchen Uebeln natürlich nur dadurch
ein Ende gemacht werden könne, daß der Adel wieder zur Herrschaft komme.*)

Während die verschiedenen Gegner der Taboriten ihre Interessengegensätze
über dem gemeinsamen Gegensatz zum Taboritismus vergaßen und sich zu einer
„reaktionären Masse," zu einer Koalition gegen ihn zusammenschlossen, gingen
gleichzeitig im Innern der taboritischen Partei Veränderungen vor, die sie noch
mehr bedrohten, als die Intriguen und Verschwörungen ihrer Gegner.

Die Kommunisten aus Tabor hatten stets nur einen Bruchtheil der demo=
kratischen Partei gebildet, die man die taboritische nannte. Sie waren ihr
energischster, unversöhnlichster, in jeder Beziehung am weitesten gehender und
militärisch bei Weitem tüchtigster Bestandtheil. Aber die Massen, welche dieser
Partei angehörten, das waren städtische Kleinbürger und Bauern, denen das
kommunistische Programm ziemlich gleichgültig war. Je länger der Krieg dauerte,
desto mehr litten diese Elemente darunter.

Waren die Böhmen auch siegreich, so waren sie doch anfänglich zu schwach,
um den Feind von ihrem Land fernzuhalten. Sie siegten in der Defensive. Erst
verhältnißmäßig spät (1427) kamen sie dahin, die Verheerungen ins Ausland zu
tragen, welche die damalige Kriegführung mit sich brachte, deren wesentlichsten
Theil das Plündern und Zerstören bildete — ungefähr in der Weise, wie heute
die europäische Zivilisation in Afrika verbreitet wird. Aber auch die Offensive
sicherte Böhmen keineswegs vor Plünderungen feindlicher Nachbarn. Und dabei

---

*) Vgl. Palacky, a. a. O., III. 3., S. 143 ff.

gingen die Bürgerkriege im Innern fort. Böhmen wurde von Jahr zu Jahr mehr erschöpft. Nicht blos der Handel litt, sondern auch Handwerk und Acker= bau. Nicht nur der Adel und die reichen Prager Bürger, nein, auch Kleinbürger und Bauern aller Orten verkamen immer mehr. Eine tiefe Kriegsmüdigkeit und Friedenssehnsucht entstand in allen Klassen der Gesellschaft, und je mehr die unversöhnlichen Taboriten als das einzige Hinderniß des Friedens erschienen, desto rascher schrumpfte ihr Anhang im Lande zusammen, desto mehr wendete sich die Volksstimmung gegen sie; und um so schärfer mußten die Mittel sein, durch welche das kleine Häuflein der Taboriten seine Machtstellung im Lande behauptete. Immer schroffer wurde der Gegensatz zwischen ihnen und der Masse der Bevölkerung. Wo sich der Adel gegen die Taboriten erhob, fand er meist die Zustimmung des Volkes.

Aber auch die Taboriten im engeren Sinne waren nicht mehr die Alten.

Das Schicksal Tabors ist für uns von größtem Interesse. Es zeigt uns, welches das Schicksal der Münzer'schen Richtung in Mülhausen und der Wieder= täufer in Münster gewesen wäre, wenn sie militärisch unbesiegt geblieben wären.

Der Kommunismus Tabors beruhte einzig auf den Bedürfnissen der Armen, nicht auf denen der Produktionsweise. Die heutige Sozialdemokratie schöpft ihre Siegesgewißheit daraus, daß die Bedürfnisse der Produktion und die Bedürfnisse des Proletariats in der gleichen Richtung liegen; daher ist heute das Proletariat der Träger der geschichtlichen Entwickelung. Anders im 15. Jahrhundert. Die Bedürfnisse der Armen erzeugten das Streben nach Kommunismus, die Bedürfnisse der Produktion erheischten das Sondereigenthum. Der Kommunismus konnte also damals nie allgemeine Form der Gesellschaft werden, und unter den Armen mußte das Bedürfniß nach Kommunismus aufhören, sobald sie den Kommunismus erreicht hatten, das heißt sobald sie aufhörten, Arme zu sein. Mit dem Bedürfniß darnach mußte aber früher oder später auch der Kommunismus selbst wieder aufhören, namentlich wenn man auf das einzige Mittel verzichtete, welches dieser Art Kommunismus wenigstens für kleine Gesellschaften eine längere Dauer ermöglichte: die Aufhebung der Einzelfamilie, der Einzelehe. Das hatten die Taboriten gethan, wie wir gesehen haben, sie hatten die Adamiten so gut wie vertilgt und damit dem Privateigenthum den Weg in ihr Gemeinwesen wieder erschlossen. Es ver= drängte mit der ihm eigenthümlichen Denkweise, mit Habgier und Neid um so eher den Kommunismus und seine Brüderlichkeit, je rascher Wohlstand, ja Reichthum unter den Taboriten wuchsen, eine Frucht der unendlichen Beute, die sie machten. Die Gleichheit der Existenzbedingungen begann aufzuhören, man begann in Tabor Aermere und Reichere zu finden, und diese waren immer weniger bereitwillig, jenen von ihrem Ueberflusse mitzutheilen.

Dieser Prozeß wurde beschleunigt durch das Eindringen fremder Elemente. Wer sich einer Idee so völlig hingegeben hat, daß er bereit ist, sein Leben, seine Existenz für sie zu wagen, der wird ihr nicht so leicht mehr untreu, auch wenn er in Bedingungen kommt, welche ihrem Gedeihen nicht förderlich sind. Die

alten Taboriten werden wohl fest an ihrem Glauben gehangen haben, um deß=
willen sie ehedem so viele Verfolgungen und Fährlichkeiten erduldet hatten.

Aber die vielen Kriegsjahre, deren Last vorzugsweise auf den Taboriten
lag, müssen in deren Reihen furchtbar aufgeräumt haben. Militärisch wurde das
nicht merkbar, denn der Abgang ergänzte sich rasch. Tabor wurde das Mekka
der kommunistischen Schwärmer von weit und breit. Selbst die entferntesten
Nationen, z. B. Engländer, finden wir in Tabor vertreten. Mit der Aufnahme
scheint man keine großen Schwierigkeiten gemacht zu haben. Aeneas Sylvius,
der Tabor besuchte, wunderte sich über die Menge verschiedener Sekten, die friedlich
dort zusammenlebten. „Es sind nicht Alle im Glauben einig," erzählt er, „Jeder
kann in Tabor glauben, was ihm beliebt. Es giebt dort auch Nicolaiten, Arianer,
Manichäer, Armenier, Nestorianer, Berengarier und Arme von Lyon; besonders
geachtet aber sind die Waldenser, die Hauptfeinde des römischen Stuhles."

Bedenklicher war ein anderer Zuwachs, den Tabor erhielt. Sein Kriegs=
glück zog viel abenteuerlustiges Volk an, dem die taboritischen Ideale höchst gleich=
gültig waren, das nur nach Ruhm und noch mehr nach Beute verlangte. „Es
gebrach," sagt Palacky, „je weiter, um desto mehr, an einheimischen Kräften zum
Kriege; die Landleute und die Handwerker in den kleineren Städten verbargen
sich schon häufig, sobald sie zu den Waffen gerufen wurden, und wurden sie
dennoch zusammengetrieben, so stahlen sie sich wieder aus dem Heere. Dafür
kam den böhmischen Kriegern freilich von selbst reicher Ersatz aus der Fremde.
Nicht nur die Polen und Russinen strömten schon seit einigen Jahren zahlreich
in die böhmischen Lager, sondern sogar unter den Deutschen suchte Mancher, dem
Abenteuer über die Glaubensartikel gingen und den nicht nach der Heimath ver=
langte, dahin zu ziehen, wo das Kriegsglück blühte. Besonders die Heere
der Taboriten und Waisen bestanden zu dieser Zeit (1430) schon in
großer Zahl aus einer solchen ‚Büberei‘ und ‚Hefe aller Völker.‘
Dadurch verlor sich bei ihnen freilich immer mehr und mehr jener Charakter, an
dem einst Žižka besonders viel gelegen war, indem er wollte, daß alle seine Krieger
wahrhafte ‚Krieger Gottes‘ seien, ganz und aufrichtig, weder lau noch zweifelhaft
in ihrem Glauben."[*)]

An Kriegstüchtigkeit würden die Heere der Taboriten dadurch wohl
zunächst nicht erheblich gelitten haben, wenn auch die Elemente der Begeisterung
und der Hingabe, der freiwilligen Disziplin allmälig schwinden mußten. Aber
erheblich mußten sie verlieren an Zuverlässigkeit. Aus den gleichen Gründen
wie diese Söldner hatte sich der bankrotte Adel in ihre Dienste gestellt, die Grund=
herren hatten sich nur dadurch noch etwas behaupten können, daß sie gewissermaßen
die Vasallen der Taboriten geworden waren, denen sie Abgaben entrichten, mit
denen sie kämpfen mußten — man vergleiche darüber die oben zitirten Klagen der
böhmischen Barone über Prokop's Tyrannei, welche Aeneas Sylvius wiedergibt.

---

*) A. a. O., III., 2., S. 500.

Sobald der Adel sich gegen die Taboriten erhob, sobald er anfing, Söldner um sich zu schaaren, denen er, dank den Reichthümern der katholischen Kirche, bessere augenblickliche Bedingungen bieten konnte, brach daher in den taboritischen Heerestheilen an allen Ecken und Enden der Verrath aus.

So ist es begreiflich, daß, als es nochmals zum Bürgerkrieg kam und die Calixtiner und Taboriten sich in entscheidendem Kampfe maßen, diese, verlassen von Bauern und Bürgern, verrathen von einem Theil der eigenen Truppen, den Gegnern erlagen, die, ihrer inneren Feindschaften vergessend, eine übermächtige Allianz gegen jene Reste der demokratischen Partei geschlossen hatten, welche der einen kommunistischen — nur mehr in der Einbildung, nicht mehr in Wirklichkeit kommunistischen — Gemeinde noch treu geblieben waren, meist mehr der Noth gehorchend als dem eigenen Triebe.

In der Nähe von Böhmisch Brod, bei dem Dorfe Lipan, kam es zur entscheidenden Schlacht, am 30. Mai 1434. Die Adelspartei hatte die Uebermacht; sie zählte 25 000 Bewaffnete, gegen 18 000 Taboriten. Lange schwankte der Kampf unentschieden hin und her, endlich neigte sich der Sieg auf Seite der Adeligen, wohl weniger infolge ihrer Kriegskunst und Tapferkeit, als infolge des Verrathes des taboritischen Heerführers Johann Capek, des Befehlshabers der Reiterei, der mitten im Kampf, statt einzuhauen, mit seinen Leuten ausriß. Ein furchtbares Morden begann, kein Pardon wurde gegeben; 13 000 der taboritischen Krieger (von 18 000!) sollen niedergehauen worden sein. Durch diese furchtbare Niederlage ward die Kraft der Taboriten für immer gebrochen.

Tabor hörte auf, Böhmen zu beherrschen. Die Demokratie war unterlegen und der Adel im Verein mit der Prager Ehrbarkeit konnte daran gehen, die Ausbeutung des Landes von Neuem einzurichten. Nach endlosen Verhandlungen zwischen dem König und seinen „treuen Unterthanen," wobei jeder Theil fürchtete, und mit Recht, daß der andere nur darauf sinne, ihn zu betrügen, wurde Sigismund endlich als König anerkannt (1436), nachdem er sich zu einer allgemeinen Amnestie verstanden hatte und in Betreff des zerstörten und geraubten Kirchengutes jedem Herren und jeder Gemeinde anheimgestellt worden war, darüber zu entscheiden, wie ihnen gutdünke.

Die Macht der Taboriten war in der Schlacht bei Lipan gebrochen, aber nicht völlig vernichtet. Sie führten den Kampf noch eine Weile fort, jedoch immer matter und erfolgloser, und 1436 waren sie froh, von Sigismund einen Vertrag zu erlangen, der wenigstens die Selbständigkeit ihrer Stadt sicherstellte.

In diesem Zustand blieb Tabor bis zum Anfang der fünfziger Jahre. Damals besuchte Aeneas Sylvius die Stadt und berichtete darüber in einem Brief an den Kardinal Carvajal. Es ist dies eine der wenigen Mittheilungen von Augenzeugen über die inneren Zustände der Taboriten, die uns erhalten geblieben sind. Einige bezeichnende Stellen daraus seien hier wiedergegeben. Sie charakterisiren sehr gut das taboritische Gemeinwesen: Die Häuser in Tabor, sagt Aeneas, sind von Holz oder Lehm und stehen ohne jede Ordnung durcheinander. „Jene

Leute besitzen zahlreichen und kostbaren Hausrath und ungemein große Reichthümer. Denn in dem einen Ort haben sie die Beute vieler Völker zusammengetragen. Sie wollten einst in allen Dingen nach der Art der Kirche leben und hielten Alles gemeinsam: sie nannten sich gegenseitig Brüder, und was dem Einen fehlte, das erhielt er von dem Anderen. Jetzt aber lebt Jeder für sich, und die Einen hungern, indeß die Anderen schwelgen (alius quidem esurit, alius autem ebrius est). Kurz war das Feuer der Nächstenliebe, kurz die Nachahmung (der Apostelgemeinde). . . . Die Taboriten raubten fremdes Eigenthum, und was sie mit Gewalt errafft hatten, das wurde Alles Gemeingut (haec tantum in commune dederunt). Aber sie konnten das nicht aufrecht erhalten. Die Natur gewann die Oberhand, und bereits sind Alle der Habsucht ergeben. Und da sie nicht mehr rauben können wie ehedem, denn sie sind erschlafft und fürchten ihre Nachbarn, so schnappen sie nach Handelsprofiten (lucris inhiant mercaturae) und ergeben sich niederem Erwerb. Es leben in der Stadt 4000 Männer, die das Schwert führen könnten, aber sie sind zu Handwerkern geworden und leben zum größten Theil von der Wollenweberei (lana ac tela ex magna parte victum quaerentes), so daß sie als untauglich zum Kriege gelten."*)

Es ist bemerkenswerth, daß die Mehrzahl der Taboriten Wollenweber waren.

Aeneas Sylvius besuchte Tabor 1451. Die kriegerische Macht der Stadt war nach seiner Schilderung völlig dahin und ebenso ihr Kommunismus. Aber selbst die Trümmer ihrer revolutionären Vergangenheit erschienen den Machthabern Böhmens noch gefährlich. Ein Jahr nach des Aeneas Sylvius Besuch zog der Landesverweser von Böhmen, Georg von Podiebrad, vor Tabor und verlangte die Auslieferung sämmtlicher Taboritenpriester. Schon nach drei Tagen ergab sich Tabor und lieferte seine Priester aus, die, soweit sie sich nicht „bekehrten," bis zu ihrem Tode in Gefangenschaft blieben. Mit der Sonderstellung und jeder Selbständigkeit der Republik Tabor war es zu Ende.

Angesichts dieses jämmerlichen Ausganges des einst so stolzen kommunistischen Gemeinwesens, vor dem halb Europa zitterte, kann man kaum den Wunsch unterdrücken, Tabor wäre gleich Münster im Glanze seiner kommunistischen Jugend gefallen und nicht in der Erbärmlichkeit bürgerlicher Altersschwäche dahingesiecht.

Mit der Niederschlagung Tabors war die letzte Freistatt der Demokratie in Böhmen beseitigt.

Das Schicksal der Taboriten, welches in manchen Beziehungen Analogien mit dem der Jakobiner aufweist, ähnelt diesem auch darin, daß sie es waren, die durch ihren rücksichtslosen Heroismus die Revolution retteten, aber nicht für sich, sondern für die großen Ausbeuter der Revolution; in Frankreich für die Großkapitalisten und die großen Industrieritter, in Böhmen für den hohen Adel, dem in Staat und Gesellschaft eine fast unumschränkte Herrschaft zufiel. Der

---

*) Aeneas Sylvius Piccolomini, opera omnia, S. 662.

kleine Adel gewann nichts in den Hussitenkriegen, diese hielten seinen Niedergang nicht auf, sie förderten ihn vielmehr. Der hohe Adel, dem der Löwenantheil an den Kirchengütern zugefallen war, bereicherte sich auch auf Kosten des niederen Adels, dessen Sitze er zusammenkaufte.

Vor Allem aber waren es die Bauern und Kleinstädter, die unter den Folgen der Kriege litten. Die Erschöpfung des Landes und die Verringerung der Menschenzahl, welche die Widerstandskraft der Bauern und Kleinstädter aufs Tiefste herabdrückten, wurden gleichzeitig für die Grundherren ein Reizmittel, ihre Anforderungen an die zinspflichtigen Kleinstädter, denen man auch ihre Vertretung auf den Landtagen zu schmälern suchte, namentlich aber an die Bauernschaft, aufs Höchste zu steigern. Immer mehr stiegen die Lasten, die man ihr auf= bürdete, die schwachen Versuche des Widerstandes und der Empörung, welche die mißhandelten Bauern hie und da wagten, wurden mit Leichtigkeit niedergeschlagen. Wo aber trotz aller Steigerungen der Fronden die Arbeitskräfte nicht ausreichen wollten, da halfen sich die Latifundienbesitzer dadurch, daß sie an Stelle des Ackerbaues einen anderen Betriebszweig setzten, der nur unbedeutende mensch= liche Arbeitskräfte erforderte und dessen Ausdehnung hie und da sogar dahin führte, nicht nur den Mangel an Bauern zu überwinden, sondern Bauern geradezu von ihren Sitzen zu vertreiben. In England gab der Arbeitermangel, der aller= dings aus anderen Gründen herstammte als in Böhmen, einen bedeutenden Anstoß zur Entwickelung der Weidewirthschaft, der Schafzucht, die schließlich solche Ausdehnung annahm, daß sie das Hauptmittel in England wurde, die Bauern zu expropriiren und ein Massenproletariat zu schaffen. Eine ähnliche, wenngleich nicht so wichtige, Rolle spielten in manchen Gegenden Böhmens die Fischteiche, welche die Latifundienbesitzer anlegten. Wurden in England die Bauern von den Schafen gefressen, so in Böhmen von den Karpfen.

Palacky führt ein bemerkenswerthes Zeugniß für die Entwickelung der ritterschaftlichen und bäuerlichen Verhältnisse in Böhmen während der zweiten Hälfte des 15. Jahrhunderts an, Mittheilungen eines gewissen Wsehrd, von 1493—97 Vicelandschreiber des Königreichs, der „neun Bücher von den Rechten und Gerichten und der Landtafel Böhmens" herausgegeben hat. Da heißt es unter Anderem: „Es gab einst in alter und undenklicher Vorzeit in allen Bezirken Geleitsmänner, nicht Kämmerlinge, denen alle Sitze der Herren, Zemane (Ritter) und Landsassen bekannt waren. Und weil das Land noch dicht und wohl be= völkert war, weil man die Sitze der Zemanen noch nicht zusammen= zukaufen und zu zerstören pflegte, daher ihre Vesten und Schlösser der Erde nicht gleich gemacht, noch durch Anlegung von Teichen die Dörfer, Aecker und Wiesen verschwunden waren, so gab es bei der großen, un= zähligen Menge von Zemanen und Dörfern solche Geleitsmänner, die nicht etwa die Bestimmung hatten, Jemand vor Gericht zu laden, sondern den Kämmer= lingen die Sitze Derjenigen zu zeigen, die vor Gericht geladen werden sollten, und die Kämmerlinge dahin zu leiten, weshalb sie auch Geleitsmänner hießen.

Als aber dann beinahe der dritte Theil des Landes durch Kriege und Seuchen verheert, und in allen Bezirken eine ungeheuere Menge von Zemanensitzen vertilgt und zerstört, und was Schwert, Feuer und Seuche verschont hatten, größeren Theils durch angelegte Teiche veröbet worden war, da waren keine Geleitsmänner mehr nöthig" u. s. w. (Bei Palacky, a. a. O., IV., 1., S. 528, 529.)

Zu Beginn des 15. Jahrhunderts war die Leibeigenschaft in Böhmen so gut wie völlig verschwunden gewesen. Zu Ende des Jahrhunderts war sie bereits wieder der allgemeine Zustand der Bauerschaft.

Es ist lächerlich, dafür die Hussitenkriege verantwortlich zu machen. Die Richtung der gesellschaftlichen Entwickelung hängt nicht davon ab, ob sie in fried-licher Weise, ob sie unter gewaltsamen Kämpfen sich vollzieht. Sie wird durch den Gang und die Bedürfnisse der Produktionsweise naturnothwendig bestimmt. Wenn einmal der Ausgang gewaltsamer revolutionärer Kämpfe nicht den Absichten der revolutionären Kämpfer entspricht, so beweist dies nur, daß diese Absichten im Widerspruch standen zu den Bedürfnissen der Produktionsweise. Gewaltsame revolutionäre Kämpfe können nie die Richtung der gesellschaftlichen Entwickelung bestimmen, sie können nur unter bestimmten Umständen deren Tempo be-schleunigen, damit aber auch freilich deren Uebel für die Unterliegenden ver-schärfen. Und das haben auch die Hussitenkriege gethan. In ganz Europa beginnt vom 15. Jahrhundert an, in dem einen Lande früher, in dem anderen später, eine Verschlechterung der bäuerlichen Verhältnisse. Daß Böhmen trotz seiner ökonomischen Rückständigkeit zu den ersten Ländern zählt, in denen diese Erscheinung auftritt, und daß dort der Prozeß sich am raschesten vollzieht, das allerdings ist die Frucht der Hussitenkriege. Ohne sie wäre die entscheidende Wendung vielleicht erst um ein Jahrhundert später, nach dem deutschen Bauern-krieg, eingetreten.

Siebentes Kapitel.

Die böhmischen Brüder.

Tabor war gefallen, aber es verschwand nicht spurlos. Dieser kommunistische Kriegerstaat hatte zu glänzend gewirkt und sein Wirken hatte zu tiefe Wurzeln in den sozialen Verhältnissen seiner Zeit gehabt, Verhältnissen, die nach seinem Sturze nicht nur nicht aufhörten, sondern vielmehr noch schärfer zu Tage traten, als daß die Ideen, auf denen es aufgebaut war, nicht hätten fortleben müssen, wenn auch in anderer, der veränderten Lage angepaßter Form.

Zwei Sekten Tabors haben über dessen Sturz hinaus ihre Fortsetzung ge-funden in Organisationen, die, derselben Wurzel entstammend und sogar den gleichen Namen führend — beide hießen sie böhmische Brüder — doch den schärfsten Gegensatz aufweisen, der möglich ist. Die eine dieser Sekten war die kriegerische, die andere die kommunistische.

Wir haben gesehen, wie fremdes Kriegsvolk den Taboriten zuzog, nur um an ihrem Kriegsglück und ihrer Beute Antheil zu bekommen. Auf der anderen Seite verwilderten in dem ständigen Krieg die Taboriten selbst, und Vielen von ihnen wurde schließlich Kriegführung um Beute oder Sold Selbstzweck.

Nach der Niederschlagung Tabors fanden diese Elemente in Böhmen kein Feld für ihre Bethätigung mehr, sie zogen ins Ausland, um sich zu verdingen, zum Theil als einzelne Söldner, zum Theil aber als fest organisirte Kriegs= banden, die sich bald Dem, bald Jenem vermietheten. Derartige Banden waren damals nichts Ungewöhnliches, aber in der Regel war es ein bekannter General, der die Söldner um sich schaarte und von vornherein ihr Haupt bildete. Im Gegensatz zu diesen despotisch organisirten Kompagnien waren die böhmischen Brüderrotten nach taboritischem Muster demokratisch organisirt.

Namentlich in Ungarn, aber auch in Polen haben diese Banden eine Zeit lang eine große Rolle gespielt. Die Kosaken, die zu Anfang des 16. Jahrhunderts in der Ukraine auftauchten, sollen nach ihrem Muster sich organisirt haben.

Viel wichtiger ist jedoch die andere Art böhmischer Brüder geworden, die in Böhmen selbst geblieben sind.

Wir haben schon bemerkt, daß die Kommunisten des Mittelalters im All= gemeinen friedliebend waren (S. 137) und die Gewalt verabscheuten. Es ent= sprach dies ebenso der Ohnmacht der Besitzlosen jener Zeit wie der Ueberlieferung des Urchristenthums. Als in Böhmen die Hussitische Revolution begann, die alten Autoritäten stürzten und die niederen Volksklassen in siegreichem Aufstande sich erhoben, da wurde die Masse der Kommunisten mit fortgerissen, und einmal in der gewaltsamen Revolution drinnen, trieb sie die Logik der Thatsachen natur= nothwendig an die Spitze der demokratischen Erhebung, deren weitestgehendes Element sie bildeten.

Aber die friedliebende Richtung, die den Krieg, jede Gewalt, jeden Zwang verurtheilte, hörte auch während der glänzendsten Triumphe des Taboritenthums nicht völlig auf. Ihr vornehmster Vertreter war Peter von Chelčic, Peter Chelčicky. Ungefähr um das Jahr 1390 geboren, wahrscheinlich ein verarmter Ritter, lebte er still und zurückgezogen in dem Dorfe Chelčic bei Wodnian, einer der taboritischen Städte (S. 213) und verfaßte dort eine Reihe von Schriften, die allgemeine Aufmerksamkeit erregten. Schon 1420 hatte er behauptet, in religiösen Dingen dürfe man keine Gewalt anwenden; diese Ueberzeugung befestigte sich in ihm während der Revolutionskriege. Er brandmarkte den Krieg als das gräßlichste aller Uebel; die Krieger seien um kein Haar besser als Todtschläger und Mörder.*)

---

*) „Was für Ritter meint Ihr denn," schreibt er einmal, „denen es zukomme, Krieg zu führen? Etwa jene Zierbengel in den Burgen und Vesten, denen die Haare auf die Schultern herabhangen und die so kurze Röcke tragen, daß sie damit nicht einmal ihr Gesäß zu bedecken wissen? Haben die allein das Recht, Krieg zu führen, was machen dann in den Schlachten die Bürger und Bauern? . . . Denn weder ein König, noch ein Fürst, noch ein Herr, noch

Chelčicky ist Gleichheitskommunist — im urchristlichen Sinne. Aber nicht durch den Krieg, nicht durch staatlichen Zwang soll die allgemeine Gleichheit der Gesellschaft aufgezwungen, sondern sie soll hinter dem Rücken von Staat und Gesellschaft verwirklicht werden. Der wahre Gläubige darf an dem Staate keinen Antheil haben, denn dieser ist sündhaft und heidnisch. Die sozialen Ungleichheiten, Vermögen, Stand und Rang werden durch den Staat geschaffen, können nur mit ihm verschwinden. Aber die einzige christliche Methode, den Staat abzuschaffen, besteht darin, daß man ihn ignorirt. Dem wahren Gläubigen ist es nicht nur verboten, ein Staatsamt anzunehmen, es ist ihm auch verboten, die Staatsgewalt anzurufen. Polizei und Gerichte existiren nicht für ihn. Der wahre Christ strebt von selbst nach dem Guten und darf Andere zum Guten nicht zwingen, da Gott das Gute aus freien Stücken verlangt. Jeder Zwang ist von Uebel.

Im bestehenden Staate und in der bestehenden Gesellschaft giebt es für den wahren Christen keinen Platz, außer in den untersten Schichten, die nur gehorchen und dienen, nicht befehlen und herrschen. Jede Herrschaft, jede Klassenbildung verstößt gegen das Gebot der Brüderlichkeit und Gleichheit. Wie der Christ nicht herrschen darf, darf er auch nicht ausbeuten. Daher ist ihm jeder Handel ver= boten, denn dieser ist nothwendig mit Betrug verbunden. Die Städte, die Sitze des Handels, sind von Uebel. Kain hat sie erfunden; er hat die ursprüngliche Einfalt des Lebens in List verwandelt, indem er Maß und Gewicht erfand, indeß früher das Volk tauschte, ohne zu messen und zu wägen. Am verworfensten und fluchwürdigsten aber ist der Adel.*)

Dieser anarchistische aber friedfertige Kommunismus fand nur so mehr Anhang, je mehr die Kriegsmüdigkeit wuchs, je mehr in den unteren Klassen das taboritische Regiment an Sympathien verlor.

Von den kommunistischen Sekten, die nach dem Untergang Tabors in Böhmen erstanden, zum Theil von zerstreuten taboritischen Elementen gebildet, ist die der Anhänger Chelčicky's, die Chelčicer Brüder, die bedeutendste geworden.

Unter Peter's Jüngern ragte besonders hervor Bruder Gregor, ein Edel= mann, aber so verarmt, daß er sich vom Schneiderhandwerk nähren mußte. Als ehemalige Taboriten in dem Dorfe Kunwald bei Senftenberg eine Kolonie gründeten, einer Gegend, in der taboritische Gesinnungen sich erhalten hatten, wählten sie Gregor zu ihrem Haupt und Organisator, 1457. Ihm ist es wohl hauptsächlich zuzuschreiben, daß die Kolonisten, die „Brüder," Chelčicky's Lehre annahmen und in jeder Weise ihr nachlebten.

Die ursprüngliche Organisation der böhmischen Brüder ist keineswegs völlig klar, denn die späteren Brüder schämten sich ihres kommunistischen Ursprungs und

---

der armseligste Edelmann führt den Krieg für sich allein, sondern sie Alle treiben die Bauern mit Gewalt dazu und leiten so alles Volk zu Mord und Missethat an." (Zitirt bei Palacky, a. a. O., IV., 1., S. 478, 479.)

*) Vgl. darüber Jaroslav Goll, Quellen und Untersuchungen zur Geschichte der Böhmischen Brüder, II., Peter Chelčicky und seine Lehre, Prag 1882.

suchten ihn möglichst zu verdunkeln. Geht man jedoch von der späteren Organi=
sation der böhmischen Brüder aus, zu deren Erhellung man noch die wohlbekannte
Organisation der Herrnhuter, ihrer Nachfolger, heranziehen kann, und zieht man
die inneren Kämpfe in Betracht, aus denen sie hervorgegangen ist, dann ergiebt
sich uns folgendes Bild.*)

Selbstverständlich war jedem Mitglied der Brudergemeinschaft der Kriegs=
dienst, jede Betheiligung an der Staatsverwaltung durch Uebernahme eines Staats=
oder Gemeindeamtes strengstens verboten, ebenso jede Anrufung des Staates,
jedes Erheben einer Anklage. Vollständige Gleichheit sollte in der Gemeinschaft
herrschen, es sollte keine Armen und keine Reichen geben; das Betreiben jeder
Art von Ausbeutung war untersagt. Jeder Reiche oder einem privilegirten Stande
Angehörige mußte, ehe er zugelassen wurde, seinem Vermögen und seinen Privi=
legien entsagen. Handel, Verleihen von Kapitalien auf Zinsen und Gastwirthschaft
durfte ein „Bruder" nicht betreiben. Andererseits war jeder Einzelne, sowie die
Gemeinschaft verpflichtet, jedem Bruder, der in Noth gerathen war, zu helfen.

Das Privateigenthum und die Einzelfamilie waren nicht verpönt, der Kom=
munismus äußerte sich den Familien gegenüber vornehmlich in der Betonung der
Brüderlichkeit, des freudigen Theilens mit dem Genossen und in dem Bestreben nach
Erhaltung der Gleichheit, daß Keiner über die Anderen sich erhebe, Keiner unter
sie sinke. Das war aber unter Beibehaltung des Privateigenthums nur möglich,
wenn die strengste Disziplin herrschte und wenn diese sich auf das gesammte
gesellschaftliche Leben erstreckte. Selbst die intimsten Verhältnisse des Familien=
lebens blieben davon nicht verschont.

Die Priester und die Aeltesten, beide von den Gemeinden gewählt, übten, im
sonderbaren Gegensatz zu der anarchistischen Theorie Peter's, die jeden Zwang als
unchristlich und heidnisch verwarf, eine Disziplinargewalt aus, die einem modernen
Menschen unerträglich erscheinen würde, um so unerträglicher, als bei den böhmischen
Brüdern jener finstere, muckerische Geist, den wir bereits als die Eigenthümlichkeit
des mittelalterlichen Kommunismus überhaupt bezeichnet haben, besonders scharf
zu Tage trat, wohl eine Folge des Jammers und des unsäglichen Elends, welche
die Hussitenkriege im Gefolge hatten.

Jedes Spiel, jeder Tanz war verpönt, als eine Falle, die der Teufel den
Gläubigen stellt. Leben, arbeiten und still dulden, war das Einzige, was einem
frommen Christen hienieden oblag. Den Sonntag feierten sie schon ganz puritanisch.

---

*) Die spätere Organisation der böhmischen Brüder ersieht man sehr gut aus des
schon oben erwähnten J. A. Comenius „Kirchengeschichte der Böhmischen Brüder," ihrer Kirchen=
ordnung von 1609 und dem Glaubensbekenntniß, das sie dem König Ferdinand 1535 über=
reichten (alle drei enthalten in der deutschen Ausgabe der „Kurzgefaßten Kirchen=Historie der
Böhmischen Brüder" des Comenius, Schwabach, verlegt bei „J. J. Enderes, hochfürstl. privil.
Buch= und Disputationshändler," 1739). Die Kämpfe, welche zu dieser Organisation führten,
sind eingehend geschildert in A. Gindely's Geschichte der Böhmischen Brüder, Prag 1857,
2 Bände.

Waren auch Privateigenthum und Einzelfamilie nicht verpönt, so galt doch der ehelose Stand als ein höherer, heiligerer. Dem Klerus waren Besitzlosigkeit und Zölibat vorgeschrieben. Die ehelosen Leute wohnten, nach den Geschlechtern getrennt, in Brüder= und Schwesterhäusern, wo sie gemeinsam arbeiteten und lebten. Wir dürfen uns diese wohl nach dem Beispiele der Beghardenhäuser vorstellen.

Gleich den Taboriten wollten auch die böhmischen Brüder von den Gelehrten nichts wissen. Sie galten ihnen als einer der privilegirten Stände. Bis zu seinem Tode (1473) warnte der Bruder Gregor die Gemeinde vor den Gelehrten. Dagegen hielten sie ebenso wie die Taboriten viel auf eine gediegene Volksschule. Der demokratischen Kunst des Buchdrucks bemächtigten sie sich sofort nach deren Aufkommen mit großem Eifer. „Wohl selten," sagt Gindely, a. a. O., I., S. 39, „hat eine christliche Sekte so viele Schriften zu ihrer Vertheidigung in die Welt gesandt, wie die Brüder." Die Zahl ihrer Schriften, von ihrem Beginn bis zu ihrem fast völligen Untergang nach dem Tode des Comenius (1670), ist viel größer als die der Produkte der gesammten anderen böhmischen Literatur der gleichen Zeit. Sie rühmten sich auch, die Ersten zu sein, welche die Bibel in der Muttersprache drucken ließen (in Venedig), so daß die Böhmen darin den anderen Nationen vorausgingen.*) Zu Anfang des 16. Jahrhunderts gab es fünf Buchdruckereien in Böhmen: eine katholische, in Pilsen, eine utraquistische, in Prag, und drei, die den böhmischen Brüdern gehörten, in Jungbunzlau, Leitomischl und Weißwasser. Selbst diese drei genügten ihnen nicht immer und sie ließen zeitweise noch in Nürnberg drucken.

Eigenthümlich, aber ihrer strengen Disziplin völlig entsprechend, war die Bestimmung, daß kein Mitglied der Gemeinschaft ein Buch ohne deren Zustimmung schreiben und herausgeben durfte. „Niemand," heißt es in ihrer Kirchenordnung, „hat bei uns Erlaubniß, Bücher herauszugeben, sie seien denn von den Anderen untersucht und durch den allgemeinen Beifall bestätigt."**)

Der Pole Johannes Lasitski, der die böhmischen Brüder 1571 besuchte, schreibt in seinem Werk: „De origine et rebus gestis fratrum Bohemorum" über ihre Bücherproduktion: „Es erschien nichts, welches nicht vorher von mehreren Aeltesten und Kirchenbienern, welche dazu erwählt und bestellt waren, untersucht worden. . . . Es pflegte auch nichts von Einem allein zu erscheinen (es geschähe denn aus besonderen Ursachen), sondern jegliches erschien im Namen der ganzen Brüderschaft, damit ein Glied an dem geistlichen Leibe ebenso viel Ehre davon hätte als das andere und dadurch der eitlen Ehrsucht, welche die Gemüther der Bücherschreiber in der Regel kitzelt, alle Gelegenheit abgeschnitten würde, die Schriften selbst aber ein desto größeres Gewicht und Ansehen hätten."***)

Und trotzdem die kolossale literarische Produktivität!

*) Comenius, a. a. O., S. 57.
**) Comenius, a. a. O., S. 296.
***) Zitirt bei Comenius, a. a. O., S. 328, Note.

Daß die neue Gemeinschaft, die so viel Taboritisches an sich hatte und ehemalige taboritische Elemente in sich schloß, troß ihres friedfertigen, unterwürfigen Charakters, den Machthabern vielfach verdächtig und gefährlich erschien, wird kein Wunder nehmen. Schon 1461 brach eine heftige Verfolgung über sie herein, unter Georg von Podiebrad, den wir bereits als den Vernichter der Selb= ständigkeit Tabors kennen. 1452 noch Landesverweser, war er 1458, nach des Königs Ladislav Tode, zum König von Böhmen gewählt worden. Eine seiner ersten Regierungshandlungen war die Verfolgung der böhmischen Brüder, deren Führer, so Bruder Gregor und Andere, eingekerkert wurden. Die Gemeinde in Kunwald wurde zersprengt, ihre Mitglieder vertrieben, jede Versammlung ihnen untersagt.

„Durch diese heftige Inquisition nun," schreibt Comenius, „welche allent= halben wider die Brüder angeordnet wurde, ist es geschehen, daß die meisten von ihnen, insonderheit die Ersten unter ihnen, durch Berge und Wälder zerstreut wurden und in Höhlen sich aufhielten; wiewohl sie auch da nicht einmal sicher waren. Sie durften das Feuer, um dabei das Nöthigste zu kochen, zu keiner anderen Zeit als bei Nacht ungefährdet anzünden, damit sie durch den aufsteigenden Rauch nicht verrathen würden, und da saßen sie in der großen Kälte um das Feuer herum und brachten ihre Zeit mit dem Lesen der heiligen Schrift und gottseligen Gesprächen zu. Wenn sie dann bei tiefem Schnee, um sich mit Lebensmitteln zu versehen, hervorgehen mußten, so traten sie Alle in die von Einem gemachten Fußstapfen, und der Letzte schleifte einen Tannenast hinter sich nach, welcher diese Fußstapfen wieder mit Schnee zufüllte, daß sie daran nicht erkannt wurden und es aussah wie die Fußtritte eines Bäuerleins, das ein Bündel Holz nach= geschleift. Nach diesem Wohnen in Höhlen wurden sie von ihren Feinden zum Spott Jamnici, Höhlenbewohner, genannt."*)

Sollte die Bezeichnung der „Jamnici" erst aus der Zeit dieser Verfolgung stammen? Im westlichen Deutschland führten bereits im 14. Jahrhundert die beghardischen Sektirer wegen der Heimlichkeit ihrer Zusammenkünfte den Spott= namen „Winkler," im östlichen Deutschland den Namen „Grubenheimer;" das Wort „Jamnici" (vom tschechischen Jáma, die Grube, Höhle) ist eine Ueber= sehung desselben und deutet vielleicht darauf hin, daß die beghardische Ueberlieferung unter den böhmischen Brüdern wirksam war. Das Volk nannte sie nicht blos Jamnici, sondern auch „Picarden."

Die erste Verfolgung nahm erst mit Podiebrad's Tod, 1471, ein Ende.

Auch später hatten die Brüder noch zeitweilige Verfolgungen zu leiden, aber im Allgemeinen schädigten sie diese nur mehr wenig. Die Staatsgewalt war damals in Böhmen noch schwach, in einzelnen Herren und Städten fanden aber die Brüder kraftvolle Schüßer; denn intelligente Leute erkannten früh, wie harmlos die Staatsfeindlichkeit und die Gleichheitsbestrebungen dieser Sekte seien,

---

*) Comenius, a. a. O., S. 45, 46.

welch vortreffliches Ausbeutungsmaterial sie aber durch ihre Predigt des Fleißes, der Entsagung, des Duldens lieferten.

Nicht zum Wenigsten diesem Schutz hatte die Gemeinschaft es zu danken, daß sie selbst während der ersten schweren Verfolgung rasch anwuchs. Die Gewinnung von Proselyten wurde aber auch dadurch erleichtert, daß sie, ganz im Sinne der Taboriten, jedoch im Widerspruch zum Geist der übrigen kirchlichen Organisationen ihrer Zeit, die größte Toleranz in Glaubenssachen verkündeten. Die Brüdergemeinschaft konnte das thun, denn sie war nicht, wie die anderen kirchlichen Organisationen, eine Herrschaftsorganisation. Schon der erste Brüderkongreß, der 1464 in den Bergen von Reichenau stattfand, und den Delegirte nicht blos aus Böhmen, sondern auch schon aus Mähren besuchten, erklärte, die Fragen der sozialen Organisation seien die Hauptsache, die Fragen des Glaubens ständen in zweiter Linie. Und diesen Grundsatz haben sie stets festgehalten. Sie standen darin in schärfstem Gegensatz zur späteren lutherischen Lehre, daß der Glaube selig mache, nicht die Werke.

Dank dieser Toleranz gelang es ihnen, zahlreiche verwandte Genossenschaften und Gemeinden an sich zu ziehen. Um so strenger waren sie dort, wo praktische Unterschiede bestanden. Auf dem zweiten Kongreß, zu Lhota, 1467, der der Gemeinschaft eine endgültige Organisation gab, nachdem der von Reichenau ihr Programm festgestellt -- um modern zu reden —, trafen auch Abgeordnete der Reste der Adamiten ein, um Vereinigungsvorschläge zu machen. Aber sie wurden abgewiesen. Der adamitische Kommunismus war den Brüdern zu weitgehend. Nur vereinzelt, nach Abschwörung ihrer „Irrthümer," wurden die Adamiten zugelassen.

Andererseits zerschlugen sich auch die Vereinigungsverhandlungen mit den Waldensern, die bereits zu opportunistisch, zu bürgerlich geworden waren. „Wir sprachen viel mit den Priestern der Waldenser," berichtet Bruder Gregor in seinem Traktat „Wie sich die Menschen gegen die römische Kirche verhalten sollen," „besonders mit dem Priester Stephan, der sich niemals dazu hergab, die gottesdienstlichen Handlungen nach römischer Weise zu verrichten (wie es waldensische Priester pflegten, um sich vor Verfolgungen zu schützen. D. Ref.). Derselbe fungirte bei den Waldensern geheim unter den Deutschen, und deshalb wurde er später verbrannt. Er bot sich uns an, Alles zu verbessern, was an ihnen als dem Glauben Christi und einem christlichen Leben zuwiderlaufend erkannt werden würde, und es der apostolischen Schrift gemäß so einzurichten, wie es einst in der ersten Kirche war. Wir waren bereit und wollten es in der That durchführen, allein da sie mit den Priestern römischer Weihe befreundet waren, vertrauten sie sich ihnen und diese verhinderten es." So kam es zu keiner Vereinigung. „Einige Waldenser," erzählt Gregor weiter, „gaben zu, daß sie sich von dem Wege ihrer ersten Vorfahren entfernt hatten; auch fand man bei ihnen dies Schädliche, daß sie von den Leuten Geld nehmen, Reichthümer sammeln und sich um die Armen nicht kümmern, da es doch dem christlichen Glauben zuwider ist, daß ein Priester

Schätze anhäufe, indem er weltliche Güter und selbst das eigene, von den Eltern ererbte Vermögen auf Almosen verwenden und die Armen in ihrer Noth nicht verlassen soll" u. s. w.*)

Aber das Schicksal der Waldenser sollte bald auch das der böhmischen Brüder sein.

Der Puritanismus, durch den diese gegen die bestehende Gesellschaft protestirten und durch den sie sich von ihr absonderten, war gerade ein treffliches Mittel, in dieser Gesellschaft vorwärts zu kommen. Wir haben bereits darauf hingewiesen (S. 132), wie sehr dieser Puritanismus sich trotz mancher äußerlicher Aehnlichkeiten von der Askese des Urchristenthums unterschied. Predigten beide die Eitelkeit, ja Verwerflichkeit der Lebensfreude und jeglichen Genusses, so war doch die urchristliche Askese mit stumpfsinniger Trägheit, der Puritanismus der Reformationszeiten dagegen mit unermüdlicher und umsichtiger Arbeitsamkeit seiner Bekenner verbunden. Dieser arbeitsame Puritanismus, das Evangelium der „Spar=Agnes," vermöchte es heute, im Zeitalter des hoch entwickelten großindustriellen Kapitalismus, freilich nicht, Lohnarbeiter, Bauern und Kleinbürger in Masse in eine sie befriedigende Lage zu erheben. Damals, im Beginn der Umwandlung der Naturalwirthschaft mit eingesprengter einfacher Waarenproduktion in allgemeine, zum Theil schon kapitalistische Waarenproduktion, war er jedoch ein höchst wirksames Mittel, Kleinbürger in Kapitalisten zu verwandeln, um so wirksamer, je mehr noch die Masse der Bevölkerung jener naiven Lebensfreudigkeit huldigte, welche im Allgemeinen mit der Naturalwirthschaft verknüpft ist, in der nicht für den Verkauf, sondern für den Selbstverbrauch, nicht für das Ansammeln, sondern für das Genießen produzirt wird. Neben dem Puritanismus muß die gute allgemeine Schulbildung der Brüder sie geschäftlich sehr gefördert haben.

Hatte unter den Taboriten die Kriegsbeute eine Wohlhabenheit erzeugt, die ihrem Kommunismus ein Ende machte, so stellte sich unter den böhmischen Brüdern bald Wohlhabenheit ein infolge ihres Fleißes, ihrer Genügsamkeit und Sparsamkeit und ihrer Intelligenz.

Ihre Wohlhabenheit warb ihnen aus den verschiedensten Kreisen zahlreiche neue Anhänger, die aus sehr weltlichen Gründen zu ihnen kamen. Mit dem Steigen der Wohlhabenheit empfanden aber auch viele der älteren Mitglieder die strenge Disziplin immer mehr als eine Fessel. Diese Disziplin gestattete im Interesse der Gleichheit nicht, daß die Einen reicher wurden als die Anderen, sie verpönte auch jede Anlegung des gewonnenen Vermögens in gewinnbringender Weise — im Handel oder im Wucher. Mit dem Wohlstand erwuchsen ferner Konflikte in Vermögenssachen, Prozesse wurden nothwendig, man brauchte die Staatsgewalt zum Schutze des Erworbenen.

So bildete sich nach und nach eine mildere Richtung unter den Brüdern

---

*) Ein Auszug aus dem tschechischen Original mit deutscher Uebersetzung findet sich bei Goll, Quellen und Untersuchungen u. s. w., I., Der Verkehr der Brüder mit den Waldensern, Prag 1878, S. 98 ff.

aus, die noch nicht wagte, die ursprünglichen Vorschriften zu leugnen, die aber dahin strebte, daß sie nur als Ideale einer höheren, ausnahmsweisen Heiligkeit, nicht als allgemein verbindliche rechtliche Satzungen aufgefaßt werden sollten.

Der Zwiespalt zwischen beiden Richtungen trat zuerst zu Tage (Ende der siebziger Jahre), als zwei Herren und mehrere Ritter sich zur Aufnahme in die Brüderschaft meldeten. Die strengere Richtung wollte sie nur aufnehmen, wenn sie ihrem Vermögen und ihrem Stande entsagten. Die mildere Richtung wünschte ihnen das zu erlassen. Aber noch siegte die erstere, und nur jene unter den Bewerbern wurden zugelassen, die sich den Anforderungen der Gemeinschaft in Allem fügten.

Aber 1480 finden wir bereits einen Erfolg der gemäßigten Richtung: ein Gelehrter, Lukas, wurde aufgenommen, andere folgten. War deren Eintritt ein Erfolg der Gemäßigten, so trugen die gelehrten Elemente wieder dazu bei, diese zu stärken. Umsonst kämpften die Strengen in Wort und Schrift, an ihrer Spitze der Weber Gregor aus Wotic, gegen die überhandnehmende Lauheit. Auf dem Kongreß, der Synode, zu Brandeis an der Adler (1491) siegte die gemäßigte Richtung. Es wurde beschlossen, daß Reiche und Hochgestellte fortan ohne Verzicht auf Vermögen und Rang aufgenommen werden dürften. Man sollte sie nur darauf aufmerksam machen, wie leicht sie ohne diesen Verzicht ihr Seelenheil verlieren könnten. Die Forderung der Gleichheit war damit, wenn nicht völlig beseitigt, so doch in das Gebiet der frommen Wünsche verwiesen.

In ähnlicher Weise wußten sich die frommen Brüder den Weg zur Theilnahme an der Staatsgewalt zu eröffnen. Sie erklärten auf demselben Kongreß: „Wenn durch die weltliche Macht einem Bruder der Befehl zukäme, Richter, Geschworener oder Zunftmeister zu sein oder in den Krieg zu gehen, oder wenn er im Verein mit Anderen seine Zustimmung zur Folterung oder Hinrichtung eines Verbrechers zu geben hätte: so erklären wir, daß dies Dinge sind, zu denen sich ein reuiger Mensch nicht aus gutem und freiem Willen drängen, sondern die er lieber fliehen und meiden soll. Kann er sich ihnen aber weder durch inständige Bitten noch auf andere Weise entziehen, so soll er der Macht nachgeben." Aber es wurde den Brüdern nicht nur erlaubt, an der staatlichen Zwangsgewalt theilzunehmen, ein Amt zu acceptiren oder in den Krieg zu ziehen, wenn sie dazu gezwungen würden, nein, sie durften fortan auch selbst diese Zwangsgewalt, den Richter, anrufen, ja sie durften auch Ausbeutung, Gastgewerbe und Handel treiben — natürlich nur im Nothfall.

Die strengere Richtung war wüthend über diese Beschlüsse, welche die bisherige Gleichheit, Freiheit und Brüderlichkeit völlig über den Haufen warfen. In energischer Gegenagitation gewannen sie ihren Bischof, Mathias von Kunwald, für sich, schüchterten die Unschlüssigen ein oder rissen sie mit sich fort; Mathias berief auf ihr Drängen eine neue Synode ein, welche die Brandeiser Beschlüsse umstieß und die unbedingte Rückkehr zu den alten Grundsätzen verkündete.

Aber die Freude war kurz. Nicht innere Kraft, sondern Ueberrumpelung hatte den Strengen zum Siege verholfen. 1494, auf der Synode zu Reichenau, waren sie wieder in der Minorität, und wie sie jetzt erkannten, hatten sie jede Aussicht verloren, in der Gemeinschaft noch einmal ihre Grundsätze zur Geltung zu bringen. So kam es zur Spaltung. Ein Einigungsversuch, der 1496 gemacht wurde, führte blos zu gegenseitigen Vorwürfen und zur Verschärfung des Gegensatzes.

Die strengere Richtung hieß die kleinere Partei. Sie war geringer an Zahl, nur ungebildete Leute, Bauern und Handwerker, gehörten ihr an und sie stand im Widerspruch zu den Bedürfnissen der gesellschaftlichen Entwickelung. So siechte sie dahin. Als 1527 mehrere Mitglieder der Sekte in Prag verbrannt wurden, verschwand sie aus der Oeffentlichkeit.

Die gemäßigte Richtung dagegen, verstärkt durch reiche und mächtige Leute, mit der Freiheit, einzugreifen in die Staatsverwaltung und diese zu ihren Zwecken auszunutzen, mit einer Organisation, die den Bedürfnissen der gesellschaftlichen Entwickelung entsprach, gedieh rasch; 1500 besaß sie schon 200 Kirchen; während des 16. Jahrhunderts wurde sie ein wichtiger politischer und ökonomischer Faktor in Böhmen. Wie stark der Adel in ihr vertreten war, ersieht man unter Anderem aus einer Bittschrift, welche von adeligen Mitgliedern der Brüdergemeinschaft 1575 an den Kaiser abgesandt wurde; sie ist von 17 Baronen und 141 Rittern unter= zeichnet.

Jede Einrichtung schwand, die an den kommunistischen Ursprung erinnern konnte, auch in ihrer Literatur wurden, wie schon bemerkt, die kommunistischen Ueberlieferungen sorgfältig ausgemerzt. Hatten sie den Reichen den Zutritt ge= stattet, so kam es andererseits auch so weit, daß sich Bettler unter den Brüdern fanden. „So weit als möglich," sagt ihre Kirchenordnung von 1609, „bewahren wir unsere Leute vor dem Betteln." Eine unbedingte Verpflichtung, dem Bruder zu helfen, bestand nicht mehr.

„Aus den böhmischen Puritanern," sagt Gindely (a. a. O., II., S. 312), „ja aus den böhmischen Fanatikern, die zu Peter von Chelcic mehr wie zu Huß hielten, die nach Paulinischer Lehre die Ehelosigkeit vorzogen, keinen Eid schworen, kein Amt verwalteten, keinen Luxus sich gestatteten, keinen Reichthum duldeten, nicht auf Zinsen liehen, den Krieg verabscheuten, waren ganz wohlhabende Kapitalisten geworden, ganz ehrbare Ehemänner, ganz geschickte Gewerbsmänner, ganz anständige Bürgermeister und Geschworene, ganz tüchtige Generäle und Staatsmänner."

Bis zum dreißigjährigen Krieg, zur Schlacht am weißen Berge, 1620, währte ihr Gedeihen. Diese Schlacht brachte die letzte Entscheidung in dem langen Kampf zwischen dem böhmischen Adel und dem Absolutismus der Habsburger, die den böhmischen Thron seit 1526 einnahmen, sie führte zur völligen Ausrottung des ersteren, zur Konfiskation seiner Güter und deren Vertheilung an die Jesuiten und höfische Kreaturen, sie brachte auch den böhmischen Brüdern den Untergang. Nur mühsam erhielten sich fortan hie und da noch spärliche Ueberreste, die schließlich durch den pietistischen Grafen Zinzendorf auf seinen sächsischen Besitzungen in Herrnhut ein Asyl erhielten, 1722.

Aber in den Herrnhutern lebte weder der kommunistische Enthusiasmus der strengeren, noch die Weltklugheit der gemäßigten Richtung fort. Arme, verkümmerte Bauern und Handwerker, die nur dadurch der Verfolgung entgangen waren, daß sie in den entlegensten, rückständigsten Winkeln gelebt, haben sie von dem Wesen der Brüdergemeinschaft wenig mehr zu bewahren gewußt.

Im 16. Jahrhundert hörten die böhmischen Brüder auf, eine Rolle in der Geschichte des Sozialismus zu spielen. Im 17. Jahrhundert erlischt auch ihre Bedeutung für die allgemeine Geschichte.

Achtes Kapitel.
Die deutsche Reformation und Thomas Münzer.

I. Die deutsche Reformation.

Der von uns bereits öfters zitirte Aeneas Sylvius Piccolomini, ehedem ein Vorkämpfer für Kirchenreform, hatte seinen Frieden mit dem römischen Papst gemacht und war dafür mit dem Kardinalshut belohnt worden, 1456.*) An den neugebackenen Kardinal richtete Martin Mayer, ein geborner Heidelberger, Kanzler des Mainzer Erzbischofs, Ditrich's von Erbach, einen Brief, in dem es u. A. heißt: „Tausend Manieren (sie sind vorher zum Theil aufgezählt) werden ausgedacht, unter denen der römische Stuhl uns, wie Barbaren, auf seine Manier unser Gold wegnimmt. Daburch ist es geschehen, daß unsere Nation, die, einst so berühmt, mit ihrem Muth und Blut das römische Reich erworben hat und die Herrin und Königin der Welt war, jetzt in Armuth versunken, dienend und tribut= pflichtig geworden ist und, im Schmutze liegend, schon viele Jahre her ihr Unglück und ihre Armuth beweint. Nun aber sind unsere Fürsten aus dem Schlafe erwacht und haben zu bedenken angefangen, wie sie diesem Unheil begegnen möchten, ja sie haben beschlossen, das Joch völlig abzuschütteln und sich die alte Freiheit wieder zu gewinnen. Und es wird ein nicht geringer Fall der römischen Kurie sein, wenn die Fürsten des römischen Reiches wirklich vollbringen, was sie im Sinne führen." **)

Aeneas Sylvius hielt es für nothwendig, zur Widerlegung Mayer's ein eigenes Buch über die Lage Deutschlands zu schreiben, das 1458, kurz vor seiner Erwählung zum Papst, erschien.***) „Arm am Geiste war Derjenige," erklärt er darin, „der behauptete, Deutschland sei arm." Er sucht dies zu beweisen, indem

---

*) Zwei Jahre später wurde er Papst, Pius II. Als solcher brachte er es fertig, seine eigenen früheren Schriften als ketzerisch zu verdammen.

**) Bei Ullmann, Reformatoren ꝛc., I., S. 214.

***) Wir benutzten die Leipziger Ausgabe von 1496: Enee Sylvii, de Ritu, Situ, Moribus ac Conditione alemanie, Typhis.

er auf den Handel und den Bergbau hinweist, die damals in Deutschland blühten und große Reichthümer brachten. „Wenn es wahr ist," rief er, „daß, wo Kaufleute, auch Reichthümer zu finden sind, dann muß man gestehen, daß die Deutschen die reichste Nation sind, da ihr größter Theil, lüstern nach Handelsprofiten, weithin alle Länder durchstreift. . . . . Und dann bedenke man die Gold= und Silberadern, die, früher unbekannt, bei Euch entdeckt wurden. In Böhmen besitzt Kuttenberg, in Sachsen Rankberg, in Meißen Freiberg auf schwindelnden Höhen unerschöpfliche Silberminen." Er weist dann auf die Gold= und Silberberge im Inn= und Eunsthal hin, auf die Goldwäschereien am Rhein und in Böhmen, und fragt endlich: „Wo giebt es bei Euch ein Wirthshaus (diversorium), wo man nicht aus Silber tränke? Welches Weib, nicht blos unter den Edlen, sondern auch unter den Plebejern, glänzt nicht von Gold? Soll ich hinweisen auf die Halsketten der Ritter und die aus reinstem Golde gewirkten Zügel der Pferde, auf die Sporen und Schwertscheiden, die mit Edelsteinen besät sind, auf die Fingerringe und Wehrgehänge, die Panzer und Helme, die von Gold funkeln? Und wie prächtig sind die Geräthe der Kirchen, wie viele Reliquien finden wir da mit Perlen und Gold eingerahmt, wie reich ist der Schmuck der Altäre und der Priester!"

Deutschland sei also wohl in der Lage, dem römischen Stuhle Abgaben zu entrichten. Wohin käme aber dieser, wenn Deutschland seine Sendungen einstellte? Er würde arm und elend werden, unfähig, seine großen Pflichten zu erfüllen. Denn die geringen, unsicheren Einnahmen aus dem Kirchenstaat reichten dazu nicht aus. Ohne Reichthum könne man nicht intelligent und angesehen sein. Die Priester waren auch unter allen Gesellschaftsordnungen (in omni lege) reich.

Es kann keinen größeren Widerspruch zwischen zwei Schriften geben als diese beiden aufweisen. Man möchte sagen: nur die eine kann richtig sein, die andere muß lügen. Und doch sind beide richtig, wenn auch nicht ohne Ueber= treibungen. Jede für sich allein gäbe nur ein unvollkommenes Bild von der Lage Deutschlands in der zweiten Hälfte des 15. Jahrhunderts. Sie sind beide richtig, gerade, weil sie in unversöhnlichem Gegensatze zueinander stehen, denn dieser spiegelt getreulich den großen Gegensatz in den Dingen wieder, der damals bestand, und der, eben weil er unversöhnlich war, nur durch den Kampf der beiden und den Sieg des einen über den anderen aufzuheben war.

Der Brief Mayer's und die Erwiderung des Aeneas Sylvius zeigen uns aufs Deutlichste den Kernpunkt, um den die Reformation sich drehte, losgelöst von dem Wust theologischer Zänkereien über Prädestination und Abendmahl 2c., den die kirchlichen Reformatoren der verschiedenen Parteien später darüber gelagert.

Aeneas Sylvius hatte Recht: Deutschland war im 15. Jahrhundert reich und blühend durch seinen Bergbau und seinen Handel. Er hatte auch darin Recht, daß der römische Stuhl vornehmlich auf die Einnahmen aus Deutschland angewiesen war. Denn die anderen großen Kulturnationen Europas hatten sich damals bereits von der päpstlichen Ausbeutung in hohem Grade frei gemacht.

Umsomehr warf sich die Kurie mit der ganzen Kraft ihrer ausbeuterischen Fähig=
keiten auf die deutsche Nation und um so hartnäckiger verweigerte sie dieser jede,
wenn auch noch so geringe Konzession. Eine Milderung der päpstlichen Aus=
beutung war nicht zu erwarten. Deutschland mußte sie entweder widerstandslos
dulden oder sich völlig losreißen von Rom.

Und dieser Gedanke faßte immer festeren Fuß, denn Martin Mayer hatte
auch Recht. So sehr auch der Reichthum in Deutschland zunahm, so bedeutete
doch die päpstliche Ausbeutung eine höchst drückende Last und ein Hemmniß der
ökonomischen Entwickelung.

Schon der Umstand benachtheiligte Deutschland, daß es eine Last zu tragen
hatte, von der die übrigen Kulturnationen frei waren. Auch in Frankreich, in
England, in Spanien beutete die Kirche die Volksmassen aus. Aber der wesent=
lichste Theil des Ertrages der Ausbeutung blieb im Lande, fiel den herrschenden
Klassen zu, die alle fetten Pfründen theils mit eigenen Mitgliedern, theils mit
Kreaturen und Schmarotzern aus anderen Klassen besetzten. In Deutschland
dagegen fielen viele Pfründen Ausländern zu, Kreaturen des Papstes, nicht der
deutschen Fürsten. Und alle einträglichen kirchlichen Stellen in Deutschland waren
Handelsartikel, die der Papst an den Meistbietenden verkaufte.*) Ungeheure
Summen flossen dafür jahraus, jahrein nach Rom und entgingen den großen
Ausbeutern in Deutschland, seinen Fürsten und Kaufherren. Und so groß auch
die Profite waren, die Handel und Bergbau abwarfen, so rasch Deutschlands
Reichthum steigen mochte, die Geldbedürfnisse und die Geldgier der Ausbeuter
stiegen noch rascher.

Im 15. Jahrhundert hatten Waarenproduktion und Waarenhandel, also die
sogenannte Geldwirthschaft, in Deutschland bereits eine namhafte Ausdehnung
erreicht. Die Produktion für den Selbstgebrauch, die Naturalwirthschaft, war,
als ausschließliche Form der Produktion, selbst auf dem Lande in raschem
Rückgang begriffen. Immer größer wurde allenthalben das Bedürfniß nach Geld,

---

*) „Wie ein großer Theil der Aemter und Stellen an der Kurie käuflich war, so wurden
die Pfründen mehr und mehr zu einem gangbaren Handelsartikel; es kam so weit, daß man
den Vertrieb der fetteren Benefizien, um ihn noch schwunghafter zu gestalten, gegen mäßigen
Zins den großen Handelsgesellschaften überließ, wie z. B. die Fugger nach dem Tode
eines Augsburger Chorherrn dessen Pfründen an sich brachten. Sie wurden dann nochmals
verkauft und von den neuen Käufern vielleicht nochmals an den Meistbietenden verpachtet.
Wimpheling kannte einen Geistlichen, der vierundzwanzig Pfründen, darunter acht Kanonikate,
besaß, ohne auch nur eine selbst zu versehen. Capito sagt sogar einem Straßburger Stifts=
herrn Jakob nach, daß er sich hundert Pfründen verschafft und damit einen wahrhaften
Handel getrieben habe." (F. v. Bezold, Geschichte der deutschen Reformation, Berlin 1890,
S. 78.) „Nicht leicht hat einer hier eine fette Pfründe," sagt Hutten einmal, „der nicht zu
Rom darum gedient oder viel Geld zur Bestechung dahin geschickt oder sie geradezu durch
Vermittelung der Fugger gekauft hat." („Die römische Dreifaltigkeit," Gespräche von Ulrich
v. Hutten, übersetzt und erläutert von David Fr. Strauß, Leipzig 1860, S. 106.) Dafür
waren die Fugger auch eifrige Katholiken, die mit Geldspenden zur Bekämpfung Luther's
nicht sparten.

am größten bei den herrschenden Klassen. Nicht nur, weil deren Lebenshaltung am raschesten zu einem ausschweifenden Luxus sich steigerte, sondern auch, weil die Anforderungen an sie wuchsen, die nur mit Geld befriedigt werden konnten. Das absolute Fürstenthum, das sich damals entwickelte, brauchte Geld, um seine Söldner und seine Beamten zu bezahlen, es brauchte Geld, um den unbotmäßigen Adel an seinen Hof zu ziehen und sich dienstbar zu machen, es brauchte endlich Geld, um die Werkzeuge seiner Gegner zu bestechen. Da hieß es, Steuern er- finden, Bürger und Bauern schinden und schaben, ihnen auspressen, was erpreßt werden konnte. Aber nur selten genügten die regelmäßigen Einnahmen, und dann hieß es Schulden machen — Schulden, die wieder neue Ausgaben an Zinsen erforderten.

Trotz aller Erpressungen und allen Pumpens kamen die wenigsten Fürsten damals mit ihren Finanzen zurecht, und so empfanden sie — und mit ihnen die Unterthanen, auf denen diese und noch andere Lasten ruhten —, daß sie ver- armten, trotz des steigenden Reichthums Deutschlands, und daß es unerträglich sei, ruhig zuzusehen, wie der Papst für nichts und wieder nichts den Rahm ab- schöpfe und ihnen nur die Magermilch lasse.

Aber es war keine so einfache Sache, sich von der päpstlichen Ausbeutung zu befreien. Allerdings, gleich den Fürsten, ja noch weit mehr als diese, litt die Masse der Nation, litten ihre unteren Klassen, die Bauern, die städtischen Proletarier und die unmittelbar darüber liegenden Volksschichten, das Bürgerthum und der niedere Adel, unter der Herrschaft Roms. Schon vor Wiclif und Huß, unter Ludwig dem Bayern, hatten sie sich geneigt gezeigt, den Kampf gegen die Kurie aufzunehmen. Aber nicht minder litten sie unter der steigenden Ausbeutung durch den hohen Adel, die großen Kaufleute und die Fürsten, und England wie Böhmen hatten gezeigt, wie gefährlich es für diese Klassen sei, eine der großen Autoritäten in der Gesellschaft zu untergraben. Wie die Revolutionskriege Frank- reichs zu Ende des vorigen und zu Beginn des jetzigen Jahrhunderts eine Periode der Reaktion in Europa hervorriefen und der allenthalben aufstrebenden Bourgeoisie für lange Zeit die Lust nahmen, auf revolutionäre Weise, im Bunde mit Klein- bürgern und Proletariern, gegen den fürstlichen Absolutismus und den aristo- kratischen Grundbesitz zu kämpfen, so erzeugten auch die Hussitenkriege eine Periode der Reaktion nicht blos in Böhmen, sondern auch in Deutschland, und es brauchte lange, bis unter den herrschenden Klassen des Reichs die Ideen der Losreißung von Rom die Oberhand gewannen.

Dazu kam, daß die Allianz zwischen Kaiser und Papst, welche die Luxem- burger unter Karl IV. und Sigismund begründet, unter deren Nachfolgern auf dem kaiserlichen Thron, den Habsburgern, ihre Fortsetzung fand. Zu den Gründen, welche die Luxemburger zu Freunden des Papstthums gemacht, gesellte sich für die Habsburger noch die Türkengefahr, die gerade die Habsburgischen Lande bedrohte, und die anscheinend nur durch einen vom Papst organisirten Kreuzzug beschworen werden konnte.

Der schläfrige Friedrich III. war in den wichtigsten Fragen der Kirchen=
politik nur ein Werkzeug des schlauen Renegaten Aeneas Sylvius; Maximilian,
der „letzte Ritter," dieser pedantische Romantiker auf dem Thron, zeigte sich höchst
unstet und haltlos. Aber wie eng ihm die kaiserlichen und päpstlichen Interessen
verknüpft erschienen, kann man daraus ersehen, daß er den Plan fassen konnte,
die kaiserliche Krone mit der päpstlichen Tiara auf demselben Haupte zu ver=
einigen. Und Karl V., so energisch er den Papst als Herr der Habsburgischen
Erblande bekämpfte, so oft dieser seine Pläne kreuzte, so wenig er sich scheute,
seine Landsknechte gegen Rom selbst zu senden und dieses verwüsten zu lassen,
so energisch trat er als Kaiser in Deutschland für die bedrohte päpstliche Autorität
ein -- so energisch, wie ein deutscher Kaiser als solcher damals überhaupt noch
auftreten konnte.

Nimmt man zu alledem die heillose Zerklüftung Deutschlands, die aller=
dings die Macht des Kaisers auf ein Minimum reduzirte, aber auch die Zusammen=
fassung der Gegner von Kaiser und Papst zu einheitlichem Vorgehen sehr erschwerte,
dann ist es begreiflich, daß die Reformation in Deutschland erst ein Jahrhundert
nach dem Beginn der Hussitenkriege in Fluß kam.

Inzwischen war aber die Entwickelung auf allen Gebieten weit vorgeschritten.
Wie sehr hatten sich die Mittel des geistigen und militärischen Kampfes ver=
vollkommnet! Die Buchdruckerkunst war erfunden und das Geschützwesen aus=
gebildet worden. Die Mittel des Verkehrs, namentlich des Seeverkehrs, waren
hoch entwickelt. Kurz vor der Reformation hatten zum ersten Mal in der Welt=
geschichte kühne Seefahrer den Atlantischen Ozean direkt quer durchschifft.*)

Den Anlaß zu diesen Fahrten gab das Vordringen der Türken und anderer
zentralasiatischer Völkerschaften im 15. Jahrhundert, welche die alten Handelswege
nach dem Orient sperrten. Dank der Höhe, welche die europäische Schifffahrt
damals erlangt hatte, führte dies nicht zur Unterbrechung des Handels zwischen
Ostasien und Europa, sondern dazu, daß einestheils längs der Küste Afrikas,
andererseits quer über den Ozean neue Straßen nach Indien gesucht wurden.
Das Zeitalter der Entdeckungen begann, die moderne Kolonialpolitik nahm ihren
Anfang.

Dadurch wurde nicht nur der Gesichtskreis der Menschheit plötzlich ungeheuer
erweitert und eine völlige Revolution des menschlichen Wissens angebahnt, sondern
auch eine ökonomische Revolution eingeleitet. Der wirthschaftliche Schwerpunkt
Europas wurde vom Becken des Mittelmeeres an die Küsten des Atlantischen
Ozeans verlegt. Die ökonomische Entwickelung Italiens und des Ostens von
Europa wurde unterbunden und gehemmt, die von Westeuropa dagegen durch
einen gewaltsamen Stoß plötzlich nach vorwärts gedrängt. Bestehende Gegensätze,
sowohl solche zwischen den Klassen als auch solche zwischen den Staaten, wurden

---

*) 1497 John Cabot, von Bristol nach Labrador schiffend, 1498 Columbus, von Palos
nach Westindien. Die Normannen, die um das Jahr 1000 nach Amerika gelangt waren, hatten
den Weg über Island und Grönland gewählt.

aufs Aeußerste verschärft und auf die Spitze getrieben, neue Gegensätze wurden geschaffen, alle die Leidenschaften entfesselt, die der neuen kapitalistischen Form der Ausbeutung eigenthümlich sind, und mit der ganzen Kraft und Rücksichtslosigkeit des Mittelalters, dessen Barbarei man kaum verlassen, zur Geltung gebracht. Alle überkommenen sozialen und politischen Verhältnisse stürzten zusammen, alle herkömmliche Moral erwies sich als haltlos. Eine Reihe ungeheurer Kämpfe durchtobte Europa ein Jahrhundert lang, in denen Habgier und Mordlust und die Raserei der Verzweiflung die grauenhaftesten Orgien feierten. Wer kennt nicht die Bartholomäusnacht, wer weiß nicht, wie die Helden des dreißigjährigen Krieges in Deutschland, wie Alba in den Niederlanden, Cromwell in Irland gehaust haben — ganz abgesehen von den Gräueln der gleichzeitigen Kolonialpolitik!

Diese riesenhafte Umwälzung, die größte, welche Europa seit der Völker=
wanderung gesehen, fand erst (außer für England) im westfälischen Frieden, 1648, einigermaßen einen Abschluß. Sie ging hervor aus der deutschen Re=
formation, welche ganz Europa erregte und die Stichworte und Argumente für die Kämpfenden bis in die Mitte des 17. Jahrhunderts lieferte, so daß der oberflächliche Beschauer meint, in allen diesen Kämpfen habe es sich nur um Fragen der Religion gehandelt. Man nennt sie in der That Religionskriege.

Angesichts alles dessen ist es kein Wunder, daß die deutsche Reformations=
bewegung alle früheren Bewegungen dieser Art an welthistorischer Bedeutung thurmhoch überragt, daß sie die Reformation überhaupt geworden ist, daß die Deutschen, trotzdem sie den anderen Kulturnationen Europas in der Empörung gegen Rom so spät nachhinkten, als das auserkorene Volk der Geistesfreiheit gelten konnten, das bestimmt war, sie den anderen Völkern zu bringen.

—

II. Martin Luther.

Der Mann, der den Funken in das Pulverfaß werfen sollte, an welchem der ungeheure Weltbrand sich entzündete, der Mann, der anscheinend der Urheber aller dieser Umwälzungen geworden ist, vergöttert von den Einen, verflucht von den Anderen, war der Augustinermönch Dr. Martin Luther.

Wenn er in den Mittelpunkt der Bewegung gerieth, so verdankte er dies nicht überlegener Einsicht, nicht originellem und kühnem Denken. Darin waren ihm gar manche seiner Zeitgenossen weit voraus. Nicht nur in Frankreich und Italien, sondern auch in Deutschland waren viele Mitglieder der höheren Klassen bereits dahin gelangt, die Formen des kirchlichen Denkens völlig abzustreifen, ja, ihrer zu spotten, dank der neueren Bildung des sogenannten Humanismus, der sich zuerst in Italien im 14. Jahrhundert entwickelte, anknüpfend an die Antike, deren Wiedergeburt (Renaissance) er gewissermaßen bedeutete. In Deutschland sind hier namentlich die jüngeren Erfurter Humanisten zu nennen, unter der Führung Mutian's, der der Kirche die Wissenschaft entgegenstellte und die Gottheit Christi lengnete. Luther trat in den Kreis dieser Humanisten während seiner Erfurter Studienjahre ein (1501). Aber es scheint, daß mehr ihr fröhliches Leben als ihr Geist ihn anzog; wenigstens war von diesem nicht viel mehr zu merken, als nach der Fröhlichkeit der Katzenjammer sich einstellte, und Martin den Entschluß faßte, ins Kloster zu gehen (1505).

Aber auch unter Denen, die der christlichen Lehre treu blieben, fanden sich Viele, die sich in wesentlichen Punkten von der katholischen Lehre emanzipirten. Wir wollen nur auf einen verweisen, Johann von Wesel, Professor an der Erfurter Universität, der 1481 starb, zwei Jahre, ehe Luther geboren wurde. Mit welcher Kraft zog dieser gegen den Papst los, den „bepurpurten Affen," gegen die Lehren vom Ablaß und der Heiligenverehrung, die Beichte, das heilige Abendmahl, die letzte Oelung, das Fasten! „Wenn der heilige Petrus das Fasten eingesetzt hätte," sagte er einmal in einer Predigt, „so hätte er es wohl gethan, um seine Fische besser zu verkaufen."

Ullmann, dessen Schrift: Reformatoren vor der Reformation, I., S. 333, wir dies Zitat entnehmen, hat eingehend über Johann von Wesel gehandelt. „Ob Wesel's Schrift und Lehre über den Ablaß," sagt er, „auf die Entwickelung der Ueberzeugungen Luther's einen Einfluß übte, ist nicht sicher zu entscheiden. Möglich ist es, ja selbst wahrscheinlich, da Luther in Erfurt Wesel's Schriften studirte und auch unabhängig von den Schriften die Lehren Wesel's auf dieser Universität gewiß fortwirkten. Bei allem dem aber war Wesel bei der Abfassung seiner Schrift gegen den Ablaß theoretisch schon weiter vorgeschritten, als Luther im Stadium der Thesenherausgabe; Wesel's Polemik war klarer, bewußtvoller und umfassender, sie ging mehr auf das ganze Institut und dessen letzte Gründe, als die, wenn auch kräftige, tiefe und kühne, so doch zugleich in der Erkenntniß noch etwas unsichere, mehr gegen augenblickliche Uebelstände gerichtete Polemik Luther's." (A. a. O., I., S. 307.)

Luther, seit 1508 Professor der Theologie in Wittenberg, seit 1515 Stadt= pfarrer daselbst, erboste sich über den Ablaßhandel, den um 1517 Tetzel in Sachsen trieb, um das Geld aus den Taschen Jener, die nie alle werden, in die un= ergründliche Schatzkammer des Papstes Leo X. zu eskamotiren. Erbittert darüber, gleich so vielen Anderen, entschloß er sich, dagegen aufzutreten. Die Form, in der er dies that, war keine ungewöhnliche; er schlug, wie das Universitätsprofessoren damals zu thun pflegten, 95 Thesen (Lehrsätze) über den Ablaß an die Thür einer Wittenberger Kirche an (am 31. Oktober 1517) und erbot sich, darüber zu disputiren. Auch der Inhalt dieser Thesen war kein revolutionärer; sie behandelten blos Punkte, über die in der Kirche selbst bisher Einigkeit nicht geherrscht hatte. An dem Ablaß selbst zu rühren, wie Wesel es gethan, fiel ihm nicht ein. Sagt doch die 71. These: „Wer wider die Wahrheit des päpstlichen Ablasses redet, der sei im Fluch und vermaledeiet." Luther selbst erzählte von sich später: „Da ich die Sache wider den Ablaß anfing, war ich so voll und trunken, ja so ersoffen in des Papstes Lehre, daß ich vor großem Eifer bereit wäre gewesen, wenns in meiner Macht gestanden, zu ermorden, oder hätte zum Wenigsten Gefallen daran gehabt und dazu geholfen, daß ermordet worden wären alle die, so dem Papste nicht hätten wollen gehorsam sein."

Der Streit zwischen Luther und Tetzel war, wie Zeitgenossen der Beiden richtig bemerkten, ein bloßes Mönchsgezänk. Aber ein Gezänk, bei dem es sich nicht um bloße Dogmen handelte, sondern um den Geldbeutel, und in dem Punkt war die Kurie stets besonders kitzlich. Und dieses Gezänk fiel in eine höchst unruhige, bedenkliche Zeit. Ganz Deutschland war damals voll Kampfeslust gegen den Papst und seine Kirche. Unter den „Pfeilen gegen die Schurken," wie Hutten sich ausdrückt, welche aus Deutschland dem Pfaffenthum um die Ohren schwirrten, waren die wichtigsten und wirksamsten die Briefe unberühmter Männer,*) eine Reihe von Briefen, die 1515—1517 von Freunden Mutian's, namentlich Crotus Rubianus und Hutten, herausgegeben wurden, Satiren und Karrikaturen, „die aus den Vertretern der kirchlichen Wissenschaft eine Bande von lauter Idioten und Lumpen machten." (Bezold.)

Der Ablaßschacher hatte lebhafte Proteste allenthalben in Deutschland hervorgerufen; angesichts einer solchen Situation mußte es der Kurie doppelt unerwünscht sein, wenn ein Mann der Kirche selbst, ein Professor der Theologie, einen Streit über eine so heikle Angelegenheit wie den Ablaß entfachte. Nicht lange, und sie mengte sich selbst in den Streit, um Ruhe zu schaffen, bewirkte aber gerade dadurch das Gegentheil dessen, was sie beabsichtigte. Auf der einen Seite bewies sie, wie ohnmächtig sie bereits in Deutschland geworden war, denn es gelang ihr nicht, die kirchlichen und weltlichen Oberen Luther's zu veranlassen, daß sie ihm Schweigen geboten. Dagegen bewirkte das Eingreifen des Papstes, daß alle die zahlreichen Gegner des Papstthums jetzt auf Luther aufmerksam wurden, sich um ihn schaarten und ihn vorwärts drängten. Dadurch, daß das Duell zwischen Luther und Tetzel zu einem Duell zwischen Luther und dem Papste wurde, wurde es auch eines zwischen diesem und der deutschen Nation.

Ohne rechte eigene Initiative wurde Luther vorwärts geschoben von Freund und Feind, zum Bruch mit dem Papstthum. Wenn er 1519 verfluchte, was er noch 1518 gesegnet, für alleinseligmachend erklärte, was er eben noch verdammt, so war dies nicht Folge einer Erweiterung seiner Erkenntniß, sondern die Folge der Wirkung rein äußerer Einflüsse, von denen er sich tragen und leiten ließ.

Die Bannbulle, welche der Papst 1520 gegen Luther erließ, war ein Schlag ins Wasser; sie wurde in Deutschland nur so weit beachtet, daß sie Luther's Popularität vermehrte und ihn drängte, auf dem einmal betretenen Wege fortzuschreiten.

Der neu gewählte Kaiser Karl V., der 1519 auf Maximilian gefolgt war, berief Luther nach Worms zum Reichstag (1521), in der Hoffnung, es werde

---

*) Wir sind mit Janssen der Meinung, daß diese Uebersetzung von „Epistolae obscurorum virorum" weniger mißverständlich ist als die herkömmliche: „Briefe der Dunkelmänner."

ihm gelingen, den streitbaren Professor einzuschüchtern und zum Schweigen zu bringen.

Man hat Luther's Anwesenheit in Worms mit der Huffen's in Konstanz verglichen. Aber die Situation war eine ganz andere. Huß hatte sein Vaterland verlassen, um vor einer Kirchenversammlung, einer Versammlung seiner geschworenen Feinde zu erscheinen. Luther erschien auf einem deutschen Reichstage, dessen Stände in ihrer Mehrheit ihm günstig gestimmt waren. Es ist richtig, er hielt sich tapfer, aber er hatte bereits die Brücken hinter sich abgebrochen, er konnte nicht mehr zurück, ohne einen Akt der Feigheit und Ehrlosigkeit zu begehen. Und er folgte vielleicht in Worms nicht nur den Forderungen der Mannhaftigkeit, sondern auch, und mehr noch, den Geboten der Klugheit, wenn er erklärte: „Hier stehe ich, ich kann nicht anders, Gott helfe mir, Amen." Denn durch Unter= werfung hätte er seine Feinde nicht versöhnt, seine Freunde aber gegen sich erbittert. Von der Unterwerfung drohte ihm größere Gefahr als von der Standhaftigkeit. Er war sicher, daß die Fürsten und Ritter in Worms nicht duldeten, daß ihm auch nur ein Haar gekrümmt werde. Ungeschädigt verließ er den Reichstag.

Münzer höhnte auch später Luther, weil dieser sich mit seinem Heldenthum in Worms so brüstete: „Ueber Deinem Rühmen möchte einer wohl entschlafen vor Deiner unsinnigen Thorheit, daß Du zu Worms vor dem Reich gestanden bist, Dank hab' der deutsche Adel, dem Du das Maul also wohl bestrichen hast und Honig gegeben; denn er wähnte nicht anders, Du würdest mit Deinem Pre= digen behaimische (böhmische) Geschenke geben, Klöster und Stifte, welche Du jetzt den Fürsten verheißest. So Du zu Worms hättest gewankt, wärest Du eher erstochen vom Adel worden als losgegeben; weiß es doch ein Jeder."*)

Es waren weder außergewöhnliche Einsicht, noch auch außergewöhnliche Kühnheit, die Luther zum Mittelpunkt der Reformationsbewegung machten. Seine außergewöhnlichen Eigenschaften lagen in anderer Richtung. Nicht als Denker, nicht als Märtyrer zeichnete Luther sich aus, sondern als Agitator, durch eine Vereinigung von Eigenschaften, die nur selten in einem Manne vereinigt sind.

Ueber dem Doktor und Professor der Theologie vergaß er nie den Bauern= sohn. Ein Gelehrter, verstand er doch das Bedürfen, das Fühlen und Denken der niederen Volksklassen, und er wußte ihre Sprache zu handhaben, wie keiner seiner Zeitgenossen, wie nur Wenige nach ihm. Ein Meister der Polemik, gleich Lessing, verstand er die seltene Kunst — und darin berührt er sich mit Lassalle, mit dem er sonst nicht viel Aehnlichkeit aufweist —, gleichzeitig die Massen fort= zureißen und den herrschenden Klassen zu imponiren.

Das hatte in Deutschland keiner der Gegner des Papstthums vor ihm ver= standen. Jeder von ihnen wendete sich in Wirklichkeit, wenn auch nicht immer absichtlich, blos an eine Klasse. Die Einen an die untere, wie zum Beispiel der

---

*) Hoch verursachte Schutzrede, 1524.

Verfasser der „Reformation Kaiser Sigismund's," welche „das erste revolutionäre Schriftstück in deutscher Sprache" ist (Bezold). Diese gerietheu, und mit Recht, bei den höheren Klassen in den Verdacht taboritischer Tendenzen. Die Herrschenden fühlten sich von ihnen nicht nur abgestoßen, sondern oft zu direkter Verfolgung derselben veranlaßt. Jene Mitglieder der höheren Klassen aber, die sich gegen die päpstliche Gewalt wandten, schrieben nicht für die Masse. So zum Beispiel Gregor von Heimburg, um die Mitte des 15. Jahrhunderts Stadtsyndikus von Nürnberg, „der bürgerliche Luther vor Luther" (Ullmann), der in einer Reihe ebenso gelehrter wie scharfer Schriften von 1440—1465 das Papstthum auf das Entschiedenste bekämpfte. In den Bann gethan, von den Nürnbergern und sonstigen Schützern im Stiche gelassen, mußte er nach Böhmen zu Podiebrad flüchten. Nach dessen Tode (1471) ging er nach Sachsen, wo er 1472 sein kampfreiches Leben beschloß.

Ein so tapferer und gewandter Kämpfer er gewesen war, er hatte die Massen kalt gelassen, denn er hatte nicht für sie geschrieben.

Dasselbe gilt von Hutten. Auch er wandte sich anfangs blos an die oberen Klassen. Selbst als die lutherische Bewegung schon ganz Deutschland ergriffen hatte, als Hutten es für nothwendig fand, ein Sendschreiben an die Deutschen aller Stände zu erlassen*) (Ende September 1520), da schrieb er es lateinisch, und er berief sich darauf, er habe bisher lateinisch geschrieben, „um die zu reformirenden Kirchenhäupter erst gleichsam unter vier Augen zu warnen und nicht gleich das gemeine Volk in Mitwissenschaft zu ziehen."

Allerdings, unmittelbar darauf, im Dezember desselben Jahres, sah er sich schon getrieben, an dies „gemeine Volk" zu appelliren, um dessen Kraft für seine Sache zu gewinnen. Seine nächste Schrift erschien deutsch, die „Klag und Ver= mahnung gegen den unchristlichen Gewalt des Papstes und der ungeistlichen Geistlichen."

Er sagt in dieser Schrift, die in Reimen verfaßt ist:

„Latein ich vor geschrieben hab,
Das war ein Jeden nit bekannt;
Jetzt schrei ich an das Vaterland,
Teutsch Nation in ihrer Sprach,
Zu bringen diesen Dingen Nach."

Aber als deutscher Schriftsteller hinkte Hutten hinter Luther einher, der schon vor ihm, namentlich in dem Sendschreiben „an den christlichen Adel deutscher Nation," und viel wirksamer als Hutten, seine Agitation in deutscher Sprache eröffnet hatte.

Die Verbindung von Gelehrsamkeit mit eindringlicher und packender Volks= thümlichkeit wurde bei Luther aber noch verstärkt durch die Verbindung von

*) Omnibus omnis ordinis ac status in Germania Principibus, Nobilitati ac Plebeis, Ulrichus de Hutten, Eques, Orator et Poeta laureatus. Vgl. darüber D. Fr. Strauß, Ulrich von Hutten, Leipzig 1858, II., S. 89 ff., S. 102 ff.

Eigenschaften, die noch seltener als jene vereinigt gefunden werden: die Ver=
einigung der Schmiegsamkeit, der charakterlosen Anpassungsfähigkeit des Höflings
mit der urwüchsigen Kraft, ja Grobheit des Bauern und der wilden Leidenschaft,
die mitunter bis zu blinder Tollwuth ausartete, des Fanatikers.

In der Hitze des Kampfes mit Rom wurde Luther aufs Aeußerste getrieben.
Freudig nahm er die Hülfe aller Revolutionäre an, die ihm zueilten und stimmte
in ihren Ton ein. In dem schon erwähnten Sendschreiben an den christlichen
Adel deutscher Nation predigte er geradezu die Revolution. Er tritt ein für
Ritter und Bauern, er brandmarkt die Ausbeuter, nicht blos die Kirchenfürsten,
sondern auch die Kaufleute. Er verlangt eine demokratische Organisation der
kirchlichen Gemeinde.

Und diese Revolution sollte auf gewaltsame Weise durchgesetzt werden.
Gleichzeitig mit dem Sendschreiben an den deutschen Adel gab Luther eine gegen
ihn erschienene Schrift des Sylvester Prierias „über das unfehlbare päpstliche
Lehramt" mit Randglossen heraus. Da erklärte er im Nachwort: „Wenn die
Raserei der Romanisten so fortfährt, so scheint mir kein anderes Heilmittel übrig
zu bleiben, als daß der Kaiser, die Könige und Fürsten mit Gewalt der
Waffen dazu thun, sich rüsten, diese Pest des Erdkreises angreifen und diese
Sache zur Entscheidung bringen, nicht mehr mit Worten, sondern mit Eisen.
Wenn wir Diebe mit dem Strang, Mörder mit dem Schwert, Ketzer mit dem
Feuer bestrafen, warum greifen wir nicht vielmehr mit allen Waffen diese Lehrer
des Verderbens an, diese Kardinäle, diese Päpste und das ganze Geschwür des
römischen Sodom, welche die Kirche Gottes ohne Unterlaß verderben, und waschen
unsere Hände in ihrem Blute."

Selbst gegen die Fürsten zog er los, wenn sie nicht in sein Horn bliesen,
und wir möchten Niemand rathen, sich über lebende deutsche Fürsten heute so zu
äußern, wie es der „theure Mann Gottes" that. Den Kaiser nannte er öffentlich
einen Tyrannen. Vom Herzog Georg von Sachsen sprach er einfach als von
dem „Dresdner Schwein." „Fahren die Fürsten fort," schrieb er einmal, „auf
jenes dumme Hirn des Herzogs Georg zu hören, so befürchte ich sehr, es stehe
ein Aufruhr bevor, welcher in ganz Deutschland Fürsten und Magistrate ver=
nichten und zugleich den ganzen Klerus mit einwickeln wird. So nämlich erscheint
mir die Lage der Dinge. Das Volk ist überall aufgeregt und hat Augen, will
und kann nicht durch die Gewalt gedrückt werden. Der Herr ist es, der dies
thut, und die Drohungen und vorhandenen Gefahren vor den Augen der Fürsten
verbirgt, ja er wird durch deren Blindheit und Gewaltthätigkeit solches voll=
bringen, so daß es mir vorkommt, als sähe ich Deutschland schwimmen im Blut."
Er sei weit entfernt, dies zu fürchten. Das Verderben stehe nicht ihm, sondern
den Fürsten bevor.

Noch 1523, als sich schon Sickingen gegen die Fürsten erhoben hatte, und
ein allgemeiner Aufruhr drohte, veröffentlichte Luther eine Schrift am 1. Januar:
„Von weltlicher Obrigkeit, wie weit man ihr Gehorsam schuldig sei," gegen die

katholischen, nicht bloß geistlichen sondern auch weltlichen Fürsten. „Gott, der Allmächtige," schreibt er da, „hat unsere Fürsten toll gemacht, daß sie nit anders meinen, sie mögen thun und gebieten ihren Unterthanen, was sie nur wollen." „Gott hat sie in verkehrten Sinn geben und will ein Ende mit ihnen machen, gleichwie mit den geistlichen Junkern." „Sie konnten nicht mehr, denn schinden und schaben, einen Zoll auf den andern, eine Zinse über die andere zu setzen; da einen Bären, hie einen Wolf auslassen, dazu kein Recht, Treu noch Wahrheit bei ihnen lassen funden werden, und handeln, daß Räuber und Buben zuviel wäre, und ihr weltlich Regiment ja so tief barniederliegt, wie der geistlichen Tyrannen Regiment." Von Anbeginn der Welt an, meint er, sei ein kluger Fürst ein seltener Vogel gewesen; noch viel seltener sei ein frommer zu finden. „Sie sind gemeiniglich die größten Narren und die ärgsten Buben auf Erden." „Man wird nicht, man kann nicht, man will nicht Eure Tyrannei und Muthwillen die Länge leiden. Liebe Fürsten und Herren, da wisset Euch nach zu richten, Gott wills nicht länger haben. Es ist nicht mehr eine Welt, wie vor Zeiten, da Ihr die Leute wie das Wild jagtet und triebet."

Wenn wir bei der Wiedergabe dieser Stellen etwas ausführlich geworden sind, so geschah es nicht nur zur Charakterisirung Luther's. Eben jetzt, wo gerade die Stützen der lutheranischen Kirchen am lautesten nach einem Sozialistengesetz schreien, wegen der „maßlosen Heftigkeit und Rohheit" der sozialdemokratischen Agitation, scheint es uns angezeigt, darauf hinzuweisen, welche Sprache der Mann ungestraft führte, dessen Lehre zu einer der Stützen der heutigen Gesellschaft geworden ist.*)

Aber während Luther eine solche Sprache führte, hütete er sich wohl, ihr eine entsprechende That folgen zu lassen. Bei allem revolutionären Gebahren überschritt er nie die Schranken, welche ihm die Rücksicht auf die Gunst seines Herrn und Schützers, des Kurfürsten Friedrich von Sachsen zog. Als die Reformation weiter ging, als in dem nationalen Kampf gegen Rom in Deutsch= land ebenso wie ehedem in England und Böhmen die Klasseninteressen und Klassen= gegensätze hervortraten, als es zu einem Bürgerkrieg kam, in dem ein Hüben und Drüben nur galt, da zeigte sich Luther als kein Cato; er schlug sich auf die siegreiche Seite, nachdem er so lange als möglich auf beiden Achseln getragen. Nachdem er von 1517—22 die Hülfe aller demokratisch=revolutionären Elemente angenommen, mit ihnen allen geliebäugelt hatte, hat er sie von 1523—25 alle nacheinander im Stich gelassen und verrathen, zuerst die ritterliche Opposition unter Sickingen und Hutten, dann die bäuerlich=kleinbürgerliche Opposition im großen Bauernkrieg.

---

*) Ein durchaus konservativ und protestantisch gläubig gesinnter Schriftsteller, Herr Carl Jentsch, schreibt in einem Aufsatz, „Die Reformation und die Freiheit," in dieser Hinsicht sehr treffend: „Weder Luther's Wort noch Luther's Werk wäre möglich gewesen in einem großen Polizeistaate von der Art unserer modernen Staaten." (C. Jentsch, Geschichtsphilosophische Gedanken, Leipzig, F. W. Grunow, S. 204.)

Man geht jedoch zu weit, wenn man behauptet, durch seinen Verrath habe er die Niederlage der einen wie der anderen verschuldet. Kein Einzelner, und sei er noch so gewaltig, kann die Machtverhältnisse der Klassen nach Belieben gestalten. Die Elemente der demokratischen Opposition, die damals in Deutschland scheiterten, waren trotz aller militärischen Erfolge schon fast ein Jahrhundert früher in Böhmen gescheitert; sie waren im 16. Jahrhundert allenthalben in Europa im Niedergang begriffen.

Luther machte nicht die Sache der Fürsten dadurch siegreich, daß er auf ihre Seite trat; sondern dadurch, daß er auf die siegreiche Seite der Fürsten trat, erschien er als Sieger und gewann alle die Belohnungen und Ehren für seine Person und sein Andenken, die der Sieg mit sich bringt. Dadurch aber, daß er vorher fünf Jahre lang mit flammenden Worten die Hülfe aller Revolutionäre aufgerufen, seine Sache als die ihre hingestellt hatte, gewann er die Liebe und Bewunderung aller Ausgebeuteten.

Dieser seltenen Mischung von revolutionärer Leidenschaft und Rücksichtslosigkeit mit charakterlosem Opportunismus schreiben wir es zu, daß Luther während des gewaltigen Sturmes, der im Beginn des 16. Jahrhunderts über Deutschland dahinbrauste, eine Zeit lang gleichzeitig der populärste und der mächtigste Mann war, anscheinend der Schöpfer und Lenker der ganzen Bewegung. Aber daß er diese Rolle spielen konnte, verdankte er nicht blos seinen persönlichen Eigenschaften, sondern, und vielleicht in noch höherem Grade, den Verhältnissen des Landes, dessen Fürst ihn schützte.

* * *

III. Der sächsische Bergsegen.

Wir haben bei unserer Darstellung der Wurzeln der taboritischen Bewegung gesehen, welche Bedeutung die Silberbergwerke im 14. Jahrhundert für Böhmen besaßen, wie die sozialen Gegensätze dadurch gesteigert wurden, welche Macht das Land und dessen Beherrscher erlangten. Im 15. Jahrhundert ging der Ertrag der böhmischen Bergwerke zurück, dagegen kamen damals die Bergwerke Sachsens, namentlich Meißens und Thüringens, gewaltig in Aufschwung. Der Silberreichthum Freibergs war schon seit 1171 bekannt, das Freiberger Bergrecht ist die Grundlage des Bergrechts für ganz Deutschland geworden. Zu Ende des 15. Jahrhunderts wurde es aber überholt durch Schneeberg, wo 1471 neue Erzadern entdeckt wurden, die es für einige Zeit zum ergiebigsten aller deutschen Silberbergwerke machten. 1492 wurde am Schreckenstein eingeschlagen und 1496 daselbst der Grundstein zur Bergstadt Annaberg gelegt. 1516 kam das Joachimsthaler Bergwerk in Aufschwung, das halb böhmisch, halb sächsisch war, 1519 das Marienberger.

In Thüringen war das bedeutendste Bergwerk das Mansfeldische. Seit dem 12. Jahrhundert in Betrieb, lieferte es neben Kupfer auch Silber und Gold.

Der Mansfeldische Kupferschiefer wurde bis nach Venedig transportirt, wo man sich auf das Ausscheiden des Goldes besser verstand als in Deutschland.

Der rasch wachsende Reichthum an edlen Metallen förderte Waarenproduktion und Waarenhandel in den sächsischen Städten. Erfurt wurde eine reiche und mächtige Stadt als Stapelplatz Sachsens für den Handel nach dem Süden (Venedig); Halle, später Leipzig, wurden die Hauptstapelplätze für den nordischen Handel. Nach beiden Seiten entwickelte sich der Handel auf das Lebhafteste. Der Handelsweg von Sachsen nach Italien ging über Nürnberg und Augsburg und trug viel bei zu der mächtigen Stellung, welche diese beiden Städte vom 14. bis in das 16. Jahrhundert einnahmen.

Mit dem Handel entwickelte sich auch die Produktion. Kunst und Handwerk gediehen in den genannten Städten.

Aber nicht nur das städtische Leben wurde durch den sächsischen „Bergsegen" tief beeinflußt. Vielleicht noch tiefer war seine Wirkung auf dem Lande.

Der Bedarf der Bergwerke an Holz war ein bedeutender; theils an Bauholz, zum Auszimmern der Schachte, zur Anlegung von Geleisebahnen (mit Holzgeleisen, wie wir sie in Agricola's Buch „Vom Bergwerk" dargestellt sehen) u. s. w., theils und besonders an Brennholz zum Schmelzen der Erze. Ursprünglich mochten die Wälder der Markgenossenschaft, in deren Gebiet ein Bergwerk lag, genügt haben, den Bedarf an Holz und Holzkohle zu befriedigen. Je größer aber die Bergwerke wurden, desto weiter mußte man zur Deckung des Holzbedarfs über das Gebiet der Mark hinausgreifen, desto mehr Holz mußte man kaufen. Die Ausscheidung des Bergwerks aus der Mark machte vollends einen geregelten Holzhandel nöthig. Wir finden diesen denn auch in Sachsen im Anfang des 16. Jahrhunderts hoch entwickelt, bereits das Objekt mehrfacher Handelsverträge.

So erfahren wir z. B. über das Mansfeldische Bergwerk: „1510 haben die Grafen von Mansfeld mit Graf Botho zu Stolberg der (Holz) Kohlen und des Flosses (geflößten Holzes) halber sich bergestalt verglichen, daß der Graf von Stolberg und seine Unterthanen keinen höheren Preis auf die Kohlen machen sollten, sondern diesen: für die Hüttenmeister zu Herkstädt und Mansfeld 9 Kübel und denen zu Eisleben 8 Kübel für einen Gulden geben und ausfolgen lassen sollen."*)

In den Bergwerksbezirken bedurfte man aber noch anderer ländlicher Produkte. Diese Bezirke lagen in der Regel in unfruchtbaren, hochgelegenen bergigen Gegenden, wo wenig Getreide wuchs, viel zu wenig, um die Menschenmassen zu ernähren, die sich um ein größeres Bergwerk sammelten. Die Bergleute konnten ihr Getreide nicht selbst bauen, sie mußten es kaufen. Je mehr der Bergbau sich entwickelte, desto mehr trat neben dem Holzhandel der Getreidehandel in den Vordergrund. Er bildete zum Beispiel eine der Haupteinnahmequellen Zwickaus, das an der Straße aus den sächsischen „Niederlanden" in das „Hochland" lag.

---

*) J. A. Bieringen's S. S. Theol. Cultor. und Mannßfeldischen Landes-Kindes Historische Beschreibung des sehr alten und löblichen Mannßfeldischen Bergwerks, Leipzig und Eißleben 1743, S. 15.

Bauern und Grundherren wurden so in vielen Gegenden Sachsens frühzeitig zu Waarenproduzenten. Sobald sie aber einmal zum Verkauf produzirten, war es ihnen gleich, was sie produzirten, wenn das Produkt nur verkäuflich war. Es mußte nicht just Getreide sein. Der Markt dafür war doch ein beschränkter, viel weiter der für Handelspflanzen. Nirgends in Deutschland war deren Kultur so weit entwickelt wie in Sachsen, namentlich in Thüringen. Den Mittel= punkt ihres Anbaues bildete Erfurt.

„In und um Erfurt stand insbesondere der Waid=, Saflor=, Anis=, Kori= ander, Morten= und Gemüsebau in Blüthe. Die Kultur des Waids, der die Stelle des jetzigen Indigo vertrat, war dort von solcher Wichtigkeit, daß manches Dorf in der Umgebung bei gesegneter Ernte in einem Jahr nach gegenwärtigem Geld= werthe für mehr als 100 000 Thaler Waid verkaufte."*)

Erfurts Handel versorgte die meisten Färbereien Deutschlands mit Waid und Safran.**) Auch Gotha verdankte seinen Reichthum zum großen Theil seinem Handel mit landwirthschaftlichen Produkten, namentlich Getreide, Holz und Waid.***)

Noch zu Anfang des 17. Jahrhunderts sollen über 300 thüringische Dörfer Waid gebaut haben, trotzdem damals die Konkurrenz des Indigo bereits sehr stark war.†)

Die Gegensätze zwischen Grundherren und Bauern, die durch die Entwickelung der Waarenproduktion erzeugt werden und auf die wir schon wiederholt zu sprechen gekommen sind, mußten demnach zu Beginn der Reformation in Sachsen besonders stark entwickelt sein; besonders hoch der Werth des Landes und die Gier der Grundherren darnach; besonders ausgebildet das System der Geldabgaben und die Geldgier der Fürsten und Grundherren; und besonders groß die Abhängigkeit der Bauern von Kaufleuten und Wucherern. Diese Klassen, die Kapitalisten, die Fürsten, die Grundherren waren es, die den ganzen Gewinn aus dem wirthschaft= lichen Aufschwung zogen. Dank der raschen Vermehrung des Geldmetalles und dem Sinken seiner Produktionskosten, stiegen damals die Preise der landwirth= schaftlichen Produkte enorm. „Alle Menschen auf Erden," sagt Aventin in seiner Chronik, „schreien und klagen, warum doch das Getreide so überschwänglich und je länger je mehr täglich theurer wird, und sind doch allenthalben in Städten, Märkten und Dörfern Bauersleute genug." In Sachsen, dem Mittelpunkt des Bergsegens, muß die Preissteigerung besonders arg gewesen sein. Aber sie half den Bauern nichts. In den Städten dagegen veranlaßte sie die heftigsten Lohnkämpfe.

So finden wir zu Beginn der Reformation die Klassengegensätze in Sachsen besonders schroff zugespitzt. Aehnlich wie hundert Jahre vorher im benachbarten Böhmen. Aber dort hatten die Bergarbeiter noch eine konservative Macht

---

*) Janssen, Geschichte des deutschen Volkes, II., S. 296.
**) Chr. J. Fischer, Geschichte des teutschen Handels, Hannover 1797, II., S. 659.
***) Galletti, Geschichte Thüringens, Gotha 1784, V., S. 143.
†) Zur Geschichte der deutschen Wollenindustrie. Hildebrand's Jahrbücher 1866, S. 207 ff.

dargestellt. Ihre Proletarisirung war erst in den Anfängen; sie zählten zu den privilegirten Klassen und waren als Deutsche bei der allgemeinen Lage in Böhmen von vornherein darauf angewiesen, für die überlieferte Ordnung, für den Landes= fürsten und den Papst einzutreten.

Seitdem hatte die Proletarisirung der Bergleute und ihre kapitalistische Aus= beutung enorme Fortschritte gemacht. Und in Sachsen waren sie nicht Landesfremde, sie besaßen keine Privilegien, die der Umsturz der bestehenden Ordnung bedrohen konnte. Sie waren, wie wir im zweiten Abschnitt gesehen haben (S. 93 ff.), mit dieser Ordnung in den letzten Jahrzehnten vor der Reformation in immer heftigere Konflikte gekommen. Weit entfernt, einer revolutionären Bewegung entgegen= zutreten, waren sie vielmehr stets bereit, wo eine solche ausbrach, sich ihr anzu= schließen. Und ihre Zahl, ihre Wehrhaftigkeit und die ökonomische Bedeutung ihres Gewerbes gaben ihnen eine Macht, mit der die Staatsmänner rechnen mußten.

Den größten Machtzuwachs durch den „Bergsegen" erhielt aber die revolu= tionärste der damaligen Klassen, diejenige, die durch alle Tendenzen der Zeit am meisten begünstigt wurde, das absolute Fürstenthum.

Der Besitz von Gold und Silber hat seit den Anfängen der Waaren= produktion stets besondere Macht verliehen, vielleicht niemals aber mehr als im 16. Jahrhundert, wo die Machtquellen bereits sehr stark versiegten, die aus der Naturalwirthschaft flossen und die Machtmittel des Kreditsystems noch wenig ent= wickelt waren. Nach Gold und Silber drängte daher damals Alles. Aber nur mühsam deckten die meisten Fürsten ihre Geldbedürfnisse durch Zölle und Auflagen. Anders die Fürsten, in deren Gebiet gold= oder silberreiche Bergwerke lagen.

Ohne jedes Risiko, wenigstens dort, wo sie den Bergbau nicht selbst betrieben, erwarben sie große Schätze; denn die Gewerken, die Ausbeuter des Bergwerks, mußten die Bergbauberechtigung theuer bezahlen, namentlich in Bergwerken auf edle Metalle, wo zu dem Bergzehnten noch der Schlagschatz kam. Dazu gesellten sich oft noch andere Abgaben, Stollenneuntel, Hüttenzins u. s. w. Die Gewerken wurden dabei oft arm, namentlich, wenn es kleinere Leute waren, aber die Fürsten reich, reich an baarem Gelde.

Die bestgefüllte Geldkiste unter den deutschen Fürsten zu Ende des 15. und zu Anfang des 16. Jahrhunderts besaßen die Herren von Sachsen. Seit der Erb= theilung der Brüder Ernst und Albrecht (1485) zerfiel das Kurfürstenthum Sachsen in zwei Theile: Ernst erhielt als Haupttheil Thüringen, Albrecht Meißen. Die Silberbergwerke im Erzgebirge waren jedoch nicht getheilt worden. Sie blieben gemeinsames Eigenthum der beiden Häuser, blos der Ertrag wurde getheilt. Dank diesen Erträgen spielten im 16. Jahrhundert die sächsischen Fürsten eine hervorragende Rolle in Deutschland, die erste neben dem Kaiser.

Der Rest kaiserlicher Macht beruhte damals zum großen Theil nur noch auf der Geldnoth und der Habgier der deutschen Fürsten, namentlich der Kur= fürsten. Dieselben waren thatsächlich zu selbständigen Herren geworden; wenn sie sich die kaiserliche Würde gefallen ließen, so vornehmlich deswegen, um einen stäufer zu finden, dem sie einen, in Wirklichkeit recht unerheblichen, Theil ihrer Souveränetätsrechte verschachern konnten. Dieselbe Rolle, die ehedem zu Ende der altrömischen Republik die Lumpenproletarier der Hauptstadt und dann das Prätorianergesindel gespielt, spielten im 15. und 16. Jahrhundert die Kurfürsten. Jede Kaiserwahl wurde für sie ein gutes Geschäft. Von allen Kandidaten nahmen die edlen Herren Bestechungsgelder, um schließlich dem Meistbietenden ihre Stimmen zu geben.

Vielleicht am schamlosesten ging es bei dem Wahlgeschäft zu, das die Ernennung eines Nachfolgers Maximilian's I. bezweckte, noch bei dessen Lebzeiten begann und von 1516 bis 1519 dauerte. Dieselben Dynastien, die damals um die Vorherrschaft in Europa stritten und abwechselnd das Papstthum zu ihrem Werkzeug machten, bewarben sich auch um die Kaiserkrone: die französische der Valois und die der Habsburger, deren Machtzentrum damals aus Deutschland nach Spanien glitt.

Fast alle Kurfürsten nahmen von beiden Seiten Geld — von Franz I. von Frankreich und Karl I. von Spanien. Namentlich die beiden Hohenzollern, Joachim I. von Brandenburg und sein Bruder Albrecht, Erzbischof von Mainz und Magdeburg, entwickelten eine Geldgier und einen Schachergeist, wie sie unsere „Arier" nur bei dem unverfälschtesten Judenthum suchen.

Der einzige der Kurfürsten, der kein Geld nahm, war Kurfürst Friedrich von Sachsen (von der Ernestinischen Linie, der Thüringen zugefallen war). Ihm selbst hatten die anderen Kurfürsten, lüstern nach den Schätzen des Mitbesitzers der Silberbergwerke Meißens, die Kaiserkrone angeboten — natürlich gegen entsprechendes Trinkgeld. Allein Friedrich wies sie zurück. Er wußte, sie sei den Preis nicht werth, und er lenkte die Wahl auf den Habsburger, der ihm trotz seiner Tyroler Bergwerke, der Handelsblüthe der damals Habsburgischen Niederlande und der Macht Spaniens für die Selbständigkeit der deutschen Fürsten weniger bedrohlich erschien als Franz I., der Besitzer des damals schon wohlorganisirten und kompakten Frankreich.

Auf weitere Erwägungen, welche die Wahl Karl's förderten, so die Türkengefahr, wollen wir hier nicht eingehen.

Durch seinen Reichthum und seine Macht wurde der Kurfürst von Sachsen der Kaisermacher. Aber er wurde dadurch auch der Mittelpunkt der Opposition, welche die nach Selbständigkeit strebenden deutschen Fürsten dem Kaiser und dem Papst bereiteten. Zu Beginn der Reformation spielte Sachsen in Deutschland eine ähnliche Rolle wie später Preußen.

Die 1502 von Friedrich gegründete Universität Wittenberg erhielt die geistige Leitung der romfeindlichen und gleichzeitig fürstenfreundlichen Bewegung. Luther, seit 1508 Professor an dieser Schule, gerieth unter ihren Einfluß, wurde schließlich ihr Wortführer und der Vertrauensmann und Schützling des Kurfürsten. Und der Monarch, in dessen Reich die Sonne nicht unterging, wagte sich an Friedrich nicht heran und mußte ihn und seine Leute gewähren lassen.

Sachsen ist aber der geistige Mittelpunkt nicht blos der absolutistischen, siegreichen, sondern auch der demokratischen, unterliegenden Opposition gegen Rom geworden. In Thüringen war es noch einer Reihe kleinerer Städte gelungen, ihre Reichsunmittelbarkeit, das heißt die Freiheit von fürstlicher Herrschaft, zu wahren, so Mülhausen, Nordhausen und andere. Erfurt stand unter der Oberhoheit des Erzbischofs von Mainz; es wußte jedoch die Herzöge von Sachsen auf das Geschickteste gegen diesen auszuspielen. Das ganze 15. Jahrhundert hindurch dauerten die Streitigkeiten um Erfurt zwischen den Erzbischöfen von Mainz und dem Hause Sachsen. Nur die Stadt selbst zog Vortheil aus dieser gegenseitigen Eifersüchtelei; sie entzog sich der Oberherrschaft der Erzbischöfe, ohne der sächsischen Herrschaft anheimzufallen; sie konnte sich zu den Reichsstädten zählen. Erfurt war zu Beginn der Reformation die erste Handelsstadt Mittel= deutschlands, die allerdings bald ihren Platz an das aufstrebende Leipzig abgeben sollte, welches bereits die alte Handelsstadt Halle überflügelt hatte. Erfurts Universität galt im 15. Jahrhundert als die vornehmste Deutsch= lands. Sie wurde der Sitz des jüngeren deutschen Humanismus, der sich den gleichgesinnten Bewegungen Italiens und Frankreichs anschloß und mit ihnen in genialer und übermüthiger Verhöhnung des überlieferten Glaubens zu wetteifern suchte. Wir haben dieses Kreises bereits gedacht, der sich um Mutian bildete, dem Hutten und eine Zeit lang auch Luther angehörte, und der auf rein geistigem Gebiete die entschiedenste Lossagung von den überkommenen kirchlichen Anschauungen bedeutete.

Aber nicht blos die gelehrte und bürgerliche Opposition fand in sächsischen Städten ihre besondere Förderung, sondern auch die kommunistische.

IV. Die Schwärmer von Zwickau.

Wir haben die kommunistische Bewegung in Deutschland zur Zeit der katholischen Reaktion Karl IV. verlassen. Den blutigsten Verfolgungen gelang es nicht, die Bewegung gänzlich auszurotten, die aus dem innersten Bedürfen einer stets sich ergänzenden und stets wachsenden Volksschicht, des Proletariats, ihre Nahrung zog. Aber es gelang dieser Bewegung auch nicht vor der Reformation größere Bedeutung zu erlangen, denn die Klasse, auf welche sie sich stützte, das Proletariat, war zwar unausrottbar, aber viel zu schwach und unbedeutend für das gesellschaftliche Leben, um sich hervorwagen zu können, so lange die herrschenden Gewalten alle festsaßen und sich nicht durch gegenseitigen Kampf erschütterten.

Die Hussitenkriege blieben auf die deutsche Bewegung nicht ohne Einfluß. Eiferten sie auf der einen Seite die herrschenden Klassen zu besonderem Miß= trauen und besonderer Strenge gegenüber allen verdächtigen Regungen in den unteren Klassen an, so wurde andererseits durch sie Böhmen ein Asyl, von dem aus deutsche Emigranten auf Deutschland wirken konnten. Die tschechischen Taboriten unterstützten eifrig die Propaganda im Ausland. „Was uns von hussitischer Propaganda in Deutschland überliefert ist, weist fast durchgängig auf taboritischen Ursprung zurück. In den Heeren der ‚Brüder‘ erhob sich der hussitische Geist zu universalen Entwürfen; hier wurde mehr als einmal der kühne Gedanke laut, man werde und müsse die ganze Christenheit mit den Waffen oder auf dem Weg friedlicher Belehrung zur Annahme der Wahrheit bringen. Die ‚Ketzerbriefe,‘ die volksthümlichen Manifeste der Taboriten, worin sie alle Christen ohne Unterschied der Nation oder des Standes zur Befreiung von der Pfaffenherrschaft und zur Einziehung der geistlichen Güter aufriefen, wurden bis nach England und Spanien getragen; im Dauphiné schickte das Volk Geldbeiträge nach Böhmen und begann auf gut taboritisch die Herren todtzuschlagen. Vor Allem in Süddeutschland finden wir taboritische Emissäre thätig. Zwei wesentliche Momente kamen hier der böhmischen Propaganda zu Statten, einmal das Vorhandensein zahlreicher Waldensergemeinden, dann ein starker sozialistischer Zug, der sich namentlich in den unteren Schichten des Stadtvolkes bemerklich machte und neben den Juden in erster Linie die reiche Hierarchie bedrohte."*)

Ein anderes sichtbares Ergebniß hatte diese Propaganda von Böhmen aus freilich nicht, als eine Reihe von Märtyrern zu liefern.

Den Einfluß des Taboritenthums empfanden natürlich vornehmlich die Nachbarländer Böhmens, darunter wieder in erster Linie die ökonomisch entwickeltsten, Franken und Sachsen. Bereits 1425 wurde in Worms ein „Hussitischer Missionar" verbrannt, der sächsische Edelmann Johann von Schlieben, genannt Dräudorf, der sich allerdings schon vor dem Ausbruch der Hussitenkriege, 1416, einer kommunistischen Sekte angeschlossen und sein Vermögen an seine armen Mitbrüder vertheilt hatte. Er wurde, nachdem er lange in Sachsen, am Rhein und in Franken gewirkt, ergriffen, als er versucht hatte, die zwei vom Kirchenbann betroffenen Städte Heilbronn und Weinsberg aufzuwiegeln.

Besonders bemerkenswerth ist aber Friedrich Reiser, der aus einer schwäbischen Waldenserfamilie stammte, jedoch in Nürnberg (von 1418—20) seine Ausbildung erhielt, wo damals das beghardisch-waldensische Sektirerthum sehr stark war. Als wandernder Agitator (Apostel) durchzog er Deutschland, die Schweiz, Oesterreich, um endlich in Prag seine Zuflucht zu suchen. Dort ließ er sich von einem taboritischen Geistlichen zum Priester weihen (1433); im Jahre darauf verließ er aber wieder Böhmen, um seine Agitationsfahrten durch Deutschland fortzusetzen. Er wirkte nun vornehmlich in Franken, in Nürnberg, Würzburg, Heilbronn. 1447 nimmt er an einem Kongreß (Apostelsynode) der Brüder zu Heroldsberg bei Nürnberg Theil, wo er zum Bischof gewählt wird; einige Jahre später finden wir ihn als Theilnehmer an einem Kongreß deutscher Waldenser in Tabor, auf dem die erschütterte Organisation der Gemeinden wieder hergestellt wurde. Reiser wurde Oberdeutschland als Provinz zugewiesen, er ließ sich in

---

*) Fr. v. Bezold, Geschichte der deutschen Reformation, S. 127, 128.

Straßburg nieder. 1458 wurde er dort den Dominikanern denunzirt und nach einem martervollen Prozeß verbrannt.*)

Reiser's Lebenslauf ist charakteristisch; er zeigt uns, welch enge Verbindung trotz des damals wüthenden nationalen Kampfes zwischen den tschechischen Taboriten und den deutschen „Brüdern" bestand.

Auch nach dem Sturze Tabors hörte die Verbindung mit Böhmen nicht gänzlich auf. Erinnern wir uns der Verhandlungen zwischen den böhmischen Brüdern und den Waldensern, welche eine Vereinigung der beiden Sekten bezweckten, schließlich aber scheiterten.

Auch das Auftreten des Pfeifers von Niklashausen scheint noch auf ein Fortwirken taboritischer Einflüsse hinzudeuten. In Niklashausen, einem ostfränkischen Dorf an der Tauber, trat 1476 ein Jüngling auf, Johann, „wahrscheinlich nach seinem Geburtslande, vielleicht auch nach seinen Meinungen Behem, Böheim, Böhme genannt."**) Er war ein Musikant, „wie noch heute viele unserer Musikanten aus Böhmen zu kommen pflegen," und hieß nach seinem Beruf der Pauker oder Pfeifer. Aber 1476 verbrannte er seine Pauke, und fing an, das Evangelium der Gleichheit und der Revolution zu predigen, aufgefordert von der heiligen Jungfrau, wie er selbst sagte, aufgestachelt von einem Anderen, wie seine Gegner behaupteten, welcher Andere nach den Einen ein „Jünger Hussens," nach Anderen einer der strengen Franziskaner, nach einer dritten Quelle, der ältesten, ein Begharde gewesen sein soll. Eine alte, wahrscheinlich gleichzeitige Urkunde (vollinhaltlich abgedruckt bei Ullmann, S. 441 ff.) giebt an, er habe erklärt: „Der Kaiser ist ein Bösewicht, und mit dem Papst ist es nichts. Der Kaiser giebt den geistlichen und weltlichen Fürsten, Grafen und Rittern Zoll und Auflegung über das gemeine Volk: Ach weh, Ihr armen Teufel!"

„Die Geistlichen haben viel Pfründen, das soll nicht sein; sie sollen nicht mehr haben, als von einem Mal zum anderen reicht. Man wird sie erschlagen und in Kurzem wird es dahin kommen, daß die Priester gern ihre Platten bedecken möchten, um nicht erkannt zu werden. Eher wolle er einen Juden bessern, denn einen Geistlichen und Schriftgelehrten.

„Die Fische im Wasser und das Wild auf dem Feld sollen gemein sein. Würden die geistlichen und weltlichen Fürsten, Grafen und Ritter nicht mehr haben wie die Gemeinen, so hätten wir Alle genug, was denn auch geschehen soll. Es wird dahin kommen, daß die Fürsten und Herren noch um einen Tagelohn arbeiten müssen."

Der Erfolg des kühnen Agitators war groß, massenhaft strömten ihm Bauern und Proletarier zu. „Die Handwerksgesellen, wie es uns ein Chronist anschaulich berichtet, liefen aus den Werkstätten, die Bauernknechte vom Pflug, die Grafenmägde mit ihren Sicheln, alle ohne Urlaub ihrer Meister und Herrn,

---

*) Vgl. über Reiser L. Keller, Die Reformation ꝛc., S. 261—81.
**) Ullmann, Reformatoren, I., S. 423.

und wanderten in den Kleidern, darin sie die Tobsucht ergriffen hatte; die
Wenigsten hatten Zehrung, aber die, bei denen sie einkehrten, versahen sie mit
Essen und Trinken und war der Gruß unter ihnen nicht anders, denn Bruder
und Schwester."*)

Zehntausende kamen zusammen bei kommunistisch=enthusiastischen Picknicks,
ähnlich denen, die wir in den Anfängen Tabors kennen gelernt haben. Schließlich
soll man noch weiter gegangen sein und eine bewaffnete Erhebung geplant haben.
Ob diese wirklicher Grund oder bloßer Vorwand des Einschreitens war, ist heute
nicht mehr festzustellen. Genug, der Bischof Rudolf von Würzburg schickte nun
seine Reiter aus, die den Pfeifer im Schlaf überfielen und gefangen nahmen,
seinen Anhang, der ihn schützen wollte, mit leichter Mühe zersprengten. Den
Unglücklichen erwartete mit zweien seiner Genossen das gewöhnliche Widerlegungs=
mittel jener Zeit, der Scheiterhaufen.

Die Thätigkeit Drändorf's (Schlieben's) wie die Reiser's und des Pfeifers
Johann Böhme deutet ebenso wie zahlreiche andere Thatsachen darauf hin, daß
Franken im 15. Jahrhundert ein Hauptherd der waldensisch=beghardischen Be=
wegung in Deutschland wurde, wie es früher schon das Rheinthal geworden war,
die große Verkehrsstraße zwischen Italien und den Niederlanden, die von Süden
her Waldenser, von den Niederlanden her Begharden nach Deutschland gebracht
hatte, welche gerade an dieser Verkehrsstraße die ökonomisch höchststehenden Theile
des Reiches fanden. Köln, Straßburg, Basel waren im 14. Jahrhundert
Hauptorte der Bewegung gewesen, zu ihnen gesellte sich nun Nürnberg.

Ein weiterer Hauptherd bildete sich in Sachsen. Neben Böhmen und
Franken gehörte im 15. Jahrhundert Meißen zu den Gegenden, in denen Kongresse
der „Brüder" abgehalten wurden — z. B. eine allgemeine Synode drei Jahre nach
der Taborer, von der wir oben gesprochen, in Engelsdorf —, was unmöglich
gewesen wäre ohne eine erhebliche Ausdehnung der Bewegung in jener Gegend.

Natürlich konnten die kommunistischen Sekten nur in der Form geheimer
Verbindungen existiren. „Abgelegene Mühlen, Weiler, Höfe wurden die gewöhn=
lichen Sitze der ‚Brüder,‘ und im kleinsten Kreise sammelten sie sich, wenn sie
ihren Gottesdienst hielten, um jedes Aufsehen zu vermeiden.

„Dies sind die Versammlungen, welche in Trithem's Sponheimer Chronik
zum Jahre 1501 beschrieben werden. ‚Sie kommen zusammen,‘ sagt Trithem,
‚in Gruben und verborgenen Höhlen zur Nachtzeit; hier treiben sie wie Bestien
schändliche Unzucht. Dieses niederträchtige Geschlecht wächst und mehrt sich täglich
auf wunderbare Weise.‘"**)

Wie andere rebellische Richtungen, bekamen auch die „Grubenheimer" seit
dem erfolglosen Auftreten von Papst und Kaiser gegen Luther, seit der Ver=
brennung der Bannbulle (1520) und noch mehr seit dem Wormser Reichstag

---

*) Ullmann, a. a. O., S. 426.
**) L. Keller, Die Reformation, S. 301.

von 1521 den Muth, offen hervorzutreten. Dieser Reichstag war die Katastrophe für Kaiser und Papst in Deutschland.

Die beste Stütze von gesellschaftlichen oder politischen Mächten, welche ihre materielle Grundlage verloren haben, ist ihr traditionelles Ansehen, ihr Prestige. Kraft dessen können sie sich unter Umständen lange auch gegen überlegene Gegner halten — je länger, um so rascher freilich dann der Zusammenbruch, wenn dieses Prestige in einer Kraftprobe als hohler Schein sich erweist.

Für Kaiser und Papst bewirkten dies die Ereignisse von 1520 und 1521. Noch Niemand in Deutschland hatte bisher den Beiden vereint ungestraft getrotzt. Nun erhob sich ein einfacher Mönch, ihnen entgegenzutreten, und sie wagten es nicht, ihn niederzuschlagen. Die Bannbulle blieb völlig wirkungslos und triumphirend verließ Luther den Reichstag, wenig bedroht durch die lahme Reichsacht, die ihm nachhinkte. Je weniger die unteren Schichten des Volkes die Fürsten und Ritter bemerkten, die hinter Luther in Worms gestanden hatten, je isolirter dieser für das Volksbewußtsein dort erschienen war, desto mächtiger mußte der Ausgang des Reichstages auf die große Masse wirken. Erwies sich die Wahrheit so stark, daß ein simples Mönchlein sie den größten Beherrschern der Christenheit gegenüber unverzagt und ungestraft vertreten konnte, dann durften Alle ungescheut sich hervorwagen, die eine gute Sache zu vertreten hatten.

In Sachsen gings zunächst los. Wenige Wochen nach der Erklärung der Reichsacht gegen Luther und seine Freunde, im Juni 1521, erhob sich das Volk von Erfurt und machte in einer Reihe von Aufständen dem katholischen Kirchenregiment ein Ende. Auch in Wittenberg kam es zu Unruhen, für uns besonders wichtig sind aber die Bewegungen zu Zwickau, deren Anfänge in das Jahr 1520 zurückreichen.

Wir haben bereits oben gesehen, daß diese Stadt Bedeutung hatte als Vermittlerin des Getreidehandels zwischen dem sächsischen Tiefland und den Bergwerksgegenden. Je mehr der Bergbau sich entwickelte, desto mehr blühten Zwickaus Handel und Industrie auf. Namentlich als 1470 die Silberschätze des benachbarten Schneeberg entdeckt worden, wuchs der Reichthum in Zwickau rasch. „Erst nach dem Anbruche der Schneeberger Bergwerke erhielt unsere Stadt ihre noch jetzt sichtbare Verbesserung hinsichtlich der Gebäude. Viele Bürger, z. B. Mich. Polner, Joh. Feberangel, Andr. und Nik. Gaulenhöfer, Clem. Schicker (meist Tuchmacher) und besonders die beiden nachher in den Adelsstand erhobenen Brüder Martin und Nikolaus Römer wurden dadurch reich, und Nahrung und Verdienst der Uebrigen verbesserte sich durch die verbesserte Geldmenge.“*)

Die reichsten Leute Zwickaus waren Tuchmacher. „Vor dem dreißigjährigen Kriege war seit den ältesten Zeiten das Hauptgewerbe die Tuchweberei. Bereits 1348, wo sie Statuten erhielten, bildeten die Tuchmacher eine Innung, die vornehmste und wahrscheinlich die älteste des Ortes, und in der zweiten Hälfte

---

*) E. Herzog, Chronik der Kreisstadt Zwickau, I., S. 81.

des 15. Jahrhunderts lieferte Zwickau nebst Oschatz die meisten und besten Tuche im Meißnerland, obgleich dieselben immer noch nicht den beliebten lündischen (Londoner) und niederländischen gleichkamen. 1540 zählte man unter den Haus= besitzern 230 Tuchmacher, ja, einer alten, wohl nicht unbegründeten Sage nach soll deren Zahl in den blühendsten Zeiten bis auf 600 gestiegen sein."*)

Diese „blühendste Zeit" war gerade jene, von der wir hier handeln. Im Jahrzehnt des Bauernkrieges wurden jährlich durchschnittlich 15—20 000 Stein Wolle verarbeitet und 10—20 000 Stücke Tuch produzirt.

Die Tuchmacher bildeten nicht nur der ökonomischen Bedeutung, sondern auch der Zahl nach einen wichtigen Theil der Bevölkerung der Stadt. Sie zählte damals ungefähr 1000 Häuser; davon war in der blühendsten Zeit ein Viertel bis die Hälfte im Besitz von Tuchmachermeistern (jedenfalls mehr als 230, vielleicht annähernd 600).

Die Tuchmacherei war Exportgewerbe, sie wurde kapitalistisch von großen Kaufleuten ausgebeutet. Es war damals nichts Ungewöhnliches, daß reiche Kauf= leute mit der Ausbeutung der Konsumenten durch den Handel die Ausbeutung der Arbeiter in den zwei großen kapitalistischen Industrien jener Zeit verbanden, der Weberei und dem Bergbau. Das bekannteste Beispiel davon sind die Fugger, die ihren Reichthum nicht nur aus dem Handel mit allem Möglichen zogen (auch mit kirchlichen Stellen, wie wir gesehen haben), sondern auch aus der Ausbeutung der Augsburger Weber und der Tiroler Bergleute. Etwas Aehnliches vollzog sich in Zwickau. Die Gewerken in Schneeberg waren zum großen Theil Zwickauer Tuchmachermeister und Tuchhändler, darunter vornehmlich der schon erwähnte Kaufmann Martin Römer, der sächsische Fugger, der 1483 mit Hinterlassung eines großen Vermögens starb.**)

Aber die Bergleute, welche durch die Fugger ausgebeutet wurden, waren von den Augsburger Webern räumlich weit entfernt. In Zwickau dagegen saßen die ausgebeuteten Webergesellen, die „Tuchknappen," ganz nahe bei den von den= selben Kapitalisten ausgebeuteten Bergleuten. Es war dies eine ganz eigenartige Situation. Der rebellische, trotzige Sinn der Bergleute mußte den Tuchknappen Kourage machen. Der kommunistische Enthusiasmus dieser mußte auch jene an= stecken. Da dürfen wir uns nicht wundern, daß die Kommunisten in und um Zwickau die ersten waren, die in Deutschland während der Reformation es wagten, offen ihr Haupt zu erheben.

Schon 1520 finden wir daselbst eine organisirte Gemeinde mit Vorstehern, die Apostel hießen, wie bei den Waldensern. Das langersehnte, tausendjährige Reich schien ihnen jetzt zu kommen durch ein furchtbares blutiges Strafgericht Gottes, eine gewaltsame Revolution. Ihr Hauptanhang waren die Tuchknappen der Stadt; aber sie gewannen Genossen auch unter den Bergleuten und unter

---

*) A. a. O., I., S. 234.
**) A. a. O., II., S. 140—149.

manchen Gebildeten; unter den Letzteren wird genannt Max Stübner, der in Wittenberg studirt hatte, einer der „Apostel." Ihr Führer war der Weber Nikolaus Storch.

Auch außerhalb Zwickaus gewannen sie Einfluß, sogar zu Wittenberg selbst. Neben den niederen Volksklassen waren es dort ebenfalls gebildete Ideologen, die sich ihnen zuwandten. Noch waren damals die Klassengegensätze in der Reformationsbewegung nicht hervorgetreten, noch erschien diese einerseits als eine nationale, die ganze Nation ohne Unterschied der Klasse in gleichem Sinn umfassende, und andererseits als eine rein religiöse Bewegung zur Reinigung der Kirche, zur Wiederherstellung des evangelischen Christenthums.

Wir haben bereits im zweiten Kapitel dieses Abschnittes darauf hingewiesen, wie leicht in diesem Stadium der Bewegung Ideologen, die nicht direkt an der Ausbeutung der unteren Volksklassen interessirt waren, dazu kommen konnten, der kommunistischen, auf die urchristliche Tradition gestützten Bewegung sympathisch entgegenzutreten.

Selbst auf Melanchthon, Luther's Freund und Mitarbeiter, machten die Zwickauer Schwärmer tiefen Eindruck. Man sehe aus vielen Zeichen, meinte er, daß gewisse Geister in ihnen wohnten. Ueber Nikolaus Storch schrieb er an den Kurfürsten Friedrich: „Hab so viel von ihm vermerkt, daß er der Schrift Sinn recht hat, in den höchsten und vornehmsten Artikeln des Glaubens, wiewohl er eine sonderliche Weise zu reden führt." Friedrich selbst wußte infolge der Haltung seiner Theologen nicht recht, was er von den Schwärmern denken solle. Melanchthon war klug genug, sich nicht zu kompromittiren und Luther die Entscheidung über die Natur dieser Schwärmgeister zu überlassen; aber er fühlte sich so sehr zu ihnen hingezogen, daß er einen der „Apostel," den schon genannten Stübner, in sein Haus aufnahm. Luther konnte ihm über die Zwickauer anfangs nicht viel sagen; er wohnte auf der Wartburg, wo er abwartete, welchen Erfolg die gegen ihn ausgesprochene Reichsacht haben werde. Bald freilich wurde es Luther klar, wohin die „Brüder" hinauswollten und dann trat er energisch gegen sie auf.

Viel entschiedener als Melanchthon wandte sich den Schwärmern Luther's Freund und Kollege Karlstadt zu, für dessen revolutionäres Ungestüm die Luther'sche Bewegung viel zu langsam voranging. Viel früher als Luther, der ihm später nur zögernd folgte, nahm er den Kampf gegen das Priesterzölibat und die lateinische Messe auf. Er eiferte auch gegen die Heiligenbilder und das Fasten, aber er ging noch weiter. Ganz in taboritisch=beghardischer Weise verurtheilte der gelehrte Professor jegliche Gelehrsamkeit. Nicht die Gelehrten, sondern die Handwerker sollten das Evangelium predigen, jene von diesen lernen, die hohen Schulen geschlossen werden.

Der weitaus hervorragendste unter den Anhängern der Zwickauer Apostel war aber Thomas Münzer. Er bildet von 1521 bis 1525 den Mittelpunkt der ganzen kommunistischen Bewegung in Deutschland. Seine Gestalt ragt so mächtig daraus hervor, seine Geschichte ist mit der ihren so eng verflochten, und alle zeitgenössischen Zeugnisse darüber beziehen sich so ausschließlich auf ihn, daß auch wir dem allgemeinen Beispiel folgen und als Geschichte der kommunistischen Bewegung der ersten Jahre der Reformation eine Geschichte Münzer's geben müssen.

V. Münzer's Biographen.

Wie über manchen Revolutionär vor und nach ihm, dessen Sache unterlegen ist, sind wir auch über Münzer schlecht unterrichtet. Nicht, daß es an Nachrichten über ihn fehlte, aber sie stammen meist von seinen Gegnern her, sind gehässig und unzuverlässig. Die bekannteste Quelle über Münzer sind die Mittheilungen Melanchthon's in dessen „Historie Thome Münzers, des anfengers der Döringischen vffrur, sehr nützlich zu lesen" rc., die wahrscheinlich unmittelbar nach der Niederschlagung des Aufstandes, noch im Jahre 1525 selbst, erschien (sie ist fast in allen Gesammtausgaben der Werke Luther's abgedruckt). Wie objektiv ein Fürstenknecht in jenem Zeitpunkt über den gefährlichsten Feind der Fürsten schreiben konnte, bedarf keiner Auseinandersetzung. Melanchthon hatte besondere Ursache zur Gehässigkeit, denn er hatte eine Zeit lang mit den Genossen Münzer's geliebäugelt, wie wir gesehen, von diesen selbst Briefe erhalten, wohl auch beantwortet.*) Er mußte dies Verbrechen durch verdoppeltes Wüthen sühnen.

Auf das Schlechtmachen kommt es dem „sanften" Melanchthon allein an, nicht auf die Richtigkeit. Auch in ganz gleichgültigen Fragen zeigt sich seine Darstellung völlig unzuverlässig und lüderlich.**)

Sleidan und Gnodalius haben diese Darstellung einfach abgeschrieben,***) von ihnen ist sie in die späteren Geschichten der Zeit übergegangen. Erst die französische Revolution verhalf Münzer einigermaßen zu seinem Rechte. Den Pastor G. Th. Strobel in Wöhrbt (Bayern?) regte sie zum Studium des Bauernkrieges, namentlich des Münzer'schen Aufruhrs an, er entdeckte die Lücken und Widersprüche der Melanchthon'schen Darstellung und suchte ihnen möglichst abzuhelfen in seiner Schrift: „Leben, Schriften und Lehren Thomä Müntzers, des

---

*) In Münzer's „Auslegung des 19. Psalms," herausgegeben von Agricola, ist im Anhang ein lateinischer Brief Münzer's an Melanchthon abgedruckt, in dem Jener Diesen zu energischerem Vorgehen gegen die „Gottlosen" mahnt.

**) Ein Beispiel genügt. Nach Melanchthon hielt sich Münzer nach seiner Vertreibung von Alstätt ein halbes Jahr lang verborgen, ging dann nach Nürnberg und von dort nach Mülhausen, wo er ein Jahr lang blieb, bis zum Ausbruch des Bauernkrieges. Das macht zusammen über anderthalb Jahre. In Wirklichkeit war Münzer im August 1524 noch in Alstätt und im Beginn des April 1525 brach der Bauernaufstand aus. Man sieht, wie lächerlich die Melanchthon'sche Chronologie ist, ganz abgesehen davon, daß alle diese Angaben über Münzer's Wanderungen keine Spur von Wahrheit enthalten.

***) „Das ganze dritte Buch der Geschichte des Bauernkrieges von Gnodalius (erschien 1570) ist eine Uebersetzung der Schrift Melanchthon's." (O. L. Schäfer, Das Verhältniß der drei Geschichtschreiber des Bauernkrieges, Haarer, Gnodalius und Leodius, historisch-kritisch betrachtet, Chemnitz 1876, S. 35.)

Urhebers des Bauernaufstandes in Thüringen," Nürnberg und Altorf 1795. Es ist die erste wissenschaftliche Monographie über Münzer, und mit ihr kann sich nur noch eine messen, die des Pastor Seidemann, der 1842 eine Schrift herausgab: „Thomas Münzer, eine Biographie, nach den im königlich sächsischen Hauptstaatsarchiv zu Dresden vorhandenen Quellen bearbeitet," Dresden und Leipzig. Seidemann hat eine Reihe neuer Dokumente beigebracht, aber er verspricht im Titel seiner Arbeit mehr als er leistet, denn in den meisten Punkten stützt er sich einfach auf Strobel, den er oft abschreibt, ohne ihn zu nennen.

Die jüngste Arbeit über Münzer ist von O. Merx geliefert, „Thomas Münzer und Heinrich Pfeifer, 1523—1525," Göttingen 1889, eine Doktors-Dissertation, deren Verfasser keine Gelegenheit versäumt, seine gute, fürstentreue Gesinnung an den Tag zu legen. Das Schriftchen bringt einige Einzelheiten und chronologische Richtigstellungen, die auf neuen, in Zeitschriften und Sammlungen verstreuten Materialien beruhen. Aber es bleibt am Aeußerlichsten haften, und zeigt nicht das mindeste Verständniß für die Ideen und das Wirken Münzer's.

Alle anderen Monographien über Münzer, die uns zu Gesicht gekommen, sind wissenschaftlich ohne Werth.*)

Aus ihnen allen spricht der Geist des Melanchthon'schen Machwerks, und ebenso aus den allgemeinen Darstellungen jener Zeit bis auf Janssen und Lamprecht herab.

Wir kennen unter den selbständigen Darstellungen Münzer's nur eine, die der historischen Bedeutung des Mannes und seiner Persönlichkeit gerecht geworden ist: diejenige, die uns W. Zimmermann in seiner „Geschichte des großen Bauernkrieges" giebt, welches Werk, trotzdem seit seiner ersten Auflage mehr als ein halbes Jahrhundert verflossen ist, immer noch nicht erreicht, geschweige denn übertroffen wurde, wenn auch einzelne seiner Details veraltet sind.**)

Nur in einem, allerdings sehr wesentlichen Punkte können wir Zimmermann

---

*) So z. B. L. v. Baczko, Thomas Münzer, dessen Charakter und Schicksale, Halle und Leipzig 1812, oder P. Streif, Thomas Münzer oder der thüringische Bauernkrieg, Leipzig 1836.

Am miserabelsten ist des Professor Leo „Thomas Münzer," ein Vortrag, gehalten im Auftrage des evangelischen Vereins in Berlin 1856. Er hat einfach Seidemann abgeschrieben, aber mit servilen Niederträchtigkeiten gespickt.

**) Eine populäre Ausgabe hat W. Blos herausgegeben. Dieselbe ist erschienen bei J. H. W. Dietz in Stuttgart.

Mit Anlehnung an Zimmermann hat Friedrich Engels eine Darstellung des Bauernkrieges und damit auch des Wirkens von Thomas Münzer gegeben in einer Abhandlung, die zuerst im 6. Heft der Revue der „Neuen Rheinischen Zeitung," Hamburg 1850, erschien und seitdem wiederholt zum Separatabdruck gelangte, unter dem Titel: „Der deutsche Bauernkrieg." Das Material nahm Engels, wie er selbst in der Vorrede sagt, aus Zimmermann, aber er verarbeitete es selbständig auf der Grundlage der materialistischen Geschichtsauffassung und mit Heranziehung der Erfahrungen, welche ihm eben die Revolution von 1848 geliefert hatte. Dadurch gewann er eine Reihe neuer wichtiger Einblicke in das Wesen des Bauernkrieges, die uns bei der folgenden Darstellung von großem Nutzen gewesen sind.

nicht zustimmen: er faßt Münzer auf als außerhalb seiner Zeit und über ihr stehend: „Münzer eilte auch mit seinen religiösen Ansichten, nicht nur mit seinen politischen, um drei Jahrhunderte voraus."*)

Zimmermann kommt zu dieser Anschauung durch Vergleichung der Münzer'schen Gedanken mit denen späterer Denker und Neuerer: Penn, Zinzendorf, Rousseau ꝛc. Hätte er sie dagegen mit denen der früheren kommunistischen Sekten verglichen, so würde er gefunden haben, daß Münzer sich ganz in deren Gedankenkreise bewegte. Es ist uns nicht gelungen, einen neuen Gedanken bei Münzer zu entdecken.

Auch die organisatorische und propagandistische Bedeutung des Mannes ist unseres Erachtens bisher überschätzt worden. Die Verfolgungen von Begharden und Waldensern, die nicht aufhören, weisen darauf hin, daß nicht nur die Ideen, sondern auch die Organisationen kommunistischer Sekten sich bis in die Reformations= zeit hinein erhalten haben. Wir dürfen annehmen, daß gleichzeitig mit Münzer, ja vor ihm, wie das in Zwickau offenkundig geworden, zahlreiche Agitatoren und Organisatoren in gleichem Sinne thätig waren und daß bereits an manchen Orten geheime Organisationen vorhanden waren, auf die sie sich stützen konnten.

Worin Münzer seine kommunistischen Genossen überragte, das waren nicht philosophischer Sinn und Organisationstalent, sondern das war seine revolutionäre Thatkraft und vor Allem sein staatsmännischer Blick. Die Kommunisten des Mittelalters waren, wie wir schon wiederholt gesehen haben, im Allgemeinen friedfertiger Natur. In revolutionären Zeiten wurden sie freilich leicht von dem revolutionären Feuer fortgerissen. Als die Reformation ganz Deutschland in gewaltige Gährung versetzte, blieben auch die Kommunisten davon nicht unberührt. Aber viele von ihnen scheinen an der Wirksamkeit des gewaltsamen Weges ge= zweifelt zu haben, namentlich die Süddeutschen, die von den schweizerischen Wieder= täufern beeinflußt wurden, welche entschieden gegen die Münzer'sche Anschauung auftraten, daß nur die Gewalt dem Evangelium zum Durchbruch verhelfen könne. Sie wollten nur vom „Kampf mit den geistigen Waffen" etwas wissen, nur „mit dem Wort Gottes die Welt besiegen," wie man damals sich ausdrückte. Wir kommen darauf in der Geschichte der Wiedertäufer zurück.

Von dieser Friedfertigkeit war Münzer weit entfernt. Sein Ungestüm, seine Thatkraft konnten nicht übertroffen werden. Daneben war er aber nichts weniger als ein Wirrkopf und auch kein beschränkter Sektirer. Er kannte die bestehenden Machtverhältnisse in Staat und Gesellschaft, und bei allem mystischen Enthusiasmus rechnete er mit diesen Verhältnissen. Und weit entfernt, seine Wirksamkeit auf eine kleine Gemeinde Rechtgläubiger zu beschränken, appellirte er an alle revolutionären Elemente jener Zeit, suchte er sie alle seiner Sache dienstbar zu machen.

Wenn er scheiterte, so lag dies in Verhältnissen begründet, die er nicht ändern konnte. Was aber mit den vorhandenen Machtmitteln geleistet werden konnte, das hat er geleistet, und wenn 1525 in Thüringen ein Aufstand der

---

*) A. a. O., 2. Aufl., I., S. 182.

dort so wehrlosen Bauern eine Zeit lang die Ausbeutergesellschaft in ihren Wurzeln bedrohen konnte, so ist dies nicht zum Wenigsten Thomas Münzer zu verdanken, seiner Verbindung überschwänglicher kommunistischer Schwärmerei mit eiserner Willenskraft, mit leidenschaftlichem Ungestüm — aber auch mit staatsmännischer Einsicht.

VI. Münzer's Anfänge.

Münzer wurde zu Stolberg am Fuße des Harz geboren, 1490 oder 1493.*) Ueber seine Jugend und seine ersten Studien fehlen alle Nachrichten. Sicher ist, daß er gelehrte Studien mit Erfolg betrieb, denn er erhielt den Doktorgrad. Er wurde Geistlicher, aber er fühlte sich nicht als „schwarzer Gendarm." Seine rebellische Natur kam frühzeitig zur Geltung, denn in Halle, wo er als Lehrer wirkte, stiftete er bereits einen Geheimbund wider Ernst II., Erzbischof von Magdeburg und Primas von Deutschland; da dieser 1513 starb, kann Münzer damals höchstens 23 Jahre alt gewesen sein. 1515 finden wir ihn als Propst in Frohsa bei Aschersleben, wahrscheinlich im dortigen Nonnen= kloster. Aber nicht lange. Nach verschiedenen Kreuz= und Querfahrten landete er schließlich wieder in einem Nonnenkloster, in Beutig bei Weißenfels, wo er Beichtvater wurde. Aber auch dort scheint es ihn nicht geduldet zu haben, 1520 ist er Prediger in Zwickau, im Einvernehmen mit Luther, dessen Sache im Kampfe mit Rom der junge Stürmer und Dränger mit Leidenschaft ergriffen hatte. Zwickau wurde für seine weitere Laufbahn entscheidend.

Anfangs war er Prediger an der Marienkirche, dann aber wurde er Prediger an der Katharinenkirche, in die er sich, wie Seidemann sagt, „eindrängte." Diese Thatsache erschien bisher als sehr unwichtig, uns erscheint sie anders. Denn die Katharinenkirche war gewissermaßen das Gewerkschaftslokal der Tuchknappen. 1475 hatten diese dort ihren eigenen Altar, den „Knappenaltar," gestiftet, den die Zunft (Gesellschaft?) mit einem Wohnhaus und 35 fl. jährlich für den Priester dotirte. Auf dem Kirchhof hielten die Weber ihre Versamm= lungen (Morgensprachen). Die Marienkirche scheint dagegen das Versammlungs= lokal der Geldprotzen gewesen zu sein. Sie war 1473 von Martin Römer mit einer Stiftung von 10 000 rheinischen Gulden, die in Nürnberg zu vier Prozent angelegt waren, zu seinem „Seelgeräth" bedacht worden. Dafür sollten dort täglich für den reichen Sünder sieben Seelenmessen gehalten werden.**) Dies nebenbei ein Beispiel dafür, wie einträglich für die Kirche die Lehre vom Fegefeuer geworden war.

Ob Zuneigung zu den Tuchknappen Münzer veranlaßte, sich um die Predigt= stelle in ihrer Kirche zu bewerben oder ob seine Annäherung an sie erst die Folge

---

*) Seidemann giebt 1490 an, Zimmermann hat auch das Jahr 1493 angegeben gefunden.

**) Herzog, Chronik von Zwickau, I., S. 235, II., S. 133—135.

dieses Schrittes war, ist heute nicht mehr zu entscheiden. Sicher ist es, daß er als ihr Prediger in engste Berührung mit ihnen gerieth, ihre Anschauungen kennen lernte, und sofort auf das Mächtigste davon ergriffen wurde. Eine Zwickauer Schrift aus dem Jahre 1523*) berichtet über seine Verbindung mit den Tuchknappen, daß „die Knapperei sich zu ihm gehalten und er mit ihnen mehr Konventikel gehalten, denn mit würdiger Priesterschaft. Dadurch kam es, daß Magister Thomas die Knapperei vorgezogen hat, vornehmlich einen mit Namen Nikolaus Storch. Welchen er so groß auf der Kanzel gerühmt und schön ausgemalt (ausplesenirt) und ihn vor allen Priestern erhoben als den einzigen, der in der Bibel Bescheid wisse und sie hoch erkannt im Geist. Zugleich aber rühmte Magister Thomas sich auch, er wisse fürwahr, er habe den heiligen Geist. Aus dieser Unart ist es erwachsen, daß Storch sich unterstanden, neben Thomas Winkelpredigten aufzurichten, wie es Gewohnheit ist bei den Begharden (Pickarden), die da aufwerfen einen Schuster oder Schneider, zu predigen. Also ist durch Magister Thomas vorgezogen worden dieser Nikolaus Storch, und er billigte (approbirte) es auf der Kanzel, daß die Laien müssen unsere Prälaten und Pfarrer werden und Rechenschaft des Glaubens nehmen. Daraus entsprang und wurde zum Sprichwort die Sekte der Storchi= taner. Und sie nahm unter ihnen so zu, daß öffentlich geredet wurde, sie hätten konspirirt und kongregirt zwölf Apostel und zweiundsiebzig Jünger."

Dies kühne Vorgehen der Kommunisten führte nothwendiger Weise zu einem Konflikt. So lange Münzer blos gegen die reichen Pfaffen gewettert, hatte er den Beifall von Rath und Bürgerschaft gewonnen. Das änderte sich jetzt.

Der Konflikt äußerte sich zunächst als geistlicher Konflikt zweier Kirchen, der Weberkirche zu St. Katharina und der Protzenkirche zu St. Marien, be= ziehungsweise als Konflikt ihrer Prediger, Münzer hier, Johann Wildenau von Eger (Egranus) dort. Schon 1520 war der Kampf zwischen Beiden im Gange. Entweder war Wildenau wirklich das verkommene Subjekt, als das ihn seine Gegner schilderten, oder fand er in der Bürgerschaft nicht genügende Unterstützung; genug, er mußte vor Münzer weichen (Frühjahr 1521).

Machte dieser Erfolg die Tuchknappen kühner, so mußte er den Rath und die wohlhabende Bürgerschaft ängstlicher und zu Gewaltmaßregeln geneigter machen. Eine Veranlassung war bald gefunden in einem Weberkrawall, an dem Münzer, wie er noch am 9. Juli 1523 an Luther schrieb, ganz unbetheiligt war. 55 Tuchknappen wurden „in die Thürme gesetzt," die am meisten Belasteten entflohen, Münzer wurde ausgewiesen. Auch Nikolaus Storch und Andere ver= ließen damals oder bald darnach Zwickau, dessen Boden ihnen zu heiß geworden war. Sie gingen nach Wittenberg, wo sie im Dezember 1521 eintrafen und mit Melanchthon und Karlstadt in Verbindung traten, wie wir gesehen. Münzer dagegen wendete sich nach Prag. Im Lande der Taboriten hoffte er Genossen und einen fruchtbaren Boden für seine Wirksamkeit zu finden.

---

*) Abgedruckt im Anhang bei Seidemann, Münzer, S. 109 ff.

Aber die Zeiten hatten sich geändert. Böhmen war ein schlechterer Boden für taboritische Lehren geworden als Sachsen. Die streitbare Demokratie war längst im entscheidenden Kampfe gegen die großen Aristokraten unterlegen, und der letzte Rest von demokratischem Kommunismus, der in den böhmischen Brüdern fortgewirkt hatte, war bis zur Unkenntlichkeit entstellt, seitdem bei ihnen die bürgerliche Richtung die proletarische überwunden hatte.

Am allerwenigsten konnte Prag der richtige Ort für einen Mann wie Münzer sein. Diese Stadt war selbst zur Zeit des Höhepunktes der taboritischen Macht im besten Fall nur eine laue Freundin, meist aber eine entschiedene Feindin derselben gewesen. Jetzt war es eine feste Stütze der „großen Hansen" geworden.

Münzer predigte in Prag, wo er im Spätherbst eintraf, mit Hülfe eines Dolmetschers, nachdem er einen böhmischen Aufruf hatte anschlagen lassen, in dem er seinen Namen tschechisirte: „Ja Thomass Minczierz s Stolberku", beginnt derselbe. Aber kaum war man auf ihn aufmerksam geworden, da nahm auch schon die Freiheit des Predigens für ihn ein Ende. Er wurde unter Polizeiaufsicht gestellt (man gesellte ihm gleich vier Wächter bei) und bald darauf ausgewiesen. Am 25. Januar 1522 hatte er Prag bereits verlassen.

Zwickau — Prag: man sieht, die heutige Polizeipraxis in Böhmen und Sachsen beruht auf ehrwürdigen Traditionen. Sie ist durch ihr Alter geheiligt.

VII. Münzer in Allstätt.

Von Böhmen wendete sich Münzer wieder nach Sachsen, zunächst nach Nordhausen, wo er einige Zeit blieb, dann nach Allstätt.*) Wie Zwickau, war auch diese Stadt dicht an einem großen Bergwerk gelegen, dem Mansfeldischen Kupfer-, Silber- und Goldbergwerk, dessen wir schon gedacht. Wir dürfen wohl annehmen, daß die wehrhafte und trotzige Bergbevölkerung den proletarischen Tendenzen in Allstätt zu Gute kam, und daß Münzer's Agitation dadurch begünstigt wurde. Sicher ist es, daß der von Ort zu Ort gehetzte Agitator endlich in Allstätt eine Stätte seines Wirkens fand, die ihm die günstigsten Aussichten bot. Bald hatte er als Prediger festen Fuß gefaßt, und wir dürfen es als Zeichen seiner Zuversicht in die Zukunft betrachten, daß er heirathete (Ostern 1523), eine aus dem Kloster ausgetretene Nonne, Namens Ottilie von Gersen.**) Auf Mißverständniß beruht die Nachricht, er habe eine Pfarrersköchin geheirathet,***) was übrigens auch kein Unglück gewesen wäre.

---

*) Zimmermann und Andere schreiben Altstädt. Das Wort dürfte aber mit Alt nichts zu thun haben, wohl aber mit der Wurzel Hal, Salz; der Name Allstätt dürfte wie andere Ortsnamen des so salzreichen Harzgebietes (Halle, Halberstadt u. s. w.) eine Fundstätte von Salz anzeigen, Allstätt = Hallstatt, Salzstatt.

**) Merx, Münzer, S. 9.

***) Vgl. Strobel, S. 136, Seidemann, S. 18. Diese Nachricht (aus Cyprianus) lautet: „Durch diese nit wohl verstandene Lehre Taulers von Geist und Grunde der Seele

Aber über diesen persönlichen Angelegenheiten vergaß Münzer nicht die Sache, der er sich geweiht. Er richtete — der erste unter den deutschen Reformatoren — einen durchaus deutschen Gottesdienst ein und ließ, statt blos über das neue Testament, über alle biblischen Bücher predigen und sie vorlesen. Dies ist charakteristisch. Wir haben bereits im zweiten Kapitel dieses Abschnitts darauf hingewiesen, daß den demokratischen Sekten das vielfach republikanische alte Testament besser behagte, als das neue Testament, dies Produkt der zäsaristischen Gesellschaft. Von den Taboriten bis zu den Puritanern kann man diese Vorliebe für das alte Testament verfolgen.

Die „päpstliche heuchlerische Beichte" wurde abgeschafft, das Abendmahl unter beiden Gestalten gereicht. Die ganze Gemeinde hatte am Gottesdienst mitzuwirken, die privilegirte Stellung des Geistlichen hörte auf, daher auch, wie Münzer selbst mittheilt, „unsere Widersacher sagen, wir lehren die Roßbuben auf dem Feld auch Meß halten."

Er bemerkt dies in seiner ersten Schrift, die uns von ihm erhalten ist und die sich mit der eben erwähnten Neuordnung des Gottesdienstes beschäftigt: „Ordnung und Berechnung des Teutschen ampts zu Alstädt durch Tomam Münzer, seelwarters ym vorgangenen Ostern auffgericht, 1523. Alstedt 1524. Gedruckt zu Eylenburgk durch Nikolaum Widemar."

Davon handelt auch die Schrift: „Deutsch Evangelisch Messze etwann durch die Bebstischen pfaffen in Latein zu grossem nachteyl des Christenglaubens vor ein opfer gehandelt, vnd jetzt verordnet in dieser hehrlichen Zeyt zu entdecken den grewel aller abgötterey durch solche mißbreuche der Messen lange Zeit getriben. Thomas Münzer, Alstedt 1524."

In der Vorrede bemerkt er, die lateinischen Worte erzeugen Schwindel und Unwissenheit, „drum hab ich zur Besserung nach deutscher Art und Musterung ... verdolmetscht die Psalmen mehr nach dem Sinn als nach den Worten."*)

Den Inhalt der Schrift bildet die verdeutschte Messe selbst. Als deren zweiten Theil kann man das Buch betrachten: „Deutzsch Kirchenampt, verordnet, aufzuheben den hinterlistigen Deckel, vnder welchem das Liecht der welt vorhalten war, welchs jetzt widerumb erscheynt mit dysen Lobgesängen und Göttlichen Psalmen, die do erbawen die zunemende Christenheyt, nach gottis vnwandelbarem willen, zum vntergang aller prechtigen geperde der gotlosen." Alstedt, vermuthlich 1524, 18 Bogen in Quart. Wie Strobel mittheilt, findet man darin die lateinischen Gesänge von fünf Aemtern (Messen) ins Deutsche übersetzt.

wurde verführt Thomas Münzer mit seinem Anhang, denn er las ihn stets, wie wir wohl wissen, mit sammt einem Weibe, die Meister Konrad's, Pfarrherrn zu Orlamunda, Köchin gewest ist und zu Leipzig ein solches Wesen hatte, daß man sie für heilig achtete." Dadurch, daß man statt „einem Weibe" „seinem Weibe" las, verkuppelte man unseren Thomas mit der schwärmerischen Pfarrersköchin.

*) Nach dem Auszug bei Strobel. Diese und die folgende Schrift Münzer's konnten wir leider nicht aus eigener Anschauung kennen lernen.

Außerdem veröffentlichte Münzer in Allstätt noch zwei Agitationsbroschüren: die „Protestation", und die Schrift vom „erdichteten Glauben."*)

Neben diesen Schriften sind noch zu nennen zwei Briefe aus jener Zeit. Einer, vom 18. Juli 1523, „ein ernster Sendebrief an seinen lieben Bruder zu Stolberg, unfüglichen Aufruhr zu meiden," ein Mahnbrief an die dortigen Bundes= brüder zur Geduld. Die richtige Stimmung sei noch nicht da. „Es ist eine überschwengliche Thorheit, daß viele der auserwählten Freunde Gottes meinen, Gott solls in der Christenheit eilend gut machen und ihnen geschwind zu Hülfe kommen, so doch Niemand sich danach sehnet oder heftig ist im Leiden und Ver= harren, arm im Geiste zu werden." Es geht den Leuten noch zu gut. Es muß schlechter werden, ehe es besser wird. „Gott verhängt es daher immer mehr, den Tyrannen zu wüthen, damit die Auserwählten von dem Drang erfüllt werden, Gott zu suchen. Die Menschen, die nicht wider den Glauben geglaubt, wider die Hoffnung gehofft, wider die Liebe Gottes gehaßt haben, die wissen nicht, daß Gott den Menschen selbst sagt, was ihnen nothwendig ist." Zum Schluß tadelt er die Haltlosigkeit und das Wohlleben der Brüder: „So vernehme ich, daß ihr gleich ruhmredig seid und studirt nichts und seit hinterlässig. Wenn ihr trinkt, sagt ihr viel von der Sache, wenn ihr nüchtern seid, fürchtet ihr euch wie die Memmen. Darum bessert, allerliebste Brüder, euer Leben; hütet euch vor Schlemmerei (Luc. 21, Petr. 5), fliehet die Lüste mit ihren Liebhabern (2. Timo= theus 3), stellt euch tecker, denn ihr noch thun habt und schreibt mir, wie ihr mit eurem Pfund habt gewuchert."

Den anderen Brief, die Auslegung des 19. Psalms, schrieb er im Mai 1524 an einen seiner Anhänger, 1525 gab ihn Johannes Agricola aus Eisleben heraus, um gegen Münzer Stimmung zu machen, „auf daß alle Welt greifen möge, wie sich der Teufel Gott gedenk gleich zu machen."**) Er enthält keinen bemerkenswerthen Gedanken, den wir nicht in anderem Zusammenhange in Münzer's Schriften jener Zeit wiederfänden.

Die Auslegung des zweiten Kapitels Danielis, die auch in Allstätt erschien, ist später zu erwähnen.

Die erste dieser Schriften, die Ordnung des deutschen Amts, enthält allein schon alle wesentlichen Kennzeichen der Münzer'schen Philosophie, seinen Mystizismus, seine Verachtung der Bibel, soweit sie nicht durch die Stimme der inneren Offen= barung gestützt wird, die nur durch Askese, durch das Leiden, gewonnen werden kann, seine Verachtung der Gelehrten, endlich seinen Pantheismus und seine religiöse Toleranz.

---

*) Protestation odder empietung Tome Müntzers von Stolberg am Hartze seelwarters zu Alstedt seine lere betreffende vnnd zum anfang von dem rechten Christenglawben vnd der Tawffe. 1524 Alstedt. — Von dem getichten glawben auff nechst Protestation außgangen Tome Müntzers Selwarters zu Alstet. 1524.

**) Außlegung des XIX. Psalms Coeli enarrant durch Thomas Müntzer an syner ersten Jünger ainen, Wittenberg 1525.

Für die ersteren Anschauungen haben wir Beispiele bereits im zweiten Kapitel dieses Abschnitts gegeben. (S. 127 ff.) Hier sei nur noch eine Stelle der erwähnten Schrift wiedergegeben: Aus der Bibel allein, sagt Münzer, kann man nicht wissen, was recht ist, Gott muß es in unserem Innern erwecken. „Ob Du auch schon die Biblien gefressen hast, hilft's Dich nicht, Du mußt den scharfen Pflugschaar leiden, mit dem Gott das Unkraut aus Deinem Herzen ausrottet."*)

Ein klares Zeugniß seines pantheistisch angehauchten Mystizismus ist folgende Stelle: „Nämlich, er (der Mensch) soll und muß wissen, daß Gott in ihm sei, daß er ihn nicht ausdichte, aussinne, wie er tausend Meilen von ihm sei, sondern wie Himmel und Erde voll, voll Gottes sind und wie der Vater den Sohn ohne Unterlaß in uns gebärt und der heilige Geist nicht anders denn den Gekreuzigten in uns durch herzliche Betrübniß erklärt."

Münzer's religiöse Toleranz endlich erhellt aus folgenden Ausführungen: „Es soll sich Niemand verwundern, daß wir zu Allstätt deutsche Messe halten. Es ist auch nicht allein unser Brauch, eine andere Weise zu halten, denn die Römer, weil auch die zu Mediolan (Mailand) in Lombardia viel eine andere Weise haben, Messe zu halten, denn in Rom." Die „Crabaten," Böhmen, Armenier u. s. w. halten Messe in ihrer Sprache, die Russen haben „viel andere Gebärden und sind darum doch keine Teufel. Ach, wie blinde, unwissende Menschen sein wir, daß wir uns vermessen, allein Christen zu sein in äußerlichem Gepränge und uns darüber zanken, wie wahnsinnige viehische Menschen." Die Heiden und Türken sind nicht schlechter als die Christen. Er will „unsere hinterstelligen langsamen römischen Brüder auch nicht verachten."

Das sind sicher für jene Zeit große und tiefe Gedanken. Aber sie sind nicht Münzer eigenthümlich. Den pantheistischen Mystizismus haben wir schon bei den Brüdern und Schwestern vom freien Geist gefunden.

Ebenso hat auch die religiöse Toleranz Münzer's ihre Vorgänger. Wie wir wissen, fiel sie bereits Aeneas Sylvius bei den Taboriten auf. Auch die böhmischen Brüder praktizirten sie. Diese religiöse Toleranz ist jedoch in einem sehr beschränkten Sinne aufzufassen. Sie konnte sich nicht auf alle Fragen der Religion erstrecken in einer Zeit, wo alle großen Gegensätze in Staat und Gesellschaft unter religiöser Hülle auftraten. Münzer haßte denn auch alle Toleranzheuchelei, hinter der sich Feigheit und Charakterlosigkeit barg. „Es hat kein Ding auf Erden," rief er, „eine bessere Gestalt und Larve, denn die gedichtete Güte, darum sind alle Winkel voll eitel Heuchler, unter welchen keiner so kühn ist, daß er die rechte Wahrheit möchte sagen. Darum, daß die Wahrheit möchte recht an den Tag gebracht werden, da müßt Ihr Regenten (Gott gebe, Ihr thuts gerne, oder nicht) Euch halten nach dem Beschluß des Kapitels, daß der Nebukadnezar hat den heiligen Daniel gesetzt zum Amtmann, auf daß er möchte gute, gerechte

---

*) Die Vergleichung der Askese, des Leidens, mit einer Pflugschaar, ist ein Bild, das Münzer sehr liebt. Wir finden es auch angewandt in seiner „Protestation."

Urtheile vollführen, wie der heilige Geist saget, Psalm 5. Die Gottlosen
haben kein Recht zu leben, außer so weit es ihnen die Auserwählten
gönnen."*)

Diese Stelle steht in anscheinendem Widerspruch zu den anderen, die Münzer's
religiöse Toleranz zeigen. Aber der Widerspruch verfliegt, wenn man zusieht, worauf
sich diese Toleranz bezieht. Sie bezieht sich blos auf die internationalen Be=
ziehungen, ist ein Ausfluß der Anerkennung der Volkssouveränetät: Jedes Volk
mag sich seine Religion nach seinem Gutdünken einrichten, uns ist das gleichgültig.
Mögen die „hinterstelligen römischen Brüder" die Messe in ihrer Weise lesen,
mögen Türken und Heiden glauben, was sie wollen, was geht das uns an?
Wir wollen nichts, als daß man uns gestattet, unsere Verhältnisse nach unseren
Bedürfnissen zu ordnen. Also keine Gegnerschaft gegen fremde Nationen. Damit
steht durchaus nicht im Widerspruch die Proklamirung des schonungslosen Klassen=
kampfes im Innern.

Diese Proklamirung ist indeß bereits einer späteren Schrift entnommen.
Die bisher aufgeführten sind im Allgemeinen ruhig — so ruhig ein Feuergeist
eben schreiben kann. Sie sind Propagandaschriften, die vornehmlich Fragen der
Religion und kirchlichen Organisation behandeln; sie enthalten keine revolutionären
Drohungen und Aufrufe. Noch war Münzer kein Rebell, noch stand er nicht in
offenem Gegensatz zur Obrigkeit.

Aber er war bereits in Konflikt mit Luther. Den Anlaß dazu gab an=
scheinend persönliche Rivalität.

Niemals vielleicht zeigte sichs so deutlich, wie wenig die Reformation der
persönlichen Initiative Luther's entsprang, als in den Jahren 1522 und 1523.

Nicht nur, daß er sich durch die Verhältnisse treiben ließ, ohne ihre inneren
Zusammenhänge klar zu erkennen, es passirte ihm sogar, daß er auf der einmal
betretenen Bahn von Anderen überholt wurde. Während er in beschaulicher Ruhe
auf der Wartburg saß und die Bibel übersetzte, gingen die thatkräftigen Elemente
Wittenbergs, geführt von Karlstadt und beeinflußt von den Zwickauer Schwärmern,
daran, die praktischen Konsequenzen des Konflikts mit Rom zu ziehen; sie schafften
das Zölibat ab, die Mönchsgelübde, das Fasten, die Bilderverehrung, die Privat=
messe u. s. w. Luther hatte später nichts zu thun, als diese Reformen auf=
zunehmen und zu sanktioniren — soweit er sie nicht wieder aufhob.

Und nun, ein Jahr nach diesen Wittenberger Vorkommnissen, mußte sich
der Mann, der sich bereits als Führer im Kampf um die „evangelische Wahrheit"
fühlte, von Münzer durch den deutschen Gottesdienst überholen lassen. Denn
dieser führte ihn in Allstädt mit solchem Erfolg ein, daß Luther nichts übrig
blieb, als ihn nachzuahmen. Aber vor der Welt wollte er nicht als Nachahmer
erscheinen. Man mußte verhindern, daß sie von der Münzer'schen Neuerung etwas
erfahre, ehe er deren Nachahmung eingeführt. Dafür gab es ein einfaches Mittel.

*) Auslegung des anderen Unterschiedes Daniels.

Münzer selbst schrieb darüber in seiner „hoch verursachten Schutzrede," auf die wir noch zu sprechen kommen: „Es ist nicht anders in der Wahrheit, wie mir das ganze Land Gezeugniß gibt, das arme, dürftige Volk begehrte der Wahrheit also fleißig, daß auch alle Straßen voll Leuten waren, von allen Orten, anzuhören, wie das Amt, die Biblien zu singen und zu predigen, in Allstätt angerichtet ward. Sollte er auch zerbrechen, so konnt' ers zu Wittenberg nicht thun. Man siehts in seiner deutschen Meß wohl, wie heilig er darauf war, welches den Luther also sehr verdroß, daß er zum ersten bei seinen Fürsten zuweg brachte, daß mein ‚Amt' nit sollte in Druck gehn."

Auf diese Anschuldigung hat Luther nie geantwortet.

Die Rivalität zwischen den beiden Reformatoren trug sicher nicht dazu bei, ihr Verhältniß freundschaftlicher zu gestalten. Aber der Grund zu dem Konflikt zwischen ihnen lag tiefer.

Wohl hatte Luther damals noch nicht feste Stellung zur Demokratie genommen. Er wußte noch nicht, auf welche Seite das Zünglein der Macht sich neigen werde. Aber Eines war ihm klar geworden; sein bürgerlicher Instinkt war zu entwickelt, als daß er das verkannt hätte: Die kommunistischen Sektirer durfte man auf keinen Fall aufkommen lassen.

Das hatte er schon 1522 erkannt, als die Zwickauer Schwärmer angefangen hatten, Einfluß in Wittenberg zu bekommen. Als weder Melanchthon noch der Kurfürst entschieden Stellung zu ihnen nahmen, litt es ihn nicht länger auf der Wartburg. Er eilte im Frühjahr 1522 nach Wittenberg und trieb die gefährlichen Leute auseinander. Storch ging nach Süddeutschland, wo er verschwand. Karlstadt, den Luther ebenso mundtodt zu machen suchte, wie Münzer — er ließ seine Schriften durch die Obrigkeit konfisziren — zog zunächst aufs Land bei Wittenberg; er kaufte ein Gut und wollte als Bauer leben; die Bauern sollten ihn nicht mehr Doktor nennen, sondern Nachbar Andreas. Bald aber finden wir ihn wieder agitatorisch und organisatorisch mit großem Erfolg in Orlamünda thätig, wo er die Kirchengemeinde ganz demokratisch einrichtete und mit allen überlieferten katholischen Zeremonien Kehraus machte.

Als Münzer in Allstätt auftauchte, mußte Luther, der dessen Verbindung mit den Zwickauern kannte, ihn von vornherein mit Mißtrauen betrachten. Dies stieg, je mehr Münzer's Ansehen wuchs. Der Stachel der Eifersucht mußte Luther vollends wüthend machen. Aber dem Manne war schwer beizukommen. Vergebens zitirte ihn Luther nach Wittenberg, um ihn zu verhören. Münzer erklärte, er werde sich nur einer „ungefährlichen Gemeinde" stellen.

Da Münzer nicht nach Wittenberg kam, kamen die sächsischen Fürsten, Friedrich und sein Bruder und Mitregent, der Herzog Johann, nach Allstätt, veranlaßt durch Unruhen, die in der Nähe dieser Stadt stattgefunden hatten.

Ein Haufen Allstätter hatte am 24. März 1524 die Kapelle von Mellerbach, einen besuchten Wallfahrtsort, zerstört, um der „Abgötterei des Bilderdienstes" ein Ende zu machen, gegen die Münzer damals predigte. Die Allstätter Behörden erhielten darauf vom Kurfürsten Friedrich den Befehl, die Zerstörer der Klause in Strafe zu nehmen. Lange wagten die Aufgeforderten nicht, dem Befehl Folge zu leisten, denn sie fürchteten einen Aufruhr. Als sie endlich am 13. Juni zur Verhaftung der Verdächtigen schreiten wollten, wurde ihr Vorhaben verrathen. „Nicht nur Männer, sondern auch Weiber und Jungfrauen, denen von Münzer befohlen war, sich mit Gabeln und Forken zur Wehre zu schicken,‘ rotteten sich zusammen. Die Glocken ertönten zum Sturm. Münzer soll sie selbst angeschlagen haben." Am nächsten Tage „erhielten die Allstätter, vielleicht auf ihr Erfordern, schon auswärtige Hülfe. Berggesellen und andere, meldeten sie, seien zu ihnen gekommen, um zu sehen, ob der Magister (Münzer) etwa überfallen oder sie um des Evangeliums willen betrübt würden — das beste Zeugniß für den Einfluß und die Beliebtheit Münzer's."*)

So wurden die Absichten der kurfürstlichen Behörden vereitelt. Als der Hauptschuldige galt Münzer.

Aber als die beiden Fürsten nach Allstätt kamen (wahrscheinlich anfangs Juli), um selbst Ordnung zu schaffen, da unternahmen sie nicht nur nichts gegen Münzer, sie gestatteten diesem sogar, daß er vor ihnen eine Rede hielt, wie sie kühner vor regierenden Fürsten wohl nie gehalten worden ist. Sie allein genügt, das Geschwätz von Münzer's Feigheit zu widerlegen, das von Melanchthon bis Lamprecht sich durch alle „gutgesinnten" Darstellungen der Münzer'schen Bewegung zieht.

Münzer ging bei seiner Rede aus von dem zweiten Kapitel im Buche Danielis, von dem Gesichte Nebukadnezar's und dessen Deutung durch Daniel. Solche Offenbarungen gebe es auch heute noch. „Die Schriftgelehrten freilich behaupten, Gott offenbare sich heute nicht mehr seinen lieben Freunden durch Gesichte und mündliches Wort, man müsse sich an die Schrift halten. Sie verspotten die Warnungen Derer, die mit der Offenbarung Gottes umgehen, wie die Juden Jeremias verspotteten, der die Babylonische Gefangenschaft prophezeite." Aber durch Entsagung aller Kurzweil und Abtödtung aller Wollüste des Fleisches und durch den rechten Muth zur Wahrheit kann man auch heute noch zur Erkenntniß der Gesichte kommen. „Ja, es ist ein rechter apostolischer, patriarchalischer und prophetischer Geist, auf die Gesichte warten und dieselbigen mit schmerzlicher Betrübniß überkommen, darum ist's nicht Wunder, daß sie Bruder Mastschwein und Bruder Sanftleben (Luther) verwirft. . . . Es ist wahr und ich weiß fürwahr, daß der Geist Gottes izt vielen auserwählten frommen Menschen offenbart, eine treffliche, unüberwindliche, zukünftige Reformation sei von großen Nöthen und es muß vollführt werden, es wehre sich gleich ein izlicher, wie er will, so bleibet die Weissagung Danielis ungeschwächt." Wir sind jetzt im fünften Reiche der Welt: „Man sieht izt hübsch, wie sich die Oele (Aale) und Schlangen zusammen verunkeuschen auf einem Haufen. Die Pfaffen und alle bösen Geistlichen sind

*) Merx, S. 16, 17.

Schlangen . . . und die weltlichen Herrn und Regenten sind Oele . . . Ach, liebe Herrn, wie hübsch wird der Herr da unter die alten Töpfe schmeißen mit einer eisernen Stangen." An den evangelischen Fürsten ist es nun, gegen die Gegner des Evangeliums loszuschlagen. „Sollt Ihr nun rechte Regenten sein, so müßt Ihr das Regiment bei der Wurzel anheben." Die Wurzeln der Abgötterei müssen zerstört werden. Das Schwert ist das Mittel, die Gottlosen zu vertilgen. „Daß aber dasselbe nun redlicher Weise und füglich geschehe, so sollen das unsere theuren Väter, die Fürsten thun, die Christum mit uns bekennen. Wo sie aber das nicht thun, so wird ihnen das Schwert genommen werden (Dan., 7. Kap.), denn sie bekennen ihn also mit Worten und leugnen sein mit der That." Darauf wendet er sich gegen die heuchlerische Toleranz — wir haben ein charakteristisches Stück dieser Ausführungen oben zitirt — und schließt mit dem Zuruf: „Seid nur keck! Der will das Regiment selber haben, dem alle Gewalt ist gegeben im Himmel und auf Erden. Matthäi am letzten. Der Euch am liebsten bewahr ewiglich. Amen."

Fürwahr eine kühne Rede. Weit entfernt, seine revolutionären Absichten zu leugnen, erklärt Münzer die Revolution für nothwendig. Die Fürsten mögen sich an ihre Spitze stellen, sonst werde das empörte Volk über die Fürsten hinweg= schreiten. Die Rede zeigt keine allzu große Zuversicht, daß die Regenten diesem Appell Folge leisten würden, aber sie beweist doch, daß er es nicht für ganz unmöglich hielt, wenigstens den Kurfürsten für sich zu gewinnen.

Noch waren in der Reformationsbewegung die Klassengegensätze nicht so offenkundig und unversöhnlich aufgetreten, wie sie ein Jahr später bastehen sollten. Und man darf nicht vergessen, daß das absolute Fürstenthum damals noch eine revolutionäre Macht war, so daß ein Bündniß zwischen ihm und anderen Revolutio= nären nicht von vornherein als aussichtslos erschien. Haben doch selbst in den letzten hundert Jahren noch legitime Fürsten mit der Rebellion kokettirt, wenn ihre dynastischen Interessen sie zu einer revolutionären Politik drängten. So zeitweise namentlich die Hohenzollern bis 1866. Dazu kam aber noch der Umstand, daß Kurfürst Friedrich den Volksbewegungen gegenüber große Nachsicht, ja eine gewisse Sympathie an den Tag legte, wie wir es im Falle der Zwickauer Schwärmer gesehen haben und beim Ausbruch des Bauernkrieges wieder sehen werden.

Diesem Umstand, vielleicht aber auch dem Ansehen, das Münzer in Allstätt genoß, ist es möglicherweise zuzuschreiben, daß Münzer von den Regenten un= gefährdet entlassen wurde.

Viel mehr Klassenbewußtsein als Friedrich besaß sein Bruder, Herzog Johann. Als Münzer seine Rede drucken ließ,*) gerieth er darüber in solchen Zorn, daß er Nikolaus Widemar von Eilenburg, den Drucker der Münzer'schen Schriften, aus den sächsischen Landen ausweisen ließ. Vergebens protestirte Münzer dagegen in

---

*) Außlegung des andern unterschyds Danielis deß propheten gepredigt auffm schlos zu Alstet vor den teligen thewren Herzogen und Vorstehern zu Sachssen durch Thomam Müntzer Diener des wordt gottes, Allstedt 1524.

einem Brief vom 13. Juli. Es wurde ihm verboten, irgend etwas ohne Ge=
nehmigung der sächsischen Regierung zu Weimar drucken zu lassen.

Darauf antwortete der unbeugsame Mann damit, daß er eine neue Agitations=
schrift in dem benachbarten Mülhausen, wo eben eine Volksbewegung siegreich war,
in Druck gab, die „Enthüllung des falschen Glaubens der ungetreuen Welt."*)

Auf dem Titel nennt er sich „Münzer mit dem Hammer," mit Bezug auf
eine Stelle bei Jeremias 23, 9, wo der Herr spricht: „Ist mein Wort nicht ...
wie ein Hammer, der Felsen zerschmeißt?" „Liebe Gesellen," sagt er ferner auf
dem Titelblatt, „laßt uns auch das Loch weiter machen, auf daß alle Welt sehen
und begreifen möge, wer unsere großen Hansen sind, die Gott so lästerlich zum
gemalten Männlein gemacht haben."

Auf der zweiten Seite dienen ihm als Motto zwei Sprüche aus Jeremias, 1,
die er der Gelegenheit angepaßt hat: „Nimm wahr, ich habe meine Worte in
deinen Mund gesetzt, ich habe dich heute über die Leute und über die Reiche gesetzt,
auf daß du auswurzelst, zerbrichst, zerstreust und verwüstest, und bauest und pflanzest."
Und: „Eine eiserne Mauer wider die Könige, Fürsten und Pfaffen und wider
das Volk ist dargestellt. Sie mögen streiten, der Sieg ist wunderlich zum Unter=
gang der starken, gottlosen Tyrannen." Diese Einleitung zeigt schon den Charakter
der ganzen Schrift.

Sie beginnt mit einer Polemik gegen die Schriftgelehrten, die das arme
Volk betrügen. Dieses muß sich von ihnen emanzipiren. Wer nach Reichthum
und Ehren strebt, kann Gott nicht dienen. „Ei warum wird Bruder Sanft=
leben und Bruder Leisetreter (Luther) also heftig und gar schellig? Ja, er
meint, er könne gern seine vorgenommenen Lüste alle ins Werk führen, seine
Pracht und Reichthümer behalten und gleichwohl einen bewährten Glauben haben,
welches doch der Sohn Gottes mit klaren Worten den Schriftgelehrten getadelt
hat. ... Ihr könnt nicht Gott und den Reichthümern dienen. Wer Ehren und
Güter zu Besitz nimmt, der muß zuletzt ewig von Gott leer gelassen werden,
wie am 5. Psalm Gott sagt, ‚ihr Herz ist eitel'. Darüber müssen die ge=
waltigen, eigensinnigen Menschen vom Stuhl gestoßen werden." „Der
gottlosen, unsinnigen Menschen Regiment und Obrigkeit toben und wüthen aufs
Allerhöchste wider Gott und seine Gesalbten," ja, etliche fangen jetzt erst recht an,
„ihr Volk zu stöckern, plöcken, schinden und schaben, und bedrohen dazu die ganze
Christenheit und peinigen und tödten schmählich die Ihrigen und Fremde, daß
Gott nach dem Ringen der Auserwählten den Jammer nicht länger wird können
und mögen ansehn." Gott legt den Seinen mehr auf, als sie tragen können.
Das muß und wird baldigst ein Ende nehmen.

Die Fürsten sind die Zuchtruthe, mit der Gott die Welt in seinem Grimm

---

*) Ausgetruckte emplößung des falschen Glaubens der vngetrewen welt,
durch gezeugnus des Euangelions Luce, vorgetragen der elenden erbermlichen Christenheyt zu
innerung jres irsals. Ezechiel am 8. Capitel, Thomas Müntzer mit dem Hammer, Mül=
hausen 1524.

bestraft. „Darum sind sie nichts Anderes, denn Henker und Büttel, das ist ihr ganzes Handwerk."

Nicht sie sind zu fürchten, sondern Gott. Aber an Gott darf man nicht verzweifeln. Bei ihm ist nichts unmöglich, auch nicht der Sieg der kommunistischen Revolution. „Ja, es dünkt unzählige Leute, eine mächtig große Schwärmerei zu sein. Sie können nicht anders urtheilen, denn daß es unmöglich sei, daß ein solches Spiel sollte angerichtet und vollführt werden, die Gottlosen von Stuhl der Urtheile zu stoßen und die Niedrigen, Groben erheben." Das Unmögliche wird möglich werden. „Ja, es ist dennoch ein feiner Glaube, er wird noch viel Gutes anrichten. Er wird wohl ein subtiles Volk anrichten, wie Plato der Philosophus spekulirt hat (de republica). Und Apulejus vom gülldenen Esel."

Der Rest der Broschüre bringt nur Wiederholungen. Vergleicht man sie mit den früheren Allstätter Publikationen Münzer's, dann zeigt sich eine augenfällige Verschiedenheit. Die „Erklärung des anderen Unterschieds Danielis" bildet den Uebergang von diesen zu jener. Es handelt sich jetzt für Münzer weniger darum, die ihm Fernstehenden zu überzeugen und zu überreden, sondern vielmehr darum, die Genossen anzustacheln und anzutreiben. Und nicht mehr die kirchliche, sondern die politische und soziale Revolution stehen ihm im Vordergrund. Die „Erklärung" ist noch ein Versuch, die Fürsten für die Sache der Revolution zu gewinnen. Jetzt dagegen sind die Fürsten der Hauptfeind, nicht der Papst, und nicht um den vagen Begriff des „Evangeliums" handelt es sich, sondern direkt um den Kommunismus, „wie Plato, der Philosophus, spekulirt hat," dessen Buch über den Staat Münzer also kannte.

Diese Veränderung im Ton und Inhalt der Agitation Münzer's ist sicher zum Theil durch seinen Konflikt mit dem Fürstenthum bewirkt worden, das ihm offenkundig bewies, daß er seine Ideen nur im Kampf gegen dieses durchsetzen könne. Aber zum Theil, und wohl zum weitaus größten Theil, dürfte die Ursache dieser Wandlung tiefer liegen und begründet sein in der allgemeinen Wandlung der Verhältnisse. Gerade zu jener Zeit zuckten die ersten Flammen des Bauernkrieges auf. Jetzt galt es nicht mehr zu predigen, sondern zu handeln.

— —

VIII. Die Wurzeln des großen Bauernkrieges.

Wir sind schon öfters — so bei der Darstellung der Erhebung Dolcino's, der englischen Insurrektion von 1381 und der taboritischen Bewegung — auf die Gegensätze zu sprechen gekommen, die zu den Bauernkriegen führten. Wir brauchen bereits Gesagtes nicht zu wiederholen, und brauchen nur auf jene Punkte hinzuweisen, welche die Situation der deutschen Bauern zu Beginn des 16. Jahrhunderts von der ihrer Vorgänger unterschieden.

Die eben genannten Insurrektionen fanden alle zu einer Zeit statt, in der im Allgemeinen die Lage der Bauern in Hebung begriffen war. In Deutschland führten die Verhältnisse erst dann zu einer großen Empörung der Bauernschaft, als deren Lage sich erheblich verschlechtert hatte.

Die Zeit der Hussitenkriege kann ungefähr als die Grenzscheide gelten, von der an in der Bauernschaft die sie niederdrückenden Tendenzen anfingen, nicht nur gelegentlich und in einzelnen Lokalitäten, sondern allgemein, die sie empor=hebenden Tendenzen zurückzudrängen. Die Hauptursache davon sehen wir in der Erstarkung des Kapitals (zunächst des Kaufmannskapitals) und des damit ver=bündeten absoluten Fürstenthums.

Die Erstarkung des Kapitals war die naturnothwendige Folge der Ent=wickelung der Waarenproduktion und des Waarenhandels. Das Kapital, vor Allem das Kaufmannskapital, bedarf aber einer starken Staatsgewalt, die ihm den inneren Markt sichert und die Konkurrenz auf dem Weltmarkt ermöglicht. Die Kapitalisten förderten daher die Entwickelung des absoluten Fürstenthums und seiner beiden großen Werkzeuge, der Bureaukratie und des Söldnerheeres, auf jede Weise und standen ihm, nicht mit ihren Personen, wohl aber mit ihren Geldmitteln bei in seinen Kämpfen gegen die unbotmäßigen Klassen, die ihre gewonnenen Freiheiten und Rechte zu behaupten suchten, Adel und Geistlichkeit auf der einen, Bauern und Kleinbürger auf der anderen Seite. Dabei kam es den Fürsten und Kapitalisten sehr zu Statten, daß die gegnerischen Klassen selbst in schroffem Gegensatze zu=einander standen und einander erbittert befehdeten.

Das Kapital — Kaufleute und Wucherer — und die Fürsten wußten alle diese Klassen sich immer mehr zinspflichtig zu machen. Jede derselben suchte ihre Lasten immer weiter abzuwälzen, und so fielen diese schließlich mit ver=doppelter Wucht auf die untersten Volksschichten, die städtischen Proletarier und namentlich die Bauern, die große Masse des Volkes. Die Preisrevolution, von der wir schon gesprochen haben, vergrößerte noch die Wirkung dieser Belastung.

Aber während so der Druck auf die unteren Klassen wuchs, verminderte sich gleichzeitig ihre Kraft des Gegendruckes. Wenn die Lage der Bauern sich im 13. und 14. Jahrhundert besserte, so war das nicht zum Mindesten dem Aufblühen der Städte, namentlich der zahlreichen kleinen Landstädte zu danken, an denen die Bauern einen Rückhalt fanden, als Verbündete gegen den gemein=samen Feind. Jedoch im 15. Jahrhundert gerathen in Deutschland die Städte immer mehr in Abhängigkeit von den Fürsten. Die Selbständigkeit der Mehr=zahl der deutschen Städte war zu Ende des 15. Jahrhunderts bereits gebrochen. Die verhältnißmäßig wenigen, die sich ihre Freiheit zu bewahren gewußt hatten, waren zumeist große Städte, deren herrschende Klassen selbst an der bäuerlichen Ausbeutung auf das Lebhafteste interessirt waren. Diese städtischen Republiken — unter ihnen wohl die bedeutendste Nürnberg — neigten ebenso zu den Fürsten, wie in Böhmen während der Hussitenkriege Prag auf Seite der großen Aristokraten gestanden hatte. Das Rückgrat der Demokratie war das kleinstädtische Bürgerthum gewesen. In dem Maße, in dem dies an Selbständigkeit verlor, verloren auch die demokratischen Richtungen an Kraft.

Aber noch in anderer Weise verschlechterte die Gestaltung des Städtewesens während des 15. Jahrhunderts die Lage der Bauern. Bis ins 14. Jahrhundert hatten die Städte Zufluchtsstätten gebildet, die den Bauern offen standen.
Dies zwang die Grundherren, wollten sie nicht ihrer Arbeiter verlustig gehen,
die Bauern an sich zu fesseln, womöglich durch Gewalt, aber auch durch gute
Behandlung.

Jetzt wurde das anders. Erinnern wir uns dessen, was wir im zweiten
Abschnitt über die Entwickelung des Zunftwesens gesagt. Im 15. Jahrhundert
beginnt die Abschließung der Handwerke gegen allzu starken Zufluß von Arbeitern
bereits größere Ausdehnung anzunehmen. Das führt zur Niederdrückung nicht nur
des städtischen unorganisirten Proletariats, sondern auch der Bauernschaft. Der
Weg zum Wohlstand in den Städten wird ihr verschlossen. Zwischen der städtischen
Kleinbürgerschaft und dem Bauernthum bildet sich ein Gegensatz heraus, der mitunter
durch eine Allianz gegen gemeinsame Feinde überbrückt wird — gegen Kirche, Adel,
Fürsten, Kapitalisten —, der aber auch dann die Freundschaft zu einer sehr lauen macht.

Jemehr die Städte aufhörten, Zufluchtsorte für die Bauern zu sein, desto
weniger brauchte der Grundherr diese zu schonen. Sie waren ihm jetzt sicher,
sie hatten in den Städten nichts mehr zu gewinnen, so lange sie nicht gänzlich
verkommen waren. Aber auch den Proletariern verschlossen sich die Städte immer
mehr. Neben dem städtischen bildet sich ein ländliches Proletariat, das vermehrt
wird durch die Verringerung und Auflösung der feudalen Gefolgschaften, eine
natürliche Folge des Eindringens der Waarenproduktion und der damit zusammen-
hängenden Geldgier in das flache Land. Wir haben schon gesehen, daß dadurch
die urwüchsige Gastfreundschaft immer mehr eingeengt wurde. Aber diese Entwickelung führte auch zu zunehmender Reduzirung der Gefolgschaften. Die Landesfürsten förderten diesen Vorgang, wo sie nur konnten, um die ihnen unbequeme
Selbständigkeit des Adels zu mindern.

Aber die Entwickelung der Waarenproduktion verlieh auch dem Grund und
Boden einen Werth, drängte auf der einen Seite die Markgenossenschaften, sich
abzuschließen, auf der anderen Seite die Grundherren, das Gemeineigenthum der
Genossenschaften als ihr eigenes Privateigenthum in Anspruch zu nehmen und
zu annektiren.

Bedenkt man alles das: die Versperrung der Zufluchtsstätten in Stadt und
Land für landlose Leute, während gleichzeitig neben dem natürlichen Bevölkerungs-
zuwachs die Auflösung der Gefolgschaften, sowie die wachsende Belastung der
Bauern durch Staatssteuern, grundherrliche Lasten und Wucherzinsen immer mehr
landlose Leute schuf, dann dürfen wir uns nicht wundern, daß das ländliche
Proletariat rasch wuchs.

Zunächst war es vornehmlich Lumpenproletariat, es lieferte Bettler und
Gauner, legitime und illegitime, Räuber und Kriegsknechte.

Im 14. Jahrhundert waren die Söldner noch zum großen Theil abenteuer-
und beutelustige jüngere Bauernsöhne gewesen, die nach einigen Jahren des Kriegs-

dienstes wieder Bauern wurden, deren Klasseninteressen theilten, gegen diese —
wenigstens im eigenen Lande — schwer verwendbar waren und nach ihrer Rückkehr
die bäuerliche Wehrhaftigkeit steigerten. Im 15. Jahrhundert treten immer mehr
die Lumpenproletarier unter den Kriegsknechten in den Vordergrund, Deklassirte,
die keine Klasseninteressen mehr kennen, die für ihren Herrn durch Dick und Dünn
gehen und zu Allem zu haben sind — so lange er sie bezahlt.

So ungünstig dies allein schon die militärische Widerstandsfähigkeit der
Bauernschaft beeinflussen mußte, so wirkte noch mehr in gleicher Richtung die Entwickelung des Kriegswesens. Wir haben bereits gesehen, in welcher Weise die Taboriten dasselbe revolutionirten. Es entwickelte sich in der von ihnen eingeschlagenen
Richtung weiter; immer wichtiger wurde neben der Uebung des Einzelnen im Gebrauch der Waffen die Uebung der Masse der Krieger in künstlichen Evolutionen, die
Disziplin, das planmäßige und sichere Zusammenwirken der einzelnen Abtheilungen
des Heeres. Diese neue Taktik hatte in den Händen der Taboriten die Demokratie unbesiegbar gemacht, nun entschied sie das militärische Uebergewicht der
Gegner der Demokratie. Nur der Berufssoldat war im Stande, sie zu üben,
den bäuerlichen und kleinbürgerlichen Erhebungen der zweiten Hälfte des 15.
und des 16. Jahrhunderts stand aber nicht die Zeit zu Gebote, welche die Taboriten gehabt, um in ihrer Mitte eine Berufsarmee auszubilden. Wer die
Berufssoldaten bezahlen konnte, auf dessen Seite wandte sich der Sieg.

In gleicher Weise wirkte die Anwendung des Schießpulvers zu Kriegs-
zwecken, die seit den Hussitenkriegen rasche Fortschritte machte. Man hat die
Erfindung des Schießpulvers eine demokratische Erfindung genannt, weil sie dem
Ritterthum ein Ende machte. Wir können nicht viel „Demokratisches" in dem
Wirken dieser Erfindung entdecken. Ganz abgesehen davon, daß der Einfluß des
Schießpulvers auf die Brechung der Macht des niederen Adels oft sehr überschätzt
wird — dessen ökonomischer und militärischer Bankerott war entschieden, ehe
die Feuerwaffen angefangen hatten, von wesentlicher Bedeutung im Kriegswesen
zu sein — ganz abgesehen davon ist zu bemerken, daß es ebenso sehr den Widerstand der Bauernheere brechen half, wie den der Ritterheere. Die Entwickelung
der Feuerwaffen ist der letzte Ring in jener Kette, die im 16. Jahrhundert geschlossen war; von da an galt als das wesentlichste Mittel der Kriegführung
Geld, Geld und noch einmal Geld. Feuerwaffen für den Kriegsgebrauch zu
erwerben und zweckentsprechend anzuwenden, war ein Privilegium der reichen
Machthaber, der großen Städte und Fürsten. Sie halfen das Ritterthum
niederwerfen, nicht zu Gunsten der Bauern und Kleinbürger, sondern zu Gunsten
kapitalistischer und fürstlicher Ausbeutung.

Und die Kosten der militärischen Niederwerfung des Adels hatten wieder
die Bauern zu tragen. Im 14. Jahrhundert war der Adel von oben und unten
gleichzeitig bedrängt worden; von oben durch die Fürsten (verbündet mit den
Kapitalisten), von unten durch die Bauern. Lange sucht er sich der einen wie
der anderen gleichzeitig zu erwehren, schließlich aber unterwirft er sich den Fürsten,

welche dafür die Verpflichtung übernehmen, seine Bauern niederzuhalten. Er verkauft seine Selbständigkeit, um dafür die Ausbeutung der Bauern um so fester zu begründen.

Nicht überall vollzog sich diese Entwickelung in gleicher Weise und zur gleichen Zeit. In Norddeutschland, namentlich im Osten desselben, machte sie sich erst später geltend. In Süd- und Mitteldeutschland aber empfanden die Bauern im 15. Jahrhundert bereits ihre niederdrückenden Wirkungen, und zwar um so mehr, je näher das 16. Jahrhundert heranrückte. Bei dessen Beginn war ihre Lage nach den damaligen Begriffen völlig unerträglich geworden, wenn sie auch in manchen Beziehungen sich vortheilhaft von der heutigen Lage der arbeitenden Klassen in Stadt und Land unterscheidet.

Diese Herabdrückung, die Vermehrung der Leistungen an Arbeit, Naturalien und Geld, größere Abhängigkeit vom Grundherrn, Konfiskation von bäuerlichem Gemeineigenthum an Weide und Wald zu Gunsten des Grundherrn — die Konfiskation von bäuerlichem Privateigenthum, das Legen von Bauern, tritt erst später ein — das Alles vollzog sich natürlich nicht ohne energischen Widerstand der Bauernschaft. Während des 15. Jahrhunderts folgte in Deutschland ein Bauernaufstand dem anderen, und sie wurden um so häufiger und erbitterter, je mehr das Jahrhundert voranschritt.

Die wichtigsten dieser Vorläufer des großen Bauernkrieges finden wir bei Zimmermann verzeichnet, auf dessen Buch wir auch Jeden verweisen, der die bäuerliche Erhebung von 1525 eingehender verfolgen will als im Rahmen dieser Darstellung möglich ist. Alle diese Erhebungen scheiterten. Von ihnen gilt, was wir schon bei Dolcino's Bewegung gesehen: sie blieben lokale Bewegungen.

Da kam die Reformationsbewegung, wühlte die ganze Nation auf und vereinigte, wenigstens vorübergehend, alle die lokalen Klassengegensätze zu nationalen, über das ganze Reich oder wenigstens dessen größten Theil sich erstreckenden Klassengegensätzen. So flossen jetzt auch die verschiedenen lokalen bäuerlichen Bewegungen in einer einzigen großen Bewegung zusammen, für Jahrhunderte hinaus der letzten großen und der gewaltigsten Kraftanstrengung der Bauern des europäischen Festlandes, das Joch abzuwerfen, das auf ihnen lastete. Wenn wir absehen von England, dann finden wir eine gleich großartige Bauernbewegung erst wieder 1789 in Frankreich, jedoch unter ganz anderen, günstigeren Verhältnissen. So unwiderstehlich letztere war, so sehr trug die von 1525 von vornherein den Keim des Todes in sich.

Mit den Bauern erhoben sich aber auch andere Klassen, wie denn die bürgerliche Gesellschaft viel zu komplizirt ist, als daß eine große revolutionäre Erhebung bisher das Werk einer einzigen Klasse gewesen wäre. Und die kommende Revolution wird wohl ebenfalls nicht von einer einzigen Klasse, dem industriellen Proletariat allein ausgefochten werden, sondern auch von Kleinbürgern und Kleinbauern. Aber stets ist es eine Klasse, der der Vorkampf zufällt. Heute ist es das Proletariat, 1789 war es das Kleinbürgerthum, 1525 die Bauernschaft.

Die Alliirten der letzteren kennen wir schon; 1525 fochten zum großen Theil dieselben Klassen zusammen, welche sich um das Banner der Taboriten geschaart. Hier wie dort gesellt sich ein Theil des bankerotten niederen Adels den Rebellen zu, vorwiegend in hervorragender Stellung als militärische Führer, eine Stellung, die sie theils zu überzeugungstreuen Helden machte, wie Florian Geyer, theils zu Verräthern, wie Götz von Berlichingen. Auch ein großer Theil der städtischen, namentlich der kleinstädtischen Bevölkerung schließt sich den Bauern an, darunter in erster Linie das Proletariat. Aber das deutsche Städtewesen zu Beginn des 16. Jahrhunderts ist ein anderes als das böhmische zu Beginn des 15. Die Städte sind intellektuell viel weiter fortgeschritten, aber politisch haben sie an Selbständigkeit eingebüßt. Und nur das städtische Proletariat ist noch ein zuverlässiger Bundesgenosse der Bauern. Die Handwerksmeister und selbst die Handwerksgesellen sind ihnen entfremdet. Die Last des Kampfes liegt daher 1525 mehr als in den Hussitenkriegen auf den Bauern. Nur sehr lau greifen die Städte ein, die Bewegung findet nirgends einen Stützpunkt, wie ihn hundert Jahre vorher in Böhmen Tabor bot. Nicht in militärischer, sondern nur in intellektueller Beziehung haben die städtischen Sympathien für die Bauern sich lebhafter geäußert, nämlich in der Beeinflussung ihres Programms.

Dagegen fanden die Insurgenten von 1525 einen Verbündeten, der den Taboriten fehlte: die Bergleute. Erinnern wir uns des über sie im zweiten Abschnitt Gesagten, ihrer Wehrhaftigkeit und ihres Zusammenwohnens in großen Massen. Sie waren geübt in kriegerischen Evolutionen und gewohnt, Disziplin zu halten. Militärisch standen sie auf einer weit höheren Stufe als alle anderen Schichten der arbeitenden Klassen jener Zeit. Wo sie energisch in den Kampf eintraten, ist die Erhebung militärisch unbesiegt geblieben.*)

Daß es zu einer gewaltsamen Erhebung kommen werde und müsse, wurde im Laufe des Jahres 1524 jedem klar, der mit den Bauern innigere Fühlung besaß; besonders einem Manne wie Münzer konnte es nicht verborgen bleiben. Sie machten Alle dieselben Erfahrungen wie er: freudig hatten sie Luther zugejauchzt, der sich von der Popularität tragen ließ, indem er die Erwartungen aller Klassen rege machte. Als aber der allgemeine Feind überwunden schien, als der Papst und sein Schützer, der Kaiser, in Worms 1521 ihre Ohnmacht gezeigt hatten, als die alten Autoritäten gestürzt waren und es galt, an die Neuordnung der Dinge zu gehen, und nun die Klassengegensätze immer schroffer aneinander stießen, als es galt, die Frage zu entscheiden, wer die Früchte der Kirchenreform einheimsen solle, die unteren Klassen oder die oberen, da entschied sich Luther noch nicht, so lange er nicht mußte — blos gegen die kommunistischen Schwärmer trat er von vornherein entschieden auf, wie wir gesehen —, aber er stemmte sich jedem Versuch der unteren Klassen entgegen, praktische Vortheile aus

---

*) Wir haben dies eingehend dargethan in einer Artikelserie in der „Neuen Zeit," 1889, „Die Bergarbeiter und der Bauernkrieg, vornehmlich in Thüringen."

der Reformation zu ziehen, indeß er alle Schritte der Fürsten in dieser Richtung begünstigte. Diesen sollten die Kirchengüter zufallen, nicht den Bauern. „Wir haben blos die Herzen von den Klöstern zu reißen," schrieb er (wahrscheinlich Ende Juli) 1524, „nicht diese anzugreifen. Wenn die (die Herzen) nun davon sind, daß Kirchen und Klöster wüst liegen, so laß man dann die Landesherrn damit machen was sie wollen."*)

Von der Lutheranischen Reformation, das wurde 1524 immer klarer, hatten die unteren Klassen nichts zu erwarten. Nur durch eigene Kraft, in gewaffneter Erhebung konnten sie von dem Joche sich befreien, das auf ihnen lastete.

IX. Münzer's Vorbereitungen der Erhebung.

Sobald es klar geworden, daß den unteren Klassen nichts übrig bleibe, als das Schwert gegen alle Ausbeuter zu erheben, die revolutionären ebenso wie die reaktionären, war Niemand eifriger als Münzer, die Insurrektion vorzubereiten. Seine Umsicht, seine Thatkraft, seine Kühnheit machten ihn zum Mittelpunkt der revolutionären Bewegung der ausgebeuteten Klassen Thüringens und verliehen ihm Einfluß weit darüber hinaus.

Man kann seine Thätigkeit ermessen nach den Anklagen, die gegen ihn bei den sächsischen Regenten einliefen. Da klagte zum Beispiel ein Friedrich Wizleben, seine Unterthanen aus Wendelstein, Wollmerstadt und Rosleben hätten Boten an Münzer gesandt und diesen befragt, ob sie einen Bund wider ihren Herrn schließen dürften, der sie hindere, den Münzer'schen Gottesdienst zu besuchen. Münzer hatte diese Frage bejaht und ihnen wohl auch gezeigt, wie sie sich organisiren müßten. Ebenso betrieb er die Organisirung der zahlreichen und wehrhaften Mansfeldischen Bergarbeiter. An die Unterthanen des Herzogs Georg von Sachsen zu Sangershausen erließ er einen Brief, in dem er sie mahnte, beim Evangelium, das heißt bei der demokratischen Sache, zu stehen und sich den Feinden des Evangeliums zu widersetzen.

Auch an die Orlamünder wendete er sich, wo Karlstadt eine ähnliche Stellung einnahm wie Münzer in Allstätt, und lud sie zu einem Bündniß ein. Aber Karlstadt und seine Leute gehörten der Richtung an, die von einem gewaltthätigen Vorgehen nichts wissen wollte. In einer Antwort, „der von Orlamünd schrifft an die zu Alstedt, wie man Christlich fechten soll" (gedruckt zu Wittenberg 1524), schrieb er: „Wir wollen nicht zu Messern und Spießen laufen, vielmehr soll man wider seine Feinde gewaffnet sein mit dem Harnisch des Glaubens. Daß Ihr schreibt, wir sollen uns zu Euch gesellen und mit Euch verbinden; so wir das thäten, wären wir nicht mehr freie Christen, sondern an Menschen gebunden. Dieß würde dem Evangelio ein rechtes Zetergeschrei bringen, da sollten die Tyrannen frohlocken

---

*) Luther's sämmtliche Werke, Leipzig 1729, XIX, S. 240.

und sprechen: Diese rühmen sich des einigen Gottes, nun verbinden sie sich einer mit dem andern, ihr Gott ist nicht stark genug, sie zu verfechten."*)

Dieser Brief, der veröffentlicht wurde, nützte Karlstadt nichts; Luther warf ihn doch in einen Topf mit Münzer. Für diesen aber bedeutete der Brief eine Denunziation.

Am bedenklichsten aber war es, daß durch einen Verräther, Nicol Ruglert, den Fürsten das Bestehen eines Geheimbundes in Allstädt bekannt wurde, den Münzer gestiftet hatte, wie Melanchthon mittheilt: „Er machte ein Register, schrieb darein alle, so sich zu ihm verbunden und verpflichtet, die unchristlichen Fürsten zu strafen und christlich Regiment einzusetzen." Der Bund hatte auch außerhalb Allstätts Anhänger, so „im Thal Mansfeld," in Sangershausen, ja selbst in Zwickau. Als Zweck der Organisation gab Münzer in seinem „Bekenntniß" an: „Ist die Verbindung wider die, so das Evangelium verfolgen, gewest." Was aber unter dem „Evangelium" zu verstehen sei, darüber sagte er, peinlich befragt, aus: „Ist ihr Artikel gewest und habens auf die Wege richten wollen: omnia sunt communia (Alles ist gemeinsam), und sollte einem Jeden nach seiner Nothdurft ausgetheilt werden, nach Gelegenheit. Welcher Fürst, Graf oder Herr das nicht hätte thun wollen, dazu ernstlich erinnert, denen sollte man die Köpfe abschlagen oder (sie) hängen."

Wie weit die Ziele des Bundes damals schon den sächsischen Fürsten bekannt wurden, wissen wir nicht. Aber das, was sie davon erfuhren, genügte im Verein mit den anderen Anklagen, daß sie den gefährlichen Mann zu einem Verhör nach Weimar luden, umsomehr, da sie auch Luther gegen ihn hetzte.

In einem offenen Brief an die sächsischen Regenten (Ende Juli**) denunzirte „Bruder Sanftleben": „Ich hab diesen Brief an Eure fürstliche Gnaden allein aus der Ursach gegeben, daß ich vernommen und auch aus ihrer Schrift verstanden habe, als wollte derselbe Geist die Sache nicht im Wort lassen bleiben, sondern gedenke sich mit der Faust darein zu begeben und wolle sich mit Gewalt setzen wider die Obrigkeit und stracks daher eine leibliche Aufruhr anrichten . . . Wiewohl ich mich nun versehe, Eure fürstliche Gnaden werden sich hierinnen besser wissen zu halten, denn ich rathen kann, so gebührt mir doch unterthäniger Fleiß, auch das meine dazu zu thun und Eure fürstliche Gnaden unterthänig zu bitten und zu ermahnen, hierinnen ein ernstlich Einsehen zu haben und aus Schuld und Pflicht ordentlicher Gewalt solchem Unfug zu wehren und dem Aufruhr zuvorzukommen . . . Darum Eure fürstliche Gnaden hie nicht zu schlaffen noch zu säumen ist, denn Gott wirds fordern und Antwort haben wollen um solchen hinlässigen Brauch und Ernst des befohlnen Schwerts. So würde es auch vor den Leuten und der Welt nicht zu entschuldigen sein, daß Eure fürstliche Gnaden aufrührische und frevle Faust dulden und leiden sollen."***)

---

*) Abgedruckt bei Strobel, S. 77, 78.
**) Die gewöhnliche Datirung vom 21. August ist falsch. Vgl. Merz, S. 39, Note.
***) Luther's sämmtliche Werke, XIX., S. 237, 238.

Diese Stellen geben den Grundton des Briefes an. Sie sind charakteristisch für Luther wie für die damalige Situation. Der Rest des Briefes enthält eine Polemik gegen Münzer und ein nicht geringes Lob der eigenen Persönlichkeit, sowie endlich, wohl um der Denunziation den bösen Beigeschmack zu nehmen, den Hinweis darauf, daß er nicht die Unterdrückung des Allstättischen Geistes verlange, sondern nur die seiner Faust. Greife er nicht zur Gewaltthat, dann lasse man ihn ruhig predigen. Münzer selbst hat bereits in seiner Antwort auf diesen Brief, der „Schutzrede," darauf hingewiesen, welche Heuchelei in diesen Ausführungen liegt. War es doch Luther's eifrigstes Bestreben gewesen, Münzer mundtodt zu machen.

Münzer war unerschrocken genug, der Vorladung nach Weimar zu folgen, am 1. August. Herzog Johann verhörte ihn, entließ ihn jedoch vorläufig noch ungekränkt: „Weil man befunden, daß er das Volk zum Bündniß ermahnt und dergleichen Unschicklichkeit mehr begangen habe, so wolle sich der Herzog mit dem Kurfürsten erst über die Maßnahmen, welche gegen ihn vorgenommen werden sollten, berathen, ,und was Ihrer Kurfürstlichen Gnaden Gemüth sei, würde man ihm in Kurzem anzeigen lassen.' Bis dahin solle er sich friedlich halten."*)

Münzer wartete aber nicht ab, was der Kurfürst über ihn verhängte. Seine Stellung in Allstätt war unhaltbar geworden. Das Strafgericht der Fürsten drohte dem Städtchen und der Rath erklärte sich jetzt gegen ihn. Da entwich er (in der Nacht vom 7. zum 8. August). Er erzählt selbst in seiner „Schutzrede": „Da ich heimkam von der Verhörung zu Weimar, meinte ich zu predigen das ernste Wort Gottes, da kamen meine Rathsherrn und wollten mich den höchsten Feinden des Evangelii überantworten. Da ich das vernahm, war meines Bleibens nimmer. Ich wischte von meinen Schuhen ihren Staub, denn ich sah mit meinen sichtigen Augen, daß sie viel mehr ihre Eide und Pflichten als Gottes Wort achteten."

Der schwächliche Renegat Melanchthon suchte auch hier, wie sonst, Münzer in den Verdacht der Feigheit zu bringen: „Thomas hat da seines großen Geistes vergessen und macht sich davon und verbarg sich ein halb Jahr."

Wie wenig Feigheit mit Münzer's Auszug aus Allstätt zu thun hatte, und wie wenig er gesonnen war, sich zu verbergen, zeigt, daß er sich von Allstätt unmittelbar nach einem neuen Kriegsschauplatz begab, nach Mülhausen, wo wir ihn schon am 15. August finden. Und in diesem Punkte kann kein Irrthum Melanchthon's vorliegen, sondern nur eine bewußte Lüge, denn 1525 mußte er sich noch sehr wohl des Schreckens erinnern, der im August 1524 Luther und seine Freunde ergriff, als sie erfuhren, Münzer habe sich nach Mülhausen gewendet.

Luther schrieb sofort an die von Mülhausen und forderte sie auf, Münzer zu vertreiben. Der Rath lade ihn vor und frage ihn, wer ihn gerufen, zu predigen: „Wenn er dann sagt, Gott und sein Geist habe ihn gesandt, wie die Apostel, so laßt ihn dasselbe beweisen mit Zeichen und Wundern, aber

---

*) Merx, S. 41.

wehret ihm das Predigen, denn wo Gott die ordentliche Weise will ändern, so thut er allwege Wunderzeichen dabei."*)

Daß Luther so energisch gegen den kommunistischen Agitator zu Felde zog, hatte seinen guten Grund. Nicht nur mehrten sich die Anzeichen der drohenden Empörung, in Mülhausen war Münzer auch gefährlicher als in Allstätt. Es war größer, enthielt etwa 6000 Einwohner und beherrschte ein Gebiet von etwa 220 Quadratkilometern.**) Handwerk und Handel blühten. Namentlich Weberei und Tuchhandel waren dort stark entwickelt. „Es wurde besonders viel Tuch zu Mülhausen gewebt und ein vortheilhafter Handel damit nach Ruß= land und anderen Ländern in jener Weltgegend getrieben." (Galletti, Geschichte Thüringens, IV., 91.) Mülhausen war aber nicht blos reich und stark, es war auch von den sächsischen Fürsten unabhängig, eine der wenigen freien Reichsstädte, die sich in Thüringen noch selbständig erhalten hatten. Fiel diese Stadt in die Hände der kommunistischen Schwärmer, dann erhielten sie einen Stützpunkt, der sie ziemlich gefährlich machte.

Die inneren Verhältnisse lagen für eine Volkserhebung nicht ungünstig. Die starke Ausdehnung der Wollenweberei als Exportgewerbe mußte einen fruchtbaren Boden für rebellische und kommunistische Strömungen erzeugen. Dazu kam, daß in Mülhausen „ein drückendes Aristokratenregiment herrschte: in dieser freien Reichs= stadt gab es nicht mehr als sechsundneunzig Männer, die in Wahrheit freie Bürger waren. Das waren die Herren des Raths, der sich selbst ergänzte und nur aus Patriziern."***)

In Mülhausen waren daher nicht blos die städtischen Proletarier, die Vor= städter und die Bauern der umliegenden Orte, die von der Stadt abhingen, rebellisch, sondern auch die zünftigen Handwerker, die anderswo zu den privilegirten Klassen gehörten. Kein Wunder, daß die Reformationsbewegung in Mülhausen zu einer Reihe heftiger Erhebungen der Bürgerschaft gegen das Patrizierregiment führte. Der Leiter des Volkes in diesen Kämpfen war Heinrich Pfeiffer, ein Mönch, der, wie so viele andere zu jener Zeit, aus seinem Kloster getreten war. Pfeiffer war der Führer des oppositionellen Theils der wohlhabenden Bürgerschaft, der zünftigen Handwerker und der Kaufleute, soweit diese nicht zu den Patriziern gehörten. Aber die Patrizier waren zu stark in Mülhausen, als daß er die Bauern und Proletarier außer Acht hätte lassen können. Er wendete sich auch an sie und rief sie auf zum Kampf gegen die städtische Aristokratie.

Und noch eines anderen Bundesgenossen erfreute sich Pfeiffer: der sächsischen Fürsten, die schon längst nach dem Besitz der mächtigen Reichsstadt lüstern waren und denen innere Unruhen in derselben sehr zweckdienlich erschienen.†) Derselbe

---

*) Luther's sämmtliche Werke, XIX., S. 236.
**) Merx, S. 48.
***) Zimmermann, Bauernkrieg, I., S. 191. Zimmermann stand eine Reihe wich= tiger Forschungen aus dem Stadtarchiv zu Mülhausen zu Gebote.
†) Vgl. Zimmermann, a. a. O., I., S. 194.

Herzog Johann von Sachsen, der Pfeiffer später, nachdem er ihm unbequem geworden, als Rebellen köpfen ließ, begünstigte zunächst dessen Rebellion.

Trotz allen diesen Gegnern muß der Rath doch einen starken Anhang in der Stadt besessen haben, denn es gelang den Demokraten nicht, einen dauernden Erfolg zu erzielen. 1523 siegte Pfeiffer zum ersten Mal mit seinem Anhang. Die Beute fiel nur der wohlhabenden Bürgerschaft zu; blos diese erhielt Antheil am Stadt= regiment; die Proletarier und die Kleinhandwerker in den Vorstädten und gar erst die Bauern gingen völlig leer aus.

Sollte dies einen Umschwung in der Stimmung der niederen Klassen hervor= gerufen haben? Sicher ist es, daß es dem Rath bald gelang, Pfeiffer zu ver= treiben, und vergebens verwendete sich Herzog Johann von Sachsen für seine Rückkehr. Dennoch finden wir ihn bald wieder in Mülhausen, in heftigem Kampf mit dem Rath, wobei das Glück sich bald auf die eine Seite, bald auf die andere neigte. Mitten in diesem Kampf traf Münzer in Mülhausen ein. Der Rath war damals zu ohnmächtig, um Luther's Aufforderung nachzukommen, so gerne er gewollt hätte. „Ist auch ein ehrbar Rath so wenig mit ihm als mit Pfeiffer zufrieden gewest, aber der Pöbel hat ihn mit Gewalt behalten. Da er eben mit seinem Gesellen, dem Pfeiffer, eine Meuterei über die andere gestiftet und an= gerichtet hat."*)

Gerade um diese Zeit finden wir, daß die Partei Pfeiffer's eine Schwenkung nach links vornimmt. Sie erhebt Forderungen auch für die Bauern und Vor= städter, und erringt nun den Sieg, am 27. August 1524. Ob und inwieweit Münzer an diesem Umschwung betheiligt war, kann nicht festgestellt werden.

Aber wie wahrscheinlich schon 1523, trat auch jetzt wieder eine Spaltung unter den Siegern ein. Waren damals die Vorstädter und Bauern nicht be= friedigt worden, so bekamen jetzt die Bürger, die Handwerker und Kaufleute Furcht vor den Bauern und den Proletariern, die seit Münzer's Ankunft sicher an Zuversicht nicht verloren hatten. Die Bürger schlugen sich auf die Seite des Rathes, und schon am 25. September erlitten Pfeiffer und Münzer eine Nieder= lage. Münzer wurde vertrieben, bald darauf auch Pfeiffer.

Er wandte sich nach Süddeutschland, gleich so vielen anderen in Sachsen politisch Geächteten, wie zum Beispiel Karlstadt, den Luther durch seine Fürsten hatte ausweisen lassen, da diesen auf einer Agitationsreise, die er gegen Karl= stadt unternommen, die Orlamünder sehr schlecht aufgenommen hatten. Aber auch jetzt bedeutete der Rückzug Münzer's nicht den Rücktritt von der Bewegung zu wenigstens zeitweiser Ruhe, sondern nur das Aufsuchen eines neuen Feldes der Thätigkeit. Er mußte über die Dinge, welche sich in Süddeutschland vorbereiteten,

---

*) Johann Becherer, Newe Thüringische Chronica, Mülhausen 1601, S. 473. Diese thüringische Chronik beginnt mit Moses: „Wenn man von der Thüringer ersten Urankunft etwas zu wissen begehret, hat man keine ältere Nachrichtung, denn die uns der allerälteste und gewisseste Scribent Moses giebt." Von Japhet's Sohn Mesach stammen die Meißner, von Thiras die Thüringer.

wohl unterrichtet sein. Denn Deutschland — wenigstens Süd= und Mitteldeutschland — war damals von einem Netz von mehr oder weniger geheimen revolutionären Gesellschaften überzogen, die in steter Verbindung miteinander waren. Namentlich die kommunistischen Sekten lieferten zahlreiche wandernde Agitatoren, die, wie in England zur Zeit John Ball's, so auch jetzt in Süd= und Mitteldeutschland die verschiedenen Bündnisse in Fühlung miteinander erhielten. Wir wissen bereits, daß seit den Anfängen der Waldenser die „Vertrauensleute" der Kommunisten, die „Apostel," die „armen Priester," oder wie sie sonst heißen mochten, in der Regel in steter Wanderung mit nur kurzen Unterbrechungen begriffen waren. Die Entwickelung des Wanderns der Handwerksgesellen war ein weiteres Mittel, den interlokalen Zusammenhang für diese Schichten zu einem engeren zu gestalten als für jede andere Schicht der Gesellschaft. „Alle wandernden Handwerker, die der Gemeinde angehörten, so Meister als Gesellen, wurden Apostel."*)

Als Münzer sich nach Süddeutschland wandte, mußte er also wohl unter= richtet sein über die dortigen Verhältnisse; er mußte wissen, daß dort allenthalben der Aufstand drohte, er wußte jedenfalls auch schon davon, daß (Ende August) sich bereits die Bauern in Stühlingen thatsächlich erhoben hatten und die Erhebung an der Schweizer Grenze rasch um sich griff. Grund genug für Münzer, sich dorthin zu wenden, sobald ihm in den sächsischen Ländern jede Wirksamkeit für so lange unmöglich gemacht worden war, als die bestehenden Machtverhältnisse dauerten.

Nur vorübergehend hielt er sich in Nürnberg auf, nicht um einen Aufruhr zu entfachen — wie viele Leute glaubten — und er hätte Anhang genug in diesem alten begharbischen Zentrum gefunden, der Reichsstadt, deren Patriziat so mißtrauisch und selbstherrlich war, daß es selbst die zünftigen Organisationen der Handwerker verbot.**) Er blieb nur, um eine Schrift dort heimlich drucken zu lassen. Zu einem Aufstand schien ihm die Gelegenheit nicht günstig.

Seinen Nürnberger Aufenthalt charakterisirt Münzer am besten selbst in einem Brief an einen Christoph N. in Eisleben.***) Wie traurig seine Verhältnisse damals waren, zeigt folgende Stelle daraus: „So Ihrs vermögt, helft mir mit einer Zehrung, es sei, was es wolle. Aber wenn Ihr Euch dran ärgern solltet, will ich keinen Heller haben." Bereichert hat sich also Münzer in Allstätt und Mülhausen nicht. Er schreibt weiter in dem Briefe: „Ich hab meine Lehr lassen zu Nürnberg drucken und sie wollten beim römischen Reich Dank verdienen, sie zu unterdrücken, ich bin entschuldigt . . . Ich wollte wohl ein feines Spiel mit denen von N. (Nürnberg) angerichtet haben, wenn ich Lust hatte, Aufruhr zu machen, wie mir die lügenhafte Welt Schuld gibt, aber ich will alle meine Widersacher mit Worten so feig machen, daß sie es nicht werden verlengnen. Viele vom N. Volke riethen mir, zu predigen, da antwortete ich, ich wäre um

---

*) C. A. Cornelius, Geschichte des Münster'schen Aufruhrs, Leipzig 1860, II., S. 41.
**) Schönlank, Soziale Kämpfe vor 300 Jahren, S. 5 ff.
***) Abgedruckt in Luther's sämmtlichen Werken unter dessen Schriften gegen Münzer und die aufrührerischen Bauern, XIX., S. 245.

deßwillen nicht gekommen, sondern um mich durch den Druck zu verantworten. Da das die Herrn erfuhren, klangen ihnen die Ohren. Denn gute Tage thun ihnen wohl, der Handwerksleute Schweiß schmeckt ihnen süß, süß, gedeiht aber zur bitteren Galle. Es wird da kein Bedenken oder Spiegelfechten helfen, die Wahrheit muß herfür, es hilft sie nichts das Gedichte annehmen des Evangelii; die Leute sind hungrig, sie wollen essen."

Damit schließt der Brief.

Den Erfolg seines Nürnberger Aufenthaltes schildert uns kurz ein alter Berichterstatter, Johann Müllner (zitirt bei Strobel, S. 64): „Ein Buchdrucker zu Nürnberg hat sich unterstanden, ein Büchlein von Thomas Münzer zu drucken. Dem hat der Rath alle Exemplarien nehmen und seinen Gesellen, der es ohne des Meisters Vorwissen gethan, in das Lochgefängniß einziehen lassen."

Um noch ein Uebriges zu thun, haben Luther und sein Anhang die Schrift systematisch todtgeschwiegen und sie nie erwähnt, geschweige denn darauf geant- wortet, obwohl, oder vielmehr weil sie die schärfsten Angriffe und Anklagen gegen Luther enthielt — gegen Luther und gegen die Fürsten. Diese letzte Schrift Münzer's ist seine leidenschaftlichste und revolutionärste.

Wenn die Nürnberger und Luther mit seinen Leuten glaubten, durch die Konfiskation und das Todtschweigen etwas gewonnen zu haben, so irrten sie sich, wie sich bis auf den heutigen Tag noch zahlreiche Staatsmänner irrten und irren, die in gleicher Weise Politik treiben. Es gelang dem hochwohlweisen Rath keineswegs, aller Exemplare habhaft zu werden. Nicht nur fand die Schrift noch vor dem Bauernkrieg Verbreitung; trotz des Vernichtungskrieges gegen alle auf- rührerischen Schriften, der nach dem Bauernkriege wüthete, haben sich Exemplare des konfiszirten Libells bis heute erhalten. Es ist die „hoch verursachte Schutz- rede."*) Mit feiner Verspottung der damaligen Servilität der Schriftgelehrten ist sie gewidmet: „Dem Durchlauchtigsten Erstgeborenen Fürsten und allmächtigen Herrn Jesu Christo, dem gütigen König aller Könige, dem tapferen Herzog aller Gläubigen, meinem gnädigsten Herrn und getreuen Beschirmer und seiner betrübten einzigen Braut, der armen Christenheit."

Nach einer Reihe von Ausfällen gegen Luther, den „Dr. Ludibrii," und die Schriftgelehrten, kommt er darauf zu sprechen, daß er die Fürsten in Allstätt aufgefordert habe, das Schwert zu ergreifen zur Vertheidigung des Evangeliums. Er habe dies mit der Bibel gerechtfertigt. „Gleichwohl kommt der Gevatter Leisetritt, ach, der kirre Geselle, und sagt, ich wolle Aufruhr machen, wie er denn aus meinem Sendbrief an die Berggesellen erlesen. Eines sagt er und das Aller- bescheidenste verschweigt er: wie ich klärlich vor den Fürsten ausbreitete, daß eine ganze Gemeinde Gewalt des Schwertes habe, wie auch den Schlüssel zur Auflösung, und sagte vom Text Danielis 7, Apocalyp. 6 und Romano. 13,

---

*) Hoch verursachte Schutzrede und antwort wider das Gaistlose Sanfft lebende Fleysch zu Wittenberg, welches mit verkärter weyße, durch den Diepstal der heiligen schrift die erbermbliche Christenheit also gantz jämmerlich besudelt hat. Thomas Müntzer Alstedter.

1. Reg. 8, daß die Fürsten keine Herrn, sondern Diener des Schwertes (der öffentlichen Gewalt) seien. Sie sollens nicht machen, wie es ihnen wohl gefällt, Deutero. 17, sie sollen recht thun. Darum muß auch nach altem gutem Brauch das Volk daneben sein, wenn einer recht gerichtet wird nach dem Gesetz Gottes, Num. 15. Ei warum: Wenn die Obrigkeit das Urtheil wollte verkehren (Esaia 10), so sollen die umstehenden Christen das verneinen und nicht leiden, denn Gott will Rechenschaft haben vom unschuldigen Blut, Psalm 78. Es ist der allergrößte Greuel auf Erden, daß Niemand der dürftigen Noth sich will annehmen; die Großen machens wie sie wollen . . . Sieh zu, die Grundsuppe des Wuchers, der Dieberei und Räuberei sind unsere Herrn und Fürsten, sie nehmen alle Kreaturen zum Eigenthum. Die Fische im Wasser, die Vögel in der Luft, das Gewächs auf Erden, Alles muß ihr sein (Esaia 5). Darüber lassen sie dann Gottes Gebot ausgehn unter die Armen und sprechen: Gott hat geboten, Du sollst nicht stehlen; sie selbst aber folgen dem nicht. Daher sie nun alle Menschen beschweren, den armen Ackersmann, Handwerksmann und alles, was da lebt, schinden und schaben (Michää 3). So er sich dann vergreift am Allergeringsten, muß er hängen. Da sagt dann der Dr. Lügner Amen. Die Herrn machen das selber, daß ihnen der arme Mann Feind wird; die Ursache des Aufruhrs wollen sie nicht weg thun, wie kann es auf die Länge gut werden. So ich das sage, muß ich aufrührisch sein. Wohlhin!"*)

Münzer polemisirt nun weiter gegen Luther, dem er unter Anderem seinen Neid vorwirft, darüber, daß Münzer ihm mit dem „Deutschen Amt" zuvorgekommen (Wir haben die Stelle zitirt S. 273). Er weist Luther nach, daß dieser heuchle, wenn er behaupte, er blos Münzer's Thaten bekämpfe, dagegen seinen Predigten nichts in den Weg lege. „Jungfrau Martin," „die keusche babylonische Frau" verdamme Münzer nicht, sie denunzire ihn blos. Er höhnt Luther, der sich auf sein Martyrium so viel zu Gute thut: „Es nimmt mich sehr Wunder, wie es der ausgeschämte Mönch tragen kann, daß er also gräulich verfolgt wird bei dem guten Malvasier und bei dem Hurenkästlein." Nicht minder verächtlich wie das Posiren als Märtyrer bei Wohlleben und Würden sei die Speichelleckerei Luther's und seine Achselträgerei. „Die armen Mönch und Pfaffen und Kaufleut können sich nicht wehren, darum hast du sie wohl zu schelten. Aber die gottlosen Regenten soll Niemand richten, ob sie schon Christum mit Füßen treten." Dabei aber treibe er Demagogie, um es auch mit den Bauern nicht zu verderben. Lächerlich sei sein Prahlen mit seiner Tapferkeit. Weder in Leipzig noch in Worms habe er etwas riskirt (wir haben die Worms betreffende Stelle oben zitirt, S. 247). Den Rest bildet, außer der Mittheilung über Münzer's Auszug aus Allstätt (zitirt S. 285), eine saftige Schimpferei auf Luther, in einem Stil, den auch dieser selbst liebte: „Schlaf sanft, liebes Fleisch. Ich rieche Dich

---

*) Dieser ganze Passus ist bei Zimmermann als Zitat aus dem „anderen Unterschied Danielis" gebracht, a. a. O., I., S. 185.

lieber gebraten in Deinem Trotz durch Gottes Grimm im Hafen oder Topf beim Feuer, denn in Deinem eigenen Söslein gekocht, sollte Dich der Teufel fressen. Du bist ein eselisch Fleisch, Du würdest langsam gar werden und ein zähes Gericht werden Deinen Milchmäulern."

Nachdem Münzer diesen Partherpfeil gegen seinen Gegner abgeschossen, verließ er Nürnberg und wandte sich nach der Schweizergrenze, wo er den Winter verbrachte. Genaueres ist über seinen dortigen Aufenthalt nicht bekannt. Nach Cochläus hätte er seine damaligen Reisen bis Hall in Tirol ausgedehnt, einem Bergwerksdistrikt, der später ein Wiedertäuferzentrum wurde. Vielfach nahm man an, er sei der Verfasser der berühmten zwölf Artikel, in denen die aufgestandenen Bauern ihre Forderungen formulirten, ja man behauptete sogar, er habe die süddeutsche Insurrektion veranlaßt. Die beiden letzteren Angaben sind sicher grundlos. Wahrscheinlich auch die des Cochläus.

Münzer selbst sagt uns in seinem „Bekenntniß" über seinen Aufenthalt an der Schweizer Grenze nur Folgendes, und das dürfte alle wesentlichen Momente seiner damaligen Thätigkeit enthalten: „Im Klettgau und Hegau bei Basel habe er etliche Artikel, wie man herrschen soll, aus dem Evangelio angeben; daraus haben Andere andere Artikel gemacht. Sie hätten ihn gerne zu sich genommen, er habe ihnen aber dafür gedankt. Die Empörung habe er dort nicht gemacht, sondern sie seien bereits aufgestanden gewest. Oekolampadius und Hugowaldus haben ihn dort aufgefordert, zum Volk zu predigen, da habe er dann gepredigt."

Münzer hat also die zwölf Artikel nicht verfaßt, wohl aber hat er auf ihre Entstehung Einfluß genommen. Er betrachtete seinen Aufenthalt nur als einen vorübergehenden, aber er blieb nicht unthätig, sondern wirkte agitatorisch, „predigte dem Volke," wie er sagte, oder wie Bullinger sich ausdrückt: „er pflanzte seinen vergifteten Samen des Bauernaufruhrs."

Hier an der Schweizer Grenze hatte er aber auch Gelegenheit, mit den Führern der Schweizer Wiedertäufer zusammenzutreffen. Das Verhältniß Münzer's zu denselben ist jedoch zwar sehr charakteristisch für diese, dagegen von geringer Bedeutung für das Verständniß des thüringischen Kommunisten und seines Wirkens. Eine Darstellung dieses Verhältnisses würde das Eingehen auf die Anfänge der Wiedertäufer überhaupt bedingen. Um den Fortgang der Darstellung nicht ungebührlich zu unterbrechen, sehen wir hier davon ab, um im nächsten Kapitel darauf zurückzukommen.

X. Der Bauernkrieg.

Zu Beginn des Jahres 1525, vielleicht schon im Januar, verließ Münzer Schwaben, um nach Thüringen zurückzugehen. Er ging nicht aufs Geradewohl. Er wußte, daß der Ausbruch der Bewegung bevorstehe.

Wie in England 1381 der Bauernaufstand auf allen Punkten an demselben Tage losgebrochen war, so galt auch jetzt unter den aufrührerischen Bauern allenthalben der gleiche Tag — der 2. April — als der Tag des allgemeinen Losschlagens, wenn auch der Aufstand in manchen Gegenden durch Ungeduld der Betheiligten oder unter dem Zwang der Verhältnisse früher schon losbrach. Wir dürfen also nicht daran zweifeln, daß eine weitverzweigte Verschwörung hinter der Empörung stand, diese organisirte und ihren Ausbruch leitete.

Heute, wo ein Geheimbund, und wenn er noch so wenige Mitglieder umfaßte, wohl den Massen der Bevölkerung, auf die er sich stützen will, verborgen bliebe, in der Regel aber nicht den Regierungen, giebt es wohl keinen ernsthaften revolutionären Politiker mehr, der eine große, den ganzen Bereich der Nation umfassende Erhebung durch eine Verschwörung bewerkstelligen wollte. Im 14. und auch noch im 16. Jahrhundert lag die Sache günstiger. Noch war die politische Staatspolizei nicht entwickelt — wenigstens nicht nördlich der Alpen —, auch war das Postwesen mit seinen Anhängseln noch nicht Staatssache geworden; die Briefe waren daher noch nicht „so sicher, wie die Bibel auf dem Altar," alle Mittheilungen nach entfernteren Gegenden wurden durch Boten besorgt, und die „Feldpost" der Revolutionäre arbeitete ebenso prompt, oft noch prompter als die der Herrschenden, dank namentlich den wandernden Gesellen und „Aposteln," auf deren Rolle in dieser Beziehung wir schon hingewiesen.

So blieb zum Beispiel auch während des Bauernkrieges Münzer von Mül=hausen aus in lebhaftem Verkehr mit Schwaben. Bullinger erzählt in seinem Buch über die Wiedertäufer: „Und als er gleichwohl hier oben in dieser Gegend (dem Klettgau) nicht mehr war, sondern sich wiederum herab nach Thüringen gethan und zu Mülhausen wohnte, schrieb er doch Briefe an seine Vertrauten herauf, mit denen er immerdar unruhige Leute anzündete und hetzte wider ihre Herrn und Obern. Und nicht lang vor dem Ausbruch des bäurischen Aufruhrs, der in der Landgrafschaft und darum sich erhob, schickte er einen Boten herauf mit Briefen und auch mit Zetteln, in welche er hatte lassen verzeichnen die Kreise und Größe der Kugeln des Geschützes, das zu Mülhausen zu dem Aufruhr schon gegossen war: stärkte damit und tröstete die Unruhigen."*)

Am meisten aber wurde damals der Erfolg einer Verschwörung begünstigt dadurch, daß jedes Mitglied der unteren Klassen in einem kleinen Kreise lebte, von dem es gesellschaftlich, meist auch ökonomisch, höchst abhängig war, der all sein Thun und Treiben kannte und mit dem es aufs Innigste verwuchs. Die Mark=genossenschaft und die Dorfgemeinde, die Zunft und die Gesellschaft erzeugten da eine Disziplin, eine Solidarität, aber auch eine Abschließung von anderen Kreisen, die der Bewahrung von Geheimnissen, sowie dem Erstehen und Bestehen von Geheimbünden höchst förderlich war. Die Zeit, in der Zunftgeheimnisse Jahrhunderte lang bewahrt werden konnten, ohne ausgeplaudert zu werden, war

---

*) „Der Widertäufferen ursprung, fürgang, Secten, wäsen, fürnemen vnd gemeine jrer leer Artickel, auch jre grind vnd worüm sy sich absünderind vnd ein eigne Kirchen anrichtind, mit widerlegung etc. Abgeteilt in VI Bücher vnd beschriben durch Heinrychen Bullingern, Dienern der Kirchen zu Zürich," Zürich 1561.

auch die Zeit, in der die Geheimbünde gediehen. Nicht nur sektirerische Lehren wurden auf dem Wege der Geheimbündelei verbreitet — erinnern wir uns der „Grubenheimer" — sondern auch politische Aktionen in Stadt und Land wurden dadurch bewirkt. Manche dieser geheimen Gesellschaften haben große Bedeutung erlangt, so zum Beispiel der „Bundschuh" und der „Arme Konrad," die den Bauernkrieg einleiteten.

Zur Zeit der Reformation endlich wurde die Verschwörung noch besonders erleichtert durch das kolossale Mißtrauen der Herrschenden untereinander. Erschwerte schon die Zerrissenheit Deutschlands ein planmäßiges Zusammenwirken der Obrig= keiten verschiedener Lokalitäten, so wurde diese Schwierigkeit noch gesteigert während der Reformation, wo nicht nur die unteren Klassen revoltirten, sondern auch ein großer Theil der oberen auf die Revolution spekulirte, wo die geistlichen Herren den weltlichen, die katholischen den evangelischen nicht über den Weg trauten, und umgekehrt. Es mußte ihnen erst das Wasser an die Kehle gehen, ehe sie sich zu einer „reaktionären Masse" vereinigten.

So wird es erklärlich, daß der Aufstand, dessen Anzeichen schon im Herbst 1524 an verschiedenen Punkten zu Tage traten und der im Winter eifrig vor= bereitet wurde, die herrschenden Klassen überraschte, so daß die Empörer zu Beginn fast allenthalben im Vortheil waren.

So früh Münzer aufgebrochen war, er stieß unterwegs bereits auf insurgirte Bauern. Einmal wäre ihm das um ein Haar sehr schlecht bekommen. Im Fuldischen wurde er mit einem Haufen Bauernrebellen gefangen genommen. Der Allstätter Schösser Hans Zeyß, der über Münzer stets gut unterrichtet war, schrieb damals (22. Februar) an Spalatin: „Ich füg Euch zu wissen, daß Thomas Münzer zu Fulda gewesen, daselbst im Thurm einige Zeit gelegen, und der Abt hat zu Arnstädt auf des von Schwarzburg Wirthschaft gesagt, — hätte er gewußt, daß es Thomas Münzer gewesen, er wollte ihn nicht ledig gegeben haben."

Kurz darauf, 12. März, finden wir Münzer wieder in Mühlhausen, wohin Pfeiffer schon früher (im Dezember) gekommen war. Binnen wenigen Tagen sind sie durch einen glücklichen Aufstand Herren der Stadt, fast an demselben Tage, an dem sich, mehr als drei Jahrhunderte später, 1848 das Volk von Berlin und 1871 das von Paris siegreich erhob (am 17. März). Der eben erwähnte Hans Zeyß schrieb darüber an Spalatin, mit merkwürdiger Hervor= hebung Pfeiffer's und Ignorirung Münzer's, aber mit richtiger Kennzeichnung der Elemente, durch die der Kampf gewonnen ward: „Ich hätte Euch einen ganzen Tag zu berichten, der grausamen Uneinigkeit und Aufruhr, die ein Prediger, der Pfeiffer genannt, und Münzer in Mühlhausen anrichten. In Summa, Herr Omnes (Herr Alle, das Volk) hat dem Rath das Regiment genommen; der darf nichts wider ihren Willen strafen, regieren, schreiben noch handeln.

„Nachdem der Pfeiffer mit Münzer vom Rath vertrieben, und da sie zu Nürnberg gewest und ausgewest, ist Pfeiffer wiederkommen und hat sich in der von Mühlhausen Dörfern beworben und beklagt, wie er mit Gewalt vertrieben worden sei, allein um der Wahrheit und um beß willen, daß er sie frei vom Rath und der Obrigkeit und von aller Beschwerung habe predigen und machen wollen. Und er hat dieselbigen Bauern mit ihren Gewehren versammelt und ist gegen Mülhausen in die Vorstadt gezogen, dort aufgetreten und hat mit Gewalt geprebigt. Da das der Rath zu Mülhausen gewahr worden ist, daß Pfeiffer mit Gewalt zu ihnen eindringe, haben sie in der Stadt ihre Ordnungen und Haufen gemacht und sind aus der Stadt Pfeiffer entgegengezogen, ihn wieder zu vertreiben. Als der Kampf angehn sollte, da haben die gemeinen Bürger, die doch dem Rath beständig sein sollten, sich gegen den Rath geschlagen und solche Untreue gespielt, davon nicht zu sagen ist. Und ihr Hauptmann hat gesehn, wie das gemeine Volk vom Rath gefallen sei und mit großer Mühe und Arbeit das Spiel und den Lärmen gestillt, doch nicht anders, denn daß diese (Pfeiffer und Münzer) Prediger bleiben und der Rath sich hat müssen zwingen lassen, nichts zu thun oder zu schaffen ohne der Gemeinde Wissen und Wollen. Damit ist dem Rath das Schwert genommen und es geht in Mülhausen seltsam zu."

In der That sehr seltsam: eine kommunistische Gemeinde wurde dort eingerichtet.

„Dieß war der Anfang des neuen christlichen Regiments," schreibt Melanch= thon. „Danach stießen sie die Mönche aus, nahmen die Klöster und Stiftgüter ein; da haben die Johanniter einen Hof gehabt und große Rent; denselben Hof nahm Thomas ein . . . Er lehrte auch, daß alle Güter gemein sollten sein, wie in Actis Apostolorum geschrieben steht, daß sie die Güter zusammengethan haben. Damit macht er den Pöbel so muthwillig, daß sie nicht mehr arbeiten wollten, sondern wo einem Korn oder Tuch vonnöthen war, ging er zu einem Reichen, wo er wollt', und forderts aus christlichen Rechten. Denn Christus wollt, man sollte theilen mit den Dürftigen. Wo denn ein Reicher nicht willig gab, was man fordert, nahm man es ihm mit Gewalt. Dieß geschah von vielen, auch thäten es die, so bei Thomas wohnten im Johanniterhof."

Und Becherer erzählt: „In diesem Regiment war Münzer Diktator und Oberster und hat alles nach seinem Gefallen gerichtet. . . . Insonderheit drang er auf Gemeinschaft der Güter, woraus denn erfolget, daß die Leute ihr Hand= werk und tägliche Arbeit liegen ließen, meinten, ehe sie der Edelleute, Fürsten und Herrn, Stifter und Klöster Güter hätten verzehrt, unterdeß würde Gott mehr bescheeren; lernten also rauben und stehlen; und dieß Wesen trieb Münzer etliche Monate lang." *)

Die schlimmen Wirkungen, die das kommunistische Regiment angeblich auf Handel und Wandel geübt, brauchen wir wohl nicht eingehend zu beleuchten; sie sind nichts als das herkömmliche Gerede des Bürgerthums und seiner Anwälte über den Kommunismus und haben gar keine thatsächliche Grundlage. Das er= giebt sich schon daraus, daß das Regiment der revolutionären Kommune von

---

*) Becherer, a. a. O., S. 479.

Mülhausen nicht viel über zwei Monate dauerte (fast genau so lange wie das der Pariser Kommune von 1871 — ersteres vom 17. März bis zum 25. Mai, letzteres vom 18. März bis zum 28. Mai); Münzer selbst verließ Mülhausen schon vor dem 12. Mai. In diesen paar Wochen soll der Kommunismus fühlbare Einwirkungen auf die Produktion geäußert haben, mitten in der wildesten Kriegsnoth, die jeden wehrhaften Arbeiter unter die Waffen rief!

Melanchthon freilich erzählt uns, der Kommunismus in Mülhausen habe ein Jahr lang gedauert! Man stelle sich vor, ein moderner Schriftsteller hätte im Herbst 1871 eine Geschichte der Pariser Kommune geschrieben, in welcher er deren Dauer auf ein Jahr ansetzte! Man weiß nicht, worüber man sich mehr wundern soll, über die Unverfrorenheit des „sanften und schüchternen“ Melanchthon oder über die Gedankenlosigkeit seines Publikums.

Und aus solchen „zeitgenössischen Quellen“ ist bisher von bürgerlicher Seite die Geschichte der kommunistischen Bewegungen in der Regel zusammengelesen worden.

Indeß sind diese Fälschungen bei einiger Sorgfalt leicht zu entdecken. Weit verwirrender hat die gänzlich unrichtige Darstellung der Rolle gewirkt, die Münzer in Mülhausen spielte. Becherer wie Melanchthon stellen ihn als Diktator hin, dessen Wille in Mülhausen unumschränkt gebot. In gleicher Weise äußerte sich gelegentlich Luther. (Er schrieb in einem Brief*): „Müntzer Mulhusi Rex et Imperator est,“ „Münzer ist Mülhausens Herr und König.“

In Wirklichkeit war Münzer's Lage nichts weniger als erfreulich. Er hatte nicht durch die eigene Kraft seiner Anhänger gesiegt, sondern durch einen Kompromiß mit der Pfeiffer'schen Richtung, die nicht kommunistisch, sondern ausgesprochen bürgerlich war. Er kam nicht an die Spitze der Regierung, des Rathes, sondern blieb einfacher Prediger. Aber auch seine Predigt war in Mülhausen nicht ausschlaggebend. Die Politik der Stadt entsprach keineswegs seiner Politik. In den wichtigsten Angelegenheiten begegnete er Pfeiffer's Widerstand, und dieser hatte die Mehrheit hinter sich.

Mülhausen war kein Tabor. Dieses kann man als eine kommunistische Kolonie bezeichnen. Es war eine Neugründung, in der die Kommunisten zusammenströmten, um dort die alleinige Bevölkerung zu bilden. Ganz anders lagen die Verhältnisse in der alten Reichsstadt. Die Kommunisten fanden dort ihre vornehmliche Stütze nur im Proletariat und daneben noch in manchen Kreisen der kleinen selbständigen, vorstädtischen Handwerker und der umwohnenden Bauern. Diese Bevölkerungsschichten waren damals viel zu schwach, um den verschiedenen Schichten des Bürgerthums ihren Willen aufzwingen zu können. Durch ein glückliches Zusammentreffen günstiger Umstände und eine geschickte und energische Ausnutzung derselben, waren die Kommunisten in Mülhausen dahin gelangt, eine entscheidende Rolle spielen zu können, wohl als das Zünglein an der Wage zwischen den beiden kämpfenden Parteien. Aber mehr konnten sie von der Richtung,

---

*) Zitirt bei Strobel, S. 88.

die mit ihrer Hülfe obenauf gelangt war, nicht erlangen, als Duldung. Wir
dürfen uns den Zustand in Mülhausen nicht so vorstellen, als wäre die ganze
Stadt kommunistisch organisirt worden; die „Brüder" erlangten jedenfalls nicht
mehr, als daß ihnen gestattet wurde, ihre geheime Organisation in eine offene
zu verwandeln und eine „Kommune" innerhalb der Stadtgemeinde zu bilden.
Den Sitz dieser Kommune bildete wahrscheinlich der Johanniterhof.

Wie wenig zahlreich Münzer's Anhang in Mülhausen war, sieht man
daraus, daß, als er von dort auszog, um den Bauern zu helfen, nur 300 Mann
ihm folgten.*)

Daß die Münzer'sche Kommune, „so bei Thomas wohnten im Johanniter=
hofe," in den wenigen Wochen ihres Bestehens ihre Einnahmen nicht blos aus
der Arbeit ihrer Mitglieder zog, sondern und vornehmlich aus der Beute, die
in Kirchen, Klöstern und Schlössern gemacht wurde, dürfen wir Melanchthon
wohl glauben. Aehnlich hatten es die Taboriten gehalten, und in den damaligen
Zeitläufen waren die Kirchengüter res nullius, Niemandes Eigenthum, das an
sich riß, wer die Macht dazu hatte. Meistens die Fürsten. Hier und da auch
ein paar arme Teufel.

Daß Münzer und Pfeiffer in grundsätzlichem Gegensatz zueinander standen,
darauf haben wir schon hingewiesen. Aber daraus folgten auch Gegensätze
taktischer Natur.

Pfeiffer, als echter Kleinbürger der vorkapitalistischen Zeit, fühlte sich blos
als Vertreter lokaler Interessen. Münzer war, wie die Kommunisten jener Zeit
überhaupt, interlokal. Pfeiffer betrachtete die Erhebung in Mülhausen als eine
reine Mülhauser Angelegenheit. Für Münzer war sie nur ein Glied in einer
großen Kette revolutionärer Erhebungen, deren Zusammenwirken der Tyrannei
und Ausbeutung den Garaus machen sollte. Was ehedem Tabor für Böhmen
gewesen, sollte jetzt die feste Stadt Mülhausen für Thüringen werden, der Stütz=
punkt der ganzen Rebellion, die innigste Fühlung mit der fränkischen und schwäbischen
zu halten habe.

Pfeiffer -- und wenn wir hier von Pfeiffer und Münzer reden, so meinen
wir nicht die beiden Personen allein, sondern auch die Richtungen, deren vornehmste
Vertreter sie waren — Pfeiffer war wohl gleich bei der Hand bei einigen Plünderungs=
zügen in benachbarte Gebiete, jedoch nur in katholische, aber weiter als an kleine
Stadtfehden dachte er nicht. Münzer dagegen war sich wohl bewußt, daß der
Sieg in Mülhausen nicht den Abschluß der revolutionären Kämpfe bedeute, sondern
die Einleitung des Entscheidungskampfes. Es galt also, sich zu rüsten und zu
organisiren, die Massen wehrhaft zu machen und die Erhebungen der verschiedenen
Gebiete zu gemeinsamem Handeln zu vereinigen.

---

*) Melanchthon spricht von 300 „Buben." Bei einem früheren Auszug, am 26. April,
folgten ihm nach Becherer „ungefähr 400 Mann, mehrentheils fremdes Gesindlein. . . . Bei
diesem Haufen und Zuge sind wenige Bürger und kein Rathsherr von Mülhausen gewest"
(a. a. O., S. 480).

Mit der Wehrhaftigkeit der Bauern stand es in Thüringen besonders schlimm. Vielleicht nirgends in Deutschland war das Bauernvolk so ungeübt in den Waffen und ohne alle Rüstung, wie gerade dort. Sie zu bewaffnen und in den Waffen zu üben, dazu brauchte man Zeit.*)

Was er thun konnte, that Münzer. Namentlich sorgte er für grobes Geschütz. Er ließ im Barfüßer Kloster Kanonen gießen. Welchen Werth er darauf legte, vielleicht mehr als moralisches, denn als taktisches Machtmittel, sieht man daraus, daß er bis nach Schwaben die Mittheilung davon schickte, wie wir gesehen haben. Diese Thatsache allein zeigt uns aber bereits, wie eifrig er die Verbindung mit den süddeutschen Insurgenten pflegte.

Noch eifriger betrieb er die Anspornung und Zusammenfassung der Aufrührer in Thüringen. Er entfaltete geradezu eine fieberhafte Thätigkeit in Wort und Schrift. Nach allen Seiten sandte er Briefe zur Ermahnung und Ermuthigung. Einen davon druckt Seidemann als Beilage zu seinem Buche ab (Beilage 38, S. 143). Er sei hier mitgetheilt: „Den christlichen Brüdern von Schmalkalden, itzt zu Eisenach im Lager.

„Die reine rechtschaffene Furcht Gottes zuvor, Allerliebste. Euch sei zu wissen, daß wir mit allem Vermögen und allen Kräften Euch zu Hilfe und Schirm kommen wollen. Es haben aber neulich unsere Brüder Ernst von Honstein, Günther von Schwarzburg, Hilfe begehrt, welche wir ihnen auch zugesagt und jetzt zu vollziehen geneigt sind. So Ihr darüber geängstigt würdet, wollen wir und der ganze Haufe von der Gegend in Euer Lager kommen; wir wollen mit Allem, was wir vermögen, Euch zu Hilfe kommen. Aber tragt eine kurze Zeit Geduld mit unsern Brüdern, die zu mustern wir über die Maßen zu schaffen haben, denn es viel ein grobes Volk ist, wann ein jeder austrachten kann. Ihr seid in vielen Sachen eures Beschwerens inne worden, den Unsern aber vermögen wir nicht mit allem Gemüth dasselbige zu erkennen geben. Allein wie sie Gott mit Gewalt treibt, müssen wir ihnen handeln. Ich wollt sonderlich von Gott begehren, umzugehn und euch zu rathen und helfen, und desselbigen mit Beschwerung lieber pflegen, denn mit Unwitzigen vorgehn zu müssen. Jedoch will Gott die närrischen Dinge erwählen und die klugen verwerfen. Darum ists auch was Schwaches, daß ihr euch also sehr

---

*) „Münzer wollte sich nicht übereilen; er wollte den rechten Augenblick erwarten, warten, bis der Aufstand durch die Zeit und Gewohnheit Stärke gewänne und eine vollkommenere Organisation; bis die waffengeübten, handfesten Bergknappen bei ihm wären, die Oberschwaben und andere Haufen die ersten Schlachtsiege über die Fürsten gewonnen hätten. Er wollte sie Alle zum Rückhalt haben und dann erst von seinem Mülhausen sich erheben mit Gideon's Schwert. Er kannte ihn wohl, den größten Theil seiner Thüringer. Das waren keine Schwaben, die von Jugend an der Fahne gefolgt, im Kriege herangewachsen waren, keine Franken, wie Herrn Florian's schwarze Schaar, keine Schützen, wie die in den Alpen und im Elsaßerland: der Erdscholle mühsam und kümmerlich den Unterhalt abzuringen, war ihr Tagwerk, Hacke und Spaten die einzigen ihnen gewohnten Waffen." Zimmermann, II., S. 424.

fürchtet und ihr mögt es doch wohl an der Wand greifen, wie euch Gott beisteh. Habt den allerbesten Muth und singet mit uns: Ich will mich vor Hunderten und Tausenden nicht fürchten und deren Volk, wiewohl sie mich umlagert haben. Gott gebe Euch den Geist der Stärke, das wird er nimmermehr unterlassen, durch Jesum Christum, der euch Allerliebsten bewahre alle. Amen. Gegeben zu Mül= hausen, Im Tag Jubilate (7. Mai) Anno 1525. Thomas Münzer mit der ganzen Gemeinde Gottes zu Mülhausen und von vielen Oertern."

Der Brief ist bezeichnend, nicht blos für Münzer's Beziehungen zu den Insurgenten außerhalb Mülhausens, sondern auch für seine Stellung innerhalb dieser Stadt. Man sieht, wie wenig zufrieden er mit den „Brüdern" dort ist, den „Unwitzigen," dem „groben Volk," das ihm „über die Maßen zu schaffen" machte, die „ihres Beschwerens noch nicht völlig inne worden."

Wichtiger als die unzuverlässigen Mülhausener und als die schlecht bewehrten Bauern erschienen ihm die Bergarbeiter. Diese waren der wehrhafteste und trotzigste Theil des Volkes in Sachsen, und auf sie richtete sich denn auch sofort Münzer's Aufmerksamkeit. Er setzte sich mit den Bergwerken am Erzgebirge in Verbindung, vor Allem aber trachtete er darnach, die ihm nächsten Bergarbeiter, die Mansfelder, zur Erhebung zu bringen, unter denen er ja noch von seiner Allstätter Zeit her gute Verbindungen hatte.

Ein Brief, den er damals an seine Bundesbrüder im Mansfeldischen richtete, den Balthasar und Barthel u. s. w., die Agitation unter den Bergarbeitern in Fluß zu bringen, ist abgedruckt in Luther's Werken als eine von „drey greulichen aufrührischen Schrifften Thomä Münzers" (XIX, S. 289 ff.). Derselbe ist später mehrfach veröffentlicht worden, so von Strobel, S. 93, und Zimmermann, II, S. 297. Er lautet: „Die reine Furcht Gottes zuvor. Lieben Brüder, wie lange schläft ihr? Wie lange seid ihr Gott seines Willens nicht geständig, darum, daß er euch nach eurem Ansehen verlassen hat? Wie oft habe ich euch gesagt, daß es das muß sein. Gott kann sich nicht länger offenbaren. Ihr müßt stehen; thut ihr's nicht, so ist das Opfer, ein herzbetrübtes Herzeleid, umsonst. Ihr müsset darnach wieder in Leiden kommen. Das sage ich euch, wollt ihr nicht um Gottes willen leiden, so müßt ihr des Teufels Märtyrer sein. Darum hütet euch. Seid nicht verzagt, nicht nachlässig; schmeichelt nicht länger den verkehrten Phantasten, den gottlosen Böswichtern. Fahet an und streitet den Streit des Herrn. Es ist hohe Zeit. Haltet eure Brüder all dazu, daß sie göttliches Zeugniß nicht verspotten; sonst müssen sie alle verderben. Das ganze Deutsch=, Französisch= und Welschland ist erregt. Der Meister will ein Spiel machen, die Böswichter müssen dran. Zu Fulda haben sie in der Osterwoche vier Stiftskirchen verwüstet. Die Bauern im Klettgau, im Hegau und Schwarzwald sind auf, als dreißigtausend stark, und wird der Haufe je länger je größer. Allein das ist meine Sorge, daß die närrischen Menschen sich verwilligen in einen falschen Vertrag, darum, daß sie den Schaden noch nicht erkennen. Wo euer nur Drei sind, die in Gott gelassen, allein seinen Namen und seine Ehre suchen, werdet ihr Hunderttausende nicht fürchten. Nur dran, dran, dran! Es ist Zeit. Die Bösewichter sind verzagt wie die Hunde. Reget die Brüder an, daß sie zu Fried kommen, und ihr Gezeugniß halten. Es ist über die Maßen hoch, hoch vonnöthen: dran, dran, dran! Lasset euch nicht erbarmen, ob euch der Esau gute Worte vorschlägt. Sehet nicht an den Jammer der Gottlosen. Sie werden euch so freundlich bitten, greinen, flehen wie die Kinder. Laßt es euch nicht erbarmen, wie Gott durch Mosen befohlen hat, 5. Buch Mosis, 7. Uns, uns hat er auch offenbaret dasselbe. Reget an in Dörfern und Städten, und sonderlich die Berggesellen mit anderen guten Burschen. Wir müssen nicht länger schlafen. Siehe, da ich die Worte schrieb, kam mir Botschaft von Salza, wie das Volk den Amtmann des Herzog Georgens vom Schloß langen wollen, um deßwillen, daß er Drei habe wollen heimlich umbringen. Die Bauern vom Eichsfeld sind über ihre Junker fröhlich worden; kurz, sie wollen keine Gnade haben. Es ist des Wesens viel, Euch zum Ebenbilde. Ihr müsset dran, dran, es ist Zeit! Balthasar und Barthel! Krumpf, Velten und Bischof, gehet feine an. Diesen Brief lasset den Berggesellen werden. Mein Drucker wird kommen in kurzen Tagen. Ich habe die Botschaft erhalten; ich kann es jetzt nicht anders machen. Selbst wollte ich den Brüdern Unterricht geben, daß ihnen das Herz viel größer sollte werden, denn alle Schlösser und Rüstung der gottlosen Böse= wichter auf Erden. Dran, dran, dran! weil das Feuer heiß ist. Lasset euer Schwert nicht kalt werden von Blut; schmiedet Pinckepauck auf dem Ambos Nimrods, werft ihm den Thurm zu Boden. Es ist nicht möglich, dieweil sie leben, daß ihr der menschlichen Furcht sollt loswerden. Man kann euch von Gott nicht sagen, dieweil sie über euch regieren. Dran, dran, dran! dieweil ihr Tag habt, Gott geht euch für, folget. Die Geschichte stehet beschrieben Matthäi 25. Darum lasset euch nicht abschrecken. Gott ist mit Euch, wie geschrieben stehet 2. Chron. 2. Dies sagt Gott: Ihr sollt euch nicht fürchten, ihr sollt diese große Menge nicht scheuen. Es ist nicht euer, sondern des Herrn Streit; ihr seids nicht, die ihr streitet. Stellet Euch fürwahr männlich. Ihr werdet sehen die Hilfe des Herrn über euch. Da Josaphat diese Worte hörte, da fiel er nieder. Also thut auch durch Gott, der euch stärke ohne Furcht der Menschen im rechten Glauben. Amen.

Gegeben Mülhausen im Jahre 1525. Thomas Münzer, ein Knecht Gottes wider die Gottlosen."

Münzer's Brief wurde gut aufgenommen, ein großer Haufe rottete sich im Mansfeldischen zusammen (Strobel, S. 96) und es kam zu Unruhen. Bis in die Bergwerksdistrikte vor Meißen zeigte sich der im Mansfeldischen gegebene Anstoß wirksam. „Noch ehe die sinnlosen Aufrührer den blutigen Tag bei Franken= hausen sich heraufführten," sagt Hering, „hatten mehrere Bergleute aus der in Aufruhr begriffenen Grafschaft Mansfeld sich auf unsere Berge geflüchtet, entweder, weil sie daheim etwas Gutes sich nicht versahen, oder weil sie eine bedeutende Rolle durch die neue Weisheit in ferner Gegend zu spielen hofften."*)

---

*) Geschichte des sächsischen Hochlandes, S. 203.

Es gelang ihnen, Einfluß zu gewinnen und einen Aufstandsversuch in der Gegend von Zwickau zu fördern, wo die Schwärmer unter Storch und Münzer selbst bereits früher Einfluß gewonnen und den Boden vorbereitet hatten.

Es kam auch wirklich im April im Erzgebirge zu einer Erhebung von Bauern und Bergleuten. Erst nach der Schlacht bei Frankenhausen brach die Bewegung dort, wie überall in Sachsen, zusammen.

Aber im Allgemeinen hatten die Bestrebungen Münzer's, ein Zusammen= wirken der revolutionären Bewegungen der verschiedenen Gegenden Sachsens herbei= zuführen, nur geringen Erfolg.

Der bäuerliche und kleinstädtische Partikularismus war zu mächtig. Die Gleichheit des ökonomischen Druckes aller Orten, die Aufwühlung der ganzen Nation durch die Reformationsbewegung und — last but not least — die unermüdliche interlokale Thätigkeit der kommunistischen „Apostel" hatten gerade hingereicht, die Erhebung der Bauern und ihrer Verbündeten in ihrem Anfang zu einer nationalen, den Bereich des größten Theils der Nation umfassenden, zu machen, so daß sie allenthalben ungefähr zu gleicher Zeit losbrach. In ihrem Fortgang aber, als es galt, die Früchte der anfänglichen Siege zu sichern und einzuheimsen, trat der lokale Partikularismus immer deutlicher hervor. Er war eben zu tief in den Verhältnissen begründet, als daß er für mehr denn eine kurze Spanne Zeit hätte auch nur nothdürftig überwunden werden können.

Zu diesem Partikularismus gesellte sich eine verhängnißvolle Einfalt der Bauern. Diese unerfahrenen Leute glaubten, ein Fürstenwort gelte, wenn nicht mehr, so doch zum Mindesten nicht weniger als das Wort irgend eines ehrlichen Mannes. Sie hatten keine Ahnung von der neueren Staatskunst, welche Ehr= losigkeit und Verlogenheit zu den vornehmsten Fürstentugenden machte, jener Staats= kunst, die wir bereits mehr als hundert Jahre vorher den Knaben Richard gegen= über den englischen Bauern mit solcher Virtuosität haben praktiziren sehen.

Statt zusammen zu wirken, gingen jeder Gau, jede Stadt, die sich den Aufrührern angeschlossen hatten, auf eigene Faust vor, und ein paar leere Ver= sprechungen ihrer Herren, wodurch ihnen die Bewilligung ihrer Forderungen in Aussicht gestellt wurde, genügten in der Regel, die Insurgenten zum Auseinander= laufen und zum Niederlegen ihrer Waffen zu bewegen. So fanden die Fürsten Zeit, Truppen heranzuziehen, sich zu vereinigen und einen Bauernhaufen nach dem anderen mit leichter Mühe niederzuwerfen, indeß sie allen zusammen gegenüber schweren Stand gehabt hätten. Während auf Seite der Bauern die Planlosigkeit wuchs, vermehrte die Gefahr bei den Fürsten immer mehr ihren Zusammenhalt und ihr planmäßiges Zusammenwirken.

Bald war kein Zweifel mehr, auf welcher Seite der Sieg schließlich bleiben werde. Anfangs war das keineswegs so zweifellos gewesen. Noch am 14. April hatte sich der Kurfürst Friedrich von Sachsen ebenso pessimistisch wie nachsichtig über den Aufstand geäußert. Er schrieb am Charfreitag seinem Bruder, dem Herzog Johann von Sachsen: „Es ist das ein großer Handel, daß man mit

Gewalt handeln soll. Vielleicht hat man denen armen Leuten zu solchem
Aufruhr Ursach gegeben, und sonderlich mit Verbietung des Wortes Gottes.
So werden die Armen in viel Wegen von uns geistlicher und welt=
licher Obrigkeit beschwert. Gott wende seinen Zorn von uns. Will es
Gott also haben, so wird es also hinausgehn, daß der gemeine Mann
regieren soll."

Unter dem Eindruck einer ähnlichen Auffassung steht die erste Schrift, in
der Luther Stellung zu der bäuerlichen Erhebung nimmt, seiner „Ermahnung
zum Frieden auf die zwölf Artikel der Bauernschaft in Schwaben." Er beginnt
mit dem Ausdruck der Hoffnung, es werde noch Alles gut werden, wenn es
den Bauern mit ihren zwölf Artikeln ernst sei, sie nicht darüber hinaus=
gehen wollten. Er acceptirt diese also als Grundlage einer Verständigung.

Zunächst wendet er sich an die Fürsten und Herren: „Erstlich mögen wir
Niemand auf Erden danken solches Unraths und Aufruhrs, denn euch, Fürsten
und Herrn, sonderlich euch blinden Bischöfen, tollen Pfaffen und Mönchen ...
Das Schwert sitzt euch auf dem Halse; noch meint ihr, ihr sitzt so fest im Sattel,
man werde euch nicht mögen aufheben. Solche Sicherheit und verstockte Ver=
messenheit wird euch den Hals brechen, das werdet ihr sehn ... Wohlan, weil
ihr denn Ursach seid solches Gottes Zorns, wirds ohne Zweifel auch über euch
ausgehn, wo ihr euch nicht mit der Zeit bessert. Die Zeichen am Himmel und
Wunder auf Erden gelten euch, liebe Herrn, kein Gutes deuten sie euch, kein
Gutes wird auch euch geschehn ... Denn das sollt ihr wissen, lieben
Herrn, Gott schaffts also, daß man nicht kann noch will eure Wütherei
die Länge dulden. Ihr müsset anders werden und Gottes Wort weisen.
Thut ihrs nicht durch freundliche willige Weise, so müsset ihrs thun durch ge=
waltige und verderbliche Unweise ... Es sind nicht Bauern, liebe Herrn,
die sich wider euch setzen, Gott ist's selber, der setzt sich wider euch,
heimzusuchen eure Wütherei." Aber, fährt Luther fort, es sei Gott davor,
daß er, Luther, sich auf Seite der Bauern schlage. Er bitte die Fürsten in
ihrem eigenen Interesse, den Bauern Konzessionen zu machen. Auf Grundlage
der zwölf Artikel könne man unterhandeln. Einige unter diesen seien recht und
billig. So der erste Artikel, der das Recht verlangt, das Evangelium zu hören
und die Pfarrherrn zu wählen. „Die andern Artikel, so leibliche Beschwerungen
anzeigen als mit dem Leibfall, Aufsätzen und dergl., sind ja auch billig und recht.
Denn Obrigkeit nicht darum eingesetzt ist, daß sie ihren Nutzen und Muthwillen
an den Unterthanen suche, sondern Nutzen und das Beste verschaffe bei den
Unterthanen. Nun ists ja nicht länger erträglich, so zu schatzen und
schinden. Was hülfe es, wenn eines Bauern Acker so viel Gulden als Halmen
und Körner trüge, da die Obrigkeit nur desto mehr nähme und ihre Pracht damit
immer größer machte und das Gut verschleuderte mit Kleidern, Fressen, Saufen,
Bauen und dergl., als wäre es Spreu. Man müßte die Pracht einschränken
und die Ausgaben stopfen, daß ein armer Mann auch was behalten könnte."

Nun wendet sich Luther an die Bauernschaft und giebt ihr zu, die Fürsten seien es werth, „daß Gott sie vom Stuhl stürze." Aber sie sollten die Sache recht anpacken, „sonst würden sie, auch wenn sie zeitlich gewännen und alle Fürsten erschlügen, an ihrer Seele Schaden leiden." Er ermahnt die Bauern, „liebe Herrn und Brüder," sie sollten vom Schwerte lassen und sich nicht wider die Obrigkeit auflehnen, denn zum Aufruhr hätten sie nur Recht, wenn Gott es ihnen heiße durch Zeichen und Wunder. „Leiden, Leiden, Kreuz, Kreuz, ist des Christen Recht, das, und kein anders."

Die Schrift schließt mit „Vermahnung beydes an die Oberkeit und Bauer= schaft." Beide Theile haben Unrecht, sind heidnisch und nicht christlich. Beiden droht Gottes Verderben. Ihre Seelen werden der Hölle anheimfallen, Deutsch= land wird vernichtet werden. „Darum wäre nun mein treuer Rath, daß man aus dem Adel etliche Grafen und Herrn, aus den Städten etliche Rathsherrn erwählete und die Sache ließe freundlicher Weise handeln und stillen, daß ihr Herrn euren steifen Muth herunterließet, welchen ihr doch müßt zuletzt lassen, ihr wollet oder wollet nicht, und wichet ein wenig von eurer Tyrannei und Unterdrückung, daß der arme Mann auch Luft und Raum gewänne zu leben. Wiederum sich die Bauern auch weisen ließen und etliche Artikel, die zu viel und zu hoch greifen, übergeben und fahren ließen, auf daß also die Sache, ob sie nicht mag in christlicher Weise gehandelt werden, daß sie doch nach menschlichen Rechten und Vertragen gestillet würde . . . Wohlan, ich habe, als mir mein Gewissen Zeugniß giebt, euch allen christlich und brüderlich treu genug gerathen. Gott gebe, daß es helfe, Amen." ·

Wären Diejenigen im Recht, die annehmen, Luthers übermächtige Persönlich= keit habe die Reformation gemacht, dann hätte auch diese Schrift dem Bauernkrieg eine andere Wendung geben müssen. Thatsächlich blieb sie völlig wirkungslos. Bei seinem ersten Versuch, nicht mit dem Strom zu schwimmen, zeigte sich Luther ohnmächtig.

Aber er war nicht der Mann, eine Position zu vertheidigen, der kein Erfolg winkte. Und er brauchte nicht lange zu überlegen, auf welche Seite er sich zu schlagen habe. Mit seinem friedliebenden Herrn, dem Kurfürsten Friedrich, gings bergab. Derselbe starb am 5. Mai. An seine Stelle trat sein Bruder Johann, der von Friede und Versöhnung nichts wissen wollte.

Und allenthalben erhoben sich die Fürsten mit Macht, die Erhebung der Bauern in ihrem Blute zu ersticken. In der letzten Aprilwoche hatte der Heer= führer des schwäbischen Bundes, Truchseß von Waldburg, den Aufstand in Schwaben zum größten Theil niedergeschlagen. Um dieselbe Zeit war es dem Landgrafen Philipp gelungen, der Aufstände in Hessen Herr zu werden. Gegen die Insur= genten von Franken und Thüringen zogen zahlreiche kriegsgeübte Truppen heran.

Dazu kam noch ein persönlicher Grund, sich gegen die Bauern zu wenden. In der zweiten Hälfte des April hatte Luther eine Agitationstour durch Thüringen unternommen, um das Volk zur Ruhe zurückzuführen, aber überall die Entdeckung gemacht, daß er, der sich als Abgott der Bevölkerung wähnte, jeden Einfluß auf sie verloren habe. Mit jener leidenschaftlichen Wuth, die ihn stets gekennzeichnet hat, wendete er sich nun gegen die Rebellen.*) Hatte er sie kürzlich noch als liebe „Herrn und Brüder" angesprochen, so waren sie jetzt nur noch Räuber, Mörder und tolle Hunde, die man todtschlagen müsse. Hatte er eben noch an= erkannt, daß die Unerträglichkeit des Druckes durch die Obrigkeit die Bauern gezwungen habe, sich zu erheben, so erklärt er nun, die Obrigkeit sei im Recht,**) in seiner Schrift: „Wider die räuberischen und mörderischen Bauern," die am 6. Mai erschien, einen Tag nach dem Tode Friedrich's.

Die Bauern haben dreingeschlagen, heißt es da, „kurzum, eitel Teufels Werk treiben sie und insonderheit ist's der Erzteufel, der zu Mülhausen regiert und nichts denn Raub, Mord und Blutvergießen anricht, wie denn Christus, Johann. 8, von ihm sagt, daß er sei ein Mörder von Anbeginn." Angesichts dieses Vorgehens der Bauern müsse er jetzt anders schreiben als im „vorigen Büchlein." Der Aufruhr sei schlimmer als Mord: „Darum soll hie zuschmeißen, würgen und stechen, heimlich und öffentlich, wer da kann, und gedenken, daß nichts giftigers, schädlichers und teuflischers sein kann, denn ein aufrührischer Mensch. Gleich als wenn man einen tollen Hund todtschlagen muß; schlägst Du nicht, so schlägt er Dich und ein ganzes Land mit ihm . . . Darum ist hie nicht zu schlafen. Es gilt auch nicht hie Geduld und Barmherzigkeit; es ist des Schwerts und Zorns Zeit hie und nicht der Gnaden Zeit." „Wer für die Obrigkeit fällt, ist ein rechter Märtyrer für Gott . . . was auf der Bauern Seite umkommt, ein ewiger Höllenbrand. . . . Solche wunderliche Zeiten sind jetzt, daß ein Fürst den Himmel mit Blutvergießen besser verdienen kann, denn andere mit Beten. . . . Steche, schlage, würge, wer da kann. Bleibst Du darüber todt, wohl

---

*) Protestantische Historiker, z. B. Ranke, möchten uns gern glauben machen, die eben erwähnte Schrift Luther's über die zwölf Artikel sei schon vor dem Ausbruch der Empörung erschienen, als die Mehrzahl der Bauern sich noch nicht erhoben hatte, im März 1525. Was ihn erbittert habe, seien ihre Gewaltthätigkeiten im April gewesen. Diese hätten seinen Front= wechsel veranlaßt. Thatsächlich ist die Schrift nach dem 16. April (dem Tag von Weinsberg) erschienen, wahrscheinlich um den 20. April herum. (Vgl. Janssen, II., S. 490; Lamprecht, V., 1., S. 345.)

**) Noch weiter ging der biedere Martin einige Wochen später nach der Niederschlagung des thüringischen Aufstandes in einer Vertheidigungsschrift seines Manifestes gegen die Bauern, dem „Sendbrief an Kaspar Müller, Mansfeldischen Kanzler, von dem harten Büchlein wider die Bauern." Nachdem er erklärt, wer sein Büchlein table, „solle sich vorsehen, er ist auf= rührisch im Herzen," schreibt er den Bauernaufstand dem Umstand zu, daß es -- den Bauern zu gut ging! In dem Krieg sei Gottes Wille geschehen, „damit die Bauern lernten, wie ihnen zu wohl gewest ist und sie gute Tage in Frieden nicht wollten erleiden, daß sie hinfürder Gott lernten danken, wenn sie eine Kuh müßten geben, auf daß sie der anderen mit Frieden genießen könnten . . . Es war keine Furcht noch Scheu mehr im Volk, ein jeglicher that schier, was er wollte. Niemand wollt nichts geben und doch prassen, saufen, kleiden und müssig gehn, als wären sie allzumal Herrn. Der Esel will Schläge haben und der Pöbel will mit Gewalt regiert sein." (Luther's Werke, XIX., S. 270, 272.)

Dir, seliglicheren Tod kannst Du nimmermehr überkommen. Denn Du stirbst im Gehorsam göttlichen Worts und Befehls, Röm. 13, und im Dienst der Liebe (!!), Deinen Nächsten zu retten aus der Höllen und des Teufels Banden."*)

Gleiche „Liebesdienste" erwies Luther den Bauern in gleichzeitigen Privat=briefen.**)

Noch später rühmte sich Luther, er habe „im Aufruhr alle Bauern erschlagen, denn ich habe sie heißen todtschlagen; all' ihr Blut ist auf meinem Hals." Indeß bewog ihn da sein Größenwahn, sich eine größere Blutschuld aufzuladen als ihm zukam. So kennzeichnend seine Haltung im Bauernkrieg für ihn und das Ver=hältniß zwischen bürgerlicher und bäuerlich=proletarischer Ketzerei ist — weshalb wir näher darauf eingegangen sind —, so wenig ist sie auf dessen Ausgang von Einfluß gewesen. So vergeblich sein Mahnen zur Friedfertigkeit war, so über=flüssig sein Aufhetzen der Fürsten zu unbarmherziger Metzelei. Das besorgten die Herren auch ohne ihn mit gebührendem Blutdurst; die Gegner Luther's in gleicher Weise wie dessen Anhänger, und beide Theile in brüderlicher Vereinigung. Den Aus=gebeuteten gegenüber hörte der Kampf um die Beute zwischen den Ausbeutern auf. Katholiken und Evangelische wirkten zusammen, das arme Volk niederzuschlagen.

Zu Anfang Mai vereinigte der gut „evangelische" Landgraf Philipp von Hessen seine Schaaren mit denen des erzkatholischen Georg von Sachsen und einiger kleinerer Fürsten, wozu später noch der neue sächsische Kurfürst Johann kam, um dem thüringischen Aufstand ein Ende zu machen. Als das Zentrum desselben zeigte sich Frankenhausen, ein durch seine Salinen berühmter Ort mit einer zahlreichen Bevölkerung von Salzarbeitern,***) nur wenige Meilen vom Mans=feldischen Bergwerk entfernt. Dort sammelte sich die Hauptmacht der Aufständischen und nicht etwa bei dem festen, mit Geschützen wohl versehenen Mühlhausen oder einem südlicheren Punkt, etwa Erfurt oder Eisenach, die auch in den Händen der Aufständischen waren, und von denen aus es leichter gewesen wäre, mit dem Aufstand in Franken Fühlung zu halten.

*) Luther's Werke, XIX., S. 264—267.
**) So schrieb er an Dr. Rühl, mansfeldischen Rath, am 30. Mai, man solle die Bauern ohne Federlesens umbringen: „Daß man den Bauern will Barmherzigkeit wünschen, sind Unschuldige drunter, die wird Gott wohl erretten und bewahren, wie er Loth und Jeremiä that. Thut ers nicht, sind sie gewiß nicht unschuldig... Der weise Mann sagt cibus, onus et virga asino (Futter, Last und Prügel gebühren dem Esel), in einen Bauer gehört Haberstroh. Sie hören nicht das Wort und sind unsinnig; so müssen sie die Virgam, die Büchsen hören, und geschieht ihnen recht. Bitten sollen wir für sie, daß sie gehorchen: wo nicht, so gilt's hie nicht viel Erbarmens. Laßt nur die Büchsen unter sie sausen, sie machens sonst tausendmal ärger... Wohlan, wer Münzer gesehn hat, der mag sagen, er habe den Teufel leibhaftig gesehn in seinem höchsten Grimm. O Herr Gott, wo solcher Geist in den Bauern auch ist, wie hohe Zeit ists, daß sie erwürgt werden wie tolle Hunde." In allen Schriften Luther's aus jener Zeit sieht man deutlich, daß Münzer ihm als der Gefährlichste unter den Aufrührern erschien. In Thüringen war er es auch.
***) G. Sartorius, Versuch einer Geschichte des deutschen Bauernkrieges, Berlin 1795, S. 319.

Wie den Aufständischen, erschien auch den Fürsten das Lager vor Franken=
hausen als das wichtigste. Um dorthin zu gelangen, unternahm Philipp von
Hessen eine ganz unerhörte Bewegung. Er rückte über Eisenach und Langensalza
heran, ließ Mülhausen links und Erfurt rechts liegen und marschirte zwischen
diesen beiden wohlbesetzten Städten hindurch geradewegs auf Frankenhausen zu.
Bezeugt dies die Bedeutung von Frankenhausen, so beweist die Thatsache, daß er
diese Bewegung machen konnte, ohne von den Mülhausenern und Erfurtern im
Geringsten bedroht oder auch nur belästigt zu werden, welcher Mangel an Zusammen=
halt und an Zusammenwirken, und welche Planlosigkeit bei den Aufständischen
herrschte.

Die Bedeutung von Frankenhausen können wir uns aber nur erklären durch
die Nähe des Mansfeldischen Bergwerks mit seinen zahlreichen wehrhaften Knappen.
Gelang es, den Aufstand dahin zu tragen, dann stand den fürstlichen Heeren ein
harter Strauß bevor.

Münzer erkannte ebenfalls sehr wohl die Bedeutung von Frankenhausen,
und er bot sein Möglichstes auf, von allen Seiten alle verfügbaren Kräfte dorthin
zu lenken. Auch an die Erfurter schrieb er, aber diese rührten sich nicht. Nicht
einmal die Mülhausener konnte er bewegen, denen vor Frankenhausen zu Hülfe
zu ziehen. Was gingen die Kleinbürger der freien Reichsstadt die Bauern dort
an? Der wegen seiner Energie vielgerühmte Pfeiffer blieb thatlos sitzen. Münzer
zog allein mit seinem Anhang aus, 300 Mann. Kaum, daß ihm die Mülhausener
acht „Narrenbüchsen" liehen.

Nicht besser ging es ihm mit den Bergleuten von Mansfeld. Leider fehlen
uns über die Vorgänge im Mansfeldischen alle näheren Nachrichten. In Spangen=
berg's Mansfeldischer Chronik (Kapitel 362*) finden wir blos folgende Notiz,
die Bieringen in seiner „Beschreibung des Mansfeldischen Bergwerks," S. 16,
noch kürzer wiedergibt: „Die Bauern standen auch in der Grafschaft Mansfeld
auf. Graf Albrecht zu Mansfeld ließ es ihm sauer werden, legte allen möglichen
Fleiß an und gab den Bergleuten die besten Worte, daß er sie in der
Grafschaft behielt, damit sie sich nicht zu den aufrührerischen Bauern ins Feld
begäben."

Das scheint ihm auch gelungen zu sein. Die Besorgniß, die Münzer in
seinem oben mitgetheilten Brief an die „Berggesellen" ausgesprochen, „die närrischen
Menschen" könnten sich „in einen falschen Vertrag verwilligen," war nicht un=
begründet. Die Masse der Bergarbeiter beruhigte sich, sobald ihre Forderungen
bewilligt waren und kümmerte sich nicht weiter um die aufständischen Bauern.
Einzelne Zuzügler oder kleine Schaaren aber wurden von Graf Albrecht's Reitern
überfallen, die alle Straßen besetzt hielten.

Eine Möglichkeit blieb noch: den Aufstand ins Mansfeldische selbst zu

---

*) Die von uns benutzte zweite Auflage führt den Titel „Sächsische Chronica" (Frank=
furt a. M. 1535), ist aber thatsächlich auch nur eine Mansfeldische Chronik.

tragen und so die Bergarbeiter mit sich fortzureißen. Aber auch diese Möglichkeit wurde nicht benutzt. Die Bauern vor Frankenhausen waren einfältig genug, sich mit Albrecht von Mansfeld in Unterhandlungen einzulassen, die der schlaue Patron von Tag zu Tag hinauszuschieben wußte, bis die Heere der Fürsten vor Franken= hausen standen.

Für den 12. Mai hatte Albrecht mit den Bauern eine Zusammenkunft ver= abredet. Aber er kam nicht, schützte wichtige Geschäfte vor und entbot die Bauern auf den nächsten Sonntag, den 14. Mai. „Indeß schickt es Gott," erzählt Luther, „daß Thomas Münzer aus Mülhausen gen Frankenhausen kommt."*) Dieser veranlaßte den sofortigen Abbruch der Verhandlungen mit dem Grafen, dessen Hinterlist er durchschaute, und bot Alles auf, einen Kampf zwischen ihm und den Bauern zu provoziren, ehe noch die Fürsten kamen. Als solche Provokationen betrachten wir die maßlos groben Briefe, die er damals an die Mansfelde schrieb, Briefe, die nur als Provokationen verständlich sind. Zimmermann betrachtet sie als Produkte der Verzweiflung, die sich selbst zu belügen strebt, von halbem Wahnsinn. Aber Münzer's Anordnungen deuten auf sehr klaren Verstand hin.

An Albrecht schrieb er: „Furcht und Zittern sei einem Jeden, der übel thut. Röm. 2, 9. Daß du die Epistel Pauli also übel mißbrauchst, erbarmet mich. Du willst die böswichtige Obrigkeit dadurch bestätigen in aller Maße, wie der Papst Petrum und Paulum zu Stockmeistern gemacht. Meinst du, daß Gott der Herr sein unverständig Volk nicht erregen könne, ‚die Tyrannen abzusetzen in seinem Grimm (Oseä, am 13. u. 8.)?‘ Hat nicht die Mutter Christi aus dem heiligen Geist geredet von dir und deines Gleichen, weissagend (Luc. 1): ‚Die Gewaltigen hat er vom Stuhl gestoßen und die Niedrigen (die du verachtest) erhoben.‘

„Hast du in deiner lutherischen Grütz und deiner Wittenbergischen Suppen nicht mögen finden, was Ezech. an seinem 37. Kapitel weissagt? Auch hast du in deinem Martinischen Bauerndreck nicht mögen schmecken, wie derselbige Profet weiter sagt am 39. Unterschied, wie Gott alle Vögel des Himmels forbert, daß sie sollen fressen das Fleisch der Fürsten und die unvernünftigen Thiere sollen saufen das Blut der großen Hansen, wie in der heimlichen Offenbarung am 18. und 19. beschrieben. Meinst du, daß Gott nicht mehr an seinem Volk denn an euch Tyrannen gelegen? Du willst unter dem Namen Christi ein Heide sein und dich mit Paulo zudecken. Man wird dir aber die Bahn vorlaufen, da wisse dich danach zu halten.

„Willst du erkennen, Danielis 7, wie Gott die Gewalt der Gemeinde gegeben hat und vor uns erscheinen und deinen Glauben brechen, wollen wir dir das gerne geständig sein und dich für einen gemeinen Bruder ansehn; wo aber nicht, werden wir uns an deine lahme, schale Fratze nichts kehren und wider dich

---

*) Erschreckliche Geschichte und Gerichte Gottes über Thomas Münzer. Luther's Werke, XIX., S. 288.

fechten, wie wider einen Erzfeind des Christenglaubens. Da wisse dich danach zu halten.

„Gegeben zu Frankenhausen, Freitags nach Jubilate (12. Mai). Anno 1525.

Thomas Münzer mit dem Schwert Gideons."

Einen noch „viel groberen und frecheren Brief," wie Strobel sich ausdrückt (S. 99), schrieb Münzer an demselben Tag an den Grafen Ernst zu Mansfeld, der die Burg Heldrungen in der Nähe von Frankenhausen besetzt hielt. Dieser feste Stützpunkt der Mansfelde sollte zunächst genommen werden. Er ruft dem Grafen zu: „Du elender, dürftiger Madensack . . . Du sollst und mußt deinen Glauben brechen, wie 1. Petri 3, befohlen. Du sollst in wahrhaftiger Weise gut sicher Geleit haben, deinen Glauben an den Tag zu bringen, das hat dir eine ganze Gemeinde im Ringe zugesagt, und sollst dich auch entschuldigen deiner offenbarlichen Tyrannei, auch ansagen, wer dich so dürftiglich gemacht, daß du allen Christen zum Nachtheil unter einem christlichen Namen willst ein solcher heidnischer Bösewicht sein. Würdest du ausbleiben und dich aufgelegter Sache nicht entledigen, so will ich ausschreien vor aller Welt, daß alle Brüder ihr Blut getrost sollen wagen; da sollst du verfolgt und ausgerottet werden. Wirst du dich nicht demüthigen vor den Kleinen, so sage ich dir, der ewige lebendige Gott hat es geheißen, dich von dem Stuhl mit der Gewalt, die uns gegeben, zu stoßen; denn du bist der Christenheit nichts nutz, du bist ein schädlicher Staupbesen der Freunde Gottes. Gott hat es von dir und Deinesgleichen gesagt, dein Nest soll ausgerissen und zerschmettert werden. Wir wollen deine Antwort noch heut haben, oder dich im Namen Gottes der Heerschaaren heimsuchen. Wir werden unverzüglich thun, was uns Gott befohlen hat; thu auch du dein Bestes; ich fahre daher."

Die Mansfelde erwiesen indeß Münzer nicht den Gefallen, sich provoziren zu lassen. Münzer aber fühlte sich zu schwach, oder die Bauern waren zu unwillig, zum Angriff überzugehen.

Und bald war es zu spät dazu. Am 12. Mai war Münzer nach Frankenhausen gekommen, am 14. langten der Landgraf Philipp von Hessen und Herzog Heinrich von Braunschweig an, am 15. traf Herzog Georg von Sachsen mit seinem Heere ein.

Nun war das Schicksal Derer vor Frankenhausen besiegelt, damit aber auch das Ende des thüringischen Aufstandes. Auf der einen Seite standen 8000 schlecht bewaffnete, undisziplinirte Bauern, fast ohne Geschütz. Auf der anderen Seite waren ungefähr ebenso viele wohl gerüstete und geübte Krieger mit zahlreichem Geschütz.

Die Darstellung der Schlacht von Frankenhausen wird gewöhnlich nach der Erzählung Melanchthon's wiedergegeben. Darnach hätte zuerst Münzer eine schöne Rede an die Bauern, dann der Landgraf Philipp noch eine schönere Rede an seine Truppen gehalten, worauf diese angriffen. „Die armen Leute aber stunden da und sangen: Nun bitten wir den heiligen Geist, gleich als wären sie wahnsinnig, schickten sich weder zur Wehr, noch zur Flucht, viele auch trösteten

20*

sich der große Zusatz Thomä, daß Gott Hilfe vom Himmel erzeigen würde, dieweil Thomas gesagt hätte, er wollt alle Schüsse in den Aermel fassen." Als sich das Wunder nicht einstellen wollte, vielmehr die Soldaten einhieben, wendeten sich die bethörten Bauern zur Flucht und wurden massenhaft niedergemetzelt. Eine sonderbare Schlacht!

Sollten Münzer und die Bauern wirklich solche ganz einzig dastehende Narren gewesen sein?

Betrachten wir zunächst die Reden. Die Münzer's ist ganz und garnicht im Münzer'schen Stile gehalten, ist von einem hohlen Pathos, das ihm keineswegs eigen war. Noch sonderbarer aber erscheint bei näherem Zusehen die Rede des Landgrafen: sie ist eine Antwort auf die Rede Münzer's, als hätte er dieser beigewohnt, und widerlegt deren Anklagen Punkt für Punkt! Man vergleiche zum Beispiel:

Münzer:	Landgraf:
„Was thun aber unsere Fürsten? Sie nehmen sich des Regiments nicht an, hören die armen Leute nicht, sprechen nicht Recht, halten die Straßen nicht rein, wehren nicht Mord und Raub, strafen keinen Frevel noch Muthwillen" u. s. w.	„Denn es ist ja erdichtet und erlogen, daß wir nicht gemeinen Landfrieden halten, daß wir nicht die Gerichte bestellen, Mord und Räuberei nicht wehren. Denn wir nach unserem Vermögen beflissen sind, friedlich Regiment zu erhalten."

Und so weiter. Je mehr man sich beide Reden ansieht, desto klarer wird es, daß sie nicht in Wirklichkeit gehalten, sondern von dem gelehrten Schulmeister erfunden worden sind, nach dem Beispiel der Reden der Staatsmänner und Feldherren, die uns Thukydides und Livius berichten. Es sind rhetorische Uebungen, zu bestimmten Zwecken erfunden. Die Vorlesung des Landgrafen über Sitte und Recht, über die Nothwendigkeit und Nützlichkeit der Steuern u. s. w., mit dem rührenden Schlusse: es handele sich darum, die Sicherheit von Weib und Kind zu erkämpfen — eine derartige Rede konnte auf die zuchtlosen, aus allen Ländern zusammengelesenen Landsknechte nicht den geringsten Eindruck machen. Aber sie mußte das Ansehen des Landgrafen erhöhen in den Augen der gebildeten Spießbürger, für die Melanchthon schrieb. Für diese, und nicht für die Soldateska ist die Rede berechnet.

Auf der anderen Seite ist die Rede Münzer's ganz dazu komponirt, ihn lächerlich erscheinen zu lassen. „Lasset Euch nicht erschrecken das schwache Fleisch," läßt Melanchthon Münzer am Schlusse seiner Rede sagen, „und greift die Feinde kühnlich an; ihr dürft die Geschütze nicht fürchten, denn ihr sollt sehn, daß ich alle Büchsensteine im Aermel fassen will, die sie gegen uns schießen" u. s. w.

So absurd in praktischen Dingen hat sich Münzer in seinen Schriften nie geäußert; sein Mystizismus bestand nur im Glauben daran, daß Gott mit ihm direkt verkehre, daß seine Lehre dem Geist Gottes entspringe. Daß er Wunder wirken könne, hat Münzer nie und nimmer behauptet. Wir stehen daher nicht an, diese Rede für eine kecke Erfindung Melanchthon's zu erklären.

Und sie ist auch eine plumpe Erfindung. So plump, daß schon vor hundert Jahren Strobel zur Ueberzeugung kam, nicht Münzer, „sondern Melanchthon ist ganz sicher der Verfasser" der Rede (S. 112). Trotzdem wird sie heute noch, z. B. von Janssen, zur Charakterisirung Münzer's benutzt.

Auch Zimmermann sagt in einer Note (II., S. 435): „daß die Rede . . . ein Machwerk Melanchthon's ist, ist offen klar; es ist nicht ein Hauch Münzer'scher Art darin." Aber er wie Strobel nehmen an, die Rede sei wirklich gehalten, von Melanchthon blos entstellt wiedergegeben worden.

Uns erscheint nicht einmal das wahrscheinlich. Zum Redenhalten war wenig Zeit, wenn die Schlacht in der Weise vor sich ging, wie es in der Schrift geschildert wird: „Ain nützlicher Dialogus odder gesprechbüchlein zwischen einem Müntzerischen schwermer und einem Evangelischen frummen Bauern, die straff der aufrührischen Schwermer zu Frankenhausen geschlagen belangende. Wittenberg 1525." Da sagt der Schwärmer: „Nun wohlan, ist das auch ehrlich von den Fürsten und Herrn, daß sie uns drei Stunden Bedenkzeit gaben und doch nicht eine Viertelstunde Glauben hielten, sondern so bald sie den Grafen von Stolberg mit etlichen vom Adel von uns zu sich brachten, da ließen sie das Geschütz in uns gehn und griffen uns alsbald an."

Das heißt, die Fürsten unterhandelten mit den Bauern, verlangten ihre Unterwerfung und gaben ihnen drei Stunden Bedenkzeit. Inzwischen veranlaßten sie die Adeligen, die im Bauernheer waren, zu ihnen überzugehen, und sofort, lange bevor der Waffenstillstand abgelaufen war, überfielen sie die ahnungslosen Bauern und metzelten sie nieder.

Das war nicht sehr ehrenhaft, und wir begreifen es, daß Melanchthon sich bemühte, eine andere Version zu erfinden. Aber während diese völlig unsinnig ist, entspricht die Darstellung des Dialogus ganz dem Verfahren, welches die Fürsten den Bauern gegenüber damals überhaupt anwendeten. Trotz ihrer Uebermacht griffen sie noch zu Verrath und Wortbruch, um der Bauern Herr zu werden. Dadurch und nicht durch die blödsinnige Erwartung der letzteren, Münzer werde wirklich die Büchsenkugeln in seinen Rockärmeln auffangen, ist es gekommen, daß auf der Seite der Aufständischen der weitaus größte Theil niedergemetzelt wurde — 5000 bis 6000 von 8000! — indeß die fürstlichen Truppen einen kaum nennenswerthen Verlust erlitten.

Nach gewonnenem Sieg rückten die Truppen in Frankenhausen ein und es wurde, wie der Landgraf Philipp am nächsten Tage selbst schrieb, „was darinnen von Mannspersonen befunden, Alles erstochen, die Stadt geplündert."

Münzer war mit einem Theil des geschlagenen Haufens in die Stadt geflüchtet, und da ihm die feindlichen Reiter auf den Fersen waren, hatte er sich in eines der ersten Häuser beim Thore gestürzt, sein Haupt verbunden, um sich unkenntlich zu machen, und in ein Bett gelegt, als sei er krank. Doch seine List mißlang. Ein Kriegsknecht, der zu ihm kam, erkannte ihn an dem Inhalt der Tasche, die bei ihm lag. Sofort wurde er gefaßt und vor den Landgrafen von Hessen und Herzog Georg gebracht. „Da er vor die Fürsten kam, fragten sie, warum er die armen Leute also verführt habe? Antwortet er trotziglich, er habe recht gethan, daß er vorgehabt hätte, die Fürsten zu strafen." Fürwahr eine kühne Antwort. Melanchthon, der uns dies berichtet, vergißt hier für einen Moment, daß er Münzer stets als ausnehmend feig hinstellen will.

Die Fürsten ließen ihn sofort auf die Folter spannen und weideten sich an seinen Qualen, dann schenkten sie ihn als „Beutepfennig" dem Grafen Ernst von Mansfeld. „War er zuvor ‚übel gemartert worden,‘ so wurde jetzt im Thurm zu Heldrungen nach einigen Tagen ‚gräulich mit ihm umgegangen.‘" (Zimmermann.)

Damals wurden ihm jene Bekenntnisse entrissen, deren Protokoll wir bereits wiederholt zitirt haben. Er widerrief nichts, und verrieth von seinem Geheimbund nur Dinge, die Niemand schaden konnten. Von den Mitgliedern, die er nannte, ist keines unter den Hingerichteten angeführt. Wahrscheinlich gab er nur solche an, die schon gefallen waren.

Die Schlacht von Frankenhausen brach das Rückgrat der Bewegung in Thüringen. Den Fürsten blieb nichts mehr zu thun übrig, als blutige Rache zu nehmen. Und das haben sie redlich besorgt.

Die Bergleute zu Mansfeld ließ man einstweilen noch ungeschoren. Man war froh, daß sie Frieden hielten. Erst im nächsten Jahre, erzählt uns Spangenberg, begann man „die Bergleute etwas hart zu versetzen mit Arbeit, worüber sie sich hart beschwerten, ohne Linderung erlangen zu können." Im Gegentheil, es wurde Kriegsvolk zu ihnen gesandt, das sie „beruhigte." Alle Versammlungs= und Redefreiheit wurde für sie aufgehoben.

Schlimmer noch mußte Mülhausen dafür büßen, daß es im entscheidenden Moment die Sache des Aufstandes im Stich gelassen. Von Frankenhausen rückten die vereinigten Fürsten sofort nach Mülhausen. Vergeblich wandte sich die Stadt um Hülfe an die fränkischen Aufständischen. Was sie selbst denen vor Frankenhausen angethan, widerfuhr ihr nun von den Franken. Unter den eben noch rebellischen Kleinbürgern der Reichsstadt verbreitete sich rasch Muthlosigkeit, als am 19. Mai die Belagerung der Stadt begann. Pfeiffer sah, daß Alles verloren sei, und entwich am 24. mit 400 Mann heimlich, um sich nach Oberfranken durchzuschlagen. Aber die Reiter der Fürsten ereilten ihn und nahmen ihn mit 92 der Seinen gefangen.

Mülhausen ergab sich am 25. gegen die schriftliche Zusage der Gnade. Diese bestand in der Hinrichtung einer Reihe von Bürgern und in der Brandschatzung der Stadt, die ihre Unabhängigkeit verlor. Was die sächsischen Fürsten von der Rebellion in Mülhausen erhofft, das erreichten sie, die Herrschaft über die Stadt. Die Rebellen, die ihnen dazu verholfen, wurden enthauptet, sowohl Pfeiffer, wie Münzer, der ebenfalls nach Mülhausen gebracht worden war.

Pfeiffer starb trotzig und reuelos. Darüber sind alle Berichterstatter einig. Von Münzer dagegen behauptet Melanchthon natürlich, er sei „sehr kleinmüthig gewest in derselben letzten Noth." Als Beweis dafür erzählt er, Münzer habe vor lauter Angst kein Wort hervorgebracht, so daß er den Glauben nicht habe beten können, Herzog Heinrich von Braunschweig habe ihm denselben vorbeten müssen. Gleich darauf aber läßt unser Gewährsmann den vor Furcht Sprach= losen eine jener schönen Reden halten, die der klassische, rhetorisch gebildete Schul= meister liebt.

Die anderen Berichterstatter jener Zeit erwähnen nichts von seiner „Klein= müthigkeit" (vgl. Zimmermann, II., S. 444). Nur ein Zeugniß giebt es, neben dem ganz werthlosen Melanchthon's, das auf Verzagtheit Münzer's in seinen letzten Tagen schließen läßt: Seinen Brief an den Rath und die Gemeinde von Mülhausen, geschrieben am 17. Mai in seinem Gefängniß zu Helbrungen. Er ermahnt sie darin, die Obrigkeit nicht zu erbittern; sein Tod sei verdient und geeignet, den „Unverständigen" die Augen zu öffnen! Er bittet, sie möchten seinem armen Weibe beistehen. Noch einmal folgt die Ermahnung, die Obrigkeit nicht durch Eigennutz zu erbittern, wie sie gethan, der Empörung nicht weiter anzuhängen und um Gnade bei den Fürsten zu bitten.

Kein Zweifel, aus diesem Brief spricht Kleinmuth. Wir können uns Zimmermann nicht anschließen, der ihn günstiger auslegt.

Aber ist der Brief auch echt? Er rührt nicht von Münzer's Hand her. Dieser sagt selbst darin, er diktire ihn einem gewissen Christoph Lau. Warum diktirt er ihn, warum schreibt er ihn nicht selbst? Und wer hatte ein Interesse daran, daß ein solcher Brief von Münzer nach Mülhausen komme? Niemand anders als die Fürsten. Am 17. ist der Brief verfaßt, am 19. beginnt die Belagerung Mülhausens. Der Brief mußte diese erleichtern, mußte Verzagtheit unter den Belagerten hervorrufen. Liegt da die Annahme nicht nahe, daß Münzer's Name von den Fürsten zu einer jener Kriegslisten gebraucht wurde, wie sie damals gewöhnlich waren?

Zum Mindesten ist dieser nicht von Münzer's Hand selbst geschriebene Brief hoch verdächtig und nicht geeignet, Melanchthon zu bekräftigen.

Wir dürfen also wohl sagen, daß über Münzer's Ende Genaues nicht bekannt, die Behauptungen von seiner Kleinmüthigkeit unerwiesen sind.

Für unser Urtheil über Münzer und seine Sache ist es natürlich ganz unerheblich, ob er seine Nerven bis zum letzten Moment in seiner Gewalt hatte oder nicht. Die Frage ist von größerem Interesse nur deswegen, weil sie Münzer's Gegner charakterisirt.

Wohl beweist physischer Muth ebenso wenig wie physische Kraft oder physische Schönheit irgend etwas für die moralische Trefflichkeit des Trägers dieser Eigen= schaften, aber wir sind einmal so organisirt, daß uns der Feigling von vornherein nicht sympathisch ist, wie auch oft noch der Häßliche und der Schwächling. Wir begreifen daher sehr wohl das Bestreben Melanchthon's, unmittelbar nach dem Kampf den so gefürchteten Gegner seiner Sache durch die Beschuldigung der Feigheit herabzusetzen.

Aber bis heute wird diese Beschuldigung hartnäckig wiederholt, obwohl ihr jede greifbare Unterlage fehlt, ja sie wird mitunter noch übertrieben.*)

Das ist ein erfreuliches Zeichen. Wie lange es auch her ist, daß Münzer sein Leben für seine Sache ließ, diese selbst, die Sache des Proletariats, sie lebt und ist gefürchtet, mehr noch, als zu Münzer's Zeiten. Die Verleumdungen, die das Pfaffen= und Professorenthum heute noch einträchtig über den großen Gegner der fürstlichen und bürgerlichen Reformation verbreitet, wären zwecklos, wenn sie blos den todten Mann treffen sollten und nicht vielmehr die lebendige kommunistische Bewegung.

Aber die wüthenden Angriffe, welche die Anwälte der herrschenden Klassen seit Luther und Melanchthon bis auf unsere Tage gegen Münzer mehr als gegen jeden anderen Kommunisten und Revolutionär seiner Zeit (die Wiedertäufer in Münster fallen etwas später) richten, sind gerade das mächtigste Mittel geworden, das Andenken an ihn im Volke wach zu halten und ihm dessen Sympathien ungeschmälert zu bewahren.

Münzer war und ist heute noch im Volksbewußtsein die glänzendste Ver= körperung des rebellischen, ketzerischen Kommunismus.

Neuntes Kapitel.
Die Wiedertäufer.

I. Die Wiedertäufer vor dem Bauernkrieg.

Das eine Zentrum der kommunistischen Bewegung in der Zeit der deutschen Reformation lag in Sachsen. Ein anderes Zentrum bestand in der Schweiz, jenem eigenartigen Konglomerat bäuerlicher und städtischer Republiken, die sich um die Zentralmasse der Alpen zu vereinigter Abwehr gemeinsamer Gegner zu= sammengedrängt haben.

Schon zu Ende des 13. Jahrhunderts hatten die Bergländer Uri, Schwyz und Unterwalden sich erhoben gegen Ausbeutung und Unterdrückung durch Grund= herren, namentlich geistliche, und durch das aufstrebende Haus Habsburg. Dank ihrer Wehrhaftigkeit und der Unzugänglichkeit ihres Gebietes gelang ihnen der Freiheitskampf. Den siegreichen Kantonen schlossen sich im 14. Jahrhundert

---

*) Das Famoseste hat wohl Herr Seidemann geleistet, der von Münzer's Benehmen nach der Schlacht von Frankenhausen schreibt: „Er hatte sich, vielleicht unter den Ersten, vom Schlachtberg geflüchtet." Dieses „vielleicht" ist kostbar! Ebenso gut könnte man natür= lich sagen: „vielleicht unter den Letzten," denn es fehlt jede Andeutung darüber, in welchem Zeitpunkt der Schlacht Münzer vor den andrängenden Feinden wich. Indeß ist anzuerkennen, daß unser lutherischer Basilio einen mäßigen Gebrauch von seinem „vielleicht" machte. Er hätte ja ebenso gut schreiben können: „vielleicht vor allen Anderen."

benachbarte Städte an, die von dem aufstrebenden Fürstenthum ebenso bedroht wurden, wie die süddeutschen und rheinischen, welche damals den gleichen Kampf gegen den gleichen Gegner führten. Aber die Städte der schweizerischen Eidgenossenschaft erzielten, dank ihrer Allianz mit den Urkantonen, bessere Erfolge als ihre Genossen nördlich des jugendlichen Rheins. Im Kampf Ludwig's des Bayern gegen Papstthum und Habsburger standen die Schweizer auf Ludwig's Seite. Die katholische Reaktion unter Karl IV., welche die deutschen Städte so schwer traf, schädigte die Freiheit der Eidgenossen nicht. Im 15. Jahrhundert waren sie stark genug, zum Angriff übergehen zu können, namentlich gegen den „Erbfeind," die Habsburger, und durch Eroberung und Kauf ihr Gebiet erheblich zu vergrößern.

Sie wurden völlig unabhängig vom deutschen Reich; aber auch der päpstlichen Ausbeutung wußten sie Schranken zu setzen.

Dieses neue, unabhängige Gemeinwesen sollte jedoch in jener Zeit nicht zu einem Einheitsstaate werden. Was es zusammenhielt, war die Erkenntniß, daß jeder seiner Bestandtheile für sich allein ohnmächtig sei gegenüber den übermächtigen fürstlichen Nachbarn. Das war aber auch so ziemlich die ganze Interessengemeinschaft zwischen den einzelnen Kantonen. Und daneben bestanden scharfe Interessengegensätze zwischen den ökonomisch rückständigen bäuerlichen Urkantonen und den reichen, ökonomisch weit vorgeschrittenen Städten.

Dieser Interessengegensatz trat deutlich zu Tage während der Reformation. Die Urkantone hatten kein Interesse daran. Die päpstliche Ausbeutung, in der Eidgenossenschaft bereits erheblich reduzirt, drückte diese armen Gegenden überhaupt wenig. Dagegen hatten sie alle Ursache, mit den katholischen Mächten, mit Frankreich, Mailand, Venedig, dem Papst, auch den Habsburgern, auf gutem Fuß zu stehen, denn das waren die Hauptkonsumenten der einzigen werthvollen Waare, welche die Schweizer Bauern und kleinen Adeligen damals auf den Markt zu bringen hatten: ihrer wehrhaften Söhne. Das „Reislaufen," der Söldnerdienst, bildete die Haupteinnahmequelle der ländlichen Bevölkerung der Schweiz, namentlich in den Bergkantonen. Ein Anschluß an die Reformation bedeutete den Bruch mit den katholischen Mächten, drohte mit dem Versiegen der reichlichen Geldquellen. Daher hielt das biedere Landvolk fest am Glauben der Väter.

Anders stand es in den Städten. Das städtische Bürgerthum hatte am auswärtigen Söldnerdienst kein Interesse; im Gegentheil, er war ihm unangenehm, da er die Macht des ihm feindlichen Adels stärkte und die Wehrhaftigkeit und Selbständigkeit der unteren Klassen, die es ausbeutete, vermehrte. Denn die Schweizer Söldner waren meist nicht heimathlose Lumpenproletarier, sondern Bauernsöhne, die nach beendetem Kriegsdienst heimzogen.

Wohl aber hatten die Städte alle Ursache zur Feindschaft gegen die katholische Sache. War auch in der Schweiz die päpstliche Ausbeutung mehr eingeschränkt als in Deutschland, so hielt doch das habgierige Papstthum an seinen Rechten in den reichen Städten viel zäher fest, als in den armen Berggegenden. Aber ebenso wichtig wie der Gegensatz gegen das Papstthum wurde der gegen die katholischen Fürsten, in erster Linie die Habsburger. Die deutsche Reformation war eine Erhebung nicht blos gegen den Papst, sondern auch gegen den Kaiser, das heißt das Haus Habsburg, und als solche wurde sie auch in der Schweiz aufgefaßt.

Für die Urschweizer freilich hatte das Haus Habsburg längst aufgehört, der „Erbfeind“ zu sein. Sie standen schon zu fest, als daß dieses Fürsten= geschlecht sie noch hätte bedrohen können; sie hatten durch Gegnerschaft gegen dasselbe nichts zu gewinnen, sondern nur an Sold= und Bestechungsgeldern zu verlieren. Ganz anders die Städte der Nordschweiz, die an Habsburgische Be= sitzungen grenzten und, von diesen bedroht, nach ihnen lüstern, in steter Gegner= schaft zu den Habsburgern standen. Namentlich Zürich war am Kampf gegen die Habsburger auf das Lebhafteste interessirt. Es wurde auch der Vorkämpfer der Reformation in der Schweiz, während die Urkantone für den Katholizismus eintraten: Die Nachkommen Tell's verbündeten sich zu diesem Zweck mit dem Habsburger Ferdinand.

Wie im deutschen Reich, brachte auch in der Schweiz die Reformations= bewegung eine kommunistische Bewegung an die Oberfläche. Aber die Verhältnisse der Eidgenossenschaft waren ganz anderer Natur als die Sachsens, und demnach auch der Charakter des schweizerischen Kommunismus sehr verschieden von dem des sächsischen.

Der letztere war jünger, wesentlich beeinflußt von den taboritischen Tradi= tionen. Auf die Schweiz hatten diese kaum erheblichen Einfluß geübt. Wohl aber war sie seit Langem den Einwirkungen der Waldenser und der Begharden ausgesetzt gewesen; der Waldenser, die von Südfrankreich und Norditalien kamen, und der Begharden, die von den Niederlanden aus das Rheinthal entlang sich ausbreiteten, über Köln und Straßburg nach Basel gelangten.

War aber das Taboritenthum gewaltthätig, so neigten die Waldenser und Begharden seit jeher zur Friedfertigkeit. Schon dieser Unterschied mußte darauf hinwirken, daß die Kommunisten in der Schweiz anders fühlten, dachten und handelten als die in Sachsen. Indeß viel einschneidender noch als durch importirte Lehren wird der Charakter der sozialen Bewegung eines Landes bestimmt durch dessen eigenartige gesellschaftliche und politische Verhältnisse. Und diese waren in der Schweiz in Vielem sehr verschieden von denen Sachsens. Was letzteres Land auszeichnete, war der Bergbau, namentlich auf Silber. Er förderte das Auf= kommen der fürstlichen Gewalt, schuf aber auch in den Bergarbeitern ein kraft= volles, trotziges, in großen Massen zusammenwohnendes Proletariat, förderte die Waarenproduktion in der Landwirthschaft, damit aber auch den Landhunger der Grundherren, und spitzte alle sozialen Gegensätze jener Zeit aufs Schärfste zu.

Ganz anders in der Schweiz. Da ist kein Bergbau, daher auch kein wehr= haftes Massenproletariat. Die Landwirthschaft ist, wenigstens zum großen Theil noch, sehr urwüchsig, der Bodenkommunismus noch stark, von einem absoluten

Fürstenthum keine Spur. Vielmehr finden wir bäuerliche und städtische Republiken, eine bäuerliche und bürgerliche Demokratie, die, so lange sie sich noch schwach und bedroht fühlt, dem Kommunismus sympathisch gegenübersteht, dessen nächste Feinde auch ihre Feinde sind.

Alles das mußte darauf hinwirken, die friedfertigen Tendenzen des Waldenser= und Beghardenthums in der Schweiz zu verstärken. Es bewirkte aber auch, da die Klassengegensätze noch nicht so schroff zugespitzt waren wie in Sachsen, daß die Bewegung weniger eine proletarische wurde als dort. Die Zahl der Kommunisten aus den höheren Klassen in Sachsen zur Zeit der Münzer'schen Bewegung war eine verschwindende. Das ist wohl mit einer der Gründe, warum Münzer so riesenhoch emporragte aus der namenlosen Masse, die ihn trug und furchtbar machte, die aber keine Vorkämpfer lieferte, welche im Stande gewesen wären, ihre Persönlichkeit und die Erinnerung daran literarisch zu fixiren.

Ganz anders die schweizerischen und die von denselben beeinflußten Kommunisten. Es wimmelt unter ihnen von gesellschaftlich hervorragenden und gebildeten Leuten. Unser Blick bleibt da nicht an einem Einzigen haften. Wir werden eher verwirrt durch die Fülle interessanter Charakterköpfe, die uns entgegentreten. Die schweizerische Bewegung ist schwächlicher und historisch weniger bedeutend als die sächsische, aber literarisch interessanter und intellektuell höher stehend.

So viel zu ihrer allgemeinen Charakterisirung.

Von Waldensern und Begharden finden sich im 14. und 15. Jahrhundert zahlreiche Spuren in der Schweiz — Blutspuren, Hinrichtungen von Anhängern dieser Sekten. Es waren meist Leute aus den unteren Klassen: Handwerker, Proletarier, Bauern, die den Kommunismus als Geheimlehre in geheimen Zusammenkünften predigten. Neben dieser proletarischen Bewegung scheint sich zu Beginn des 16. Jahrhunderts eine Art Salonkommunismus in humanistischen Kreisen gebildet zu haben.

Wurde Zürich das Wittenberg der Eidgenossenschaft, so spielte Basel dort dieselbe Rolle wie Erfurt in Sachsen. Es wurde für die Schweiz der Hauptsitz des Humanismus. Ein Kreis von freidenkenden Gelehrten und Künstlern fand sich in Basel zusammen, dessen Zentrum seit 1513 Erasmus von Rotterdam bildete, der Busenfreund Thomas More's und der berühmteste unter den nordischen Humanisten, der mit zeitweiligen Unterbrechungen, Reisen nach den Niederlanden, namentlich Löwen ꝛc., in Basel bis zu seinem Tode (1536) blieb. In diesem Kreis wurden die mannigfaltigsten neuen Ideen diskutirt, wahrscheinlich auch manche der späteren Wiedertäufer. Unter Anderem weist ein Brief des Oekolampadius darauf hin. Wir haben diesen Baseler Gelehrten bereits kennen gelernt; er war mit Münzer 1524 bei dessen Aufenthalt an der Schweizer Grenze in Verbindung getreten und hatte ihn aufgefordert, zum Volke zu predigen. Später leugnete der vorsichtige Herr Professor freilich jeden derartigen Verkehr mit dem gefährlichen Mann. Er habe Münzer kaum gekannt und seinen Namen erst erfahren, nachdem er ihn zu sich geladen. Aber Oekolampadius hatte auch mit anderen gefährlichen Leuten verkehrt, so mit dem Magister Hans Denck, der später einer der hervorragendsten Theoretiker der Wiedertäufer wurde. Oekolampadius, bei dem Denck Vorlesungen gehört hatte, verschaffte ihm 1523 die Stelle eines Rektors an der Sebaldusschule in Nürnberg. Aber Denck's Ansichten erregten Anstoß, er kam in Konflikt mit der Obrigkeit und mußte Nürnberg verlassen, wie wir noch sehen werden. Oekolampadius wurde beschuldigt, Denck's Anschauungen genährt zu haben. Dagegen verwahrte sich der Baseler Gelehrte in einem Brief vom 25. April 1525 an den Nürnberger Patrizier Willibald Pirkheimer: „Denck hat von mir kein Gift aufgenommen, wenn er überhaupt eines aufnahm. . . . Aber vor einem Jahrzehnt (also 1515) soll von einigen sehr gelehrten Männern viel darüber (der Ketzerei, der Denck anhing) im engsten Kreise gesprochen worden sein, von denen er sie vielleicht erfuhr."*)

Unter den „gelehrten Männern," die sich damals in Basel sammelten, finden wir viele spätere Häupter der Wiedertäufer: 1521 und 1522 war dort der Züricher Patriziersohn Conrad Grebel bereits „ein ausgezeichneter Patron des Evangeliums." Dr. Balthasar Hubmeier aus Waldshut verkehrte dort viel; ferner gehörten zu jenem Kreise noch der Schwabe Wilhelm Reublin, Pfarrer in St. Alban zu Basel, Ulrich Hugwald, der Baseler Professor, der, wie wir gesehen haben, mit Oekolampadius Münzer zum Agitiren aufgefordert hatte. Wir finden dort Ludwig Hätzer, den Buchhändler Andreas auf der Stülzen, Simon Stumpf und Andere; lauter spätere Agitatoren der Wiedertäufer.

In der langen Liste, die uns Keller giebt, dem wir diese Namen entnehmen, erscheinen uns noch ein Niederländer bemerkenswerth, Robe, der später im Norden wirkte und Jürgen Wullenweber für die Wiedertäufer einnahm, und der Ritter de Coct, ein Vertreter der südfranzösischen „Brüder." Mit dem Süden wie mit dem Norden standen die Baseler im engsten Verkehr.

Neben diesen Indizien, auf die uns Keller hingewiesen, möchten wir noch die Thatsache anführen, daß die kommunistische Utopie des Thomas Morus, auf die wir noch in einem anderen Zusammenhang zu sprechen kommen, gerade in Basel damals die größte Aufmerksamkeit gefunden hat.

Die erste Auflage der lateinisch abgefaßten „Utopia" erschien 1516 in Löwen, unter der Obhut des Erasmus, More's Freund, der in jenem Jahr dort weilte. 1518 wurde eine zweite Auflage nöthig, sie erschien in Basel bei dem berühmten Drucker Froben. Aus einem Briefe des Beatus Rhenanus an Pirkheimer**) ersehen wir, wie eifrig damals in Basel die „Utopia" diskutirt wurde.

1524 aber erschien die erste deutsche Uebersetzung, und überhaupt die erste Uebersetzung der „Utopia," ebenfalls in Basel, besorgt von Claudius Cantiuncula.***)

Sehr bedeutsam wäre es, wenn Keller's Hypothese, aufgestellt in seinem

---

*) Zitirt bei Keller, Die Reformation, S. 330.
**) Mitgetheilt in meinem „Thomas More und seine Utopie," Stuttgart 1888, S. 265.
***) Am Schluß des Buches steht: „Gedruckt zu Basel durch Joannem Bebelium im MDXXIIII. Jar." (A. a. O., S. 256.)

bereits mehrfach zitirten Buche über „die Reformation und die älteren Reform=
parteien," sich als richtig erweisen würde, daß es in Basel die Buchdrucker
waren, welche die Hauptträger der waldensischen und beghardischen Ueberlieferungen
bildeten und dieselben den Gelehrten übermittelten.

Gerade zu Anfang des 16. Jahrhunderts war Basel der wichtigste Ort
im deutschen Sprachgebiet für den Buchdruck geworden. Neben der weltberühmten
Offizin des Froben, den wir schon genannt, entstanden dort die Druckereien von
Amander, Petri, Gengenbach, Cratander, Capito 2c. Die Buchdrucker spielten in
Basel eine hervorragende Rolle. Und sie standen im engsten Verkehr mit den
Künstlern und Gelehrten jener Stadt. Keller weist auf den Ausspruch Lord's
hin (in dessen „Handbuch der Geschichte der Buchdruckerkunst"): „Selten haben
Wissenschaft, Kunst und Technik brüderlicher zusammengewirkt als dort." Keller
hat aber auch eine Reihe von Beziehungen von Buchdruckern, besonders in Basel,
zu Waldensern und Begharden herausgefunden. Namentlich ist die Thatsache zu
erwähnen, daß sämmtliche deutschen Bibelübersetzungen, die vor der lutherischen im
Druck erschienen, einander gleich sind. Sie stimmen alle überein mit einer deutschen
Uebersetzung aus dem 14. Jahrhundert, die, wie Keller überzeugend nachweist,
waldensischen Ursprungs war. Dieselbe Uebersetzung war bei den Wiedertäufern
und deren Nachfolgern, den Mennoniten, bis ins 17. Jahrhundert im Gebrauch
(im Wesentlichen, mit mundartlichen Aenderungen).

Daß die Buchdrucker ausschließlich die waldensische Uebersetzung reproduzirten,
läßt allerdings darauf schließen, daß die waldensischen Ueberlieferungen unter ihnen
sehr verbreitet und sehr lebendig waren.

Das ist auch nicht unwahrscheinlich. In der besonderen Klassenlage der
Buchdrucker jener Zeit können wir allerdings eine Erklärung für die kommunistischen
Sympathien nicht finden, auf die ihre waldensischen Tendenzen hinweisen. Mehr
noch als die gewöhnlichen Handwerker bildeten sie, die den Künstlern und Gelehrten
so nahe standen, zum Theil aus diesen Kreisen sich rekrutirten, eine privilegirte Klasse,
die an der allgemeinen Gleichmachung kein Interesse hatte. Höchstens könnte man
sagen, daß die Buchdrucker als gebildete Lohnarbeiter, also als Ausgebeutete, eher
kommunistische Ideologen liefern konnten, als die anderen gebildeten Klassen jener
Zeit, die Geistlichen, die Professoren, die Juristen, deren Berufsthätigkeit und Inter=
essen viel enger mit der Aufrechthaltung der bestehenden Klassenunterschiede verknüpft
waren. Aber die kommunistischen Sympathien der Buchdrucker werden leichter
erklärlich, wenn man den umgekehrten Weg einschlägt: eher als die Brücke von
der Buchdruckerei zum Kommunismus findet man die Brücke vom Kommunismus
zur Buchdruckerei.

Wir haben schon des Oefteren Gelegenheit gehabt, darauf hinzuweisen,
welches Interesse die Kommunisten an einer guten Volksbildung nahmen. Von
den Waldensern an läßt sich dies Interesse verfolgen. Es führte dazu, daß die
Kommunisten eifrig nach dem neuen Mittel griffen, die Schrift zu vervielfältigen
und unter die Massen zu bringen.

Wir wissen, wie die Brüder vom gemeinsamen Leben sich hauptsächlich auf das Abschreiben und Verbreiten von Büchern verlegten. Als die Buchdrucker= kunst aufkam, gehörten sie zu den Ersten, die sich ihrer bemächtigten und Buch= druckereien gründeten; die erste zu Marienthal bei Geisenheim im Rheingau (vielleicht schon 1468, jedenfalls vor 1474), denen bald zahlreiche andere folgten. Einer der ersten ausgezeichneten Pariser Buchdrucker Jodocus Badius Ascensius, war Schüler einer Brüderschule.*)

Wie eifrig die böhmischen Brüder den Buchdruck betrieben, haben wir bereits erwähnt. (S. 233.)

Münzer scheint in seinen Wanderjahren auch „Buchdruckern als gelehrter Gehülfe sich angeschlossen zu haben." (Seidemann.) Zu Allstätt hielt er sich einen eigenen Drucker und unter den Nürnberger Buchdruckergesellen hatte er Anhänger.

Der schon erwähnte gelehrte Wiedertäufer Hans Denck war mit Vorliebe in Buchdruckereien thätig, zuerst in Basel in der Offizin des Cratander und dann in der des Curio; 1525 nach seiner Vertreibung aus Nürnberg, in St. Gallen.

Daß die Kommunisten an der Buchdruckerei das größte Interesse nahmen und ihr zahlreiche Arbeiter lieferten, daran ist garnicht zu zweifeln. Wir wagen es nicht, darüber mehr mit Bestimmtheit zu sagen.

Das Dunkel völlig zu erhellen, welches über den Anfängen der Wiedertäufer oder, besser gesagt, über ihrem Zusammenhang mit den früheren kommunistischen Sekten schwebt, ist bisher noch nicht möglich. Greifbar tritt die neue Sekte erst in Zürich ans Tageslicht, zur Zeit der Reformation Zwingli's.

Die lutherische Reformation begann mit der Bekämpfung eines der wirk= samsten Mittel, Geld aus Deutschland nach Italien zu bringen: des Ablasses. Zwingli begann seine reformirende Thätigkeit (zuerst 1506—1516 als Pfarrer in Glarus, 1516—19 als Leutpriester in Einsiedeln, dann als Pfarrer in Zürich) mit einer Bekämpfung des Mittels, das päpstliches Geld in die Schweiz brachte, des Söldnerwesens. Luther begann als Theolog, Zwingli als Politiker. Nicht katholischen Dogmen, sondern den benachbarten großen katholischen Dynastien, den Valois und Habsburgern, galten seine ersten Angriffe. Noch 1519 war Zwingli bei der Curie so gut angeschrieben, daß, als er an der Pest erkrankte, der päpstliche Legat sich beeilte, ihm seinen eigenen Leibarzt zu schicken. Erst als die Wogen der deutschen Reformation bis nach der Schweiz hinüberschlugen und auch diese in Bewegung setzten, wurde dort der Kampf gegen die katholischen Weltmächte zu einem Kampf gegen den Katholizismus (1522). Sobald aber die Züricher sich einmal auf diese Bahn begeben hatten, schritten sie rasch und ohne besondere Schwierigkeiten darauf fort.

„Erst 1523," sagt Vögelin, „bricht plötzlich die kirchliche Reform herein. Ohne große Vorbereitung entwickelt Zwingli in den Schlußreden der ersten, im Januar 1523 in Zürich abgehaltenen Disputation ein vollständiges Programm

---

*) Ullmann, Reformatoren vor der Reformation, II., S. 189.

seiner ganzen Reform, hierin Luther ganz ungleich, welcher in seinen 95 berühmten Thesen eigentlich nur 95 mal das Gleiche, nämlich die Rechtfertigung durch den Glauben, wiederholt, weil dies das Einzige war, was ihm auf dem Herzen lag. Luther ist schrittweise zur Reform gedrängt worden durch den Widerstand der katholischen Hierarchie. In Zwingli's klarem Geiste hat sich das vollständige Ge= bäude der Reformation bereits im Jahre 1523 gestaltet und ist in den 65 „Schluß= reden" (Thesen) ausgeführt, welche nicht an äußerer Wirkung, wohl aber an wissenschaftlicher Bedeutung den lutherischen Thesen weit überlegen sind.

„Nun weisen die nächsten drei Jahre eine Reihe von Triumphen auf; Schlag auf Schlag folgen: die Loslösung vom bisherigen kirchlichen Verbande, zunächst von Konstanz, dann von Rom, Aufhebung der Klöster, des geistlichen Standes, Säkularisirung der ganzen geistlichen Gewalt, Abschaffung der Bilder*) und der Messe. Dies Alles bildet ein in sich zusammenhängendes geschlossenes Ganzes, und man kann sagen, im Jahre 1525 ist die Reform in Zürich siegreich vollendet zu Stadt und Land."**)

Aber wenn auch Zwingli an Klarheit und Konsequenz Luther überragte, so nahm doch die Zwinglianische Reformbewegung in einem Punkte denselben Weg wie die Lutheranische. Wie diese, beruhte auch jene in ihren Anfängen auf dem Zusammenwirken aller mit den bestehenden kirchlichen Verhältnissen unzufriedenen Klassen. Aber hier wie dort kommt nach dem gemeinsamen Kampf die Ent= zweiung: jede der vereinigten Richtungen und Klassen sucht den Sieg in ihrem Interesse und ihrem Sinn auszunützen; der Führer der Bewegung, der Reformator, der von allen diesen Parteien bisher getragen worden, muß sich jetzt für eine derselben und gegen deren Gegner entscheiden, muß sich gegen einen Theil seiner bisherigen Helfer wenden. Das ist eine Eigenthümlichkeit aller revolutionären

---

*) Bei dieser Gelegenheit wurde in Zürich und später in Basel manches Kunstwerk vernichtet. Der Vandalismus, den man heute den Sozialdemokraten nachsagt, wurde damals von den gut bürgerlichen Reformern geübt, ohne die Mißbilligung selbst eines Erasmus zu finden. Im Gegentheil, er amüsirte ihn. Als die Basler ihre Kirchenbilder in zwölf großen Haufen verbrannten, schrieb Erasmus an Pirkheimer, er wundere sich, daß die bärtigen Heiligen sich das ruhig hätten gefallen lassen. Von der heiligen Jungfrau wunderte es ihn nicht, sie sei ja wegen ihrer Sanftmuth bekannt.

Mit Entrüstung weist Janssen darauf hin, wie profitabel für die bürgerlichen Gewalten der Bildersturm war: „Im Kirchenschatze einer einzigen Kirche (des Großmünster), den der (Züricher) Rath am 2. Oktober 1525 wegnehmen ließ, befanden sich unter Anderem vier silberne Brustbilder der Märtyrer Zürichs, vier kostbare Kreuze, vier schwere, reiche Monstranzen, ein Marienbild von sechzig Pfund reinen Goldes" c. c. „Die goldenen Kunstschätze waren über einen Zentner schwer, die silbernen mehrere Zentner; alle wurden zerschlagen und in die Münze geschickt." (Geschichte des deutschen Volkes, III., S. 82, 83.) Janssen merkt in seiner sittlichen Entrüstung garnicht, wie famos er da den Grad der Ausbeutung illustrirt, die es der katholischen Kirche ermöglichte, solche Schätze aufzuspeichern, neben der nicht geringen Menge dessen, was sie konsumirte. Der Verf.

**) Sal. Vögelin, Ulrich Zwingli, Rede, gehalten 1884 bei der Zwingli-Gedenkfeier. Zürich 1881, S. 3 und 4.

Bewegungen, die durch das Zusammenwirken verschiedener Klassen mit entgegengesetzten Interessen zu Stande kommen. Wiclif hatte darin das gleiche Schicksal wie Luther, und Huß wäre es ähnlich gegangen, wenn er das Aufkommen des Taboritenthums erlebt hätte. Was Luther auszeichnete, war nur die Raschheit, mit der er den Umschwung vollzog, der Mangel an jeder sachlichen Motivirung desselben und die Berserkerwuth, mit der er seine „lieben Brüder" von gestern anfiel.

Als in Zürich der Konflikt mit der herrschenden Kirche begann, hielten auch die dortigen kommunistischen Sektirer es nicht mehr für nothwendig, ihr Geheimniß streng zu wahren. Schon im Frühjahr 1522 kamen die Behörden darauf, daß in Zürich eine „Ketzerschule" existire, eine Organisation, in der der Buchhändler Andreas auf der Stülzen als Lehrer thätig war, welcher dem Basler Kreise angehört hatte. Unter den Mitgliedern finden wir den Züricher Bürger Claus Hottinger, den Weber Lorenz Hochrütiner, den Bäcker Heinrich Aberli und den Schneider Hans Okenfuß, alles spätere Wiedertäufer. 1522 wurde die Gesellschaft noch nicht verfolgt. Im Gegentheil, wir finden Hottinger und seine Leute im freundschaftlichsten Verkehr mit Zwingli.

Im Spätherbst 1522 kam Konrad Grebel von Basel nach Zürich zurück und schloß sich sofort der „Ketzerschule" an. Von Haus aus unabhängig und reich, hatte er in Wien und Paris studirt, sich den Ruf eines Gelehrten erworben, aber auch in wildem Studentenleben seinem Körper bedenklich zugesetzt. Der Konflikt, in den er darüber mit seinen Eltern gerieth, wurde verschärft durch eine heimliche Ehe, die er wider deren Willen schloß. Seine materielle Stellung litt sehr darunter.

Als er jetzt nach Zürich heimkehrte, schloß er sich mit Enthusiasmus der kirchlichen Bewegung an; er wurde einer der „Brüder," blieb aber in bestem Einvernehmen mit Zwingli.

Ihm folgten zahlreiche Genossen aus dem Basler Kreise, denen sich jetzt in Zürich ein freieres Feld zu eröffnen schien. Wilhelm Reublin verließ seine Pfarre in Basel und erhielt eine solche in Wietikon. Simon Stumpf wurde Pfarrer in Höngg bei Zürich. Ludwig Häzer, einen gelehrten jungen Priester aus dem Thurgau, der auch in Basel gewesen, finden wir 1523 ebenfalls in Zürich.

Zu den Genossen, die von Außen zuströmten, gesellten sich zahlreiche Proselyten aus der Stadt selbst. Unter ihnen der Hervorragendste Felix Manz, ein Mann von philologischer Bildung, der neben Grebel bald in erster Linie unter den „Spiritualen," wie die Züricher „Brüder" anfangs hießen, stehen sollte. Bei Felixens Mutter, der „Manzin," die ein Haus in der Neustadt besaß, versammelte sich gewöhnlich die Gemeinde.

Diese wuchs und begann sich zu fühlen. Zwingli liebäugelte mit ihr. Nun galt es, ihn vorwärts zu treiben auf der Bahn sozialer Reformen. Darüber kam es zum Konflikt, der sich nach und nach immer mehr zuspitzte.

Die Brüder verlangten Aufhebung der Zinsen und der Zehnten, der Kirchensteuern. Zwingli hatte sich ihnen gegenüber wiederholt dafür ausgesprochen.

Aber jetzt wurde ihm vor dieser Bundesgenossenschaft bange. Der große Rath erklärte sich am 22. Juni 1523 entschieden gegen die Antastung des Kirchen= zehnten, und der Reformator verstand den Wink. Drei Tage später hielt er im Großmünster eine Predigt, in der er sich auf den Standpunkt des Rathes stellte. Damit zeigte er bereits, daß er nicht gesonnen sei, noch weiter mit den Brüdern zu gehen.

Indeß gaben diese den Kampf nicht auf. Sie forderten Zwingli auf, die Kirche unabhängig vom Staate zu organisiren. Die Antwort darauf war im Herbst die Einführung der Staatskirche, wodurch die Entscheidung in allen kirch= lichen Fragen dem großen Rath, also den herrschenden Klassen, zugewiesen wurde.

„Zwingli hat," schreibt darüber Vögelin, „in vollständiger Uebereinstimmung mit dem weltlichen Regiment, eine Staatskirche mit einem Glaubenszwang auf= gerichtet, der strenger und drückender war als die Zustände in der katholischen Kirche. Es ist notorisch, daß man im Anfang des 16. Jahrhunderts glauben konnte oder nicht glauben konnte, was man wollte; wenn man sich nur dazu hergab, die katholischen Gebräuche leiblich mitzumachen und den Priestern ihre Sporteln zu zahlen, so fragte Niemand nach der inneren Ueberzeugung. Die reformirte Kirche stellte das umgekehrte, weniger unsittliche, aber unverständigere Prinzip auf: Du mußt im Herzen meiner Ueberzeugung sein."*)

Diese Einrichtung war ein Schlag ins Gesicht der „Spiritualen." Nicht dazu hatten sie den Kampf gegen die päpstliche Kirche begonnen, damit aus dieser ein willenloses Herrschaftsmittel in den Händen der Besitzenden werde. Der Kampf zwischen ihnen und Zwingli wurde jetzt ein erbitterter. Aber während die Spiritualen nur mit Worten stritten, verfügte Zwingli über die ganze Gewalt des Staates. Und er machte von ihr reichlichen Gebrauch. Schon zu Ende des Jahres 1523 kam es zu Verhaftungen und Ausweisungen von Brüdern. So wurde im Dezember dieses Jahres Simon Stumpf ausgewiesen.

Die Verfolgung schüchterte die Brüder nicht ein, sie vermehrte nur ihren Eifer und festigte ihren Zusammenhalt. Die Sekte wuchs rasch, in der Stadt und auf dem Lande. Die Ausgewiesenen trugen die Lehre in die benachbarten Kantone, wo sie bald Boden gewann. Gleichzeitig aber begannen sich die Brüder strenger abzusondern von der Masse der übrigen Bevölkerung. Als ihr unter= scheidendes Merkmal trat immer schärfer die Verwerfung der Kindertaufe hervor.

In dieser Situation traf sie das Jahr 1525.

*) A. a. O., S. 8.

II. Die Lehren der Wiedertäufer.

Um 1525 hatten die Theoretiker der Wiedertäufer noch nicht gesprochen. Aber deren Ausführungen betrafen vornehmlich die theologische Begründung und Ausspinnung ihrer Lehren. Diese selbst traten in ihren Grundzügen zu Beginn des Bauernkrieges bereits mit genügender Deutlichkeit hervor.*) Es scheint uns hier der geeignetste Moment, sie auseinanderzusetzen, bevor wir in der Erzählung der äußeren Schicksale der Sekte weiterschreiten.

Was dem Beobachter der Wiedertäufer vor Allem auffiel, war die große Verschiedenheit der Meinungen unter ihnen. Sebastian Franck, der sie genau kannte und sie sehr wohl verstand, da er ihnen in vielen Punkten sympathisch, wenn auch skeptisch und ängstlich, gegenüberstand, sagt in seiner Chronik, die 1531 erschien, von ihnen: „Wiewohl alle Sekten unter sich selbst zerspalten sind, so sind doch sonderlich die Täufer also untereinander uneinig und zerrissen, daß ich nichts Gewisses und Endliches von ihnen zu schreiben weiß."**)

So sagt auch Bullinger in seiner Schrift gegen die Wiedertäufer, daß „etliche vermeinen, daß es nicht möglich sei, daß man ordentlich alle der Wiedertäufer Unter= schiede, gegensätzliche Meinungen und schädliche, gräuliche Sekten oder Rottungen erzählen möge: wie es denn wahr ist, daß ihrer wenig funden werden, die mit= einander einhellig sind und nicht jeder sein besonderes Geheimniß, das ist Phantasie, haben." Darum will er auch nicht alle ihre Sekten und jeglichen „Lätzkopfs Spintisy" abmalen, sondern nur die wichtigsten Richtungen unter ihnen darstellen.***)

Die Zerrissenheit und Mannigfaltigkeit ist keine besondere Eigenthümlichkeit der Wiedertäufer. Wir haben sie schon bei den Waldensern, den Begharden und den Taboriten gefunden. Sie war zum Theil Folge ihrer großen Toleranz in

---

*) Ueber die „Ketzerschule," die Andreas auf der Stülzen in Zürich schon 1522 gehalten, hatte der Rath eine Untersuchung eingeleitet. In dem Verhör sagten mehrere Theilnehmer der Versammlungen aus, Andreas „habe sich auf Zwingli's eigene Predigt berufen, als er lehrte, eine Ehefrau, die sich ihrer Frömmigkeit überhebe, sei nicht besser als die von ihr gescholtene Dirne, wenn diese gegen Gott sich als Sünderin bekenne. Geiz und Wucher mit Pfründen, und sonst, überhaupt wenn Geistliche und Weltliche überflüssiges Gut zusammenlegen, um ‚den glatten balg dest baß und richlicher zue erziehen und zue erneren,' habe der Stülzer dem Stehlen gleichgestellt, wo es aus Armuth geschehe; wenn er auch nicht fordere, daß der Wucherer wie der Dieb an den Galgen geführt werde, so sei vor Gott und gemäß der evangelischen Lehre doch kein Unterschied zwischen Beiden. Ja, der Reiche, der den Armen von Haus, Hof, Acker, Matten und dem Seinen vertreibe, sei böser als ein Dieb und ein Mörder vor Gott dem Herrn. Besonders sei Andreas gegen den Krieg als eine Sünde aufgetreten; denn wer trotz väterlichen Erbes und Gutes in den Soldkrieg ziehe und so Biederleute todtschlage, sei vor Gott und nach der evangelischen Lehre dem Mörder gleich." (Egli, Die Zürcher Wieder= täufer zur Reformationszeit. Nach den Quellen des Staatsarchivs dargestellt, Zürich 1878, S. 15, 16.)

**) Chronica, Zeytbuch vnd bibel von anbegyn biß inn diß gegenwärtig MDXXXI. jar. Straßburg 1531, Fol. 445.

***) Wiedertäufer, S. 17.

Glaubenssachen, die bewirkte, daß zum Beispiel in Tabor die verschiedensten Sekten friedlich zusammenhausten, zum Theil Folge des Umstandes, daß diese Sekten es zu einer festen, öffentlichen Organisation nur selten gebracht haben. Der Begriff des Wiedertäufers blieb daher ein ebenso schwankender, wie etwa heute in Rußland der eines „Nihilisten." Die Berichterstatter rechneten die verschiedensten Sekten zu ihnen. Andererseits ist es natürlich, daß jede revolutionäre, also kritische Bewegung nicht nur nach Außen, sondern auch nach Innen sich kritisch verhält. Dies macht sie in ihren Anfängen, so lange sie nicht festen Boden unter den Füßen hat und noch tastend ihren Weg sucht, zu Spaltungen geneigt. Die Wiedertäufer sind aber — wenigstens in Deutschland — über dieses Stadium nicht hinausgekommen.

Bullinger beschreibt die verschiedenen Richtungen der Wiedertäufer ausführlicher, aber auch gehässiger als Franck. Wir halten uns an diesen und theilen einige seiner Ausführungen mit.

Die Einen, sagt er, feiern den Sonntag, Andere nicht. Manche haben Regeln über eigenartige Kleidung und Speisen, und sondern sich auch äußerlich von der Welt ab. Deren sind nur Wenige. Andere bequemen sich den Verhältnissen an. Etliche lehren, sie könnten nicht sündigen, „der mehrere Theil predigt das Kreuz," machen einen „Abgott aus dem Leiden." Etliche predigen und leiden darob Martern. Andere halten dafür, es sei die Zeit gekommen, zu schweigen. Etliche leiden an Verzückungen und prophezeien. „Etliche halten große Stücke auf Gesichte und Träume, etliche garnichts. Die halten sich an den Buchstaben der Schrift." Manche legen weder auf Predigten noch auf Bücher einen Werth.

„Etliche haben ein regulirt Schweigen und gehn mit viel Gesetzen und äußerlichen Dingen um ... in Kleidern, Haarflechten, Essen, Reden. Diese nennt man die schweigenden Brüder." Die Anderen halten diese Dinge alle frei. Etliche halten viel auf die Schrift, Andere nur auf die unmittelbare Eingebung Gottes. Diese nehmen an, man könne auch ohne die Schrift gläubig und selig werden. „Fast alle halten die Kinder für rein und unschuldig Blut und die Erbsünde für keine verdammliche Sünde, weder an Kindern noch an Alten."

„Etliche thun schier nichts denn Beten, und wollen allem Unglück mit ihrem regulirten Gebet entgegenkommen; gleich als thue man Gott einen besonders großen Dienst daran, wenn wir immer beten, das Maul müd machen, und nicht vielmehr uns selbst. Diese wollen auch, man soll allem Uebel nit anders denn mit Gebet widerstehn, und wollen den Ihren keine Waffen erlauben, damit sie stets gelassen stehn und keiner Nachsucht geziehn werden. Etliche haben andere Opinion und schier Jeder eine besondere, also daß kaum zwei unter ihnen durchaus eines Sinnes sind, denn was sie einander zu Lieb heucheln und zu Dienst glauben. Deshalb ihre Artikel alle zu schreiben unmöglich ist, so viel und mancherlei fürwitzige müßige Fragen bringen sie täglich auf die Bahn. ...

„Viele halten, wir sollten solche Leute eher wünschen oder im Himmel suchen denn auf Erden haben, oder vielleicht in der Republik Plato's."

Viele unter ihnen hegen chiliastische Vorstellungen. Sie nehmen an, „die Gottseligen, die in Christo entschlafen sind, werden friedlich auferstehn und mit Christo regieren tausend Jahr hie auf Erd. Etliche halten, auf ewig, und vermeinen, daß Reich Christi werde hier auf Erden sein, wie die Propheten im Buchstaben lauten und Lactantius verstanden hätt und die Juden heut noch verstehn." Nicht Wenige haben den jüngsten Tag schon kommen sehen, und daraufhin ihr Hab und Gut vergeudet. Einige hassen die Bilder, Andere genirt es nicht, selbst in Kirchen zu gehen und die Messen zu hören u. s. w. u. s. w.

Alle diese Unterschiede sind untergeordneter Art, betreffen Aeußerlichkeiten oder entstammen gar nur Verschiedenheiten des Temperaments und der Veranlagung, wohin wir zum Beispiel die verschiedene Stellung zu Offenbarungen und Träumen rechnen. Daneben kommen in den bisher genannten Punkten noch einige taktische Fragen geringerer Bedeutung in Betracht.

Aber auch in wichtigen, prinzipiellen Fragen herrschte nicht vollständige Einigkeit unter den Wiedertäufern.

Da war vor Allem die Grundfrage, die Eigenthumsfrage.

„Etliche," sagt Franck, „halten sich selbst für die Heiligen und Reinen; die haben, von Andern abgesondert, alle Dinge gemein; keiner sagt, daß etwas sein sei, und ist alles Eigenthum bei ihnen Sünd.

„Die Andern haben also all Ding gemein, daß sie einander keine Noth sollen leiden lassen. Nicht daß Einer dem Andern in das Seine falle, sondern daß in der Noth eines Jeden Gut des Andern sein soll, und Keiner nichts gegen den Andern verbergen, sondern ein offen Haus haben. Und daß der Geber willig und bereit, der Nehmer aber unwillig sein soll, und sofern ers umgehn kann, seinen Bruder spar und keine Ueberlast thue. Aber hierin ist große Heuchelei, Untreue und sehr viel Ananie, wie sie selbst wohl wissen.

„An etlichen Orten, als zu Austerlitz in Mähren, haben sie Oeconomos, Schaffner, und Alle einen Küchenseckel, daraus man einem Jeden geben soll, was ihm Noth ist. Ob es aber geschehe und recht ausgetheilet werde, darum frage ich sie. Diese thun die andern Brüder in Bann, als die nicht auf dem rechten Wege sind, und ist des Bannens in ihren Gemeinden viel, also, daß schier eine jede Gemeinde die andere in Bann thut, wer sich nicht in allen Stücken unterschreibt. . . .

„Die andern Täufer halten nichts auf die erst erzählte Gemein und Gemeinschaft, achten sie auch unnöthig und etwas zu viel, daß sie (die Andern) sich die vollkommenen Christen nennen, mit Verachtung der Andern. Diese arbeiten, ein Jeder für sich selbst, helfen, fragen, bieten einander (meines Bedünkens) die Händ gut heuchlerisch, obwohl ich die, die es recht meinen, hiemit nicht will getadelt haben."

Wir finden also bei den Wiedertäufern zwei Richtungen, wie unter den Taboriten und den böhmischen Brüdern (und in den Anfängen des Christenthums) eine strengere, die mit dem vollkommenen Kommunismus Ernst machen will, die alles Privateigenthum abschafft und Alle aus dem gemeinsamen „Küchenseckel" ernährt. Und daneben die mildere, die das Privateigenthum anerkennt und blos verlangt, man solle es besitzen, „als besitze man es nicht." Das Auftreten dieser beiden Richtungen neben= oder nacheinander ist nicht ein zufälliger, sondern ein typischer Vorgang, der in der kommunistischen Bewegung mit Naturnothwendigkeit eintritt, so lange sie über die urchristliche Grundlage nicht hinauskann.

Mit der Eigenthumsfrage hängt eng zusammen die Frage der Eheform. Auch darin waren sie nicht einig, ebensowenig wie ihre eben genannten Vorgänger.

Etliche lehren, sagt Franck, man soll nicht in einer Familie mit Anders= gläubigen leben. Viele Ehen wurden dadurch zerstört. Andere unter ihnen lehren selbst dawider.

Etliche haben es für ihre Pflicht gehalten, Haus und Familie zu verlassen, nach dem Beispiel der Apostel.*) Auch dagegen predigen viele von ihnen selbst.

„Es hat sich auch eine Secte unter ihnen aufgethan, die wollen, wie alle Dinge, auch die Weiber gemein haben. Aber die sind bald von den anderen Brüdern vertuscht (vertust) und ausgemustert worden. Etliche haben den Hut und den Hätzer beschuldigt als Fürnehmer dieser Secte. Wohlan, sie haben drum, ist es wahr, ihr Urtheil erstanden."

Den Thurgauer Ludwig Hätzer haben wir bereits kennen gelernt. Dieser gehörte nicht nur in Ehefragen zu den kühnsten Denkern seiner Partei. Er war einer von den Täufern, welche die Göttlichkeit Christi leugneten, Christus nur als Lehrer und Vorbild, nicht als „Abgott" gelten ließen. 1529 wurde er zu Konstanz hingerichtet wegen „Ehebruchs." Ob und wie weit dabei seine Lehre mit betheiligt war, wissen wir nicht. „Er war hoch mit dem Geist Gottes ver= ständigt," berichtet von ihm ein mährisches „Chronikl" der Wiedertäufer, „wie seine Schriften melden. Er hat einen Reim zu Kostnitz (Konstanz) angeschrieben von der Gottheit, der lautet also:

„Ich bin allein der ewig Gott,
Der ohne Hilf' Alles erschaffen hat,
Fragst du, wie viel doch meiner sein?
Ich bin's allein, meiner sein nit drei,

---

*) Petrus sprach: Siehe, wir haben Alles verlassen und sind dir nachgefolgt. Er (Christus) aber sprach zu ihnen: Wahrlich ich sage euch: Es ist Niemand, der ein Haus ver= läßt, oder Brüder, oder Weib, oder Kinder, um des Reichs Gottes willen, der es nicht viel= fältig wieder empfange in dieser Zeit, und in der zukünftigen Welt das ewige Leben. (Lucas, 18, 28—30.) — Cornelius erzählt uns ein Beispiel davon, wie diese Aufforderung zur Auflösung der Familie unter Umständen wirkte: „In der Nacht erhob sich der Bauer Hans Ber zu Alten=Erlangen von seinem Lager und griff nach Kleid und Geräth. ‚Wo willst du hin?' fragte ihn sein Weib. Er antwortet: ‚Ich weiß es nicht. Gott weiß es wohl.' Sie beschwört ihn, zu bleiben: ‚Was habe ich dir Leides gethan? Bleib hier und hilf mir meine kleinen Kinder ziehn.' ‚Liebe Frau,' erwiderte er, ‚laß mich mit zeitlichen Dingen unbeschwert. Gott segne dich, ich will von dannen, den Willen des Herrn zu erfahren.'" (Cornelius, Geschichte des Münsterischen Aufruhrs, II., S. 49.)

Sag' auch dabei ohn' allen Won,
Weiß glatt auch von keiner Person.
Ich bin auch weder dieß noch das,
Wem ich's nit sag, der weiß nit was."*)

Hans Hut aus Franken war ein Buchkrämer, ein eifriger Anhänger Münzer's (der selbst weit davon entfernt war, Weibergemeinschaft zu predigen). Nach der Niederwerfung des thüringischen Bauernaufstandes schloß er sich den süddeutschen Wiedertäufern an.

Die Tendenzen, deren er und Häßer beschuldigt werden, erinnern an die der Adamiten in Böhmen und der Brüder und Schwestern des freien Geistes. Da ist es merkwürdig, daß Bullinger von einer Sekte der „freien Brüder" unter den Täufern spricht, die nicht nur im Namen, sondern auch in den Ideen eine große Verwandtschaft mit den Brüdern vom freien Geist aufweist. Ob diese Uebereinstimmung auf Ueberlieferung beruht, oder ob da wieder einmal gleiche Verhältnisse ganz selbständig, ohne jeden Zusammenhang mit ihren Vorgängern, die gleichen Erscheinungen zu Tage gefördert, können wir nicht entscheiden.

„Die freien Brüder," sagt Bullinger, „welche fast von den andern Täufern allen die groben, wüsten Brüder genannt und verbannt und verworfen werden, machen die achte Sekte im Täuferorden: Deren wurden auch von Anfang der Täuferei nicht wenig hie und da, besonders im (Züricher) Oberland, funden. Die Täufer verstanden die christliche Freiheit fleischlich. Denn sie wollten von allen Gesetzen frei sein, dieweil doch Christus sie ledig und frei gemacht hätte. Darum vermeinten sie auch, sie wären von rechtswegen weder Zins noch Zehnten, auch die Pflichten der Knechtschaft oder Leibeigenschaft fürderhin zu zahlen und zu leisten nicht schuldig. Etliche aber, die etwas bescheidner sein wollten, lehrten, ob man gleich die Dinge von rechtswegen nicht schuldig wäre, sollte man es dennoch den Heiden bezahlen, damit sie keine Klage hätten und die Lehre nicht lästerten. Doch sollte keine Leibeigenschaft unter den Christen mehr sein. Etliche dieser freien Brüder, verzweifelt öde Buben, beredeten leichtfertige Weiber, daß es ihnen nicht möglich wäre, selig zu werden, sie schlügen denn ihre Ehr in die Schanz. Und mißbrauchten hiezu, nicht ohne Gotteslästerung, des Herrn Wort: So jemand nicht verscherzte und verlöre alles, das er lieb hätte, möcht er nicht selig werden. Item, man müsse um Christi willen allerlei Schmach und Schand leiden. Dieweil auch Christus geredet habe, die Publikanen (Zöllner) und Huren werden im Himmelreich den Gerechten vorgehn, so sollen die Weiber zu Huren werden und ihre Ehr verscherzen, so werden sie im Himmel größer sein denn die frommen Weiber. Andere machten es etwas subtiler. Denn so wie sie lehrten, alle Dinge gemein haben, also auch die Weiber. So sprachen etliche, nachdem sie wiedertauft wären, wären sie wiedergeboren und könnten nicht sündigen; das Fleisch könnte und möchte allein sündigen. Und es geschah unter manchem (sömlichen) falschen Schein und erlogenem Fürgeben des öden Gedichts große Schand und lleppigkeit. Da durften sie über das Alles sagen, es wäre des Vaters (Gottes) Wille. Und hie sind unter vielen üppigen Buben entstanden die geistlichen Ehen. Denn die Weiber wurden beredet, sie versündigten sich schwer mit ihren Ehemännern, die noch nicht wiedergetäuft, also Heiden wären; mit ihnen aber, den Täufern, sündigten sie nicht, da zwischen ihnen eine geistliche Ehe bestehe."*)

Es ist uns leider nicht gelungen, andere gleichzeitige Zeugnisse über die freien Brüder aufzufinden. Bullinger's Streitschrift ist keine unbefangene und zuverlässige Quelle. Aber in den wesentlichen Punkten dürfen wir seine Darstellung der freien Brüder doch für richtig halten, gerade in jenen Punkten, in denen sie sich mit den Brüdern und Schwestern vom freien Geist berühren, nämlich in der „freien Liebe," dem „kommunistischen Anarchismus," ihrer Sündlosigkeit, da Alles, was sie thäten, Gottes Wille sei.

Wie gegenüber Eigenthum und Ehe, waren die Wiedertäufer auch in ihrem Verhalten gegenüber dem Staat, der öffentlichen Gewalt, nicht völlig einig. Darin stimmten sie allerdings überein, daß sie mit dem Staat so wenig als möglich zu thun haben wollten. Sie wollten von ihm nichts wissen, aber sie verwarfen die gewaltsame Auflehnung gegen ihn und predigten die Pflicht des leidenden Gehorsams. Man wollte die „Staatsknechtschaft," um modern zu sprechen, loswerden dadurch, daß man den Staat ignorirte.

Sie lehren, berichtet Franck, man solle Gewalt leiden, Genommenes nicht fordern. Ein Christ solle kein Amt bekleiden, „er möge weder leibeigene noch sonstige Knechte haben, auch niemals Krieg führen und die Faust zücken." Gott räche sich selbst.

Etliche unter ihnen verlangen, man solle nie schwören. „Auch daß ein Christ keine Obrigkeit möge sein, die ein Halsgericht besitzt und über das Blut urtheilt oder die Krieg führt." Andere billigen wenigstens die Nothwehr. „Jedoch lehren sie alle einhellig, der Obrigkeit in allen Dingen, so nicht wider Gott sind, gehorsam zu sein, nicht allein Zins und Steuer, sondern den Mantel zu dem Rock und was man nicht entbehren will, zu geben. Sie sagen, sie seien auch bereit, Gewalt zu leiden und auch den Tyrannen gehorsam zu sein. . . . Dieses haben mir zur Antwort geben, so viel ich darum hab angeredt, sie seien da, um Christi willen zu leiden mit Geduld, nicht zu fechten mit Ungeduld. Denn das Evangelium lehr und woll nicht mit der Faust, wie die Bauern im Sinn hatten, sondern mit Leiden und Sterben vertheidigt und bestätigt werden. . . . Deßhalb hätt es meines Erachtens nicht so große Noth, daß man einen Aufruhr von ihnen besorgt. Der Teufel, der gern Mord sieht und eine Lust hat, im Blut zu baden, flößt vielen einen thörichten Eifer ein, die armen Leute zu tyrannisiren. . . . Nun, weil kein Aufruhr vorhanden ist, soll man Niemanden unter ihnen bloßen Argwohns wegen also martern. Ich besorgte von keinem Volk weniger einen Aufruhr, wenn ich Papst, der Kaiser oder der Türke selbst wäre, denn von diesem."

---

*) Wiedertäufer, Fol. 32.

Das war der entscheidende Punkt, der Münzer, und die Mehrheit der deutschen Kommunisten vor dem Bauernkrieg überhaupt, von ihnen trennte, so sehr sie den Züricher Brüdern in anderen Punkten nahe standen.

Es ist noch ein Brief erhalten, den die uns bereits bekannten Grebel, Manz, Andreas von der Stülzen, Hans Okenfuß, Heinrich Aberli und Andere an Münzer richteten, am 5. September 1524. Sie erklärten, sie seien mit ihm in Vielem einverstanden, „und daß Du mitsammt Karlstadt bei uns für die reinsten Verkünder und Prediger des reinsten göttlichen Wortes geachtet sind." Sie freuen sich, „daß wir einen funden haben, der eines gemeinen christlichen Verstandes mit uns sei," seine „Büchlinen" haben „uns Armgeistige über die Maßen gelehrt und gestärkt;" aber er ist ihnen nicht radikal genug in seiner Lehre und sie ermahnen ihn, „Du wollest Dich ernstlich befleißen, nur göttliche Worte unerschrocken zu predigen, nur göttliche Bräuche aufzurichten . . . und alle Anschläge, Worte, Bräuche und Gutdünken aller Menschen, auch Deine selbst, verwerfen, hassen und verfluchen." Sie wenden sich gegen seine deutsche Messe, die ihnen noch zu weit von der apostolischen Einfachheit entfernt ist. Auch daß er in der Kirche Tafeln (Bilder?) aufgerichtet hat, mißfällt ihnen. Sie wenden sich aber auch gegen seine Gewalt= thätigkeit. Wer nicht glauben will und dem Wort Gottes widerstrebt, „den . . . soll man nicht tödten, sondern für einen Heiden und Zöllner achten und sein lassen. Man soll auch das Evangelium und seine Bekenner nicht schirmen mit dem Schwert, oder sie sich selbst, was, wie wir durch unsern Bruder vernommen haben, Deine Meinung ist. Rechte, gläubige Christen sind Schafe unter den Wölfen, Schafe der Schlachtung; sie müssen in Angst und Noth, in Trübsal und Verfolgung, in Leiden und Sterben getauft werden, darin erprobt werden und dürfen das Vaterland der ewigen Ruh nicht mit leiblicher sondern geistlicher Erwürgung erlangen. Sie gebrauchen auch weder weltliches Schwert noch Krieg, denn bei ihnen ist das Tödten ganz abgethan."

Dem Brief ist eine Nachschrift beigegeben: Eben haben die Brüder er= fahren von Luther's „Brief und schändlich Büchlein," in dem er die Fürsten auffordert, der Münzer'schen Agitation ein Ende zu machen. „Des Huinsen Bruder schreibt, Du habest wider die Fürsten gepredigt, daß man sie mit der Faust angreifen sollte. Ist es wahr . . . so ermahn ich Dich bei dem gemeinen Heil unser Aller, Du wollest davon abstehen und allem Gutdünken jetzt und hernach, so wirst Du gar rein werden, der Du uns sonst in andern Artikeln (also abgesehen von der Messe, den „Tafeln" und dem gewaltsamen Weg) besser gefällst denn keiner in diesen deutschen und auch andern Ländern. So Du dem Luther und den Herzogen in die Hände kommst, laß die gemeldeten Artikel fallen und bei den andern steh wie ein Held."*)

Ob Münzer den Brief erhielt und welche Antwort er darauf ertheilte,

---

*) Der Brief ist im Originalwortlaut abgedruckt bei Cornelius, a. a. O., II., S. 240 ff., Beilage 1. Das Original ist in der Bürgerbibliothek zu St. Gallen.

wissen wir nicht. Bald nach dessen Abfassung finden wir ihn an der Schweizer Grenze im Verkehr mit den Schweizer Wiedertäufern. Ueber die Art dieses Verkehrs bestehen nur Vermuthungen; aber daß es im Punkte des gewaltsamen Weges zu keiner Verständigung kam, lehren die Ereignisse, die sich nach Münzer's Rückkehr nach Thüringen abspielten.

Der Punkt des gewaltsamen Weges war für die Wiedertäufer der ent= scheidende — ebenso wie vorher bei den böhmischen Brüdern. Das sieht man daraus, daß sie trotz ihrer sonstigen Toleranz und trotzdem sie die verschiedensten Richtungen unter sich duldeten, doch stets dagegen protestirten, daß Münzer einer der Ihrigen gewesen sei. Auch Münzer's Anhänger hielten sie von sich fern. Franck berichtet: „Münzer soll noch (1531) einen großen Anhang heimlicher Jünger in Thüringen haben, die sind nicht Täufer, er hat auch selbst nicht wiedergetauft, wie ich glaubwürdig berichtet bin."

Das Letztere wäre freilich für sich allein kein Beweis dafür, daß Münzer nicht zu den Täufern gehörte. Gleich diesen hat auch Münzer sich gegen die Kindertaufe geäußert. In seiner „Protestation" schrieb er: Zu den Zeiten der Apostel hat man darüber gewacht, daß der Widersacher nicht den Weizen mit dem Unkraut mischen könne. „Darum hat man allein die erwachsenen Leute nach langer Unterrichtung zu Kirchenschülern aufgenommen. . . . Ach, was soll ich sagen, es hat sich nie und nirgends mit einem einzigen (Wort?) geäußert oder gezeigt, in allen Büchern der Kirchenlehrer von ihres Schreibens Anfang, was die rechte Taufe sei. Ich bitte alle buchstäbischen Gelehrten, daß sie mir anzeigen, wo es in dem heiligen Buchstaben steht, daß ein einziges unmündiges Kindlein getauft sei von Christo und seinen Boten, oder aufgesetzt sei, zu beweisen, unsere Kinder also wie jetzund zu taufen."

Mit der Praxis der Wiedertaufe haben aber die Züricher erst Ende Januar oder Anfang Februar 1525 begonnen, zu einer Zeit, wo Münzer wahrscheinlich schon aufgebrochen war, um an dem großen Revolutionskampf theilzunehmen, und wo ihm derartiger sektirerischer Kleinkram höchst bedeutungslos erscheinen mußte.

Die Idee der Wiedertaufe bezw. Spättaufe ist keine neue. Sie tauchte schon sehr früh bei den Waldensern auf. Namentlich stark äußerte sie sich später in den Anfängen der böhmischen Brüder. „Es wäre besser, nach Art der alten Kirche, nur Erwachsene zu taufen, die durch ihre Werke ihren Glauben bereits bethätigen können," meinte Peter Chelčicky. Er verwarf die Kindertaufe nicht unbedingt, zog aber die Taufe an Erwachsenen vor. Als die Gemeinde der böhmischen Brüder 1407 in Lhota sich konstituirte, war ihre erste Handlung die Wiedertaufe, die an den Anwesenden vollzogen wurde. Die Spättaufe erhielt sich bei ihnen bis zum Aufkommen der Wiedertäufer. Damals waren die böhmischen Brüder bereits verbürgerlicht; sie wollten mit den Wiedertäufern nicht verwechselt werden, die denselben Charakter trugen, den die Jünger Chelčicky's anfangs getragen hatten. Die Taufe an Erwachsenen ward jetzt ein gefährliches Symbol, und darum erwuchs von nun an in der böhmischen Sekte eine immer stärkere Abneigung dagegen.

Endlich schaffte sie eine Synode zu Jungbunzlau 1534, im Jahr des Münsterschen Aufstandes, völlig ab.*) Es war also kein neues Prinzip, dessen Annahme den Züricher Brüdern ihren Namen gab. Die Gegnerschaft gegen die Kindertaufe war die logische Folge der Gegnerschaft gegen die Staatskirche.

So lange die katholische Kirche im christlichen Abendland wirklich katholisch gewesen war (katholikos, griech. = allgemein), bedeutete dort die Taufe die Aufnahme in die Gesellschaft überhaupt. Die Taufe am Neugeborenen war da nichts Widersinniges. Ganz anders wurde es, sobald sich Oppositionsparteien, ketzerische Parteien bildeten, die den Anspruch der katholischen Kirche bestritten, daß sie die ganze Gesellschaft umfasse. Bildeten sich neben ihr andere kirchliche Gemeinschaften, dann lag die Forderung nahe, daß der Einzelne nicht willenlos durch den Zufall der Geburt einer bestimmten Kirche zugetheilt werden, sondern daß ihm die Entscheidung darüber frei bleiben solle, bis er fähig sei, selbständig zu denken.

Aber nicht alle protestantischen Sekten zogen diese Konsequenz. Der Protestantismus der herrschenden Klassen bedeutete nichts als das Bestreben, die Kirche als Herrschaftsmittel zu erobern und dem Staat einzuverleiben. Die Kirche wurde ein Stück des Staates, die Staatskirche; die Staatsgewalt bestimmte in den Ländern, in denen es zu einer Reformation kam, welcher Kirche, welchem „Glauben" die Staatsbürger angehören sollten. Besonders kraß äußerte sich das später im monarchischen Deutschland, wo sich der Grundsatz bildete: cujus regio, ejus religio; wo die Landeskinder sofort und ohne Murren den Glauben wechseln mußten, wenn der Landesvater aus irgend einem Grunde den Glauben wechselte oder sie einem anderen andersgläubigen Landesvater vererbte, verschenkte, verschacherte oder sonstwie abtrat.

In den demokratischen protestantischen Gemeinwesen trieb das Staatskirchenthum nicht so absurde Konsequenzen wie in den monarchischen; aber es trat dort früher zum Vorschein, zuerst in Zürich, wo Zwingli, wie wir gesehen haben, schon 1523 die Staatskirche einführte. Mit der Einführung der Staatskirche war aber die Taufe Erwachsener unvereinbar. Wie jeder Mensch von Geburt aus einem bestimmten Staat angehört, so gehörte er auch in den Ländern der Staatskirche von Geburt aus einer bestimmten Konfession an. Die Spättaufe bedeutete die Leugnung der Autorität des Staates, die Leugnung seiner Berechtigung, das Glaubensbekenntniß seiner Angehörigen zu bestimmen. Zwingli, als Lenker des Züricher Staates, konnte sie unmöglich anerkennen, wenn er auch früher, in seiner ideologischen Zeit, so lange er noch in der Opposition stand, nach seinem eigenen Zeugniß für die Spättaufe gewesen war.**)

---

*) Gindely, Geschichte der Böhmischen Brüder, I., S. 36, 224.
**) In seiner Schrift „Vom tauf, vom widertauf und vom Kindtauf" (1525) sagt Zwingli: „Denn der Irrthum hat auch mich vor einigen Jahren verführt, daß ich meint', es wäre viel besser, man taufte die Kindlein erst, wenn sie zu gutem Alter kommen wären." Ausführlicher handelt darüber J. Loserth, Dr. Balthasar Hubmeier und die Anfänge der Wiedertaufe in Mähren, Brünn 1893, S. 78.

Dagegen wurden die „Brüder" umsomehr gedrängt, die Berechtigung der Taufe an Erwachsenen zu behaupten und die Kindertaufe als ungültig und nichtig zu verwerfen, je mehr sie verfolgt wurden, je mehr sie sich als Minorität fühlten, die darauf verzichtete, den Staat zu erobern, die sich nur dadurch zur Geltung bringen konnte, daß sie sich von der Menge absonderte und als besondere Gemeinde der „Heiligen" und „Auserwählten" organisirte — zwei Beinamen, die sehr hochmüthig klingen und die doch nur bezeugen, daß sie die Hoffnung aufgaben, jemals die Masse der Bevölkerung zu bilden.

So trat die Frage der Spättaufe oder, wie ihre Gegner sagten, der Wiedertaufe, immer mehr in den Vordergrund. Sie bildete ebensowenig das eigentliche Kampfobjekt, wie es die Frage des Abendmahls unter beiderlei Gestalten bei den Hussiten gebildet hatte.*) Aber durch die Verhältnisse wurde, wie dort der Laienkelch, so hier die Wiedertaufe das Feldzeichen, um das sich die Brüder schaarten, an dem sie sich erkannten. Von ihr haben sie den Namen erhalten, unter dem sie in der Geschichte bestehen.**)

— — —

III. Der Wiedertäufer Glück und Ende in der Schweiz.

Noch vor dem Ausbruch des deutschen Bauernkrieges fiel der entscheidende Schlag gegen die Züricher Wiedertäufer.

Angefeuert von deren Predigern, namentlich von Reublin, hatten mehrere Eltern sich geweigert, ihre Neugeborenen taufen zu lassen. Vergeblich bemühten sich Pfaffen und Rathsherren, sie zur Nachgiebigkeit zu überreden. Da erließ der Rath am 18. Januar 1525 das Gebot der Kindertaufe und setzte auf dessen Uebertretung die Strafe der Landesverweisung. Drei Tage darauf begann die Ausführung des Rathsbeschlusses. Reublin, Hätzer, Andreas auf der Stülzen und Bröbli, ein Graubündtner, der in Zollikon als Prediger wirkte, aber von seiner Hände Arbeit sich ernährte, wurden ausgewiesen.

Die Antwort auf diesen Schlag war würdig und kühn. Die zurückgebliebenen Brüder versammelten sich, und in der Versammlung erhob sich Jürg Blaurock, der in Chur Mönch gewesen, und bat Conrad Grebel, daß dieser ihn taufe mit der

---

*) Das sagt Zwingli selbst in einem Brief an Vadian vom 28. Mai 1525. Er bezeichnet darin den Kampf gegen die Täufer als den schwersten, den er je zu führen gehabt. Alle früheren Kämpfe seien ein Kinderspiel dagegen gewesen. Aber der Widerstand sei nothwendig, da es sich nicht um die Taufe handle, sondern um Aufruhr, Rottung und Verachtung der Obrigkeit. (Egli, Züricher Wiedertäufer, S. 34.)

**) „Wiedertäufer" oder „Anabaptisten" (von den griechischen Worten Ana, einer Partikel, die den Begriff der Wiederholung in sich schließt, und Baptistes, der Täufer). Sie selbst protestirten gegen diese Benennung. Sie tauften nicht zweimal, sie erklärten vielmehr, die Kindertaufe sei überhaupt keine Taufe, sondern, wie Hubmeier sagte, nur ein Kinderbad. (In seiner Schrift: Vom Christenlichen Tauff der Gläubigen, 1525. Einen Auszug daraus giebt Loserth, a. a. O., S. 84 ff.)

rechten, wahren, christlichen Taufe. Nachdem Conrad ihn getauft, taufte nun Jürg alle anderen Anwesenden. Von da an war die Wiedertaufe oder Spät=taufe das anerkannte Symbol der Aufnahme in den Bund der Brüder. Gleich=zeitig begann man den Versuch, den Kommunismus praktisch durchzuführen.*)

Die Züricher Brüder hatten sich zur Wiedertaufe bekannt im vollen Bewußt=sein dessen, was sie erwartete.

„Sogleich, als Zwingli von Neuem, und nun bringender noch als früher, den Kampfruf erschallen ließ, schlug blendend und erschreckend die Flamme schwärmerischer Begeisterung empor. Plötzlich sah man eine Menge Leute, wie zur Reise fertig, gegürtet mit Stricken, durch Zürich ziehen. Auf Markt und Plätzen blieben sie stehen und predigten von der Besserung des Lebens, von der Bekehrung zur Unschuld und Gerechtigkeit und brüderlichen Liebe. Dazwischen riefen sie gegen den alten Drachen und seine Häupter, das ist gegen Zwingli und seine Amtsgenossen, und weissagten den Untergang der Stadt binnen Kurzem, wofern sie die Stimme des Herrn nicht hören wolle. „Wehe, wehe über Zürich!" tönte das Rufen bald klagend, bald drohend, wie eine Mahnung aus einer anderen Welt, überall durch die engen Straßen der volkreichen Hauptstadt.

„Der Rath ließ viele zur Haft bringen, unter ihnen auch Manz und Blau=rock. Es folgten Verbote, Verhöre und Strafen, dann wieder Verhaftungen, Gespräche, verstärkte Strafen. Aber diese Leute hatten einen Geist, welcher der Zwinglischen Theologie spottet, und die Gewalt trieb, wie der Wind die Feuers=brunst, den Namen ihrer Kirche in die Weite."**)

In der That, in der ganzen deutschen Schweiz ging bald ihr Same auf, aller Orten verbreitet durch die aus Zürich Ausgewiesenen.

Am erfolgreichsten waren sie an der deutschen Grenze, in Waldshut, Schaff=hausen, St. Gallen.

Die Züricher Reformationsbewegung hatte, wie in anderen Städten der Schweiz und Süddeutschlands, so auch in diesen lebhaften Widerhall gefunden. Und wie in Zürich traten auch dort radikale, wiedertäuferische Elemente auf, die über die Zwinglische Reform hinauswollten. Diese waren erfolgreicher in den kleinen Städten als in der Großstadt — die Kleinstädte waren damals in der Mehrheit ihrer Bevölkerung immer plebejischer gesinnt als die Großstädte, wie wir schon bei den Hussiten gesehen haben. Schon vor 1525 war in Waldshut die Kindertaufe zwar noch gestattet, aber nicht mehr geboten. Schaffhausen ging nicht so weit wie Waldshut, verhielt sich aber zum Mindesten nicht ablehnend gegen die Wiedertäufer. In St. Gallen hatte schon 1524 ein Weber, Lorenz

*) „Man war," erzählt ein Zeuge (Heini Frei, genannt Gigli), „der Meinung, daß alle Dinge sollten gemein sein und zusammengeschüttet werden, und was dann einem Jeglichen fehle und anläge, sollte er dann vom Haufen nehmen, so viel er zur Nothdurft brauchen müßte. Und waren auch der Meinung, daß sie gern reiche Leute und große Geschlechter hineingezogen und gebracht hätten." (Egli, Züricher Wiedertäufer, S. 24, 97.)

**) Cornelius, a. a. O., II., S. 29, 30.

Hochrütiner, ein Anhänger Grebel's, der 1523 aus Zürich ausgewiesen worden war, eine kleine Brüdergemeinde gegründet, die gedieh.

Die Züricher Massenausweisungen zu Beginn des Jahres 1525 brachten erhöhtes Leben in diese Orte. Grebel wandte sich nach Schaffhausen, Bröbli fing in dem Schaffhauser Ort Hallau zu predigen an, Reublin endlich ging nach Waldshut. Nur langsam machte die neue Lehre Fortschritte in Schaffhausen. Hallau dagegen wurde rasch erobert und ebenso Waldshut. Der Führer der Bewegung dort war Dr. Balthasar Hubmeier, der, wie wir wissen, mit dem Baseler Kreise verkehrt hatte.

Diesen Mann müssen wir etwas näher betrachten. Um 1480 in Friedberg bei Augsburg geboren, hatte er sich der Gelehrtenlaufbahn zugewendet und war Professor an der Universität Ingolstadt geworden, die ihn 1515 zum Prorektor ernannte. Im nächsten Jahre folgte er einem Rufe als Domprediger nach Regensburg. Am hervorstechendsten wurde dort seine Agitation gegen die Juden, von denen die Handwerker behaupteten, daß sie den Rückgang der Stadt und des Handwerks verursachten. 1519 wurden die Juden ausgewiesen. Bald darauf, 1521, verließ auch Hubmeier selbst Regensburg. Was ihn von dort trieb, wissen wir nicht. Vielleicht seine Theilnahme an der Reformationsbewegung. Er begab sich nach Waldshut, welche Stadt damals im Besitz der Habsburger war. Hubmeier gewann als Prediger dort bald bedeutenden Einfluß, namentlich unter dem gemeinen Mann. Dieser Einfluß wuchs, als unter dem Einfluß der Züricher Reformationsbewegung in Waldshut eine demokratische antihabsburgische Bewegung aufkam; diese Bewegung, die schließlich am Vorabend des Bauernkrieges zur Lossagung der Stadt von der habsburgischen Herrschaft führte, ward von Hubmeier geführt, der dort dieselbe Rolle spielte, wie Zwingli in Zürich, mit dem er in lebhaftestem Verkehr stand.

Aber, wie schon bemerkt, mit dieser Bewegung gediehen auch in Waldshut die „Brüder."

Als Zwingli den Kampf gegen diese aufnahm, mußte auch Hubmeier sich entscheiden. Aber in Waldshut war der gemeine Mann mächtiger als in Zürich, die rebellischen Bauern Süddeutschlands näher. Hubmeier trennte sich von Zürich und wendete sich mit seiner Gemeinde den Täufern zu, mit denen er schon vorher sympathisirt und in vielen Punkten übereingestimmt hatte.

Als Reublin nach Waldshut kam, ließ Hubmeier sich von ihm taufen (Ostern 1525). Mehr als 300 Einwohner der Stadt folgten seinem Beispiel.*) Mit Hubmeier war ganz Waldshut gewonnen; diese rebellische Stadt, die den Habsburgern den Gehorsam gekündigt hatte, wurde „eine Burg der täuferischen Kirche, von wo Antrieb und Werbung nach allen Seiten ausging." (Cornelius.)

---

*) An den Getauften vollzog Hubmeier auch die Fußwaschung. Ein boshafter Berichterstatter erzählt: „Und als er mit den jungen Weibern fertig war und an die alten Böcke kam, hat er gesagt, es solle nun ein anderer die Füße waschen." (Loserth, Hubmeier, S. 82.) Das können wir ihm nicht übel nehmen.

Gleichzeitig wuchs auch die St. Galler Gemeinde rasch an, namentlich nach einer Agitationstour, die Grebel von Schaffhausen dorthin unternahm. Die Gemeinde zählte bald 800 Genossen. Ganz Appenzell gerieth in Aufregung.

Manz brachte die täuferische Lehre nach Graubündten, Andere verbreiteten sie in Basel und Bern, und im Kanton Zürich selbst stockte die Agitation nicht, trotz aller Maßregeln der Behörden. Namentlich im Oberland, im Amt Grüningen, war sie eine Zeitlang sehr erfolgreich.

Man sieht, welchen Erfolg Ausweisungen haben, wenn die Partei, die sie schädigen sollen, in den Verhältnissen ihre Nahrung findet. Und das war damals der Fall. Die ausgewiesenen Agitatoren hätten keine solchen Erfolge erzielt, wenn nicht gleichzeitig der deutsche Bauernkrieg auch die Schweiz aufs Tiefste erregt und dort die unteren Klassen ebenso wie bürgerliche Ideologen für die wiedertäuferische Predigt aufs Günstigste gestimmt hätte. Der blutige Kampf an den Grenzen der Republik, was war er anders als die Einleitung jener furchtbaren Ereignisse, von denen die Apokalypse spricht, in denen die Gottlosen vertilgt werden und nur die Auserwählten übrig bleiben, um des tausendjährigen Reichs theilhaftig zu werden?

Als der große Kampf zu Ende war, die rebellische Bauernschaft Deutsch= lands aus tausend Wunden blutend am Boden lag, da änderte sich auch die Situation für die Täufer in der Eidgenossenschaft. Ihre größten Erfolge hatten diese fried= liebenden Sektirer, die den Aufruhr verabscheuten, während des Aufruhrs und durch ihn erzielt. Seine Niederschlagung zog ihnen den Boden unter den Füßen weg — wenigstens in ihrer Heimath. Jetzt wurden die unteren Klassen klein= müthig und verzagt, indeß den Ausbeutern der Kamm schwoll und das famose Beispiel der deutschen Nachbarn ihren Blutdurst entzündete. In der zweiten Hälfte des Jahres 1525 werden die Verfolgungen der Wiedertäufer in der Schweiz allgemein und sie gestalten sich um so erbitterter und grausamer, je bedrohlicher das Anwachsen der kommunistischen Sektirer unter der Aegide des Bauernkrieges gewesen war.

Anfangs Juni bereits erhob sich der Rath von St. Gallen und dekretirte das Verbot der Wiedertaufe. Die Bürger mußten der Obrigkeit unbedingten Gehorsam schwören, wer den Eid weigerte, hatte das Gebiet der Stadt zu ver= lassen. Im Juli wurde Manz von dem Rath zu Chur verhaftet und an Zürich ausgeliefert. Im August ward der Rath von Schaffhausen der Wiedertäufer Herr. Der Oktober sah die Verhaftung Grebel's und Blaurock's, die auf Züricher Gebiet, im Grüningischen, agitirten. Im November belegte Bern die Täuferei mit der Strafe der Landesverweisung. Im Dezember endlich fiel Waldshut, die Burg der Wiedertäufer, ohne Schwertstreich in die Hände der österreichischen Regierung. Hubmeier, dem jeder andere Ausweg verlegt war, floh nach Zürich, wo er ergriffen und gefangen gesetzt wurde.

Das Jahr, dessen erste Hälfte so voll glänzender Erfolge gewesen war, endete mit völliger Niederschlagung und Zersprengung der Täufer in der ganzen Eidgenossenschaft.

Die Meisten flohen nach Deutschland, so Reublin, Hätzer, Blaurock (dieser erst 1527). Andere krochen zu Kreuz und widerriefen ihre Irrthümer, der bekannteste unter ihnen war Hubmeier. Nach seiner Gefangennahme in Zürich zwang man ihn, mit Zwingli zu disputiren, den Gefangenen mit seinem Kerkermeister, der jeden Tag das Schlimmste über ihn verhängen konnte! Hubmeier war nicht der Mann, die ekelhafte Komödie würdevoll zu gestalten. Um sich zu retten, verleugnete er seine Grundsätze und sprach bei der Disputation zuerst schwankend und schmeichelnd, und als das seinen Gegnern nicht genügte, erkärte er sich zum Widerruf seiner „Irrthümer" bereit.

Nachdem er diesen geleistet und geschworen, das Züricher Gebiet nie wieder zu betreten, wurde er gnädigst entlassen (April 1526).

„Aber," jammert Bullinger, „wiewohl dieser Handel Doktor Balthasar's viele einfache, verirrte Leute vernünftig und rechtsinnig machte, waren doch der halsstarrigen Täufer noch viele, die dadurch, auch durch andere Dinge nicht zur Besserung bewegt wurden."*)

Ihnen rückte die Obrigkeit mit schweren, sich steigernden Strafen zu Leib. Schon am 7. März 1526 hatte der Rath von Zürich bestimmt, es sollten Alle, die halsstarrig zur Sache der Täufer hielten, „bei Wasser und Brot auf Stroh in den neuen Thurm gelegt werden." Dort sollte man sie „ersterben und faulen lassen," auch die Frauen und Mädchen. Aber auch Jeden, der einen Täufer beherbergte, ihm Speise und Trank reichte, bedrohte strenge Strafe. Endlich wurde über Rückfällige die Todesstrafe verhängt. Als Erster erlitt sie Felix Manz, am 5. Januar 1527. Er wurde ertränkt, sein Vermögen konfiszirt.

Wohl gelang es durch diese Verfolgungen nicht, die Wiedertäuferei in der Schweiz zu vernichten, wie ja keine der kommunistischen Sekten bisher mit Gewalt völlig ausgerottet werden konnte. Aber die Gunst der Verhältnisse stand nicht mehr auf ihrer Seite, und so war die kommunistische Bewegung in der Eidgenossenschaft bald nach der Niederschlagung der deutschen Bauern auf dasselbe Niveau zurückgedrängt, auf dem sie vor dem Beginn der Reformation gestanden, auf das Niveau einer für die herrschenden Klassen ungefährlichen, für die daran Betheiligten aber höchst gefahrvollen Geheimbündelei, deren Existenz nur noch in zeitweiligen Prozessen und Hinrichtungen an den Tag trat.

Für die Oeffentlichkeit verschwand sie.

Aber gerade zu der Zeit, als der Niedergang des Täuferthums in der Schweiz anhub, begann sein Aufsteigen in Deutschland.

---

*) Der Wiedertäufer Ursprung, S. 13.

IV. Die Wiedertäufer in Süddeutschland.

Man sollte erwarten, daß die Niederwerfung der bäuerlichen Erhebung, welche eine so gewaltige Reaktion gegen die Täufer im Nachbarlande hervorrief, umsomehr jedes Aufkommen derselben in Deutschland selbst unmöglich machen mußte. Aber diese Erwägung, die den Verhältnissen eines modernen, zentralisirten Staates entsprechen würde, rechnet nicht mit dem feudalen Partikularismus, der gerade im Reiche damals noch so stark war. Erschwerte dieser Partikularismus die Zusammenfassung aller revolutionären (oder rebellischen) Kräfte zu einer einheitlichen Bewegung, so milderte er auch die Wucht des Rückschlags, der nicht alle diese Kräfte auf einmal und in gleichem Maße traf.

An eine bäuerliche Bewegung war nach dem Bauernkrieg freilich nicht mehr zu denken. Mit den Bauern war auch die Mehrheit der kleineren Städte niedergeschlagen worden, die sich ihnen angeschlossen hatten. Dagegen hatte die Mehrheit der größeren freien Reichsstädte der bäuerlichen Erhebung gegenüber ebenso kühl gegenübergestanden, wie der ihr vorhergegangenen Erhebung des niederen Adels unter Sickingen. Nicht nur das Großbürgerthum, die Patrizier, standen den Bauern feindlich gegenüber, auch das mittlere und kleinere Bürgerthum, die städtische Demokratie der Zunft, hegte nur laue Sympathien für die ländliche Bevölkerung, die von offener Abneigung oft nicht weit waren.

Aber hatte die großstädtische Demokratie es im Allgemeinen versäumt, durch ihre Kraft die Erhebung der bäuerlichen und kleinstädtischen Demokratie zu verstärken, so wurde sie dafür auch nicht, wenigstens nicht direkt, von deren Niederlage betroffen. Die Demokratie in den meisten freien Reichsstädten Süddeutschlands stand nach dem Bauernkrieg noch ungebrochen da. Aber gerade damals erhielten die Kämpfe zwischen ihr und der städtischen Aristokratie einerseits, die zwischen der Gesammtheit der städtischen Bevölkerung und dem nach der Beherrschung und Ausbeutung der Städte trachtenden Fürstenthum andererseits, Kämpfe, die ja in jenen Jahrhunderten nie ganz aufhörten, einen akuten Charakter.

Die Masse der Bevölkerung in den Reichsstädten hatte die Erhebung Luther's gegen den Papst freudig begrüßt und unterstützt. Diese freudige Unterstützung erlahmte jedoch in dem Maße, als Luther der Demokratie gegenüber lauer wurde.

Um dieselbe Zeit, als Luther anfing, von der Demokratie sich abzuwenden, erstand in Zürich eine Form kirchlicher Reformation, die den Interessen der städtischen zünftigen Demokratie völlig angepaßt war. Sie erregte bald die Aufmerksamkeit der süddeutschen Reichsstädte und gewann dort an Boden, zunächst, ohne sich feindselig zum Lutheranismus zu stellen. Dagegen mußten die beiden Richtungen sofort in Gegensatz zueinander treten, sobald Luther und seine Leute sich entschieden gegen die Demokratie erklärten. Und so bedeutet gerade die Zeit des Bauernkrieges auch die Zeit, in der der große Kampf zwischen Luther und Zwingli seinen Anfang nimmt; anscheinend ein Kampf um ein Wort, ein Kampf darum, ob Christus sprach: „Das (Brot) ist mein Leib," oder „Das bedeutet meinen Leib," in Wirklichkeit ein Kampf zwischen bürgerlich = demokratischer und fürstlicher Reformation, gefochten mit theologischen Argumenten, aber um sehr reale Objekte.

Ganz Deutschland erfüllte dieser Kampf seit 1525; am lebhaftesten wurde er geführt in den süddeutschen Reichsstädten, in Straßburg, Ulm, Konstanz, Lindau, Memmingen, Augsburg u. s. w. Wie schon früher bei ähnlichen Gelegenheiten, waren auch jetzt der tertius gaudens die Kommunisten. Wie ehedem der Kampf gegen den römischen Papst, so war es nun der Kampf gegen den Papst von Wittenberg, der ihnen Luft und Licht zu freier Entwickelung schaffte. Gegen die Lutheraner konnten die süddeutschen Zwinglianer die Wiedertäufer benutzen, darum duldeten sie sie in den ersten Jahren nach 1525, wie ja auch Zwingli selbst, der sie jetzt verfolgte, kürzlich noch sie begünstigt hatte.

Süddeutschland wurde die Zuflucht der politischen Flüchtlinge aus der freien Republik. Zahlreich kamen sie und rasch gewannen sie noch zahlreicheren Anhang. Ihre friedfertige Gesinnung, die den gewaltsamen Aufstand verpönte, entsprach gerade der allgemeinen Stimmung der unteren Klassen nach der Niederschlagung des Bauernaufstandes. Auch ehemalige Anhänger Münzer's wandten sich ihnen jetzt zu. So der Buchkrämer Hans Hut, dessen wir oben bereits gedacht haben; so Melchior Rinck, zuerst Schulmeister zu Hersfeld, dann Pfarrer zu Eckarts= hausen im Amt Eisenach, der bei Frankenhausen mitgefochten hatte, aber, glück= licher als Münzer, mit dem Leben davongekommen war. Jetzt schloß er sich den Täufern an.

So rasch erfolgte nun das Anwachsen der Wiedertäuferei in Deutschland, daß man dort vielfach der Ansicht war, sie sei überhaupt erst während oder nach dem Bauernkriege entstanden. Die Täufer selbst förderten diese Ansicht, da sie dadurch die Beschuldigung zu widerlegen hofften, als hätten sie den Bauern= aufstand angezettelt, wie ihre Gegner gern behaupteten. Sie konnten sich darauf berufen, daß die Annahme der Wiedertaufe als Symbol der Brüder, ihre aus= gesprochene Loslösung von der Zwinglianischen Kirche und ihre Konstituirung als besondere religiöse Gemeinschaft erst in den Beginn des Jahres 1525 fiel.

Sebastin Franck acceptirt diese Darstellung der Täufer, wie er denn aufs Eifrigste bemüht ist, nachzuweisen, daß sie garnicht aufrührerisch gesinnt seien.

Jedenfalls kommt seine Anschauung der Wahrheit näher, als die andere, noch allgemeiner verbreitete, der auch Bullinger huldigte, als sei Münzer der Begründer der Täufersekte gewesen. Allerdings hatte Bullinger die Anfänge der Wiedertaufe in Zürich selbst gesehen, aber dem Züricher Pfarrer mußte es erwünscht sein, den Ursprung der unbequemen Sekte von der Heimath des Zwinglianismus abzuwälzen und der Heimath des Lutherthums aufzuhalsen.

Zum Jahr 1526 bemerkt Franck in seiner Chronik: „Gleich in und nach dem Aufruhr der Bauern entstand aus dem Buchstaben der Schrift eine neue Sekte und besondere Kirche, die nannten etliche Wiedertäufer, etliche Täufer. Die fingen an, mit einer besondern Taufe sich von den andern zu unterscheiden und alle andern Gemeinden als unchristlich zu verachten. — Deren Vorsteher und Bischöfe waren namentlich Balthasar Hubmeier, Melchior Rinck, Johannes Hut, Johannes Denck, Ludwig Häßer. Deren Lauf ging so schnell, daß ihre Lehre bald das ganze Land durchkroch und sie bald einen großen Anhang erlangten, viel Tausend tauften und auch viel guter Herzen . . . zu ihnen zogen. Denn sie lehrten im Schein nichts, denn Liebe, Glauben und Kreuz, erzeigten sich in vielen Leiden geduldig, demüthig, brachen das Brot miteinander zum Zeichen der Einigkeit und Liebe, halfen einander treulich mit Vorsatz, Leihn, Borgen, Schenken und lehrten, alle Dinge gemein haben, hießen einander Brüder. Wer aber ihrer Sekte nicht war, den grüßten sie kaum, boten auch dem keine Hand; hielten sich auch zusammen und nahmen so jählings zu, daß die Welt sich eines Aufruhrs von ihnen besorgte, dessen sie doch, wie ich höre, allenthalben unschuldig befunden worden sind."*)

Die Sekte erschien um so gefährlicher, als sie ihre Verbreitung in den großen Städten fand. Bezeichnend dafür ist ein Brief, den Dr. Eck an den Herzog Georg von Sachsen am 26. November 1527 über die Wiedertäufer schrieb. Da heißt es unter Anderem: „Denn gar besorgnißerregend ist diese Sekte, und wie gnädiger Herr und seine fürstlichen Räthe erwägen, mehr Schadens da zu fürchten, denn bei dem jüngsten bäurischen Aufruhr: denn diese Sekte wurzelt in den Städten. Wenn nun der Aufruhr anginge, würden die in den Städten sich erheben, da würden sie Geschütze, Pulver und Harnische, auch kriegsgeübte Knechte haben, und es würde ihnen das Bauernvolk auf dem Land zufallen, und es würde Alles über sich gehn wider die Geistlichkeit, Fürsten und Adel. Darum die Fürsten und der Adel wohl aufsehn müssen."**)

Die Hauptsitze der süddeutschen Täuferei wurden Augsburg und Straßburg, zwei Weberstädte, in denen schon das Beghardenthum sehr stark gewesen.

Bezüglich der letzteren Stadt erinnern wir an Friedrich Reiser, den Waldenser, dem der Kongreß von Tabor den Sitz in Straßburg anwies, das „zweifellos seit Jahrhunderten der Vorort der deutschen Gemeinden gewesen ist." (Keller.)

Wie stark die kommunistische Sektirerei zeitweise in Augsburg gewesen, zeigt die Thatsache, daß dort 1393 auf einmal nicht weniger als 280 waldensische Ketzer, meist Weber und Holzarbeiter, prozessirt wurden.***)

Ein anderer Mittelpunkt dieser Sektirerei war Nürnberg. Wir wissen, daß Münzer dort zahlreiche Gesinnungsgenossen fand. Aber in Nürnberg war das Patriziat zu mächtig, als daß eine populäre Bewegung hätte aufkommen können.

Zu Ende des Jahres 1524, vielleicht unmittelbar nach Münzer's Anwesenheit, wurden in Nürnberg eine Reihe von „Ketzern" verhaftet, darunter Dürer's Schüler Jörg Penz, die Brüder Hans Sebald und Barthel Behaim, Ludwig Krug und Sebald Baumhauer, sowie endlich der uns schon von Basel

---

*) Seb. Franck, Chronik, S. 444.
**) Abgedruckt bei Seidemann, Th. Münzer, S. 150, 151.
***) Bender, Geschichte der Waldenser, S. 70.

her bekannte Hans Denck, der 1523 Rektor an der Sebaldusschule geworden war auf die Empfehlung des Oekolampadius hin, des Biedermanns, der es später für nöthig fand, sich deswegen bei Pirkheimer weiß zu waschen.

Den Gefangenen wurde der Prozeß gemacht. Keller hat die Prozeßakten studirt, die im Kreisarchiv zu Nürnberg liegen. Er bemerkt, es ergebe sich aus ihnen „die Thatsache, daß wir in den Gefangenen die Glieder einer Brüder= gemeinde vor uns haben, die unter dem Schleier des Geheimnisses seit langer Zeit bestand und die auswärts, z. B. in Erlangen, Beziehungen besaß."*)

Die Hauptangeschuldigten wurden ausgewiesen, darunter auch Denck. Er ging in die Schweiz, wo damals die Sache der Brüder im Aufschwung begriffen war. Zu Anfang des Jahres 1525 finden wir ihn in St. Gallen als Korrektor in einer Druckerei. Aber der Herbst dieses Jahres sah ihn schon wieder in Deutschland, in Augsburg. Dort begann der Gegensatz zwischen Lutherthum und Zwinglianismus am schroffsten zu Tage zu treten, dort tobte in jenen Jahren der Kampf zwischen beiden Richtungen am mächtigsten, dort fanden die Täufer die für sie günstigsten Bedingungen vor.

Schnell wuchs die Gemeinde, um 1527 soll sie nach Urbanus Rhegius bereits 1100 Köpfe stark gewesen sein. Man schrieb das im Wesentlichen der Wirksamkeit Denck's zu, „der mit seinen Landfahrern," den wandernden Agitatoren, „bei uns auch seinen neuen Tauforden hat wollen aufrichten, sich zuerst in die Winkel gesteckt und heimlich sein Gift ausgegossen hat," wie ein gegen ihn gerichtetes Pamphlet des Urbanus Rhegius klagt.**)

Denck wurde durch die Verhältnisse in Augsburg sehr begünstigt. Immerhin dürfen wir seinem Eifer und seiner hohen Intelligenz ein gut Theil der Erfolge zuschreiben, die er erzielte. Neben Hubmeier trat er in die erste Linie unter den Vorkämpfern der Brüder. Peter Gynoräus, der 1526 zu Augsburg lebte, spricht von ihm, als von dem „Haupt der Wiedergetauften." Bucer nennt ihn den „Papst," Haller in einem Brief an Zwingli vom 2. Dezember 1527 den „Apollo der Wiedertäufer."

Ein bedeutender Gelehrter und Philosoph, wirkte Denck vor Allem dahin, die Lehren des Täuferthums ihres materiellen, „fleischlichen" Inhalts zu ent= kleiden und zu „vergeistigen." Er wurde einer der Hauptvertreter der milderen, wenn man will praktischeren, versöhnlicheren Richtung unter den Wiedertäufern, die neben der ursprünglichen strengen Richtung aufkam und nicht nur die strikte Durchführung der Gütergemeinschaft, sondern auch die vollständige Passivität dem

---

*) Keller, Die Reformation, S. 422, 423.

**) „Wider den newen Tauforden. Notwendige Warnung an alle christglaubigen durch die Diener des Euangelii zu Augspurg," 1527. Diese Schrift bringt keine nennenswerthen Aufschlüsse über das Täuferthum. Am meisten scheint die frommen „Diener des Euangelii" der wiedertäuferische Satz geärgert zu haben, es sei „Niemand ein rechter Prediger, er sei denn ein Landfahrer und bleib nit an einem Ort." Das war seit den Waldensern traditionelle Vorschrift der kommunistischen Sekten.

Staate gegenüber sehr lästig fand. In Deutschland gelangte allerdings der Gegensatz zwischen den beiden Richtungen nicht zur vollen Entfaltung; dazu kam es erst in Mähren, wo die Gemeinde mehr Ellenbogenraum fand und sich eher den Luxus innerer Streitigkeiten gestatten konnte. Aber die Ansätze zur Bildung der neueren, praktischeren Richtung im Gegensatz zur alten, zürcherischen traten schon in Deutschland hervor, namentlich in Augsburg, wo die Gemeinde so sehr gedieh und wo auch Mitglieder der höheren Klassen ihr angehörten, darunter Eitelhans Langenmantel, „ein Bürger des fürnehmsten Geschlechts zu Augsburg," der „reichlich begabt war in der Schrift und Göttlicher Erkenntnis, wie seine Büchlein, in Druck ausgangen, nachweisen." (Chronik bei Beck, Geschichtsbücher, S. 36.) Er starb 1529 für seine Sache den Märtyrertod.

Wie bei den böhmischen Brüdern sind es auch hier zumeist die Gebildeten, die auf Seiten der milderen Richtung stehen; neben Denck besonders Hubmeier, der zwar zu Zürich der Sache der Wiedertäufer untreu geworden war, sich ihr aber sofort wieder angeschlossen hatte, sobald er die Züricher Mauern hinter sich wußte.

Indeß gab es Gebildete auch auf der anderen Seite. Der eben genannte Eitelhans Langenmantel zum Beispiel ist für den strengeren Kommunismus eingetreten, wenn die ihm zugeschriebene „kurze Rede von der wahren Gemeinschaft" wirklich von ihm herrührt. Er wendet sich gegen die Ansicht Derer, die da sagen: „Es sei nicht ein Gebot, daß man die Güter in gemein haben soll', so es aber in Lieb und frommem Willen geschehe, sei es wohl recht. Sonst aber mag ein Jeder es ins Gemeine geben oder behalten, er wird doch von der rechten Gemeinschaft Christi nicht ausgeschlossen sein." Dagegen erklärt Langenmantel: „Das höchste Gebot Gottes ist die Liebe. Liebe Gott über Alles und deinen Nächsten wie dich selbst. In der Gemeinschaft der zeitlichen Güter wird diese Liebe erkannt. Niemand soll sagen: Mein, mein. Es ist auch des Bruders. Wer wird wohl seinem Bruder die höheren, geistigen, zukünftigen Güter geben, wenn er sich bei den zeitlichen weigert? Nur wer die Gemeinschaft hält, ist in Christo, wer sie nicht hält, außer ihm und seiner Gemeinschaft . . . Wollte aber Jemand sagen, weil man dann alle Dinge gemein haben soll, so muß man auch die Weiber gemein haben: so sag ich nicht also, sondern was Gott zusammengeordnet hat, soll der Mensch nicht ändern. Dies aber ist die rechte Gemeinschaft, daß Keinem abgeschlagen werde, was ihm Noth: ein Weib für sich zu nehmen allein, es geschehe in dem Herrn. So soll auch in zeitlichen Gütern einem Jeden zugetheilt werden, was ihm Noth thut. Solche Gemeinschaft, wo der Eine reich ist und viele Güter hat, der Andere arm ist und Mangel leidet, gehört nicht Christo zu."*)

Der entschiedenste Vertreter der strengen Richtung dagegen wurde der Buchbinder und Kolporteur („Buchführer") Hans Hut, der, wie wir gesehen, durch die

---

*) Zitirt bei Loserth, Der Kommunismus der mährischen Wiedertäufer im 16. und 17. Jahrhundert, Wien 1894, S. 99, 100.

Münzer'sche Schule gegangen war, und der beschuldigt wurde, einer der Anhänger der Weibergemeinschaft zu sein.

Bereits auf dem zweiten Augsburger Kongreß der Brüder trafen Denck und Hut aufeinander.

So wichtig war Augsburg, daß dort die ersten zwei Kongresse (Synoden) der Täufer stattfanden. Der erste im Frühjahr 1526. Es nahmen an ihm Theil Hans Denck, Hans Hut, Ludwig Häker, Jakob Groß aus Waldshut, Kaspar Färber aus dem Innthal und Balthasar Hubmeier. Diese Synode sanktionirte die Einführung der Spättaufe nach Deutschland, die bis dahin nur in der Schweiz geübt worden.

Wichtiger war die zweite Synode, im August 1527, der bereits mehr als 60 Abgeordnete aus Deutschland, Oesterreich und der Schweiz beiwohnten. Ihre Hauptaufgabe war die Organisirung der Agitation, die Entsendung von „Aposteln" in die verschiedensten Gebiete, vielleicht auch die Festellung des Programms, des „Bekenntnisses."

„Ueber die Beschlüsse dieser Versammlung," sagt Keller, dem wir in Bezug auf diese zwei Kongresse folgen, „fehlen uns leider die Protokolle. Indeß steht wenigstens so viel fest, daß die Abgeordneten nach längeren Debatten, bei welchen sich eine Differenz zwischen Denck und Hut herausstellte, schließlich in voller Einmüthigkeit ihre Beschlüsse faßten, und daß Denck's Ideen es waren, welche den Sieg davontrugen."*)

Neben Delegirten aus dem jetzigen Gebiet Süddeutschlands und der Schweiz treffen wir auf diesen Kongressen auch solche aus Oesterreich. Auch dort war die Wiedertäuferei eingedrungen. Zunächst in dem an die Schweiz grenzenden Tyrol und den benachbarten Alpenländern.

Tyrol spielte damals ökonomisch und politisch eine viel bedeutendere Rolle als heute. Außer in Sachsen und Böhmen war der Bergbau nirgends so hoch entwickelt wie in Tyrol und den östlich angrenzenden Gebieten. Nicht nur reiche Eisen- und Kupfererze, sowie mächtige Salzlager, fanden sich dort, sondern auch zahlreiche Adern von Gold und Silber. Wie in den erstgenannten Ländern, mußte auch in Tyrol der „Bergsegen" zur Verschärfung der sozialen Gegensätze beitragen. Indeß geschah dies in den Alpenländern in geringerem Grade als in Sachsen. Die Hauptursache davon bildete wohl die Unwegsamkeit des Landes, die Abgeschlossenheit und Unfruchtbarkeit der einzelnen Thäler. Die Bewohner der Seitenthäler blieben unberührt von den Einflüssen der wenigen Handelsstraßen, welche die hohen Alpenpässe überschritten. Ihre Bedürfnisse blieben die alten, und die Art und Weise, sie zu befriedigen, änderte sich nicht. Kein Gewinn lockte den Kaufmann in die unwegsamen Wildnisse, der Bauer erzeugte keinen Ueberschuß, den er austauschen konnte.

Die Reichthümer, welche die Bergleute, namentlich die in den Gold- und

---

*) Die Reformation, S. 429.

Silbergruben, erzeugten, dienten nur theilweise zur Förderung der Waarenproduktion im eigenen Lande. Die Hauptgewerken der Tyroler Bergwerke waren Nicht=Tyroler, darunter die wichtigsten die Augsburger Fugger und Höchstetter. Aber selbst Spanier beuteten Tyroler Bergwerke aus. Und auch was den Landesherren zufiel, den Habsburgern, blieb nicht im Lande, sondern wurde in der Welt zerstreut zur Förderung ihrer Weltpolitik; es wanderte in die Taschen von Söldnern aus der Schweiz, aus den Niederlanden, aus Spanien; in die Taschen von Staatsmännern, die an den verschiedenen Höfen zu bestechen waren, und in die Taschen deutscher Kurfürsten und ihrer Beamten.

Wir finden daher in Tyrol neben ökonomisch hoch entwickelten Gegenden auch sehr rückständige. Die alte Markverfassung besaß im Allgemeinen noch große Kraft und die Ausbeutung der Bauern war, wenigstens nördlich vom Brenner, gering. Die Zuspitzung der Klassengegensätze, die der Bergsegen mit sich brachte, erstreckte sich fast nur auf die Städte und Bergwerksorte und deren nächste Umgebung.

Als die Wogen des Bauernkrieges 1525 auch in die Tyroler und Salz= burger Alpen hineinschlugen und deren Bevölkerung in Bewegung setzten, da sind es nicht die Bauern, sondern die Bergknappen, die an der Spitze der Erhebungen stehen.*)

Da zeigte sich's, welche militärische Kraft die Bergarbeiter besaßen und wie gefährlich der Aufstand in Thüringen hätte werden können, wenn die dortigen Bergarbeiter sich ihm energisch angeschlossen hätten. Die Aufstände in Nordtyrol und im Salzburgischen waren 1525 die einzigen, die nicht mit der Gewalt der Waffen niedergeschlagen wurden. Man wurde ihrer Herr durch „geistige Mittel," das heißt durch erlogene Versprechungen und durch Ausnützung des bornirten Partikularismus, den die Tyroler und Salzburger Bergknappen ebensogut be= thätigten wie die Mansfelder. Man beruhigte einzelne der gefährlichsten Er= hebungen durch Abstellung einiger allzu schreiender Mißstände, gewann dadurch freie Hand gegenüber anderen Insurgenten, und nachdem man diese niedergeschlagen und Zeit gehabt, Truppen zusammenzuziehen, konnte man auch den militärisch unbesiegt gebliebenen Distrikten den Herrn zeigen. Diese gewannen nichts durch ihren Verrath an der allgemeinen Sache, die allgemeine Niederdrückung der arbeitenden Klassen nach 1525 traf schließlich auch sie.

Besiegt und bedrückt, ohne militärisch überwunden zu sein, waren die unteren Klassen Tyrols nach dem Bauernkrieg ebenso unzufrieden und mißgestimmt wie die des südlichen Deutschland, aber doch nicht so entmuthigt.

In dieser Stimmung fanden sie die Prediger der Wiedertäufer, die aus der Schweiz und Bayern nach Tyrol kamen. Bald zeigte sich's, welch fruchtbaren Boden dies Land der neuen Lehre biete.

---

*) Dies ist ausführlich dargethan in meiner schon erwähnten Abhandlung „Die Berg= arbeiter und der Bauernkrieg." Neue Zeit 1889, S. 508 ff.

Vornehmlich waren es die Bergwerksorte, in denen das Täuferthum um sich griff. Schon vor dem Bauernkrieg hatten sie die lutherische Lehre gern angenommen, die in den Ländern der katholischen Habsburger einen rein oppositionellen, entschieden fürstenfeindlichen Charakter trug. „Außer den Geistlichen nahmen sich auch Laien, und zwar Erzknappen, Gerichtsschreiber, Studenten u. A. heraus, das neue Evangelium zu predigen. . . . Von allen Seiten loderte die Begeisterung für die neue Lehre empor. Hauptherd der Widersacher des alten Kirchenthums war die Bruderschaft zu Schwaz mit ihren zahlreichen Knappen."*)

Das Jahr 1525 inaugurirte die Abwendung der demokratischen Elemente in Tyrol von der Lehre Luther's, der sich als Feind der Demokratie entpuppt hatte. Rasch wandten sie sich den Täufern zu, sobald sie mit deren Lehren bekannt wurden.

Bereits 1526 wird von einigen „Brüdern" im Innthal berichtet, darunter der Bergrichter Pilgram Marbeck aus dem Bergort Rattenberg. 1527 werden auch schon andere Bergorte als Sitze der Wiedertäuferei genannt, so Schwaz, Kitzbichel, Sterzing, Klausen u. s. w., und die „Bergwerksverwandten" werden als Diejenigen genannt, bei denen die Sekte am meisten sich einwurzelt.**) Daneben ist uns die Anzahl der Weber unter den Tyroler Täufern aufgefallen. Aber auch an Mitgliedern aus anderen Schichten der arbeitenden Klassen war kein Mangel; selbst einzelne Adelige schlossen sich der Sekte an.

Wie in den süddeutschen Städten, so vermehrte sich auch in Tyrol während der ersten Jahre nach dem Bauernkrieg die Zahl der Täufer ungemein rasch.

Aber die Zeit der ungehinderten Ausbreitung dauerte in allen diesen Gebieten gar kurz. Kaum hatten sie begonnen, einen merklichen Anhang zu gewinnen, da vereinigten sich auch schon städtische und fürstliche Behörden zu ihrer Verfolgung. Wohl führten die Täufer, wie ihre Gegner selbst zugestanden, ein demüthiges und friedfertiges Leben und verwarfen jeden Aufruhr. Aber das nützte ihnen nichts. Die Konsequenz ihrer Lehren, erklärte man, sei doch die Revolution. Diese Argumentation finden wir in einer offiziellen wider sie gerichteten Schrift, „Ein kurzer Unterricht,"***) aus dem Jahre 1528: Allerdings, heißt es da, verlangen die Wiedertäufer Gehorsam gegen die Obrigkeit. Aber daß dies nur Hinterlist, kann man daraus ersehen, „daß sie sich zusammen versprechen und verpflichten, in keiner Widerwärtigkeit

---

*) Loserth, Der Anabaptismus in Tyrol von seinen Anfängen bis zum Tode Jakob Hutter's, Wien 1892, S. 21.

**) Loserth, a. a. O., S. 37 und viele andere Stellen. Vgl. auch Beck, Die Geschichtsbücher der Wiedertäufer, S. 80, 81.

***) Der volle Titel lautet: „Ein kurzer unterricht den Pfarrherrn und Predigern Inn meiner gnedigen Herrn der Marggrafen zu Brandenburg ꝛc. Fürstenthumben und Landen hietten in Francken und auf dem Gebirg verordnet, wes sie das volck wider etliche verfürische lere der widertauffer an den Feyertägen auff der Cantzel zum getreulichsten und besten aus Götlicher schrifft vermanen und unterrichten sollen." In der Einleitung heißt es, die Markgrafen von Brandenburg hätten den Befehl erlassen, gegen die Wiedertäufer zu predigen; deshalb sei dies Büchlein geschrieben worden, weil „wir dabei bedacht, daß es vielleicht etlichen unserer Pfarrherrn und Prediger am nothdürftigen Verstand und dem Verständniß unseres Befehls ermangeln möchte." Jedem Pfarrherrn sei ein Exemplar dieser Schrift zu schicken.

voneinander zu weichen, sondern Leib und Leben beieinander zu lassen, das dann so viel mit sich bringt, daß sie solch Versprechen und Pflicht höher achten wie die Pflicht gegen ihre von Gott eingesetzte Obrigkeit." Die einfältigen Leute verstehen das anfangs nicht, aber der Grund ihrer teuflischen Lehre ist dahin gerichtet, groß und mächtig zu werden. Dann würden sie der Obrigkeit sich widersetzen und ihren Muthwillen treiben. Wer lehrt, daß Alles gemein sein soll, „der hat nichts anderes im Sinn, denn die Unterthanen wider die von Gott verordnete Obrigkeit und den armen Haufen wider die Habhaften (Besitzenden) zu Unfrieden und Aufruhr zu bewegen."

Diese Argumentation mußte zu Ende der zwanziger Jahre, wo die Erinnerung an den Bauernkrieg noch so frisch war, bei den Machthabern volles Verständniß finden. Ueberdies galten, wie wir aus dem Briefe Eck's gesehen haben, die Wiedertäufer als besonders gefährlich, weil sie die Städte bedrohten, und endlich ist nicht zu übersehen, daß bei einem großen Theil der Wiedertäufer, namentlich der proletarischen Hut'schen Richtung, trotz aller Friedfertigkeit eine starke rebellische Ader sich nicht verleugnete. Wohl erklärten Alle ohne Ausnahme jeden Versuch einer bewaffneten Empörung für wahnsinnig und sündhaft; aber nichtsdestoweniger waren Viele davon überzeugt, daß das Ende der herrschenden Gesellschaft nahe, nur glaubten sie nicht mehr an den Erfolg eines inneren Aufstandes, sondern setzten ihre Zuversicht auf einen auswärtigen Krieg.

Woran die Bauern gescheitert, das sollten jetzt die Türken zu Stande bringen. Hans Hut selbst und ebenso viele seiner Genossen bauten auf den bevorstehenden Einbruch der Türken. Diese werden das Reich zerstören, lehrte Hut. Währenddessen sollten die Genossen sich in den Wäldern verborgen halten, dann aber hervorkommen, sobald die Türken ihre Arbeit gethan, und das Werk vollenden. Er gab sogar ein genaues Datum für den Beginn des tausendjährigen Reiches an: Pfingsten 1528.

Ebensowenig wie zu ihrer Zeit die Prophezeiungen Dolcino's, waren die Hut's bloße Hirngespinnste. Die Türken nahten wirklich. Der Sultan Suleiman kam, allerdings nicht 1528, sondern 1529, und es gelang ihm nur Ungarn zu erobern, nicht aber nach Deutschland einzudringen. Vor Wien scheiterte er, zur Betrübniß nicht blos der energischeren Wiedertäufer, sondern auch der energischeren Gegner des Kaisers unter den deutschen Fürsten, vor Allem des von patriotischen Geschichtschreibern so verherrlichten Landgrafen Philipp von Hessen.

Die Kommunisten waren also nicht die einzigen „Landesverräther."

Diese türkischen Sympathien eines Theils der Wiedertäufer verbesserten jedenfalls nicht die Stimmung zu ihren Gunsten, namentlich nicht in den kaiserlichen Ländern.*)

---

*) Am 18. April 1528 wurden den Landesgerichten und Städten Niederösterreichs von der Regierung folgende Kennzeichen der Brüder mitgetheilt:

„1. Wenn ein Wiedertäufer einem anderen begegnet, greift er an den Hut und spricht: Gott grüß dich, Bruder im Herrn, und dieser antwortet: Gott dank dir im Herrn.

Indeß darf man der Furcht vor dem Zusammenwirken der Täufer mit den Türken keinen allzugroßen Einfluß auf die Verfolgung der ersteren zuschreiben. Es war nur eine Minorität unter ihnen, die auf die Türken ihre Hoffnung setzte, und die Verfolgungen der Wiedertäufer gingen in Orten und zu Zeiten, wo keine Türkenfurcht bestand, ebenso vor sich, wie zur Zeit eines drohenden Türkeneinfalls in den östlichen Ländern der Habsburger.

Die Türkenfurcht genügt nicht, die grausame und wüthende Verfolgung der Wiedertäufer zu erklären, die sich gegen sie erhob, sobald sie auf die unteren Klassen Einfluß gewonnen hatten. Diese kann nur erklärt werden als Nach= wirkung des Bauernkrieges, der in demselben Maße, in dem er den herrschenden Klassen Furcht eingejagt, ihren Blutdurst und ihre Rachsucht erregt hatte. Seit= dem sahen sie in Jedem, der mit den unteren Klassen sympathisirte, wie demüthig und friedfertig er auch sein mochte, einen Todfeind, der nicht erbittert genug bekämpft, nicht grausam genug bestraft werden konnte.

Protestanten und Katholiken wetteiferten in der Verfolgung der Täufer. „Das meiste Blut floß in katholischen Ländern," schreibt Cornelius (Münsterischer Aufruhr, II., 57). „In Deutschland übertrafen in harter und blutiger Verfolgung die protestantischen Stände sogar die katholischen," meint Beck (Die Geschichts= bücher der Wiedertäufer, XVIII). In Wirklichkeit hatte keine der beiden Parteien darin etwas vor der anderen voraus.

1526 kamen nur vereinzelte Verfolgungen von Täufern in Süddeutschland vor. Als aber deren Zahl rasch wuchs, da mehrten sich auch die Verfolgungen. Das Jahr 1527 sah schon zahlreiche Hinrichtungen von Brüdern, allgemein aber wurde die Hetzjagd gegen sie im folgenden Jahre, eingeleitet durch ein kaiserliches Mandat vom 4. Januar, welches auf die Wiedertaufe den Tod setzte. Dies Mandat wurde vervollständigt durch den Reichstag von Speier, 1529, denselben, auf dem die evangelischen Stände gegen jeden ihnen angethanen Glaubenszwang pro= testirten, wovon sie den Namen der Protestanten erhielten.

Im § 6 des Reichstagsabschieds von Speier heißt es: „Nachdem auch kürzlich eine neue Sekte der Wiedertaufe entstanden, so in gemeinen Rechten ver= boten und vor viel hundert Jahren verdammt worden ist, welche Sekte ... je länger, je schwerlicher einbricht und überhand nimmt, hat ihre Majestät, um solch schwerem Uebel und was daraus folgen mag, zuvorzukommen und Fried und Einigkeit im heiligen Reich zu erhalten, eine rechtmäßige Konstitution, Satzung und Ordnung aufgerichtet und allenthalben im h. Reich zu verkündigen befohlen, also lautend, daß alle und jede Wiedertäufer und Wiedergetaufte, Männer und Weibspersonen verständigen Alters vom natürlichen Leben zum Tode mit Feuer,

---

„2. Ist ihre Meinung und Vorhaben, daß keine Obrigkeit außer Gott soll geduldet werden und alle Güter unter ihnen gemein seien.

„3. Wenn die Türken ins Land kommen, wollen die Wiedertäufer sich ihnen anschließen, ihren Obrigkeiten nicht helfen, auch Alle, so nicht ihres Glaubens seien, todtschlagen, den Kaiser nicht ausgenommen." Loserth, Hubmeier, S. 190.

Schwert oder dergleichen nach Gelegenheit der Personen ohne vorhergehende Inquisition der geistlichen Richter gerichtet oder gebracht werden."

Wie wilde Thiere sollten sie getödtet werden, sobald man sie gefangen, ohne Richterspruch, ohne gerichtliche Untersuchung!

Und dieser Reichstagsabschied blieb nicht, wie so viele andere, auf dem Papier. Eher thaten die einzelnen Stände bei der Ausführung noch etwas hinzu.

„Etliche hat man," schreibt ein Chronist der Wiedertäufer, „zerreckt und zerstreckt, Etliche zu Asche und Pulver verbrannt, Etliche an Säulen gebraten, Etliche mit glühenden Zangen zerrissen, Einige in Häuser versperrt und Alles miteinander verbrannt, Andere an die Bäume gehenkt, Etliche mit dem Schwert hingerichtet, Etliche ins Wasser gestoßen. Vielen wurden Knebel ins Maul gelegt, daß sie nicht sollten reden, und sind also zum Tode geführt worden.

„Wie die Schafe und Lämmer führte man sie in Haufen zur Schlacht und Metzg. Die biblischen Bücher hat man an etlichen Orten aufs höchste verboten, an manchen Orten verbrannt. Andere sind in finstern Thürmen verhungert oder verfault; gar viele sind, ehe man sie tödtete, mit allerlei Plag gepeinigt, Etliche, die man zu jung geachtet zum Richten, mit Ruthen geschwungen worden. Auch sind viele zu Jahren in Thürmen und Gefängnissen gelegen.*) Vielen wurden Löcher durch die Backen gebrannt und sie hierauf entlassen. Die Uebrigen, die dem Allen entronnen sind, hat man verjagt von einem Land zum andern, von einem Ort zum andern. Gleichwie die Eulen und Nachtraben, die des Tags nicht wandeln dürfen, mußten sie sich oftmals in Felsen und Steinklüften, in wilden Wäldern, in Gruben und Löchern der Erde anhalten und verkriechen. Man suchte sie mit Hunden und Schergen, man stellte ihnen nach wie den Vögeln

---

*) Die gefangenen Täufer wurden den sonderbarsten Quälereien unterworfen, die oft eines gewissen grimmigen Humors nicht entbehrten. So berichten z. B. die Geschichtbücher der Täufer von einem Bruder Libich, der auf einer Agitationsreise 1538 im Innthal verhaftet und in den Thurm des Bellenbergs bei Innsbruck gelegt wurde. „Nachdem aber dieses sonderlich ein böser Thurm ist, voll Ungeheuer der Geister oder des bösen Feindes, wie man wohl weiß, hat der liebe Bruder darinnen viel versucht werden müssen vom bösen Feind ... Er kam zu ihm in Gestalt einer Jungfrau, und wenn er betete, legte er sich ihm etwa dieweil ins Bett, in Weibesgestalt, daß er ihn mit Müh' heraus konnte bringen und davon kugeln." Konnte der Teufel als Jungfrau „nichts ausrichten, fuhr er oben aus zum Thurm mit einem so grausamen Gestank, den er hinter sich ließ, daß der Bruder ohnmächtig möcht worden sein." Aber die Kerkermeister waren nicht zufrieden damit, den armen Bruder derlei aufgeregten Phantasien zu überlassen: „Ueber das Alles, damit nur alle Versuchung vollendet und keine unterlassen wurde, so haben die Gottlosen und Kinder des Satans eine Schwester, die auch um des Glaubens willen gefangen lag, Urschel (Ursula) Hellriglin, ein schönes, junges Mensch, zu ihm ins Gefängniß gelegt und dem Libich an sein Fuß gehängt und viel Zeit also beieinander gelassen. Was der Teufel und seine Kinder gern gesehen hätten, ist gut zu denken!" Aber es passirte nichts Sündhaftes, so versicherten wenigstens Libich und die Hellriglin. Diese war 1539, siebzehn Jahre alt, verhaftet worden. 1544 wurde sie zur Landesverweisung begnadigt, „um des weiblichen Geschlechts Blödigkeit willen, auch von wegen ihrer Jugend und Fürbitten." Mit ihr wurde Libich freigelassen und verwiesen, weil er sich „belehrt" hatte. (Beck, Geschichtsbücher, S. 155 ff.)

in den Lüften — und das ohne alle Schuld, ohne alle Uebelthat, Leuten, die Niemandem Leid oder Schaden thaten noch zu thun begehrten."*)

Diese Klage ist nur die prosaische Wiedergabe eines Liedes aus jener Zeit, das Leonhard Schiemer dichtete, ein Franziskaner, der, nachdem er im Kloster nicht gefunden, was er gesucht, sich den Wiedertäufern zugesellte, und, trotzdem er ein studirter Mann war, das Schneiderhandwerk erlernte. Er gehörte der strengeren Richtung der Täufer an. Im November 1527 fiel er in Rattenberg (in Tyrol) in die Hände der Behörden, am 14. Januar 1528 wurde er enthauptet. Er hat mit seinem Leben die Wahrheit seines Liedes bezeugt, in dem er sang:

Dein heilig' Statt haut sie zerstört,
Dein Altar umgegraben,
Dazu auch deine Knecht ermördt,
Wo sie 's ergriffen haben.
Nur wir allein, dein Häuflein klein,
Sind wenig überblieben,
Mit Schmach und Schand
Durch alle Land
Verjaget und vertrieben.

Wir sind zerstreut, gleichwie die Schaf,
Die keinen Hirten haben,
Verlassen unser Haus und Hof,
Und sind gleich dem Nachtraben,
Der sich auch oft hält in Steinklüft.
In Felsen und in Klüften
Ist unser G'mach.
Man stellt uns nach
Wie Vöglein in der Lüfften.

Wir schleichen in den Wäldern um,
Man sucht uns mit den Hunden,
Man führt uns als die Lämmlein stumm
Gefangen und gebunden.
Man zeigt uns an vor Jedermann
Als wären wir Aufrührer;
Wir sind geacht,
Wie Schaf zur Schlacht,
Als Ketzer und Verführer.

Viel sind auch in den Banden eng
An ihrem Leib verdorben,
Etliche durch die Marter streng
Umkommen und gestorben.
— — — — —
— — — —
Ohn alle Schuld,
Hie ist Geduld
Der Heiligen auf Erden.

Man hat sie an die Bäum gehenkt,
Erwürget und zerhauen,
Heimlich und öffentlich erträukt
Viel Weiber und Jungfrauen.
Die haben frei ohn' alle Scheu
Der Wahrheit Zeugnuß geben,
Daß Jesus Christ
Die Wahrheit ist,
Der Weg und auch das Leben.

Noch tobt die Welt und ruhet nicht,
Ist gar unsinnig worden.
Viel Lügen sie auf uns erdicht,
Mit Brennen und mit Morden
Thut sie uns bang. O Herr, wie lang
Willst du dazu doch schweigen?
Nicht den Hochmuth,
Der Heiligen Blut
Laß vor dein Thron aufsteigen.

Wie heftig die erste große Verfolgung wüthete, kann man daraus ersehen, daß fast alle hervorragenden Täufer in derselben zu Grunde gingen, soweit sie nicht durch einen natürlichen Tod dem Henker entzogen wurden, wie der kränkliche Conrad Grebel, der im Sommer 1526 in Granbünden starb,**) und Denck, der zu Ende des Jahres 1527 zu Basel von der Pest hinweggerafft wurde.

---

*) Beck, Geschichtsbücher, S. XIX., XX.
**) Auf diese Weise kam Zwingli um die Rache an seinem großen Feind, den er einmal den „Koryphäus der Wiedertäufer" genannt. Dafür gelang es ihm, Grebel's Vater, der sich mit seinem Sohne versöhnt hatte, am 30. Oktober 1526 hinrichten zu lassen, unter der Anklage,

Der erste Märtyrer der Täufer war, wie schon erwähnt, Felix Manz. Ihm folgte am 21. Mai 1527 der gelehrte Michael Sattler, aus Staufen im Breisgau, ein gewesener Mönch, welcher sich 1524 den Brüdern angeschlossen hatte. Zu Rothenburg am Neckar wurde er gefangen genommen, „mit glühenden Zangen gerissen und danach verbrannt, standhaftig in Gott." Hans Hut ging in demselben Jahre in Augsburg bei einem Fluchtversuch zu Grunde, den er aus dem dortigen Kerker unternahm. 1528 erlitten Bröbli und Hubmeier den Märtyrer= tod, 1529 wurde Langenmantel gerichtet, wie wir gesehen, Blaurock ward zu Klausen in Tyrol verbrannt, Hätzer zu Konstanz enthauptet. Rinck gerieth in die Gewalt des Landgrafen Philipp von Hessen, der es mit seinem Gewissen nicht vereinbaren konnte, friedliche Leute ihres Glaubens willen zu tödten, zum großen Aerger Luther's, der ihm mit dem sanften Melanchthon vergeblich zuredete, den Reichstagsabschied von 1529 schonungslos zu vollstrecken. Indessen gewannen die Unglücklichen, die in des Hessen Hände geriethen, nicht viel. Der milde Fürst verurtheilte sie zu lebenslänglicher Gefangenschaft.

Alle zum Tod Geführten starben standhaft und muthig, selbst Hubmeier, dieser allerdings nicht, ohne vorher eine bedenkliche Schwäche an den Tag gelegt zu haben. Im Sommer 1527 war er in Nikolsburg in Mähren ergriffen und nach Wien geschleppt worden auf Befehl Ferdinand's, des Bruders des Kaisers Karl. Seit 1521 war Ferdinand Besitzer der Habsburgischen Hausmacht in Deutschland, seit 1526 König von Ungarn und Böhmen. Wie 1525 in Zürich, so suchte Hubmeier auch jetzt sich zu retten durch Widerrufung seiner Irrthümer; selbst in Bezug auf die Taufe und das Abendmahl erklärte er, sich einem Konzil unterwerfen zu wollen. Gleichzeitig bot er dem Ketzerverfolger Ferdinand seine guten Dienste an. In einer Eingabe an den König, seiner „Rechenschaft," vom 3. Januar 1528, pries er Ferdinand's allbekannte Milde und bat, „Eure Majestät wolle mir gefangenem und betrübtem Menschen, der da liegt in großer Krankheit, in Kälte und Trübsal, verzeihen und Gnade und Barmherzigkeit mittheilen; denn mit Gottes Hilfe will ich mich dermaßen führen, schicken und halten, daß Eure königliche Majestät ein Gefallen daran haben soll. Das Volk will ich mit großem Ernst und hohem Fleiß zu Andacht, Gottesfurcht und Ge= horsam weisen, wohin ich immer gebracht würde."*)

Aber alles Bitten und alle Versprechungen waren vergebens. Hubmeier war als Führer der Waldshuter Opposition ein Rebell gegen das Habsburgische Regiment gewesen, und dieses Verbrechen haben die Habsburger nie verziehen.

Als Hubmeier sah, daß sein Schicksal besiegelt sei, ermannte er sich, gestärkt durch sein tapferes Weib Elsbeth, eine Bürgerstochter aus der Reichenau am Bodensee, die er 1524 in Waldshut geheirathet hatte. Sie redete ihm Muth

---

er habe eine französische Pension angenommen. Der alte Grebel betheuerte bis zuletzt seine Unschuld, und Bullinger selbst fand die Hinrichtung nicht gerechtfertigt. Vgl. den Artikel „Grebel" von Meyer v. Knonau in der „Allgemeinen deutschen Biographie."

*) Zitirt bei Loserth, Hubmeier, S. 180.

zu, und so starb er denn auch standhaft auf dem Scheiterhaufen (zu Wien, 10. März 1528). Drei Tage später wurde sein braves Weib in der Donau ertränkt.

Eine Schwäche, wie sie Hubmeier an den Tag legte, fand sich nur selten unter den Täufern. Allgemein staunte man über ihre Standhaftigkeit und die Freudigkeit, mit der sie in den Tod gingen. Wie die christlichen Schriftsteller auf das heldenmüthige Sterben der Märtyrer des Urchristenthums hinweisen, als Beweis für die Heiligkeit und Erhabenheit ihrer Sache, so wiesen auch die Täufer auf ihre Märtyrer hin.

Und wie um die Märtyrer der Urchristen, bildete sich auch um die der Täufer ein Legendenkranz, voll von Wundern. Nur eines derselben, das bezeichnend ist, sei hier mitgetheilt. Ein mährisches „Chronik" berichtet aus dem Jahre 1527, Leonhard Kaiser, „der erstlich ein Pfaff war," sei in Schärding zum Feuertod verurtheilt worden. Als er auf einem Karren zur Richtstatt geführt wurde, „da griff er auf dem Weg mit der Hand herab vom Karren und brach ein Blümlein ab, nahm's und sprach zum Richter, der neben ihm ritt: Da brech ich ein Blümlein ab; wofern das und ich verbrennen, so sei auch das ein Zeichen, daß mit mir recht ist gehandelt worden. Wo aber ich und das Blümlein nicht verbrennen, sondern das Blümlein in meiner Hand unverbrannt bleibt, so gedenkt, was ihr gehandelt habt! - Darnach hat man viele Klafter Holz mit ihm verbrannt, aber er ist nicht verbrannt. Demnach hat man noch einmal so viel Holz genommen, aber man konnte ihn nicht verbrennen, blos sein Haar verbrannte und die Nägel an den Fingern wurden etwas braun. Das Blümlein hatte er noch so frisch in der Hand, als er es abbrach. Und da man seinen Leib wischte, ging Ruß herab, und er war darunter noch schön weiß." Man wußte sich nicht anders zu helfen, als den feuerfesten Heiligen zu zerstücken und die Stücke in den Inn zu werfen.*)

Ergreifender als diese Phantasiestückchen sind die beglaubigten Berichte über Hinrichtungen von Täufern, wie z. B. jener über die eines sechzehnjährigen Mädchens in Salzburg. Sie konnte auf keine Weise zum Widerruf gebracht werden, doch bat Jedermann um ihr Leben, „denn alle fühlten, daß sie rein und unschuldig war wie ein Kind. Der Nachrichter nahm sie auf den Arm, trug sie an die Roßtränke, tauchte sie unter das Wasser, bis sie ertrunken war, dann zog er den entseelten Leib wieder hervor und übergab ihn dem Feuer."**)

Aber aller Heroismus selbst der Zartesten und Wehrlosesten gegenüber den ausgesuchtesten Bestialitäten rührte nicht die Landesväter und ihre geistlichen und weltlichen Bedienten. Was bei den Märtyrern der ersten Christen göttlich war, war bei den Wiedertäufern ein Werk des Teufels.

„Woher," fragt Faber von Heilbronn, „entspringt es, daß die Wiedertäufer also fröhlich und getrost die Pein des Todes leiden? Sie tanzen und springen

---

*) Beck, Geschichtsbücher, S. 25, 26.
**) Keller, Die Reformation, S. 446.

in das Feuer, sehen das blitzende Schwert mit unerschrockenem Herzen, reden und predigen dem Volk mit lachendem Mund, sie singen Psalmen und andere Lieder, bis ihnen die Seele ausgeht, sterben mit Freuden, als wären sie bei einer fröhlichen Gesellschaft, bleiben stark, getrost und standhaft bis in den Tod." Alles das ist — ein Werk des höllischen Drachens.

Auch Luther nannte die Standhaftigkeit der Wiedertäufer höllische Verstocktheit, ein Werk des Satans. „Heilige Märtyrer," sagte er, „wie unser Leonhard Kaiser, sterben mit Demuth und großer Sanftmuth gegen ihre Feinde; diese (die Wieder=täufer) aber gehen in den Tod, indem sie sich durch den Zorn gegen ihre Feinde in ihrer Hartnäckigkeit bestärken."*)

Dem biederen Gottesmann ist da in seiner blinden Wuth gegen die Wieder=täufer ein Malheur passirt. Der „heilige Märtyrer," den er ihnen als Muster vorhielt, war nicht, wie er sich einbildete, ein Lutheraner, sondern der Vorsteher der täuferischen Gemeinde in Schärding gewesen, derselbe, der sich, wie wir oben gesehen, der Legende zufolge, im Feuer nicht wie Fleisch und Knochen, sondern wie echter Meerschaum verhielt.

Alle Standhaftigkeit und aller Heldenmuth hatten nur ein Ergebniß: Die Zahl der Blutzeugen der Wiedertaufe ins Ungeheuere zu vermehren. Bereits um 1530 zählte man ihrer (nach Sebastian Franck) an 2000.

Man sagt gern: Ideen können nicht mit Gewalt unterdrückt werden. Für diesen Ausspruch giebt es zahlreiche Belege und er klingt sehr tröstlich für alle Verfolgten. Aber so unbedingt, wie er hingestellt wird, ist er nicht richtig. Freilich, eine Idee selbst kann man mit Gewalt nicht tödten; aber eine Idee ist auch für sich allein nur ein Schatten ohne Kraft und ohne Wirkung. Welche Kraft ein gesellschaftliches Ideal erlangt — und nur um diese Art von Ideen handelt es sich hier —, das hängt von den Individuen ab, die es erfassen, von ihrer Kraft in der Gesellschaft. Ist es möglich, eine Klasse niederzuschlagen, die ein bestimmtes Ideal hegt, dann schlägt man damit auch dieses nieder.

Das 16. Jahrhundert gehörte dem staatlichen Absolutismus. Auch in den wenigen freien Städten wurde die Macht der Staatsgewalt über die unteren Klassen immer mehr eine unbeschränkte.**) War der Absolutismus mit der ritterlichen und bäuerlich=kleinbürgerlichen Opposition fertig geworden, so erdrückte er spielend leicht die kommunistischen Regungen einiger Proletarier und machtlosen bürgerlichen

---

*) Zitirt bei Cornelius, Münsterischer Aufruhr, II., S. 55.

**) Die Magistrate, die Stadträthe der Reichsstädte wurden seit dem 16. Jahrhundert immer unabhängiger von der Bürgerschaft, geberdeten sich immer mehr als „Landesherrn". 1602 stellte der Rath von Hamburg der Bürgerschaft gegenüber die Behauptung auf: „Auch wenn eine Obrigkeit gottlos, tyrannisch und geizig wäre, so gebührte es dennoch den Unter=thanen nicht, daß sie sich dagegen auflehnten und widersetzten, sondern sie sollten dasselbe viel=mehr als eine Strafe des Allmächtigen, welche die Unterthanen mit ihrer Sünde verwirkt, erkennen" u. s. w. (Maurer, Städteverfassung, IV., S. 186.) Schärfer konnte ein Fürst jener Zeit auch nicht sein unbeschränktes Gottesgnadenthum betonen. Man kann also von einem städtischen Absolutismus wohl ebenso gut reden wie von einem fürstlichen.

Ideologen. Ebenso schnell, wie er gekommen war, verschwand der Anabaptismus in Süddeutschland; die Katastrophe von Münster (1535), auf die wir in einem anderen Zusammenhang zurückkommen, führte zu seiner Hinausfegung aus ganz Deutschland, bis auf wenige kraftlose Reste einiger Geheimbünde, die hie und da noch einige Zeit ein trauriges Dasein fristeten.

Die blutige Verfolgung war eine der Ursachen, und zwar die wichtigste, des raschen Verschwindens der Täufer in Deutschland; aber nicht wenig trug dazu auch der Umstand bei, daß gerade um die Zeit, als die Verfolgung begann, die Täufer außerhalb Deutschlands eine Freistatt fanden, wohin sie nun zahlreich strömten. Diese Freistatt, das Amerika des 16. Jahrhunderts, war Mähren.

V. Die Wiedertäufer in Mähren.

Mähren bot für die Entwickelung des Täuferthums sehr günstige Bedingungen. Mit Böhmen unter den gleichen Herrschern stehend, hatte die Markgrafschaft dessen Geschicke während und nach den Hussitenkriegen getheilt. Die Kämpfe, die im ersten Jahrzehnt der Reformation Deutschland zerrissen, waren in den Ländern der böhmischen Krone längst ausgekämpft worden. Sie hatten mit einem Kompromiß zwischen dem alten und dem neuen Glauben geendet, der zu der Gewohnheit religiöser Toleranz führte. Und neben Katholiken und Ultraquisten war die Sekte der böhmischen Brüder entstanden, ohne die geringste Gefährdung von Staat und Gesellschaft und zum größten ökonomischen Nutzen der Herren, in deren Gebieten sie wohnten.

Um geduldet zu werden, brauchte eine neue Sekte in Böhmen und Mähren nicht den Schutz der Staatsgewalt zu gewinnen. Der Landesfürst war dort seit den Hussitenkriegen machtlos. Der hohe Adel erfreute sich fast völliger Unabhängigkeit. Hatte eine Sekte die Gunst eines der Barone gewonnen, dann durfte sie ruhig auf seinem Gebiete sich ansiedeln, mochte der Landesfürst darüber denken wie er wollte. Das änderte sich nicht, als Böhmen und Mähren 1526 den katholischen Habsburgern zufielen.

Trotz dieser günstigen Verhältnisse haben die Wiedertäufer nie festen Fuß in Böhmen gefaßt. Das erklärt sich wohl durch die nationalen Verhältnisse. Die Wiedertäufer waren deutsche Emigranten. Im 16. Jahrhundert war aber der im vorhergehenden Jahrhundert so hoch gediehene nationale Gegensatz in Böhmen noch sehr stark. Die Deutschen konnten sich da in der tschechischen Bevölkerung nicht recht wohl fühlen. In Mähren dagegen waren die nationalen Gegensätze nie so schroff gewesen und Deutsche konnten dort leichter eine Heimath finden.

Schon im Herbst 1526 zog Hubmeier von Augsburg nach Mähren „mit einer Menge Volkes," und fand gastfreie Aufnahme in Nikolsburg, im Gebiete des Herrn Leonhard von Lichtenstein, der selbst die Taufe empfing. Eine Gemeinde wurde dort organisirt und — das ist bezeichnend — auch sofort eine Druckerei eingerichtet, die Hubmeier's Schriften druckte. Drucker war Simprecht Sorg, genannt Froschauer, aus Zürich).

Der Ruf des neuen „Emaus" verbreitete sich bald allenthalben unter den Brüdern und gar mancher entzog sich der Verfolgung durch den Auszug in das gelobte Land. Die Freiheit und das Gedeihen förderten aber die schon vorhandene Spaltung. Die Gegensätze zwischen der strengeren und der milderen Richtung, die bereits in Deutschland aufgetaucht, aber durch die Verfolgung in den Hintergrund gedrängt worden waren, kamen in Mähren zur vollen Entfaltung. Die Führer der beiden Richtungen waren Hubmeier und Hut, der bald nach diesem in Mähren eintraf.

Der drohende Türkenkrieg machte den Zwiespalt akut. Eine Kriegssteuer wurde zu der Bekämpfung der Ungläubigen ausgeschrieben. Sollten die Täufer sie zahlen? Sie verwarfen den Krieg; und die Macht der Kaiserlichen gegen= über den Türken zu stärken, paßte schon garnicht in die Pläne Hut's, der von diesen eine günstige Wendung zu Gunsten der Täufer erwartete. Eine Reihe von Disputationen fanden darüber in und bei Nikolsburg statt.

„Nachdem ein Geschrei ausging," berichten die Geschichtsbücher der Wieder= täufer, „im 1527. Jahr, daß der Türk wolle vor Wien in Oesterreich ziehn, versammelten sich die Brüder und Aeltesten der Gemeinde zu Pergen (bei Nikols= burg) im Pfarrhof ... ein Gespräch zu halten von den obgemeldeten Artikeln, haben aber nicht einhellig können miteinander stimmen." Und an anderem Ort: „Hans Hut und andere kamen alle zusammen zu Nikolsburg im Schloß (des Lichtenstein), ein Gespräch zu halten von wegen des Schwerts, ob man das brauchen soll oder tragen oder nicht; auch ob man Steuer zum Krieg geben soll und anderer Verordnung halber, darin sie aber nicht übereinkommen konnten. Sind also unvereinigt voneinander geschieden. Weil aber Hans Hut nicht mit dem Herrn Leonhard von Lichtenstein für das Schwert hat stimmen können oder wollen, ist er wider seinen Willen im Schloß auf Nikolsburg behalten worden. Einer aber, der dem Hut wohlwollte und für ihn Sorge trug, hat ihn bei Nacht in einem Hasengarn durch ein Fenster die Mauer herabgelassen. Des andern Tags hat sich ein groß Gemurmel und Beschweren im Volk der Stadt wider den Herrn Leonhard und seinen Anhang erhoben, weil sie Hut mit Gewalt im Schloß behalten haben. Dadurch ist der Balthasar Hubmeier bewogen worden, öffentlich im Spital mit seinen Gehülfen davon zu reden, weil sie vormals nicht miteinander haben stimmen können des Schwerts und der Steuer halber."*)

Es scheint also damals bei den friedfertigen Brüdern ziemlich heiß her= gegangen zu sein.

Hans Hut blieb nicht in Mähren. Im Herbst 1527 finden wir ihn wieder in Augsburg, wo er ergriffen wurde und, wie schon berichtet, seinen Tod fand.

---

*) Beck, Die Geschichtsbücher rc., S. 49—51.

Hubmeier aber setzte seinen Feldzug gegen die strengere Richtung fort. Seine Schrift „vom Schwert" ist ausschließlich der Polemik gegen die Brüder gewidmet.*) Einige charakteristische Stellen seien daraus (nach dem Loserth'schen Auszug) wiedergegeben. Zunächst weist Hubmeier die Brüder darauf hin, daß sie mit den Verhältnissen rechnen müßten, in der wirklichen, nicht in einer erträumten Welt leben sollten. Er beginnt mit dem Wort Christi: „Mein Reich ist nicht von dieser Welt." „Aus dieser Stelle schließen etliche Brüder, daß ein Christ das Schwert nicht führen darf. Würden solche Leute die Augen ordentlich aufthun, sie würden anders reden, nämlich, daß unser Reich von dieser Welt nicht sein sollte. Aber leider, Gott sei's geklagt, ist's von dieser Welt . . . wir sind im Reich der Welt, der Sünde, des Todes und der Hölle. Aber Vater, hilf du uns aus dem Reich, wir stecken drin bis über die Ohren und können seiner nicht ledig werden."

In gleicher Weise behandelt Hubmeier noch fünfzehn Stellen aus der Bibel, welche die strengere Richtung für sich anführt. Natürlich ist es ihm leicht, im Neuen Testament Stellen zu finden, welche die Nothwendigkeit der Obrigkeit darthun. Ist aber die Obrigkeit nothwendig, so muß ihr ein guter Christ auch beistehen. „Wenn nun die Obrigkeit die Bösen strafen will, wie sie bei dem Heile ihrer Seele zu thun schuldig ist, und allein nicht im Stande ist, die Bösen zu bewältigen und infolgedessen die Unterthanen durch Glocken, Büchsensturm, Kreuzschüsse, Briefe und Aufgebote auffordert, so sind die Unterthanen gleichfalls bei ihrem Seelenheile schuldig, der Obrigkeit beizustehen und zu helfen, damit sie die Bösen nach dem Willen Gottes abthun und ausrotten kann." Allerdings soll der Gehorsam kein blinder sein. „Wenn aber eine Obrigkeit kindisch oder thöricht wäre, ja etwa garnicht geschickt zu regieren, kann man ihr dann mit Fug abkommen und eine andere nehmen, so ist es gut . . .**) so es aber füglich und mit Frieden, auch ohne großen Schaden und Empörung nicht geschehen kann, so dulde man sie."

Vertheidigt er aber die Kriegssteuer und die Unterstützung der Obrigkeit durch die Unterthanen, so auch das Recht der Christen, selbst Obrigkeiten zu werden und das Schwert zu führen.

Gleichzeitig veröffentlichte Hubmeier Streitschriften gegen Zwingli und dessen Leute. Eine derselben zeigt, daß auch sein Kommunismus ein sehr milder war. In seinem „Gespräch auf Meister Ulrich Zwingli's Taufbüchlein von der Kindertaufe"***) erwidert er auf den Vorwurf der „Gemeinschaft," des Kommunismus: „Ich habe immer und allerweg von der Gemeinschaft der Güter also geredet, daß

---

*) „Von dem Schwert. Ein Christennliche erklerung der Schrifften, so wider die Oberkait (das ist, das die Christen nit sollent im Gwalt sitzen, noch das schwert fieren) von etlichen Brüdern gar ernstlich angezogen werdend. D. Balthasar Huebmör von Friedberg, 1527." Einen ausführlichen Auszug daraus giebt Loserth in seinem „Hubmeier," S. 166 ff.

**) „Ja ja, versuchs," sagt eine Randnote in dem von Loserth benutzten Exemplar im Mährischen Landesarchiv.

***) „Ein Gespräch Balthasar Huebmörs von Friedberg, Doktors, auff Mayster Ulrich Zwinglens zu Zürich Taufbuechlein von dem Kindertauf. Die Wahrheit ist untödtlich. Nikolsburg 1526." Ausführlich mitgetheilt bei Loserth, a. a. O., S. 137 ff.

ein Mensch mit dem andern Mitleid haben, die Hungrigen speisen, die Durstigen tränken, die Nackten bekleiden soll, denn wir sind ja nicht Herrn unserer Güter, sondern nur Schaffner oder Austheiler. Es ist gewißlich keiner, der da sagt, daß man dem andern das Seine nehmen soll und es gemein machen, sondern eher den Rock zum Mantel lassen." Nicht sehr erbaulich ist es, daß Hubmeier, als er verhaftet worden, in seiner bereits erwähnten „Rechenschaft" sich der Gnade des Königs Ferdinand unter Anderem dadurch zu empfehlen suchte, daß er seinen scharfen Gegensatz gegen Hans Hut hervorhob. Er schreibt da „vom jüngsten Tag," der in der Sprache jener Zeit nichts Anderes bedeutete als die Revolution: „Wiewohl uns Christus viele Zeichen gegeben hat, um zu erkennen, wie nahe der Tag seiner Ankunft uns vor der Thür steht, so weiß doch diesen Tag Niemand wie Gott allein. Ich bin auch deshalb fast hart wider Johannes Hut und seine Anhänger gewesen, weil diese eine bestimmte Zeit des jüngsten Tages, nämlich die nächsten Pfingsten, angenommen, dem Volke geprediget und dieses hiedurch bewogen haben, Haus und Gut zu verkaufen, Weib und Kind zu verlassen, und die Einfältigen bewogen haben, ihre Arbeit zu verlassen und ihm nachzulaufen. Ein Irrsal, welches aus dem großen Unverstand der Schrift entsprungen ist." Aus den vierthalb Jahren bei Daniel habe Hut vier gemeine Jahre gemacht, was ein großer Fehler sei. Nach Hubmeier's Berechnungen sei ein Tag des Danielischen Jahres einem gemeinen Jahr gleich, daher machen diese vierthalb Jahre 1277 Jahre aus, die an der Rechnung Hut's fehlen. „Was ich ihm öffentlich und ernstlich unter die Nasen gestoßen und ihm sträflich verwiesen, daß er das arme Volk also anrede und verführe, wie ich mit den Schlußreden bezeugen kann, die ich wider ihn gehalten." Ein Revolutionär, der die Revolution erst nach 1277 Jahren erwartete, war allerdings höchst ungefährlich.

Auch an einer anderen Stelle der „Rechenschaft" zieht Hubmeier gegen Hut los: „Mit der Taufe und dem Sakrament (des Abendmahls), wie die beiden Artikel Johann Hut mit seinen Anhängern gelehrt, bin ich fast übel daran, will auch mit Lehren und Schreiben darwider sein, so weit mir Gott mein Leben lang Kraft giebt. . . . Die Taufe, die ich gelehrt, und die Taufe Hut's sind so fern voneinander als Himmel und Hölle. Auch mit dem Nachtmahl hoffe ich zu Gott, werde ich seine Bürde nicht tragen."

Nach dem Tode der beiden großen Gegner verstummte der Streit zwischen den beiden Richtungen keineswegs, wenn er auch zeitweilig zurücktrat, als die Verfolgung der Täufer (vorübergehend) bis nach Mähren sich erstreckte und gleich=zeitig der Türkeneinfall die allgemeine Aufmerksamkeit auf sich zog.

Aus Deutschland zogen damals viele Brüder nach Mähren. Ein „Volk" ließ sich zu Rossitz nieder, unter Gabriel Ascherham, nach dem es die Gabrieler hieß. Als es dort zu eng wurde, zog ein Theil, meist Pfälzer, unter der Führung Philipp Plener's — daher die Philipper genannt — nach Auspitz. Beide „Völker" gehörten zur milderen Richtung, standen im Gegensatz zur strengeren, waren aber auch untereinander zerfallen. Unter den Nikolsburgern ging der Streit zwischen den

beiden Richtungen fort, von denen die strengere jetzt den Beinamen der „Gemein=
schaftler" oder „Stäbler," die andere den Namen der „Schwertler" erhielt.

Auf Seite der Letzteren stand Leonhard von Lichtenstein. Als ihm der Zwist
zu arg wurde, zwang er die strengen Kommunisten, 200 Erwachsene, auszuwandern
(1528). Das Erste, was diese thaten, als sie der alten Gemeinde den Rücken
gekehrt, war die Bekundung ihres Kommunismus: „Zu der Zeit haben diese
Männer," ihre Führer, „einen Mantel vor dem Volk niedergebreitet und Jeder=
mann hat sein Vermögen dargelegt, mit willigem Gemüth, ungezwungen und
ungedrungen, zur Unterhaltung der Dürftigen, nach der Lehre der Propheten und
Apostel."*)

Sie zogen nach Austerlitz, das auf dem Gebiete der Herren von Kaunitz
lag, die sie gern aufnahmen. Schon 1511 hatten sich dort „Picarden" nieder=
gelassen. Bald folgten den Einwandernden zahlreiche Genossen, Austerlitz wurde
der Hauptort der Täufer in Mähren.

Aber auch unter den Austerlitzern sollte es zu Streitigkeiten kommen. Ein
anschauliches Bild derselben giebt uns der Brief, den der uns schon bekannte
Wilhelm Reublin von Auspitz aus an seinen Freund, den oben erwähnten Tyroler
Bergrichter Pilgram Marbeck, am 26. Januar 1531 schrieb, in dem er darstellt,
wie und warum er mit seinen Anhängern aus Austerlitz vertrieben worden (am
8. Januar 1531). Unter Anderem wirft er den Zurückbleibenden vor, daß sie
„die Gemeinschaft der zeitlichen und leiblichen Güter fälschlich und mit Trug
gehandelt. . . . Sie haben das Ansehn gehalten, den Reichen eigene Häuslein
vergönnt, so daß der Franz und sein Weib ein Leben führen wie die Edlen.
Beim Essen haben die gemeinen Brüder mit Erbsen und Kraut vorlieb genommen,
aber die Aeltesten und ihre Weiber bekamen Braten, Fisch, Vögel und guten Wein;
manche ihrer Weiber habe ich nie an den gemeinen Tischen gesehn. Ein Anderer
durfte nicht Schuh noch Hemd haben, aber sie selbst hatten gute Hosen, Röcke
und Pelze im Ueberfluß."**)

Reublin und seine Anhänger zogen nach Auspitz und bildeten dort eine eigene
Gemeinde, aber bald wurde auch Reublin als „lügenhafter, untreuer, tückischer
Ananias" erfunden und ausgeschlossen. Er hatte 40 Gulden, die er aus Deutsch=
land mitgebracht, für sich behalten, statt sie der Gemeinde abzuliefern.

Um 1531 war wohl der Höhepunkt der Verwirrung im täuferischen Lager
in Mähren. Franck, der damals seine Chronik herausgab, kennzeichnete den Zu=
stand der mährischen „Brüder" sehr richtig an der bereits zitirten Stelle (S. 324),
wo er darauf hinweist, es sei des Bannens in ihren Gemeinden gar viel, und
wo er seinen Zweifel darüber ausdrückt, ob in Austerlitz „recht ausgetheilt" werde.

„Von einer fleischlichen Freiheit in die andere," berichten die Geschicht=
bücher der mährischen Wiedertäufer von jener Zeit, sind die Brüder gewachsen,

---

*) Beck, Geschichtsbücher, S. 75.
**) Der Brief ist im Wortlaut abgedruckt als Beilage V zu Cornelius, Münsterischer
Aufruhr, II., S. 253—259.

„damit der Welt ganz gleich worden, daß sie Niemand mehr von den Welt=
menschen konnte unterscheiden noch kennen."*)

Aber was als ein Auflösungsprozeß erschien, war in Wirklichkeit bloß ein
Gährungsprozeß, der ein geklärtes und dauerhaftes Produkt lieferte.

Das Ergebniß aller dieser Kämpfe war eine kommunistische Organisation,
die sich fast ein Jahrhundert lang bewährte und die nur der Gewalt erlag. Das
Hauptverdienst der definitiven Organisirung der Täufer fällt den Tyroler Emi=
granten zu, die seit 1529 zu Hunderten nach Mähren zogen und der dortigen
Bewegung ihren Stempel aufdrückten. Unter ihren Führern ragte besonders
hervor der Hutmacher Jakob, nach seinem Gewerbe Huter genannt (häufig mit
Hans Hut verwechselt). Er beeinflußte so sehr die Reorganisation, daß man
sie nach ihm benannte. In Mähren hießen die Wiedertäufer fortan die
Huterischen Brüder. Inwieweit das Genie Huter's an der Reorganisation
betheiligt, inwieweit er blos Vollstrecker des Willens der Masse war, die hinter
ihm stand und ihm ihre Kräfte lieh, ist heute schwer festzustellen.

Im Herbst 1529 kamen Jakob Huter und Sigmund Schützinger mit
mehreren Genossen aus Tyrol nach Austerlitz und schlossen sich der dortigen
Gemeinde an. Sie erkannten, daß in Mähren gut wohnen sei. Jakob kehrte
nach Tyrol zurück, um „ein Völklein nach dem andern" nach Mähren zu senden.
Diese Neuankömmlinge brachten Enthusiasmus, Opfermuth und Disziplin mit sich
und bildeten den Kern der kommunistischen Gemeinden, der bald auch die anderen
Elemente derselben zu friedlichem und stetigem Zusammenleben drängte.

Im August 1533 kam Huter selbst wieder mit zahlreichen Anhängern, denn
in Tyrol „hatte die Tyrannei einen so hohen Grad erreicht," wie die Brüder
erklärten, die im Juli d. J. im Gufidauner Bezirk (Tyrol) zu einem Kongreß
zusammengetreten waren, „daß für die Heiligen keines Bleibens mehr war."
Und nun begann die eigentliche Reorganisationsarbeit. Sie muß höchst energisch
und zielbewußt betrieben worden sein, denn die endgültigen Grundzüge der
täuferischen Gemeinschaft standen bereits fest, als die Erhebung der Täufer zu
Münster (1534), die allenthalben zu der schärfsten Verfolgung der Anabaptisten
anspornte, vorübergehend auch einen Theil der mährischen Adeligen erschreckte, so
daß sie den Täufern ihren Schutz entzogen. Die erste große Verfolgung der=
selben in Mähren begann. Die Täufergemeinden mußten sich auflösen, ihre
Mitglieder wurden ausgewiesen. Wir erfahren bei dieser Gelegenheit, wie zahlreich
sie damals waren. Man schätzte die Zahl der mährischen Täufer auf 3—4000.

Auch Huter mußte flüchten. Der Protest gegen die Verfolgung der Brüder,
den er am 1. Mai 1535 an den Landeshauptmann von Mähren schickte, zeugt
von ausnehmender Kühnheit des Mannes. „Ach und Wehe!" ruft er unter
Anderem, „und abermals Wehe in Ewigkeit euch mährischen Herrn, daß ihr dem
grausamen Tyrannen und Feind der göttlichen Wahrheit, Ferdinand, habt

---

*) Beck, Geschichtsbücher, S. 99.

zugesagt und bewilligt, die Frommen und Gottesfürchtigen zu vertreiben aus euren Landen, und fürchtet den sterblichen unnützen Menschen mehr, denn den allmächtigen Gott und Herrn."*)

Der Protest hatte nur eine Wirkung: die Nachstellung nach Huter zu ver= schärfen. „Und die Obrigkeit hat dem Bruder Jakob ernstlich nachgestellt und sich oft hören lassen, wenn sie nur den Jakob Huter hätten, als wollten sie damit sagen, es würde danach Alles in das alte Stillschweigen kommen."**)

Huter ging nach Thyrol zurück, war aber dort nicht sicherer als in Mähren. Am letzten November 1535 wurde er in Klausen gefangen genommen. Von seiner Behandlung erzählen die Brüder: „Ließen ihn in eiskaltes Wasser setzen und nachdem in eine heiße Stuben führen und mit Ruthen schlagen. Auch haben's ihm seinen Leib verwundet, Branntwein in die Wunden gossen und an ihm angezündet und brennen lassen u. s. w." Er wurde verbrannt, am frühen Morgen des 3. März 1536, in aller Stille, denn man fürchtete das Volk.

Der Führer war gefallen, aber die Gemeinde besaß innere Kraft genug, diesen Schlag und noch andere zu überwinden. Schon 1536 konnten sich die Täufer in Mähren wieder sammeln. Die Herren, auf deren Gütern sie gesessen waren, hatten während der Verfolgung die ökonomische Bedeutung dieser fleißigen und geschickten Arbeiter erkannt. Sie beriefen sie zurück, aus allen Schlupfwinkeln kamen sie hervor, und bald waren nicht nur die alten Schäden ausgebessert, sondern man konnte sogar an die Gründung neuer Gemeinden gehen.

Die Verfolgung schädigte die Täufer nicht nur nicht, sie scheint sie im Gegentheil gekräftigt zu haben, indem sie alle zweifelhaften Elemente von ihnen abriß. Die Einigkeit war seit 1536 viel größer als vordem, und sie machte von da an rasche Fortschritte. Alle anderen Abzweigungen wurden schließlich von der Huterischen Richtung aufgesogen.

Die Grundlage der nunmehrigen Organisation der mährischen Täufer war der strengste Kommunismus. Es galt als Sünde, selbst geringfügige Dinge als Eigenthum zu besitzen. „Hans Schmidt, zum Tode verurtheilt, schickt seiner Magdalena seinen Ohrlöffel zum Andenken, in der Voraussetzung, daß die Brüder nichts dawider haben. Derselbe Hans Schmidt stirbt für die Lehre von der Gemeinschaft. Sie ist ihm der höchste Schatz, das Schönste auf Erden, dessen beraubt zu sein das größte Unglück ist. . . .

„Wer sich den Taufgesinnten anschloß, hatte sich seines ganzen Besitzes zu entäußern und ihn den verordneten Vorstehern zu übergeben. Der Gemeinde wandten sich nun allerdings vornehmlich arme Leute zu, Arbeiter, Handwerker, aber wir erfahren aus den Thyroler Akten, daß, ganz abgesehen von vereinzelten adeligen Personen, sich auch recht wohlhabende Bauern der neuen Lehre zuwandten."***)

---

*) Der Protest ist abgedruckt als 17. Beilage bei Loserth, Anabaptismus in Tyrol bis zum Tode Huter's, S. 171—175.

**) Beck, Geschichtsbücher, S. 117.

***) Loserth, Der Kommunismus ꝛc., S. 102, 108.

Was man der Gemeinde gab, gehörte ihr, war nicht etwa nur eine Aktien=
einlage. Selbst wenn ein Mitglied wieder austrat oder ausgeschlossen wurde,
erhielt es das Eingebrachte nicht zurück.

Auch in Beziehung auf Staat und Krieg blieb der strengere Standpunkt
Sieger. In allen billigen Sachen sollte man sich der Obrigkeit fügen, aber
Gott mehr gehorchen als den Menschen, d. h. die Täufer behielten sich selbst die
Entscheidung darüber vor, in welchen Sachen sie gehorchen wollten. Die Theil=
nahme an der Staatsgewalt blieb ebenso verpönt, wie die Kriegführung oder auch
nur das Zahlen einer Kriegssteuer.

„Wo man Etwas, das von Gott nicht geordnet, bei uns suchen wollte,
als Steuer in Krieg oder Henkergeld oder andere Sachen, die einem Christen
nicht gebühren und in der Schrift keinen Grund haben, die mögen wir keines=
wegs bewilligen," erklärten die Täufer 1545 in einer Denkschrift an den
mährischen Landtag.

Bei den Täufern war also die Entwickelung eine andere als bei den
böhmischen Brüdern. Bei diesen ging aus dem Kampf der beiden Richtungen
die gemäßigte, bei jenen die strengere siegreich hervor.

Wir suchen den Grund davon in der Verschiedenheit der Verhältnisse, unter
denen jede der beiden Sekten sich konsolidirte.

Die böhmische Brüdernität wirkte innerhalb ihrer Nation. Sobald ihr
Gemeinwesen anfing, zu gedeihen und sich auszubreiten, erstand in den Augen der
Brüder die Möglichkeit und der Wunsch, die ganze Nation für sich zu gewinnen.
Jeder Versuch einer praktischen Thätigkeit in dieser Richtung mußte aber inner=
halb der damals aufstrebenden Waarenproduktion mit ihren Begleiterscheinungen
zu einer Schwächung der kommunistischen Neigungen und der Abstinenzpolitik führen.

Die Täufer in Mähren waren und blieben Deutsche inmitten einer tschechischen
Bevölkerung. Sie fühlten sich als Fremde innerhalb derselben, und es kostete sie
keine Ueberwindung, eine kleine Sekte zu bleiben, das Völkchen der „Aus=
erwählten" und „Heiligen" inmitten der „Heiden." Sie gewannen nur wenige Be=
rührungspunkte mit ihrer Umgebung und fühlten sich durch diese nicht angezogen,
sondern vielmehr zusammengedrängt und aufeinander angewiesen.

Es ist eine bekannte Erscheinung, daß, selbst ohne kommunistische Organi=
sation, Menschen gleichen Stammes oder gleicher Sprache inmitten einer fremden
Bevölkerung sich solidarischer fühlen als in ihrer Heimath.

Dazu kommt noch ein anderer Umstand. Bei den böhmischen Brüdern geht
das Vordringen der gemäßigten Richtung Hand in Hand mit dem Eindringen der
„Intelligenz," der Gelehrten, Eines das Andere bedingend. Die Gelehrten inner=
halb der Unität bildeten die entschiedensten Vertreter der gemäßigten Richtung, sei
es, weil ihr Blick ein weiterer war, sei es, weil sie die Abschließung der Sekte
von der Gesellschaft am härtesten empfanden.

Auch bei den Wiedertäufern sind die Gelehrten in der Mehrzahl die Träger
der milderen Anschauungen. Aber die erste große Verfolgung in Deutschland, die

1527 beginnt und bis in den Anfang der dreißiger Jahre währt, rafft sie fast Alle hinweg, und sie finden keine Nachfolger. Von Gelehrten ist seitdem nichts mehr bei den Täufern zu merken, so ziemlich alle Leute von Bedeutung unter ihnen sind von da an einfache Handwerker. Der Gelehrtenhaß, zu dem die meisten kommunistischen Sekten des Mittelalters und der Reformationszeit neigen, kann sich nun ungehindert bei ihnen entwickeln.

„Schon den Zeitgenossen," sagt Loserth, „ist die tiefe Mißachtung der Wiedertäufer gegen alles gelehrte Wesen, die hohen Schulen und die einzelnen Gelehrten aufgefallen. ‚Sind denn diese Wiedertäufer,' ruft Fischer aus,*) ‚nicht meistentheils Hauer (Winzer), Bauern, Handwerker, gar grobe fleischliche, unwissende, ungelehrte Leute, vom gemeinen Pöbel zusammengerottet? Verachten sie nicht alle freien Künste, wie auch die heilige Schrift da, wo sie ihnen nicht taugt? Schlagen sie nicht alle hohen Schulen in den Wind? Vernichten sie nicht die gelehrten Leut'? Verwerfen sie nicht die Historien?' Es ist viel Wahres an dem, was Fischer behauptet. In zahlreichen gerichtlichen Verhören und Sendbriefen an die Gemeinde in Mähren sprachen sie ihre Verachtung gelehrten Wesens unbedenklich aus, ja selbst ihre gelehrten Richter und die zu ihrer Bekehrung abgesandten Geistlichen verschiedener Konfessionen behandeln sie aus dem Grunde ziemlich geringschätzig." **)

Daß seit der ersten Verfolgung keine gebildeten Ideologen mehr sich den Täufern anschlossen, liegt wohl zum großen Theil an den Verhältnissen, welche diese Verfolgung schufen. Von 1527 an war Jeder in der bürgerlichen Gesellschaft geächtet, der sich zu den Täufern bekannte. Konnte er sich nicht dazu entschließen, Bauer mit den Bauern, Handwerker mit den Handwerkern zu werden und sich selbst an die Grenzen der zivilisirten Welt zu verbannen — die Türken drangen damals bis nach Mähren vor —, dann that er besser, seine Ueberzeugungen, auch wenn sie noch so täuferisch waren, in seinem Busen zu verschließen.

Und die Gelehrten mit täuferischen oder proletarischen Sympathien mußten seit 1525 sehr selten werden. Denn in diesem Jahr wurde mit der bürgerlichen Freiheit auch die Freiheit der Wissenschaft in Deutschland erschlagen. Die Wissenschaft wurde ebenso wie die Kirche eine Magd des Staates. Die Professoren wurden fürstliche Bediente wie die Pastoren. Die Kühnheit und Selbständigkeit, welche die deutsche Wissenschaft in den letzten Jahrzehnten vor 1525 entwickelt hatte, waren nun wie weggeblasen. Wo hätten da Gelehrte mit revolutionären Ansichten herkommen sollen?

Neben diesen Umständen kommt noch ein Moment in Betracht, welches den Sieg der strengeren Richtung unter den Täufern erklärt.

---

*) Vier und fünfzig Erhebliche Ursachen, Warumb die Widertauffer nicht sein im Land zu leiden. Gestellt durch Christophorum Andream Fischer, d. Pfarrherrn zu Feldsperg, Ingolstadt 1607, S. 64, 65.

**) Loserth, Kommunismus der Wiedertäufer, S. 144.

Dieselbe Verfolgung, welche die Gelehrten in der täuferischen Bewegung aus=
merzte, trieb die große Masse der tyrolischen Brüder nach Mähren, unter denen
so viele Bergleute waren, die durch die Schule kapitalistischer Ausbeutung gegangen
waren und im Großbetrieb Disziplin und planmäßiges Zusammenwirken gelernt
hatten. Daneben kamen Weber, unter denen der kommunistische Enthusiasmus
stets besonders stark gewesen.

Dem Eindringen dieser Elemente schreiben wir es vornehmlich zu, daß der
strenge Kommunismus in den mährischen Gemeinden die Oberhand gewann.

Dessen Grundlage war, wie die aller bisher betrachteten Arten des Kom=
munismus, die Gemeinsamkeit des Konsumirens, das Gemeineigenthum an den
Konsumtionsmitteln. Damit war nothwendig die Aufhebung der Einzelfamilie ver=
bunden. Zur Aufhebung der Einzelehe kam es allerdings bei den mährischen
Täufern nicht. Die eine Form dieser Aufhebung, das Zölibat, war ihnen ver=
boten durch ihren Gegensatz zur päpstlichen Kirche; es hätte sie auf eine Stufe
mit den Mönchen gebracht, den Bestgehaßten unter den Vertheidigern des Papst=
thums, den Vorkämpfern der schlimmsten Arten damaliger Ausbeutung und
Korruption. Noch mehr als das Zölibat widersprach aber der freie Geschlechts=
verkehr den Anschauungen und Bedürfnissen des Kleinbürgerthums und Klein=
bauernthums, in deren Ideenkreis sich auch das Proletariat jener Zeit bewegte.

Größere Freiheit der Liebe oder der Ehe war eine Forderung, die den
revolutionären oberen Klassen, den Fürsten, den Kaufleuten, den humanistischen
Gelehrten des 16. Jahrhunderts näher lag als den Elementen, aus denen sich
die Täufer rekrutirten. Bei den aufstrebenden oberen Klassen konnte man Lebens=
freudigkeit finden, das Bewußtsein der eigenen Persönlichkeit, zu deren kraftvoller
Entwickelung und Bethätigung alle Bedingungen gegeben waren, „Individualismus“
und Haß gegen jederlei Zwang. Die Kommunisten aus den mißhandelten und
niedergetretenen unteren Klassen konnten sich in den Kämpfen ihrer Zeit nur
dadurch einigermaßen behaupten, daß sie ihre Persönlichkeit aufgehen ließen in einer
großen Gemeinschaft. Für diese Elemente mit ihrer düsteren Asketik war die
geschlechtliche wie jede andere Lust Etwas, das überhaupt keine Beachtung ver=
diente, und das Geltendmachen der Individualität dabei etwas Sündhaftes, um
so mehr Verwerfliches, je auffallender es ihnen bei den oberen Klassen mit
Ueppigkeit und Uebermuth verbunden erschien. Die moderne individuelle Geschlechts=
liebe war damals erst in ihren Anfängen, und die Vorbedingungen dazu fanden
sich mehr in manchen der oberen Klassen als in den unteren.

So waren es denn in der Reformation gerade die Fürstendiener, welche
auf leichtere Löslichkeit der Ehe drängten; Luther und Melanchthon haben sogar
die Vielweiberei für erlaubt gehalten! Und Luther erklärte selbst das außer=
eheliche Geschlechtsleben für verdienstlicher als die Keuschheit: „Alle Nonnen und
Mönche, die ohne Glauben sind und sich ihrer Keuschheit und ihres Ordens trösten,
sind nicht werth, daß sie ein getauftes Kind wiegen oder ihm einen Brei machen
sollen, wenn's gleich ein Hurenkind wäre. Ursache: Denn ihr Orden und ihr

Leben hat nicht Gottes Wort für sich; sie mögen sich auch nicht rühmen, daß Gott gefalle, was sie thun, wie ein Weib thun kann, ob's gleich ein un= ehelich Kind trägt."*)

Bei den Kommunisten jener Zeit herrschte dagegen mit wenigen Ausnahmen die größte Strenge in Ehesachen. Der Ehebruch war ein schweres Verbrechen und die Ehe galt ihnen als unlöslich. „Was Gott zusammengefügt, soll der Mensch nicht scheiden," sagten die Täufer. Im Falle eines Ehebruchs wurde nicht blos der schuldige Theil mit zeitweiliger Ausschließung bestraft, sondern auch der schuld= lose Gatte bekam sein Theil. Er durfte sich nicht mehr mit dem schuldigen Theil einlassen, wenigstens so lange nicht, als dieser nicht völlig entsühnt war. Eine Verfehlung dagegen zog unnachsichtlich die Ausschließung nach sich. So heißt es zum Beispiel in den „Geschichtsbüchern" zum Jahr 1530 von Jörg Zaunring, dem Nachfolger Wilhelm Reublin's in der Vorsteherschaft der Auspitzer Gemeinde: „Als nämlich Einer, mit Namen Thomas Lindl, mit des Jörg Zaunring Weib die Ehe gebrochen hatte, so haben sie (wohl die Aeltesten) diese Zwei nur heimlich in Un= frieden gestellt, und der Jörg hat sich während der Zeit der Strafe seines Weibes ihrer entäußert und enthalten. Aber sobald sie den Zweien den Frieden und die Verzeihung ihrer Sünden verkündeten, nahm sich der Zaunring wiederum seines Weibes, wie vorhin an, und als solches offenbar ward, konnte die Gemeinde dieses Laster des Ehebruchs und des Hurenwerks mit so geringer Straf nicht leiden. . . . Nachdem aber Linhard Schmerbacher, ein Diener der zeitlichen Nothdurft, des Jörg Zaunring Handel der Gemeinde angezeigt hat, wie er sich der Hure habe theilhaftig gemacht, da hat die Gemein einhellig erkannt: Weil Christi Glieder nicht Hurenglieder sein sollen, werden sie billig ausgeschlossen und von der Gemeinde ausgethan."**)

Die Ausschließung bildete die schwerste Strafe, welche den Täufern zu Gebote stand.

Von Weibergemeinschaft war also bei ihnen keine Spur. Sie waren im Gegentheil in Ehesachen strenger als die „Heiden." Aber von der Ehe selbst blieb bei den Täufern nicht viel übrig, außer der Paarung, und da individuelle Geschlechts= liebe ihnen durch ihre düstere, freudlose Askese, die Tanz und Liebesspiel verpönte, noch ferner gerückt war als der Masse der Bevölkerung ihrer Zeit, wurden die Ehen meist von den „Aeltesten," den Vorstehern der Gemeinde arrangirt, ähnlich wie die Paarungen im platonischen Staat und bei den Perfektionisten von Oneida. (S. 109.)

Die, abgesehen von der Paarung, wesentlichsten Funktionen der Einzelehe lösten sie auf durch gemeinsamen Haushalt und gemeinsame Kindererziehung.

Die Gemeinde zerfiel in mehrere über ganz Mähren zerstreute Haus= haltungen, „Haushaben." Zur Zeit ihrer höchsten Blüthe zählte sie ihrer siebzig,

---

*) Zitirt bei Janssen, Geschichte des deutschen Volkes, II., S. 278.
**) J. Beck, Geschichtsbücher, S. 101.

in deren jeder 4 - 600 Personen und noch mehr zusammen lebten, in den größten sogar 2000. „Sie alle hatten nur Eine Kuchel (Küche), Ein Backhaus, Ein Bräuhaus, Eine Schul, Eine Stube für die Kindbetterinnen, Eine Stube, da alle Mütter mit ihren jungen Kindern beieinander waren, und so fortan.

„Da in einer solchen Haushaltung Ein Wirth und Haushalter war, der alles Getreide, Wein, Wolle, Hanf, Salz, Vieh und alle Nothdurft einkauft von dem Geld aller Handwerke und alles Einkommens und wiederum nach Nothdurft an alle im Haus austheilte, da holte man das Essen für die Schulkinder, Sechs= wöchnerinnen und für all das andere Volk in Eine Stube, das Speisezimmer. Für die Kranken sind Schwestern verordnet, die ihnen das Essen und Trinken zutragen und ihnen dienen.

„Die gar Alten setzt man besonders und reicht ihnen etwas mehr als den jungen und gesunden Leuten und allen nach der Gebühr und Vermögen."*)

Ueber die Kost bei diesen gemeinsamen Mahlzeiten berichtet ein Brief aus der Zeit des Verfalls der Gemeinde, wo sie, aus Mähren vertrieben, in Ungarn ein mühsames Dasein fristete (1642), „den ältesten Brüdern gen Wintz . . . geschrieben, wie wirs mit Speis und Trank ob unserem Tisch halten: Fleisch haben wir alle Tage übers Nachtessen, Morgens die Woche ein, zwei, drei oder viermal, nach Gelegenheit der Zeit. Bei den anderen Mahlzeiten nehmen wir mit Gemüse vorlieb.

„Alle Tag über Essen zweimal ein geschmeidigs Trinkl Wein, sonst weder Mittag, Marend (Vesper) oder Abends nichts, ausgenommen, wenn wir Abends zum Gebet gehn, nehmen wir ein Trinkl an, zuweilen hat man auch Bier.

„Mit dem Brot, wie mans im Haus insgemein hat, nehmen wir gern vorlieb, lassen uns auch das ganze Jahr nichts besonders backen, es habe denn besondere Ursache, als des Herrn Gedächtniß oder andere Feiertage, Ostern, Pfingsten und Weihnachten."**)

Die Kost der „Geschwistriget" (Geschwister), wie die Täufer untereinander sich nannten, war also einfach, aber ausgiebig. Dabei wurde nicht schablonisirt, sondern, wie schon oben bemerkt, „Jedem nach Gebühr und Vermögen gegeben;" in welcher Weise dies geschah, zeigt uns eine Speiseordnung von 1569, die, für eine Zeit der Hungersnoth erlassen, die Kost regelte nach Alter, Geschlecht, Be= schäftigung, Gesundheitszustand u. s. w. Selbst dieses so rohe und primitive Gemeinwesen steht hoch über den „Staatsküchen" mit ihren für Jedermann ohne Ausnahme gleichen und gleich großen Portionen, die Eugen Richter's Phantasie im sozialdemokratischen „Zukunftsstaat" des 20. Jahrhunderts sieht.

---

*) Andreas Ehrenpreis, Ein Sendbrief . . . brüderliche Gemeinschaft, das höchste Gebot der Liebe betreffend, 1650. Zitirt bei Loserth, Der Kommunismus der mährischen Wiedertäufer, S. 115 ff. Ehrenpreis, ein Müller, war 1639—62 Vorsteher der gesammten Brüderschaft. Aus dieser und anderen seiner Schriften, die höchst wichtige Aufschlüsse über die Organisation der mährischen Täufer geben, theilt Loserth zahlreiche Auszüge mit.

**) Beck, Geschichtsbücher, S. 406, 407.

Neben dem gemeinsamen Haushalt ist besonders bemerkenswerth die gemein=
same Kindererziehung der Täufer. Beck spricht von der „spartanischen Er=
ziehung der Kinder, welche von der Brust der Mutter in die gemeinsamen Kinder=
stuben wanderten, wo sie, den Eltern und den kindlichen Gefühlen entfremdet,
heranwuchsen." (Geschichtsbücher, S. XVII.) Vielleicht noch besser hätte er von einer
platonischen Erziehung der Kinder sprechen können. Viele Seiten der Kinder=
erziehung der Wiedertäufer erinnern an die platonische Republik, wie auch manches
bei ihnen an die More'sche „Utopie" gemahnt. Es ist nicht unmöglich, daß manches
davon auf Uebertragung beruht. Plato war den Kommunisten der Reformations=
zeit nicht unbekannt. Thomas Münzer weist auf ihn hin (vgl. S. 277), ebenso
Sebastian Franck (vgl. S. 323), der den Täufern so nahe stand. Die Gelehrten,
die sich der täuferischen Bewegung in ihren Anfängen anschlossen, haben Plato sicher
gekannt. In dem Baseler Humanistenkreise, der sich um Erasmus von Rotterdam
gruppirte und der so viele der ersten gelehrten Täufer beeinflußte, wurde auch die
More'sche „Utopie" beachtet und diskutirt. Es ist nicht nur nicht unmöglich, sondern
sogar sehr wahrscheinlich, daß Anregungen aus diesen Schriften durch die Gelehrten
auch den ungebildeteren Brüdern vermittelt wurden. Indeß ist dieser Vorgang nicht
bezeugt und es ist auch nicht unbedingt nothwendig, ihn anzunehmen, um die Aehn=
lichkeit der „Huterischen" Einrichtungen mit denen Plato's und More's zu erklären.
Diese Aehnlichkeit kann auch darauf beruhen, daß die Logik der Thatsachen die un=
gebildeten Proletarier in Mähren auf denselben Weg trieb, der sich dem griechischen
Weltweisen und dem englischen Humanisten als die Konsequenz ihrer Ideen erschloß.

So weit wie Plato gingen die Huterischen nicht, daß sie der Mutter das
Kind nach der Geburt genommen und es ihr unmöglich gemacht hätten, es wieder=
zuerkennen. Es gab eine besondere, gemeinsame Stube für die Kindbetterinnen
und eine solche für die Frauen mit den Säuglingen. Aber das Kind blieb dort
bei seiner Mutter. Mit anderthalb bis zwei Jahren kam es jedoch schon in die
allgemeine Erziehungsanstalt, in die Schule.

Das war einer der Punkte, an dem die Gegner der Täufer den meisten
Anstoß nahmen: „Die verkehrten Wiedertäufer handeln gegen die Natur," schreibt
der schon einmal erwähnte Fischer 1607. „Sie sind unverständiger als die kleinen
Vögelein und unbarmherziger als die wilden Thiere gegen ihre Jungen; denn
sobald die Mutter das Kind entwöhnt hat, wird es von den rechten, natürlichen
Müttern genommen und bestellten Schwestern übergeben. Hernach den unbekannten
Schulmeistern und jähzornigen Kindererzieherinnen, die dann ohne Liebe, Sittsamkeit
und Erbarmung bisweilen heftig und unbarmherzig dreinschlagen. So werden sie
mit der größten Strenge erzogen, so daß sie wohl manche Mutter nach fünf oder
sechs Jahren und gar letzlich nicht mehr recht sieht, noch kennt, aus welchem viele
Blutschanden entstehn." Die Kinder seien unter diesem System meist kränklich
und „geschwollen."

Die Praxis urtheilte anders. Fischer selbst dementirt sich, indem er an anderer
Stelle darüber jammert, daß die Wohlhabenden in Mähren am liebsten Frauen,

die aus den Schulen der Wiedertäufer kamen, zu Ammen und Kindsmädchen nahmen, was sie sicher nicht gethan hätten, wenn die Ergebnisse dieser Schulen so klägliche gewesen wären. „Gott erbarm, es ist weit gekommen, denn es müssen jetzt fast alle Frauen in Mähren zu Hebammen, Saugammen und Kinds= wärterinnen lauter wiedertäuferische Weiber haben, als wenn sie allein in diesen Sachen die erfahrensten wären." Glänzender konnte man die Ueber= legenheit kommunistischer Kinderzucht nicht bezeugen, als es hier der erbittertste Gegner der Kommunisten thut.*)

Waren die Frauen als Erzieherinnen kleiner Kinder gesucht, so genossen andererseits die Schulen so guten Ruf, daß auch Andersgläubige gern ihre Kinder dorthin sandten.

Wie die anderen Kommunisten seit der Zeit der Waldenser, legten auch die „Huterischen" das größte Gewicht auf eine gute Volksbildung. Ihre Schul= einrichtungen und pädagogischen Regeln sind heute noch beachtenswerth, sie waren großartige Leistungen im 16. Jahrhundert, das wohl den Tiefstand der Pädagogik bedeutet und das seine allgemeine Grausamkeit und Rohheit auch im Schulwesen bekundete.

Zur Illustrirung der gewöhnlichen Erziehungsmethoden jener Zeit diene folgender Fall, den Erasmus von Rotterdam berichtet und der keine Ausnahme, sondern ein Typus ist. Ein Schulmeister pflegte nach der Mahlzeit, die er mit seinen Schülern einnahm, immer einen derselben hervorzuziehen und einem rohen Prügelmeister zur Züchtigung zu übergeben, der, sinnlos sein Amt verwaltend, einmal einen schwächeren Knaben nicht eher losließ, als bis er selbst vor Schweiß troff und der Knabe halbtodt zu seinen Füßen lag. Der Lehrer aber wendete sich mit ruhiger Miene zu den Schülern und sagte: „Er hatte zwar nichts gethan, aber er mußte gedemüthigt werden." Das war die Pädagogik der Gegner des Kommunismus.

Die Täufer dagegen erklärten: „Mit harten Streichen wird nicht viel gerichtet. Man muß durch die Lehre auf die Kinder wirken, denn wäre an sich schon so viel Gottesfurcht in ihnen, daß sie sich selbst verhüten könnten, bedürfte man keiner Schulmeister."

Die täuferischen Schulen enthielten ein zahlreiches Lehrpersonal, Schul= meister und „Schulschwestern," sowie „Kindsdirnen" unter einer „Schulmutter." Sie hatten nicht blos für das geistige, sondern auch für das körperliche Wohl der Jugend zu sorgen.

Die Erziehung und der Unterricht wurden durch „alte Bräuche" geregelt, die 1568 niedergeschrieben wurden. Diese Schulordnung legt den Schwerpunkt auf das körperliche Wohl der Jugend. „Wenn ein Kind," heißt es da zum Beispiel, „zur Schule gebracht wird, so muß sein Gesundheitszustand auf das

*) Auch an anderem Orte, in einer Schrift von 1604, ereifert sich Fischer über die wiedertäuferischen „Saugammen, dieweil sie sammt der Milch das wiedertäuferische Gift etlichermaßen den christlichen, unschuldigen Kindern zu trinken geben."

Sorgsamste untersucht werden. Hat es eine böse Sucht, als Fäule, Franzosen und dergleichen, so muß es während des Schlafens, Essens, Trinkens und der Reinigung von den übrigen Kindern abgesondert werden."

Wenn die Schulmutter den kranken Mund eines Kindes gereinigt hat, so soll sie nicht mit ungewaschenen Fingern den Mund der gesunden untersuchen, sondern „alleweil zuvor mit einem sauberen Tüchel und Wasser die Finger reinigen." Auch soll sie die Schulschwestern unterrichten, wie man den Mund der Kinder reinigt.

Auf peinlichste Reinlichkeit wird überhaupt großer Werth gelegt.

Den Schlaf der kleinen Kinder haben die Schwestern zu überwachen. Man hüte sich, sie zu schlagen, wenn sie etwa im Schlafe aufschreien. Wenn sich eins aufdeckt, decke man es zu, auf daß es sich nicht erkälte.*) Bei der Nacht darf keinem Kinde, es wäre denn krank, zu essen gereicht werden. Schlafende Kinder soll man nicht ohne bringenden Grund aufzustehen zwingen ꝛc.

Man sei mit den Kindern nicht unnützer Weise streng. Wenn ein Kind beim Spinnen etwas verschuldet, hüte man sich, sofort dreinzuhauen. Da genügt eine Anzeige bei der Schulmutter. Die großen Buben züchtigt der Schulmeister, die Dirnen die Schulmutter. Wegen Diebstahls, Lügen und anderer Sünden soll bei der Bemessung der Strafe stets der Rath eines Bruders beigezogen werden. Allzu harte Züchtigungen, etwa Schlagen auf die Köpfe oder auf den Mund, sind streng untersagt.

Bei der Erziehung soll individualisirt werden: „In der Zucht der Kinder bedarf es großen Aufmerkens und eines rechten Unterscheids: Das eine läßt sich mit Freundlichkeit ziehen, das andere wird durch Gaben gewonnen, ein drittes erfordert strengere Zucht."

Den Kindern, die zum ersten Male zur Schule kommen, soll man nicht die Köpfe zu brechen versuchen.

Diese Mittheilungen aus der Schulordnung dürften genügen, zu zeigen, daß Loserth berechtigt ist, zu sagen, sie „enthalte Grundsätze, die auch der Schule der Neuzeit Ehre machen würden."

Welche Gegenstände außer Lesen und Schreiben, deren so ziemlich alle Täufer kundig waren, und der täuferischen Lehre in den Schulen gelehrt wurden, ist unbekannt. Mit geistiger Bildung scheint produktive Arbeit Hand in Hand gegangen zu sein. Wenigstens wurden die Mädchen schon früh zum Spinnen angehalten.

Bis zu welchem Jahre der Schulunterricht sich erstreckte, wissen wir nicht. Aus der Schule kamen die Kinder in die Industrie, Landwirthschaft oder in den Haushalt. Die industrielle und landwirthschaftliche Arbeit galt zunächst der Deckung der Bedürfnisse der Gemeinde. Bevor diese befriedigt waren, durfte für Andere nicht gearbeitet werden.

---

*) Sollten die biedern Wiedertäufer bei der Abfassung ihrer Schulordnung Herrn Eugen Richter's Strumpf-Annie um drei Jahrhunderte vorgeahnt haben?

Aber die Täufer waren ausgezeichnete und fleißige Arbeiter und ihre Arbeit lieferte einen bedeutenden Ueberschuß. Besonders hervorragend waren ihre Leistungen auf den Gebieten der Pferdezucht, der Müllerei und Bierbrauerei, sowie endlich der Messerfabrikation und der Tuchmacherei, die ihr vornehmstes Gewerbe bildete. Auch hier finden wir wieder die Wollenweberei in inniger Verbindung mit dem Kommunismus.

Die Ueberschüsse, die sie auf diesen und anderen Produktionsgebieten erzielten, nahmen innerhalb einer Gesellschaft der Waarenproduktion natürlich die Form von Waaren an. Sie verkauften einen großen Theil ihrer Produkte, was ihnen wieder die Möglichkeit gewährte, die Erzeugung bestimmter Produkte beständig weit über ihre eigenen Bedürfnisse hinaus auszudehnen. So gelangten sie in manchen Produktionszweigen zu einem industriellen Großbetrieb.

Die Form des Haushalts und die der Produktion haben seit jeher in enger Beziehung zueinander gestanden. Früher galt dies noch viel mehr als jetzt. Die kapitalistische Produktion hat diese Beziehung gelockert, indem sie die Werkstätte von der Haushaltung loslöste; die Beziehung zwischen beiden ist nicht mehr eine unmittelbare. Im Alterthum und Mittelalter aber waren beide aufs Engste miteinander verknüpft, die Ausdehnung des Wirthschaftsbetriebes bestimmte die Ausdehnung der Familie.

Aber umgekehrt blieb auch die Ausdehnung der Familie nicht ohne Einfluß auf die Ausdehnung des Wirthschaftsbetriebes.

Der gemeinsame Haushalt, z. B. der Klöster oder der Beghardenhäuser, begünstigte denn auch stets die Tendenz zur Einrichtung von Großbetrieben. Wenn etwa 20 Weber in gemeinsamem Haushalt lebten, lag es nahe, daß sie auch den Rohstoff gemeinsam kauften und in einem gemeinsamen Lokale verarbeiteten. Aber diese Tendenzen haben nur geringe Ausbildung erhalten; bei den einen — den Klöstern — wurden sie gehemmt dadurch, daß diese Organisationen regelmäßig früher oder später aufhörten, Arbeitsorganisationen zu sein und Ausbeuterorgani= sationen wurden; bei den anderen, den Beghardenhäusern und ähnlichen Instituten, hinderten die Verfolgungen, daß die Gemeinsamkeit der Arbeit sich entwickelte, feste Wurzeln gewann und auf die Produktionsweise Einfluß übte.

Und Klöster wie Beghardenhäuser gediehen als Arbeitsinstitutionen in einer Zeit, in der gesellschaftlich wie technisch die Vorbedingungen des Großbetriebs nicht gegeben waren.

Anders stand es mit den Wiedertäufern in Mähren. Ihre Organisationen waren gesicherter als die meisten Beghardenhäuser gewesen waren; aber als Fremde, die nur geduldet waren und der steten Feindschaft des Landesherrn sich erfreuten, konnten sie ihre Haushaben auch nicht zu Ausbeuterinstituten entwickeln, wie die Klöster. Endlich traten sie auf zu einer Zeit, wo schon zahlreiche Vorbedingungen gesellschaftlicher Produktion gegeben waren. Das Berg= und Hüttenwesen wurde bereits kapitalistisch bewirthschaftet und disziplinirt. Aber auch das Handwerk strebte damals schon vielfach darnach, sich auszudehnen zur Manufaktur und die Schranken der zünftigen Einengung des Betriebs auf wenige Gesellen zu sprengen. Wenn da gemeinsame Haushaltungen von 1000 –2000 Personen sich bildeten, mußte die ihnen innewohnende Tendenz zur Einrichtung und Entwickelung von Groß= betrieben einen günstigen Boden finden.

Bei den Wiedertäufern „ging Alles auf den Großbetrieb aus, und die einzelnen Handwerker arbeiteten einander in die Hände. Es war strengstens unter= sagt, ein Rohprodukt wo anders als von den Wiedertäufern selbst zu nehmen, vorausgesetzt, daß es vorhanden war. So wurden aus den Schlächtereien die Felle an die Gerber abgeliefert und von diesen zubereitet an Sattler, Riemer und Schuster geliefert. Ebenso war das Verhältniß zwischen den Baumwollstuben und Webereien, den Tuchmachern und Schneidern u. s. w. Nur wenige Roh= produkte, wie Eisen, feinere Oele und Anderes wurden aus der Fremde genommen. Im Einzelnen wurde das Gewerbe im Großen betrieben, denn für ihre Produkte: Messer, Sensen, Beuteltücher, Tücher, Schuhe u. s. w. fanden sie nicht allein an den eigenen Brüdern, sondern auch an den übrigen Nachbarn fleißige Abnehmer.“

Unter den Rohprodukten, die sie kauften, hätte Loserth, der diese Schilderung giebt, noch eines nennen sollen, das sehr wichtig war, die Wolle. Ihre Tuch= fabrikation gedieh so sehr, daß die mährische Wolle ihnen nicht mehr genügte und sie ausländische, wahrscheinlich ungarische, einführten. Darauf deutet folgender Passus aus ihren Geschichtsbüchern hin: „Anno 1544 ist uns vom Landtag ver= boten worden, die Wolle für unsere Werkstätten anderswo als in den königlichen Städten oder auf den Schlössern und Höfen der Grundherrn zu kaufen.“*)

Jedes Handwerk besaß seine Einkäufer, Austheiler (oder Zuschneider) und Vorgestellten. Jene kauften, wenn nöthig, das Rohmaterial im Großen ein, die Anderen theilten es an die einzelnen Arbeiter aus und überwachten deren plan= mäßiges Zusammenarbeiten. Die Regelung desselben und der Produktion über= haupt beschäftigte die Brüder ungemein; das bezeugen die zahlreichen Arbeits= ordnungen, die sie erlassen haben. Leider sind „für die meisten Handwerke und darunter für einige, die, wie die Tuchmacherei, besonders lebhaft und erfolgreich betrieben wurden, keine Ordnungen mehr erhalten.“ Wir sind daher in Bezug auf die Höhe, welche der Großbetrieb der Täufer erlangte, auf bloße Ver= muthungen angewiesen. Wir wissen nicht, wie weit die Arbeitstheilung und das planmäßige Zusammenarbeiten in den einzelnen Industrien ging.

Sicher ist es, daß sie über die Höhe des damaligen zünftigen Handwerks hinaus einen großen Schritt zum Manufakursystem gethan haben. Auch sorgten sie dafür, technisch stets auf der Höhe ihrer Zeit zu stehen. So wurden z. B. von Zeit zu Zeit Müller bis nach der Schweiz geschickt, um die dortigen Betriebs= einrichtungen zu studiren.

Waren sie technisch dem Handwerk überlegen, so noch mehr kommerziell, namentlich dadurch, daß sie die Rohstoffe im Großen kauften oder aus den eigenen

---

*) Beck, Geschichtsbücher, S. 158.

Wirthschaften bezogen. Auch das kam ihnen zu Gute, daß sie Handelskrisen, Absatzlosigkeit leichter überwanden, als private Produzenten. Gänzlich konnten sie eine zeitweise Ueberproduktion nicht vermeiden, da sie im Großen für den Markt arbeiteten.

So wurde z. B. im Jahre 1641, allerdings zu einer Zeit des Verfalls, in einer ungarischen Gemeinde (in Mähren gab es damals keine mehr) auf einer Konferenz von Gemeindevorstehern den Messerschmieden unter Anderem vorgeworfen: „Die Werkstätten macht man so groß, daß man sie nicht besetzen kann, und wenn sie besetzt sind, kann man die Menge Messer nicht verkaufen, dagegen bleibt andere Hausarbeit liegen oder man muß sie verlohnen (von Lohnarbeitern besorgen lassen) um baares Geld.“*)

Dergleichen Klagen kommen einige Male vor, doch waren die Wirkungen der Ueberproduktion nicht allzu schlimm. Die überschüssigen Arbeitskräfte wurden einfach für einige Zeit statt in der Industrie in der Landwirthschaft beschäftigt, wo es an Arbeit nie fehlte.

Zu allen diesen Vortheilen der kommunistischen Großproduktion vor der „individualistischen“ der einzelnen Handwerker gesellte sich natürlich noch der, daß die Erhaltung des Einzelnen im gemeinsamen großen Haushalt viel billiger zu stehen kam, als in den kleinen Einzelhaushaltungen der Handwerksmeister. Und so kann es uns nicht überraschen, daß seit der Organisation der Huterischen Gemeinden in Mähren die Klagen über die verderbliche Konkurrenz, welche die Kommunisten den zünftigen Meistern machen, nicht verstummen.

Schon 1545 erklären die Brüder in ihrer Eingabe an den mährischen Land= tag: „Der Städte halber, die sich, wie wir hören, über uns beschweren und beklagen, als ob wir den Landhandwerkern das Brot vom Munde abschnitten, so wissen wir's nicht anders, denn daß wir uns in Allem ehrlicher Arbeit befleißen, einem jeden seinen Pfennig zu vergelten, welche unsere Ehrlichkeit nun fast unter allem Volk bekannt ist. . . . So sich nun jemand unbillig beschwert, können wir deswegen unsere Arbeit nicht verschlechtern.“

Und zum Jahre 1600 berichten die Geschichtsbücher: „In diesem Jahr ist von unsern Widersachern großes Geschrei ausgangen in Mähren, wie sich die Brüder über die Maßen im Land häufen und mit ihrem Handwerk den Städten und Flecken nicht geringen Schaden und Abbruch an ihrer Nahrung thun. Die Landes= herrn haben derohalben beschlossen, uns die Aufrichtung neuer Haushaben zu unter= sagen, den Grundherrn aber auch fernerhin zu gestatten, sich der Arbeiten der Brüder zu bedienen.“**)

Sogar zur Ehre einer poetischen Verurtheilung ist die Konkurrenz der Täufer gekommen. 1586 erschien: „ein anders schön neues Lied, darinnen der Betrug und arglist art der Huetterischen Widertauffer wahrhaftig und eigentlich vor Augen

*) Beck, Geschichtsbücher, S. 465.
**) Beck, Geschichtsbücher, S. 171, 331.

gestellt wirdet." Als Verfasser nannte sich Johann Eysvogel von Köln, „gewester Hutterischer Widertauffer, Bruder zu Austerlitz in Märhern." Da heißt es:

> Das Getreid thun sie auffaufen,
>> Wohl in dem Mährerland,
> Sie schüttens auf ein Haufen.
>> Ist doch ein' große Schand,
> Daß man's von ihn' thut leiden.
>
> All Handwerk sie verderben
>> Hierum wohl in dem Land,
> Mit allerlei gewerben
>> Sind sie gar wohl bekant —
>
> Um zwiefach Geld sie geben
>> Ihr' Waar' ohn' alle Scheu,
> Kaufen Alles auf daneben,
>> Kein Armer kommt nicht bei.
>
> Das Brot thun sie abschneiden
>> Dem Armen wohl vor dem Maul.
> Das macht: daß man's thut leiden.

Wie im Schulwesen, wird auch in der Produktionsweise der Täufer beren Ueberlegenheit über die entsprechenden Einrichtungen ihrer Gegner am eindringlichsten zu Tage gebracht in den Klagen der Letzteren. Wir verweisen darauf alle Jene, die da behaupten, daß der Kommunismus unter allen Umständen unwirthschaftlich sei. Die Erfahrungen der Wiedertäufer bestätigen die Regel, die wir bei der Vergleichung der Klöster mit den religiösen kommunistischen Kolonien in Amerika gefunden haben. (S. 110.)

Derselbe Grund, der die städtischen Handwerker zu Gegnern der Huterischen machte, gewann ihnen die Gunst der großen Grundherren, auf deren Gütern sie lebten und denen sie zinsbar waren. Mit den Wiedertäufern und durch sie nahm der Abel an Reichthum und Wohlleben zu, sie wurden für ihn ökonomisch unentbehrlich.

Neben ihren Produkten waren es auch ihre Lohnarbeiter, welche den Täufern ökonomische Bedeutung verliehen. Nicht wenige der Brüder und Schwestern waren nämlich in Privatdiensten beschäftigt. Daß man täuferische Ammen und Erzieherinnen suchte, haben wir schon gesehen. Indeß auch in landwirthschaftlichen und industriellen Privatbetrieben finden wir Täufer thätig, z. B. als Müller. Aber namentlich als Verwaltungsbeamte waren sie sehr beliebt, was sich wohl daraus erklärt, daß die Verwaltung der großen Haushaben das Organisations= und Verwaltungs= talent unter ihnen besonders hoch entwickelte. Voll Wuth schreibt einer ihrer bissigsten Gegner, der schon mehrfach zitirte Christoph Fischer: „Weil ihr die Herrn in Mähren also habt eingenommen, daß sie Alles thun nach eurem Rath und Angeben, weil ihr von den Herrn über alle ihre Wirthschaften zu Kastnern, Kellermeistern, Burggrafen, Müllern, Schäfflern, Fischmeistern, Gärtnern, Förstern und Meiern gesetzt werdet, weil ihr bei ihnen in großer Reputation und Ansehn

24

feib, also daß ihr auch mit ihnen effet, trinfet und bergleichen Favor von ihnen erlanget: heißt das nicht herrschen und regieren?"

Der biedere Fischer übertreibt natürlich, aber richtig ist es, daß die Täufer als Verwaltungsbeamte sehr gesucht waren. Genau genommen waren es jedoch nicht die einzelnen derart beschäftigten Individuen, die in Privatdiensten standen, sondern die ganze Gemeinschaft. Die Einzelnen waren nur als deren Beauftragte bei den Privaten thätig. Sie standen nicht nur unter der Disziplin der Gemeinschaft, sondern mußten ihr auch alle ihre Einnahmen abliefern, nicht nur ihre Gehalte und Löhne, sondern sogar ihre Trinfgelder und Geschenke, mochten diese nun in Geld oder in Naturalien bestehen.

Im Allgemeinen scheint die Durchführung dieser Bestimmung keine Schwierig= keiten gefunden zu haben, außer bei den Aerzten. Bei aller Verachtung der Gelehrsamkeit hielten die Täufer viel auf Arzneikunde und Badekuren. Ihre Bader hatten wahrscheinlich mit der Wissenschaft nicht allzuviel zu thun, sie müssen aber sehr gewandte Praktiker gewesen sein, denn sie waren im ganzen Lande gesucht, ja, mitunter wurde einer sogar an den kaiserlichen Hof entboten, trotz des Abscheus vor den Kommunisten, der dort herrschte.*)

Bezeichnend ist die Baderordnung von 1654; sie fordert von ihnen unter Anderem, sie sollen

4. Fleißig lesen und sich üben in der hl. Schrift und in Arzneibüchern.

8. Beim Kräutersammeln und Wurzelngraben nicht Fürwitz treiben, zu Wein gehen und keine Kräuter oder Wurzeln heimbringen!

16. Sich nicht von der Arbeit abziehn, als wenn sie zu föstlich oder zu gut dazu wären oder nicht zur Arbeit geschaffen.

17. Auch nicht eigene Arznein haben, ihren Gewinn und Eigennutz damit zu schaffen.

19. Alles Geld, sei es geschenkt oder Trinfgeld, sammt allem Verdienst, soll mit treuer Hand dem Vorgestellten zugestellt werden u. s. w.**)

Aber schon 1592 wird über die Bader geklagt: "Ein Theil lassen sich so ungern Ordnung geben und bleiben nicht gern in der Ordnung, nehmen sich gar zu viel Freiheit und sind viel zu eigenwillig" u. s. w.

Sie fügten sich der kommunistischen Disziplin am schwersten, vielleicht des= wegen, weil sie eine Ausnahmestellung einnahmen, über die Masse der Brüder an Bildung und Ansehen hinausragten.

Die Verfassung der Brüder war eine demokratische. An der Spitze der

*) So heißt es in den Geschichtsbüchern zum Jahr 1603: "In diesem Jahr . . . ist der Bruder Georg Zobel, ein Diener der Nothdurft und vornehmer alter Arzt, dem das ganze Baderhandwerk in der Gemein befohlen war, und der auch von vielen angesehenen Herrn und vom Kaiser selbst ist gebraucht worden, zu Nikolsburg im Herrn entschlafen." Beck, Geschichtsbücher, S. 336. Vgl. S. 329, wo erzählt wird, daß dieser Zobel nach Prag an des Kaisers Hof entboten worden, wegen einer "Infektion," die damals in Böhmen wüthete.

**) Beck, Geschichtsbücher, S. 485, 486.

Gemeinschaft standen theils geistliche, theils weltliche Beamte. Erstere, die „Diener des Wortes," waren entweder Apostel, die in der Welt herumzogen, um neue Genossen zu werben, oder Prediger zu Hause. Die weltlichen Beamten, „Diener der Nothdurft," waren die Einkäufer, Vorgestellten, Haushalter, Meier. Die oberste Gewalt lag bei der Gemeinde. Aber um diese nicht bei jeder Gelegenheit befragen zu müssen, gab es einen Rath der Aeltesten, mit dem die Diener der Gemeinschaft Angelegenheiten von geringerer Bedeutung erledigten. An der Spitze der gesammten Gemeinschaft stand ein Bischof. Die Beamten wurden jedoch nicht gewählt, sondern unter Denen, die als tauglich erschienen, durch das Loos, „die Anzeige des Herrn," bestimmt. Aber er konnte sein Amt nicht antreten, ehe nicht die Gemeinschaft den Willen Gottes sanktionirt und den Erloosten bestätigt hatte.

Fast ein Jahrhundert lang erhielt sich das eigenartige Gemeinwesen, das wir hier gezeichnet haben, in voller Kraft. Es fiel nicht durch innere Entartung, sondern durch äußere Gewalt.

Seitdem Böhmen und Mähren den Habsburgern zugefallen waren, standen diese in ständigem, wenn auch meist unblutigem Krieg mit dem selbstherrlichen Adel dieser Länder. Endlich kam es zu jenem großen Entscheidungskampfe, der den dreißigjährigen Krieg einleitete und mit der völligen Niederlage des Adels in der Schlacht am weißen Berge (1620) endigte. Der Adel wurde fast vernichtet. Mit ihm fielen seine Schützlinge, die Brüderunität in Böhmen, die Huterischen Gemeinden in Mähren.

Am 22. September 1622 ließ der Kardinal Dietrichstein im Auftrage Ferdinand II. ein Patent ergehen, „daß alle diejenigen, so der Huterischen Bruderschaft zugethan, es seien Mann= oder Weibpersonen, von gemeldetem Dato an über vier Wochen bei hoher Leibes= und Lebensstrafe sich nicht weiter in Mähren sollten finden und betreten lassen."

Diesmal blieb der Ausweisungserlaß nicht auf dem Papier. Das organisirte Wiedertäuferthum in Mähren nahm ein Ende. Viele der Täufer wurden katholisch, wobei aber die Meisten im Herzen der alten Lehre treu blieben, mitunter diese noch den jüngeren Generationen vererbten; Viele gingen bei flüchtigem Umherirren im Winter zu Grunde; einem Theil endlich gelang es, mit Hinterlassung fast aller Habe, sich nach Ungarn durchzuschlagen, wo sie schon seit 1546 mehrere Haushaben angelegt hatten. Die ungarischen Machthaber konnten Kolonisten wohl brauchen und nahmen die Flüchtlinge gern auf. Diese organisirten sich in der neuen Heimath nach alter Weise, aber sie kamen zu keiner Bedeutung mehr. Die Gemeinschaft erholte sich nicht mehr von dem furchtbaren Schlage, der sie betroffen und ihres ganzen Vermögens beraubt hatte. Die damaligen Zustände in Ungarn, wo Türken= einfälle und Bürgerkriege einander ablösten, waren auch nicht dazu angethan, ein armes Gemeinwesen zu Wohlhabenheit aufsteigen zu lassen. Es verfiel und verkam und mit ihm verkam der Kommunismus.

Ob er sich behauptet hätte, wenn der Gemeinschaft in Mähren eine ungestörte Fortentwicklung gegönnt gewesen wäre, kann mit Bestimmtheit weder bejaht, noch verneint werden. Sehr wahrscheinlich ist es nicht, daß es dem Täuferthum gelungen wäre, seinen Kommunismus auf die Dauer inmitten einer kapitalistischen Gesellschaft unversehrt zu behaupten, mit der es durch Waarenproduktion und Lohnarbeit in enger ökonomischer Verbindung stand und der damals noch die Zukunft gehörte.

Auf jeden Fall aber ist das Gemeinwesen der Hutterischen in Mähren von der größten Bedeutung für die Geschichte des Sozialismus. Es bildet die reifste Frucht des ketzerischen Kommunismus und zeigt uns am deutlichsten und klarsten die Tendenzen der Wiedertäufer. Seine Grundlinien sind noch dieselben wie die des Mönchthums; die Haushabe ist nur eine Art Kloster. Aber sie macht bereits einige Schritte über dieses hinaus in der Richtung des modernen Sozialismus, indem sie in den klösterlichen Kommunismus die Ehe einführt und industrielle Großbetriebe in einer Weise entwickelt, daß sie nicht mehr bloße Nebenerscheinungen des Kommunismus sind, sondern anfangen, Grundlagen desselben zu bilden.

Aber trotz ihrer Wichtigkeit und Eigenart sind die wiedertäuferischen Organisationen in Mähren eine Zeit lang völlig verschollen gewesen. „Es ist eine seltsame Sache, daß die Erinnerung an die Wiedertäufer in Mähren so allgemein aus dem Volksgedächtniß entschwunden und daß ihr Andenken erst seit Kurzem, und nur in der gelehrten Forschung, aber nicht im Entferntesten in ausreichendem Maße aufgefrischt worden ist."*) So schrieb ein böhmischer Historiker 1858. Seitdem hat die gelehrte Forschung ausreichendes Licht über sie verbreitet, namentlich dank dem Eifer des Dr. Josef Beck, der ein ungemein ausgedehntes Material über sie sammelte und zum Theil selbst veröffentlichte in den hier so oft zitirten Geschichtsbüchern der Wiedertäufer, die 1883 erschienen. Sein Nachlaß bot dann noch reiche Ausbeute, die Loserth trefflich verwerthete. Aber außerhalb der Spezialgeschichte haben die mährischen Wiedertäufer bis heute noch nicht gebührende Beachtung gefunden, und die bürgerlichen Geschichtschreiber des älteren Sozialismus haben sie so gut wie völlig ignorirt.**)

Das darf uns nicht wundern. Diesen Herren handelte es sich in der Regel nicht darum, den Sozialismus zu begreifen, sondern darum, Material zu sammeln, das zu seiner Verurtheilung dienlich erschien. Dazu eigneten sich die mährischen Wiedertäufer schlecht. Weit tauglicher dafür erschien der Aufstand der Wiedertäufer in Münster. Dieser ist es denn auch, der in den herkömmlichen Geschichtsbüchern als die Verkörperung des wiedertäuferischen Wesens hingestellt wird; auf ihn weist man mit Vorliebe hin, wenn man zeigen will, welche Scheußlichkeiten der Kommunismus naturnothwendig gebiert.

Wer von den Wiedertäufern hört, denkt in der Regel zuerst an den Münsterschen Aufruhr, und wer von diesem spricht, spricht von einer grauenhaften, wahnsinnigen Orgie.

Wir wollen sehen, ob und inwieweit dies berechtigt ist.

---

*) Gindely, Geschichte der Böhmischen Brüder, II., S. 19.

**) So auch der Jüngste unter ihnen, Professor Georg Adler, in seiner Abhandlung über die Geschichte des Sozialismus und Kommunismus im Handwörterbuch der Staatswissenschaften.

VI. Die Unruhen zu Münster.

Später als im Süden Deutschlands begann im Norden die Reformations=
bewegung sich zu entwickeln und die Klassengegensätze jener Zeit zu entfesseln.
Zum großen Theil ist dies der ökonomischen Rückständigkeit des deutschen Nordens
zuzuschreiben; in jenen Gebieten des Nordwestens aber, die höher entwickelt waren,
wurde die Reformationsbewegung gehemmt durch die Nähe der habsburgischen
Niederlande, von denen aus Karl V. auf die Grenzdistrikte einen ganz anderen
Einfluß üben konnte als auf die anderen Theile des Reiches.

Die Bauern kamen im Norden überhaupt nicht in eine allgemeine Bewegung;
die Ereignisse des Jahres 1525 in Süd= und Mitteldeutschland fanden bei ihnen
kein Echo, theils deswegen, weil sie noch besser gestellt waren als ihre Brüder
in Oberdeutschland, theils auch, weil die einzelnen Landschaften noch mehr von=
einander abgeschlossen waren, der Verkehr unter ihnen geringer als im dichter
besiedelten Süden.

Nur zwei Seiten der Reformationsbewegung sind in Niederdeutschland zur
Geltung gekommen, die fürstliche und die städtische. Wie im Süden äußerte
sich auch im Norden die städtische Reformation in einer Verschärfung und akuten
Zuspitzung einerseits des Gegensatzes zwischen der städtischen Bürgerschaft und
dem ihre Freiheit und Unabhängigkeit bedrohenden Fürstenthum, andererseits des
Gegensatzes zwischen den Zünften zum Patriziat. Aber die Analogie mit dem
Süden geht noch weiter: Die Kämpfe zwischen diesen Klassen konnten nicht
ausgefochten werden, ohne daß auch die unterste städtische Bevölkerungsschicht,
die Masse, welche nicht im Stande war, sich zünftig zu organisiren, in Bewegung
gerieth und, wo die Verhältnisse ihr günstig waren, anfing, eine selbständige
Politik zu treiben.

Die berühmteste und mächtigste unter den norddeutschen Städten, welche in
der Reformationsbewegung eine Rolle spielten, war die alte Hansestadt Lübeck.

Der patrizische Rath stellte sich dort auf die Seite der bestehenden Autorität,
der katholischen Kirche; die Demokratie machte die Sache des „Evangeliums" zu
der ihren. 1530 errang sie durch einen Aufstand den Sieg über Patriziat und
Kirche. Die Verfassung wurde im demokratischen Sinne geändert, das Kirchen=
vermögen von der Stadt eingezogen. Aber dieser Sieg war nur errungen worden
durch eine Vereinigung der Zünfte mit der Masse der „gemeinen" Leute. Der
Führer im Kampfe und der vornehmste Vertreter dieser Vereinigung war Jürg
Wullenweber, der 1533 Bürgermeister von Lübeck wurde. Angesichts der
Thatsache, daß er sich auf den gemeinen Mann stützte, ist es begreiflich, daß er
auch Sympathien für die Wiedertäufer an den Tag legte. So offenkundig waren
sie, daß, als er Herr der Stadt wurde, in Deutschland das Gerücht ging, Lübeck
sei für die Sache der Wiedertaufe gewonnen worden. Ob und inwieweit Wullen=
weber wirklich täuferischen Ansichten huldigte, ist jetzt nicht mehr festzustellen.
Zu einem praktischen Erfolg haben es die Anabaptisten in Lübeck nicht gebracht

und ebensowenig in irgend einer der anderen norddeutschen Städte, in denen sie zahlreich vertreten waren.

Nur in einer Stadt hatten sie vorübergehenden Erfolg, dank einem eigenartigen Zusammentreffen von Umständen, — in Münster.

Der Nordwesten Deutschlands war besonders reich an geistlichen Fürstenthümern: Köln, Münster, Paderborn, Osnabrück, Minden u. s. w. Von diesen Staaten waren das Erzbisthum Köln und das Bisthum Münster weitaus die bedeutendsten.

Die sozialen und politischen Gegensätze erhielten in den geistlichen Fürstenthümern eine eigenartige Färbung. Der Landesherr vereinigte in seiner Hand die Machtmittel der Kirche mit denen des Staates. Aber er war nichts weniger als ein absoluter Fürst. Viel abhängiger von Kaiser und Papst als ein weltlicher Herr, war er gleichzeitig auch mehr ein Werkzeug als ein Beherrscher des Adels und der Geistlichkeit in seinem Gebiet. Die Wahl der Bischöfe hatten überall die Domkapitel an sich gerissen, und diese, wie die höheren und einträglicheren Stellen im Klerus überhaupt, waren ein Privilegium des Adels geworden (in Münster seit 1392). Adel und Geistlichkeit waren daher durch eine innige Interessengemeinschaft verbunden, und sie waren dem von ihnen gewählten Landesherrn gegenüber viel mächtiger als in weltlichen Territorien. Die Landstände hatten demnach in den geistlichen Fürstenthümern mehr zu sagen als in den anderen, in den Landständen dominirten aber Adel und Geistlichkeit, wenn sie vereinigt waren. Die Städte wurden stets überstimmt, die kleinen unter ihnen herabgedrückt, die großen auf den Weg der Selbsthülfe verwiesen.

Der Adel und die höhere Geistlichkeit hatten bei diesem Stande der Dinge am meisten zu verlieren, sie hielten daher fest am alten Glauben; viel lieber theilten sie die ungeheuren Reichthümer, welche die Kirche in den geistlichen Fürstenthümern zusammengerafft hatte, mit der römischen Kurie, als daß sie ganz auf dieselben verzichtet hätten.

Unsichere Kantonisten waren dagegen die Bischöfe. Nur zu leicht erlagen sie der Versuchung, die das Beispiel ihrer weltlichen Nachbarn bot. Der Uebertritt zum Lutherthum versprach ihnen die Unabhängigkeit vom Papst, der sie schwer besteuerte, ein freieres Verfügungsrecht über die Kirchengüter und größere Macht über den Adel. Es ist demnach garnicht auffallend, daß die Bischöfe Münsters, wie andere ihrer Kollegen, der evangelischen Lehre nur halben Herzens entgegen traten, ja nicht selten sie unter der Hand begünstigten.

Als Bernt Rothmann 1531 in dem Münsterschen Vorort St. Mauritz in lutherischem Sinne zu predigen anfing, da wandte sich vergebens das Domkapitel an den Bischof Friedrich mit der Bitte, er solle den Unfug verhindern. Der Bischof verbot zwar Rothmann das Predigen, that aber nicht das Mindeste, dem Befehl Nachdruck zu verschaffen, und Rothmann predigte unbekümmert weiter. Erst ein kaiserlicher Befehl veranlaßte den Bischof, Rothmann auszuweisen (im Januar 1532). Rothmann verließ St. Mauritz, aber nicht, um dem Lande den

Rücken zu kehren, sondern nun die Münsterländische Kirche in ihrem Zentrum anzugreifen: er verlegte seine Predigten nach Münster selbst.

Münster war eine reiche und wohlbefestigte große Stadt, die Hauptstadt nicht nur des Bisthums, sondern ganz Westfalens. Die Demokratie erwies sich daselbst als besonders stark. Ursprünglich war der Rath, wie in jeder mittel= alterlichen Stadt, ausschließlich in den Händen der Markgenossen, der Patrizier, in Münster Erbmänner genannt, gewesen. Als aber Handel und Gewerbe auf= blühten und die Zünfte zu Macht und Ansehen gelangten, da eroberten sie sich schließ= lich auch den Zugang zum Rath. Dieser wurde fortan jährlich durch zehn Wahl= männer (Korgenoten) gewählt, die von der gesammten Bürgerschaft ernannt waren. Nur die Hälfte der vierundzwanzig Rathsherren mußte aus den Patriziergeschlechtern genommen werden. Aber die Besorgung der städtischen Geschäfte war bereits eine Angelegenheit, die mehr Zeit und Kenntnisse erforderte, als einem Manne aus dem Volke in der Regel zugänglich waren. Die zwölf der gemeinen Bürgerschaft zugestandenen Rathssitze fielen daher immer wieder auf Mitglieder einiger weniger wohlhabenden Familien, aus denen sich nach und nach eine zweite städtische Aristokratie entwickelte, minder vornehm als die der Erbmänner, aber durch Interessengemeinschaft mit ihr verbunden.

So bildete sich nach und nach der Rath wieder zu einer ausschließlichen Vertretung der städtischen Aristokraten aus, die zum Theil von ihren Renten, von der Verpachtung ihrer Grundstücke, zum Theil auch vom Handel lebten. Aber neben dem Rath behauptete sich die Macht der Zünfte oder Gilden. Siebzehn Gilden gab es in Münster. Jede derselben besaß ihr eigenes Gildehaus, und regierte sich nach eigenen Satzungen. Das Schohaus*) war der Mittelpunkt der gesammten zünftigen Bürgerschaft. In der Fastenzeit, kurz nach der Rathswahl, kamen dort die vierunddreißig Gildemeister zusammen und wählten die zwei Alderleute. „Diese," sagt ein Münsterscher Geschichtschreiber aus jener Zeit, „sind die Häupter und Vorsteher der ganzen gemeinen Bürgerschaft, und ihr Ansehn ist so groß, daß sie, sammt den Gildemeistern, die Beschlüsse des Raths umstoßen können, wenn sie wollen. Daher der Magistrat in wichtigen und das Wohl des gemeinen Wesens betreffenden Dingen ohne die Einwilligung erwähnter Vorsteher des Volks fast nichts beschließen kann."**)

In friedlichen Zeiten freilich ließ man den Rath meist nach Belieben gewähren. Aber kam es zu einem Konflikt der Gemeinde mit dem Rath oder mit der Geistlichkeit, da schwand das Ansehen des Rathes rasch dahin. Das hatte sich, wie schon früher, so namentlich deutlich 1525 gezeigt. Das gewaltige Ringen in Oberdeutschland ging nicht spurlos an Niederdeutschland vorbei. Allent=

---

*) Der Name wird sowohl mit „Schanhaus," als auch mit „Schuhhaus," Schuster= haus, übersetzt.

**) H. v. Kerssenbroick, Geschichte der Wiedertäufer zu Münster, nebst einer Be= schreibung der Hauptstadt dieses Landes, 1771, I., S. 98. Wir kommen auf diese in den sechziger Jahren des 16. Jahrhunderts abgefaßte Schrift noch zurück.

halben in den Städten regte sich der gemeine Mann; wie in Köln, kam es auch in Münster zu einer Bewegung gegen die Geistlichkeit, die in gewaltsamen Aufruhr umschlug, als der Rath der Bewegung entgegenzutreten suchte. Das Volk erhob sich und ernannte einen Ausschuß von vierzig Männern, welcher die Forderungen der Gemeinde in sechsundddreißig Artikeln formulirte. Sie betreffen nicht religiöse, sondern ökonomische Fragen und zeigen, daß die Zünfte die Bewegung beherrschten.

Einige dieser Artikel, die charakteristisch für die Bewegung sind, seien hier angeführt:

„5. Keine Geistlichen, sie seien von welchem Orden sie wollen, weder Priester, noch Mönche, noch Nonnen, noch Vicare der Weltgeistlichen sollen sich mit Handel abgeben, noch irgend ein weltliches Geschäft betreiben, weder Ochsen fett machen, noch Leinwand weben, noch Korn dörren; sie sollen deshalb alle zu diesen Verrichtungen erforderlichen Werkzeuge, die entweder in den Klöstern oder in den Häusern der Geistlichen sich befinden, sofort freiwillig veräußern oder gewärtig sein, daß das Volk sie derselben beraube.

„6. Kein Geistlicher soll von heute an von öffentlichen Stadtabgaben frei sein.

„7. Sowohl die geistliche wie die weltliche Obrigkeit soll ihren Unterthanen in den Dörfern verbieten, innerhalb zwei Meilen von der Stadt irgend eine Hantirung zu treiben und zum Nachtheil der Bürger Bier zu brauen oder Brot zu backen" u. s. w.*)

Es handelte sich also bei diesem Aufruhr nicht um Aufhebung aller Privilegien, sondern nur um Ersetzung pfäffischer Privilegien durch zünftige.

Die Artikel wurden vom Rath angenommen, die Domherren selbst unterzeichneten einige derselben; aber zu ihrer vollen Durchführung kam es nicht. Der Zusammenbruch der oberdeutschen Erhebung brachte auch die niederdeutsche Bewegung zum Stillstand, indeß er gleichzeitig die Kräfte der siegreichen Fürsten zur Hülfe für ihre nordischen Genossen freisetzte. Es kam (27. März 1526) zu einem Vergleich zwischen dem Bischof und dem Domkapitel auf der einen Seite und der Stadt auf der anderen, der die Rechte des Klerus wiederherstellte, wofür dieser auf die Buße und die Sicherstellung gegen jede künftige Unbill verzichtete, die er gefordert hatte.

Damit war die Ruhe wiederhergestellt. Aber die Opposition der städtischen Elemente, namentlich der städtischen Demokratie gegen den reichen, privilegirten und ausbeuterischen Klerus, dauerte fort. Die gewaltige Katastrophe von 1525 hatte die Massen in Bewegung gesetzt, die bis dahin der Reformation nur wenig Interesse entgegengebracht hatten (und das gilt nicht für Münster allein, sondern für ganz Niederdeutschland), und die Sache des Evangeliums fand nun freudige Aufnahme bei ihnen. Geistliche kamen an die Spitze der Bewegung, und diese, die ursprünglich rein ökonomisch gewesen, begann, sich religiöser Argumente zu bedienen und anscheinend eine rein religiöse Bewegung zu werden.

---

*) Kerssenbroick, a. a. O., I., S. 121.

Das ist eine Erscheinung, die uns in der Reformationszeit häufig begegnet und die ihre Analogie in modernen bürgerlichen und proletarischen Bewegungen findet. Die Ursache davon scheint uns nicht schwer auffindbar zu sein. So lange es sich bei einer sozialen Bewegung nur um vereinzelte Augenblicksforderungen handelt, liegt deren ökonomische Natur klar zu Tage. Aber je mehr sie sich vertieft, je umfassender sie wird, je mehr sie die ganze Gesellschaft, das ganze Gemeinwesen umzugestalten sucht, desto mehr gilt es, zwischen den einzelnen Forderungen, die man aufstellt, ein geistiges Band herzustellen, desto mehr fühlen sich alle Denkenden gedrängt, sich über die Endziele jener Bewegung klar zu werden, deren erste Etappen die Augenblicksforderungen darstellen, und desto mehr fühlen sie sich veranlaßt, diese Forderungen aus einem höheren allgemeinen Prinzip zu erklären. Je geringer die ökonomische Erkenntniß der Zeit und je weitergehend die Bewegung, desto mystischer gestalten sich dann in der Regel Argumente und Theorien der Bewegungsmänner, desto leichter verlieren diese das Bewußtsein der ökonomischen Grundlage ihrer Agitation. Handelt es sich bei einer Bewegung etwa nur um Freihandel und geringe Steuern, oder um kurze Arbeitszeit und hohe Löhne, da liegt auch für den Kurzsichtigsten der ökonomische Kern klar zu Tage. Wird aber die Bewegung zu einem allgemeinen Klassenkampf des Bürgerthums oder des Proletariats gegen die bestehende Gesellschaft, da verschwindet bei nicht genügender theoretischer Einsicht der ökonomische Kern fast völlig; es handelt sich nur noch um ewige Gebote des Naturrechts, der Vernunft, der Gerechtigkeit u. s. w. In der Reformationszeit war die allgemeine Denkform nicht juristisch, sondern theologisch. Eine soziale Bewegung mußte daher in ihren Aeußerlichkeiten um so theologischer werden, um so mehr mit dem Willen Gottes, mit dem Wort Christi und dergleichen hantiren, je radikaler sie wurde.

Die demokratisch-protestantische Bewegung in Niederdeutschland erhielt besonderen Anstoß im Jahre 1529. Damals brach eine furchtbare Theuerung aus, die mehrere Jahre lang währte. Wie Sebastian Franck in seiner Chronica berichtet, herrschte sie noch 1531, als er dies Buch herausgab. An einzelnen Orten kostete ein Scheffel Roggen im Sommer 1529 3½ Schilling, im nächsten Sommer 9 Schilling. 1531 stiegen die Preise noch mehr. In Dortmund hatte 1530 der Scheffel Roggen 5½ Schilling gekostet, 1531 war der Preis auf 14 Schilling gestiegen! Hand in Hand mit der Hungersnoth ging eine verheerende Seuche, der sogenannte englische Schweiß.

Und dazu kam noch der Türkeneinfall, der auch Niederdeutschland insofern in Mitleidenschaft zog, als es zur Zahlung einer Kriegssteuer, der Türkensteuer, herangezogen wurde. Je weniger das Land von den Türken selbst zu fürchten hatte, destomehr mußte angesichts der allgemeinen Nothlage diese Steuer erbittern, die nicht allzu niedrig bemessen war. In den Ländern des Herzogs von Cleve betrug sie 10 Prozent vom Einkommen!

Alles das mußte die vorhandenen sozialen Gegensätze ungemein verschärfen, namentlich den Gegensatz der Demokratie gegen den reichen Klerus, der sich der

Besteuerung nur zu leicht zu entziehen wußte, und dem es in seiner kurzsichtigen Habsucht nicht einfiel, irgend ein freiwilliges Opfer zu bringen.

In dieser Situation fanden die Predigten des schon erwähnten Bernhard Rothmann einen günstigen Boden. Als er im Januar 1532 von St. Mauritz nach Münster zog, wurde er von der dortigen Demokratie mit offenen Armen aufgenommen und gegen jede Vergewaltigung geschützt. Aus der demokratischen Partei ragte damals am meisten hervor der reiche Tuchhändler Bernhard Knipper= dollinck, „ein stattlicher Mann, noch jung von Jahren, mit schönem Haar und Bart, tapfer, freimüthig und von kräftigem Wesen in Ansehn, Geberden und Handlungen, voller Anschläge, geschickt zur Rede und rasch zur That" (Cornelius), hartnäckig und thatenlustig, mit einem Hang zum Abenteuerlichen.

Es kam der emporstrebenden Demokratie sehr zu Statten, daß eben um die Zeit, als sie in der Vertheidigung Rothmann's eine Kraftprobe hätte ablegen müssen, die klerikalen Machthaber durch innere Angelegenheiten in Anspruch genommen waren. Diese sind charakteristisch für das Kirchenwesen jener Zeit.

Bischof Friedrich war ein bequemer Herr. Das Bischofsamt gefiel ihm, so lange es wenig Mühe verursachte und viel Geld einbrachte. Jetzt, als die Schwierigkeiten für die Kirche sich häuften, als Papst, Kaiser und Domherrn immer mehr auf eine energische Politik des Bischofs zur Vertheidigung der gefährdeten Kirche drängten, wurde ihm der Bischofsstuhl verleidet; er sah sich nach einem Nachfolger um, der ihm das bischöfliche Geschäft um einen guten Preis abnahm, und fand ihn endlich in Bischof Erich von Paderborn und Osnabrück, einem ebenso ländergierigen wie zahlungsfähigen Herrn, der gern die Gelegenheit ergriff, zu den beiden bischöflichen Geschäften, die er betrieb, noch ein drittes zu erwerben. Der katholische Erzbischof von Köln und der lutheranische Kurfürst von Sachsen bildeten die Vermittler bei dem kirchlichen Handel — ob sie Kommissionsgebühren erhielten, ist unbekannt. Der Kaufpreis wurde auf vierzig Tausend Gulden festgesetzt. Durch einen groben Betrug gewannen die ebenso frommen wie hohen Herren die Einwilligung des Domkapitels: diesem wurde statt des echten ein Scheinvertrag vorgelegt, in dem als Kaufsumme blos die Hälfte des wirklichen Betrages angegeben war. Das waren die Elemente, welche später gegen die Wiedertäufer die Religion, Moral und das Eigenthum vertheidigten.

Im Dezember 1531 war Erich zum Bischof provisorisch gewählt worden. Nachdem er die Kaufsumme bezahlt, legte Friedrich seine bischöfliche Würde nieder (März 1532).

Während dieses Provisoriums gedieh lustig die Ketzerei in Münster. Aber auch der Amtsantritt des neuen Bischofs beeinträchtigte sie nicht sehr. Er fühlte sich mehr als Landesherr, denn als Bischof, die Verbreitung der lutheranischen Lehre war ihm noch weniger unangenehm als seinem Vorgänger. War er doch mit dem Kurfürsten Johann von Sachsen — seinem Vermittler beim Kauf des Bischofsstuhls - und mit dem Landgrafen Philipp von Hessen, den beiden Häuptern der evangelischen Bewegung in Deutschland, eng befreundet. Und er nahm so wenig Anstand, seine protestantischen Sympathien an den Tag zu legen, daß er bei der Trauung des Grafen von Tecklenburg mit einer aus dem Kloster ausgetretenen Nonne als Zeuge fungirte!

Die Erwählung dieses Bischofs stärkte die protestantische Sache in Münster ungemein, sie führte aber auch zur Entzweiung der Protestanten. So sehr Erich der Reformation zuneigte, so doch nicht der Reformation von unten, sondern nur einer Reformation von oben, einer Reformation, welche die Macht des Landes= herrn und nicht die der Demokratie auf Kosten der Kirche erhöhte.

Gegenüber dem Klerus und dem Ritterthum suchte Erich eine Stütze im städtischen Patriziat, im Rath von Münster und dessen Anhang. Beide zusammen bildeten eine „gemäßigte" Partei, die mit dem Lutherthum kokettirte.

Die städtische Demokratie hatte sich auch der lutheranischen Lehre zur Begründung ihrer Tendenzen bedient, so lange alle ihre Gegner katholisch gewesen. Jetzt drohte das Lutherthum aus einer Waffe der Demokratie eine Waffe der gefährlichsten Gegner der Demokratie, des Bischofs und der Patrizier, zu werden. Von da an begann die Demokratie ihre Sympathien für die Luther'sche Lehre zu verlieren und sich dem Zwinglianismus zuzuwenden, der ihren Bedürfnissen am besten entsprach.

Am wichtigsten erschien es Erich und dem Rath, mit der städtischen Demo= kratie fertig zu werden. Bei diesem Beginnen war ihnen die Hülfe des Klerus gewiß. Am 17. April 1532 erließ der Bischof ein Mandat, in dem er eine baldige Reform der Kirche in Aussicht stellte, zunächst aber verlangte, daß der Geistliche entfernt werde, den die Gemeinde eigenmächtig angenommen. Der Rath ertheilte daraufhin Rothmann den Befehl, seine Predigten einzustellen. Aber die Gemeinde fügte sich nicht. Sie erklärte am 28. April, sie werde ihren Prediger unter allen Umständen behalten.

Abermals zeigte sich der Zufall der Demokratie günstig. „In der That," schreibt der gut bischöfliche Kerssenbroick, „würde dieser rechtschaffene Bischof durch seine eigene Autorität und den Beistand seiner Freunde vieles in dieser Sache ausgerichtet haben, wenn er nicht durch einen frühzeitigen Tod daran gehindert worden wäre. Denn da er auf seinem Schlosse zu Fürstenau, in dem Stift Osnabrück gelegen, sich mehr als gewöhnlich lustig machte, soll er krank geworden, oder wie Andere wollen, nachdem er einen großen Becher Wein ausgeleeret, den 14. Mai plötzlich gestorben sein."*)

Dies Ereigniß war das Signal zum Aufruhr in allen drei Bisthümern, die der nun so selig im Weingeiste Entschlafene bei Lebzeiten bedrückt und ausgepreßt hatte. In Osnabrück, Paderborn und Münster erhob sich das Volk, verjagte die katholischen Geistlichen und setzte protestantische nach seinem Sinne ein. Der Rath war nirgends im Stande, der Gemeinde Einhalt zu thun. In Osnabrück kam es durch Vermittelung der Ritterschaft zu einem Vergleich zwischen der

---

*) Kerssenbroick, a. a. O., I., S. 204.

Geistlichkeit und der Stadt. Paderborn wurde im Oktober 1532 vom Erzbischof Hermann von Köln mit Gewalt niedergeworfen. In Münster dagegen wußte sich der Aufruhr zu behaupten.

Das Domkapitel hatte sofort einen Nachfolger für Erich gewählt, Franz von Waldeck. Am 28. Juni kam von diesem ein Schreiben in Münster an, das die Stadt aufforderte, zum Gehorsam zurückzukehren. Die Versammlung der Erbmänner erklärte sich zum Gehorsam bereit. Die Versammlung der Gilden dagegen beschloß am 1. Juli die Begründung eines Bundes zum Schutze des Evangeliums. Ein revolutionärer Ausschuß von sechsunddreißig Mann wurde eingesetzt, der den Stadtrath so erschreckte, daß dieser sich ihm anschloß, am 15. Juli, und die Forderungen der Gemeinde bewilligte. Der Ausschuß der Sechsunddreißiger betrieb sofort die Reorganisation der Kirche in evangelischem Sinne und suchte auswärtige Bundesgenossen. Er setzte sich mit Philipp von Hessen in Verbindung. Und als im Oktober Bischof Franz, unterstützt von der geistlichen und weltlichen Aristokratie, sich rüstete, Münster mit Gewalt niederzuwerfen, da zwang die Gemeinde den Rath zu Gegenrüstungen. 300 Knechte wurden angeworben, die Festungswerke ausgebessert.

Es kam zu unbedeutenden Feindseligkeiten zwischen den gegnerischen Parteien. Aber der Bischof schrak vor einem entschiedenen Auftreten gegen die starke Stadt zurück, das ihn mit einer Niederlage oder einer fremden Intervention und dem Verlust seiner Selbständigkeit bedrohte. Denn seine Kassen waren leer und der habgierige Klerus weigerte sich, Opfer zu bringen. Der Kaiser, in jenen Gegenden der mächtigste Schützer des Katholizismus, war damals durch den Türkenkrieg in Anspruch genommen. Bischof Franz versuchte zur Politik seines Vorgängers zurückzukehren und mit dem Rath seinen Frieden zu machen. Er knüpfte Unterhandlungen an.

Der Rath war selbstverständlich geneigt, mit dem Bischof einig zu werden. Aber das Volk wollte nichts von Zugeständnissen wissen. „Keinen Schritt zurück! Eher die eigenen Kinder schlachten und essen," rief Knipperdollinck, und die Masse stimmte ihm zu.

Um die Verhandlungen besser betreiben zu können, hatte sich der Bischof mit den Landständen nach dem Städtchen Telgt, in der Nähe Münsters begeben. Aber die Nähe des Bischofs reizte die kampfeslustige Gemeinde zu allem Anderen, als zum Frieden. In der Stille wurde ein Ueberfall auf Telgt geplant und ausgeführt. Er gelang (in der Nacht des 26. Dezember). Des Bischofs selbst wurde man nicht habhaft. Zufällig hatte dieser Tags vorher Telgt verlassen. Jedoch eine Menge der angesehensten Vertreter der katholischen Sache, geistliche und weltliche Aristokraten und flüchtige Erbmänner aus Münster wurden gefangen.

Das entschied. Unter Vermittlung Philipps von Hessen kam ein Vertrag zu Stande (14. Februar 1533), der im Wesentlichen die Zustimmung des Bischofs, des Domkapitels und der Ritterschaft zu den Errungenschaften des Aufruhrs festsetzte.

Münster ward als evangelische Stadt anerkannt.

VII. Die Wiedertäufer in Straßburg und in den Niederlanden.

Die zünftige Demokratie hatte in Münster gesiegt; aber sie hatte ihren Sieg nur errungen mit Hülfe der nichtorganisirten Masse der Bevölkerung, im Wesentlichen also der Besitzlosen, der Proletarier. Und sie konnte diesmal nicht, wie das in ähnlichem Falle vorher und nachher so oft geschehen, die Werkzeuge, die sie benutzt, nachdem sie ihr Ziel erreicht, bei Seite werfen. Denn der Sieg war diesmal nur durch einen glücklichen Handstreich errungen worden, nicht durch eine entscheidende Niederwerfung des Gegners im offenen Kampfe. Der Friede bedeutete also nur einen Waffenstillstand; die bürgerliche Demokratie stand vor weiteren schweren Kämpfen, sie durfte daher diesmal nicht ihr Verhältniß zur proletarischen Demokratie lösen. Die Tendenzen der letzteren fanden aber ihren entsprechendsten Ausdruck im Anabaptismus. Die hervorragende Stellung, die das Proletariat in Münster erlangt hatte, machte daher diese Stadt zum Mittelpunkt des Täuferthums in Niederdeutschland.

Im Laufe des Jahres 1532 traten in Münster neben Katholiken und Lutheranern Zwinglianer auf. Bald gesellten sich ihnen Täufer hinzu.

Die beiden Herde, von denen sich der Ansteckungsstoff nach Niederdeutschland verbreitete, waren Straßburg und die Niederlande.

In Straßburg, das mit den großen Städten der Nordschweiz in engem ökonomischen und politischen Verkehr stand, siegte 1525 das Zwinglianische Staatskirchenthum. In dessen Kampfe gegen Katholizismus und Lutherthum gedieh, wie in anderen Städten Süddeutschlands, auch hier das Täuferthum. Neben Augsburg wurde, wie wir schon erwähnt, Straßburg der wichtigste Punkt für das süddeutsche Täuferthum. Es hielt sich dort länger als anderswo, dank der Macht, die der „gemeine Mann" besaß, und die den Rath lange hinderte, aus Furcht vor einem Aufstand, entschiedene Maßregeln gegen die Täufer zu ergreifen. So stark waren diese in der mächtigen Reichsstadt, daß die wichtigsten der dortigen Kirchenhäupter, vor Allem Capito, die Politik, die Zwingli in seinen Anfängen befolgt, fortsetzten, und lange gar bedenklich mit täuferischen Ansichten liebäugelten.

In der großen Verfolgung wurde Straßburg der Zufluchtsort der Brüder, die nicht nach Mähren auswanderten; nachdem in Augsburg das Täuferthum blutig niedergedrückt worden, trat Straßburg an dessen Stelle als Vorort der Bewegung in Süddeutschland, so lange überhaupt noch von einer solchen gesprochen werden konnte. Vorübergehend waren fast alle hervorragenden Männer der süddeutschen Täufer dort zu finden, so 1526 Denck, Hätzer, Sattler, Reublin, der bis 1529 an der Spitze der Gemeinde stand. Als er ausgewiesen wurde, trat Pilgram Marbeck an seine Stelle, der tyroler Bergrichter, der für die Straßburger geniale Flußregulirungen im Kinzig= und Ehnthale ausführte, die „der holzarmen Reichsstadt die Forste des Schwarzwaldes erschlossen."*)

---

*) Loserth, Der Anabaptismus in Tyrol, S. 23.

Am wichtigsten aber wurde für Straßburg der weitgereiste Kürschnergeselle Melchior Hofmann aus Hall in Schwaben. Schon 1523 hatte er in Livland im evangelischen Sinne gepredigt, war dann Prediger der deutschen Gemeinde in Stockholm geworden; von dort vertrieben, fand er eine Zuflucht in Holstein, wo ihm der König Friedrich von Dänemark Lebensunterhalt und Freiheit des Predigens gewährte. Aber als er vom Lutheranismus zum Zwinglianismus überging, wurde er Landes verwiesen (1529). Er wandte sich nach Straßburg, der Hochburg des Zwinglianismus in Deutschland. Bald jedoch nahm ihn dort die Ideenwelt der Täufer gefangen, und 1530 war er bereits einer der Ihrigen und, nachdem die alten Häupter gefallen oder vertrieben worden, der Hervorragendste von Allen.

Ein schwärmerischer und phantastischer Enthusiast, nahm er den Chiliasmus Hans Hut's wieder auf, der jetzt unter den süddeutschen Brüdern um so günstigeren Boden finden mußte, je mehr die Verfolgung wüthete. In der That, es war schwer, inmitten der grausamen Hetzjagd standhaft zu bleiben, wenn nicht balbige Erlösung winkte. Je stärker die Verfolgung, desto mehr wurde der Glaube an den demnächstigen Zusammenbruch der bestehenden Gesellschaft innerstes Herzensbedürfniß. Aber von den Türken war nichts mehr zu erwarten. Straßburg wurde von Hofmann für das himmlische Jerusalem ausersehen, dort sollte den Täufern die Macht zufallen, und zwar binnen Kurzem, im Jahre 1533.

Ganz sinnlos war die Prophezeiung nicht. Die Täufer bedeuteten in Straßburg eine Macht, aber sie standen in zu schroffem Gegensatz zur bestehenden Gesellschafts- und Staatsordnung, als daß die Obrigkeit länger hätte ruhig zusehen können, wie diese Macht noch wuchs. Binnen Kurzem mußte es zur entscheidenden Kraftprobe kommen. Daß Hofmann auf Sieg rechnete, war selbstverständlich. Nur wer an seine Sache glaubt, kann erfolgreich für sie wirken.

Aber insoweit blieb Hofmann in dem herkömmlichen allgemeinen Gedankenkreis der Täufer, daß er gegen jede Anwendung von Gewalt sich erklärte. Er verließ sich einzig auf die Wirkung seiner Propaganda. Gott werde den Sieg bringen. Jeder Aufruhr sei sündhaft.

Anfangs fand Hofmann heftigen Widerstand in der Gemeinde, zwei Richtungen bildeten sich, schließlich aber war die seine siegreich, vielleicht mehr noch durch seine Erfolge in den Niederlanden, als durch die Kraft seiner Argumente und das innere Bedürfen der Brüder.

Denn den unruhigen Mann duldete es nicht lange in Straßburg. Noch im Jahre 1530 zog er rheinabwärts, seine neuen Ueberzeugungen in den Niederlanden zu verkünden.

Die Niederlande waren, wie wir gesehen haben, die Heimath des ketzerischen Kommunismus nördlich der Alpen. Aber ihre rasche ökonomische Entwickelung, welche diesen gebar, zeitigte auch frühzeitig den gefährlichsten Feind desselben, eine starke öffentliche Gewalt. Zu Beginn des 16. Jahrhunderts war in den Niederlanden das Fürstenthum weit mächtiger und absoluter als im benachbarten Deutschland.

Die siebzehn Provinzen der Niederlande waren durch das burgundische Haus und, nach dessen Erlöschen (1477), durch dessen Nachfolger, die Habsburger, aus den verschiedensten Händen durch Erbschaft, Kauf und Eroberung zu einem Ganzen vereinigt worden. 1504 aber gelangten die Habsburger auch auf den Thron Spaniens, wo der Absolutismus bereits gewaltige Fortschritte gemacht hatte. Namentlich die Kirche war dort in die größte Abhängigkeit vom Königthum gebracht, die Inquisition, die nirgends eine so furchtbare Macht übte wie in Spanien, ein blindes Werkzeug des Absolutismus geworden, das alle wider= spenstigen Elemente im Zaum hielt. Aber auch nach außen war die Macht des spanischen Königthums damals so gewaltig, daß es den Kampf mit Frankreich um Italien und die Beherrschung des Papstthums aufnehmen konnte. Die Habs= burger, die als Beherrscher ihrer österreichischen Gebiete, welche von den Türken bedroht wurden, und als Kaiser von Deutschland, deren Macht die evangelischen Fürsten untergruben, auf die Erhaltung des Katholizismus angewiesen waren, hatten namentlich alle Ursache, ihn zu stützen als Könige von Spanien. Die katholische Kirche war eines ihrer wichtigsten, wenn nicht das wichtigste Macht= mittel geworden.*)

Sie traten daher dem Protestantismus allenthalben entschieden entgegen, aber sie konnten das in den Niederlanden mit mehr Nachdruck thun als in Deutsch= land. Karl, als deutscher Kaiser der Fünfte seines Namens, vereinigte 1516 die Herrschaft über die Niederlande mit der Beherrschung Spaniens. Neben den Machtmitteln, welche ihm die hochentwickelte öffentliche Gewalt in den Nieder= landen bot, standen ihm nun auch die Machtmittel zu Gebote, welche die spanische Krone lieferte, um jede Opposition in einem seiner Erblande zu erdrücken. Ohne die alten Verfassungsformen äußerlich anzutasten, nahm er ihnen jeglichen Inhalt, soweit sie politische Freiheiten enthielten. Jenes absolutistische Regiment, das unter Philipp II. so furchtbare Formen angenommen hat und das später nur in einem

---

*) Philipp II. von Spanien ist in der Geschichte berüchtigt wegen seines fanatischen Katholizismus. Aber dieser bedeutete nichts weniger als demüthige Unterwerfung unter den Papst. „Es ist gewiß eigenthümlich," sagt ein neuerer Geschichtschreiber, „daß ein Monarch, der sich und den aller Welt als Säule des Glaubens und als Pfeiler für den ganzen Organismus der römischen Hierarchie betrachtete, mit dem Papstthum, auf dessen Bündniß er in so vielen Beziehungen angewiesen war, immer wieder in Streit gerieth. Die Erklärung für diese auf= fallende und doch sich regelmäßig bei jedem neuen Pontifex wiederholende Thatsache liegt in dem doppelten Umstande, daß einmal der spanische Monarch die Geistlichen seiner Länder völlig als seine Unterthanen angesehen haben wollte, dem römischen Stuhl nur in Betreff der Lehre, nicht aber der Disziplin und der Gerichtsbarkeit unterworfen ... und daß er andererseits aus der Kirche lediglich ein gewichtiges Rad in der umfassenden Maschinerie seiner Weltpolitik zu machen beabsichtigte. Der heilige Stuhl sollte überall die spanischen Pläne mit seinen geistlichen Waffen verfechten, und ferner sollte er den spanischen Klerus zu Gunsten des Königthums aus= plündern helfen.... Dem König wurde, soweit die Kirche des spanischen Reiches in Betracht kam, eine förmliche Mitregierung neben dem heiligen Vater eingeräumt, oder vielmehr, er ordnete sich dem Letzteren über" u. s. w. (M. Philippson, Westeuropa im Zeitalter von Philipp II., Elisabeth und Heinrich IV., Berlin 1882, S. 365, 366.)

blutigen fast hundertjährigen Krieg (1568—1648) und auch da nur für einen Theil der Niederlande beseitigt werden konnte, es wurde von Karl V. begründet und wo es nothwendig erschien, bereits mit aller Rücksichtslosigkeit zur Geltung gebracht. Trotzdem hat die herkömmliche liberale Geschichtschreibung die ganze Wucht sittlicher Entrüstung, die ihr zu Gebote steht, auf Philipp II. konzentrirt, dagegen Karl V. stets sehr glimpflich behandelt.

Der Grund davon ist sehr einfach. Die oberen Klassen der Niederlande, die Adeligen und die Kaufleute, befanden sich unter Karl V. Absolutismus sehr wohl. Denn dieser, in den Niederlanden geboren und erzogen, fühlte sich als Niederländer; er bevorzugte sie, wo er konnte. In seinen Diensten winkte dem niederländischen Adel Sold und Beute; und die niederländischen Kaufleute wurden den spanischen gleichgestellt und heimsten fette Profite aus der spanischen Kolonial-politik ein.

Das sollte sich unter Karl's Sohn Philipp ändern, der 1555 die Regierung antrat. Dieser war als Spanier erzogen. Die Interessen der herrschenden Klassen in Spanien waren aber mit denen der Niederlande unvereinbar. Man konnte nicht die Spanier befriedigen, ohne die Niederländer zu empören und umgekehrt. Karl's niederländische Neigungen waren einer der Hauptgründe der Empörung der spanischen Städte 1522 gewesen*); Philipp verschloß die vortheilhaften Posten in seiner Armee und seiner Verwaltung ebenso wie die Kolonien den Nieder-ländern und machte sie zu einem Monopol der Spanier oder, genauer genommen, der Kastilier. Das trieb die Niederlande zur Empörung.

Unter Karl V. hatten die oberen Klassen der Niederlande keine Ursache zu einer ernsthaften Opposition. Die unteren Klassen aber wurden unter ihm mit ebenso eiserner Faust niedergehalten wie unter seinem Nachfolger. Und sie waren ohnmächtig, so lange es keinen großen Kampf unter den herrschenden Klassen gab. Das macht es erklärlich, warum das Heimathland des ketzerischen Kommunismus im ersten Jahrzehnt der deutschen Reformation anscheinend ein unfruchtbarer Boden für die kommunistische Propaganda blieb. Das ist ungemein auffallend angesichts der hohen ökonomischen Entwickelung, des zahlreichen Prole-tariats und der tiefgehenden Wirksamkeit, die das Begharbenthum entfaltet, und die nicht völlig vergessen sein konnte — erhielten sich doch die Brüder des gemein-samen Lebens bis über die Reformation hinaus. Erklärbar ist diese Erscheinung nur durch den furchtbaren Druck, der auf den unteren Klassen lastete, und der ihnen nicht gestattete, ihre Opposition an den Tag zu legen. Aber kommunistische Tendenzen waren schon vor dem Auftreten Hofmann's weit verbreitet.

Zu Ende des 15. Jahrhunderts wird von „waldensischen" Geheimbündlern in Flandern und Brabant berichtet, die „Turlupins" oder „Pifles" hießen, oft

*) Diese verlangten vor Allem von ihm, er solle in Spanien residiren, keine Nieder-länder und keine fremden Truppen mit sich bringen, keine Ausländer naturalisiren oder zu irgend welchen Stellungen in Staat und Kirche befördern. (W. Robertson, History of Charles V., London 1796, II., S. 163 ff.)

auch), das ist bemerkenswerth, Tisserands (Weber). „Sie waren streng von Sitten, wohlthätig gegen alle Menschen und kannten keine Rachsucht. Viele vereinigten sich mit den später auftretenden holländischen Taufgesinnten, die dadurch nicht wenig gekräftigt wurden."[*)]

Die Täufer selbst haben frühzeitig ihre Propaganda bis nach den Niederlanden erstreckt, nach ihrer Tradition schon im Jahre 1524. Aus dem Jahre 1527 werden bereits drei Märtyrer für die Sache der „Brüder" in Holland genannt.

Hofmann's Bedeutung bestand nicht in der Einführung der Wiedertaufe in den Niederlanden, sondern darin, daß er den Täufern den Muth gab, mit ihren Anschauungen hervorzutreten. Diesen Muth flößte ihnen seine siegesgewisse Prophezeiung ein, daß das Ende der bestehenden Gesellschaft gekommen sei, daß es 1533 losgehen werde. Gefördert wurde seine Predigt jedenfalls durch Seuche und Noth, die seit 1529 herrschten, und durch die demokratische Bewegung in dem benachbarten Niederdeutschland, namentlich in Westfalen.

Bemerkenswerth ist es, daß die neue Sekte, die der Melchioriten — nach Melchior Hofmann so genannt — in den ökonomisch und politisch vorgeschrittensten Provinzen, in Flandern und Brabant, nicht rechten Fuß fassen konnte. Die Staatsgewalt war dort bereits zu mächtig und zu zentralisirt. Der Schwerpunkt der Bewegung fiel in die Städte der nördlichen Provinzen, die, ökonomisch und politisch rückständig, gerade dadurch ein höheres Maß städtischer Unabhängigkeit sich bewahrt hatten: Holland, Seeland, Friesland, dieselben Provinzen, denen es später, im Gegensatz zu Flandern und Brabant, gelang, sich von der spanischen Herrschaft loszureißen. In Amsterdam bildete sich die Hauptgemeinde. Es schreckte sie nicht, daß auf ausdrücklichen Befehl des Kaisers, am 5. Dezember 1531, der Vorsteher der Gemeinde, Jan Volkerts, mit acht Genossen im Haag enthauptet und ihre Köpfe nach Amsterdam gebracht wurden, „wo man sie an einer weit sichtbaren Stelle, den ab- und zufahrenden Seeschiffen zum Anblick, an Stangen in einen Kreis zusammenstellte, den Prediger in der Mitte hoch über den Anderen" (Cornelius). Die städtischen Behörden drückten den Sektirern gegenüber ein Auge zu. Amsterdam blieb ihr Mittelpunkt in den Niederlanden.

Kaum begannen die Melchioriten zahlreicher zu werden, so bildeten sich zwei Richtungen unter ihnen. An das baldige Kommen des neuen Jerusalem, der neuen Gesellschaft, glaubten sie natürlich Alle, aber gerade die Praktischeren unter ihnen mußten sich sagen, daß es von selbst, durch ein Wunder, nicht kommen werde, daß, um modern zu reden, das Proletariat sich selbst befreien müsse. Mit denselben Mitteln, erklärten sie, mit denen das Volk unterjocht werde, müsse es gegen seine Gegner kämpfen: mit den Waffen; das Schwert, welches die Gottlosen gegen das Volk Gottes aus der Scheide gezogen haben, würde gegen ihr Herz gewendet werden.

---

*) A. Brons, Ursprung, Entwickelung und Schicksale der altevangelischen Taufgesinnten oder Mennoniten, Harben 1891, S. 57.

So lehrte Jan Mathys, ein Bäcker zu Harlem, der zuerst unter den Melchioriten für den gewaltsamen Weg eintrat. „Der Johann Mathys sei Derjenige, welcher zuerst den Gebrauch des Schwertes und der Gewalt wider die Obrigkeit eingeführt und gefordert habe," erklärte Johann von Leyden vor seinen Richtern, und in einem früheren Bekenntniß erzählt er von dem Zwiespalt, der sich zwischen Mathys und Hofmann entsponnen.*)

Die Mathys'sche Lehre stand im schroffsten Widerspruch zu einem der wichtigsten Grundsätze der bisherigen täuferischen Lehre, den alle ihre Richtungen, so verschieden sie sonst sein mochten, bekannt hatten. Aber er war die natürliche Konsequenz des Chiliasmus, für den die Verfolgung wie in Süddeutschland, so auch in den Niederlanden, einen günstigen Boden geschaffen. Wer eine Bevölkerungsschicht zur Verzweiflung treibt, darf sich nicht wundern, wenn sie sich schließlich zur Wehre setzt. Auch das furchtsamste, friedliebendste Thier wehrt sich seines Lebens, wenn es in die Enge getrieben wird. Die Mathys'sche Lehre wurde aber in den Niederlanden noch dadurch begünstigt, daß dort die Klassengegensätze bereits viel schroffer zugespitzt waren, als in der Heimath des Täuferthums, in der Schweiz. In den Niederlanden findet man unter den Täufern fast gar keine Mitglieder der höheren Klassen. Die Bewegung war dort eine eminent proletarische, eine Bewegung von Elementen, die nichts zu verlieren hatten als ihre Ketten. Das mußte ihre Widerstandskraft und ihre Widerstandslust vermehren.

Es gelang Mathys, in der Gemeinde zu Amsterdam festen Fuß zu fassen. Durch Sendboten gewann er auch außerhalb dieser Gemeinde bald zahlreiche Anhänger. Deren Zahl wuchs in dem Maße, wie die Melchioriten sich mehrten. Unter ihnen war der weitaus hervorragendste der ebengenannte Johann Bockelson von Leyden. Seine Mutter, eine Leibeigene aus dem Münsterschen, hatte bei dem Schultheißen Bockel in Soevenhagen bei Leyden gedient und von ihm den Johannes geboren (1509). Später, nachdem sie sich losgekauft, heirathete sie Bockel. Johann lernte in Leyden das Schneiderhandwerk und erhielt eine dürftige geistige Ausbildung. Aber eine außerordentliche Begabung machte diesen Mangel wett. Schon früh nahm er an den Fragen, die seine Zeit bewegten, lebhaftesten Antheil; namentlich der schwärmerische Kommunismus interessirte ihn, denn er studirte Münzer's Schriften. Seinen Blick erweiterte er durch große Wanderungen. Als Schneidergeselle zog er nach England, wo er vier Jahre blieb, und nach Flandern. Zurückgekehrt, betrieb er nicht sein Handwerk, sondern heirathete die Wittwe eines Schiffers und wurde Kaufmann. Als solcher besuchte er Lübeck und Lissabon. Aber er hatte kein Glück oder nicht den gehörigen Geschäftsgeist. Er wurde bankerott, gerade um die Zeit, als das Täuferthum in den Niederlanden aufkam. Der Lehre, die ihm seit jeher sympathisch gewesen, wandte er sich nun mit dem ganzen Feuereifer seiner Jugend zu. Denn so viel er auch

*) Berichte der Augenzeugen über das Münsterische Wiedertäuferreich. Herausgegeben von C. A. Cornelius, 2. Bd. der Geschichtsquellen des Bisthums Münster, Münster 1853, S. 370, 399.

gesehen und erfahren, er war noch nicht 25 Jahre alt, als er für Johann Mathys gewonnen wurde (im November 1533).

Schön, lebhaft, enthusiastisch, von hinreißender Beredsamkeit, gewann er leicht die Herzen. Besonders bemerkenswerth sind an ihm seine Lebenslust und seine Freude am Schönen, die ihn von der Masse seiner Genossen auffallend unterscheiden, welche einem finsteren Puritanismus huldigten. Darin ist er auch Thomas Münzer ganz unähnlich. Von Jugend auf hatte er poetisches Talent an den Tag gelegt. „Er hat auch Theaterstücke allerlei Art verfaßt, welche er, wie es dort gebräuchlich ist, auf den Schaubühnen vor allen Leuten, um Geld zu gewinnen," aufführen ließ, berichtet Kerssenbroick. Seine Neigung zum Theatralischen und sein Verständniß für Theatereffekte hat er auch in Münster bewiesen.

Indeß hat Kerssenbroick wenig Ursache, ihn als „Schneider" und „Theater=könig" zu verhöhnen. Die Machthaber, deren ergebener Knecht Kerssenbroick war, haben vor dem Schneider und Theaterkönig gezittert, denn der Diktator von Münster verband mit seinen eben geschilderten Eigenschaften eiserne Willenskraft und durchdringenden Scharfsinn, die ihn zu einem gefürchteten Gegner machten.

Noch ehe Bockelson sich Johann Mathys anschloß, war dieser an die Spitze der niederländischen Melchioriten gekommen, denn Hofmann hatte Anfangs 1533 die Niederlande verlassen, um nach Straßburg zurückzukehren, da die Zeit für den Beginn des neuen Jerusalem gekommen war. Er werde gefangen genommen werden, war ihm prophezeit worden, ein halbes Jahr gefangen sitzen, dann aber werde der Erlöser kommen. Der erste Theil der Prophezeiung ging bald in Er=füllung. Schon im Mai ließ ihn der Rath verhaften. Aufs Höchste gespannt waren nun die Erwartungen der Brüder, mit fieberhafter Ungeduld sahen sie dem Zeitpunkt entgegen, der endlich, endlich aller Trübsal und aller Noth ein Ende machen sollte.

Die weiteren Theile der Prophezeiung wollten sich jedoch nicht erfüllen. Das Jahr 1533 ging seinem Ende entgegen und Alles blieb in Straßburg ruhig. Die Agitation Hofmann's hatte vor Allem den Erfolg gehabt, den Rath zu energi=scherem Einschreiten gegen die Täufer anzustacheln. Alle zweifelhaften Elemente fielen von ihnen ab. Ihre Sache ging von da an in Straßburg zurück.*) Aber gerade um diese Zeit erhielt der schwärmerische Enthusiasmus der „Brüder" einen Anstoß, der ihn hoch auflodern ließ, „und durch die Gemeinden der Melchioriten rings in den Niederlanden verbreitete sich die Sage: der Herr habe Straßburg um seines Unglaubens willen verworfen und an seiner Statt Münster erwählt, das neue Jerusalem zu sein." (Cornelius.)

Sehen wir zu, was sich inzwischen in Münster zugetragen.

---

*) Hofmann selbst sah die Freiheit nicht mehr wieder. Er starb nach langjähriger Haft im Kerker.

VIII. Die Eroberung Münsters.

Schon im Jahre 1532 machten sich täuferische und ähnliche Tendenzen in Münster bemerkbar. Im Laufe des folgenden Jahres, nach dem Vertrag vom 14. Februar, gewannen sie rasch an Entschiedenheit, Kraft und Verbreitung.

Der Rath war gespalten, denn die Wahl vom 3. März 1533 hatte eine Reihe entschieden demokratischer Elemente in denselben gebracht. Zu diesen zählte sogar der eine der beiden Bürgermeister, Hermann Tilbeck, ein Patrizier der Abstammung, ein guter Demokrat der Gesinnung nach, der später die Wandelung des radikalsten Theils der bürgerlichen Demokratie von Münster zum Täufer= thum mitmachte.

Ebenso gespalten, schwankend und unsicher wie der Rath, waren die Gilden. Sie wußten, daß Bischof und Klerus nur auf eine günstige Gelegenheit lauerten, die Herrschaft über ihre Ausbeutungsobjekte wieder zu gewinnen. Aber ein Theil des zünftigen Bürgerthums fing an, Angst vor den Besitzlosen zu empfinden, die vor keinem Privilegium und keinem Besitz Halt machen wollten, auch vor keinem zünftigen. Es fragte sich, wer gefährlicher war, die Masse oder die Aristokratie. Diejenigen unter den bürgerlichen Demokraten, welche die Pfaffen= und Aristokraten= herrschaft am meisten fürchteten, blieben der Allianz mit den proletarischen Ele= menten treu; Andere schlossen sich an die Lutheraner, ja an die Katholiken in der Stadt an, die große Masse der zünftigen Elemente schwankte haltlos hin und her, einzig bemüht, keine der anderen Parteien übermächtig werden zu lassen.

Diese Verhältnisse waren den Täufern in ihren Anfängen sehr günstig, sie hinderten den Rath an jeder entschiedenen Aktion gegen sie. Und die Täufer waren nicht müßig, die gute Gelegenheit auszunützen. Ihr Eifer in der Pro= paganda ließ nichts zu wünschen übrig. Aber ihre Zahl mehrte sich nicht nur durch Zuwachs an Proselyten, sondern, und das ist höchst bemerkenswerth, durch Zuzug von Emigranten, zunächst aus den benachbarten Gegenden — zuerst aus dem Jülichschen - dann aber auch von fernerher, namentlich aus den Nieder= landen. Die Zuzügler kamen, theils vor Verfolgungen flüchtend, theils durch Thatenlust getrieben, denn in Münster waren die Brüder nicht nur weniger gefährdet als anderswo, es boten sich dort auch bessere Aussichten, für die gute Sache zu wirken. Diese Emigranten sind für die Entwickelung der Dinge in Münster äußerst wichtig geworden. Ein Augenzeuge, Gresbeck, schreibt ihnen den Hauptantheil an dem Sieg der Wiedertaufe und den Vorgängen in Münster unter dem kommunistischen Regime zu. Er spricht von den entschiedenen Wiedertäufern in der Stadt in der Regel nicht anders, als von den „Holländern und Friesen."*)

---

*) Daher ist er auch auf die Holländer schlecht zu sprechen: „Wan ein Hollender seven jair alt ist," sagt er in seinem Niederdeutsch, „so is hei up dem allerwesesten, als hei werden wil. It sint intgemein halve narren." (Berichte der Augenzeugen über das Münsterische Wiedertäuferreich, S. 137.)

Die Zuzügler gehörten zu den kühnsten und thatkräftigsten Elementen der Partei, sie boten den Täufern in der Stadt einen bedeutenden moralischen und auch militärischen Rückhalt.

Die „Ordnungsparteien" dagegen, um die Gegner der Täufer kurz zu bezeichnen, schrumpften von Tag zu Tag mehr zusammen. Denn blasse Furcht hatte die Wohlhabenden ergriffen, und jeder Fortschritt der Demokratie jagte einige von ihnen in die Flucht.

Gut wird dieser Prozeß geschildert in einem katholischen niederdeutschen Gedicht aus dem Jahre 1534, „der Monsterschen Ketzer Bichtboek." Da heißt es unter Anderem (wir zitiren im Originaldialekt, durch eine Uebersetzung würden die Verse zu sehr verlieren):

> „De geistlichen worden von allen weltlichen binnen Munster hatet,
> Darum hebben etlicke prälaten bi guten tiden uthgetagen und sick nich verlatet.
> De gilden mochten de junckeren of ersmans da binnen nich liden,
> Darum hebben auck de ersmans sick uth der stat gegieven bi tiden.
> De armen gildebroers hebben de riecken borger und rentners verfolget,
> Derhalven hebben de riecken borger den jonckeren na gefolget.
> Hadde de ene sick bi den andernn gehalden fast,
> So weren wi alle nich gekommen in so grote last."*)

Der Dichter predigte eine wohlfeile Weisheit. Sicherlich wäre jede, auch nur vorübergehende selbständige Regung des Proletariats unmöglich gewesen — und sie wäre es auch heute noch für einige Zeit in den meisten Ländern —, wenn die Besitzenden fest zusammengehalten hätten. Aber zum Glück für das Proletariat zerfallen die Besitzenden in verschiedene Klassen mit sehr verschiedenen und oft gegensätzlichen Interessen, und die Klassenkämpfe der Besitzenden untereinander sind bisher stets wichtige Momente in der Entwickelungsgeschichte des Proletariats gewesen. Freilich, so oft das Proletariat angefangen hat, gefährlich zu werden, zeigten auch die besitzenden Klassen die Neigung, sich zusammenzuschließen und „eine reaktionäre Masse" zu bilden. Aber jede dieser Klassen suchte dabei einen Sonderprofit für sich herauszuschlagen, und sie konnten bei ihrem Zusammen= wirken ein gewisses Mißtrauen nie überwinden, denn wie jede die Bundesgenossen betrügen wollte, so fürchtete auch jede, von ihnen betrogen zu werden. Selbst als Münster in die Hände der Täufer gefallen war, schloß sich die edle Gesell= schaft nur schwer zu einer festen Masse zusammen.

In demselben Maße aber, in dem die Anfänge eines „Ordnungsbreies" sich bildeten, sahen die entschiedeneren bürgerlich=demokratischen Elemente unter der Führung Rothmann's und Knipperdollinck's sich genöthigt, sich enger an die proletarischen Elemente anzuschließen. Sie wandten sich der Wiedertaufe zu. Noch im Jahre 1532 hatte Rothmann, damals Zwinglianer, die Wiedertaufe bekämpft. Am 6. September dieses Jahres schrieb er an Busch: „Ich habe bereits mit den

---

*) Auszüge aus dem Gedicht sind abgedruckt bei Cornelius, Münsterischer Aufruhr, II., S. 179.

Wiedertäufern zu schaffen gehabt, welche uns zwar auf eine Zeit lang verlassen, aber gedroht haben, sie würden mit größerer Kraft zurückkommen. Aber ist Gott mit uns, wer mag wider uns sein?"*)

Im Mai des folgenden Jahres bekannte sich Rothmann bereits als Gegner der Kindertaufe.

Der Rath versuchte, die Täufer mit „geistigen Waffen" zu überwinden. Er veranlaßte Melanchthon, an Rothmann zu schreiben, damit er ihn zum wahren Glauben zurückführe. Als dieser und ähnliche Briefe nichts fruchteten, veranstaltete er eine Disputation am 7. und 8. August 1533, welche natürlich die Täufer auch nicht bekehrte, eher ermuthigte.

Nun zog der Rath schärfere Saiten auf. Eine Reihe städtischer Prediger hatte sich den Täufern angeschlossen. Der Rath drohte ihnen (im September) mit Amtsentsetzung und Ausweisung, wenn sie sich weigerten, Kinder zu taufen. Sie erwiderten (17. September), man müsse Gott mehr gehorchen als den Menschen. Darauf suchte der Rath seine Drohung zu verwirklichen. Vor Allem wurde Rothmann des Predigtamts an der Lamberti-Kirche entsetzt. Aber die Haltung der Gemeinde war so drohend, daß der Rath ihm im Oktober eine andere Kirche einräumte: die Täufer hatten ihren ersten Triumph errungen.

Zu einer zweiten Kraftprobe kam es Anfang November. Der Rath machte jetzt den Versuch zur Bildung einer „reaktionären Masse." Er lud die Gildenmeister und die katholischen Patrizier zu einer gemeinsamen Besprechung darüber ein, wie man der täuferischen Elemente Herr werden könnte. Man einigte sich zu einem bewaffneten Handstreich gegen diese, der schon am folgenden Tage vollzogen werden sollte.

Die Ordnungselemente sammelten sich gewaffnet und suchten sich zunächst der täuferischen Prediger zu bemächtigen. Nun aber forderten einige extreme Reaktionäre, wahrscheinlich Katholiken, mit den Predigern sollten auch die demokratischen Mitglieder des Rathes, die mit den Täufern sympathisirten, aus der Stadt gejagt werden, vor Allen der Bürgermeister Tilbeck. Davon war am Tage vorher keine Rede gewesen. Das machte die mittelparteilichen Ordnungselemente stutzig, sie begannen ihren Genossen zu mißtrauen. Inzwischen hatten sich aber die Täufer gesammelt und auf dem Lamberti-Kirchhof verschanzt; ihre Gegner wagten es nicht, sie dort anzugreifen. Der Rath knüpfte am nächsten Tage Verhandlungen mit ihnen an, und die Aktion, die mit der Zersprengung der Täufer endigen sollte, endigte mit einigen geringfügigen Konzessionen, die sie machen mußten. Einige ihrer Prediger wanderten aus, Rothmann durfte nicht mehr predigen, blieb aber in der Stadt. Die öffentliche Propaganda ward ihnen untersagt, aber man mußte sich dazu bequemen, die Täufer selbst in der Stadt zu behalten. Sie hatten sich auch in diesem zweiten, weit gefährlicheren Sturme behauptet.

---

*) Zitirt bei Kerssenbroick, I., S. 183.

„Rothmann," berichtet Kerssenbroick, „obgleich ihm in dem Vertrag (vom 6. November) die Erlaubniß, öffentlich zu predigen, war genommen worden, hörte doch nicht auf, anfangs heimlich und zur Nachtzeit, hernach aber, als sein Anhang sich sehr vermehrt hatte, auch bei Tage, in den Häusern einiger Bürger die Wiedertaufe zu predigen. Die Zeit der Predigt wurde durch einen Flinten= schuß angezeigt und wurden keine Anderen, als die von der Wiedertäuferei angesteckt waren, zugelassen." (I., S. 453).

Neben dieser mündlichen wurde auch eine Propaganda durch gedruckte Flug= schriften betrieben. Man richtete in Rothmann's Hause eine geheime Druckerei ein, die später von der Behörde entdeckt wurde.

Auch an die Durchführung des Kommunismus schritt man bereits. Die Reichen unter den „Brüdern" „legten all ihr Geld zu den Füßen Rothmann's nieder, zerrissen und verbrannten alle Schuldverschreibungen, die sie besaßen und erließen ihren Schuldnern ihre ganze Schuld; und dieses thaten nicht allein Männer, sondern auch Frauen, die sonst nichts wegzuwerfen pflegen. Denn die Brandsteinin, Knipperdollinck's Schwiegermutter, eine sehr reiche Frau, wurde von dem Geiste Gottes dergestalt getrieben, daß sie ihren Schuldnern ihre Schuldbriefe sammt den bereits erhobenen Zinsen wieder zustellte."*)

Ein derartiger selbstloser Enthusiasmus mußte die Massen mächtig bewegen. Bald waren die Täufer so stark, daß sie ihren Gegnern offen trotzen konnten. Am 8. Dezember begann der Schmiedegesell Johann Schröder öffentlich die täuferischen Lehren zu predigen. Am 15. ließ ihn der Rath verhaften, aber die Schmiedezunft rottete sich zusammen, zog zum Rathhaus und erzwang seine Frei= lassung. Rothmann wurde ausgewiesen, er blieb aber ruhig und unangefochten in der Stadt. Zu Ende des Jahres kehrten auch die im November ausge= wanderten Prediger wieder zurück. Am 15. Januar 1534 wies sie der Rath abermals aus. Die Stadtknechte führten sie bei dem einen Thore hinaus, aber die Brüder brachten sie bei einem anderen wieder herein, ohne daß der Rath es zu hindern wagte. Die Täufer waren thatsächlich bereits Herren der Stadt.

Kein Wunder, daß die Brüder allenthalben nun erkannten, Straßburg sei von Gott verworfen worden, in Münster werde das wahre neue Zion erstehen. Das Zentrum der Bewegung im Norden — heute würde man sagen, die Partei= leitung — wurde von Amsterdam dorthin verlegt. Johann Mathys, der neue Prophet und Nachfolger Hofmann's in der Führerschaft der Melchioriten, sandte im Beginn des Januar eine Reihe von Sendboten dahin, darunter Johann Bockelson von Leyden, der am 13. Januar ankam. Im Februar finden wir auch Mathys selbst in Münster.

Die Ordnungspartei war in voller Verzweiflung. Sie sah nur noch eine Möglichkeit, der anschwellenden kommunistischen Fluth einen Damm entgegen= zusetzen: sie warf sich dem Bischof in die Arme und verrieth ihm die städtische

---

*) Kerssenbroick, I., S. 455.

Freiheit, ein Vorgehen, das damals ungefähr ebensoviel bedeutete wie heutzutage Landesverrath.

Bischof Franz hatte von vornherein seinen feierlichen Vertrag mit der Stadt, in dem er ihr freie Religionsübung zusicherte, für einen werthlosen Wisch Papier gehalten, den er bei der ersten besten Gelegenheit zerreißen werde. Je demokratischer die Stadt wurde, desto mehr gelüstete es ihn nach dem Vertragsbruch. Schon im Dezember 1533 hatte er begonnen, sich zu rüsten, um die Münstersche Demokratie zu überfallen und niederzumetzeln. Das verrätherische Vorgehen der städtischen Ordnungspartei kam ihm nun höchst gelegen.

„Als nun mein gnädiger Herr von Münster gesehen," schreibt Gresbeck, „daß sich die Wiedertäufer in der Stadt Münster nicht wollten rathen lassen und nach des Bischofs Gnade nicht fragten, da kam er mit dem Rath der Stadt Münster und einem Theil anderer Bürger, die nicht mit der Wiedertaufe hielten, überein, daß sie dem Bischof von Münster zwei Thore öffnen sollten, unser lieben Frauenthor und das Judenfelderthor. So wurden dem Bischof die Thore geöffnet, daß er in die Stadt 2—3000 Bauern und ein Theil Reiter zu Pferde hineinbekam, so daß mein gnädiger Herr von Münster die Stadt inne hatte."*)

Es war dies am 10. Februar. Mit den bischöflichen Reisigen, die so mitten im Frieden verrätherischerweise die Stadt überfielen, vereinigten sich die „gutgesinnten Bürger," die sie erwartet hatten, und Harnische unter den Kleidern trugen. Auch hängten sie nach der Verabredung Strohkränze vor ihre Häuser, damit diese bei der erwarteten Plünderung von den Vertheidigern des Eigenthums verschont blieben.

Die Verschworenen hatten anfangs Glück. Es gelang ihnen, sich Knipperdollinck's und einiger anderer Wiedertäufer zu bemächtigen und sie gefangen zu setzen.**)

Aber schnell sammelten sich die überraschten Täufer und sie bewiesen, daß in ihnen der Geist der kriegerischen Richtung des Johann Mathys lebte. Sie gewannen im Straßenkampf die Oberhand, die bischöflichen Truppen zogen sich zurück und boten die Hand zu einem Vergleich, und „mit kloickheit und behendigkeit kriegen sie (die Täufer) die buren und ruetters wieder uth der stat." (Gresbeck.) Der Verrath hatte sich gegen die Verräther selbst gekehrt und dahin geführt, daß die Stadt, die moralisch schon den Täufern gehört hatte, nun auch militärisch in ihrer Macht war. Nicht in aggressivem Aufruhr, sondern in der Nothwehr eroberten sie Münster.

Der Kampf vom 10. Februar hatte zwei Folgen. Zwischen der Stadt und dem Bischof herrschte fortan Kriegszustand. Am 23. rückte Franz mit seinen Truppen in Telgt ein, um die Belagerung zu betreiben. An demselben Tage fanden in Münster die gesetzlich vorgeschriebenen Magistratswahlen statt.

*) Berichte der Augenzeugen, S. 14, 15.
**) „Knipperdollingk lag in dem torn und riep glich wie offen plegen tho ropen," berichtet Gresbeck.

Ohne daß die Wahlordnung im Geringsten geändert worden wäre, fielen die Wahlen völlig im täuferischen Sinne aus. Knipperdollinck und Kippenbroick, ein Tuchmacher, der sich bereits mehrfach in der täuferischen Sache ausgezeichnet, wurden Bürgermeister von Münster. „Die Führer der Bewegung waren mithin auf gesetzlichem Wege zur höchsten Macht emporgestiegen und die Hauptstadt Westfalens lag ben neuen Propheten zu Füßen." (Keller.)

IX. Das neue Jerusalem.

a) Die Quellen.

Nun begann nach der herkömmlichen bürgerlichen Darstellung eine wahnsinnige Orgie der Wollust und des Blutdurstes. Das ist die allgemeine Darstellung seit der Zeit der Münsterschen „Kommune" bis auf unsere Tage. „Als sie die Stadt in ihre Gewalt bekommen," schrieb Bischof Franz in einem amtlichen Bericht, „haben sie alle göttliche, christliche Ordnung und Recht, geistlich und weltlich Regiment und Polizei ganz zu Grunde gerichtet und ein viehisch Leben angestellt."

Und der jüngste „wissenschaftliche" Vernichter der Sozialdemokratie, der anonyme Verfasser der „Schlaraffia politica"*) erzählt schaudernd: „Münster war der Schauplatz gemeinster Unzucht und blutigster Metzeleien geworden. . . . So war ein Reich gegründet, das den Kommunismus und die Polygamie verwirklichte, ein Regiment, in dem geistlicher Hochmuth und fleischliche Sinnenlust, fromme Hingebung und Selbstaufopferung mit blutdürstiger Rohheit und niedriger Genußsucht aufs Widerlichste gepaart waren. . . . Wer die Geschichte dieser Bewegung kennt, wird Schilderungen wie im „Himmel auf Erden" von Gregorovius nicht für ein übertriebenes Sammelsurium von Gräßlichkeiten und Gemeinheit halten. Die Schandthaten, deren Opfer die Frauen von Münster wurden, die Neronischen Ausschweifungen und Grausamkeiten Johann's von Leyden und seiner Genossen sind die historische Illustration dazu." Aber, meint der fromme Mann mit Sudre, seinem Vorläufer in der Geschichtschreibung des Sozialismus, die Wiedertäufer glaubten wenigstens an Gott und die Unsterblichkeit. „Die Erneuerer ihrer Lehren in unserer Zeit fügen zu ihren Irrthümern die Leugnung der Gottheit und jener Begriffe und versenken den Menschen in groben Materialismus. Was soll man, wenn man dies erwägt, von der Verwirklichung moderner Utopien erwarten? Die Saturnalien von Münster würden ohne Zweifel noch überboten werden." (S. 68—70.)

Das ist die Tonart aller bürgerlichen Darstellungen der Münsterschen „Kommune."

---

*) Schlaraffia politica, Geschichte der Dichtungen vom besten Staat, Leipzig 1892. Eine flache, mit ebensoviel Liederlichkeit wie Arroganz zusammengestoppelte Kompilation.

Aber der Schluß der zitirten Ausführungen des anonymen Sozialisten=
tödters zeigt uns ihren Pferdefuß! Den Münsterschen Kommunisten gegenüber
konnte die bürgerliche Geschichtschreibung niemals unbefangen sein. Sie gelten
heute noch ebenso sehr wie zu ihrer Zeit nicht als Objekte wissenschaftlicher
Forschung, sondern als Todfeinde, die nach ihrer physischen Ueberwindung auch
noch moralisch zu vernichten sind, und in denen man heute auch die Sozialdemokratie
zu treffen wähnt.

Wohl aber ist es vom Standpunkte des wissenschaftlichen Sozialismus
möglich, an das Münstersche Gemeinwesen völlig unbefangen heranzutreten, noch
unbefangener, als an die meisten bisherigen Erscheinungsformen des Kommunismus.
Nicht nur ist der ketzerische Kommunismus, auch der der Wiedertäufer, grund=
verschieden vom modernen Sozialismus, wir wissen auch, daß das neue Jerusalem
in Münster nicht einmal typisch ist für das Wiedertäuferthum im Besonderen,
geschweige denn für den Kommunismus im Allgemeinen. Wenn Jemand das
Bedürfniß fühlt, aus den Resultaten, die das Wiedertäuferthum in Münster
gezeitigt, den Schluß zu ziehen, daß der Kommunismus nothwendig zu Grausamkeit
und Blutdurst führt, dann können wir ihm das Beispiel der Wiedertäufer selbst
entgegenhalten, der Wiedertäufer dort, wo man ihnen gestattete, sich ruhig zu
entwickeln, in Mähren.

Vom Standpunkte des modernen Sozialismus kann man daher an das
Münstersche Reich mit dem Bewußtsein herantreten, daß, wie immer das Urtheil
darüber ausfallen mag, unsere heutigen Bestrebungen dadurch nicht berührt werden.
Wir haben den Münsterschen Kommunisten gegenüber nur ein Bedürfniß, sie zu
begreifen, die Wahrheit über sie zu erforschen.

Wir halten es für nöthig, dies hier zu bemerken.

Von den bisher betrachteten Erscheinungen des Kommunismus hatte jede
wenigstens bei dem einen oder anderen Vertreter der bürgerlichen Wissenschaft
unbefangene Würdigung gefunden: so, um nur die den Münsterschen zunächst=
stehenden Richtungen zu nennen, Thomas Münzer bei Zimmermann, die süd=
deutschen und mährischen Wiedertäufer bei Keller, Beck, Loserth und Anderen.
Das erklärt sich wohl dadurch, daß alle diese Erscheinungen in der Geschichte des
Kommunismus entweder höchst harmloser, friedfertiger Natur waren, oder aber im
Gefolge einer bürgerlich=demokratischen Bewegung auftraten, als deren Bundes=
genosse dienten. So zog z. B. Münzer seine Kraft und seinen Einfluß vornehmlich
aus seiner Bekämpfung der Fürstenmacht. Als Kommunist erreichte er nicht viel,
wie uns Mühlhausen gezeigt hat. In Münster dagegen tritt der Kommunis=
mus als selbständige, herrschende, revolutionäre Macht auf — zum
ersten Mal in der Geschichte. Dieser Erscheinung gegenüber versagt die bürger=
liche Unbefangenheit. Und doch wäre gerade hier die äußerste Unbefangenheit ge=
boten, angesichts des Zustandes der Quellen.

Münster war seit dem entscheidenden Sieg der Täufer vom 10. Februar eine
belagerte, von der Außenwelt abgeschnittene Stadt. Nachdem sie erobert worden,

wurde fast die ganze Einwohnerschaft niedergemetzelt. Kein Vertreter des Täufer=
thums entkam dem Blutbad, der im Stande gewesen wäre, eine literarische Dar=
stellung der Vorgänge in der Stadt während ihrer Belagerung zu geben. Sämmt=
liche Darstellungen derselben rühren von Gegnern her. Nun braucht man
sich blos zu erinnern, in welch unverschämter Weise über die Pariser Kommune
gelogen wurde, über die Sozialdemokratie heute noch allenthalben gelogen wird,
trotzdem diese über eine ausgedehnte Presse und parlamentarische Vertreter verfügt,
die im Stande sind, jeder falschen Mittheilung öffentlich entgegenzutreten, dann
kann man sich denken, welchen Glauben die vorhandenen Berichte über den „Auf=
ruhr" verdienen.

Sehen wir uns die drei Hauptquellen an. Gleich nach dem Fall Münsters
erschien eine Schrift: „Wahrhaftige historie, wie das Evangelium zu Münster
angefangen und darnach, durch die Widderteuffer verstöret, widder aufgehört hat.
Darzu die ganze handlung derselbigen buben vom anfang bis zum ende, beides
in geistlichen und weltlichen Stücken, vleißig beschrieben durch Henricum Dorpium
Monasteriensem. 1536." In seiner Abhandlung „über die Quellen der Geschichte
des münsterischen Aufruhrs," welche die Einleitung zu den von ihm heraus=
gegebenen „Berichten der Augenzeugen" bildet, charakterisirt Cornelius diese Schrift
folgendermaßen: „Sie ist eine Wittenbergische Parteischrift, zu Wittenberg
gedruckt, von Luther's Hauptgehilfen und Sendboten für Niederdeutschland, Johann
Bugenhagen mit einer Vorrede eingeleitet . . . Des Buches Absicht ist, die voll=
kommene moralische Niederlage der Gegner vor aller Augen zu stellen und im
eigenen Partei=Interesse auszubeuten." (S. XVI, XVII.) Schon der Titel
enthält eine arge Flunkerei. Cornelius weist nach, daß der Verfasser, wenn er
wirklich Dorpius heißt, nicht, wie er von sich sagt, aus Münster stammte, und
daß er „sich in dem Buch den falschen Schein giebt, als sei er selbst in Münster
gewesen und habe das aus eigener Erfahrung, was ihm nur sein Berichterstatter
mitgetheilt hat." (S. XI, XII.) Also ein Schwindler, dessen „Buch als eine wahr=
hafte und befriedigende Erzählung des ganzen Hergangs nicht zu betrachten ist."*)

Viel wichtiger ist das bereits mehrfach zitirte Werk Kerssenbroic's über
das Wiedertäuferreich von Münster. Das lateinische Original ist Manuskript
geblieben. Als es 1573 in Druck gehen sollte, verbot der Münstersche Stadt=
rath die Herausgabe. Das Werk hat sich nur in Abschriften erhalten. 1771
erschien eine Uebersetzung, die wir benutzt haben. Kerssenbroic, 1520 geboren,
war 1534 bis zum Sieg der Wiedertäufer in Münster an der Domschule, später,
1550—1575, Rektor an derselben Schule. Als solcher verfaßte er seine Geschichte,

---

*) Der Protestant Hase sucht Dorpius von den Vorwürfen des Katholiken Cornelius
rein zu waschen. Unseres Erachtens nicht mit Glück. (Heilige und Propheten, Leipzig 1892,
II., S. 291 ff.) Uebrigens gehört Hase's Darstellung des Wiedertäuferreiches neben der schon
öfter zitirten Keller'schen zu den relativ besten, die von bürgerlicher Seite erschienen sind.
Cornelius' klassisches Werk über den Münsterschen Aufruhr ist leider unvollendet geblieben, es
bricht gerade bei der Eroberung Münsters durch die Täufer ab.

die wichtig ist durch die zahlreichen Aktenstücke, die sie mittheilt. Aber unkritisch und leichtfertig seinen Quellen gegenüber, ist er überdies voller Parteilichkeit. Folgende Stelle aus seiner Vorrede genügt: Er erklärt, er habe nicht aus Ruhm= sucht geschrieben, „sondern um meinem Vaterlande und der Nachwelt zu dienen, damit nicht die glänzenden Thaten vergessen werden, die der in Christo hoch= würdigste Graf und Herr, Franz, dieser rechtschaffene Bischof der Münsterischen Kirche und Zweig des alten gräflichen Waldeckischen Stammes zur gänzlichen Ausrottung der grausamsten und schändlichsten Ketzerei . . . verrichtet hat. Ferner theile ich darum der Welt diese Geschichte mit, damit alle Rechtschaffenen die entsetzliche und schändliche Raserei der Wiedertäufer . . . meiden und verabscheuen mögen." Er selbst giebt also als seinen Zweck nicht eine objektive Darstellung, sondern eine Verherrlichung des Bischofs und Herunter= reißung der Wiedertäufer an. Demgemäß wird Jener erhoben, wo nur möglich, Alles verschwiegen, was einen Schatten auf ihn werfen könnte. Dagegen fischt der Autor gierig nach dem erbärmlichsten Klatsch über die Wiedertäufer, wenn er ihnen ungünstig ist, und nimmt ihn unbesehen, ja womöglich noch übertrieben in sein Werk auf.

Nur ein Beispiel. Er erzählt: „Um eben diese Zeit (Anfang Februar) rief der Prophet Johann Mathys, ein äußerst wollüstiger Mann, die Wieder= getauften beiderlei Geschlechts in das Haus Knipperdollink's, welches ziemlich geräumig war, zur Nachtzeit heimlich zusammen. Und wenn die Versammlung beieinander war, stellte sich der Prophet in die Mitte des Hauses unter (vor?) einen kupfernen Leuchter, der an dem Boden befestigt war und worauf drei Wachs= lichte brannten, lehrte die herumstehende Menge und setzte das in den Herzen Vieler glimmende Feuer durch seinen prophetischen Geist in volle Flamme. Dann erklärte er das 1. Kapitel des 1. Buches Mosis, und wenn er die Worte des 28. Verses: ‚Seid fruchtbar und mehret euch und erfüllet die Erde,' abgelesen hatte, wurden die Lichter ausgelöscht. Was für Schandthaten alsbann sind verübt worden, kann man daraus entnehmen, daß man den Propheten einmal in dem Schooß eines Mädchens auf eine unanständige Weise liegen gefunden hat. Diese Zusammenkunft nannten sie die feurige Taufe. Und dieses ist keine Er= dichtung. Denn da man hin und wieder in der Stadt der feurigen Taufe Erwähnung that, Niemand aber wußte, was das heiße, ließ sich ein gewisses Weib durch ein sehr kleines Geschenk von meinem Wirth Wesseling bewegen, solches auszuforschen. Diese Frau schlich sich, nachdem sie den Wahlspruch der Wieder= täufer erfahren hatte, in das oben erwähnte Haus ein, sah alles mit an und erzählte es uns wieder." (I., S. 504.) Das genügt unserem biederen Rektor, uns bestimmt zu versichern, seine Erzählung von der Feuertaufe sei „keine Er= dichtung!" Man bedenke: Ein beliebiges Frauenzimmer erzählt, um ein Trink= geld zu erhaschen, ein beliebiges Geschichtchen dem Hauswirth, bei dem Kerssen= broick als Junge von vierzehn Jahren lebte. Dieser schreibt das Geschichtchen ein Menschenalter später nach der Erinnerung nieder und verlangt von uns, einzig

auf dieses ganz untrügliche Zeugniß hin, den Wiedertäufern die zügelloseste Bordell=
wirthschaft zuzuschreiben. Und die gewissenhaften Historiker schreiben diesen Weiber=
klatsch — wenn nicht Schlimmeres — gewissenhaft ab, denn auf diese Weise
wird der Kommunismus „wissenschaftlich" vernichtet!

Daß die Münsterschen Wiedertäufer in einer besonderen Schrift alle der=
artigen Anschuldigungen für „erstunken und erlogen" erklärten — wir kommen
noch darauf zurück —, scheint Keiner bemerkt zu haben, und ebenso wenig die
Thatsache, daß Kerssenbroick selbst an anderer Stelle den Puritanismus der Wieder=
täufer hervorhebt.

„Hierauf (nachdem er zu den Täufern übergegangen) nahm Rothmann, weil
er sich vorgenommen hatte, die Lehre der Wiedertäufer auszubreiten, ganz andere
Sitten an und äußerte eine größere Heiligkeit und Gottesfurcht als vorher. (Er
entsagte allen Gastereien, allem wollüstigen Umgang mit dem anderen Geschlecht,
mit einem Worte Allem, was ihn in den Verdacht der Leichtfertigkeit bringen
konnte. . . . Damit aber mit diesen Sitten seine Lehre übereinkommen und das
Volk zu Werken der Barmherzigkeit erweckt werden möge, so rief er in allen
seinen Predigten, man müsse enthaltsam leben, sich der erworbenen Güter
gemeinsam bedienen, sich gegenseitig Dienste leisten u. s. w." (I., S. 429.) Das
ist ganz das Bild des typischen Wiedertäufers und ketzerischen Kommunisten über=
haupt, das wir so vielfach schon kennen gelernt haben. Diese Darstellung ist
jedenfalls richtig; aber wie stimmt sie zu der mitgetheilten Orgie?

Der anonyme Weiberklatsch scheint Kerssenbroick noch besonders imponirt
zu haben, denn er beruft sich ausdrücklich darauf, als Zeugniß dafür, daß er
„keine Erdichtung" erzähle, und es ist dies einer der wenigen Fälle, in denen
er es für nöthig findet, zu erzählen, woher er seine Wissenschaft habe. Meist
nennt er gar keine Quelle. Vielfach dürften diese also noch kläglicherer Art sein!

Weitaus die wichtigste unter den Quellen über das Wiedertäuferreich ist
die schon einige Male zitirte Erzählung Gresbeck's.*) Dieser, ein Schreiner aus
Münster, war im Februar 1534 nach seiner Vaterstadt zurückgekehrt, die er 1530
verlassen, und hatte sich den Täufern angeschlossen. Bis zum 23. Mai 1535 blieb
er in der Stadt, er ist also im Stande, uns über die wichtigsten Vorkommnisse
daselbst aus eigener Anschauung Aufschluß zu geben. Aber er schrieb einige Jahre,
vielleicht acht bis neun Jahre, nach dem Wiedertäuferreich, und er schrieb rein
nur nach der Erinnerung, ohne jegliche Hülfsmittel und Stützen des Gedächtnisses.
Daher mengte er auch häufig die Dinge durcheinander. Und die Reinheit seiner
Erinnerungen wird durch einen wichtigen Umstand getrübt: Gresbeck ist Derjenige,
der Münster verrathen und die bischöflichen Landsknechte in die Stadt gebracht

---

*) „Summarische erzelungk und bericht der Wiederdope und wat sich binnen der stat
Münster in Westphalen zugetragen im jair MDXXXV." Erst Cornelius hat die Bedeutung
dieses Buches, das in mehreren Handschriften erhalten ist, erkannt und es abgedruckt in den
schon angeführten „Berichten der Augenzeugen über das Münsterische Wiedertäuferreich," deren
vornehmsten Inhalt es bildet.

hat. Natürlich haßt er die von ihm Verrathenen, seine ehemaligen Genossen, noch mehr, als ihre offenen Gegner sie haßten. Er spricht von ihnen kaum je anders, als von „Bösewichtern" und Buben. Das ist so Renegaten= und Verrätherart. Und ebenso natürlich sucht Gresbeck die Sache so zu drehen, als sei er ganz zufällig im Februar nach Münster gekommen — wo alle Welt voll davon war, daß die Stadt den Täufern gehöre!*) — und habe sich blos unter dem Ein= fluß des Schreckens ihnen angeschlossen. Das Schreckensregiment wird also so kraß als möglich gemalt. Damit erreicht Gresbeck nicht nur, daß er selbst als schuldlos erscheint, sondern daß sein Verrath sogar zu einer höchst verdienstlichen That wird.

Das sind die wesentlichsten Quellen zur Kenntniß der Münsterschen Ereignisse; nur mit äußerster Vorsicht verwendbar, sind sie einer Geschichtschreibung in die Hände gefallen, die von vornherein das als bewiesen annahm, was diese Quellen beweisen wollten: daß der Kommunismus nothwendig Wahnsinn und Verruchtheit zenge. Kein Wunder, daß unter dieser Geschichtschreibung das Wiedertäuferreich als etwas einfach Unbegreifliches sich darstellt, als ein Sammelsurium nicht nur von Gräßlichkeit und Gemeinheit, sondern von ganz sinnloser, zweckloser Gräßlichkeit und Gemeinheit.

Und doch bieten selbst diese Quellen die Möglichkeit, das Münstersche Wieder= täuferthum zu begreifen, wenn man nur an sie kritisch herantritt, sie mit den dürftigen Resten anderer gleichzeitiger Zeugnisse vergleicht und einerseits den Gesammtcharakter des ketzerischen Kommunismus, andererseits aber die besonderen Verhältnisse, die in Münster herrschten, im Auge behält.

b) Das Schreckensregiment.

Vor Allem darf man nicht vergessen, daß in Münster der Kriegszustand bestand, seitdem der Bischof es am 10. Februar überfallen hatte. Ein Krieg muß eine merkwürdig geringfügige Sache sein. Wie käme es sonst, daß „gut= gesinnte" Historiker, die mit so viel Scharfsinn auch den unbedeutendsten Umstand zu entdecken wissen, der auf die oft recht gleichgültigen Handlungen eines Mon= archen Einfluß gehabt haben kann, fast regelmäßig vergessen, den Kriegszustand in Rechnung zu stellen, wenn es sich um die Handlungen eines demokratischen oder gar kommunistischen Gemeinwesens handelt, das um seine Existenz kämpft. Man lese nur die herkömmlichen bürgerlichen Darstellungen der Erhebung der Pariser Kommune von 1871 oder der Schreckensherrschaft in der großen fran= zösischen Revolution!

Ebenso ist es den Wiedertäufern in Münster gegangen. Aber wenn man sie

---

*) In einem Brief, den er während der Belagerung schrieb, gesteht er selbst ein, die Mutter seines Herrn habe ihn gewarnt, er solle nicht nach Münster gehen, er würde sich dort auch taufen lassen. (Berichte der Augenzeugen, S. 323.)

verstehen will, darf man an ihr Reich nicht den Maßstab des Friedenszustandes an=
legen, sondern den einer belagerten, und zwar einer unter besonders erschwerenden
Umständen belagerten Stadt. Denn für sie galt nicht das gewöhnliche Kriegs=
recht; eine ehrenvolle Kapitulation war für sie ausgeschlossen. Die Belagerten
hatten nur die Wahl zwischen dem Sieg und dem martervollsten Tod. Gegen=
über Rebellen erscheint selbst die grausamste Strafe zu gelind. Das ist, wie
Luther sagt, ein Liebesdienst, den ihnen die Fürsten erweisen.*) Ziehen aber
die Rebellen die Konsequenz des fürstlichen Blutdurstes, dann zeigen sie deutlich,
welche Scheußlichkeiten die — Freiheit und Gleichheit gebiert. Das ist die Logik
der „Leuchten der Wissenschaft."

Neben dieser besonderen Situation, die zu Blutthaten reizte, ist in Betracht
zu ziehen der Charakter des Jahrhunderts, welches eines der blutdürstigsten, viel=
leicht das blutdürstigste der Geschichte gewesen ist. Unsere bisherigen Ausführungen
haben schon genügende Beweise dafür erbracht, die Fußnote hier bringt noch einige
besonders bemerkenswerthe Beispiele. Die Wiedertäufer wußten insbesondere davon
zu erzählen. Die friedfertigsten aller Menschen, waren sie systematisch allent=
halben wie wilde Thiere gehetzt und den scheußlichsten Martern preisgegeben
worden. Daß die Verzweiflung unter diesen armen Menschen schließlich eine
Richtung aufkommen ließ, welche der Schafsgeduld überdrüssig wurde und zu

---

*) Der bekannte, konservative Geschichtsprofessor Leo hat diese famose Idee aufgenommen.
Er schildert in seinem Vortrag über Münzer die blutige Niederschlagung des Bauernaufstandes:
„Ueberall verbreiteten sie (die Fürsten) durch rasch und streng angeordnete Todes=
strafen Schrecken und brachten die armen Leute ... dadurch wieder aus der Verführung
... zur Besinnung — es war die erste und unter diesen Umständen nothwendigste
Leistung landesherrlicher Liebespflicht." („Thomas Münzer," S. 23.) Neu ist dabei
die feine Wendung, man bringe Jemanden am besten dadurch zur Besinnung, daß man ihm
den Kopf abschlägt. Uebrigens drückt sich der Herr Professor sehr zart aus, wenn er von
„rasch und streng angeordneten Todesstrafen" spricht. Man denkt dabei an bloßes Hängen
oder Köpfen. Aber damit waren die liebevollen Landesväter nicht zufrieden. Die Erfurter Stadt=
chronik erzählt: „Der Landgraf Philipp und Herzog Georg ließen (nach der Schlacht von
Frankenhausen) den Frauen der gefangenen Männer einen Prediger mit seinem Kaplan über=
antworten. Die haben sie müssen mit Knitteln zu todt schlagen, damit sie ihre
Männer am Leben erhielten. Und die Frauen haben sie also zerschlagen, daß ihnen die
Köpfe sind gewest wie ein gesottenes Krauthaupt, daß das Gehirn an den Knitteln gehangen
hat. Hierauf gab man ihnen ihre Männer los. Es haben auch die Fürsten zugesehen,
daß solches geschehen ist." Das war in Thüringen. Um dieselbe Zeit amüsirten sich auch
in Franken die Ordnungsmänner in ähnlicher Weise: „Abends wurde Jakob Rohrbach im
Weidorf an eine Falbe mit eiserner Kette gebunden und, wie der Pfeifer von Ilsfeld, mit
Feuer umlegt, daß auch er langsam bratend mit lebendigem Leib den gräßlichen Todestanz in
dem Feuerkreis um den Baum tanzen mußte, unter Trommeln und Pfeifenschall. Kinder
auf den Achseln der Kriegsknechte sahen zu, und umher standen die Edlen, bis
sein letzter Ton versank und bis er, nicht mehr er selbst, keine Gestalt mehr, zusammensank."
(Zimmermann, S. 437, 476.) Diese Bestialitäten wagt ein Gelehrter des 19. Jahrhunderts
als Leistungen einer Liebespflicht zu beschönigen! Und das zetert über „Neronische Grausam=
keit" bei den Proletariern.

gewaltsamem Widerstand rieth), ist nicht zu verwundern. Zu verwundern ist es nur, daß sie so lange brauchte, sich zu entfalten und daß sie stets nur einen Theil der Verfolgten umfaßte.

Jetzt hatte eine Reihe glücklicher Umstände den so grausam Mißhandelten eine feste Stadt in die Hände gespielt. Aber bereits bedrohte sie von außen völlige Ausrottung.

Wie handelten sie unter diesen Umständen?

„Am 27. Februar," berichtet mit der nöthigen sittlichen Entrüstung Janssen, „begann die Schreckensherrschaft mit der Verkündigung des Befehls: alle Einwohner müßten entweder die neue Taufe nehmen oder die Stadt verlassen." Und er zitirt den Bischof von Münster, der sich in einem Schreiben darüber empört zeigt, daß man die „frommen Bürger" in Armuth aus der Stadt jagte, und erklärte, „daß in keinen Landen, auch von keinen Unchristen, Türken oder Heiden, solche unerhörte, unmenschliche Grausamkeit vernommen worden sei."*)

So groß ist die Entrüstung des katholischen Historikers darüber, daß er ganz vergißt, auch nur mit einem Wort zu erwähnen, daß der so zartfühlende Bischof um diese Zeit bereits Münster belagerte, ja daß er bereits am 13. Januar ein Edikt erlassen hatte, das seine Beamten beauftragte, jeden „Ungehorsamen und Rebellen" gemäß dem kaiserlichen Edikt zu behandeln, das heißt umzubringen. Und dies Edikt wurde streng durchgeführt. Mit Behagen erzählt Kerssenbroick: „Damit aber dem kaiserlichen Edikt und den Verordnungen des Rechts Genüge geschehe, wurden die hin und wieder in der Diözese sich aufhaltenden Wiedertäufer scharf gestraft. Denn um diese Zeit wurden fünf Wollbeckische Weiber und ein Mann im Wasser ersäuft. Zu Bewergern wurden vier Weiber zum Wasser und zwei Männer zum Feuer verurtheilt. Auch wurden viele von Rothmann heimlich Wiedergetaufte zur verdienten Lebensstrafe gezogen." (I., S. 517.) Von alledem erfährt man bei Janssen nichts — und er ist darin ein Muster der herkömmlichen Darstellung —; wie diese, schweigt auch er natürlich davon, daß die Gegner der Wiedertäufer in der Stadt sich mit dem Bischof verschworen hatten, seinen Truppen am 10. Februar die Thore zu öffnen. Jetzt, nach dem Beginn der Belagerung, wurden diese mit dem äußeren Feind Verschworenen, nicht etwa hingerichtet, was dem Kriegsrecht und dem guten Beispiel des Bischofs entsprochen hätte, sondern aufgefordert, die Stadt zu verlassen! Und das nennt man „Schreckensherrschaft!" Welch' elende Heuchelei!

Im Verlauf der Belagerung wurde ein strenges Regiment in der Stadt nothwendig. Eine Reihe von Hinrichtungen fand statt. Sieht man die Fälle an, die Kerssenbroick und Gresbeck erzählen, so betreffen sie stets Vergehen gegen die Sicherheit der Stadt: Einverständniß mit dem Feind, Vergehen gegen die Disziplin, Versuche zu desertiren oder die Bevölkerung zu entmuthigen. Kein Zweifel, eine Hinrichtung ist eine Grausamkeit, aber nicht grausamer als der

---

*) Janssen, Geschichte des deutschen Volkes, III., S. 300.

Krieg. Und den hatten die Täufer wahrlich nicht gesucht. Er war ihnen auf=
gedrängt worden. Bei jeder Gelegenheit betheuerten sie ihre Friedensliebe.*)

Ein „Schreckensregiment" herrschte nicht blos in Münster, sondern auch
im Machtbereich des Bischofs. Und der Vergleich zwischen Beiden fällt nicht zu
Gunsten des Letzteren aus.

Der Bischof war der Angreifer, die Täufer die Angegriffenen. Der Bischof
tödtete um seines Profits willen, die Täufer tödteten, um nicht selbst getödtet
zu werden. Sie kämpften um ihr Leben. Und die Bischöflichen liebten es, die
Täufer auf martervolle Weise zu Tode zu bringen, namentlich durch Ersäufen
und Verbrennen. In Münster wurden die Verurtheilten nicht gequält. Es gab
dort nur zwei Hinrichtungsarten, über die selbst das so humane 19. Jahrhundert
nicht hinausgekommen ist, das Köpfen und das Erschießen.

Man hat einen besonderen Blutdurst darin gesehen, daß die Befehlshaber
der Stadt, der „König" Johann von Leyden und sein Statthalter Knipperdollinck,
die Hinrichtungen eigenhändig vollzogen. Darin liegt eine grobe Verkennung des
Fühlens und Denkens jener Zeit. Wenn die hohen Herren, denen damals in
der Regel die Entscheidung über Leben und Tod eines Angeklagten zustand, den
Verurtheilten nicht selbst tödteten, so geschah dies nicht aus humanen Bedenken,
sondern deswegen, weil ihnen die ekle und schmutzige Arbeit gewerbsmäßiger Hin=
richtung zu gemein erschien. Der Scharfrichter, dessen Handwerk das Hantiren
mit Kadavern war, galt allenthalben als der verächtlichste der Menschen, dessen
Umgang man ängstlich mied. Wenn nun die Führer der Bewegung in Münster
das Henkersamt selbst übernahmen, so vollzogen sie damit einen beispiellosen Akt
der Selbsterniedrigung, einen Akt, der nicht von Grausamkeit zeugt, sondern
von einem hohen Gefühl der Gleichheit.

Daß dies „keine Erdichtung" ist, um mit Kerssenbroick zu reden, bezeugt
dieser würdige Mann selbst, dem wir in diesem Punkte sicher trauen dürfen.
„Eben um diese Zeit," schreibt er, „übergab der Prophet und Mann Gottes,
Johann Bockelson, dem Knipperdollinck zum Schrecken der Uebelthäter das Schwert
und belegte ihn vor der ganzen Versammlung mit dem Namen des Schwertführers.
Denn da alles Hohe erniedrigt werden sollte und Knipperdollinck bisher
Bürgermeister und das Haupt der Stadt gewesen sei, so sei es der Wille des
Vaters, daß er nun das so gering geschätzte Amt eines Scharfrichters ver=
walten solle." (I., S. 545.)

---

*) In einer Flugschrift an die belagernden Landsknechte erklärten sie: „Höret, ihr
Jünglinge und Alten, die ihr rings um unsere Stadt euer Lager gezogen habt: Da wir nicht
allein von Herzen wünschten, mit Jedermann Frieden zu halten, sondern auch die
brüderliche Liebe in Christo gegen alle Menschen bethätigen möchten, so werdet
ihr zusehen müssen, wie ihr es vor frommen Leuten - - geschweige denn vor Gott — ver=
antworten wollet, daß wir von euch gegen alle geschriebenen und unterzeichneten Friedens=
verträge, ohne ordentliche Kriegserklärung gewaltsamerweise belagert und um das Leben gebracht
werden." Das ganze Flugblatt ist abgedruckt bei Kerssenbroick, II., S. 9.

Deutlicher kann man wohl nicht sprechen. Die Hinrichtungen, die der König eigenhändig vollzog, entsprangen demselben Prinzip, das ihn veranlaßte, bei den öffentlichen Mahlen mit der Königin die Menge zu bedienen.*)

Für unser modernes Fühlen erscheint die Ausübung des Henkeramtes durch den „König" und seinen Statthalter sicher sehr widerlich, aber die heutigen Anhänger der Todesstrafe haben am wenigsten Ursache, darüber die Nase zu rümpfen. Wer ein Todesurtheil billigt, aber davor zurückschaudern würde, es selbst zu vollziehen, der bezeugt damit seine Feigheit, Verzärtelung, Hochmüthigkeit oder Gedankenlosigkeit, auf keinen Fall aber eine Eigenschaft, auf die er Ursache hätte stolz zu sein.

Wo bleibt nun nach alledem die unerhörte, neronische Grausamkeit der Wiedertäufer? sie zerstiebt wie Dunst, sobald man sie näher ansieht. Weit entfernt, besonders grausam zu sein, erwiesen sie sich vielmehr für ihre Zeit und für ihre besondere Situation als ungewöhnlich milde. Ihre Grausamkeit bestand darin, daß sie sich nicht geduldig hinschlachten ließen wie Schafe, allerdings ein unsühnbares Verbrechen in den Augen eines jeden „Gutgesinnten." Das Hinüberschießen ist ein hochzupreisender Liebesdienst, jeder Schuß herüber dagegen eine teuflische Bestialität!

Mit der Beschuldigung der Grausamkeit eng verschwistert ist die der Tyrannei: Münster zeige uns, wohin die Freiheit und Gleichheit des Kommunis= mus führe.

Wir haben gesehen, daß die Täufer in Münster auf vollkommen gesetzlichem Wege zur Herrschaft gelangt waren. Der Rath war aus Anhängern der Taufe zusammengesetzt. Aber eben weil die Wahl gesetzlich vor sich gegangen war, hatte sie innerhalb der Schranken stattgefunden, die das alte Wahlrecht festsetzte. Das aktive und passive Wahlrecht war beschränkt, nur die ansässigen Bürger waren im Rath vertreten. Die Proletarier ebenso wie die Emigranten, die der übrigen wehrhaften Bevölkerung, welche in der Stadt geblieben war, an Zahl ungefähr gleich gewesen sein sollen, und die an den Lasten des Kampfes ihren vollen Antheil trugen, fanden keine Vertretung im Rathe. Andererseits war die bürgerliche Behörde für Friedenszeiten eingerichtet und den Anforderungen nicht gewachsen, welche die Belagerung stellte.

Der Belagerungszustand hat stets eine Aufhebung der bürgerlichen Rechte und Freiheiten und die unumschränkte Verfügung der Militärbehörden über Leben und Gut der belagerten Bevölkerung zur Folge gehabt, so sehr, daß das Wort „Belagerungszustand" gleichbedeutend geworden ist mit der Beseitigung des gemeinen Rechtes und der politischen Freiheiten. Der Kommunismus hat bisher leider

---

*) Für die Schauermähr, die uns Kerssenbroick erzählt, Johann von Leyden habe eine seiner Frauen selbst geköpft, und seine Frauen hätten mit ihm um den Leichnam herum= getanzt, haben wir ein authentisches Zeugniß nicht gefunden. Sie gehört wohl in dasselbe Gebiet wie des Johann Mathys' Feuertaufe.

noch nicht das Wunderelixir erfunden, wodurch diese nothwendige Konsequenz des Belagerungszustandes überflüssig geworden wäre. Er konnte auch in Münster nicht verhindern, daß die Belagerung zur militärischen Diktatur führte. Wem das nicht deutlich die Verwerflichkeit des Kommunismus und die Verworfenheit der Kommunisten beweist, dem ist nicht zu helfen.

Neben dem Rath bildeten die Prediger eine Art Volksvertretung. Sie wurden von den einzelnen Kirchspielen gewählt und bei ihrer Wahl kam auch die unzünftige Bevölkerung zur Geltung. Außer dem sehr formlos betriebenen Gottesdienst beschäftigten die Prediger auch Fragen der Gesetzgebung und der Verwaltung. Sie waren es auch, welche (nach Mathys' Tode) der Gemeinde die Einsetzung eines „Wohlfahrtsausschusses" vorschlugen, dessen Mitglieder sie selbst ernannten — mit Zustimmung der Gemeinde.

„Da haben die Propheten und Prädikanten," erzählt Gresbeck, „wieder gedacht und wollten keine Obrigkeit haben in der Stadt Münster. Die Propheten, Prädikanten, Holländer und Friesen, die Bösewichter, die rechten Wiedertäufer, sie wollten allein Herrn sein. So haben sie gesetzt zwölf Aelteste, von den Weisesten, die gute Christen sein sollten, die sollten das Volk regieren und sollten ihm vorgehn, und die zwölf Aeltesten sollten die Gewalt haben in der Stadt. So haben sie die Bürgermeister und den Rath, den sie gesetzt hatten, abgesetzt, und alle Gilden und Aelterleute, so daß diese keine Obrigkeit mehr sein sollten." (S. 35.) Kerssenbroick nennt unter den Aeltesten ausdrücklich drei auswärtige „Brüder," darunter einen Friesen, aber auch Mitglieder des alten Rathes, ja sogar einen der zwei Bürgermeister von 1533, den Patrizier Hermann Tilbeck, der, wie wir gesehen haben, von Anfang an mit den Täufern sympathisirt hatte.

Da die Täufer nicht klassisch gebildet waren, sondern nach der Art aller ketzerischen Kommunisten und Demokraten im Alten Testament ihre literarische Grundlage suchten, nannten sie die Mitglieder des Ausschusses nicht etwa Senatoren, oder Direktoren, oder Diktatoren, sondern „die Aeltesten der zwölf Stämme Israels." Dieselben wurden mit unumschränkter richterlicher, gesetzgebender und administrativer Gewalt ausgestattet.

Aber das Wesen der Belagerung brachte es mit sich, daß die thatsächliche oberste Gewalt dem Kommandanten der Festung zufiel. Das war anfangs der Prophet Johann Mathys. Als dieser am 5. April 1534 bei einem Ausfall aufs Tapferste kämpfend gefallen war, trat Johann von Leyden an seine Stelle, die er auch, wie der Erfolg bewies, aufs Trefflichste ausfüllte.

Als Stadtkommandant und Befehlshaber der Kriegsmacht wurde er unumschränkter Herr der Stadt. Am 31. August geschah nach heftiger Beschießung ein großer Sturm auf die Stadt, der glücklich abgeschlagen wurde. Als nach diesem Erfolg auf Antrag des Goldarbeiters und Propheten Dusentschur, und im Einverständniß mit den hervorragendsten Täufern, Knipperdollinck, Tilbeck, Heinrich und Bernt Krechtinck (zwei Brüder, die im Februar zugewandert waren), Rothmann und den zwölf Aeltesten, diese ihre Gewalt vor der Gemeinde auf Johann von Leyden

26*

übertrugen, so bedeutete dies nur die Anerkennung eines thatsächlich schon bestehenden Zustandes.*) Daß die Täufer für ihren Stadtkommandanten keinen passenderen Namen fanden als den eines Königs in Israel, liegt an ihrer schon bemerkten einseitig biblischen Bildung. Fromme Seelen sollten ihnen das am allerwenigsten übel nehmen, und den königstreuen Historikern sollten jene Kommunisten, die sich einen König setzten, um deßwillen besonders sympathisch sein. Bei den in Frieden lebenden Wiedertäufern, zum Beispiel den mährischen, werden sie vergeblich nach der geringsten Spur monarchischer Tendenzen suchen.

Als guter General sorgte Johann von Leyden nicht nur für ausreichende Kriegsrüstung und Kriegsübung seiner Truppen, sondern auch für eine gute psychologische Verfassung der Bevölkerung. Um sie niederdrückender Unthätigkeit und den Beängstigungen der Belagerung zu entreißen, trachtete er darnach, sie zu beschäftigen und zu amüsiren. Für Ersteres sorgte er durch Schanzarbeiten und das Abreißen überflüssiger Kirchen und alter Quartiere. Das berichtet Kerssenbroick, natürlich nicht ohne die Beigabe der üblichen Verdächtigung: „Damit aber den Stadteinwohnern keine Zeit bliebe, an einen Aufruhr gegen den König zu denken, so haben sie (die Befehlshaber der Stadt) selbige beständig mit Arbeit belegt, und damit sie auch nicht zu muthwillig würden, ihnen weiter nichts als Brot und Salz zu essen gegeben.**) Denn da sie zu der Zeit (Januar 1535) keine neuen Festungswerke anzulegen noch angelegte auszubessern hatten, so wurde ihnen aufgegeben, daß sie theils die Kirchen, theils die Hütten und andere niedere Häuser, die um die Baumgärten herumstanden und schon vor gar langer Zeit waren aufgebaut worden, niederreißen und alles Mauerwerk aus der Erde herausgraben sollten. Daher fingen sie schon den 21. Januar an, das oberste Dach an der Kirche abzubrechen, nachdem sie vorher mit weiter nichts als mit Arbeit an den Befestigungen sich die Zeit vertrieben hatten." (II., S. 142.)

Aber nicht nur für Arbeit sorgte Johann, sondern auch für Amüsement. Neben kriegerischen und gymnastischen Uebungen arrangirte er gemeinsame Mahlzeiten, Spiele und Tänze, festliche Aufzüge und Theateraufführungen. Dabei kam ihm seine lebensfrohe Künstlernatur trefflich zu Statten. Auf den modernen Beschauer macht freilich sein Auftreten und Wirken bei diesen Volksbelustigungen, namentlich den Festzügen, leicht den Eindruck des Theatralischen, und wir wissen

*) Nach Kerssenbroick freilich war das ganze Wiedertäuferreich von Johann willkürlich fabrizirt worden, zu dem einzigen Zweck, damit er dessen Herrscher werden könne. „Nach dergleichen Dingen hatte Johann Bockelson von Leyden schon lange gestrebt. Deßwegen hatte er auch alle Obrigkeiten verworfen und verachtet. Eben deßwegen verordnete er, daß alle Bürger ihre Güter miteinander gemein haben sollten und riß ihr Eigenthum an sich rc." (II., S. 47.) Man sieht, die modernen Sozialistentödter brauchen sich auf ihre Albernheiten nichts einzubilden. Dergleichen verstand man schon vor mehr als dreihundert Jahren ebenso gut.

**) So weiß unser objektiver Historiker selbst aus der einfachen Thatsache, daß in der belagerten Stadt die Lebensmittel knapp wurden, einen Strick für die Führer der Wiedertäufer zu drehen!

ja, daß er auf dem Theater zu Hause war und sich auf Bühnenwirkungen verstand.*) Aber man darf Johann auch nicht mit modernen Augen betrachten.

Uns erscheinen festliche Aufzüge als etwas Theatralisches, weil wir sie nur vom Theater her kennen. Vor drei= oder vierhundert Jahren waren sie ein organisches Moment des sozialen Lebens. Die Ursachen davon haben wir bereits früher (S. 120) angedeutet. Kirche, Fürsten und Adel wetteiferten damals in prunkhaftem Auftreten. Die Wiedertäufer, wie alle ketzerischen Kommunisten, ver= warfen diesen Prunk, der ein Resultat der Ausbeutung war. Sie trugen nicht nur selbst höchst einfache Kleider, sie weigerten sich auch (in Mähren) Prunkkleider für Andere zu verfertigen.**) Aber wie in anderer Beziehung, herrschten auch in dieser in Münster abnorme Verhältnisse. Der Kleiderprunk, den Johann mit seinen Leuten entfaltete, beruhte nicht auf der Ausbeutung von Arbeitern. Diesen „schneiderhaften, überladenen, komödienhaften" Prunk fanden sie vor, er wurde nicht für sie geschaffen. „Sie (die Räthe des Königs)," erzählt Gresbeck, „hatten dieselben Röcke in der Stadt gekriegt, die den reichen Leuten gehört hatten, welche sie aus der Stadt getrieben hatten." (S. 89, vgl. S. 136, wo als ehemalige Besitzer der Röcke die vertriebenen Bürger und Junker genannt werden.) Und Kerssenbroick berichtet: „Sie hatten Gold und Silber, es mochte solches den Bürgern oder der Stadt gehören, wie auch die heiligen, gestickten, seidenen, pur= purnen und alle andern Zierrathen, welche dem Gottesdienst gewidmet waren, aus den Kirchen genommen und an sich gezogen; auch hatten sie alles andere, so der Stadt und den Bürgern gehörte, sich zu eigen gemacht und sogar die, die sich widersetzten und den Unfug nicht länger ausstehn oder ertragen wollten, um das Leben gebracht; so hat man sich damit nach eigenem Wohlgefallen, ungeachtet es von Andern mit saurer Mühe war erworben worden, geputzt und geziert." (II., S. 58.)

Der Prunk war also der in Münster herkömmliche; er hatte blos seine

---

*) Das theatralische Moment in Johann von Leyden hat bei unseren ehrsamen Geschicht= schreibern stets großen Anstoß erregt. Der Verfasser der „Schlaraffia politica" nennt ihn einen „Theaterkönig" (S. 69); Bezold nennt in seiner „Geschichte der deutschen Reformation" (S. 710) den „überladenen Prunk" Johann's „echt schneidermäßig" — wir wissen nicht, wo der gelehrte Professor seine Studien in Schneiderpsychologie gemacht hat. Am drolligsten aber geberdet sich der Geschichtschreiber der Wiedertäufer, Keller, der nach der Schilderung eines Aufzugs des Königs entrüstet ausruft: „Es war ein unerhörtes Komödienspiel, welches dieser holländische Schneider vor seinen Genossen und vor der Welt anrichtete. Einstweilen schützten die Mauern einer wohlbewehrten Stadt diesen Herrscher vor der wohlverdienten Züchtigung ꝛc." (S. 217). Setzt Herr Keller nur bei Kommunisten auf Kleiderpracht die Todesstrafe, oder auch bei Monarchen? Wie viele würden dann die „Züchtigung" nicht „wohlverdienen?"

**) Einer der mährischen Täufer erklärte „über das Kleidermachen": „Mit allem Fleiß sollen und wollen wir unserm Nächsten dienen mit allerlei Fleiß zu seiner Nothdurft und daß Gott darin gelobt und unser Fleiß erkannt werde. Was aber allein zur Pracht, zum Stolz und zur Hoffarth gereicht, als zerschnittene, verbrämte und ausgestochene Werk, das machen wir Niemandem, auf daß wir unser Gewissen unbefleckt erhalten." (Loserth, Der Kommunismus der mährischen Wiedertäufer, S. 126.)

Träger gewechselt, aus den Händen der Ausbeuter war er in die der Ausgebeuteten gefallen, die ihn geschaffen hatten: damit hatte er sofort die verwerflichsten Eigenschaften bekommen.

Zur Entfaltung des Prunkes unter den Münsterschen Täufern dürfte auch die Apokalypse etwas beigetragen haben. Dort wird das neue Jerusalem voll von Gold und Edelsteinen geschildert, „und die Könige auf Erden werden ihre Herrlichkeit in die Stadt bringen" (21, 24). In Münster galt es, zu beweisen, daß die Stadt wirklich das langersehnte neue Jerusalem sei.

Uebrigens darf man sich den Münsterschen Prunk nicht so ausschweifend vorstellen, wie es in der Regel geschieht. Dürfte man den Beschreibungen Gresbeck's glauben, dann müßten Johann und seine Kriegsleute unglaubliche Mengen Goldes und Silbers auf sich getragen haben. Wer das wörtlich nehmen wollte, würde bei genauerem Zusehen ebenso enttäuscht sein, wie die bischöflichen Landsknechte vor Münster, denen man mit ähnlichen Geschichten den Mund nach der fetten Beute wässerig gemacht hatte. Da war zum Beispiel ein Landsknecht, der früher bei den Wiedertäufern gewesen, der erzählte, „daß der König einen großen Schatz bei sich hätte von Geld, Silber und Gold." Fünf bis sechs Tonnen Goldes erwarteten sie in der Stadt zu finden. Aber als sie Münster erobert hatten, fanden sie kaum eine halbe Tonne Goldes, und es nützte ihnen nichts, daß sie den gefangenen Johann und die Beutemeister folterten und den Landsknecht, der so unbegründet geschwätzt, enthaupteten, es wurde dadurch nicht mehr.

Von einem Vergraben der Schätze konnte keine Rede sein, denn die Stadt war unerwartet durch einen nächtlichen Ueberfall genommen worden und die Belagerten fanden kaum Zeit, zu den Waffen zu greifen, geschweige Schätze zu vergraben.

Charakteristisch sind die Theaterstücke, die Johann aufführen ließ. Eines davon beschreibt uns Gresbeck. Es ist ein Tendenzstück: „Sie haben große Freude betrieben, auf daß sie die Zeit hinbrächten. So hat der König das gemeine Volk im Dom tagen lassen. So ist all das gemeine Volk in den Dom gekommen von Männern und Frauen, außer jenen, welche Wache auf den Wällen halten mußten, um die große Freude zu sehn und das Wunder, das in dem Dom geschehen sollte. So hat der König eine Bühne machen lassen, mit Gardinen umher behangen, auf dem Chor in dem Dom, wo der Hochaltar steht, den ein jeder umher sah, da spielten sie das Spiel vom reichen Mann und vom Lazarus. So haben sie das Spiel angefangen und haben gespielt und haben die Sprüche gegen einander gethan. Wenn der Mann einen Spruch gethan hatte mit Lazarus, so stunden am Fuße der Bühne drei Pfeifer mit Querpfeifen und spielten ein Stück mit drei Stimmen. Dann begann der reiche Mann wieder zu sprechen und dann spielten die Pfeifer wieder. So dauerte das Spiel bis zum Ende. Zuletzt sind Teufel gekommen und haben den reichen Mann mit Leib und Seele geholt und hinter die Gardine geführt. Da war ein großes Lachen in dem Dome, da sahn sie große Freude." (S. 168.)

So harmlos wie diese sind auch die anderen Volksbelustigungen, von denen Gresbeck erzählt. Er spricht hämisch und verbissen genug von diesem heiteren Treiben, aber von Zügellosigkeiten oder auch nur Leichtfertigkeiten erwähnt er nichts.

Die schlimmste „Orgie," von der er zu erzählen weiß, ist folgende: „Danach (nach der Wahl der zwölf Thorkommandanten, Herzoge genannt, durch das Volk) hat der König eine Gasterei gehalten und hat alle die Herzoge und Räthe zu Gaste geladen und des Königs Räthe mit allen ihren Frauen und allen obersten Dienern des Königs. . . . Als sie nun bei einander gewesen sind, haben sie sich angestellt, als wollten sie ihr Lebenlang das Regiment führen. Und als die Mahlzeit gethan gewest ist, da haben sie hofiert und getanzt, ein jeder mit seiner Frau. Der König hat mit den Herzogen hofiert und hatte sie zu Gaste geladen und sie aßen und tranken und waren guter Dinge." (S. 184.)

Das giebt Keller wieder mit den Worten: „Der König versammelte alle die Herzoge, Räthe, Statthalter und Würdenträger mit ihren Frauen zu einem großen Fest in der Residenz und schwelgte mit ihnen in aller Pracht und in Ueberfluß."*)

So wird Geschichte geschrieben! Von Schwelgerei, Pracht und Ueberfluß findet sich in dem ganzen Bericht kein Wort!

Aus dem Zusammenhang geht hervor, daß Gresbeck nicht von Schwelgerei reden, sondern die Thatsache brandmarken wollte, daß der König und seine Leute überhaupt noch zu essen und zu trinken hatten, indeß das Volk hungerte, denn er fährt fort: „Das andere gemeine Volk lief zur Stadt hinaus vor Hunger und ein Theil begann vor Hunger zu sterben."

Damit kommen wir zur schwersten Beschuldigung Gresbeck's gegen Johann von Leyden: nicht, daß er wüste Orgien feierte, sondern daß er der hungernden Bevölkerung die nothwendigen Lebensmittel vorenthielt, indeß er selbst vollauf zu essen hatte.

Aus eigener Anschauung weiß Gresbeck davon nichts, denn er gehörte nicht zu der Umgebung des Königs, weder zu den Offizieren, noch zu den Verwaltungsbeamten. So wie über die oben erwähnte „Gasterei" spricht er über das Wohlleben Johann's überhaupt nur vom Hörensagen. Daß in der Stadt mancher Unzufriedene war, als die Rationen immer mehr verringert wurden, ist naheliegend, und ebenso, daß sich diese Unzufriedenheit in übler Nachrede über den Kommandanten Luft machte. Merkwürdig aber ist es, daß die Leute um so bestimmter vom Wohlleben des „Königs" inmitten der Noth zu sprechen wissen, je ferner sie ihm sind.

So schrieb z. B. der Bürgermeister von Frankfurt, Justinian von Holzhausen, der sich im Kriegslager vor Münster befand, am 8. Juni 1535 an seinen Vater: „Die Kühe, so noch drinnen,**) frißt der König mit seinem Haufen

*) Geschichte der Wiedertäufer, S. 237.
**) Am 29. Mai schreibt er, sie hätten noch zweihundert Kühe.

hinter der Gemein. Uns wundert, daß die Gemein den Betrug des Königs nicht merkt."*) Wieso merkte ihn denn der Bürgermeister draußen im Feldlager?

Gresbeck selbst aber verplappert sich einmal und weist darauf hin, daß Johann an der allgemeinen Nothlage theilgenommen habe: „Und es ist also der meiste Theil von den Frauensleuten aus der Stadt gezogen vor großem Hunger. So hatte der König fünfzehn Frauen. Denen hat der König allzumal Urlaub gegeben, mit Ausnahme der Königin, die hat er allein behalten. Und hat zu den anderen Frauen gesagt, daß eine jede sollte nach ihren Freunden gehn, daß sie was zu essen kriegten, wo immer sie könnten."**) Das erzählt uns Gresbeck fast unmittelbar nach seinem Bericht über die „große Gasterei," auf Seite 190. Er verstand sich noch nicht auf die Kunst einer „einheitlichen Geschicht= schreibung."

c) Der Kommunismus.

Die Gütergemeinschaft war die Grundlage der ganzen täuferischen Be= wegung. Ihretwegen wurde der große Kampf um Münster gekämpft. Aber nicht sie war es, die in erster Linie den Charakter des Münsterschen Täuferreichs bestimmte, sondern die Belagerung. Münster war ein großes Kriegslager, die Erfordernisse des Krieges gingen allen anderen voran, und die Freiheit und Gleich= heit galten nur, so weit sie sich mit der Militärdiktatur vertrugen.

Kaum war Münster am 10. Februar in die Hände der Täufer gerathen, da sandten sie nach allen Seiten Briefe aus und luden die Gesinnungsgenossen ein, nach Münster zu kommen. In einem der Briefe, der noch erhalten ist, heißt es: „Hier sollt ihr aller Nothdurft genug haben. Die Aermsten, die bei uns sind und die hier vormals verachtet waren als die Bettler, die gehn nun so köstlich gekleidet, wie die Höchsten und Vornehmsten, die bei Euch oder bei uns zu sein pflegen. Und es sind die Armen also reich durch Gottes Gnade geworden wie die Bürgermeister und die Reichsten in der Stadt."

Aber dieser Kommunismus blieb in seinen Anfängen stecken.

Man spricht immer davon (so noch Keller), in Münster sei alles Privat= eigenthum aufgehoben gewesen. Nichts weniger als das. Nur das Privat= eigenthum an Gold und Silber, das Geld, wurde gänzlich aufgehoben. Die Propheten, Prädikanten und der Rath (es war noch vor Einführung der Ver= fassung der zwölf Aeltesten) „sind des fortan eins geworden und haben beschlossen, daß alle Güter sollen gemein sein, daß ein Jeder solle sein Geld, Gold und Silber aufbringen, wie auch zuletzt ein Jeder gethan hat." (Gresbeck, S. 32.) Dies Geld diente zur Bestreitung des Verkehrs der Stadt mit der Außenwelt, namentlich der Aussendung von Agitatoren und der Gewinnung von Landsknechten.

---

*) Berichte der Augenzeugen, S. 354.

**) Diese Stelle allein spricht schon gegen die oben erwähnte grausige Geschichte von der Hinrichtung einer der Frauen des Königs durch diesen. Wenn er seine Frauen vollzählig versammelte und entließ, kann er nicht vorher eine umgebracht haben.

Aber der Einzelhaushalt blieb bestehen und das Privateigenthum an Produktions= und Konsumtionsmitteln wurde nur insofern aufgehoben, als die Bedürfnisse des Krieges es erheischten.

Das Erbrecht bestand fort. Unter den Einrichtungen, welche die Aeltesten trafen, verzeichnet Kerssenbroick (II., S. 8) auch folgende: „Wenn Einer nach Gottes Schickung sollte erschossen werden oder auf sonst eine Art im Herrn ent= schlafen, so soll sich Niemand unterstehn, dessen zurückgelassene Güter, als da sind Gewehr, Kleider u. s. w., für sich wegzunehmen, sondern sie sollen zu dem Schwertführer Knipperdollinck gebracht werden, der dieselbigen den Aeltesten vor= legen soll, auf daß sie durch deren Vermittelung den rechten Erben mögen zuerkannt werden."

Selbst von der Kriegsbeute konnte ein Theil in Privateigenthum über= gehen. Der 14. unter den 28 Artikeln, die Johann von Leyden dem Volke am 2. Januar 1535 vorlegte, bestimmt: „Wenn den Feinden Beute abgenommen worden ist, so soll Niemand dieselbe für sich behalten oder nach seiner Willkür einen Gebrauch davon machen, sondern wie es billig ist, seiner Obrigkeit die Sache anzeigen und die Beute herbeibringen. Würde ihm die Obrigkeit etwas davon geben, so könne er selbiges, ohne ein Unrecht zu begehen, zu seinem Nutzen verwenden."

Und im nächsten Artikel heißt es: „Es soll ein Christ bei Strafe des jüngsten Gerichts nicht mit seinem Bruder handeln, noch ihm um Geld etwas abkaufen; auch soll bei Tauschen und Verwechseln keiner den andern listig und betrüglich behandeln."

Nach der Aufhebung des Geldes war der Tausch unumgänglich geworden, wenn man das Privateigenthum an den Produktionsmitteln und Produkten beibehielt. Wie wenig man dies aufhob, zeigt folgende Episode aus der Zeit nach Johann's Erhebung zum Königthum, die wir bei Gresbeck finden (S. 144): „So ist Knipper= dollinck zu einem Krämer gekommen. Derselbe hatte noch seinen Kram. Da sagte Knipperdollinck zu ihm: ‚Du wärest auch wohl heilig; den Kram, den willst Du nicht verlassen. Da sitzest Du auf und brütest, ob Du daraus könntest Junge (Profit?) kriegen. Der Kram ist Dein Gott. Den mußt Du verlassen, willst Du heilig sein.'" Der Kramhandel galt also gerade nicht als ehrenhaft, aber das „kommunistische Schreckensregiment" war weit entfernt davon, ihn gewaltsam unmöglich zu machen.

Wohl finden wir in Münster gemeinsame Mahlzeiten. Aber diese sind zum Theil gelegentliche festliche Zusammenkünfte des Volkes — Abendmahle —, zum Theil eine Kriegsmaßregel. „Sie haben auch vor jedem Thor ein Haus gehabt, dasselbe war ein Haus der Gemeinheit (Gemeinschaft). Dahin ging ein jeder von denen essen, die vor dem Thore Wache hielten und arbeiteten auf den Wällen oder im Graben. So pflegten sie auch in dem gemeinen Haus zu predigen, alle Tage des Morgens und Mittags. Die Diakone mußten die Kost bestellen in dem Hause der Gemeinheit, ein jeder Diakon für sein Thor. In einem jeden

Kirchspiel hatten sie einen Wirth gesetzt in dem Hause der Gemeinheit, der da mußte kochen lassen und das Haus verwahren. Wenn es aber Mittag war, da stand ein junger Mann auf und las ein Kapitel aus dem alten Testament oder aus den Propheten vor. Wenn sie nun gegessen hatten, so sangen sie einen deutschen Psalm. Dann standen sie auf und gingen wieder an ihre Wache." (Gresbeck, S. 34, 35.)

Es waren nicht blos Männer, sondern auch Frauen, welche an diesen Mahlzeiten theilnahmen, denn auch die Frauen waren bei der Vertheidigung thätig. Das eben zitirte von Gresbeck gelieferte Bild der Bacchanalien, welche bei diesen Gelegenheiten gefeiert wurden, wird vervollständigt durch die Bestimmungen der Aeltesten darüber, die uns Kerssenbroick mittheilt (II., S. 5): „Auf daß auch in der Verwaltung des Essens und Trinkens die gehörige Ordnung in Acht genommen werde, so sollen nicht allein diejenigen, welche solches reichen, ihre Pflicht in Acht nehmen und den Brüdern und Schwestern geben, was sie bisher bekommen haben, sondern es sollen auch die Brüder und Schwestern jedesmal gesondert an ihren Tischen ganz bescheiden und mit gehöriger Schamhaftigkeit sitzen und keine andere Speise fordern, als diejenige, so aufgetragen worden." Nach Kerssenbroick wäre bei Tisch kein Wort gesprochen, sondern dem Vorleser gelauscht worden.

Das gemahnt uns mehr an eine Pietistenversammlung, als an Libertinismus. Aber es entspricht dem Wesen des ketzerischen Kommunismus.

Die Kosten der gemeinsamen Mahlzeiten hatten die katholische Kirche und die Emigranten zu tragen. Aus deren Häusern und den Klöstern nahmen die Diakone den nöthigen Proviant.

Ueber jedes Kirchspiel waren drei Diakone gesetzt (von wem, sagt uns Gresbeck leider nicht, sie wurden wohl vom Volke gewählt), denen auch die Armenpflege oblag. Darüber ist der christliche Kommunismus praktisch auf die Dauer nirgends hinausgekommen, wo er den Einzelhaushalt bestehen ließ. „Die Diakone," berichtet Gresbeck, „gingen in ihrem Kirchspiel umher und sollten sich umsehen, was für arme Leute in der Stadt wären und sollten es ihnen an nichts gebrechen lassen. Mit einem guten Schein trieben sie das so in Münster."

„Dieselben Diakone," erzählt Gresbeck weiter, „gingen in alle Häuser und besahn, was ein jeder in seinem Haus von Kost, von Korn, von Fleisch hatte, und schrieben alles auf. Da sie das Alles aufgeschrieben hatten, da war ein jeder des Seinen nicht mächtig." (S. 34.) Diese Maßregel ist nicht ein Ausfluß des Kommunismus, sondern eine Kriegsmaßregel, die in einer belagerten Stadt selbstverständlich ist. Die Militärbehörde mußte die Menge des vorhandenen Proviants kennen. Gerade diese Maßregel setzt den Einzelhaushalt voraus. Erst später, unter dem Druck der Noth, wurde befohlen, alle überflüssigen Kleider, sowie die gesammten Lebensmittelvorräthe, welche die einzelnen Haushaltungen besaßen, abzuliefern. Aber auch damit wurde der Einzelhaushalt nicht aufgehoben; die Diakone hatten aus dem gemeinsamen Vorrath jeder einzelnen Familie ihren

Antheil zuzutheilen, sowohl an Brot, als auch an Fleisch, so lange es solches gab. „Sie haben einen Theil der Pferde geschlachtet und das Pferdefleisch in das Fleischhaus tragen lassen. Da sind die Leute gekommen und haben das Fleisch geholt. So fragten die Diakone, wie viele Menschen in jedem Haus wären. Danach haben sie einem jeden gegeben und haben jedes Haus auf- geschrieben. Das haben sie gethan um deßwillen, daß ein jeder sollte nicht zweimal Fleisch haben." (Gresbeck, S. 174.)

Auch das Land, zu dessen Bestellung die Noth zwang, wurde nicht gemeinsam bestellt, sondern jedem Haus sein Antheil daran zugewiesen. „So hat der König Landherrn gesetzt. Dieser waren vier in der Stadt. Die gingen in alle die Höfe und haben jedem Haus ausgethan ein Stück Landes oder zwei, je nachdem viele Leute im Haus waren. Da haben sie gegraben und gesät Kohl und Rüben und Wurzeln, Bohnen und Erbsen. Wer selber einen großen Hof hatte, der durfte davon nicht mehr brauchen, als ihm die Landherrn zuwiesen. Sie hatten sich auch vorgenommen in der Stadt, alle Zäune und Riegel um die Höfe her abzubrechen, die in der Stadt waren, so gemein wollten sie die Höfe haben." (Gresbeck, S. 175, 176.) Aber es kam nicht dazu. Die Bestimmung, daß alle Hausthore Tag und Nacht offen stehen sollten, war wohl nicht eine öko- nomische, sondern nur eine moralisirende Maßregel zur Hebung des Gefühls der Brüderlichkeit.

Mit der Aufrechthaltung des Einzelhaushaltes war aber eng verbunden die Erhaltung der Disziplinargewalt des Haushaltungsvorstandes über die Mitglieder des Haushalts. Und eine mittelalterliche Familie umfaßte mehr Leute, als blos ein Ehepaar mit den Kindern. Die großen Haushaltungen jener Zeit erforderten auch ein Gesinde. Und so finden wir in Münster nicht nur die Oberhoheit des Mannes über die Frau, sondern auch die des Herrn über das Gesinde. In einem Edikt der Aeltesten handelt der dritte Paragraph „von der Herrschaft des Ehe- mannes und der Unterthänigkeit des Weibes," und der vierte „von dem Gehorsam des Hausgesindes gegen den Hausherrn und von der Pflicht des Hausherrn gegen sein Gesinde." (Kerssenbroick, II., 1.) So werden denn auch zu den gemein- samen Abendmahlen geladen „ein jeder Bruder mit seiner Frau und seinem Haus- gesinde." (Gresbeck, S. 106.)

Mit dem Einzelhaushalt blieb auch die damals eng damit verknüpfte Pro- duktion in vereinzelten Kleinbetrieben bestehen, und wie das Hausgesinde nicht aufgehoben wurde, so auch nicht der Unterschied zwischen Meister und Geselle. In einem schon zitirten Erlaß der Aeltesten werden bestimmte Handwerker genannt, die für die Stadt oder die Bevölkerung zu arbeiten haben — man darf dabei nicht an eine sozialistische Organisation der Arbeit denken, sondern auch nur an eine Bestimmung, welche die kriegerischen Verhältnisse erzeugten. Die genannten Handwerker waren nämlich vom Wachdienst ausgenommen. (Kerssenbroick, II., 21.) Da heißt es zum Beispiel: „Es soll Niemand der Fischerei obliegen, als die Fischer- meister Christian Kerckring und Hermann Rebecker nebst ihren Knechten, welche auch die Fische, wenn es nöthig ist, den Kranken und Schwangern nicht abschlagen sollen. . . . Hermann Tornate und Johann Redecker mit ihren sechs Schuh= knechten sollen für das neue Israel die Schuhe machen. . . . Johann Coesfeld und seine Gesellen sollen eiserne Schlüssel verfertigen." (Kerssenbroick, II., S. 6.)

Es ist also garnicht gerechtfertigt, wenn die Geschichtschreiber behaupten, es sei „ein weitgehender Kommunismus der Güter" eingeführt worden."*) Daß es dazu nicht kam, das ist wohl in derselben Weise zu erklären, wie die geringe Thätigkeit der Pariser Kommune von 1871 auf sozialem Gebiet. Es war eine naturnothwendige Folge der Belagerung, deren Wirkung wir überall auf Schritt und Tritt begegnen. Sie nahm alles Denken und Handeln in Anspruch. Ein Krieg hat sich noch nie als der geeignete Moment zur Durchführung einer fundamentalen Neuordnung der Gesellschaft erwiesen.

Wie in den ökonomischen, kamen die Wiedertäufer auch in den kirchlichen Verhältnissen zu keiner durchgreifenden Neugestaltung. Keller wundert sich darüber: „Man hätte erwarten sollen, daß ihre Thätigkeit mit der Bekannt= machung einer neuen Kirchenordnung oder mit Vorschriften über die Form der Gottesverehrung oder mit ähnlichen Dingen begonnen hätte. Allein in dieser Richtung unterblieben nicht nur im Anfang alle nöthigen Vorkehrungen, sondern es ist, soviel uns bekannt, zu einer Regelung der gottesdienstlichen Formen niemals gekommen." (Geschichte der Wiedertäufer, S. 202.) Uns erscheint das so sonderbar nicht. Wir schieben diesen Umstand zum Theil auf den Krieg. Zum Theil aber auch darauf, daß wir bei den Wiedertäufern ebenso wie zum Beispiel bei den böhmischen Brüdern oder bei Münzer eine ziemliche Gleichgültigkeit für die Formen des Gottesdienstes finden.

Vollkommen dem allgemeinen Geiste des ketzerischen Kommunismus entspricht ihre Vorliebe für das Alte Testament, die bei jeder Gelegenheit zu Tage tritt, und ihre Verachtung für die Gelehrsamkeit, die sie dadurch bekundeten, daß sie alle Bücher und Briefe, welche sie in der Stadt fanden, mit Ausnahme der Bibel, auf dem Domhof verbrannten. Und auch sie bestätigen die Regel, daß diese Verachtung der Gelehrsamkeit bei den Kommunisten Hand in Hand ging mit der Sorge für die Volksschule. Trotz der Belagerung richteten sie fünf oder sechs neue Schulen ein, „da lernten die Kinder und die Jungen und Mädchens, die mußten lernen die deutschen Psalmen, Schreiben und Lesen. Alles das, was sie lernten, war von der Taufe und nach ihrer Weise." (Gresbeck, S. 47.)

Und auch den Mystizismus finden wir bei den Münsterschen Täufern wieder, den Glauben einzelner besonders verzückter und enthusiastischer Brüder an direkten Verkehr mit Gott, an Offenbarungen und Weissagungen. Von Knipperdollinck, von Johann Mathys, von Bockelson und anderen Propheten des neuen Jerusalem

---

*) Lamprecht, Deutsche Geschichte, V., 1., S. 356. Herr Lamprecht bringt es fertig, die „grotesk=abscheulichen Zustände" in Münster ohne die geringste Beziehung zum Belagerungs= zustand darzustellen. Der wird später nebenher in zwei Zeilen erwähnt als unbedeutende Kleinigkeit, die gar keine Wirkung auf das Innenleben der Stadt hatte.

werden zahlreiche Züge förmlich krankhafter Ekstase erzählt, die wahrscheinlich von den Berichterstattern vielfach verzerrt und übertrieben, indeß keinesfalls gänzlich erfunden sind.

Aber so sehr sie in diesen Beziehungen ihren friedfertigen Brüdern in Mähren und ihren Vorgängern gleichen, in einem Punkte wären sie ihnen gänzlich unähnlich, wenn wir den Berichterstattern trauen dürften: in ihrer Zügellosigkeit. Wir haben bereits mehrfach Gelegenheit gehabt, diesen Punkt zu streifen. Wir wollen ihn jetzt näher betrachten.

d) Die Vielweiberei.

Wodurch die Wiedertäufer im Allgemeinen dem modernen Empfinden widerstreben, das ist ihre Strenge, ihr Puritanismus, und nicht ihre Zügellosigkeit. Gilt das schon für die friedlichen Wiedertäufer, so darf man von vornherein erwarten, daß die Erfordernisse einer Belagerung, die vor Allem strengste Manneszucht erheischt, diese Tendenz nicht abgeschwächt haben. Das bestätigt sich auch bei näherem Zusehen, und man darf sich durch die schon erwähnten Volksbelustigungen darin nicht beirren lassen.

Anstand und Zucht wurden eifersüchtig bewahrt. Einen Beleg dafür bieten einige der 28 Artikel vom 2. Januar 1535. Da heißt es unter Anderem:

„6. Keiner, der unter der Fahne der Gerechtigkeit streitet, soll sich mit dem schändlichen und häßlichen Laster der Trunkenheit, mit einer viehischen Schamlosigkeit, mit Spielen, wodurch er seine Geldbegierde verräth, und wodurch oft Haß und Uneinigkeit verursacht werden, auch nicht mit Hurerei und Ehebruch beflecken, indem dergleichen Laster unter dem Volke Gottes nicht ungestraft gelassen werden sollen.

„16. Keiner von den Christen (den Wiedertäufern) soll aus einer Gesellschaft oder Gemeinschaft in die andere aufgenommen werden, er habe denn vorhin erwiesen, daß er unsträflich sei und sich keines Verbrechens schuldig gemacht habe; wofern sich aber das Gegentheil befände, so solle derselbe ohne Nachsicht gestraft werden.

„20. Kein Christ soll einer heidnischen (d. h. nicht wiedertäuferischen) Obrigkeit, welche das Wort Gottes noch nicht gehört, noch darin unterrichtet worden ist, sich widersetzen, noch derselben einen Schaden zufügen, wofern sie niemand zum Unglauben oder zur Gottlosigkeit zwingt; hingegen soll die babylonische Tyrannei der Priester und Mönche mit allen ihren Zugehörigen und Anhängern, die durch ihre Gewalt und Ungerechtigkeit die Gerechtigkeit Gottes verfinstern, auf alle mögliche Weise unterdrückt werden.

„21. Wenn ein Heide eines Lasters sich schuldig gemacht, und deshalb zu der Gemeinde der Christen geflüchtet wäre, damit er seines Verbrechens halber unbestraft bliebe, derselbe hätte sich aber direkt wider Gottes Gebot vergangen, so soll er von den Christen nicht aufgenommen, sondern um so viel

gewisser zur gehörigen Strafe gezogen werden, je weniger man ge=
statten will, daß die Gemeinde der Christen eine Freistatt für Schand=
thaten und Laster sein soll." (II., S. 133—137.)

Friedliebend ermahnten sie zum Gehorsam, wo er möglich war, und ver=
wahrten sich energisch gegen jede Gemeinschaft mit gemeinen Verbrechern. Trunken=
heit, Spiel und jede Art außerehelichen Geschlechtsverkehrs wurden auf das
Strengste bestraft.

Ein sprechendes Beispiel der strengen Disziplin in Münster erzählt uns
Gresbeck: „So ist einst (28. Juni 1534) geschehen in der Stadt, daß da
zehn oder zwanzig Landsknechte waren, dieselben sind gesessen in einem Haus in
der Stadt und haben ein Gelag gehalten und waren guter Dinge. So sind sie
fröhlich gewest, wie Landsknechte zu sein pflegen. Da wollte ihnen der Wirth
und die Wirthin nicht mehr zapfen. So haben die Landsknechte gesagt: ‚Wirthin,
wollt ihr nicht, so wollen wir zapfen,' und haben die Wirthin gescholten
(versprocken). Da gehn der Wirth und die Wirthin her und verklagen die=
selben Knechte vor den zwölf Aeltesten und den Propheten und Prädikanten, daß
sie hätten Gewalt gethan in ihrem Haus und die Wirthin gescholten hätten. Da
gingen die zwölf Aeltesten und ließen die Knechte fangen und ließen sie in den Thurm
werfen. Des andern Tages ließen sie Gemeinde halten auf dem Domhof und ließen
da dieselben Knechte auf den Domhof holen. Da stand der Kanzler Heinrich Krech=
ting, der Bösewicht, und las, was die Landsknechte sollten gethan haben. Da haben
sie alle fortan gebeten um Gnade. Zuletzt ist die Gnadenthür ein wenig aufgegangen;
ein Theil hat Gnade gekriegt, ein Theil (sechs) mußte sterben." (S. 36.)

Diesen Fall strenger Mannszucht führt Keller an als Beweis für - „den
verbrecherischen Charakter des ganzen Treibens!" Und doch muß er selbst
zwei Seiten später diese Mannszucht loben, deren harte Strafen bewirkten, daß
bei den Täufern Trunkenheit kaum vorkam, indeß sie im bischöflichen Lager so
sehr grassirte, daß eine Reihe kriegerischer Unternehmungen der Täufer ihren Erfolg
der Besoffenheit im feindlichen Lager verdankten.

Nur eine Stelle sei noch aus der Gresbeck'schen Schrift zitirt, die charakte=
ristisch ist für den Geist, der unter den Täufern herrschte: „Nun pflegten die
Wiedertäufer oft aus der Stadt gegen die Landsknechte auszufallen und schar=
mützelten (hielden schutgefehrt) mit ihnen und waren sehr kühn dabei, als
hätten sie dem Krieg gefolgt zwanzig Jahre lang, und alles, was sie thaten,
thaten sie mit Klugheit und Behendigkeit und mit nüchternem Sinn. Denn
die Propheten, Prädikanten und Obersten in der Stadt haben scharf verboten,
Niemand in der Stadt solle sich erkühnen, sich voll zu trinken, auf daß sie alle
bei ihren Sinnen blieben, so daß sie sich nie betranken und allzeit nüchtern blieben,
und wenn sie auszogen, so thaten sie es mit Weisheit und Behendigkeit." (S. 50.)

Das sind die „viehische Zügellosigkeit" und der „Wahnsinn," die bei den
Täufern herrschten, geschildert von einem nichts weniger als beschönigenden
Augenzeugen.

Aber wie steht's mit der Unzucht, mit der Polygamie? Auf diesem Gebiete wenigstens kann man doch von viehischer Zügellosigkeit sprechen?

Wir sind hier bei dem schwierigsten und unklarsten Kapitel in der Geschichte der Münsterschen Wiedertäufer angelangt. Die Polygamie widerstrebt so sehr dem Wesen der Wiedertäufer, z. B. der mährischen, ja des ketzerischen Kommunismus überhaupt, daß wir anfänglich geneigt waren, anzunehmen, es liege hier eine Verwechselung vor; es ist ja nichts schwieriger für einen Beobachter, als ihm ungewohnte geschlechtliche Verhältnisse richtig und unbefangen zu erfassen. Nirgends wirkt das Ungewohnte leichter widerlich und abstoßend, als in geschlechtlichen Dingen. Dem ist es wohl vornehmlich zu danken, daß erst seit einem Menschenalter eine wissenschaftliche, unbefangene Erforschung der geschlechtlichen Verhältnisse der Vorzeit und der Wilden und Barbaren möglich wurde.

Wer es weiß, welchen Unsinn zum Beispiel Missionäre über die von ihnen beobachteten geschlechtlichen Verhältnisse auf den Südseeinseln zum Besten gegeben haben, für den liegt die Annahme nahe, die Münstersche Polygamie beruhe auf einer Verwechselung etwa mit „Weibergemeinschaft" nach adamitischem Muster, einer Form des geschlechtlichen Verkehrs, die, wie wir wissen, manchen Arten des Kommunismus der Genußmittel sehr nahe lag. Aber diese Annahme ist unhaltbar. Von Weibergemeinschaft war in Münster keine Rede.

Das Edikt, mit dem die zwölf Aeltesten ihr Regime einleiteten, setzte auf Ehebruch und auf die Verführung einer Jungfrau die Todesstrafe. Ungefähr aus derselben Zeit dürfte die Vertheidigungsschrift stammen, welche die Münstersche Gemeinde veröffentlichte, das „Bekentones des globens und lebens der gemein Cristi zu Monster."*) Da heißt es im Kapitel „Von der Ehe" (S. 457 ff.):

„Angesichts dessen, daß man uns auflegt und wir mit böswilligen Lügen bei vielen Gutherzigen verdächtig gemacht werden, daß wir unbilliger Ehe sollen leben, mit vielen erdichteten Lasterreden, die hier nicht nöthig zu wiederholen, wollen wir unsern Verstand und Gebrauch von dem heiligen Ehestand hiemit angeben . . .

„Die Ehe, sagen wir, und halten mit der Schrift, daß sie ist eines Mannes und Weibes Verbindung (Vergaderong) und Verpflichtung in dem Herrn . . .

„Gott hat den Menschen von Anfang geschaffen, einen Mann und ein Weib hat er sie geschaffen, die beide in den heiligen Ehestand vereinigt, daß die beide zwei Seelen und ein Fleisch sollen sein. Und mag also kein Mensch scheiden solche Vereinigung. . . .

„Der Ehestand ist ein Bild Christi und seiner heiligen Braut, das ist, seiner (Gemeinde der) Gläubigen. Wie Christus und seine Gemein aufeinander Acht haben und sich zusammenhalten, also die in dem Herrn ehelichen und von Gott zusammengefügt werden, dieselben sollen aufeinander Acht haben und sich

---

*) Abgedruckt in den „Berichten der Augenzeugen," S. 445—464. Ueber das wahrscheinliche Datum dieser Schrift vergleiche B. W. Bouterwek, Zur Literatur und Geschichte der Wiedertäufer, Bonn 1864, S. 37.

zusammenhalten. Und wenn es also mit dem Ehestand steht, machen wir einen Unterschied zwischen der Ehe der Heiden und Ungläubigen. Der Ungläubigen Ehe ist Sünde und unrein und ist keine vor Gott, sondern Hurerei und Ehebrecherei. . . .

„Denn, wie man vor Augen sieht, ehelichen sie nicht anders, denn um der Freunde und Verwandten (mag), des Geldes und des Gutes, des Fleisches und des Putzes willen. Ja, es wird selten oder nimmermehr bei denselben recht gedacht, was der rechte Ehestand sei, wie man ehelichen soll, geschweige, daß sie recht ehelichen, ehelich werden und sich daran halten. . . .

„Dieweil denn der Ehestand also ein ehrlicher und herrlicher Stand ist, soll Niemand dazu leichtfertig sein und hinzutreten, sondern mit reinem und rechtem Herzen, damit nichts, denn Gottes Ehre und Wille gesucht werde, wie es denn bei uns, es sei ewig Lob und Dank, schon im Schwang ist und alle Tage zum Preis Gottes soll weiter verbreitet werden. . . .

„Wir hören, daß man uns auch viele andere böse Stücke zumißt, daß wir sollten Platonischer oder Nikolaitischer (Adamitischer) Weise die Frauen gemein haben untereinander, mit vielen untugendhaften Stücken, als ob wir keinen Unterschied der Blutsverwandtschaft sollten halten. Aber dieß ist, wie alle andern schimpflichen bösen Stücke, die man uns mit visirten Lügen*) auflegt, aller Ding erstunken und erlogen.**) Wir wissen, daß Christus gesprochen hat: den Alten ist gesagt, du sollst nicht ehebrechen, ich aber sage euch, wer eine Jungfrau ansieht, ihrer zu begehren, nach ihr zu gelüsten, der ist ein Ehebrecher in seinem Herzen. Wäre es nun der Fall, daß einer unter uns also sollte befunden werden, was Gott abwenden möge, den werden wir keinerlei Weise dulden, sondern in den Bann thun und dem Teufel zur Verderbniß des Fleisches übergeben."

Man sieht, die „neronische Wollust" der Wiedertäufer erklärte schon das Kokettiren mit einer Jungfrau für sündhaft. Diese Ausführungen stehen vollkommen im Einklang mit der geschlechtlichen Strenge der Mehrheit der sonstigen Wiedertäufer. Johann von Leyden bestätigte sie am 2. Januar 1535, indem er in seinen schon erwähnten 28 Artikeln Ehebruch und Hurerei (letzteres Wort bedeutet nicht blos Prostitution, sondern jeden außerehelichen Geschlechtsverkehr) mit Strafe bedrohte, zu einer Zeit, wo die Vielweiberei bereits eingeführt war. Diese ist denn auch zu deutlich bezeugt, als daß man bei näherem Zusehen noch an eine Verwechselung mit Weibergemeinschaft glauben könnte.

---

*) „Visirten Lügen." Im mittelniederdeutschen Wörterbuch von Schiller und Lübben haben wir ein Wort „visiren" nicht gefunden. „Viseren" heißt überlegen, „Viseringe" eine Erfindung, ein schlechter Gedanke.

**) Meister Gresbeck muß natürlich auch diese elenden Lügen verbreiten (S. 80); daß er darin seinen anderen Ausführungen über den Ehestand in Münster selbst widerspricht, geniert den Biedermann nicht. Es scheint ihm geeignet, seine Gegner zu kompromittiren, und das ist die Hauptsache. Und darum werden auch diese wie andere Lügen von unserer „Wissenschaft" bis heute verbreitet.

Wie aber sie erklären? Die herkömmliche Erklärung aus der angeborenen Geilheit und Unmäßigkeit der Kommunisten ist zwar sehr bequem und für bürgerliche Gemüther sehr befriedigend, sie hat nur einen kleinen Fehler, es fehlt ihr die sichere Grundlage. Die Erklärung stützt sich einzig und allein auf das zu Erklärende. Alles Andere spricht gegen sie. Wir haben gesehen, daß gerade Nüchternheit und Besonnenheit hervorstechende Charakterzüge der Täufer bildeten.

In dem Wesen des täuferischen Kommunismus kann die Erklärung auch nicht gefunden werden; im Gegentheil, es macht die Sache noch unerklärlicher. Es bleibt nichts Anderes übrig, als die Erklärung in den besonderen Verhältnissen der Geschlechter in Münster während der Belagerung zu suchen. Und diese sind in der That von einer so auffallenden Eigenart, daß ein unglaublicher Grad von Verbohrtheit oder Mangel an gutem Willen dazu gehörte, sie nicht zu sehen.

Erinnern wir uns der Massenauswanderung der gutgesinnten Bürger aus Münster. Die Männer gingen, aber sie ließen ihre Frauen und das weibliche Gesinde zurück. So bildete sich ein starker Frauenüberschuß, der nach den Zahlen, die uns Gresbeck angiebt, ganz enorm gewesen sein muß. Er schreibt von einem „Abendmahl auf dem Berge Zion,“ „die Männer sind da mit alten Leuten und mit den jungen zweitausend stark gewesen. An wehrhaften Männern sind die Wiedertäufer in der Stadt Münster niemals stärker gewesen denn 1500. Der Frauen sind in der Stadt, junge und alte, acht oder neun Tausend gewesen, mehr oder minder, das weiß ich so genau nicht. So sind da wohl auch von kleinen Kindern, die gehn konnten und die nicht gehn konnten, zehn- oder zwölfhundert gewesen.“*)

Diese eigenartige Situation wurde noch komplizirt dadurch, daß von den Männern wohl ungefähr die Hälfte unbeweibt war; dies gilt von der Mehrheit der zahlreichen Emigranten, und ebenso selbstverständlich von den Landsknechten, die, als Gefangene oder Ueberläufer, zu den Täufern kamen und sich ihnen anschlossen.

Diese Verhältnisse mußten für die Mehrheit der mannbaren Bevölkerung im Fortgang der Belagerung, die jeden Verkehr mit der Außenwelt abschnitt, ganz unerträglich werden angesichts der Strenge der Täufer in geschlechtlichen Dingen. Gerade diese Strenge, die jeden außerehelichen Geschlechtsverkehr mit harter Strafe bedrohte, machte eine Umwälzung der ehelichen Verhältnisse schließlich unvermeidlich.

---

*) S. 107. Eine geringere Zahl gab der Täufer Werner Scheiffarth von Merode, der bei einem Ausfall gefangen worden, in seinem Verhör vom 11. Dezember 1534 an: „daß darinnen sind, Männer, Frauen und Kinder, ungefähr zwischen acht und neun tausend, davon ungefähr 1400 wehrhaft.“ (Berichte der Augenzeugen, S. 293.) Die Zahl der Wehrhaften stimmt mit der Gresbeck's ungefähr überein; auch dessen Angabe der Zahl der Männer überhaupt wird genau sein; er giebt sie mit voller Bestimmtheit an. Sie wurden offenbar gezählt. Rechnen wir dazu tausend Kinder, so betrug auch nach Scheiffarth die Zahl der mannbaren Frauen immer noch 5—6000, also zwei- bis dreimal so viel als die der Männer.

Dieselben Leute, die über die Vielweiberei in Münster sich nicht genug entrüsten können, betrachten die Prostitution als eine selbstverständliche Sache. Natürlich hatte die Prostitution auch in Münster unter der Herrschaft der „Ehrbarkeit" geherrscht. Unter den 36 Artikeln, welche die Münsterschen Aufständischen von 1525 formulirt hatten (vgl. S. 376), forderte der achtzehnte: „Alle unzüchtigen Weibspersonen und die Beischläferinnen der Priester sollen durch gewisse Kennzeichen von den ehrbaren Frauenzimmern unterschieden werden."

Die „geilen Wollüstlinge" machten der Prostitution ein Ende. Prostitution und Kommunismus sind von vornherein zwei Begriffe, die einander ausschließen. Die verschiedenen Formen des Kommunismus sind mit den verschiedensten Formen des geschlechtlichen Verkehrs verträglich, nur mit einer nicht: der käuflichen Liebe. Wo es keine Waarenproduktion giebt, nichts gekauft und verkauft wird, hört auch der weibliche Körper, ebenso wie die Arbeitskraft auf, eine käufliche Waare zu sein. Und so unvollkommen auch der Kommunismus in Münster durchgeführt war, kein Mädchen war dort unter der Herrschaft des Täuferthums durch die Noth gezwungen, sich zu verkaufen. Die Dirnen aber, die etwa die Preisgabe, welche sie unter der alten Gesellschaft geübt, aus Gewohnheit liebbekommen haben mochten, fanden in Münster, wo kein Privatmann Geld besaß, keine Käufer. Diese mußten sie im Lager der Vertheidiger von Sitte und Ordnung suchen, bei den Landsknechten, den ehrbaren Bürgern, der weltlichen und geistlichen Aristokratie. Dort fanden sie ihre alten Kunden wieder.

Die natürliche Wirkung des Kommunismus wurde in Münster noch verstärkt durch die geschlechtliche Strenge der Täufer. Nun denke man sich aber, daß über tausend unbeweibte Männer mit mehreren Tausenden gattenloser Frauen viele Monate lang in dem engen Raume einer (für unsere Verhältnisse) kleinen Stadt zusammenlebten, ohne daß es eine Prostitution gab. Es war unvermeidlich, daß es zu Ehebruch und außerehelichem Geschlechtsverkehr kam. Die strengsten Strafen mußten sich als ohnmächtig dagegen erweisen. Nur ein Mittel gab es, der einreißenden geschlechtlichen Verwirrung wirksam zu begegnen: eine Neuregelung der ehelichen Verhältnisse. Nach langem Widerstreben gingen Aelteste und Prädikanten ans Werk, im Juli, im fünften Monat der Belagerung.

Die Aufgabe war schwer, ja fast unlösbar; es galt, ein Eherecht zu konstruiren, das mit der strengen ehelichen Moral der Wiedertäufer harmonirte und gleichzeitig den ganz einzigen geschlechtlichen Verhältnissen Münsters entsprach. Der Schwierigkeit der Aufgabe entsprechend ist das neue Eherecht nicht in der Form eines einzigen, fertig ausgearbeiteten Gesetzes ins Leben getreten, sondern in der Form mannigfacher, einander theils ergänzender, theils auch wieder aufhebender Bestimmungen. Ueber das Suchen nach einer entsprechenden Eheform sind die Wiedertäufer von Münster nicht hinausgekommen und konnten sie nicht hinauskommen unter den abnormen Verhältnissen, in denen sie lebten.

Gresbeck verfolgt das unsichere Tasten und Suchen nach einem Eherecht, aber sein Bericht ist so verworren, so voll von Widersprüchen und Ungereimtheiten, daß es schwer ist, daraus zu einem klaren Bild zu gelangen.*) Aber man kann doch zwei Momente dabei unterscheiden. Das eine besteht in dem Bestreben, die Ehe zu einer freien Verbindung zu machen. Zunächst galt es, die vor Annahme der Wiedertaufe geschlossenen Ehen für ungültig zu erklären; ohne dies wäre für die Frauen der ausgewanderten Bürger eine neue eheliche Verbindung unmöglich gewesen. Diese Ungültigkeitserklärung fiel den Täufern um so leichter, als sie zwar die Ehe für unauflöslich erklärten, aber die „heidnische“ Ehe ebenso=wenig für eine wirkliche Ehe hielten, als die Kindertaufe für eine wirkliche Taufe. Auch die bereits vorhandenen Ehepaare unter den Münsterschen Täufern mußten jetzt ihren Bund neu schließen.

Das zweite Moment aber zeigt sich in dem Bestreben, alle Frauen unter die Haube zu bringen. Doch zunächst nur in ökonomischer, nicht in physischer Beziehung.

Um das Wesen der Münsterschen „Vielweiberei“ zu begreifen, muß man sich vor Augen halten, daß es in Münster nicht zur Aufhebung des Einzel=haushalts kam. Infolge des Wegzugs der Bürger gab es aber zahlreiche Haus=haltungen, in denen kein Mann war, sogar Haushaltungen ohne Hausfrau, in denen sich nur Mägde befanden. Das muß in der belagerten Stadt, wo so viel unbeweibtes Kriegsvolk lag, zahlreiche Unzuträglichkeiten mit sich gebracht haben. Daher wurde bestimmt, daß keine Frau ohne männlichen Schutz und — ohne männliche Aufsicht sein solle. Denn die Münsterschen Wiedertäufer waren, da sie den Einzelhaushalt nicht aufhoben, ebenso wenig Anhänger der Emanzipation der Frau als der Emanzipation des Fleisches. In dem bereits erwähnten Edikt der Aeltesten heißt es im dritten Paragraphen, der „von der Herrschaft des Ehe=mannes und der Unterthänigkeit des Weibes“ handelt: „Ihr Männer, liebet Eure Weiber. Die Weiber seien unterthan ihren Männern, als den Herrn. Und das Weib fürchte den Mann.“**)

Besonders drastisch drückt sich in dieser Beziehung die „Restitution“ aus, eine von Rothmann verfaßte Agitationsschrift, die im Oktober 1534 erschien***): „Der Mann soll also sich seiner Herrlichkeit (Herrschaft) auch über die Frau mit männlichem Gemüthe annehmen und die Ehe rein halten. Die Weiber haben fast allenthalben die Herrschaft und leiten die Männer, wie man die Bären leitet. . . . Das ist hoch von Nöthen, daß die Weiber, die nun fast allenthalben die Hosen

---

*) Geradezu blödsinnig ist Kerssenbroick's Bericht. Er erzählt, ein Landsknecht habe Johann von Leyden überrascht, wie dieser zu einer Magd Knipperdollinck's schlich. Darauf habe Johann, um nicht in schlechten Ruf zu kommen, Rothmann und die anderen Prediger, „die nicht weniger der Geilheit und Unzucht ergeben waren,“ beredet, einfach — die Vielweiberei einzuführen!

**) Kerssenbroick, II., S. 1.

***) „Eyne Restitution odder Eine wedderstellinge rechter vnde gesunder Christliker leer, gelauens vnde leuens vth Gades genaden durch de gemeynte Christi tho Munster an den Dach gegeuen . . . Munster 1534.“ Einen ausführlichen, mit vielen Zitaten belegten Auszug aus dieser Schrift bringt Bouterwek, Zur Literatur und Geschichte der Wiedertäufer, S. 15—34.

anhaben, in rechtem und gebührlichem Gehorsam sich beugen; denn solches ist angenehm vor Gott, daß Jeder an seinem Platz stehe, der Mann unter Christo, die Frau unter dem Manne."

Die Frauen, die ohne männliches Oberhaupt dastanden, erhielten jetzt die Weisung, sich einem mit einem Manne versehenen Hausstand anzuschließen, nicht als Haussklavinnen, als Dienstmädchen, sondern als Genossinnen der Gattin.

Begründet wurde diese Verordnung natürlich nicht mit dem Hinweis auf die thatsächlichen Verhältnisse, die es hervorriefen; so materialistisch dachte man damals nicht; sondern mit dem Hinweis auf ein Präcedenz in der Bibel. Dort fanden sie aber nur eines, das einigermaßen auf ihren Fall paßte: die Vielweiberei der alten Juden, namentlich der Patriarchen. Auf diese beriefen sie sich um so lieber, als ja die Patriarchen unzweifelhaft höchst fromme Männer gewesen waren, die Gott selbst mit persönlichen Besuchen oder Besuchen seiner Engel beehrt hatte. Was diese Vorbilder der Christenheit gethan hatten, konnte unmöglich sündhaft sein. Und die Täufer konnten sich bei diesem Gedankengang auf hervorragende evangelische Kirchenlichter berufen. Melanchthon hatte schon am 27. August 1531 dem König von England gerathen, eine zweite Frau neben der ersten zu nehmen, und erklärt, daß „die Polygamie nach göttlichem Recht nicht verboten sei."*)

Die religiöse Einkleidung hat den wahren Charakter der Münsterschen „Vielweiberei" sehr verdunkelt. Durch den Wust von Gehässigkeiten, Verleumdungen und Entstellungen, den die gegnerischen Berichterstatter darüber häuften, wurde die Klarheit nicht vermehrt, und die tendenziöse Ausschlachtung der parteiischen Berichte hat vollends jede Spur des wirklichen Charakters dieser Maßregel verwischt. Aber zum Glück waren die Berichterstatter zu kurzsichtig, um sämmtliche Spuren der Wahrheit zu vernichten. Einige Angaben, die sie überliefert haben, genügen, zu zeigen, daß die Täufer bei der Einführung der „Vielweiberei" thatsächlich die Vereinigung mehrerer Frauen nur in einem Haushalt und nicht in einem Ehebett bezweckten, womit nicht gesagt sein soll, daß letzteres durch ersteres nicht begünstigt wurde.

Vor Allem ist darauf hinzuweisen, daß jede Frau die Verpflichtung hatte, einen Mann zu suchen, nicht blos die zum geschlechtlichen Verkehr tauglichen, sondern auch die alten und die noch nicht mannbaren.**)

---

*) Selbst noch nachdem die Einführung der Vielweiberei in Münster so großen Standal erregt hatte und allgemein verurtheilt worden war, erklärten Luther und Melanchthon am 10. November 1539 dem Landgrafen Philipp von Hessen: „Was vom Ehestand zugelassen im Gesetz Mosis, ist nicht im Evangelio verboten." Er möge also ruhig sich der Vielweiberei hingeben. (Siehe noch zahlreiche ähnliche Zitate bei Keller, Die Reformation, S. 454 ff.) Es war also nicht die Polygamie an sich, welche die frommen Leute damals so sehr in Entrüstung über die Täufer versetzte, sondern deren Frechheit, die Polygamie aus einem Privilegium der Fürsten zum Gemeingut zu machen.

**) Gresbeck meint allerdings, die letztere Vorschrift hätte den Zweck gehabt, die kleinen Mädchen zum geschlechtlichen Umgang zu zwingen. Daß einige Haushaltungsvorstände, vielleicht rüde Landsknechte, ihre Stellung mißbrauchten, ist nicht ausgeschlossen. Mehr sagt auch

Indeß ist dies nicht das einzige Indizium, auf das wir uns stützen. Ein weiteres ist folgende Mittheilung Kerssenbroick's: „Im Anfang des Oktober ist des Butendick Ehefrau Barbara von ihrem Herrn und Gatten öffentlich angeklagt worden, und zwar um der Ursache willen, daß sie ihm Widerpart halte und ihn mit vielen ehrenrührigen Scheltworten beleidige, indem sie sage, daß er mit seinen übrigen Weibern und Mitschwestern nicht geistlich, sondern fleischlich lebe und sich mit ihnen öfters fleischlich vermische." Sie wurde schuldig befunden und zum Tod verurtheilt, aber begnadigt, nachdem sie ihren Gatten um Verzeihung gebeten. (S. 80.)

Zwischen der Ehegattin und deren Mitschwestern wurde also ein Unterschied gemacht. Nicht jedes weibliche Mitglied des Haushalts war auch Eheweib des Haushaltungsvorstandes, wenn es auch als dessen Frau bezeichnet wurde.

Indessen ist es naheliegend, daß bei so engem Zusammenleben noch leichter passirte, was auch sonst nicht selten passirt, daß der Mann sich mit seiner Ehefrau nicht begnügte, wie dies Butendick vorgeworfen wurde. Um so mehr, da die Strenge der Wiedertäufer unter Umständen auch den geschlechtlichen Verkehr zwischen Gatte und Gattin verbot. So wenn diese unfruchtbar oder wenn sie guter Hoffnung war. Denn der geschlechtliche Verkehr sollte nicht sinnlicher Lust, sondern nur der Vermehrung der Art dienen.*) Unter Umständen wurde daher dem Mann gestattet, neben seiner ersten Gattin auch andere der seinem Schutz empfohlenen Frauen zu fleischlichen Gattinnen zu machen. So sagt Rothmann in der schon erwähnten Restitution: „Wenn ein Mann reichlicher von Gott gesegnet wäre, als eine Frau zu befruchten, und er soll von wegen des göttlichen Gebotes solchen Segen nicht mißbrauchen, so ist es ihm freigelassen, ja von Nöthen, mehrere fruchtbare Frauen zur Ehe zu nehmen; denn unehelich . . . eine Frau zu erkennen, ist Ehebruch und Hurerei."

Aber zwischen dieser geschlechtlichen und der ökonomischen Vielweiberei ist stets genau zu unterscheiden. Bei der ersten wählte der Mann sich die Frauen. Bei der zweiten wählten die Frauen den Mann, den sie als Schutzherrn anerkennen wollten. Erstere war unter Umständen erlaubt — und es wäre angesichts der geschilderten Verhältnisse unmöglich gewesen, sie völlig auszuschließen.

Kerssenbroick nicht (II., S. 44). Dergleichen soll auch anderswo vorkommen. Daß aber der Zweck der Maßregel Nothzucht an kleinen Kindern war — uns das glauben zu machen, müßten wir einen besseren Zeugen haben, als einen Gresbeck, der, so werthvoll vielfach seine Angaben sind, wo es sich um Thatsachen handelt, über die Beweggründe und Absichten der Täufer nur ebenso gehässiges wie haltloses Geschwätz vorzubringen weiß. Des Wunsches, die fragliche Bestialität gesetzlich zu fordern, halten wir selbst jene vornehmen Herren für unfähig, die den Jungfrauentribut in unseren Großstädten erheben.

*) Rothmann sagt in der „Restitution": „Daß man eine schwangere Frau oder eine, die nicht tauglich ist, zu empfangen, nicht soll, noch mag erkennen, ist zum ersten daraus beweislich, daß Gott den Menschen gebietet, sie sollen wachsen und sich vermehren und dazu allein, und nicht zur Lust sollen Mann und Weib den Segen Gottes gebrauchen."

Die Gesetzgeber von Münster begnügten sich mit dem Bestreben, sie in den Bahnen geregelter Ehe zu halten. Jene Vielweiberei dagegen, die eine Zeit lang geboten war, war die ökonomische, die Vereinigung mehrerer Frauen in einem Haushalt unter dem Schutze und der Aufsicht eines Mannes. Nur zu letzterer, nicht zu ersterer Art „Vielweiberei" war eine Frau nach Münsterschem Eherecht verpflichtet. Auch letzterer Zwang hörte bald auf, wie die schon mehrfach zitirten 28 Artikel Johannes von Leyden's beweisen. Wir führen diejenigen unter ihnen an, die von der Ehe handeln, sie sind höchst bezeichnend für den Geist des Münsterschen Eherechts:

„24. Wider Willen soll Niemand von einem Andern zur Heirath gezwungen werden, indem die Ehe eine freie Verbindung ist und mehr durch die Natur und durch das Band der Liebe als durch bloße Worte und äußerliche Zeremonien geknüpft wird.

„25. Wäre aber Jemand mit der fallenden Sucht, mit der venerischen oder mit andern Krankheiten behaftet, so soll derselbe gar nicht heirathen, es sei denn, daß derjenige Theil, mit welchem er sich verheirathen will, vorher von seiner Krankheit sei benachrichtigt worden.

„26. Keine, die nicht mehr Jungfrau ist, soll sich dafür ausgeben und ihren Mitbruder hintergehn und betrügen; auch soll ein solcher Betrug ernstlich bestraft werden.

„27. Eine jede unverheirathete Frau oder die ihren ordentlichen Mann nicht hat, soll berechtigt sein, sich einen Vormund oder Beschützer aus der Gemeinde Christi zu erwählen."

Den Beschluß macht eine Weissagung: „Die Stimme des lebendigen Gottes hat mich gelehrt, dieses ist ein Befehl des Allerhöchsten: Die Männer sollen sowohl von ihren rechtmäßigen Weibern, als auch von denen, deren Vormundschaft und Schutz ihnen aufgetragen ist, ein Glaubensbekenntniß fordern, nicht aber dasjenige, welches gemeiniglich gelesen wird: Ich glaube an Gott den Vater, sondern ein Glaubensbekenntniß von dem neuen Königreich, von dem Ehebund, warum und wozu sie getauft seien. Dieses Alles sollen sie ihren Männern anzeigen und offenbaren." (II., S. 138, 139.)

Das ist die letzte Form des Eherechts der Münsterschen Wiedertäufer. Es entspricht vollkommen der nüchternen, vernünftigen Einfachheit, die wir auch sonst als ihren Charakterzug kennen gelernt haben. Es dürfte auch dem gewandtesten und skrupellosesten Sozialistentödter schwer fallen, eine Spur zügelloser Wollust daraus herauszudeuten.

Diese Artikel vom 2. Januar enthalten eine erhebliche Milderung des Eherechts, das am 23. Juli des vorhergehenden Jahres eingeführt worden war. Letzteres hatte jeder Frau die Verpflichtung auferlegt, sich einen männlichen Schützer und Herrn zu suchen und sich seinem Haushalt anzuschließen. Diese Bestimmung scheint mehrfache Unzuträglichkeiten im Gefolge gehabt zu haben, denn sie wurde bald, schon im Herbst desselben Jahres, aufgehoben, und den Frauen, die es wünschten, erlaubt, die „Herren," denen sie sich angeschlossen, zu verlassen. Aus der Verpflichtung der Frauen wurde ein Recht derselben, dessen Ausübung ihnen freistand.

Wie immer man sich diese „Vielweiberei" vorstellen mag, auf keinen Fall darf man dabei an einen orientalischen Harem denken. Dieser bedingt völlige Versklavung der Frau. Davon war in Münster keine Rede. Es waren ja die Frauen, die sich ihre Männer, ihre Schützer und Vormünder, frei erwählten. Wie wenig sie sich durch die Neuregelung der ehelichen Verhältnisse bedrückt fühlten, ersieht man daraus, daß sie in der Mehrheit zu den begeistertsten Kämpferinnen für das neue Reich gehörten.

Natürlich fanden sich auch Unzufriedene unter ihnen. Nicht Jede war aus Ueberzeugung in der Stadt geblieben, und das neue Eherecht, welches so abnormen Verhältnissen erwuchs, widersprach zu schroff tief eingewurzelten Anschauungen. Auch konnte die Neuregelung die bestehenden Unzuträglichkeiten nicht beseitigen, ohne hin und wieder neue zu schaffen. Aber wir hören doch wenig von einem Widerstand von Frauen,*) viel öfter von dem Enthusiasmus, mit dem sie für die neue Ordnung eintraten.

Ein Beispiel davon bietet der Mollenheck'sche Aufstand vom 30. Juli. Man stellt diesen dar als eine Erhebung der sittlichen Elemente in der Bürgerschaft gegen die Vielweiberei. „Eine völlige Weibergemeinschaft," sagt Bezold, „wurde nicht eingeführt, aber das Gebot der Propheten, daß keine Frau ohne Mann geduldet werden solle, rief doch die Errichtung einer Polygamie hervor, die nicht viel besser war. Wohl erhob sich gegen diese Scheußlichkeiten noch einmal das bessere Gefühl in den einheimischen Brüdern, aber ihr Empörungsversuch wurde blutig unterdrückt und die Vertheilung (!) der an Zahl weit stärkeren weiblichen Einwohnerschaft unter die Minderheit der ‚Herren' nahm ihren Fortgang." (Geschichte der deutschen Reformation, S. 710.)

Wie stand es in Wirklichkeit damit? Mollenheck, ein gewesener Zunft-

*) Wie fein die bürgerliche Geschichtschreibung es versteht, diesen Widerstand zu übertreiben, davon ein Beispiel. Keller schreibt in seiner Geschichte der Wiedertäufer, S. 211: „Es ist gewiß, daß viele Frauen, verheirathete sowohl als unverheirathete, der neuen Einrichtung das größte Widerstreben entgegenbrachten — es wird berichtet, daß eine derselben den freiwilligen Tod wählte, um sich der Schande zu entziehn, die man ihr anthun wollte." Was wird in Wirklichkeit berichtet? Gresbeck schreibt: „So haben sie einmal gefunden in dem Wasser liegen eine Frau, die war ertrunken und schwamm auf dem Wasser und hatte noch ihre Kleider an. So wußten die gemeinen Leute nicht, wie sie ertrunken sei, ob sie die Propheten und Prädikanten hätten ertränken lassen, ob sich dieselbe Frau selbst ertränkt hätte. Die Frau lag in dem Wasser ungebunden. So meinten die Leute in der Stadt, daß sie sich selbst ertränkt hätte, daß sie sich so gemüht hätte um des Ehestands willen. Wie das mit der Frau lag, davon kann ich nichts weiter schreiben." (S. 64, 65.) Also „berichtet" wird blos, daß in Münster eine ertrunkene Frau gefunden wurde. Ob ein Verbrechen vorlag oder ein Selbstmord oder ein einfacher Unglücksfall, auf welche Möglichkeit Gresbeck merkwürdigerweise garnicht eingeht —, darüber ist nichts, aber auch garnichts bekannt. Und daraus wird dann die große Moralthat gemacht!

vorsteher, sammelte „einen Theil Bürger und fromme Leute und Landsknechte"
um sich, nicht blos, um den neuen Ehestand aufzuheben, sondern es sollte auch
„ein jeder sein Gut wieder haben und Bürgermeister und Räthe sollten wieder
sein und alle Dinge sollten wie früher sein und die Stadt wollten sie übergeben."
(Gresbeck, S. 73.) Die übergelaufenen Landsknechte stehen im Vordergrund
dieser angeblichen Keuschheitsbewegung und thatsächlichen Kontrerevolution. Sie
hatten anfangs Erfolg, es gelang ihnen sogar, Johann von Leyden und Knipper=
dolling gefangen zu nehmen. Hätten sie sofort ein Stadtthor geöffnet, so wären
die Bischöflichen damals schon in den Besitz der Stadt gelangt, sagt Gresbeck
weiter. Aber die Aufrührer dachten nur ans Plündern. „Da sahn sie auch
nach dem Gelde mehr, denn daß sie sahen, daß sie ein Thor einnahmen, und
hatten die weiten Aermel (mouven) voll Geldes stecken und saßen die ganze
Nacht im Wein und tranken, daß sie trunken wurden. Darüber wurden sie
geschlagen, daß die Friesen und Holländer die Oberhand bekamen."

Das Traurigste bei dieser Niederlage der Kontrerevolution war der Umstand,
daß, während die Landsknechte bei Suff und Plünderung ihr Leben für Zucht
und Sitte in die Schanze schlugen, Diejenigen, für die sie eintraten: die ver=
gewaltigten Frauen, aufs Eifrigste gegen sie, für Nothzucht und Blutschande
kämpften. Als die Aufrührer sich im Rathhaus verschanzten, da waren es die
Frauen (freilich nur „Weiber" bei Kerssenbroick), welche grobes Geschütz auf
den Markt schafften, um damit die Thüren einzuschießen.

Wie eifrig und freudig die Frauen auf den Wällen fochten, wenn es galt,
einen Sturm abzuschlagen, davon geben Kerssenbroick und Gresbeck zahlreiche
Beweise. Aber auch zu Ausfällen waren sie bereit. Als eine Entsetzung der
belagerten Stadt in Aussicht stand, rüstete Johann von Leyden zu einem großen
Ausfall, um dem Entsatzheer entgegenzuziehen, das er aus den Niederlanden
erwartete. Er rief Freiwillige zu dem verzweifelten Unternehmen auf, nicht nur
Männer, sondern auch Frauen. „Des andern Tags sind die Frauensleute ge=
kommen auf den Domhof, die mit ausziehen wollten. Derer waren an drei=
hundert. Sie kamen mit ihren Gewehren angerückt; die eine hatte eine Hellebarde,
die andere einen Spieß (knevelspiet, Spieß mit einem Querholz) und gingen
so in der Ordnung. So wollte der König nicht alle Frauensleute nehmen und
hat sie gemustert; die der König mitnehmen wollte, deren waren einundfünfzig,
und dieselben wurden aufgeschrieben bei ihrem Namen.

„So haben sie des andern Tags alle die Frauensleute auf dem Domhof
lassen kommen, die in der Stadt bleiben wollten, von den jüngsten Frauensleuten.
Dieselben sind auch gekommen mit ihrem Gewehr und sind auf dem Domhof in
der Ordnung umhergegangen, gleich wie ein Haufen Landsknechte." Sie
wurden in so viele Haufen getheilt, als Thore in der Stadt waren, und jedem
dieser Haufen wurde mit einem Haufen Männer der Wachtdienst bei einem Thor
zugewiesen. Sie zogen ab unter dem Gesang der Marseillaise der deutschen
Reformation, des Psalmes: Eine feste Burg ist unser Gott. (S. 128.)

In dieser Weise wehrten sich die Frauen Münsters gegen die ihnen angethane „Schande."

So viel über die „Frauenfrage" in Münster. Noch ist Vieles unklar auf diesem Gebiete, noch bestehen da bedeutende Lücken, aber wir glauben, das Mitgetheilte genügt, erkennen zu lassen, daß die Neuordnung der geschlechtlichen Dinge daselbst menschlich völlig begreiflich, ja sogar trotz mancher Unvollkommenheiten, Naivetäten, selbst Rohheiten, in Vielem für das moderne Empfinden sympathisch ist. Am allerwenigsten aber haben die Vertreter der heutigen Gesellschaft Veranlassung, sich über die „schamlose Unzucht" der Münsterschen Wiedertäufer zu ereifern, die Vertreter einer Gesellschaft, zu deren Stützen die schamloseste und erniedrigendste Art des geschlechtlichen Verkehrs gehört, die Ausnützung der Noth und Unwissenheit junger Mädchen zu dem edlen Zwecke, sie zu willenlosen, allen Lüsten schutzlos preisgegebenen Bedürfnißanstalten für Männer herabzudrücken. Wo bliebe ohne diese herrliche Einrichtung die Blüthe eines großen Theils unserer Industrie, wo die Tugend und Sittsamkeit der bürgerlichen Mädchen und Frauen?

Das Bild, das unsere bürgerlichen Historiker von der geschlechtlichen Zügellosigkeit in Münster entwerfen, ist ein Gegenwartsbild. Es ist das getreue Abbild dessen, was sich tagtäglich in jeder Stadt der modernen Zivilisation abspielt, und der Weisheit letzter Schluß in unserer Gesellschaft lautet: Regelung dieser „Saturnalien."

X. Münsters Fall.

Unsere Untersuchung des Charakters der Münsterschen „Kommune" ist ausführlicher und polemischer geworden, als wir beabsichtigten und als im Plane dieser Arbeit liegt. Aber mit weniger Arbeit ließ sich der Berg von Fälschungen nicht wegräumen, der über dem wahren Bilde der Münsterschen Wiedertäufer ruht, und es ist unmöglich, den wissenschaftlichen Gleichmuth nicht zu verlieren, wenn man sieht, wie ein ursprünglich stilles, friedliebendes Völkchen systematisch zu einer Bande blutdürstiger, geiler Schurken gestempelt wird, weil es bei einer Gelegenheit unter dem Druck ständiger Mißhandlung und Gefahr nicht zusammenbrach, sondern zu energischem Widerstande sich erhob, für seine Ueberzeugung nicht blos duldete, sondern auch kämpfte, dem blutigen Angriff die blutige Abwehr entgegensetzte und zu kriegerischem Heldenthum emporwuchs!

Leichten Herzens hatte Bischof Franz, nachdem sein verrätherischer Ueberfall am 10. Februar abgeschlagen worden, die Belagerung der Stadt unternommen. Er dachte wohl, mit dem Haufen von Hungerleidern und zusammengelaufenen Vagabunden, als der ihm die Masse der Wiedertäufer erschien, leicht fertig zu werden. Es standen ihm mehrere Tausende kriegsgeübter Truppen mit zahlreichem Geschütz unter erprobten Feldherren zu Gebote   schon vor Pfingsten verfügte

er über ungefähr 8000 Landsknechte.*) Aber die Täufer, obwohl in der Minder=
zahl — sie waren nie stärker als 1500 Mann — und ohne Kriegserfahrung,
erwiesen sich ihren Gegnern überlegen nicht nur durch die Festigkeit der Stadt,
sondern mehr noch durch ihre Disziplin, ihren Opfermuth und ihre Begeisterung.

Wie es mit der Disziplin im bischöflichen Lager aussah, davon haben
wir schon einige Andeutungen gegeben. Namentlich die Trunkenheit beeinträchtigte
stark alle kriegerischen Operationen. Das zeigte sich z. B. beim ersten Sturm.

Am 21. Mai 1534 begann das erste Bombardement der Stadt. Fünf
Tage lang dauerte es. Am 25. gingen die Belagerer zum Sturm über. Aber
ein Theil der Knechte war berauscht; sie gingen vorzeitig vor, wurden zurück=
getrieben und brachten die hinter ihnen anrückenden Truppen in Unordnung.
Allerdings kamen diese trotzdem mit ihren Sturmleitern bis an die Wälle, dort
aber fanden sie so kraftvollen Widerstand, daß sie in voller Auflösung den Rück=
zug antraten.

Kurz darauf machten die Belagerten einen Ausfall auf einen Außenposten,
überraschten die Landsknechte bei Kartenspiel und Suff, verjagten sie, vernagelten
die Kanonen und wußten sogar der herbeieilenden Hauptmacht des Heeres so sehr
zuzusetzen, daß diese nicht wagte, sie zu verfolgen, sondern sie unbehelligt in die
Stadt zurückziehen ließ.

Nicht besseres Glück wie mit dem ersten Sturm hatten die Belagerer mit
dem zweiten, den sie am 31. August nach vorhergehender dreitägiger heftiger
Beschießung unternahmen. Ein wüthender Kampf entspann sich, er endete mit
der vollständigen Niederlage der Angreifer. Ihr Verlust war enorm; sie ver=
loren allein 48 Hauptleute.**)

Von da an gaben die Belagerer die Hoffnung auf, die Stadt mit Gewalt
zu nehmen, und sie beschränkten sich auf die Blockade, um sie auszuhungern.

Und doch war es zum Schluß das ganze deutsche Reich, das
gegen die eine Stadt Krieg führte.

Anfangs hatte die „eine reaktionäre Masse" sich nicht recht zusammenfinden
wollen. Daß die Kräfte des Bischofs allein nicht ausreichten, Münster zu be=
zwingen, war bald klar. Er suchte Alliirte, und zwar sowohl auf katholischer
wie auf evangelischer Seite; aber jeder der Bundesgenossen trachtete den anderen
dabei übers Ohr zu hauen, und der Streit um das Fell des Bären hemmte mit=
unter gar bedenklich den Kampf gegen den noch sehr lebendigen Bären. Indessen,
trotz aller Intriguen erweiterte sich durch diplomatische Abmachungen und die

---

*) Bericht des Jörg Schenck. (Berichte der Augenzeugen, S. 260.)
**) In einem Volkslied aus jener Zeit singt ein Landsknecht, der dabei war:

„Die Landsknecht waren in großer Noth,
Da blieben wohl dreitausend todt
Zu Münster unter den Mauern.
Wußten mein Vater und Mutter dat,
Sie sollten mir helfen trauern."

(Hase, Heilige und Propheten, II., S. 249.)

Beschlüsse von Fürstenkongressen und Kreistagen die Zahl der Belagerer und ihrer Machtmittel immer mehr, und als endlich am 4. April 1535 der deutsche Reichstag zu Worms zusammentrat, da wurde die Belagerung Münsters zu einer Reichsangelegenheit erklärt und eine Reichssteuer zu deren Betreibung ausgeschrieben. Auch wurden die Bürgermeister von Frankfurt und Nürnberg an die Belagerten abgesandt, um sie im Namen des Reiches aufzufordern, sich zu ergeben. Aber diese wiesen jeden Gedanken an Uebergabe zurück.

Und doch war um diese Zeit die Lage der Stadt bereits hoffnungslos. Von Anfang an hatten die Münsterschen Täufer erkennen müssen, daß, angesichts der erbitterten Feindschaft der besitzenden Klassen des ganzen Reiches gegen sie, ihre Erhebung nur dann sich behaupten könne, wenn sie nicht eine lokale bleibe, sondern weiter greife. Und ihre Aussichten standen keineswegs ungünstig. In allen norddeutschen Städten hatten sie starken Anhang, in Lübeck war sogar eine ihnen freundliche Richtung ans Ruder gekommen. Nach allen Seiten hin sandten sie nun ihre Boten aus. Auch durch Flugschriften und Broschüren suchten sie auf die Außenwelt zu wirken. Besonders zu erwähnen ist die bereits mehrmals zitirte von Rothmann verfaßte „Restitution, oder Wiederherstellung der rechten und gesunden christlichen Lehre, Glaubens und Lebens," die im Oktober 1534 erschien und eine Rechtfertigung der täuferischen Lehren und Einrichtungen enthielt. Sie vertrat den Gebrauch des Schwertes gegenüber den „Gottlosen," den Kommunismus und die Vielweiberei. Die Schrift wurde hinausgeschmuggelt und rasch verbreitet. Binnen Kurzem wurde eine zweite Auflage nöthig.

Im Dezember erschien dann „Das Büchlein von der Rache"*): Die Rache steht bevor, heißt es darin, sie wird vollzogen werden an den bisherigen Gewaltigen, und wenn sie vollzogen ist, wird der neue Himmel und die neue Erde dem Volke Gottes erscheinen. Die Schrift endet mit einer Apostrophe zur Erhebung: „Nun, liebe Brüder, die Zeit der Rache ist an uns gelangt, Gott hat den verheißenen David erweckt, gerüstet zur Rache und Strafe über Babylon mit seinem Volk. Hier habt ihr nun gehört, wie es soll zugehn und wie reicher Lohn uns erwartet und wie herrlich wir sollen gekrönt werden, wenn wir nur tapfer und männlich streiten und wissen, mag Gott uns nun Leben oder Tod verleihn, daß wir nicht können verloren werden. Darum, liebe Brüder, rüstet euch zum Streit, nicht allein mit den demüthigen Waffen der Apostel zum Leiden, sondern auch mit dem herrlichen Harnisch Davids zur Rache, um mit Gottes Kraft und Hilfe alle babylonische Gewalt und all das gottlose Wesen auszurotten. . . . Alle Weisheit, Anschläge, Klugheit und Manier müßt ihr wohl gebrauchen, die gottlosen Gottesfeinde zu kränken und das Panier Gottes zu stärken. Gedenket dessen, was sie euch gethan haben; das mögt ihr ihnen wiederum thun, ja mit demselben

---

*) „Eyn gantz troestlick bericht van der Wrake unde straffe des Babilonischen gruwels, an alle ware Israeliten und Bundtgenoten Christi, hir unde dar vorstroyet, durch de gemeinte Christi tho Munster." Im Originalwortlaut gänzlich abgedruckt bei Bouterwek, Zur Literatur und Geschichte der Wiedertäufer, S. 66—80.

Maß, mit dem sie gemessen haben, soll ihnen wieder gemessen werden, und, was mehr ist, in denselben Becher soll ihnen eingeschänkt werden. Habet Acht und machet euch keine Sünde aus dem, was keine Sünde ist. So wollet euch nun, liebe Brüder, mit Eile befleißen, mit Ernst zur Sache zu greifen und so zahlreich als möglich begebt euch herzu, um unter das Panier Gottes zu kommen. Gott, der Herr der Heerschaaren, der dies von Anbeginn der Welt beschlossen und durch seine Propheten verkündigt hat, rüste euch und sein ganzes Israel wie er will, zu seinem Preise und zur Vermehrung seines Reiches. Amen."

Als dieser dringende Aufruf erschien, waren in den deutschen Städten bereits alle erheblicheren täuferischen Bewegungen unterdrückt. Wo immer Täufer sich geregt hatten, war es den Behörden, die seit den Vorgängen in Münster besonders vorsichtig und eifrig geworden waren, gelungen, sie rechtzeitig niederzuhalten oder gewaltsam niederzuwerfen, so in Warendorf, in Soest, Osnabrück, Minden, in Wesel, Köln ec. Die lübische Demokratie aber war im Mai 1534 in einen Krieg mit Dänemark gerathen, der ihr fortan jede, wenn auch nur moralische Unterstützung Münsters unmöglich machte, von der anfangs die Rede gewesen.*) Und bald nahm dieser Krieg eine höchst ungünstige Wendung für die alte Hansestadt, deren Niederlage auch zum Fall der Demokratie und zum Untergang Wullenweber's führte.

Aus Deutschland hatten die Münsterschen zu Ende des Jahres 1534 keinen Entsatz mehr zu erwarten. Aber noch eine Hoffnung blieb ihnen übrig: die Niederlande, aus denen ja die Münstersche Erhebung selbst einen so großen Theil ihrer Kraft gezogen hatte.

Zu Beginn des Jahres 1534, als Münster in die Hände der Täufer gerieth, war die Bewegung auch in den Niederlanden gewaltig gewachsen, namentlich in Amsterdam, das nach Münster als die Metropole der Täuferei galt, aber auch in den anderen Städten Hollands und Frieslands. „Zu Monnikendam schätzte man (im April) die Anhänger des Jan Mathys auf zwei Drittel der ganzen Einwohnerschaft, und ähnlich stand es damals überall in der Umgegend der Hauptstadt im ganzen Waterland."**) Auch in Oberyssel waren sie stark, namentlich in der Stadt Deventer, wo sogar der Bürgermeister sich ihnen anschloß.

„Gar sehr ängstigen wir uns in diesen Provinzen," schrieb von Antwerpen am 6. Februar 1534 Erasmus Schetus an Erasmus von Rotterdam, „namentlich in Holland, wegen des aufrührerischen Feuerbrands der Wiedertaufe. Denn wie

---

*) Der lübische Wiedertäufer Johann von Elheede bekannte, gefangen genommen (wahrscheinlich im Mai 1534), „daß ihn die Stadt Lübeck habe ausgesandt, zu untersuchen, wie es in Münster stände, und er sollte sich hineinbegeben und nach Allem sich umsehn und dann wiederum kommen und berichten, was er erfahren habe. Könnten sie alsdann denen von Münster Hülfe thun mit Entsetzung oder anders, wollten sie sich darin beweisen. Das habe Johann von Hanzler im Beisein von sechs Rathsherrn mit ihm verhandelt." (Berichte der Augenzeugen, S. 260.)
**) Cornelius, Münsterischer Aufruhr, II., S. 234.

Flammen schlägt sie empor. Kaum dürfte es einen Flecken oder eine Stadt geben, wo nicht die Fackel des Aufruhrs heimlich glühte. Da sie die Güter=gemeinschaft predigen, strömten ihnen alle die Besitzlosen zu."*)

Aber diese revolutionären Massen hatten nicht, wie die Brüder in Münster, eine ohnmächtige Reichsgewalt und ein Konglomerat fürstlicher und städtischer Obrigkeiten mit den widerstreitendsten Interessen gegen sich, sondern eine kraftvolle staatliche Zentralgewalt, die sofort alle ihre Machtmittel aufbot, um die drohende Empörung zu ersticken. Es ist unmöglich, die lange Liste der Hinrichtungen zu geben, die damals erfolgten, es ist immer dasselbe grausame Einerlei. Aber trotzdem gelang es nicht, zu verhüten, daß bewaffnete Schaaren sich aufmachten, um nach Vollenhove an der Zuidersee in Oberyssel zu ziehen (meistens zu Schiff) und sich dort zu sammeln, mit der Absicht, zum Entsatz von Münster zu marschiren.

Am 22. März kamen bei Vollenhove 30 Schiffe mit bewaffneten Täufern an, die aus Amsterdam kamen. Am 25. langten auf 21 Schiffen 3000 Männer an, und gleichzeitig kamen viele zu Wagen und zu Fuß. Aber jeder dieser Trupps wurde von den niederländischen Behörden, die Wind von der Sache erhalten hatten, einzeln angegriffen und zerstreut.

Damit waren die Entsetzungsversuche vorläufig gescheitert. Die großen Siege der Belagerten vom 25. Mai und 31. August belebten jedoch die täuferische Agitation in den Niederlanden von Neuem. Dieselbe wurde genährt durch Emissäre aus Münster. Angesichts der Hungersnoth, die sich in Münster im Winter 1534/35 fühlbar zu machen begann, entwarf Johann von Leyden einen kühnen Plan: Die Genossen in den Niederlanden sollten sich erheben, er wollte mit einem Theil der Belagerten sich durch die Belagerungsarmee durchschlagen, mit den Heranrückenden vereint den Aufstand weiter tragen und so Münster befreien. Wir haben gesehen, wie er Freiwillige zu diesem verzweifelten Unternehmen aufrief. Er übte auch seine Truppen dazu ein und ließ eine eigene Wagenburg zu dem Auszug herstellen.

Aber es kam nicht dazu. Einer der Emissäre Johann's, der „Apostel" Johann Gräß, ein gewesener Schulmeister, wurde zum Verräther; ausgesandt, die Brüder auswärts zu sammeln und nach Deventer zu führen, von wo aus sie nach Münster ziehen sollten, verließ er zu Neujahr 1535 die Stadt, aber nur, um direkt zum Bischof Franz zu gehen und ihm den Anschlag mitzutheilen und die Namen der angesehensten Genossen am Niederrhein und ihre Zusammenkunfts=orte zu verrathen. So wurde der Entsetzungsversuch im Keime erstickt.

Aber Johann von Leyden versuchte die Durchführung des Planes noch ein=mal, zu Ostern sollte endlich der heißersehnte Entsatz kommen. Keller, der diese Bewegungen genau verfolgt hat, berichtet darüber: „Die Täufer wollten, so wird erzählt, zur verabredeten Stunde vier Banner fliegen lassen, eins zu Eschenbruch bei der Maas im Lande von Jülich, eins in Holland und Waterland, das dritte zwischen Mastricht, Aachen und dem Lande zu Limburg, und das vierte in Friesland

*) Berichte der Augenzeugen, S. 915.

bei Gröningen. Bis zu dem festgesetzten Zeitpunkt sollten sich die Brüder mit Waffen und Geld fertig machen, und sobald der Befehl ausgehe, solle jeder zu dem nächsten Banner ziehn, um Münster zu entsetzen.

„Der Plan kam wirklich theilweise zur Ausführung. Gerade am 28. März, dem ersten Ostertag, wurde von den Täufern das sogenannte Oldenkloster zwischen Sneek und Bolsward in Westfriesland eingenommen und befestigt. Es war eine starke Position mit vierfachem Wall und Graben, deren sie auf diese Weise Herr geworden waren.

„Als der kaiserliche Statthalter hievon Kenntniß erhielt, marschirte er gegen sie, in der Hoffnung, sich des Punktes durch einen Handstreich bemächtigen zu können. Allein er sah sich zu einer regelrechten Belagerung gezwungen und mußte schweres Geschütz heranführen lassen.

„Nachdem er seine Truppen durch Aufbietung des dritten Mannes in Stadt und Land verstärkt hatte, begann er am 1. April das Bombardement und alsbald darauf den Sturm auf die Werke. Viermal mußte er die Landsknechte ins Feuer führen, und nachdem er die beiden ersten Male zurückgeschlagen war, gelang es beim dritten und vierten Anlauf, etliche äußere Positionen einzunehmen. Noch blieben aber einige Vorwerke und die Kirche im Besitze der Belagerten. Am 7. April mußte die Beschießung wieder begonnen werden; nachdem an fünf Stellen Bresche gelegt war, wurde gegen drei Uhr Nachmittags abermals gestürmt und nach einem langen, schweren Kampf endlich die ganze Stellung genommen. Acht= bis neunhundert Todte blieben auf der Walstatt."

Eine andere Schaar, die zu Schiff gegen Deventer zog, wurde vom Herzog von Geldern zum großen Theil vernichtet. Ueber die anderen Orte, an denen Erhebungen geplant waren, hat Keller keine Mittheilungen auffinden können.

Noch einmal aber brach ein gefährlicher Aufstand aus in Amsterdam. Dorthin hatten die Münsterschen Johann von Geel gesandt, „einen ihrer besten Offiziere." Es war ihm gelungen, den Ort seiner Bestimmung zu erreichen und die Brüder zur Erhebung zu bewegen.

„Am Abend des 11. Mai brach der Aufruhr los. Gegen acht Uhr besetzten 500 bewaffnete Täufer das Rathhaus; der eine Bürgermeister, welcher ihnen in die Hände fiel, ward erstochen und die eroberten Positionen in Vertheidigungs= zustand gesetzt.

„Indessen waren die Aufrührer doch keineswegs stark genug, um die große Stadt ohne Weiteres zu überrumpeln. Auch scheint der Losbruch früher erfolgt zu sein, als die Verschworenen beisammen waren, denn einige Tage später kam noch weiterer Zuzug an. Jedenfalls fand Johann von Geel nach dem ersten Erfolg einen Widerstand, den er nicht vorausgesehn haben mochte. Die Bürgerschaft griff einmüthig zu den Waffen und es entspann sich ein blutiger Kampf, der die ganze Nacht hindurch dauerte und mit der völligen Vernichtung der Täufer endete. In furchtbaren Grausamkeiten machte sich der Haß der Sieger Luft. So wurde dem Johann von Campen, welchen Johann von Leyden zum Bischof der Täufer in

Amsterdam bestellt hatte, nach seiner Gefangennahme die Zunge ausgerissen und die Hand abgehauen. In solcher Verstümmelung setzte man ihm zum Hohne eine blecherne Bischofsmütze mit dem Stadtwappen auf und ließ ihn am Pranger stehn. Erst dann ward er enthauptet."*) Anderen Gefangenen wurde das Herz lebendig aus dem Leibe gerissen und ins Angesicht geschlagen. Welch bestialische Horde waren doch — die Wiedertäufer!

Die Niederschlagung der Erhebung in Amsterdam bedeutete den Untergang des letzten aktionsfähigen Theils der kriegerischen Richtung unter den Wieder=täufern außerhalb Münsters. Die letzte Hoffnung auf Entsetzung der Belagerten war damit geschwunden.

Und bereits wüthete der Hunger unter ihnen. „Sie haben zuerst gegessen Pferde, das Haupt mit den Füßen, Leber und Lunge. Sie haben gegessen Katzen, Hunde, Mäuse, Ratten, große breite Muscheln, Frösche und Gras, und ist Moos ihr Brod gewesen. So lange als sie Salz hatten, ist das ihr Fett gewesen. So haben sie auch Ochsenhäute gegessen und alte Schuhe haben sie eingeweicht und haben sie gegessen . . . Ihre Kinder starben vor Hunger, die Alten starben vor Hunger, der Eine starb über dem Andern." (Gresbeck, S. 189, 190.)

Als die Noth unerträglich geworden war, ließ Johann verkünden, wer nicht länger am Kampfe theilnehmen und die Stadt verlassen wolle, möge sich auf dem Rathhause melden. Vier Tage lang stehe es Jedem frei, aus der Stadt zu ziehen. Nicht Wenige machten von der Erlaubniß Gebrauch, Frauen, Greise und Kinder, aber auch wehrhafte Männer. Ein Theil der Auszügler wurde von den Bischöflichen sofort erschlagen, die Anderen in Gefangenschaft gesetzt. Auf die jungen Frauen legten die Landsknechte Beschlag und trieben mit ihnen — Vielmännerei; es erschien ihnen das jedenfalls als das beste Mittel, den Aermsten die Schande abzunehmen, mit der sie die Vielweiberei der Täufer belastet.

Die Zurückbleibenden waren in der Mehrzahl entschlossen, auszuhalten bis zum letzten Athemzug, um, wenn Alles verloren wäre, sich unter den Trümmern des brennenden Münster zu begraben. Im Lager der Bischöflichen kannte man ihre elende Lage. Sie hatten nur noch wenig Pulver. „Sie thun keinen Schuß mehr, er sei denn sehr gewiß. Sie haben, wie ich berichtet werde von den Ge=fangenen, nur noch anderthalb Tonnen Pulver," schrieb der bereits erwähnte Bürgermeister von Frankfurt, Justinian von Holzhausen, am 29. Mai aus dem Lager vor Münster.**) Die Streitkräfte in der Stadt waren auf ein Minimum zusammengeschmolzen. Am 24. Mai musterte Johann, „was wehrhaft Volk in der Stadt war. Das ist gewesen, wie uns die Gefangenen bekannten, ungefähr zweihundert Mann. Die Andern, Weiber, Kinder und Männer, liegen und gehn alle krank, etliche an Krücken. Sind alle geschwollen, machtlos, dürfen nicht weit vor das Thor gehn, denn sie könnten unsern Knechten nicht entlaufen."***)

---

*) Keller, Geschichte der Wiedertäufer, S. 276—279.
**) Berichte der Augenzeugen, S. 344 vgl. S. 336.
***) Holzhausen, a. a. O., S. 343.

Und doch wagten die Bischöflichen keinen Sturm. Sie erinnerten sich wohl, daß sie in den Kämpfen mit der kleinen Schaar der Täufer bereits 6000 Mann verloren hatten. (Holzhausen, a. a. O., S. 343.) Und so konnte der Frankfurter Bürgermeister seinem Vater noch am 8. Juni schreiben: „Wie ich die Handlung vor Münster ansehe, so besorge ich, daß wir diesen Sommer, wofern uns nicht Verrätherei helfen will, die Stadt nicht erobern werden. Also hat sich der König mit seinen Herzogen und seinem faulen Anhang verstockter Weise in die bübische Handlung ergeben, dabei zu sterben und zu verderben mit der ganzen Stadt." (A. a. O., S. 353, 354.)

Wie die Schaaren Dolcino's, so waren auch jetzt die Johann's von Leyden so gefürchtet, daß die Belagerer sich nicht an sie in offenem Sturm heranwagten, so lange jene noch einen Funken von Widerstandskraft in sich fühlten.

Aber als Holzhausen den letzt zitirten Brief schrieb, hatte sich der Verräther, auf den er hoffte, schon gefunden: der uns bereits so wohlbekannte Gresbeck. Am 23. Mai war er aus der Stadt desertirt, und, gefangen genommen, erbot er sich, die Belagerer an einer gefahrlosen Stelle in die Stadt zu führen. Die Täufer waren ja nicht mehr im Stande, alle Punkte der Umwallung zu bewachen. Gresbeck's Mittheilungen wurden von Hans Eck von der Langenstraten bestätigt, einem Landsknecht, der früher aus dem bischöflichen Lager zu den Täufern übergegangen und nun, als es diesen schlecht ging, wieder zu den Bischöflichen entwichen war. Trotzdem wagten die vorsichtigen Belagerer lange nicht den Ueberfall. Erst am 25. Juni, nachdem man Alles aufs Sorgfältigste vorbereitet, machte man sich ans Werk, gegen Mitternacht, unter dem Schutze eines starken Gewitters.

Unter Gresbeck's Führung gelangte die Vorhut der Landsknechte, etwa 200 Mann stark, glücklich in der Nähe des Kreuzthors auf den Wall, stach die nächsten Posten nieder und öffnete das Thor. Fünf- bis sechshundert Landsknechte stürmten herein, Münster schien gewonnen.*) Aber noch einmal sollte ihre wilde Beutegier die Vertheidiger des Eigenthums gefährden.

Siegestrunken eilten die Eingedrungenen vorwärts, um zu plündern, und ließen das Thor unbesetzt. Inzwischen war das nächstgelegene Wachkommando der Täufer herbeigeeilt, und ehe noch die Hauptmacht eindringen konnte, hatten sie das Thor gewonnen und die Landsknechte in der Stadt von den Anderen abgeschnitten. Und statt denselben durch einen Angriff von außen zu Hülfe zu kommen, gab der Oberbefehlshaber der Bischöflichen, Graf Wirich von Dhaun, bestürzt den Befehl zum Rückzug, als er bemerkte, daß das Thor sich wieder im Besitz der Täufer befinde! Hohngelächter und Pfeilschüsse der Vertheidiger auf dem Walle - Männer und Weiber — folgten ihm. Inzwischen hatten sich die Täufer in der ganzen Stadt erhoben. Weit entfernt, freudig das Joch der Schreckensherrschaft abzuwerfen, eilte vielmehr Alles, was noch eine Waffe halten konnte,

---

*) Vgl. den Bericht des Generals Wirich vom 29. Juli an den Herzog von Cleve. (Berichte der Augenzeugen, S. 359.)

herbei, den eingedrungenen Landstnechten in wüthendem Ansturm entgegen, so daß diesen statt 200, wie sie erwarteten, 800 Bewaffnete entgegen traten.*) Die Eingedrungenen geriethen gewaltig in die Enge und sandten schon einen Parlamentär an Johann von Leyden ab, um drei Uhr Morgens. Aber einigen der Landsknechte war es gelungen, sich nach einer unbesetzten Stelle auf dem Walle durchzuschlagen und, da der Morgen graute, sich ihren Kameraden außerhalb der Stadt bemerkbar zu machen. Was längst hätte geschehen sollen, geschah jetzt. Die Hauptmacht ging zum Angriff vor und gewann den schwach besetzten Wall. „Also ist die Stadt allein aus besonderer Gnade Gottes und garnicht aus Geschicklichkeit des Kriegsvolkes erobert worden." (Holzhausen, a. a. O., S. 366.)

Ein furchtbarer Straßenkampf folgte. Wo sie konnten, verbarrikadirten sich die Täufer, um acht Uhr Morgens hielt der Kern ihrer Streitmacht, 200 Leute stark, immer noch den durch Barrikaden geschützten Markt besetzt. Ein Kriegsrath der bischöflichen Generäle entschied, daß es ein zu gewagtes, auf jeden Fall zu verlustreiches Beginnen sei, die Täufer mit Gewalt aus ihrer letzten Position zu vertreiben. Man bewilligte ihnen freien Abzug nach Niederlegung der Waffen und sicheres Geleit.

Die Eingeschlossenen nahmen diese Bedingung an, ihnen winkte ja keine Hoffnung mehr. Kaum hatten sie ihre Waffen niedergelegt und ihre Befestigungen verlassen, so wurden die Waffenlosen niedergemetzelt. Auf eine Ehrlosigkeit mehr oder weniger kam es dem fürstlichen Banditenthum nicht an.

Fünfthalbhundert Täufer wurden am Tage der Eroberung erschlagen. Aber auch in den folgenden Tagen hörte das Schlachten von Unglücklichen, die man in den Häusern verborgen fand, nicht auf.**)

Die Frauen, die in der Stadt geblieben waren, hatten an dem Kampfe lebhaften Antheil genommen. Nun wurde auch ein großer Theil derselben von den wüthenden Landsknechten erschlagen. Den Rest ließ der Bischof vorführen und ihnen vorhalten, er werde sie begnadigen, wenn sie von der Wiedertaufe abließen, „nachdem aber derselbigen wenig befunden worden, sondern sie auf ihrem Vornehmen ganz bestanden und verstockt geblieben," wurden die Vornehmsten unter ihnen hingerichtet, der Rest aus der Stadt verjagt. Von denen sollen viele nach England gezogen sein.***)

Von den Führern war ein großer Theil gefallen, so Tilbeck und Kippenbroich,

---

*) Holzhausen, am 1. Juli an die Stadt Frankfurt, a. a. O., S. 366. „Man kann nicht ohne Erstaunen bemerken," meint einmal Keller, „daß es einigen eingewanderten Böse= wichtern gelang, die gesammte einheimische Bevölkerung mehr und mehr zu Sklaven zu machen." (Wiedertäufer, S. 103.) Noch erstaunlicher ist die Wuth, mit der die von der Schreckens= herrschaft „Befreiten" ihre „Befreier" anfielen.

**) Bericht des Sigmund von Peineburgt an Philipp von Hessen, vom 7. Juli, a. a. O., S. 368.

***) Gresbeck, S. 213, und Peineburgt, a. a. O., S. 368.

so wahrscheinlich auch Rothmann. Nur wenigen, wie Heinrich Krechtinck, gelang es, zu entkommen. Sein Bruder Bernt, sowie Knipperdollinck und Johann von Leyden geriethen lebend in die Hände der Sieger und wurden zu einem köstlichen Schauspiel aufbewahrt. Nach der Sitte der Zeit, Diejenigen der Feigheit zu beschuldigen, vor denen man am meisten Angst gehabt, erzählt Kerssenbroick von Johann von Leyden, er sei feig ausgerissen. Weder sein Benehmen vor noch nach der Eroberung läßt ihn feig erscheinen; völlige Sicherheit über das Benehmen der Einzelnen während des nächtlichen Straßenkampfes wird wohl kaum zu erlangen sein.

Als der Bischof in Münster eingezogen war, ließ er Johann vor sich kommen. „So hat mein gnädiger Herr gesagt: ‚Bist Du ein König?‘ Da soll der König geantwortet haben: ‚Bist Du ein Bischof?‘“*) Diese Antwort läßt nicht auf Feigheit schließen.

Die Behandlung, welche die Gefangenen erfuhren, war die gewöhnliche besiegter Vertheidiger der Ausgebeuteten in jener Zeit — und auch zu anderen Zeiten.

Eiserne Halsbänder wurden für Johann, Knipperdollinck und Krechtinck geschmiedet und diese daran durch das Land geschleppt. Ihre Peinigungen schienen kein Ende nehmen zu wollen. Erst am 22. Januar 1536 wurden sie zu Münster vor allem Volk gerichtet. Der Bischof sah dem erbaulichen Schauspiel zu: „Und alsbald haben die Schinder zuerst den König (Johann von Leyden) in das Halseisen eingeschlossen und an den Pfahl gebunden, hienach die glühende Zange ergriffen und denselben an allen fleischigen und übrigen Theilen seines Leibes dergestalt gezwickt, daß von einem jeden Ort, der von der Zange berührt wurde, die Flamme herausloderte und ein solcher Gestank entstand, daß beinahe alle, die auf dem Markt standen, solchen Geruch in ihren Nasen nicht ertragen konnten. Mit gleicher Strafe sind auch die übrigen belegt worden, welche jedoch diese Folter mit weit größerer Ungeduld und Empfindlichkeit als der König ausstanden und ihren Schmerz durch vieles Wehklagen und Rufen zu erkennen gaben. Als aber Knipperdollinck durch den Anblick der entsetzlichen Marter geängstigt wurde, so hängte er sich an das Halseisen, mit welchem er an den Pfahl angebunden war, suchte sich damit die Kehle abzuschneiden und seinen Tod zu beschleunigen; allein, da dieses die Schinder wahrnahmen, richteten sie ihn wieder auf, rissen ihm den Mund weit auseinander, zogen ihm ein Seil durch die Zähne und banden ihn so fest an den Pfahl, daß er weder sitzen noch sich die Kehle abreißen, noch sich, da ihm die ganze Kehle aufgesperrt war, ersticken konnte. Als man sie aber lange genug gemartert hatte und sie noch lebendig waren, riß man ihnen endlich mit einer glühenden Zange die Zunge aus dem Halse und stieß ihnen zugleich, so stark man konnte, einen Dolch in das Herz." Die Leichname wurden bekanntlich in eisernen Käfigen an der Lambertskirche aufgehängt. „Die Zangen aber, womit sie sind gepeinigt worden, werden noch

---

*) Gresbeck, a. a. O., S. 213.

auf dem Markt an einem Pfeiler des Rathhauses erblickt, wo sie aufgehängt sind und allen Aufrührern und Widersetzlichen gegen die ordentliche Obrigkeit zum Beispiel und Schrecken dienen können."*)

Ein moderner Historiker hat die Stirn, das die „verdiente Strafe für ihre Missethaten" zu nennen. (Keller, Wiedertäufer, S. 280.) Mögen doch die edlen Herren der „deutschen Wissenschaft" ein einziges Beispiel davon auf=weisen, daß die ungebildeten, rohen Proletarier von Münster inmitten der Schrecken der Belagerung an einem ihrer Feinde auch nur den hundertsten Theil jener empörenden Bestialitäten verübten, die der hochwürdige Bischof ein halbes Jahr nach seinem Siege bei voller Gemüthsruhe wohl überlegt und vorbereitet vor seinen Augen von seinen Schindern vollziehen ließ! Und doch jubelt diese Gesell=schaft, die sich ihrer hohen Ethik selbst nicht genug rühmen kann, über den Sieg des geistlichen Bluthundes und schleift seine Opfer als infame Verbrecher durch den Koth!

* * *

Die Wiedertaufe, die Sache des Proletariats, ja, die der gesammten Demo=kratie lag im deutschen Reiche endgültig zu Boden. Und auch außerhalb Deutsch=lands hatte das wehrhafte, kriegerische Täuferthum jeglichen Halt verloren.

Im August 1536 kam es auf dem Kongreß zu Bockholt zur Spaltung der niederländischen Täufer. Die kriegerische Richtung verschwand von da an. Die friedlich=chiliastische erhielt sich noch eine Zeit lang. Ihr Führer wurde David Joris, geboren im Anfang des 16. Jahrhunderts zu Brügge, erzogen zu Delft. Am wichtigsten aber wurde von nun an die vollkommen in den bestehenden Zustand ergebene Richtung der Obbeniten (nach Obbe Philipps so genannt), welche lehrten, daß kein anderer Zustand der Welt hienieden zu erwarten sei, als der bestehende, und daß man sich darein schicken müsse.

Das Haupt dieser Richtung wurde Menno Simons, dessen Anhänger nach ihm Mennoniten genannt wurden. Er wurde 1492 geboren zu Witmarsum, einem friesischen Dorfe bei Franecker, und ward katholischer Priester. 1531 trat er mit den Täufern in Verbindung, und schon 1533 finden wir ihn als Anhänger der unterwürfigen Richtung und als Gegner des Johann Mathys. Während sein Bruder, der der kriegerischen Richtung angehörte, sich der Schaar anschloß, die zu Ostern 1535 von Westfriesland aufbrach um Münster zu entsetzen, und als tapferer Kämpfer fiel, scheute Menno sich nicht, den aufs Aeußerste bedrängten Genossen in Münster in den Rücken zu fallen und eine Agitation gegen sie zu eröffnen.

Nach dem Untergange Münsters ward seine Richtung die vorherrschende.

Das Ende Menno's wie das Joris' ist bezeichnend für den Charakter, den das Täuferthum von nun an nehmen sollte. Wohl hatten sie noch viele

---

*) Kerssenbroid, II., S. 212. In diesen Bericht Kerssenbroid's brauchen wir keinen Zweifel zu setzen.

Verfolgungen durchzumachen, aber Beide starben in Frieden, geachtet und wohlhabend.

Joris hatte ein hübsches Vermögen erspart, und um es ruhig genießen zu können, ließ sich der Prophet des jüngsten Tages 1544 unter einem falschen Namen, als Johann von Brügge, in Basel nieder, wo er sich ankaufte. Erst nach seinem Tode, 1556, wurde sein wahrer Name entdeckt und seine Leiche auf Befehl des Baseler Rathes verbrannt.

Bald darauf, 1559, starb Menno Simons. Die letzten Jahre seines Lebens hatte er in Oldesloe im Holsteinischen verlebt, auf dem Gute eines Adeligen, der in niederländischen Kriegsdiensten die Täufer als ebenso fleißige wie harmlose Leute kennen gelernt hatte und ihnen nun auf seinen Gütern eine für ihn sehr profitable Freistatt bot.

Aber bald sollten die Niederlande selbst eine solche Freistatt für die verfolgten Täufer werden. Der Abfall vom Habsburgischen Joch brachte in den vereinigten Staaten an der Rheinmündung die Glaubensfreiheit, die Toleranz in einer bestimmteren Form ungefähr in derselben Zeit zur Geltung, in der sie in Böhmen und Mähren den Habsburgern erlag, wo sie seit den Hussitenkriegen thatsächlich, wenn auch roh und unvollkommen, geherrscht hatte. Seit dem Ende des 16. Jahrhunderts wurden die Mennoniten in den Niederlanden geduldet, 1626 erhielten sie offiziell die Glaubensfreiheit. Sie haben sich, gleich den Herrnhutern, den Nachkommen der böhmischen Brüder, bis heute erhalten. Aber seit Langem bilden sie nichts mehr als ein behäbiges, wohlhabendes Kleinbürgerthum, das für den Emanzipationskampf des Proletariats wie für die Entwickelung des sozialistischen Gedankens gänzlich bedeutungslos gewesen ist.

Von den Niederlanden, die schon zur Zeit der Begharden im engsten Verkehr mit England gestanden, kamen auch die täuferischen Ideen dorthin, und die Bürgerkriege des 17. Jahrhunderts brachten sie sogar in den Vordergrund. Aber wie sehr auch die demokratisch-sozialistischen Richtungen des Independententhums als Fortsetzer des Täuferthums erscheinen mögen, sie sind doch wesentlich von demselben verschieden.

Mit dem christlichen Sozialismus, als einer realen Triebkraft im gesellschaftlichen Leben, ging es im 16. Jahrhundert zu Ende. Dieses Jahrhundert gebar die moderne Produktionsweise, den modernen Staat, das moderne Proletariat, aber auch den modernen Sozialismus.

Eine neue Epoche für die Menschheit bricht heran.